最优化算法、理论和应用

——基于工程和管理中的案例

万 中 著

科学出版社

北 京

内 容 简 介

本书第一部分介绍了前沿最优化算法与理论，其中包括自适应 Barzilai-Borwein 步长、新型非单调线搜索技术、非负矩阵分解优化模型和算法、大规模非光滑方程组求解算法、非线性互补问题和互补约束优化问题求解算法，以及群智能全局优化算法. 我们不仅叙述了开发这些算法的思想，还从理论上分析了算法的性质，论证了算法的收敛性，或测试算法所具备的优越数值性能. 本书第二部分介绍了最优化算法及理论在工程和管理科学领域中的应用. 这些问题涉及复杂环境下废旧产品回收管理问题、各类供应链管理优化问题、不确定环境下机场的士司机决策优化问题、报童问题，以及复杂运行环境下 V 带设计优化问题. 我们不仅详尽论述了基于最优化方法解决这些实际问题的意义，充分体现优化模型构建和开发模型求解算法的全过程，还采用数值仿真方式论证了所构建模型的合理性和优越性，以及由模型和算法揭示的能用于指导管理和工程实践的结论.

本书既可以作为高年级本科生和研究生的高等最优化理论及应用教学用书，也可以为相关领域科研工作者在解决同类问题时提供有价值的参考.

图书在版编目（CIP）数据

最优化算法、理论和应用：基于工程和管理中的案例/万中著. —北京：科学出版社, 2024.6

ISBN 978-7-03-077002-8

Ⅰ. ①最… Ⅱ. ①万… Ⅲ. ①工程管理–最优化–研究 Ⅳ. ①F40

中国国家版本馆 CIP 数据核字(2023)第 222542 号

责任编辑：李静科 贾晓瑞／责任校对：樊雅琼
责任印制：赵 博／封面设计：无极书装

科学出版社 出版
北京东黄城根北街 16 号
邮政编码：100717
http://www.sciencep.com

北京厚诚则铭印刷科技有限公司印刷
科学出版社发行 各地新华书店经销
*
2024 年 6 月第 一 版 开本：720 × 1000 1/16
2025 年 1 月第二次印刷 印张：39 1/4
字数：772 000
定价：238.00 元
(如有印装质量问题，我社负责调换)

前　言

　　著名数学家吴文俊院士在他 1987 年发表的论文《对中国传统数学的再认识》中总结说: "中国古代数学, 就是一部算法大全." "大体来说, 中国数学的古典著作大都以依据不同方法或不同类型分成章节的问题集的形式出现. 每一个别问题又都分成若干个条目. 条目一是 '问', 提出有具体数值的问题. 条目二是 '答', 给出这一问题的具体数值解答. 条目三称为 '术', 一般来说乃是解答与条目一同一类型问题的普遍方法, 实际上就相当于现代计算机科学中的 '算法', 但有时也相当于一个公式或一个定理. 条目四是 '注', 说明 '术' 的依据或理由, 实质上相当于一种证明." 在他看来, "以《九章算术》为代表的中国传统数学的思想方法, 是以算为主, 以术为法, 寓理于算, 不证自明, 这与西方数学的逻辑演绎证明和公理化体系有异曲同工之妙, 在数学历史发展的进程中可谓交相辉映." 这对现代数学很有启迪.

　　回顾我和我带领的科研团队二十余年的研究经历, 总结一路走来取得的点滴成果, 让我们真真切切感受到自己从中华祖先那里继承的 "科研基因" 非常显著地表观于撰写的每一篇论著中. 这些论著首先都是从来自自然科学、工程和管理科学中一类具体问题开始, 诸如机械传动系统设计优化问题、废旧手机回收系统优化问题、废旧药物回收系统优化问题、全局供应链管理优化问题、供应链管理库存问题、非负矩阵分解问题、非线性优化问题、非线性方程组求解问题、互补问题、互补约束优化问题. 然后便是构建这些具体实际问题的数学模型或者分析这些具体数学问题的性质, 并以此为基础开发用于求解具体数学模型或者数学问题的算法. 正是运用我们提出的模型和算法, 我们能够解答不同场景下的实际问题或者寻求各种复杂基准测试问题的数值解. 进一步, 我们还会从理论上论证构建的新模型的实践意义或者新算法的收敛性, 或者从数值上论证和揭示这些模型或者算法在求解各类问题时的优越性和应用价值. 不难看出, 所有这些科研成果都充分体现了 "以算为主, 以术为法, 寓理于算, 不证自明" 这一中国传统数学的思想方法.

　　为了有利于今后更高质量地培养人才, 我和我的研究生们把近年来本团队取得的代表性科研成果整理成了这本书:《最优化算法、理论和应用》. 本书分两大部分: 第一部分介绍前沿最优化算法与理论, 第二部分介绍它们在工程和管理中的应用. 我们不仅建立了这些算法的收敛性理论, 而且用大量基准测试问题或者实际优化模型测试了算法的数值效率和优越性, 故名 "最优化算法、理论和应用".

它既可以作为高年级本科生和研究生的高等最优化理论及应用教学用书, 也可以为相关领域科研工作者在解决同类问题时提供有价值的参考. 在内容编排和写作风格上, 我们尽量让读者能够沉浸式体验中国传统数学思想普照在现代优化理论及应用研究中的光芒.

　　直接参与本书撰写的研究生有: 李婷、邓华、寇颖、罗宇峰、亓欢、鄂继跃、刘佳璐、李军莹、涂金慧、李笑苹、张芳、黄淑瑜、张少军, 书中所有内容都取自于作者及其指导的研究生公开发表的论文, 此处恕不一一罗列所有论文作者. 正是他 (她) 们的对科研工作的热爱、执着和勇攀科学高峰的斗志, 本书才得以顺利出版.

本书中呈现的所有科研成果和它的顺利出版得到了国家社会科学基金 (21BGL122)、国家自然科学基金 (71671190) 及中南大学教育部 "双一流" 数学学科建设经费的资助. 本书的出版, 还寄托了我对恩师周叔子先生的深切缅怀和感激之情, 正是因为他的谆谆教诲, 才让我踏上了人生 "优化" 之路, 并矢志于国家人才培养, 陶醉于科研工作的点滴创新.

万　中

2023 年夏季于岳麓山脚下中南大学

目　　录

第一部分

前沿最优化算法与理论

    无论做什么事, 我们都希望做得最好, 这就是 "最优化". "做得最好" 是做一件事要实现的目标, 怎么 "做" 是实现目标要拿出的策略. 由此可见, "最优化" 在实践中不是易事.

    数学上研究 "最优化" 问题, 是用依赖于决策变量 (函数) 的函数 (泛函) 刻画要实现的目标, 用限制决策变量 (函数) 变化的等式或者不等式作为实现目标应满足的约束条件, 即决策变量 (函数) 的可行域. 实践中, 这类数学模型的构建或者求解也不是一蹴而就的. 运筹学中发展的最基本的一类最优化问题, 即线性规划模型和求解该模型的单纯形算法, 到今天远不足百年.

    根据实际需求研究不同优化模型的求解方法, 特别是结合高速发展的计算机技术开发优化模型的求解算法, 一直是许多学科领域最活跃的研究阵地. 我们团队近年来对大规模优化问题、与优化问题密切相关的非线性方程组、互补问题、均衡约束优化问题等开展了广泛深入的研究. 在本书的第一部分, 我们将按照研究内容内在的逻辑顺序逐章介绍相关研究成果, 其中包括:

- 求解最优化问题中步长确定方法, 即线搜索规则;
- 求解最优化问题中搜索方向的选择方法;
- 求解非负矩阵分解问题的优化模型与算法;
- 求解非线性方程组的算法;
- 求解互补问题的算法;
- 求解互补约束优化问题的算法;
- 求解最优化问题的基于人类学习智慧的群智能算法.

第 1 章　自适应 Barzilai-Borwein 步长

通过整合两个经典 Barzilai-Borwein (BB) 步长的优点, 本章将提出一种新的自适应 BB 步长, 再结合最速下降方向, 我们将为求解大规模优化问题设计一种简单的谱梯度下降算法, 并建立该算法的全局收敛性和局部线性收敛性. 事实上, 本章所提出的 BB 步长与单位矩阵的乘积可作为目标函数的近似 Hessian 矩阵的逆阵, 因此, 这类无步长搜索的谱梯度算法差不多具有拟牛顿方法的优点, 但又不需要计算和存储近似 Hessian 矩阵或其逆, 因而是一类很有竞争力的算法.

1.1 引　　言

众所周知, 大规模优化技术越来越多地应用于工业工程和管理科学等领域, 如信号处理 (Wan et al., 2018)、机器学习 (Sopyła and Drozda, 2015) 和报童问题等 (Chen et al., 2016; Li et al., 2017a; Zhang et al., 2016). 而开发一种高效的数值算法来解决这些大规模优化问题, 特别是提高符合实际要求的计算效率仍然是一个挑战 (Wu and Wan, 2018; Zhang et al., 2018). 在过去的几十年中, 由于现有优化方法无法直接应用于解决这些问题, 它引起了数学和工程应用方面专家的广泛关注.

本章考虑如下大规模无约束优化问题:

$$\min f(x), \quad x \in R^n, \tag{1.1}$$

其中 $f : R^n \to R$ 是连续可微的, 且一般情况下考虑 $n \geqslant 1000$. 为了求解问题 (1.1), 一种流行的迭代格式构造如下

$$x_{t+1} = x_t + \alpha_t d_t, \tag{1.2}$$

其中 α_t 是步长, d_t 是搜索方向, $\{x_t\}$ 是问题 (1.1) 的近似解序列.

最受欢迎的搜索方向由牛顿方法或拟牛顿方法生成 (Dennis and Moré, 1977; Wan et al., 2014a). 虽然这些方法具有超线性收敛性, 但它们并不适用于求解大规模优化问题, 这是因为在每一步迭代中很难计算和存储函数的 (近似) Hessian 矩阵 (Deng and Wan, 2015a; Huang et al., 2018). 为了克服牛顿方法或拟牛顿方法

主要结果发表于 ANZIAM Journal, 61: 76–98, 2019.

的缺点, 大量的谱梯度方法 (Huang and Wan, 2017; Cheng and Li, 2009; La Cruz et al., 2006) 和共轭梯度方法 (Deng and Wan, 2015a) 被提出. 数值实验进一步表明了它们在求解大规模优化问题时的数值效率优势.

文献中最直接简单的搜索方向是 $d_t = -\nabla f(x_t)$, 对应的是最速下降法. 但是, 由于其收敛速度较差 (Huang et al., 2018; Huang and Wan, 2017), 该方法并不适用于求解大规模问题 (1.1). 为了充分利用最速下降法的便利性, 我们可以选择合适的步长来提高它的数值效率. 事实上, 对于二维二次极小化问题, 基于 BB 步长的最速下降法是 R-超线性收敛的 (Barzilai and Borwein, 1988). 而对于任意维的二次极小化问题, 该方法是全局收敛的 (Raydan, 1993), 且收敛速度是 R-线性的 (Dai and Liao, 2002).

BB 步长由 Barzilai 和 Borwein (1988) 首先提出, 他们通过对割线方程的近似构造了以下两种格式:

$$\alpha_t^{\mathrm{BB1}} = \frac{s_{t-1}^{\mathrm{T}} s_{t-1}}{s_{t-1}^{\mathrm{T}} y_{t-1}},$$

$$\alpha_t^{\mathrm{BB2}} = \frac{s_{t-1}^{\mathrm{T}} y_{t-1}}{y_{t-1}^{\mathrm{T}} y_{t-1}},$$

其中 $s_{t-1} = x_t - x_{t-1}$, $y_{t-1} = \nabla f(x_t) - \nabla f(x_{t-1})$. 记 $g_t = \nabla f(x_t)$, 则 $y_{t-1} = g_t - g_{t-1}$. 作为两个经典的 BB 步长, α_t^{BB1} 和 α_t^{BB2} 已成功应用于求解凸约束优化 (Birgin et al., 2000; Dai and Fletcher, 2005)、非负矩阵分解 (Han et al., 2009b; Huang et al., 2015d; Li et al., 2020, 2021)、压缩感知 (Figueiredo et al., 2007) 和图像恢复 (Bonettini et al., 2008) 等诸多问题.

受 BB 方法的启发, Zhou 等 (2006) 提出了一种自适应 (ABB) 步长:

$$\alpha_t^{\mathrm{ABB}} = \begin{cases} \alpha_t^{\mathrm{BB2}}, & \text{若 } \alpha_t^{\mathrm{BB2}}/\alpha_t^{\mathrm{BB1}} < \kappa, \\ \alpha_t^{\mathrm{BB1}}, & \text{其他,} \end{cases} \tag{1.3}$$

其中 $\kappa \in (0, 1)$. 可以看出, 上述 ABB 方法可以在每次迭代时自适应地选择较小的步长或较大的步长. ABB 方法在求解二次问题时仍然是线性收敛的, 且在经典测试问题上的数值结果表明, 它的性能优于经典的 BB 方法 (Zhou et al., 2006). 此外, Huang 等 (2015d) 结合基于投影梯度策略的下降方向和步长 α_t^{ABB} 为非负矩阵分解问题设计了高效算法.

Dai 等 (2015) 在二维严格凸二次极小化问题中对 α_t^{BB1} 和 α_t^{BB2} 的几何平均进行了分析, 并建立了其 R-超线性收敛性理论. 随后, 基于新的近似模型, Huang

和 Wan (2017) 也得到了相同的步长:

$$\alpha_t^{\text{NBB}} = \sqrt{\frac{s_{t-1}^{\text{T}} s_{t-1}}{y_{t-1}^{\text{T}} y_{t-1}}} = \sqrt{\alpha_t^{\text{BB1}} \alpha_t^{\text{BB2}}}. \tag{1.4}$$

但与 (Dai et al., 2015) 中的结果不同, Huang 和 Wan (2017) 建立了 NBB 方法在求解任意维二次极小化问题中的全局收敛性, 并且结合一种新型非单调线搜索技术和 α_t^{NBB}, 为求解非光滑非线性方程组开发了一种高效算法.

受文献中 BB 类算法的超线性收敛特性启发, 本章拟利用两种经典 BB 步长的加权均值构造一种新的自适应 BB 步长. 在每一次迭代中, 各 BB 步长的权重将根据相应割线方程的近似质量自动更新. 结合最速下降方向和新步长, 我们将提出改进的 BB 算法, 并将建立该算法的全局收敛性和 R-线性收敛性理论, 最后将通过数值测试证明所提出步长的有效性. 由于计算和存储成本较低, 本章提出的算法适用于求解大规模优化问题.

1.2 新型自适应 BB 步长和算法

本节将提出一种新的自适应 BB 步长, 然后结合最速下降方向, 开发一种新的梯度下降算法.

Barzilai 和 Borwein (1988) 指出 α_t^{BB1} 和 α_t^{BB2} 分别是以下两个优化问题的最优解:

$$\min_{\alpha} \| \alpha^{-1} s_{t-1} - y_{t-1} \|^2, \tag{1.5}$$

$$\min_{\alpha} \| \alpha y_{t-1} - s_{t-1} \|^2. \tag{1.6}$$

显然, 与对方作比较, α_t^{BB1} 和 α_t^{BB2} 的潜在劣势可以分别表示为

$$\| \alpha_t^{\text{BB1}} y_{t-1} - s_{t-1} \|^2 \geqslant \| \alpha_t^{\text{BB2}} y_{t-1} - s_{t-1} \|^2,$$

$$\| (\alpha_t^{\text{BB2}})^{-1} s_{t-1} - y_{t-1} \|^2 \geqslant \| (\alpha_t^{\text{BB1}})^{-1} s_{t-1} - y_{t-1} \|^2.$$

因此, 为了整合 α_t^{BB1} 和 α_t^{BB2} 的各自优势, 我们构造一个新的步长:

$$\alpha_t^{\text{CBB}} = \frac{R_2}{R_1 + R_2} \alpha_t^{\text{BB1}} + \frac{R_1}{R_1 + R_2} \alpha_t^{\text{BB2}}, \tag{1.7}$$

其中

$$\begin{cases} R_1 = \| \alpha_t^{\text{BB1}} y_{t-1} - s_{t-1} \|^2 - \| \alpha_t^{\text{BB2}} y_{t-1} - s_{t-1} \|^2, \\ R_2 = \| (\alpha_t^{\text{BB2}})^{-1} s_{t-1} - y_{t-1} \|^2 - \| (\alpha_t^{\text{BB1}})^{-1} s_{t-1} - y_{t-1} \|^2. \end{cases} \tag{1.8}$$

注意到 $\|(\alpha_t^{\mathrm{BB1}})^{-1} s_{t-1} - y_{t-1}\|^2$ 和 $\|\alpha_t^{\mathrm{BB2}} y_{t-1} - s_{t-1}\|^2$ 分别是一维问题 (1.5) 和 (1.6) 的最小值, 我们将 R_1 和 R_2 简化为

$$R_1 = \|\alpha_t^{\mathrm{BB1}} y_{t-1} - s_{t-1}\|^2, \quad R_2 = \|(\alpha_t^{\mathrm{BB2}})^{-1} s_{t-1} - y_{t-1}\|^2.$$

定义 $\mu_t = \dfrac{R_2}{R_1 + R_2}$, 则 (1.7) 式重构为

$$\alpha_t^{\mathrm{CBB}} = \mu_t \alpha_t^{\mathrm{BB1}} + (1 - \mu_t)\alpha_t^{\mathrm{BB2}}. \tag{1.9}$$

显然 $0 \leqslant \mu_t \leqslant 1$. 因此 α_t^{CBB} 是 α_t^{BB1} 和 α_t^{BB2} 的加权平均, 且是一个复合步长. 另一方面, 权重 μ_t 的值在每次迭代中可能发生变化, 这是因为其根据 α_t^{BB1} 和 α_t^{BB2} 的表现自动调整. 因此从这个角度来看, α_t^{CBB} 是自适应的.

注 1.1 由 (1.3) 式定义的步长 α_t^{ABB} 也被称作自适应 BB 步长 (Zhou et al., 2006), 这是因为它可以在每次迭代中自主选择使用小步长 α_t^{BB2} 还是大步长 α_t^{BB1}. 显然, 从定义上来看, 本章中的 "自适应" 与文献 (Zhou et al., 2006) 中的意义不同. 特别地, 我们的步长 α_t^{CBB} 可以根据 α_t^{BB1} 和 α_t^{BB2} 对割线方程的近似程度来整合两者的优点, 而不是 (1.3) 式中非此即彼的决定.

注 1.2 此外, Barzilai 和 Borwein (1988) 指出, $\alpha_t^{\mathrm{BB1}} I$ 和 $\alpha_t^{\mathrm{BB2}} I$ 都是 $\nabla^2 f(x_t)$ 的逆的近似. 因此由 (1.9) 式可知 α_t^{CBB} 也是 $\nabla^2 f(x_t)$ 逆的近似.

根据 (Zhou et al., 2006) 中的思想, 我们将 (1.3) 中的 α_t^{ABB} 修改为

$$\alpha_t^{\mathrm{CABB}} = \begin{cases} \alpha_t^{\mathrm{BB2}}, & \text{若 } \alpha_t^{\mathrm{BB2}}/\alpha_t^{\mathrm{BB1}} < \kappa, \\ \alpha_t^{\mathrm{CBB}}, & \text{其他.} \end{cases} \tag{1.10}$$

因此 α_t^{CABB} 也是自适应的.

结合新的 BB 步长和最速下降方向, 我们提出一个新的梯度下降算法.

算法 1.1   基于自适应 BB 步长的梯度下降算法

步 0: 给定一个初始值 $x_0 \in R^n$, 初始化 $\alpha_0 > 0$, 选择一个充分小精度 $\varepsilon > 0$. 令 $t := 0$.

步 1: 如果 $\|\nabla f(x_t)\| \leqslant \varepsilon$, 那么算法终止. 反之, 转向步 2.

步 2: 计算 $d_t := -\nabla f(x_t)$.

步 3: 令 $x_{t+1} := x_t + \alpha_t d_t$.

步 4: 计算 s_t, y_t, 由 (1.9) 式计算 $\alpha_{t+1}^{\mathrm{CBB}}$. 更新步长 $\alpha_{t+1} := \alpha_{t+1}^{\mathrm{CBB}}$.

步 5: 令 $t := t + 1$. 转向步 1.

考虑问题 (1.1) 的一个特例, 二次极小化模型:

$$\min f(x) = \frac{1}{2} x^{\mathrm{T}} A x - b^{\mathrm{T}} x, \quad x \in R^n, \tag{1.11}$$

其中 $A \in R^{n \times n}$ 是一个对称正定 (SPD) 矩阵, 且 $b \in R^n$. 给定迭代点 $x_t, x_{t-1} \in R^n$, 由 $g_t = \nabla f(x_t) = Ax_t - b$, 我们可得 $y_{t-1} = As_{t-1}$. 因此有

$$\alpha_t^{\mathrm{BB1}} = \frac{s_{t-1}^{\mathrm{T}} s_{t-1}}{s_{t-1}^{\mathrm{T}} As_{t-1}}, \tag{1.12}$$

$$\alpha_t^{\mathrm{BB2}} = \frac{s_{t-1}^{\mathrm{T}} As_{t-1}}{s_{t-1}^{\mathrm{T}} A^2 s_{t-1}}. \tag{1.13}$$

下节将建立算法 1.1 求解模型 (1.11) 的收敛性理论. 首先我们给出 α_t^{CBB} 和 α_t^{CABB} 的一个基本性质.

命题 1.1 令 α_t 由 (1.9) 式或 (1.10) 式定义. 那么, 对于任意的 SPD 矩阵 A, 下面不等式都成立:

$$\begin{cases} 0 < \lambda_n^{-1} \leqslant \alpha_t^{\mathrm{CBB}} \leqslant \lambda_1^{-1}, \quad t \in N, \\ 0 < \lambda_n^{-1} \leqslant \alpha_t^{\mathrm{CABB}} \leqslant \lambda_1^{-1}, \quad t \in N, \end{cases} \tag{1.14}$$

其中 λ_1 和 λ_n 分别是矩阵 A 的最小和最大特征值.

证明 由 (1.12) 式, (1.13) 式和文献 (Sun and Yuan, 2006) 中的定义 1.2.9 可知, $\left(\alpha_t^{\mathrm{BB1}} I\right)^{-1}$ 是 A 在 s_{t-1} 处的 Rayleigh 商, 而 $\left(\alpha_t^{\mathrm{BB2}} I\right)^{-1}$ 是 A 在 $\sqrt{A} s_{t-1}$ 处的 Rayleigh 商. 由于 A 是对称正定的, 基于 Rayleigh 商的性质 (见 (Sun and Yuan, 2006) 中的定理 1.2.10), 我们可得

$$0 < \lambda_1 \leqslant \left(\alpha_t^{\mathrm{BB1}}\right)^{-1} \leqslant \lambda_n, \quad 0 < \lambda_1 \leqslant \left(\alpha_t^{\mathrm{BB2}}\right)^{-1} \leqslant \lambda_n, \quad \forall t \in N,$$

其中 λ_1 和 λ_n 分别是矩阵 A 的最小和最大特征值. 因此,

$$0 < \lambda_n^{-1} \leqslant \alpha_t^{\mathrm{BB1}} \leqslant \lambda_1^{-1}, \quad 0 < \lambda_n^{-1} \leqslant \alpha_t^{\mathrm{BB2}} \leqslant \lambda_1^{-1}, \quad \forall t \in N.$$

因此, 由 α_t^{CBB} 的定义 (1.9) 式可得

$$0 < \lambda_n^{-1} = \mu_t \lambda_n^{-1} + (1 - \mu_t) \lambda_n^{-1} \leqslant \alpha_t^{\mathrm{CBB}} \leqslant \mu_t \lambda_1^{-1} + (1 - \mu_t) \lambda_1^{-1} = \lambda_1^{-1}.$$

因为 α_t^{CBB} 和 α_t^{BB2} 都满足不等式 (1.14), 所以由 α_t^{CABB} 的定义 (1.10) 式可得

$$0 < \lambda_n^{-1} \leqslant \alpha_t^{\mathrm{CABB}} \leqslant \lambda_1^{-1}, \quad \forall t \in N. \qquad \square$$

1.3　收敛性分析

本节将证明算法 1.1 在求解二次极小化问题时的全局收敛性和局部线性收敛性.

在建立收敛理论之前, 根据文献 (Huang and Wan, 2017) 中引理 1 和引理 2, 我们首先回顾以下两个引理.

引理 1.1(Huang and Wan, 2017)　*令 f 由 (1.11) 式定义, 且 x_* 是 f 的唯一极小值点. 假设序列 $\{x_t\}$ 由算法 1.1 产生. 记 $e_t = x_* - x_t$. 那么有*

(1) $Ae_t = d_t$;

(2) $e_{t+1} = \alpha_t \left(\dfrac{1}{\alpha_t} I - A \right) e_t$.

引理 1.2(Huang and Wan, 2017)　*令 f 由 (1.11) 式定义, $\{v_1, v_2, \cdots, v_n\}$ 是矩阵 A 关于特征值 $\{\lambda_1, \lambda_2, \cdots, \lambda_n\}$ 的标准正交特征向量, 且有 $\lambda_1 \leqslant \lambda_2 \leqslant \cdots \leqslant \lambda_n$. 假设序列 $\{x_t\}$ 由算法 1.1 产生. 那么有*

$$e_{t+1} = \sum_{i=1}^{n} c_i^{(t+1)} v_i, \tag{1.15}$$

其中

$$c_i^{(t+1)} = \prod_{j=0}^{t} (1 - \alpha_j \lambda_i) c_i^0. \tag{1.16}$$

注 1.3　根据引理 1.2, 我们知道 $\{e_t\}$ 依赖于序列 $\{c_i^{(t)}\}$, $i = 1, 2, \cdots, n$. 在定理 1.1 中, 我们将证明当 $t \to \infty$ 时, 所有的序列都将趋于 0.

引理 1.3　*令序列 $\{c_1^{(t)}\}$ 由 (1.16) 式定义. 则 $c_1^{(t)}$ Q-线性收敛到 0 且收敛因子为 $\hat{c} = 1 - (\lambda_1 / \lambda_n)$.*

证明　因为 α_t^{CBB} 满足 (1.14), 所以直接由 (Raydan, 1993) 可知引理 1.3 成立.　　　　　　　　　　　　　　　　　　　　　　　　　　　　□

基于引理 1.1 — 引理 1.3, 我们进一步证明下面的结论.

引理 1.4　*令 $\{c_l^{(t)}\}$ 由 (1.16) 式定义, $l = 1, \cdots, n$. 如果所有的序列 $\{c_1^{(t)}\}$, $\{c_2^{(t)}\}$, $\cdots$, $\{c_l^{(t)}\}$ 都收敛到 0. 那么*

$$\liminf_{t \to \infty} |c_{l+1}^{(t)}| = 0.$$

证明　由反证法, 假设存在一个常数 $\epsilon > 0$, 使得对所有的 $t \in N$ 都有

$$\left(c_{l+1}^{(t)} \right)^2 \lambda_{l+1}^2 > \epsilon. \tag{1.17}$$

由引理 1.1 和引理 1.2 可得

$$\alpha_{t+1}^{\text{BB1}} = \frac{s_t^{\text{T}} s_t}{s_t^{\text{T}} y_t} = \frac{(Ae_t)^{\text{T}}(Ae_t)}{(Ae_t)^{\text{T}}(A^2 e_t)} = \frac{\sum\limits_{i=1}^{n}(c_i^{(t)})^2 \lambda_i^2}{\sum\limits_{i=1}^{n}(c_i^{(t)})^2 \lambda_i^3}, \tag{1.18}$$

$$\alpha_{t+1}^{\text{BB2}} = \frac{s_t^{\text{T}} y_t}{y_t^{\text{T}} y_t} = \frac{(Ae_t)^{\text{T}}(A^2 e_t)}{(A^2 e_t)^{\text{T}}(A^2 e_t)} = \frac{\sum\limits_{i=1}^{n}(c_i^{(t)})^2 \lambda_i^3}{\sum\limits_{i=1}^{n}(c_i^{(t)})^2 \lambda_i^4}. \tag{1.19}$$

考虑到序列 $\{c_1^{(t)}\}, \cdots, \{c_l^{(t)}\}$ 都收敛到 0, 因此存在一个充分大的正整数 $\hat{t}$ 使得 $t \geqslant \hat{t}$ 时,

$$\sum_{i=1}^{l}\left(c_i^{(t)}\right)^2 \lambda_i^2 < \frac{\epsilon}{2}. \tag{1.20}$$

由 (1.18) 和 (1.20), 我们得到

$$\alpha_{t+1}^{\text{BB1}} < \frac{\dfrac{\epsilon}{2} + \sum\limits_{i=l+1}^{n}(c_i^{(t)})^2 \lambda_i^2}{\sum\limits_{i=l+1}^{n}(c_i^{(t)})^2 \lambda_i^3}. \tag{1.21}$$

定义函数 $q : R_+ \to R$,

$$q(x) = \frac{a+x}{bx}, \quad a, b > 0.$$

$q(x)$ 在 $(0, \infty)$ 上单调递减. 结合 (1.21), 因为

$$\sum_{i=l+1}^{n}(c_i^{(t)})^2 \lambda_i^3 \geqslant \left(\sum_{i=l+1}^{n}(c_i^{(t)})^2 \lambda_i^2\right)\lambda_{l+1}, \quad \sum_{i=l+1}^{n}(c_i^{(t)})^2 \lambda_i^2 \geqslant (c_{l+1}^t)^2 \lambda_{l+1}^2 > \epsilon,$$

所以

$$\alpha_{t+1}^{\text{BB1}} < \frac{\dfrac{\epsilon}{2} + \sum\limits_{i=l+1}^{n}(c_i^{(t)})^2 \lambda_i^2}{\sum\limits_{i=l+1}^{n}(c_i^{(t)})^2 \lambda_i^2 \lambda_{l+1}} \leqslant \frac{\dfrac{\epsilon}{2} + \epsilon}{\epsilon \lambda_{l+1}} = \frac{3}{2}\lambda_{l+1}^{-1}. \tag{1.22}$$

因此, 对于所有的 $t \geqslant \hat{t}$, 都有

$$\lambda_n^{-1} \leqslant \alpha_{t+1}^{\text{BB1}} \leqslant \frac{3}{2}\lambda_{l+1}^{-1}.$$

相似地, 我们可以证明对于所有的 $t \geqslant \hat{t}$, 都有

$$\alpha_{t+1}^{\mathrm{BB2}} < \frac{\frac{\epsilon}{2}\lambda_{l+1} + \sum\limits_{i=l+1}^{n} (c_i^{(t)})^2 \lambda_i^3}{\sum\limits_{i=l+1}^{n} (c_i^{(t)})^2 \lambda_i^4} < \frac{\frac{\epsilon}{2}\lambda_{l+1} + \epsilon\lambda_{l+1}}{\epsilon\lambda_{l+1}^2} = \frac{3}{2}\lambda_{l+1}^{-1},$$

因此,

$$\lambda_n^{-1} \leqslant \alpha_{t+1}^{\mathrm{BB2}} \leqslant \frac{3}{2}\lambda_{l+1}^{-1}.$$

故由 α_t 的定义 (1.9) 可知, 对于任意的 $t \geqslant \hat{t}+1$,

$$\lambda_n^{-1} \leqslant \alpha_t \leqslant \frac{3}{2}\lambda_{l+1}^{-1}.$$

事实上, $c_{l+1}^{(t+1)} = (1 - \alpha_t\lambda_{l+1})c_{l+1}^{(t)}$, 因此对于所有的 $t \geqslant \hat{t}+1$,

$$\left| c_{l+1}^{(t+1)} \right| \leqslant |1 - \alpha_t\lambda_{l+1}| \left| c_{l+1}^{(t)} \right| \leqslant \hat{c} \left| c_{l+1}^{(t)} \right|,$$

其中

$$\hat{c} = \max\left\{ \frac{1}{2}, 1 - \frac{\lambda_{l+1}}{\lambda_n} \right\} < 1. \tag{1.23}$$

因此当 $t \to \infty$ 时, $c_{l+1}^{(t)} \to 0$. 这与式 (1.17) 矛盾. 因此可得

$$\liminf_{t \to \infty} \left| c_{l+1}^{(t)} \right| = 0. \qquad \qquad \square$$

基于命题 1.1, 引理 1.1, 引理 1.2 和引理 1.4, 我们来建立算法 1.1 的全局收敛性.

定理 1.1　令序列 $\{x_t\}$ 由算法 1.1 求解模型 (1.11) 时产生, 且 x_* 是其唯一极小值点. 则要么存在一个正整数 j 使得 $x_j = x_*$, 要么序列 $\{x_t\}$ 收敛到 x_*.

证明　如果算法在有限步后终止, 则存在一个正整数 j 使得 $x_j = x_*$ 结论成立. 如果序列 $\{x_t\}$ 是无限的, 我们将证明 $\{x_t\}$ 收敛到 x_*, 即证明误差序列 $\{e_t\}$ 收敛于 0.

由引理 1.1 可得

$$\|e_t\|_2^2 = \sum_{i=1}^{n} \left(c_i^{(t)} \right)^2.$$

因此, 要证 $\{e_t\}$ 收敛于 0, 只需证明每一个序列 $\{c_i^{(t)}\}$, $i = 1, \cdots, n$ 都收敛于 0.

通过反证法, 我们假设存在序列 $\{c_i^{(t)}\}$ 不收敛于 0. 不妨假设 $\{c_p^{(t)}\}$ 是第一个不收敛于 0 的序列. 由引理 1.3 可得 $p \geqslant 2$, 且序列 $\{c_1^{(t)}\}, \cdots, \{c_{p-1}^{(t)}\}$ 都收敛于 0. 因此对于给定的 $\epsilon > 0$, 存在充分大的 $\hat{t}$ 使得当 $t \geqslant \hat{t}$, 下列不等式成立:

$$\sum_{i=1}^{p-1} \left(c_i^{(t)}\right)^2 \lambda_i^2 < \frac{\epsilon}{2}. \tag{1.24}$$

通过引理 1.4, 我们知道

$$\liminf_{t \to \infty} |c_p^{(t)}| = 0.$$

因此存在 $t_p \geqslant \hat{t}$ 使得

$$\left(c_p^{(t_p)}\right)^2 \lambda_p^2 < \epsilon.$$

下面分三种情况讨论 $t \geqslant t_p$ 时的 $\{c_p^{(t)}\}$. 目的是证明存在一个正常数 C 使得

$$\left(c_p^{(t)}\right)^2 \leqslant C \frac{\epsilon}{\lambda_p^2}, \quad \forall t \geqslant t_p.$$

情况 (a) $t_p \leqslant t \leqslant t_0 - 1$.

令 $t_0(> t_p)$ 是第一个满足以下不等式的正整数:

$$\left(c_p^{(t_0-1)}\right)^2 \lambda_p^2 < \epsilon, \quad \left(c_p^{(t_0)}\right)^2 \lambda_p^2 > \epsilon. \tag{1.25}$$

因此对于所有的 $t_p \leqslant t \leqslant t_0 - 1$, 都有

$$\max_{t_p \leqslant t \leqslant t_0-1} \left\{ \left(c_p^{(t)}\right)^2 \right\} < \frac{\epsilon}{\lambda_p^2}. \tag{1.26}$$

情况 (b) $t_0, t_0 + 1$ 以及 $t_0 + 1 < t \leqslant j + 1$.

假设 $j > t_0$ 是第一个满足如下不等式的正整数:

$$\left(c_p^{(t)}\right)^2 \lambda_p^2 > \epsilon, \quad \left(c_p^{(j)}\right)^2 \lambda_p^2 < \epsilon, \quad \forall t_0 \leqslant t \leqslant j - 1. \tag{1.27}$$

然后, 我们将引理 1.4 中的 $\hat{t}$ 替换为 t_0, 那么当 $t_0 + 1 \leqslant t \leqslant j$, 由 (1.24) 和 (1.27) 可得

$$\lambda_n^{-1} \leqslant \alpha_t \leqslant \frac{3}{2} \lambda_p^{-1}. \tag{1.28}$$

根据引理 1.2, 可得对于所有的 $t' > 0$,

$$\left(c_p^{(t'+1)}\right)^2 = (1 - \alpha_{t'}\lambda_p)^2 \left(c_p^{(t')}\right)^2 \leqslant \left(\frac{\lambda_n - \lambda_1}{\lambda_1}\right)^2 \left(c_p^{(t')}\right)^2$$

$$\leqslant \left(\frac{\lambda_n - \lambda_1}{\lambda_1}\right)^4 \left(c_p^{(t'-1)}\right)^2. \tag{1.29}$$

对于 t_0, 由 (1.25) 和 (1.29), 我们可得

$$\left(c_p^{(t_0)}\right)^2 \leqslant \left(\frac{\lambda_n - \lambda_1}{\lambda_1}\right)^2 \left(c_p^{(t_0-1)}\right)^2 \leqslant \left(\frac{\lambda_n - \lambda_1}{\lambda_1}\right)^2 \frac{\epsilon}{\lambda_p^2}. \tag{1.30}$$

而对于 $t_0 + 1$, 由 (1.25) 和 (1.29), 可得

$$\left(c_p^{(t_0+1)}\right)^2 \leqslant \left(\frac{\lambda_n - \lambda_1}{\lambda_1}\right)^4 \frac{\epsilon}{\lambda_p^2}. \tag{1.31}$$

又因为当 $t_0 + 1 \leqslant t \leqslant j$ 时, α_t 满足 (1.28), 所以

$$\left(c_p^{(t+1)}\right)^2 \leqslant \max\left\{\frac{1}{2}, 1 - \frac{\lambda_p}{\lambda_n}\right\}^2 \left(c_p^{(t)}\right)^2 \leqslant \left(c_p^{(t_0+1)}\right)^2 \leqslant \left(\frac{\lambda_n - \lambda_1}{\lambda_1}\right)^4 \frac{\epsilon}{\lambda_p^2}. \tag{1.32}$$

最后由 (1.26), (1.30)—(1.32), 我们得出

$$\max_{t_p \leqslant t \leqslant j+1}\left\{\left(c_p^{(t)}\right)^2\right\} \leqslant \max\left\{1, \left(\frac{\lambda_n - \lambda_1}{\lambda_1}\right)^2, \left(\frac{\lambda_n - \lambda_1}{\lambda_1}\right)^4\right\} \frac{\epsilon}{\lambda_p^2}.$$

情况 (c)　$t \geqslant j + 2$.

重复 (a) 和 (b) 的过程, 当 $t \geqslant j + 2$ 时, 我们可以证明

$$\max_{t \geqslant j+2}\left\{\left(c_p^{(t)}\right)^2\right\} \leqslant \max\left\{1, \left(\frac{\lambda_n - \lambda_1}{\lambda_1}\right)^2, \left(\frac{\lambda_n - \lambda_1}{\lambda_1}\right)^4\right\} \frac{\epsilon}{\lambda_p^2}.$$

最后结合 (a), (b) 和 (c) 三种情况下的结论, 存在常数

$$C = \max\left\{1, \left(\frac{\lambda_n - \lambda_1}{\lambda_1}\right)^2, \left(\frac{\lambda_n - \lambda_1}{\lambda_1}\right)^4\right\},$$

使得

$$\left(c_p^{(t)}\right)^2 \leqslant C\frac{\epsilon}{\lambda_p^2}, \quad \forall t \geqslant t_p.$$

定义

$$M_\epsilon = \sup_{t \geqslant t_p} \left\{ \left(c_p^{(t)} \right)^2 \right\}.$$

那么, 当 $\epsilon (> 0) \to 0$, $M_\epsilon \to 0$. 这意味着

$$\limsup_{t \to \infty} \left(c_p^{(t)} \right)^2 = 0.$$

因此,

$$\lim_{t \to \infty} \left| c_p^{(t)} \right| = 0, \tag{1.33}$$

这与 $\{c_p^{(t)}\}$ 不收敛于 0 矛盾. 因此得证序列 $\{e_t\}$ 收敛到 0. □

接下来我们研究算法 1.1 的局部收敛性理论.

定理 1.2   令序列 $\{x_t\}$ 由算法 1.1 求解模型 (1.11) 时产生. 则要么有限步后 $\|g_t\| = 0$, 要么序列 $\{\|g_t\|\}$ R-线性收敛于 0.

证明   由于 $s_t = x_{t+1} - x_t = -\alpha_t g_t$ 且 $y_t = As_t$, 则直接由 (1.12) 和 (1.13) 可得

$$\alpha_{t+1}^{\mathrm{BB1}} = \frac{g_t^{\mathrm{T}} g_t}{g_t^{\mathrm{T}} A g_t}, \quad \alpha_{t+1}^{\mathrm{BB2}} = \frac{g_t^{\mathrm{T}} A g_t}{g_t^{\mathrm{T}} A^2 g_t}.$$

根据引理 1.2, 我们知道

$$g_t = \sum_{i=1}^{n} g_i^{(t)} v_i, \quad g_i^{(t)} = (1 - \alpha_{t-1} \lambda_i) g_i^{(t-1)}.$$

又由 $\{v_1, v_2, \cdots, v_n\}$ 的正交性可得

$$g_t^{\mathrm{T}} g_t = \sum_{i=1}^{n} \left(g_i^{(t)} \right)^2, \quad A g_t = \sum_{i=1}^{n} \lambda_i g_i^{(t)} v_i.$$

因此,

$$\alpha_{t+1}^{\mathrm{BB1}} = \frac{\sum\limits_{i=1}^{n} (g_i^{(t)})^2}{\sum\limits_{i=1}^{n} (g_i^{(t)})^2 \lambda_i}, \quad \alpha_{t+1}^{\mathrm{BB2}} = \frac{\sum\limits_{i=1}^{n} (g_i^{(t)})^2 \lambda_i}{\sum\limits_{i=1}^{n} (g_i^{(t)})^2 \lambda_i^2}.$$

根据 $g_t = Ax_t - b = -Ae_t$ 和引理 1.2, 我们可得

$$g_t = \sum_{i=1}^n g_i^{(t)} v_i = -\sum_{i=1}^n c_i^{(t)} \lambda_i v_i.$$

因此, $g_i^{(t)} = -c_i^{(t)} \lambda_i$.

回顾引理 1.4 的证明过程, 我们知道对于任意整数 $l, l = 1, 2, \cdots, n-1$ 和实数 $\epsilon > 0$, 若

$$
\begin{cases}
\sum_{i=1}^l \left(c_i^{(t)}\right)^2 \lambda_i^2 = \sum_{i=1}^l \left(g_i^{(t)}\right)^2 < 1/2\epsilon < \epsilon, \\
\left(c_{l+1}^{(t)}\right)^2 \lambda_{l+1}^2 = \left(g_{l+1}^{(t)}\right)^2 > \epsilon,
\end{cases}
$$

则

$$\lambda_n \geqslant \left(\alpha_t^{\mathrm{CBB}}\right)^{-1} \geqslant \frac{2}{3}\lambda_{l+1}.$$

因此, α_t^{CBB} 满足 (Dai, 2003) 中提出的性质 (A). 与 (Dai, 2003) 中的定理 4.1 的证明相似, 我们可以得到算法 1.1 的 R-线性收敛性. □

注 1.4 与 (Raydan, 1993) 中的引理 2 相似, 假定 A 的特征值满足 $\lambda_n < 2\lambda_1$, 我们可以证明序列 $\{x_t\}$ Q-线性收敛于 x_*. R-线性和 Q-线性收敛的定义参见 (Sun and Yuan, 2006) 中的定义 (1.5.4).

注意到在二次极小化问题中, α_t^{BB1}, α_t^{BB2}, α_t^{ABB}, α_t^{CBB} 和 α_t^{CABB} 都可以改写为

$$\alpha_t = \mu_t \frac{g_{t-1}^{\mathrm{T}} A^{\rho(t)} g_{t-1}}{g_{t-1}^{\mathrm{T}} A^{\rho(t)+1} g_{t-1}} + (1-\mu_t) \frac{g_{t-1}^{\mathrm{T}} A^{\gamma(t)} g_{t-1}}{g_{t-1}^{\mathrm{T}} A^{\gamma(t)+1} g_{t-1}}, \tag{1.34}$$

其中 $\rho(t), \gamma(t) \in \{0, 1\}$, $\mu_t \in [0,1]$ 且 $\rho(t) \neq \gamma(t)$. 在本节的最后, 我们来给出这个统一步长 (1.34) 的全局和局部收敛性分析.

推论 1.1 令序列 $\{x_t\}$ 由算法 1.1 求解模型 (1.11) 时产生, 其中步长 α_t 由 (1.34) 式定义. 令 x_* 是问题 (1.11) 的唯一极小值点. 则要么存在一个正整数 j 使得 $x_j = x_*$, 要么序列 $\{x_t\}$ 收敛到 x_*.

证明 因为 α_t^{BB1}, α_t^{BB2}, α_t^{ABB}, α_t^{CBB} 和 α_t^{CABB} 都满足命题 1.1, 又因为 α_t 由 (1.34) 定义, 所以有

$$0 < \lambda_n^{-1} \leqslant \alpha_t \leqslant \lambda_1^{-1}, \quad \forall t \in N. \tag{1.35}$$

对于任意的整数 l, $l = 1, 2, \cdots, n-1$ 和任意的实数 $\epsilon > 0$, 如果有

$$
\begin{cases}
\displaystyle\sum_{i=1}^{l} \left(g_i^{(t)}\right)^2 < 1/2\epsilon, \\[3mm]
\left(g_{l+1}^{(t)}\right)^2 > \epsilon
\end{cases}
$$

成立, 则由 (1.34) 可得

$$
\begin{aligned}
\alpha_t &= \mu_t \frac{\displaystyle\sum_{i=1}^{n}(g_i^{(t)})^2\lambda_i^{\rho(t)}}{\displaystyle\sum_{i=1}^{n}(g_i^{(t)})^2\lambda_i^{\rho(t)+1}} + (1-\mu_t)\frac{\displaystyle\sum_{i=1}^{n}(g_i^{(t)})^2\lambda_i^{\gamma(t)}}{\displaystyle\sum_{i=1}^{n}(g_i^{(t)})^2\lambda_i^{\gamma(t)+1}} \\[4mm]
&\leqslant \mu_t \frac{\displaystyle\sum_{i=1}^{l}(g_i^{(t)})^2\lambda_i^{\rho(t)} + \sum_{i=l+1}^{n}(g_i^{(t)})^2\lambda_i^{\rho(t)}}{\displaystyle\sum_{i=l+1}^{n}(g_i^{(t)})^2\lambda_i^{\rho(t)+1}} + (1-\mu_t)\frac{\displaystyle\sum_{i=1}^{l}(g_i^{(t)})^2\lambda_i^{\gamma(t)} + \sum_{i=l+1}^{n}(g_i^{(t)})^2\lambda_i^{\gamma(t)}}{\displaystyle\sum_{i=l+1}^{n}(g_i^{(t)})^2\lambda_i^{\gamma(t)+1}} \\[4mm]
&\leqslant \mu_t \frac{\lambda_{l+1}^{\rho(t)}\displaystyle\sum_{i=1}^{l}(g_i^{(t)})^2 + \sum_{i=l+1}^{n}(g_i^{(t)})^2\lambda_i^{\rho(t)}}{\lambda_{l+1}\displaystyle\sum_{i=l+1}^{n}(g_i^{(t)})^2\lambda_i^{\rho(t)}} + (1-\mu_t)\frac{\lambda_{l+1}^{\gamma(t)}\displaystyle\sum_{i=1}^{l}(g_i^{(t)})^2 + \sum_{i=l+1}^{n}(g_i^{(t)})^2\lambda_i^{\gamma(t)}}{\lambda_{l+1}\displaystyle\sum_{i=l+1}^{n}(g_i^{(t)})^2\lambda_i^{\gamma(t)}} \\[4mm]
&\leqslant \mu_t \frac{\dfrac{1}{2}\epsilon\lambda_{l+1}^{\rho(t)} + \epsilon\lambda_{l+1}^{\rho(t)}}{\epsilon\lambda_{l+1}^{\rho(t)+1}} + (1-\mu_t)\frac{\dfrac{1}{2}\epsilon\lambda_{l+1}^{\gamma(t)} + \epsilon\lambda_{l+1}^{\gamma(t)}}{\epsilon\lambda_{l+1}^{\gamma(t)+1}} \\[4mm]
&= \mu_t \frac{\dfrac{3}{2}}{\lambda_{l+1}} + (1-\mu_t)\frac{\dfrac{3}{2}}{\lambda_{l+1}} = \frac{3}{2}\left(\lambda_{l+1}\right)^{-1}.
\end{aligned}
$$

因此回顾引理 1.4 和定理 1.1 的证明过程, 我们可以证明推论 1.1. $\qquad\square$

推论 1.2 令序列 $\{x_t\}$ 由算法 1.1 求解模型 (1.11) 时产生, 其中步长 α_t 由 (1.34) 式定义. 则要么有限步后 $g_t = 0$, 要么序列 $\{\|g_t\|\}$ R-线性收敛于 0.

证明 根据推论 1.1 的证明过程, 我们可知对于由 (1.34) 定义的步长依然满足 (Dai, 2003) 中的性质 (A). 由 (Dai, 2003) 中的定理 4.1 可得推论 1.2 成立. $\quad\square$

1.4 数值性能测试

本节将测试新型自适应的 BB 步长的数值效率, 并与文献中其他相似的 BB 方法进行比较.

本章所使用的算法描述如下:

- **BB1** 步长 $\alpha_t = \alpha_t^{\text{BB1}}$ 下的算法 1.1;
- **BB2** 步长 $\alpha_t = \alpha_t^{\text{BB2}}$ 下的算法 1.1;
- **NBB** 步长 $\alpha_t = \alpha_t^{\text{NBB}}$ 下的算法 1.1;
- **CBB(μ)** 步长 $\alpha_t = \alpha_t^{\text{CBB}}$ 且 $\mu_t = \mu$ 下的算法 1.1;
- **CBB** 步长 $\alpha_t = \alpha_t^{\text{CBB}}$ 下的算法 1.1;
- **ABB** 步长 $\alpha_t = \alpha_t^{\text{ABB}}$ 且 $\kappa = 0.5$ 下的算法 1.1;
- **C(0.8)** 步长 $\alpha_t = \alpha_t^{\text{CABB}}$, $\mu_t = 0.8$ 且 $\kappa = 0.5$ 下的算法 1.1;
- **CABB** 步长 $\alpha_t = \alpha_t^{\text{CABB}}$ 且 $\kappa = 0.5$ 下的算法 1.1.

我们首先研究同文献中已有的算法 BB1, BB2 和 NBB 相比, 本章所提出的算法 CBB 能否提高梯度算法的数值效率. 我们也关注 CABB 的性能是否优于 ABB. 然后研究当权重固定为 μ 时, 不同取值的 μ 怎样影响 CBB(μ) 的数值性能. 为了比较各算法的数值性能, 我们罗列它们在求解各病态二次问题和一般的非线性问题中的数值结果. 为了后续叙述的方便性, 我们使用 P 表示 (Andrei, 2008) 中测试问题的序号; n 表示问题的规模; Cd 表示目标函数 Hessian 矩阵的条件数; NI 表示算法的迭代次数; $f_{\min}$ 表示算法终止时, 目标函数的取值; T 表示算法的执行时间 (s); F 表示迭代次数超过 10000 或者 $f_{\min}$ 不是最小值.

为了结果的公平性, 所有的算法代码都由 MATLAB R2014a 编写, 所有实验都在个人计算机上实现, 运行环境为: 2.60 GHz CPU, 4.00 GB 内存和 Windows 7 操作系统.

1.4.1 病态二次问题

我们首先研究所有算法在求解病态二次极小化问题时的数值性能差异.

考虑以下测试问题:

$$f(x) = (x - x_*)^{\text{T}}\text{diag}(\lambda_1, \lambda_2, \cdots, \lambda_n)(x - x_*), \quad x \in R^n, \quad (1.36)$$

其中 $\text{diag}(\lambda_1, \lambda_2, \cdots, \lambda_n)$ 是一个对角方阵. 实际上此类问题也在文献 (Yuan, 2011) 中被使用. 为了测试不同维度 (n)、不同条件数 (Cd) 下的问题 (1.36), 我们选取 $n \in \{10, 10^2, 10^3, 10^4\}$, 令 $\lambda_1 = 1$, $\lambda_n \in \{10, 10^2, 10^3, 10^4, 10^5\}$. 对于这类问题, 显然 $\text{Cd} = \lambda_n$. 此外问题 (1.36) 中其他参数的设置为

$$x_*^i \in (-5, 5), \quad i = 1, 2, \cdots, n, \quad \lambda_i \in (1, \lambda_n), \quad i = 2, 3, \cdots, n-1.$$

在算法 1.1 中, 初始化

$$x_0 = \text{zeros}(n, 1), \quad \alpha_0 = \alpha_0^{\text{SD}} = \frac{g_0^{\text{T}} g_0}{g_0^{\text{T}} \nabla^2 f(x_0) g_0},$$

其中 zeros 为 MATLAB 函数, 用于生成零向量. 算法的终止条件为

$$\|g_t\|_2 \leqslant 10^{-5} \|g_0\|_2.$$

针对不同的 n 和 Cd, 我们一共产生了 20 种测试问题. 为了减弱模型参数随机性的影响, 每种测试问题都被独立求解 10 次. 然后根据相应数值结果的平均值我们来衡量各算法的数值性能. 在表 1.1 中, 我们罗列了各算法在相同精度下的平均迭代次数 (NI), 其中, 每一行的最小值用黑体突出, 第二小的用下划线标出, 若存在多个最小值, 则同时加粗加下划线.

表 1.1   各算法的平均迭代次数 (NI)

n	Cd	BB1	BB2	NBB	CBB	ABB	CABB	C(0.8)
10	10	<u>18.4</u>	18.8	19	19	**18.3**	19.2	19.4
10	10^2	50.4	55.2	65	48.1	40.6	<u>40.1</u>	**39.6**
10	10^3	87	96.8	142.2	82.3	**77.5**	<u>79.3</u>	92.1
10	10^4	141.9	180.7	380.5	<u>139.9</u>	151.4	**134.9**	155.6
10	10^5	26.8	27	46.1	26.8	**<u>24.7</u>**	**<u>24.7</u>**	26.3
10^2	10	19.6	19.9	<u>19.3</u>	19.5	19.6	**19.1**	19.4
10^2	10^2	53.9	54.8	63.2	53.9	<u>46.9</u>	**46.7**	48.1
10^2	10^3	<u>103</u>	114.1	158.9	103.3	117	106.5	**100.7**
10^2	10^4	159.7	180.5	262.5	**130.5**	147.1	<u>130.8</u>	137.5
10^2	10^5	59.9	70.7	89.6	59.9	59.3	<u>59.1</u>	**53.9**
10^3	10	19	19.9	**<u>18.9</u>**	**<u>18.9</u>**	19	**<u>18.9</u>**	19
10^3	10^2	50.7	56.2	57.1	51.5	<u>49</u>	**48.4**	54
10^3	10^3	114.3	114.6	150.3	115.7	115	**104.7**	<u>108</u>
10^3	10^4	112.9	115.2	158.8	115.4	**100.2**	<u>102.4</u>	104.5
10^3	10^5	119.4	122.7	163.3	**100.4**	118.1	<u>116.5</u>	117.2
10^4	10	**<u>19</u>**	20	19.1	**<u>19</u>**	**<u>19</u>**	19.1	**<u>19</u>**
10^4	10^2	<u>50.7</u>	59	62.3	52.8	53.4	52.8	**49.2**
10^4	10^3	109.4	119.9	131.1	113.5	**98.8**	106.1	<u>104.5</u>
10^4	10^4	114.8	123.8	153.7	114.8	<u>113.6</u>	**112.8**	117.9
10^4	10^5	117.1	129.6	138.5	118.8	**106.2**	<u>113.1</u>	113.4

从表 1.1 中的数值结果, 我们观察到:

(1) 由表中不同的 n 下和不同 Cd 下的 NI 的最小值和第二小的值可知, 自适应算法 CBB, ABB, C(0.8) 和 CABB 明显优于 BB1, BB2, NBB, 且 BB1 优于 BB2 和 NBB. 在 20 种测试问题中, CBB, ABB, C(0.8) 和 CABB 的数值结果优于或等效于 BB1 的问题个数分别为 12, 16, 15 和 16 例.

(2) 算法 ABB, C(0.8) 和 CABB 的数值性能整体优于 CBB. 但是 CBB, C(0.8) 和 CABB 分别在 8 例, 10 例和 14 例测试问题中性能优于或等效于 ABB.

(3) 总的来说, 当二次问题相应的 Hessian 矩阵的条件数较小时, 各算法的数值结果相差不大, 但当条件数增大时, 自适应算法类的性能更优.

在表 1.2 中, 令 $\mu \in \{0.1, 0.2, 0.4, 0.5, 0.6, 0.7, 0.8, 0.9\}$, 我们进一步罗列了不同取值的 μ 下 CBB(μ) 在求解各类测试问题时的平均迭代次数, 以研究固定权重对 CBB 性能的影响. 则由表 1.2 中最好和次好的结果可知, 对于不同维度或条件数的测试问题, μ 的最优值是不同的, 总的来说, μ 的最佳选择区间似乎为 $[0.7, 0.9]$.

表 1.2　CBB(μ) 在不同 μ 下的平均迭代次数 (NI)

n	Cd	CBB(μ)							
		0.1	0.2	0.4	0.5	0.6	0.7	0.8	0.9
10	10	**19**	**19**	19.4	19.7	19.4	19.2	19.2	18.5
10	10^2	59	62.5	63.4	59.3	55.4	53.6	52.5	**49.7**
10	10^3	209.4	161.6	129	117.9	113.9	110.4	102.4	**89.5**
10	10^4	373.7	257.5	248.2	190	173.2	**140.5**	144.9	157.6
10	10^5	43.8	42.6	35.4	36.9	35.1	28.6	30.3	**25.5**
10^2	10	19.7	19.8	19.4	19.4	19.3	19.3	**19.2**	19.5
10^2	10^2	57.8	62.5	68.2	59.2	59.2	60	**52.9**	53.4
10^2	10^3	161	167.4	140.9	123.6	122.1	116	**97**	114.1
10^2	10^4	235.9	216.8	186.5	203.3	191.6	174.7	163.7	**152.5**
10^2	10^5	80.4	83.5	78.2	70.3	71.2	68.4	**67.8**	68.1
10^3	10	19.2	19.5	19.2	19.1	19	**18.9**	19.1	19
10^3	10^2	61.7	63.5	60.7	57.8	58.7	57.9	**54.6**	55.3
10^3	10^3	165.8	149.3	137.6	125.6	123.9	127.3	117.1	**110.8**
10^3	10^4	167.4	144.1	129.2	130.7	131.8	116.7	114.3	**110.6**
10^3	10^5	167	156.2	140.5	125.3	122.8	122.9	**103.4**	110.6
10^4	10	19.1	19.3	19.1	19	19	**18.7**	18.9	19
10^4	10^2	67.1	61.3	59.1	60.6	60.1	58.7	53.7	**52.5**
10^4	10^3	142.1	134.3	130.4	127.8	132.1	113.5	**107.8**	116
10^4	10^4	160.2	157.4	139.1	142.3	133.1	115.7	119.5	**113.6**
10^4	10^5	173.2	170.1	142.2	146.3	140.2	124.3	**118.8**	131.9

为了进一步分析各算法的数值性能差距, 我们引入 Dolan 和 Moré (2002) 提出的评估方法. 令 $\mathcal{S}$ 为算法集合, $\mathcal{P}$ 测试问题集合, 而 $t_{p,s}$ 为算法 $s \in \mathcal{S}$ 求解问题 $p \in \mathcal{P}$ 时得到的结果 NI 或 T. 则得到该算法求解问题 p 时的数值性能比:

$$r_{p,s} = \frac{t_{p,s}}{\min\{t_{p,s} : s \in \mathcal{S}\}}.$$

基于此方法, 算法 s 的整体性能被评估为

$$\rho_s(\tau) = \frac{1}{\text{size}\{\mathcal{P}\}} \text{size}\{p \in \mathcal{P} : r_{p,s} \leqslant \tau\},$$

其中 size$\{\cdot\}$ 表示集合中的元素个数. 显然, $\rho_s(\tau)$ 给出了算法 s 的性能比 $r_{p,s}$ 在因子 $\tau \in R_+$ 内的概率. 也就是说, $\rho_s(\tau)$ 是性能比 $r_{p,s}$ 的分布函数.

图 1.1 中给出了各算法关于迭代次数 (NI) 和算法运行时间 (T) 的性能曲线. 具体来讲, 图 1.1(a) 和 1.1(b) 表示了 CBB, CBB(0.8), BB1, CABB, C(0.8) 和 ABB 在给定精度下求解 20 种测试问题所产生的 200 个随机数值实验的迭代次数结果. 而图 1.1(c) 和 1.1(d) 展示了 CBB, CBB(0.8), BB1, CABB, C(0.8) 和 ABB 在求解大规模测试问题时的算法运行时间, 其中 $n = 1000, 10000$, $Cd = 10$, 10^2, 10^3, 10^4, 10^5.

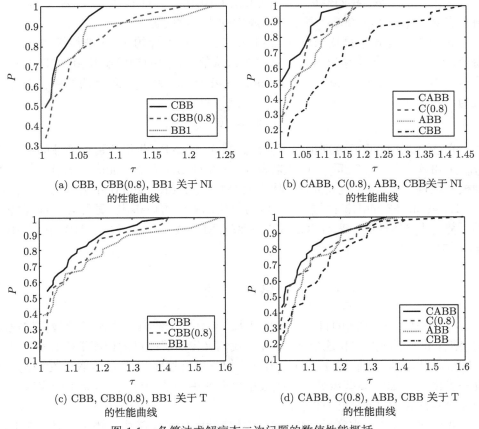

(a) CBB, CBB(0.8), BB1 关于 NI
的性能曲线

(b) CABB, C(0.8), ABB, CBB关于 NI
的性能曲线

(c) CBB, CBB(0.8), BB1 关于 T
的性能曲线

(d) CABB, C(0.8), ABB, CBB 关于 T
的性能曲线

图 1.1　各算法求解病态二次问题的数值性能概括

在图 1.1 中, 各子图的横坐标 τ 表示相应数值结果与各算法最小数值结果的比值, 纵坐标 P 表示算法在相应的性能因子 τ 下成功求解问题的比例. 在图的左端, $\tau = 1$ 时对应的 P 值表示算法在所有测试问题中取得最小数值结果的比例. 在图的右端, 最大的 τ 对应的 P 值表示算法成功求解的测试问题占比.

从图 1.1(a) 和 1.1(c) 中可知, CBB 关于 NI 和 T 的性能曲线一直在最上方,因此 CBB 的数值性能显著优于 BB1 和 CBB(μ). 在图 1.1(b) 和 1.1(d) 中 CABB 的性能曲线也一直在最上方, 因此相比 C(0.8), ABB 和 CBB, CABB 也表现最好.

由以上数值结果, 我们可以推断, 新的自适应 BB 步长 α_t^{CBB} 确实可以提高梯度算法求解大规模病态二次问题的数值效率.

1.4.2 一般的非线性问题

在本节的最后, 我们使用 BB1, CBB, CBB(0.8), ABB, CABB 和 C(0.8) 求解来自文献 (Andrei, 2008) 基准测试库中的非二次问题.

我们使用这 6 个算法来求解 Andrei (2008) 所设计的 14 个非线性测试问题, 每个问题的初始点设置为相应文献中的默认值, 算法的初始步长由标准 Armijo 线搜索得到 (Huang et al., 2018; Huang and Wan, 2017). 各算法的终止条件设置为

$$\|g_t\|_2 \leqslant 10^{-6}.$$

在表 1.3 中, 我们分别报告了算法迭代次数 (NI), 获得的目标函数的最小值 ($f_{\min}$) 和算法的运行时间 (T). 结果表明, 这 6 种 BB 方法均能成功求解一般的大规模非线性 (非二次) 优化问题. 特别地, 对于 (Andrei, 2008) 中编号为 5, 6, 18, 29, 41, 49 和 53 的测试问题, 从相应的数值结果中可以得出, 每种方法都有各自的优势. 从整体性能上来看, CBB(0.8) 和 CBB (或 C(0.8) 和 CABB) 优于 BB1 (或 ABB) 方法.

总　　结

本章提出了一种新的自适应 BB 步长, 它是两个经典 BB 步长的最优加权平均, 结合最速下降方向和这个新的步长, 我们又提出了改进的梯度下降算法. 对于二次极小化问题, 我们建立了所提出算法的全局收敛性和 R-线性收敛性理论, 并进一步提出了 BB 类型步长在二次极小化问题中的统一形式, 建立了相应算法的全局收敛性和 R-线性收敛性理论.

数值实验表明, 本章所开发算法的数值性能优于文献中的类似算法, 它更适用于求解病态的大规模二次极小化问题和一般非线性测试问题. 总之, 新步长有助于提高梯度算法的数值效率, 特别是用于求解大规模优化问题.

表 1.3　各算法的数值结果 (NI/f_{min}/T)

P	n	BB1	CBB	CBB(0.8)	ABB	CABB	C(0.8)
5	10^5	F/F/F	F/F/F	F/F/F	109/8.46e−19/3.30	101/7.23e−14/3.22	81/5.69e−18/2.64
6	10^5	55/1.86e−15/3.69	65/7.72e−16/3.35	70/7.023e−17/2.85	41/1.29e−11/1.80	47/2.85e−16/2.02	52/2.80e−13/2.21
18	10^2	78/2.36e−15/0.02	60/8.88e−16/0.01	F/F/F	F/F/F	F/F/F	F/F/F
19	10^5	7/2.17e−20/0.67	7/1.24e−13/0.50	7/2.82e−16/0.60	7/2.17e−20/0.54	7/2.82e−16/0.50	7/1.39e−13/0.43
21	10^5	14/1.43e−17/0.71	14/8.73e−18/0.57	14/1.26e−21/0.70	14/1.43e−17/0.64	14/1.26e−21/0.58	14/8.728e−18/0.530
25	10^5	310/1.82e−8/6.32	811/3.95e−8/13.14	191/1.39e−8/3.072	278/3.59e−8/4.34	250/3.81e−8/4.25	239/2.46e−8/3.73
29	10^3	210/482.5/0.07	113/482.5/0.04	140/482.5/0.05	213/−123.9/0.07	205/−123.9/0.07	220/−123.9/0.07
31	10^4	927/3.61e−08/1.03	870/4.73e−08/0.99	700/3.51e−08/0.730	1145/2.93e−08/1.19	1277/4.01e−08/1.32	1271/3.50e−08/1.68
37	10^4	1431/−1/1.34	1305/−1/0.97	1413/−1/1.043	940/−1/0.658	1146/−1/0.772	991/−1/0.681
41	10^2	F/F/F	2684/1.74e−12/0.20	1213/6.33e−14/0.11	F/F/F	F/F/F	F/F/F
43	10^3	2108/1.93e−13/0.36	1729/3.36e−15/0.35	1546/2.91e−14/0.25	1140/8.83e−18/0.20	1130/3.01e−13/0.22	1058/2.54e−15/0.19
49	10^3	F/F/F	1551/−781.9/0.43	F/F/F	F/F/F	F/F/F	F/F/F
53	10^3	61/1.07e−14/0.03	62/4.82e−15/0.03	46/4.61e−15/0.02	F/F/F	321/1.38e−13/0.02	47/2.73e−14/0.02
55	10^5	447/1.12e−13/0.11	382/1.63e−13/0.10	519/2.03e−13/0.14	327/1.01e−13/0.09	321/1.38e−13/0.09	365/1.00e−13/0.09

第 2 章　新型非单调线搜索

本章将提出一类新型非单调线搜索规则, 它是 Zhang 和 Hager 提出的非单调线搜索技术的改进. 与他们的方法不同, 本章的非单调线搜索具有类似于标准 Armijo 线搜索的良好性质. 利用这一性质, 当搜索方向满足一定条件时, 我们能够更容易建立算法的全局收敛性和 R-线性收敛性. 大量的数值测试结果将证实新型非单调线搜索规则和相应算法所具备的优越性.

2.1　引　言

设 $f: R^n \to R$ 是一个连续可微的函数, 故其梯度存在, 用 $g: R^n \to R^n$ 表示 f 的梯度函数, $\|\cdot\|$ 表示欧氏范数. 本章研究求解如下无约束优化问题:

$$\min_{x \in R^n} f(x). \tag{2.1}$$

为了求解问题 (2.1), 一种常用的迭代格式是: 设 $x_0 \in R^n$ 是任意一个起始点, 问题 (2.1) 的近似解序列由

$$x_{k+1} = x_k + \alpha_k d_k$$

生成, 其中 k 是非负整数, α_k 是通过某种线搜索规则获得的步长, d_k 是第 k 次迭代时的搜索方向. 选择不同的 α_k 和 d_k 会很大程度上影响迭代方法的效率 (Wright and Nocedal, 1999). 本章主要研究如何选定适当步长.

对于给定的下降方向 d_k, 非精确单调线搜索可以以更低的成本实现目标函数 f 的充分下降, 是选择适当步长的最实用策略. 目前已经有许多单调线搜索方法 (Armijo, 1966; Goldstein, 1965; Wolfe, 1969; Wan et al., 2011a, 2012a, 2014b). 其中, Armijo 线搜索是一种最基本的方法, 它选取 $\alpha_k = \bar{\alpha}_k \rho_1^l$, 满足以下不等式:

$$f(x_k + \alpha_k d_k) \leqslant f(x_k) + \delta \alpha_k g_k^{\mathrm{T}} d_k, \tag{2.2}$$

其中 $\bar{\alpha}_k$ 是试探步长, 通常设置为 1, $g_k = g(x_k)$, 且 $\rho_1, \delta \in (0, 1)$. 显然, 若 $g_k^{\mathrm{T}} d_k < 0$, 则 $f(x_{k+1}) < f(x_k)$. 一般地, 很多其他的线搜索方法都可以看成是 (2.2) 式的推广.

主要结果发表于 Numerical Algorithms, 2015, 68(4): 671-689.

然而, Grippo 等 (1986, 1989) 和 Toint (1996) 指出, 当迭代序列 $\{x_k\}$ 靠近处在陡峭狭窄区域的极小值点时, 其步长将非常短, 或者迭代轨迹呈之字形前进, 单调线搜索的寻优效率很差. 在这种情况下, 非单调线搜索往往能改进寻优效率 (Dai and Liao, 2002; Grippo et al., 1986, 1989, 1991; Hu et al., 2010; Panier and Tits, 1991; Raydan, 1997; Toint, 1996; Wan and Feng, 2011; Zhang and Hager, 2004; Zhou and Tits, 1993). 此外, 在 Dai 和 Liao (2002), Toint (1996) 指出, 非单调线搜索还可能提高算法找到全局最优解的可能性.

非单调线搜索最初是由 Grippo 等 (1986) 为牛顿方法开发的. 与 (2.2) 式不同的是, 此线搜索的规则如下: 取初始试探步长 $\bar{\alpha}_0 > 0$, 给定常数 δ, $\rho_1 \in (0,1)$, 非负整数 M. 令步长 $\alpha_k = \bar{\alpha}_k \rho_1^{h_k}$, 这里 $\bar{\alpha}_k$ 是先前的试探步长, h_k 是满足下面不等式的最小非负整数:

$$f(x_k + \alpha_k d_k) \leqslant \max_{0 \leqslant j \leqslant m(k)} f(x_{k-j}) + \delta \alpha_k g_k^{\mathrm{T}} d_k, \tag{2.3}$$

其中 $m(0) = 0$, $0 \leqslant m(k) \leqslant \min\{m(k-1)+1, M\}$, $k \geqslant 1$. 显然, 如果 $M = 0$, 则 (2.3) 式化简为 (2.2) 式.

由于 (2.3) 式右侧的第一项是 max 函数, 因此可能会失去找到合适步长, 使得目标函数有更大下降量的机会. 原因是 max 函数可能会丢失先前已获得的较小的目标函数信息. 此外, (2.3) 式中 M 的选择也比较难, 它一般会直接影响算法的数值性能 (Grippo et al., 1986; Raydan, 1997; Toint, 1996). 为了克服这些缺陷, Zhang 和 Hager (2004) 提出了另一种非单调线搜索: 令 $C_0 = f(x_0)$, $Q_0 = 1$, $0 \leqslant \eta_{\min} \leqslant \eta_{\max} \leqslant 1 < \rho$, $\eta_k \in [\eta_{\min}, \eta_{\max}]$, $\delta \in (0,1)$, $\mu > 0$. 选取步长 $\alpha_k = \bar{\alpha}_k \rho^{h_k}$, 其中 $\alpha_k \leqslant \mu$, $\bar{\alpha}_k$ 为试探步长, h_k 为满足以下不等式的最大整数:

$$f(x_k + \alpha_k d_k) \leqslant C_k + \delta \alpha_k g_k^{\mathrm{T}} d_k, \tag{2.4}$$

其中

$$Q_{k+1} = \eta_k Q_k + 1, \quad C_{k+1} = \frac{\eta_k Q_k C_k + f(x_{k+1})}{Q_{k+1}}. \tag{2.5}$$

由 (2.5) 式可知, C_{k+1} 是 C_k 与 $f(x_{k+1})$ 的凸组合. 由 $C_0 = f(x_0)$ 可知, C_k 是函数值 $f(x_0)$, $f(x_1)$, $\cdots$, $f(x_k)$ 的凸组合. 这意味着 C_k 直接使用了之前迭代中所有已知函数值的信息. 若对于每个 k, 都有 $\eta_k = 0$, 则 Zhang-Hager 的非单调线搜索条件 (2.4) 退化为标准 Armijo 线搜索条件 (2.2). 若对于每个 k, 都有 $\eta_k = 1$, 则 $C_k = A_k$, 其中

$$A_k = \frac{1}{k+1} \sum_{i=0}^{k} f_i, \quad f_i = f(x_i).$$

因此, C_k 是之前迭代中所有函数值的加权平均值. η_k 是控制非单调性程度的基本参数 (Wan and Feng, 2011; Zhang and Hager, 2004). 如 Zhang 和 Hager (2004) 所述, 与单调线搜索方法相比, Zhang-Hager 非单调线搜索在生成适当步长方面起着不可替代的重要作用.

基于上述讨论, 本章将在 (2.4) 和 (2.5) 的基础上研究一类新型非单调线搜索方法. 我们将证明: 本章将提出的线搜索方法是 (Zhang and Hager, 2004) 中线搜索方法的推广; 我们的非单调线搜索具有与标准 Armijo 线搜索相似的良好性质, 它有助于在一定的假设条件下更容易建立算法的全局收敛性和 R-线性收敛性.

2.2 新型非单调线搜索规则

在这一节中, 我们将提出一种新型非单调线搜索规则, 证明它是 Zhang-Hager 非单调线搜索的一个推广, 并分析它的性质.

新型非单调线搜索规则如下: 对于给定的迭代点 x_k 和此处的搜索方向 d_k, 取 $0 \leqslant \eta_{\min} \leqslant \eta_{\max} < 1 < \rho$, $\eta_k \in [\eta_{\min}, \eta_{\max}]$, $\delta_{\max} < 1$, $0 < \delta_{\min} < (1 - \eta_{\max})\delta_{\max}$, $\delta_{\min} \leqslant \delta_k \leqslant \dfrac{\delta_{\max}}{Q_{k+1}}$ 和 $\mu > 0$. 对于一个试探步长 $\bar{\alpha}_k$, 选取步长 $\alpha_k = \bar{\alpha}_k \rho^{h_k} \leqslant \mu$ 满足以下不等式:

$$C_{k+1} = \frac{\eta_k Q_k C_k + f(x_k + \alpha_k d_k)}{Q_{k+1}} \leqslant C_k + \delta_k \alpha_k g_k^{\mathrm{T}} d_k, \tag{2.6}$$

其中 h_k 为满足 (2.6) 式的最大正整数, Q_k, C_k, Q_{k+1} 和 C_{k+1} 可以通过 (2.5) 式算出.

我们首先证明 (2.6) 式中 δ_k 的存在性.

由于 $\eta_{\max} < 1$, 我们有

$$1 < Q_{k+1} = 1 + \sum_{j=0}^{k} \prod_{i=0}^{j} \eta_{k-j} \leqslant 1 + \sum_{j=0}^{k} \eta_{\max}^{j+1} \leqslant \sum_{j=0}^{\infty} \eta_{\max}^{j} = \frac{1}{1 - \eta_{\max}}. \tag{2.7}$$

又因为 $0 < \delta_{\min} < (1 - \eta_{\max})\delta_{\max}$, 从 (2.7) 式可知

$$\delta_{\min} < \frac{\delta_{\max}}{Q_{k+1}}.$$

从而证明了 δ_k 的存在性.

接下来, 我们证明新的线搜索方法是 Zhang-Hager 线搜索方法的推广.

由 (2.6) 式可得

$$f(x_k + \alpha_k d_k) \leqslant (Q_{k+1} - \eta_k Q_k)C_k + Q_{k+1}\delta_k\alpha_k g_k^{\mathrm{T}}d_k.$$

由于 $Q_{k+1} - \eta_k Q_k = 1$, (2.6) 式等价于

$$f(x_k + \alpha_k d_k) \leqslant C_k + Q_{k+1}\delta_k\alpha_k g_k^{\mathrm{T}}d_k. \tag{2.8}$$

如果 $\delta_{\min}$ 和 $\delta_{\max}$ 分别接近 0 和 1, 则 (2.8) 式变成 (2.4) 式, 其中 $\delta_k = \dfrac{\delta}{Q_{k+1}}$, $\delta \in [\delta_{\min}Q_{k+1}, \delta_{\max}]$. 也就是说, Zhang-Hager 线搜索规则可以看作是 (2.6) 式的一种特殊形式. 但与 (2.4) 式不同的是, (2.8) 式中的 η_k 或 δ_k 对非单调性程度起着重要的控制作用.

类似于 Zhang 和 Hager (2004) 中的引理 1.1, 我们将证明线搜索的适定性.

定理 2.1 设函数 $f: R^n \to R$ 连续可微. 考虑由新型线搜索规则生成的序列 $\{x_k\}$. 如果对于任意 k, $g_k^{\mathrm{T}}d_k \leqslant 0$ 成立, 则存在一个试探步长 $\bar{\alpha}_k$ 使得 (2.6) 式成立.

证明 设 $\hat{\rho} \in (0, 1)$ 是一个给定的常数. 如果在集合 $\{1, \hat{\rho}, \hat{\rho}^2, \cdots\}$ 中存在 $\bar{\alpha}_k > 0$ 使得 (2.6) 式成立, 那么定理 2.1 成立. 现在我们用数学归纳法证明这一结论.

当 $j = 0$ 时, (2.6) 式为

$$f(x_0 + \alpha_0 d_0) \leqslant f_0 + Q_1\delta_0\alpha_0 g_0^{\mathrm{T}}d_0. \tag{2.9}$$

由 $Q_1\delta_0 \leqslant \delta_{\max} < 1$ 可知, (2.9) 式是标准 Armijo 线搜索. 因此, 结论成立.

接下来, 我们假设存在 $\bar{\alpha}_j$, 使得不等式

$$f(x_j + \alpha_j d_j) \leqslant C_j + Q_{j+1}\delta_j\alpha_j g_j^{\mathrm{T}}d_j,$$

对于所有的 $0 \leqslant j < k$ 都成立.

定义 $D_{j+1}: R_+ \to R$,

$$D_{j+1}(t) = \frac{tC_j + f_{j+1}}{t + 1}. \tag{2.10}$$

则

$$D'_{j+1}(t) = \frac{C_j - f_{j+1}}{(t+1)^2}. \tag{2.11}$$

由于 $g_{j+1}^{\mathrm{T}}d_{j+1} \leqslant 0$, 且 (2.8) 式对于所有的 $0 \leqslant j < k$ 都成立, 我们得出 $f_{j+1} \leqslant C_j$. 结合 (2.11) 式, 推导出当 $t \geqslant 0$ 时, $D'_{j+1} > 0$, 即 D_{j+1} 关于 t 单调递增. 因此, 对于所有的 $t \geqslant 0$,

$$f_{j+1} = D_{j+1}(0) \leqslant D_{j+1}(t).$$

令 $t = \eta_j Q_j$, 得到

$$f_{j+1} = D_{j+1}(0) \leqslant D_{j+1}(\eta_j Q_j) = C_{j+1}, \quad \forall\, 0 \leqslant j < k. \tag{2.12}$$

特别地, $f_k \leqslant C_k$.

对于 $j = k$, 如果不存在 $\bar{\alpha}_k$ 使得 (2.8) 式成立, 则对于所有足够大的正整数 m, 我们有

$$f(x_k + \hat{\rho}^m d_k) > C_k + Q_{k+1} \delta_k \hat{\rho}^m g_k^{\mathrm{T}} d_k \geqslant f_k + Q_{k+1} \delta_k \hat{\rho}^m g_k^{\mathrm{T}} d_k, \tag{2.13}$$

即

$$f(x_k + \hat{\rho}^m d_k) - f_k > Q_{k+1} \delta_k \hat{\rho}^m g_k^{\mathrm{T}} d_k.$$

根据中值定理, 存在 $\theta_k \in (0,1)$ 满足

$$\hat{\rho}^m g(x_k + \theta_k \hat{\rho}^m d_k)^{\mathrm{T}} d_k > Q_{k+1} \delta_k \hat{\rho}^m g_k^{\mathrm{T}} d_k. \tag{2.14}$$

即

$$(g(x_k + \theta_k \hat{\rho}^m d_k) - g_k)^{\mathrm{T}} d_k > (Q_{k+1} \delta_k - 1) g_k^{\mathrm{T}} d_k. \tag{2.15}$$

当 $m \to \infty$ 时, 得到

$$(Q_{k+1} \delta_k - 1) g_k^{\mathrm{T}} d_k \leqslant 0. \tag{2.16}$$

由 $0 < Q_{k+1} \delta_k \leqslant \delta_{\max} < 1$ 可得 $g_k^{\mathrm{T}} d_k \geqslant 0$. 这与 d_k 是下降方向的事实矛盾. □

注 2.1　定理 2.1 说明试探步长总是存在的. 因此, 可以求出满足 (2.6) 式的步长 α_k. 换句话说, 新型非单调线搜索是适定的.

由定理 2.1 的证明, 我们可以很容易地证明以下推论.

推论 2.1　设 $f: R^n \to R$ 是一个连续可微的函数. 如果对于任意的 k, 都有 $g_k^{\mathrm{T}} d_k \leqslant 0$ 成立, 则对于新型非单调线搜索规则生成的序列 $\{x_k\}$, 都有 $f_k \leqslant C_k \leqslant A_k$ 成立.

与 Zhang-Hager 线搜索不同, 新的线搜索 (2.6) 式有如下定理所示的良好性质.

定理 2.2　如果函数 f 有下界, 且对于任意的 k, 搜索方向 d_k 都满足 $g_k^{\mathrm{T}} d_k \leqslant 0$. α_k 是由新型线搜索规则得到的步长, 那么

$$\sum_{k=0}^{\infty} \alpha_k |g_k^{\mathrm{T}} d_k| < \infty. \tag{2.17}$$

证明 由 $f_k \leqslant C_k$ 可知, C_k 有下界. 进一步, 由 (2.6) 式可知, $\{C_k\}$ 是一个递减序列, 且满足

$$C_1 \leqslant C_0 + \delta_0 \alpha_0 g_0^{\mathrm{T}} d_0,$$
$$C_2 \leqslant C_1 + \delta_1 \alpha_1 g_1^{\mathrm{T}} d_1,$$
$$\cdots\cdots$$
$$C_{k+1} \leqslant C_k + \delta_k \alpha_k g_k^{\mathrm{T}} d_k,$$
$$\cdots\cdots$$

将上述不等式两边相加, 得到

$$\sum_{k=0}^{\infty} \delta_{\min} \alpha_k |g_k^{\mathrm{T}} d_k| \leqslant \sum_{k=0}^{\infty} \delta_k \alpha_k |g_k^{\mathrm{T}} d_k| < \infty.$$

$\square$

值得注意的是, 定理 2.2 中的结论对于标准 Armijo 线搜索也是成立的, 它在建立相应算法的全局收敛性中起着重要作用.

2.3 算法及其全局收敛性

在本节中, 我们将在新型线搜索的基础上开发一个非单调充分下降算法. 该算法具有全局收敛性.

算法的计算机程序如下:

算法 2.1 新型非单调充分下降算法

步 0: 给定一个初始值 x_0, 选择参数 $0 \leqslant \eta_{\min} \leqslant \eta_{\max} < 1 < \rho$, $\delta_{\max} < 1$, $0 < \delta_{\min} < (1 - \eta_{\max})\delta_{\max}$, $\varepsilon > 0$ 且充分小, $\mu > 0$. 令 $C_0 := f(x_0)$, $Q_0 := 1$, $k := 0$.

步 1: 如果 $\|g_k\| \leqslant \varepsilon$, 则算法终止. 否则, 找到一个满足较弱条件的搜索方向 d_k, 如假设 2.3 或假设 2.4 成立. 然后, 转向步 2.

步 2: 取 $\eta_k \in [\eta_{\min}, \eta_{\max}]$. 通过 (2.5) 式计算 Q_{k+1} 和 C_{k+1}. 取 $\delta_{\min} \leqslant \delta_k \leqslant \dfrac{\delta_{\max}}{Q_{k+1}}$. 令 $\alpha_k = \bar{\alpha}_k \rho^{h_k} \leqslant \mu$ 为满足 (2.6) 式的步长, 其中 $\bar{\alpha}_k$ 是试探步长, h_k 是使 (2.8) 式成立的最大整数.

步 3: 令 $x_{k+1} := x_k + \alpha_k d_k$.

步 4: 令 $k := k + 1$. 转向步 1.

注 2.2 在算法 2.1 的实现中, 每次迭代都允许参数 η_k 和 δ_k 的值发生变化, 以提高数值性能, 就像 Zhang 和 Hager (2004) 的线搜索规则一样. 然而, 在算法的实现中, 为保证算法具有优越的数值性能, 恰当地构造 η_k 和 δ_k 的更新公式并

不是一件简单的事情. 实际上, 在 Zhang 和 Hager (2004) 所开发算法的数值实验中, η_k 建议取 0.85. 在研究中 (Wan et al., 2014a; Wan and Feng, 2011), 我们利用获得的目标函数和梯度函数的信息, 在 Zhang-Hager 线搜索规则中构建了 η_k 的更新公式, 并证明选择合适的 η_k 能有效提高算法的效率. 为简单起见, 我们只比较本章的非单调线搜索与 Zhang 和 Hager (2004) 对线搜索之间的效率, 并与 Zhang 和 Hager (2004) 一样, 我们将每个 η_k 和 δ_k 设置为固定常数.

在我们建立算法 2.1 的全局收敛性之前, 首先给出以下假设.

假设 2.1　水平集 $\Omega = \{x \in R^n \mid f(x) \leqslant f(x_0)\}$ 是有界的.

假设 2.2　在 Ω 的某些邻域 N 上, f 是连续可微的, 其梯度是利普希茨连续的, 即存在常数 $L > 0$ 使得

$$\|g(x) - g(y)\| \leqslant L\|x - y\|, \quad \forall x, y \in N. \tag{2.18}$$

假设 2.3　存在正常数 c_1 和 c_2 使得对于所有足够大的 k, 有

$$g_k^{\mathrm{T}} d_k \leqslant -c_1 \| g_k \|^2, \quad \| d_k \| \leqslant c_2 \| g_k \|. \tag{2.19}$$

注 2.3　由 (2.19) 式可知

$$c_1 \| g_k \|^2 \leqslant | g_k^{\mathrm{T}} d_k | \leqslant \|g_k\|\|d_k\| \leqslant c_2 \| g_k \|^2. \tag{2.20}$$

因此, $c_1 \leqslant c_2$.

为了建立算法 2.1 的全局收敛性, 我们首先证明与 Zhang 和 Hager (2004) 中引理 2.1 相似的结果.

引理 2.1　在假设 2.2 和假设 2.3 成立的情况下, 如果 α_k 是满足 (2.6) 式的步长, 那么存在常数 $c > 0$, 使得对于任意的 k, 下列不等式成立:

$$\alpha_k \geqslant \min \left\{ \frac{\mu}{\rho}, c \frac{|g_k^{\mathrm{T}} d_k|}{\| d_k \|^2} \right\}. \tag{2.21}$$

证明　我们从以下两种情况来证明 (2.21) 式.

情况 (a)　$\rho \alpha_k \geqslant \mu$.

由于 $\alpha_k \geqslant \dfrac{\mu}{\rho}$, 因此 (2.21) 式成立.

情况 (b)　$\rho \alpha_k < \mu$.

由 (2.6) 式可知, 对于给定的步长 α_k, $\rho \alpha_k$ 显然不满足 (2.8) 式. 也就是说

$$f(x_k + \rho \alpha_k d_k) > C_k + \rho Q_{k+1} \delta_k \alpha_k g_k^{\mathrm{T}} d_k \geqslant f(x_k) + \rho Q_{k+1} \delta_k \alpha_k g_k^{\mathrm{T}} d_k.$$

因此,

$$f(x_k + \rho \alpha_k d_k) - f(x_k) > \rho Q_{k+1} \delta_k \alpha_k g_k^{\mathrm{T}} d_k. \tag{2.22}$$

根据中值定理, 存在 $\theta_k \in (0,1)$ 满足

$$
\begin{aligned}
f(x_k + \rho\alpha_k d_k) - f(x_k) &= \rho\alpha_k g(x_k + \theta_k \rho\alpha_k d_k)^{\mathrm{T}} d_k \\
&= \rho\alpha_k g_k^{\mathrm{T}} d_k + \rho\alpha_k (g(x_k + \theta_k \rho\alpha_k d_k) - g_k)^{\mathrm{T}} d_k \\
&\leqslant \rho\alpha_k g_k^{\mathrm{T}} d_k + L\rho^2 \alpha_k^2 \| d_k \|^2,
\end{aligned}
\tag{2.23}
$$

其中 $L > 0$ 是 g 的利普希茨常数.

将 (2.23) 式中的最后一个不等式替换为 (2.22) 式, 得到

$$
\alpha_k \geqslant \frac{(Q_{k+1}\delta_k - 1)g_k^{\mathrm{T}} d_k}{L\rho \| d_k \|^2}.
\tag{2.24}
$$

由于 $Q_{k+1}\delta_k \leqslant \delta_{\max} < 1$ 和 $g_k^{\mathrm{T}} d_k \leqslant 0$, 鉴于假设 2.3 的第一个条件, 我们有

$$
\alpha_k \geqslant \frac{(1 - \delta_{\max})|g_k^{\mathrm{T}} d_k|}{L\rho \| d_k \|^2}.
\tag{2.25}
$$

令

$$
c = \frac{1 - \delta_{\max}}{L\rho},
$$

得到不等式 (2.21). $\qquad\qquad\qquad\qquad\qquad\qquad\qquad\qquad\qquad\qquad\qquad\square$

注 2.4 引理 2.1 的证明只涉及假设 2.3 中的第一个条件. 由 (2.20) 和 (2.21) 式可知

$$
\alpha_k \geqslant \min\left\{\frac{\mu}{\rho}, c\frac{|g_k^{\mathrm{T}} d_k|}{\| d_k \|^2}\right\} \geqslant \min\left\{\frac{\mu}{\rho}, c\frac{c_1 \| g_k \|^2}{c_2^2 \| g_k \|^2}\right\} \geqslant \min\left\{\frac{\mu}{\rho}, \frac{cc_1}{c_2^2}\right\} > 0.
\tag{2.26}
$$

方便起见, 我们令 $\kappa = \min\left\{\dfrac{\mu}{\rho}, \dfrac{cc_1}{c_2^2}\right\}$.

现在, 我们可以建立算法 2.1 的全局收敛性. 利用新型线搜索的良好性质 (2.17), 我们会比使用非单调线搜索 (2.4) 更容易证明以下结果.

定理 2.3 在假设 2.1 —— 假设 2.3 成立的情况下, 设 $\{x_k\}$ 为算法 2.1 生成的序列, 则

$$
\lim_{k\to\infty} g_k = 0.
\tag{2.27}
$$

证明 由 (2.17), (2.19) 和 (2.26) 式可知

$$
\sum_{k=0}^{\infty} \kappa c_1 \| g_k \|^2 \leqslant \sum_{k=0}^{\infty} \kappa |g_k^{\mathrm{T}} d_k| \leqslant \sum_{k=0}^{\infty} \alpha_k |g_k^{\mathrm{T}} d_k| < \infty.
$$

因此, (2.27) 式成立. $\qquad\qquad\qquad\qquad\qquad\qquad\qquad\qquad\qquad\qquad\qquad\qquad\square$

与 Dai 和 Liao (2002) 中的定理 2.2 类似, 我们可以进一步建立算法 2.1 的全局收敛性, 将假设 2.3 替换为

假设 2.4 存在正常数 c_1, τ_1 和 τ_2 使得当 k 足够大时, 有

$$g_k^{\mathrm{T}} d_k \leqslant -c_1 \parallel g_k \parallel^2, \quad \parallel d_k \parallel^2 \leqslant \tau_1 + \tau_2 k. \tag{2.28}$$

定理 2.4 在假设 2.1, 假设 2.2 和假设 2.4 成立的情况下, 设 $\{x_k\}$ 为算法 2.1 生成的序列, 则

$$\liminf_{k \to \infty} g_k = 0. \tag{2.29}$$

证明 由于假设 2.4 的第一个条件与假设 2.3 的第一个条件相同, 因此引理 2.1 在假设 2.4 的条件下也成立.

我们从以下两种情况来证明 (2.29) 式.

情况 (a) $\alpha_k \geqslant \dfrac{\mu}{\rho}$.

由 (2.17) 式可知

$$\sum_{k=0}^{\infty} \frac{\mu}{\rho} c_1 \parallel g_k \parallel^2 \leqslant \sum_{k=0}^{\infty} \frac{\mu}{\rho} |g_k^{\mathrm{T}} d_k| \leqslant \sum_{k=0}^{\infty} \alpha_k |g_k^{\mathrm{T}} d_k| < \infty.$$

因此, $\lim\limits_{k \to \infty} g_k = 0$. (2.29) 式成立.

情况 (b) $\alpha_k \geqslant c \dfrac{|g_k^{\mathrm{T}} d_k|}{\parallel d_k \parallel^2}$.

由 (2.17) 式可知

$$\sum_{k=0}^{\infty} \frac{(g_k^{\mathrm{T}} d_k)^2}{\parallel d_k \parallel^2} < \infty,$$

即文献 (Zoutendijk, 1970) 中的 Zoutendijk 条件. 另一方面, 根据假设 2.4, 我们得出

$$\sum_{k=0}^{\infty} \frac{\parallel g_k \parallel^2}{\tau_1 + \tau_2 k} < \infty. \tag{2.30}$$

若 $\parallel g_k \parallel$ 以 0 为界, 则违反了 (2.30) 式, 这是因为级数

$$\sum_{k=0}^{\infty} \frac{1}{\tau_1 + \tau_2 k}$$

不收敛. 因此, 结论 (2.29) 是正确的. $\square$

2.4 R-线性收敛

在本节中, 我们将在假设 2.1 — 假设 2.3 的条件下, 建立算法 2.1 求解强凸目标函数最小值时的 R-线性收敛性.

对于目标函数 $f: R^n \to R$, 若存在标量 $\gamma > 0$ 使得不等式

$$f(x) \geqslant f(y) + g(y)(x - y) + \frac{1}{2\gamma} \|x - y\|^2 \tag{2.31}$$

对所有的 x 和 $y \in R^n$ 都成立, 则称 f 为强凸函数.

下面的结论来自文献 Zhang 和 Hager (2004).

引理 2.2 假设 f 是强凸的. 那么, 存在一个标量常数 $\gamma > 0$, 使得对于所有的 x 和 $y \in R^n$, 下式成立

$$(g(x) - g(y))(x - y) \geqslant \frac{1}{\gamma} \|x - y\|^2. \tag{2.32}$$

设 x^* 为 f 的唯一最小值. 那么

$$f(x) - f(x^*) \leqslant \gamma \|g(x)\|^2. \tag{2.33}$$

定理 2.5 设 f 为强凸目标函数, 且 x^* 是 f 的唯一最小值. 在假设 2.1 — 假设 2.3 成立的情况下, 设 $\{x_k\}$ 是算法 2.1 生成的序列, 则存在 $\theta \in (0, 1)$, 使得对于任意的 k, 都有

$$f(x_k) - f(x^*) \leqslant \theta^k (f(x_0) - f(x^*)). \tag{2.34}$$

证明 我们先证明对于任意的 k, 都存在 $\theta \in (0, 1)$ 使得下式成立

$$C_{k+1} - f(x^*) \leqslant \theta(C_k - f(x^*)). \tag{2.35}$$

对于给定的 $b_2 > 0$, 我们从下列两种情况进行证明.

情况 (a) $\|g_k\| \geqslant b_2(C_k - f(x^*))$.

由 (2.6), (2.20) 和 (2.26) 式可知

$$
\begin{aligned}
C_{k+1} - f(x^*) &\leqslant (C_k - f(x^*)) + \delta_k \alpha_k g_k^{\mathrm{T}} d_k \\
&\leqslant (C_k - f(x^*)) - \delta_{\min} \kappa c_1 \|g_k\|^2 \\
&\leqslant (1 - \delta_{\min} \kappa c_1 b_2)(C_k - f(x^*)).
\end{aligned}
\tag{2.36}
$$

情况 (b) $\|g_k\| < b_2(C_k - f(x^*))$.

从假设 2.3 可以得出

$$\|x_{k+1} - x_k\| = \alpha_k \|d_k\| \leqslant \mu c_2 \|g_k\|.$$

从假设 2.2 可以得出

$$\|g_{k+1} - g_k\| \leqslant L \|x_{k+1} - x_k\| \leqslant \mu c_2 L \|g_k\|,$$

即

$$\|g_{k+1}\| \leqslant \|g_{k+1} - g_k\| + \|g_k\| \leqslant b \|g_k\|, \tag{2.37}$$

其中 $b = 1 + \mu c_2 L$.

根据 (2.33) 和 (2.37) 式, 我们有

$$f(x_{k+1}) - f(x^*) \leqslant \gamma \|g(x_{k+1})\|^2 \leqslant \gamma b^2 \|g(x_k)\|^2.$$

因此

$$f(x_{k+1}) - f(x^*) \leqslant \gamma b^2 b_2 (C_k - f(x^*)). \tag{2.38}$$

从 (2.5), (2.7) 和 (2.38) 式可以得到

$$C_{k+1} - f(x^*) = \frac{\eta_k Q_k (C_k - f(x^*)) + (f(x_{k+1}) - f(x^*))}{1 + \eta_k Q_k}$$

$$\leqslant \frac{(\eta_k Q_k + \gamma b^2 b_2)(C_k - f(x^*))}{1 + \eta_k Q_k}$$

$$= \left(1 - \frac{1 - \gamma b^2 b_2}{Q_{k+1}}\right)(C_k - f(x^*)). \tag{2.39}$$

因此,

$$C_{k+1} - f(x^*) \leqslant \begin{cases} \gamma b^2 b_2 (C_k - f(x^*)), & 1 - \gamma b^2 b_2 < 0, \\ (1 - (1 - \gamma b^2 b_2)(1 - \eta_{\max}))(C_k - f(x^*)), & 1 - \gamma b^2 b_2 \geqslant 0. \end{cases} \tag{2.40}$$

令

$$b_2 = \begin{cases} \dfrac{1}{\gamma b^2 + \delta_{\min}\kappa c_1}, & 1 - \gamma b^2 b_2 < 0, \\[3mm] \dfrac{(1 - \eta_{\max})}{\delta_{\min}\kappa c_1 + \gamma b^2(1 - \eta_{\max})}, & 1 - \gamma b^2 b_2 \geqslant 0, \end{cases}$$

$$\theta = \min\left\{\frac{\gamma b^2}{\gamma b^2 + \delta_{\min}\kappa c_1}, 1 - \frac{\delta_{\min}\kappa c_1(1 - \eta_{\max})}{\delta_{\min}\kappa c_1 + \gamma b^2(1 - \eta_{\max})}\right\}.$$

则 $\theta \in (0, 1)$, 证得 (2.35) 式.

显然, (2.34) 式可由 (2.35) 式直接得到. $\qquad\square$

2.5　数值性能测试

在本节中, 我们将测试提出的非单调线搜索的数值性能.

通过以迭代次数和函数求值次数评估算法性能, 将我们的算法与其他不同的线搜索规则相关联的算法进行比较, 绘制其性能曲线图. 我们将应用不同算法求解测试集 CUTEr 中 2 至 10000 维的基准测试问题 (Gould et al., 2003).

值得注意的是, 文献 Zhang 和 Hager (2004) 中结合了非单调 Wolfe 线搜索规则, 并使用 Liu 和 Nocedal (1989) 与 Nocedal (1980) 中提出的 L-BFGS 方法来确定搜索方向. 由于我们的线搜索方法是非单调 Armijo 线搜索, 因此不适合用 L-BFGS 方法来寻找搜索方向. 为了显示其效率, 我们将在每次迭代中使用最近 Deng 等 (2013) 提出的一种改进的谱共轭梯度方法来寻找搜索方向. 具体来说, 设

$$H_k = I - \frac{g_k g_k^{\mathrm{T}}}{\|g_k\|^2},$$

其中 I 是 n 阶单位矩阵, H_k 是一个对称半正定矩阵, 其范数 $\|H_k\| = 1$. 令

$$\overline{y_{k-1}} = H_k y_{k-1}.$$

然后, 利用 Deng 等 (2013) 中改进的谱共轭梯度法, 生成搜索方向如下:

$$d_k = \begin{cases} -g_k, & k = 0, \\ -\theta_k g_k + \beta_k d_{k-1}, & k > 0, \end{cases} \tag{2.41}$$

其中

$$\theta_k = \begin{cases} \dfrac{d_{k-1}^{\mathrm{T}} \left(y_{k-1} - \dfrac{g_k g_k^{\mathrm{T}}}{\|g_k\|^2} s_{k-1} \right)}{d_{k-1}^{\mathrm{T}} \overline{y_{k-1}}}, & d_{k-1}^{\mathrm{T}} \overline{y_{k-1}} > \eta \|g_{k-1}\|^2, \\[4mm] \dfrac{d_{k-1}^{\mathrm{T}} \left(y_{k-1} - \dfrac{g_k g_k^{\mathrm{T}}}{\|g_k\|^2} g_{k-1} \right)}{-d_{k-1}^{\mathrm{T}} g_{k-1}}, & \text{其他} \end{cases}$$

和

$$\beta_k = \begin{cases} \dfrac{g_k^{\mathrm{T}} (y_{k-1} - s_{k-1})}{d_{k-1}^{\mathrm{T}} \overline{y_{k-1}}}, & d_{k-1}^{\mathrm{T}} \overline{y_{k-1}} > \eta \|g_{k-1}\|^2, \\[4mm] \dfrac{g_k^{\mathrm{T}} y_{k-1}}{\|g_{k-1}\|^2} = \beta_k^{\mathrm{PRP}}, & \text{其他}. \end{cases}$$

已有文献证明, 与现有的最先进的算法相比, 如 SCALCG (Andrei, 2007), AM-DYN (Andrei, 2010) 和 CG_DESCENT (Hager and Zhang, 2006a), 该方法 (2.41) 对于求解大规模的基准测试问题是有效的.

注意, 搜索方向 (2.41) 满足假设 2.4 (Deng et al., 2013). 我们借助方法 (2.41) 实现算法 2.1 的第一步. 与 Zhang-Hager 线搜索规则一样, 新型非单调线搜索规则也需要在算法 2.1 的步骤 2 中先试探步长. 在数值实验中, 我们基本上是通过执行标准的 Armijo 线搜索来获得这个试探步长. 与 Zhang-Hager 线搜索不同, 在我们的非单调线搜索中, 这样的试探步长并不总是满足条件 (2.6). 下面的例子可以说明这个事实.

例 2.1   Moré 等 (1981) 提出的 Rosenbrock 函数:

$$f(x) = 100(x_2 - x_1^2)^2 + (1 - x_1)^2,$$

初始点为 $x_0 = (-1.2, 1)$.

为了实现算法 2.1 的第 2 步, 我们在标准 Armijo 线搜索中令 $\rho_1 = 0.1$, $\delta = 0.2$, 在新型非单调线搜索中令 $\eta_k = 0.9$, $\rho = 1.1$ 和 $\delta_k = 0.2$. 由于 $f(x_k) \leqslant C_k$, 得到的试探步长必须满足 Zhang-Hager 线搜索. 但是, 表 2.1 中算法 2.1 的数值结果表明, 用标准 Armijo 线搜索得到的试探步长不满足 (2.6) 式.

表 2.1   线搜索 (2.6) 和线搜索 (2.4) 之间的不同

k	N	$f(x_k)$	F	C_k	C
0	1	24.20		24.20	
0	2	2.10×10^{11}	-1.08×10^4	1.11×10^{11}	-1.08×10^4
0	3	1.64×10^7	-1.06×10^3	8.62×10^6	-1.06×10^3
0	4	93.33	-84.25	60.58	-84.25
0	5	5.35	13.35	14.28	13.35

表 2.1 中, k, N, $f(x_k)$ 和 C_k 分别表示迭代次数、函数求值次数、函数值和 (2.5) 式的结果. F 和 C 的计算公式为

$$F = f_{k-1} + \delta_{k-1}\alpha_{k-1}g_{k-1}^{\mathrm{T}}d_{k-1}, \quad C = C_{k-1} + \delta_{k-1}\alpha_{k-1}g_{k-1}^{\mathrm{T}}d_{k-1}.$$

在第 5 次函数求值中, 由于 $f(x_k) < F$, 可以看出满足标准 Armijo 线搜索规则. 但是, 由于 $C_k > C$, 试探步长不满足条件 (2.6).

在此基础上, 我们改进了新型非单调线搜索规则, 使试探步长得到充分利用.

算法 2.2   改进的非单调线搜索

步 0: 通过标准的 Armijo 线搜索获得一个试探步长 $\bar{\alpha}_k$.

步 1: 如果 $\bar{\alpha}_k$ 不满足 (2.6) 式, 则令 $\alpha_k = \bar{\alpha}_k$. 否则, 通过线搜索 (2.6) 找到 α_k.

表 2.2 表明算法 2.2 仍然是非单调线搜索, 它是通过取 $\rho_1 = 0.1$, $\delta = 0.2$, $\eta_k = 0.1$, $\rho = 1.1$ 和 $\delta_k = 0.2$ 来求解例 2.1. 实际上, 第 3 次迭代的函数值比第 2 次迭代的函数值大.

表 2.2　改进的线搜索方法的非单调性

k	0	1	2	3	4	5
$f(x_k)$	24.20	8.80	7.48	7.62	3.23	2.26

注 2.5　在同样的假设下, 如果将算法 2.1 的第 2 步替换为 Zhang-Hager 线搜索, 则算法全局收敛且 R-线性收敛 (Zhang and Hager, 2004). 由于标准 Armijo 条件 (2.2) 是 Zhang-Hager 条件 (2.4) 的特例, 因此, 用标准 Armijo 线搜索代替算法 2.1 的第 2 步, 也有相同的结论. 结合定理 2.3 —定理 2.5 的结论, 很明显, 当用算法 2.2 来寻找步长时, 对算法 2.1 来说也有相同的结论.

从上述数值实验可以看出, η_k 和 δ_k 在控制新型线搜索的非单调性程度方面起着关键作用.

当用算法 2.2 在算法 2.1 中求步长时, 对应的算法仍然称为算法 2.1.

为了说明算法 2.1 的数值效率, 我们对以下三种方法进行了比较.

方法 1　搜索方向 (2.41) 结合标准 Armijo 线搜索;

方法 2　搜索方向 (2.41) 结合 Zhang 和 Hager (2004) 中的非单调线搜索;

方法 3　搜索方向 (2.41) 结合算法 2.1.

所有算法中参数的取值如下. 特别地, 为了简化, 与 Zhang 和 Hager (2004) 中一样, 对于任意的 k, 我们取 η_k 和 δ_k 的值为常数.

方法 1 中　$\delta = 0.001$, $\rho = 0.5$, $\eta = 0.01$;

方法 2 中　$\delta = 0.4$, $\rho = 1.6$, $\rho_1 = 0.1$, $\eta_k = 0.1$, $\eta = 0.01$;

方法 3 中　$\delta_k = 0.4$, $\rho = 1.6$, $\rho_1 = 0.1$, $\eta_k = 0.1$, $\eta = 0.01$.

终止条件为满足 $\| g_k \| \leqslant 10^{-6}$ 或函数求值次数超过 10000. 对于每一种方法, 都记录了迭代的总次数和函数求值的总次数. 在数值实验中, 我们用 Fortran77 编程, 所有计算机程序在如下环境中运行: 2.20 GHz CPU, 1.75 GB 内存, 基于 Red Hat Enterprize Linux 6.0 客户端的操作系统.

值得注意的是, 在文献 Zhang 和 Hager (2004) 中采用 L-BFGS 法寻找搜索方向 (Liu and Nocedal, 1989) 时建议 $\eta_k = 0.85$. 然而, 在我们的数值实验中发现, 这样的 η_k 取值比取 $\eta_k = 0.1$ 时的数值性能差很多.

在表 2.3 和表 2.4 中, 使用了以下记号:

n: 问题的维度;

NI: 迭代次数;

NF: 函数求值的次数;

Mi: 方法 i;

F: 函数求值的次数超过 10000.

表 2.3   三种方法的数值性能

测试问题	n	方法					
		M1		M2		M3	
		NI	NF	NI	NF	NI	NF
HAIRY	2	220	2687	51	420	52	413
JENSMP	2	0	3	0	3	0	3
DENSCHNB	2	27	128	22	139	20	125
FREUROTH	2	42	444	30	256	34	320
EXTROSNB	5	392	4317	327	2331	498	3261
SINQUAD	5	67	419	42	258	35	241
CRAGGLVY	10	128	816	92	584	87	567
FLETCBV2	10	42	73	27	168	26	160
PENALTY2	10	564	2813	353	2200	259	1596
SPARSINE	10	121	1044	74	521	73	500
OSBORNEB	11	776	4412	441	2690	512	2918
FLETCHCR	20	437	4904	276	1835	254	1687
TRIDIA	20	152	1232	129	766	88	525
CHNROSNB	50	585	6141	510	3517	489	3413
ENGVAL1	50	70	457	32	213	32	199
GENHUMPS	50	F	F	1366	9493	995	6940
GENROSE	50	290	3156	245	1628	239	1621
TOINTGOR	50	F	F	F	F	169	1149
ARWHEAD	100	40	389	27	233	24	212
BROYDN7D	100	157	1117	91	554	89	559
HILBERTA	100	1020	1822	307	1332	291	1197
HILBERTB	100	56	301	30	213	28	196
LIARWHD	100	41	406	40	327	36	286
MANCINO	100	F	F	59	722	56	696
SENSORS	100	163	1508	F	F	56	486
SPARSQUR	100	3037	3120	69	477	48	363
SPMSRTLS	100	89	408	82	367	75	325
VAREIGVL	100	69	394	29	180	29	143
WOODS	100	316	3406	192	1364	216	1487
SCHMVETT	200	65	418	50	356	48	336
BRYBND	500	114	1099	39	299	36	257
MOREBV	500	393	1955	348	1354	335	1221
PENALTY1	500	3286	3468	53	438	49	436
SROSENBR	500	26	235	25	233	29	273

表 2.4　三种方法的数值性能 (续)

测试问题	n	M1		M2		M3	
		NI	NF	NI	NF	NI	NF
POWER	1000	2861	4139	179	1254	173	1187
QUARTC	1000	F	F	212	1732	154	1255
SCHMVETT	1000	67	413	79	567	70	498
EG2	1000	F	F	11	106	11	106
EXTROSNB	1000	F	F	60	537	F	F
FLETCHCR	1000	273	3028	F	F	F	F
MOREBV	1000	279	1345	266	1079	235	845
DIXMAANI	3000	5218	5224	F	F	3014	9056
DIXMAANC	3000	11	29	27	186	24	162
DIXMAANG	3000	368	464	249	781	248	778
WOODS	4000	361	3971	193	1342	191	1346
DQDRTIC	5000	110	1099	64	517	64	505
LIARWHD	5000	44	727	49	551	42	411
POWER	5000	727	4254	397	2830	387	2744
QUARTC	5000	F	F	179	1395	181	1501
TQUARTIC	5000	29	403	38	393	37	407
VARDIM	5000	28	1451	74	1645	71	1541
DIXMAANF	6000	713	756	307	946	256	786
DIXMAANB	9000	9	25	23	155	26	180
DIXMAANE	9000	533	542	423	1291	406	1234
DIXMAANH	9000	679	687	738	3258	280	880
DIXMAANJ	9000	3815	3834	516	1551	358	1094
DIXMAANK	9000	F	F	362	1101	319	976
DIXMAANL	9000	3128	3154	297	934	273	877
BRYBND	10000	52	334	39	291	40	301
FLETCBV2	10000	4	12	0	3	0	3
FMINSRF2	10000	564	824	539	2253	546	2217
FMINSURF	10000	1111	1693	1099	5327	1083	4486
PENALTY1	10000	1508	1788	131	893	112	904
POWELLSG	10000	179	1232	135	918	120	779
SPARSQUR	10000	2991	3395	52	373	77	557
SPMSRTLS	10000	F	F	270	1162	260	972
SROSENBR	10000	26	235	25	237	29	273
VAREIGVL	10000	59	372	41	252	42	232

此外, 我们采用 Dolan 和 Moré (2002) 中引入的性能图谱来评估迭代次数和函数求值次数. 在图 2.1 和图 2.2 中, 纵轴表示每种方法的迭代次数在最佳性能因子 τ 范围内所能求解问题数量的百分比 P, 图的左侧给出了每种方法用最少迭代

次数所能求解问题数量的百分比, 图的右侧给出了每种方法成功求解问题数量的百分比. 显然, 右侧是算法鲁棒性的衡量标准.

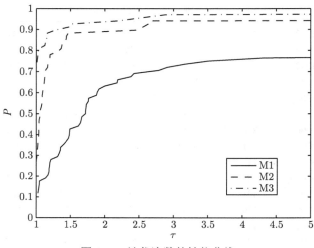

图 2.1　迭代次数的性能曲线

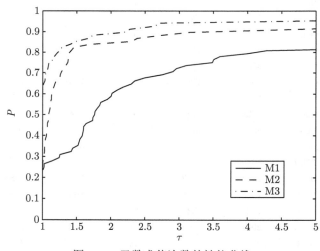

图 2.2　函数求值次数的性能曲线

　　在图 2.1 和图 2.2 中, 我们展示了这三种方法相对于迭代次数和函数求值次数的性能. 最上方是由方法 3 生成的曲线. 因此, 我们可以得出这样的结论: 在最佳迭代因子 τ 范围内的迭代中, 方法 3 解决了最多的问题, 并且是三种方法中最稳健的. 因此, 本章提出的非单调线搜索策略竞争力很强.

总　　结

本章提出并分析了一种新型非单调线搜索方法, 该方法是 Zhang-Hager 非单调线搜索技术的改进. 与他们的方法不同, 我们的非单调线搜索具有类似于标准 Armijo 线搜索的良好性质, 这有助于在一定的假设条件下轻松建立算法的全局收敛性. 对于强凸目标函数, 我们建立了算法的 R-线性收敛性. 通过所开发的算法求解文献基准测试问题, 我们断言: 新型线搜索算法优于其他类似的算法.

第 3 章　广义非单调线搜索技术

在本章中, 为了提高现有线搜索的效率, 我们进一步推广现有非单调线搜索技术. 一方面, 我们在一定的条件下证明基于该线搜索规则开发的算法的全局收敛性和 R-线性收敛性. 另一方面, 我们通过大量的数值测试证明该推广的非单调线搜索技术可以综合现有线搜索技术的优点, 以找到合适步长. 据此步长选择规则而开发的算法在求解大规模优化问题时, 其性能优于其他类似方法.

3.1　引　　言

我们研究如下大规模无约束优化问题:

$$\min_{x \in R^n} f(x), \tag{3.1}$$

其中函数 $f: R^n \to R$ 连续可微, 故其梯度 $g: R^n \to R^n$ 存在. 为求解问题 (3.1), 已有文献提出了一系列迭代算法, 其基本格式是: 从初始给定点 x_0 生成一系列近似解序列 $\{x_k\}$, 且相邻两个迭代点由下式给出

$$x_{k+1} = x_k + \alpha_k d_k,$$

其中 d_k 是第 k 次迭代时的搜索方向, 通常是下降方向; α_k 是沿着 d_k 方向的步长, 通常使用某种线搜索规则获得.

最基本和最经典的线搜索方式是 Armijo 线搜索, 它在集合 $\{\bar{\alpha}_k, \bar{\alpha}_k \rho_1, \bar{\alpha}_k \rho_1^2, \cdots\}$ 中选择最大元素 α_k, 使之满足

$$f(x_k + \alpha_k d_k) \leqslant f(x_k) + \delta \alpha_k g_k^{\mathrm{T}} d_k, \tag{3.2}$$

其中 $\bar{\alpha}_k$ 是试探步长, 通常被设置为 1, $g_k = g(x_k)$, ρ_1, $\delta \in (0, 1)$ 是给定的常数. 由于 Armijo 线搜索计算成本低, 许多人研究了它的很多变式 (Deng and Wan, 2015a; Huang et al., 2013; Wan et al., 2011a, 2012a, 2014b). 由于 d_k 是一个下降搜索方向, 所以序列 $\{f(x_k)\}$ 是单调递减的 (Wright and Nocedal, 1999). 从这个角度来看, Armijo 线搜索及其大多数变式属于单调线搜索策略.

主要结果发表于 Journal of Computational and Applied Mathematics, 2018, 330: 586-604.

　　然而, 上述线搜索规则要求目标函数在迭代过程中总是严格下降的, 在某些条件下也存在缺陷. 一个典型的场景是: 当目标函数的某些极小值点处于可行域的狭长且弯曲的峡谷时 (这在目标函数非线性程度较高时最容易出现, 如 Rosenbrock 函数), 基于单调性线搜索规则开发的算法的计算效率可能会大大降低. 因为一旦迭代进入峡谷之中, 线搜索迭代序列 $\{x_k\}$ 产生的步长很短, 寻优轨迹将沿着峡谷缓慢前进, 甚至呈锯齿形状 (Grippo et al., 1986, 1989; Toint, 1996). 为了克服这些缺点, 我们通常会采用非单调线搜索, 在这种算法中并不要求在每一步都单调下降, 而是对于迭代过程给出一个更宽松的条件, 即允许目标函数值偶尔增加 (Amini et al., 2014; Dai, 2002; Grippo et al., 1986, 1989, 1991; Hu et al., 2010; Panier and Tits, 1991; Raydan, 1997; Toint, 1996; Wan et al., 2014a; Wan and Feng, 2011; Zhang and Hager, 2004; Zhou and Tits, 1993). 此外, 非单调线搜索还可能提高算法找到全局最优解的可能性和收敛速度 (Dai, 2002; Toint, 1996).

　　第一个非单调线搜索由 Grippo 等 (1986) 提出. 它计算步长的步骤如下: (1) 固定一个非负整数 M; (2) 选择两个常数 δ, $\rho_1 \in (0,1)$; (3) 选择初始试探步长 $\bar{\alpha}_0 > 0$; (4) 找步长 $\alpha_k = \bar{\alpha}_k \rho_1^{h_k}$, 使其满足

$$f(x_k + \alpha_k d_k) \leqslant \max_{0 \leqslant j \leqslant m(k)} f(x_{k-j}) + \delta \alpha_k g_k^{\mathrm{T}} d_k, \tag{3.3}$$

其中 $0 \leqslant m(k) \leqslant \min\{m(k-1)+1, M\}$, $m(0) = 0$, $\bar{\alpha}_k$ 是前一步确定的试探步长, h_k 是第一个满足不等式 (3.3) 的非负整数. 由于使用了最大值函数 max, M 的值对算法的数值性能影响较大 (Grippo et al., 1986; Raydan, 1997; Toint, 1996).

　　和线搜索 (3.3) 不同, Zhang 和 Hager (2004) 提出了另一种非单调线搜索规则. 它步长计算过程如下: (1) 对初始点 x_0, 令 $C_0 = f(x_0)$, 并设 $Q_0 = 1$. (2) 选择 $0 \leqslant \eta_{\min} \leqslant \eta_{\max} \leqslant 1 < \rho$, $\delta \in (0,1)$, $\mu > 0$. (3) 对于 $k \geqslant 1$, 选择 $\eta_k \in [\eta_{\min}, \eta_{\max}]$ 和一个步长 $\alpha_k = \bar{\alpha}_k \rho^{h_k}$, 其中 $\alpha_k \leqslant \mu$, $\bar{\alpha}_k$ 是试探步长, h_k 是满足以下不等式的最大整数:

$$f(x_k + \alpha_k d_k) \leqslant C_k + \delta \alpha_k g_k^{\mathrm{T}} d_k. \tag{3.4}$$

(3.4) 式中的 C_k 由下式递推得出:

$$Q_{k+1} = \eta_k Q_k + 1, \quad C_{k+1} = \frac{\eta_k Q_k C_k + f(x_k + \alpha_k d_k)}{Q_{k+1}}. \tag{3.5}$$

显然, (3.5) 中的 C_{k+1} 是所有函数 $f(x_0)$, $f(x_1)$, $\cdots$, $f(x_{k+1})$ 的凸组合. 类似于 (3.3) 中的 M, η_k 的选择在控制非单调性程度方面起着关键作用 (Wan et al., 2014a; Zhang and Hager, 2004).

　　由于非单调线搜索在求解大规模复杂优化问题存在的优势, 许多学者研究了上述两种非单调线搜索规则 (3.3) 和 (3.4) 的变式 (Ahookhosh and Ghaderi, 2017;

Amini et al., 2014; Huang et al., 2015b). 例如, Huang 等 (2015b) 提出了 (3.4) 的一种拓展, 它计算步长的过程如下: (1) 选取常数 $0 \leqslant \eta_{\min} \leqslant \eta_{\max} < 1 < \rho$, $\delta_{\max} < 1, 0 < \delta_{\min} < (1 - \eta_{\max})\delta_{\max}, \mu > 0$. (2) 对于 $k \geqslant 1$, 选择 $\eta_k \in [\eta_{\min}, \eta_{\max}]$, $\delta_k \in \left[\delta_{\min}, \dfrac{\delta_{\max}}{Q_{k+1}}\right]$. (3) 将线搜索方式 (3.4) 替换为

$$C_{k+1} = \frac{\eta_k Q_k C_k + f(x_k + \alpha_k d_k)}{Q_{k+1}} \leqslant C_k + \delta_k \alpha_k g_k^{\mathrm{T}} d_k. \tag{3.6}$$

正如 (Huang et al., 2015b) 中的证明, 新型线搜索 (3.6) 规则具有比 (3.4) 更好的理论性质 (Huang et al., 2015b; Huang and Wan, 2017; La Cruz et al., 2006).

与上述所有非单调线搜索规则不同, 本章将提出另一种新型非单调线搜索规则, 它比其他任何线搜索规则更有优势. 设计该线搜索规则的基本思想如下:

- 新规则应该整合现有的所有基本非单调线搜索规则 (3.3), (3.4) 和 (3.6) 的优点. 事实上, 我们将证明现有方法中的任何一种都可以被视为本章提出的线搜索规则的特例, 因此称之为广义非单调线搜索.

- 与其他任何线搜索规则类似, 以新规则开发的算法具有更高的数值性能. 实际上, 我们将本章开发的算法求解测试库 CUTEst 中的大规模基准问题, 数值结果表明: (1) 新线搜索中算法参数的合适调整可以提高其解决更多优化问题; (2) 算法的数值效率显著优于类似算法.

3.2　广义非单调线搜索

在本节中, 我们将提出一种新的非单调线搜索规则. 然后, 在新线搜索的基础上开发一种算法.

对于任意的 k, 定义

$$C_{\ell(k)} = \max_{\max\{0, k-M+1\} \leqslant j \leqslant k} \{C_j\}, \tag{3.7}$$

其中 M 是一个非负整数, $\ell(k) = \max\{j \mid j \in \mathcal{S}_k\}$ 且

$$\mathcal{S}_k = \left\{ j \mid C_j = \max_{\max\{0, k-M+1\} \leqslant j' \leqslant k} C_{j'}, \ \max\{0, k-M+1\} \leqslant j \leqslant k \right\}. \tag{3.8}$$

在 (3.8) 中, C_j 和 $C_{j'}$ 利用公式 (3.5) 计算. $\mathcal{S}_k$ 是 $C_{j'}$ 取得最大值时的下标集, 且 j' 满足

$$\max\{0, k-M+1\} \leqslant j' \leqslant k.$$

由于它可能包含一个以上的元素, 我们记其中的最大的元素为 $\ell(k)$.

根据上述 (3.7) 中 $C_{\ell(k)}$ 的定义, 我们提出了一种如算法 3.1 所示新型线搜索策略.

算法 3.1 广义非单调线搜索

输入: 选择 $0 < \eta_{\min} \leqslant \eta_{\max} < 1$, $0 < \rho < 1$, $\delta_{\max} < 1$, $0 < \delta_{\min} < (1 - \eta_{\max})\delta_{\max}$, $\alpha_{\max} > 0$ 和 $M > 1$. 在迭代点 x_k 处, 输入 d_k, g_k, C_k 和 Q_k.

步 1: 选择 $\bar{\eta}_k \in [\eta_{\min}, \eta_{\max}]$. 通过 (3.5) 和 (3.7) 分别计算 $\bar{Q}_{k+1}$ 和 $C_{\ell(k)}$. 选择 δ_k 使得

$$\delta_{\min} \leqslant \delta_k \leqslant \frac{\delta_{\max}}{\bar{Q}_{k+1}}. \tag{3.9}$$

步 2: 找到一个步长 $\hat{\alpha}_1 = \bar{\alpha}_k \rho^{\bar{h}_k}$ 使得以下不等式成立:

$$\frac{\bar{\eta}_k Q_k C_k + f(x_k + \hat{\alpha}_1 d_k)}{\bar{Q}_{k+1}} \leqslant C_{\ell(k)} + \delta_k \hat{\alpha}_1 g_k^{\mathrm{T}} d_k, \tag{3.10}$$

其中 $\bar{\alpha}_k \leqslant \alpha_{\max}$ 是给定的试探步长, $\bar{h}_k$ 是使不等式 (3.10) 成立的最小非负整数.

步 3: 计算

$$\bar{y}_1 = x_k + \hat{\alpha}_1 d_k,$$

$$\bar{f}_1 = f(\bar{y}_1),$$

$$\hat{C}_1 = \frac{\bar{\eta}_k Q_k C_k + \bar{f}_1}{\bar{Q}_{k+1}}.$$

设

$$\bar{C}_1 := \max \left\{ \max_{\max\{0, k-M+2\} \leqslant j \leqslant k} \{C_j\}, \hat{C}_1 \right\}. \tag{3.11}$$

步 4: 如果 $\bar{f}_1 \leqslant \bar{C}_1$, 那么设

$$\alpha_k := \hat{\alpha}_1, \quad x_{k+1} := \bar{y}_1, \quad f_{k+1} := \bar{f}_1, \quad \eta_k := \bar{\eta}_k,$$
$$Q_{k+1} := \bar{Q}_{k+1}, \quad C_{k+1} := \hat{C}_1, \quad C_{\ell(k+1)} := \bar{C}_1,$$

然后转去步 7. 否则, 转步 5.

步 5: 找到一个步长 $\hat{\alpha}_2 = \bar{\alpha}_1 \rho^{h_k}$ 使得以下不等式成立:

$$f(x_k + \hat{\alpha}_2 d_k) \leqslant C_{\ell(k)} + \delta_k \hat{\alpha}_2 g_k^{\mathrm{T}} d_k, \tag{3.12}$$

其中 h_k 是最小非负整数, 它满足 (3.12).

步 6: 计算

$$\bar{y}_2 = x_k + \hat{\alpha}_2 d_k,$$
$$\bar{f}_2 = f(\bar{y}_2).$$

设

$$\bar{C}_2 := \max\left\{ \max_{\max\{0,k-M+2\}\leqslant j\leqslant k}\{C_j\}, \bar{f}_2 \right\}, \tag{3.13}$$

并且置

$$\alpha_k := \hat{\alpha}_2, \quad x_{k+1} := \bar{y}_2, \quad f_{k+1} := \bar{f}_2, \quad \eta_k := 0,$$
$$Q_{k+1} := Q_k, \quad C_{k+1} := f_{k+1}, \quad C_{\ell(k+1)} := \bar{C}_2.$$

步 7: 基于 $\alpha_k, x_{k+1}, f_{k+1}, \eta_k, Q_{k+1}, C_{k+1}, C_{\ell(k+1)}$, 转步 4.

注 3.1　由于 $\eta_{\max} < 1$, 我们得到

$$1 < Q_{k+1} = 1 + \sum_{j=0}^{k}\prod_{i=0}^{j}\eta_{k-j} \leqslant 1 + \sum_{j=0}^{k}\eta_{\max}^{j+1} \leqslant \sum_{j=0}^{\infty}\eta_{\max}^{j} = \frac{1}{1-\eta_{\max}}. \tag{3.14}$$

根据 (3.14) 和 $0 < \delta_{\min} < (1-\eta_{\max})\delta_{\max}$, 我们可以得到

$$\delta_{\min} < \frac{\delta_{\max}}{Q_{k+1}}.$$

因此, δ_k 是存在的.

如 Dai (2002), Huang 等 (2015b), Zhang 和 Hager (2004) 所示, 为了保证更好的数值效率, 通常选择的 η_k 不能太接近于 1, 且 δ_k 足够小. 在这种情况下, 算法 3.1 第 2 步中的值 $\bar{Q}_{k+1}$ 并不是太大, 我们总是可以从区间 $\left[\delta_{\min}, \frac{\delta_{\max}}{Q_{k+1}}\right]$ 中取一个小的 δ_k. 因此, 算法 3.1 的第 2 步可以实现.

注 3.2　因为由算法 3.1 获得的步长 α_k 总是满足条件:

$$C_{k+1} = \frac{\eta_k Q_k C_k + f(x_k + \alpha_k d_k)}{Q_{k+1}} \leqslant C_{\ell(k)} + \delta_k \alpha_k g_k^{\mathrm{T}} d_k, \tag{3.15}$$

其中 $0 < \delta_k < 1$, $\eta_k \in [0,1]$, Q_{k+1} 的迭代规则由 (3.5) 式定义. 很明显, (3.15) 是 (3.2) — (3.6) 的推广形式. 实际上, 在 Huang 等 (2015b) 中也说明了, 如果 $M = 1$, 那么 (3.15) 就等价于 (3.6), (3.6) 是 (3.4) 的拓展. 如果对于每一个 k 都有 $\eta_k = 0$ 成立, 则 (3.15) 等价于 (3.3), 其中 $m(k) = \min\{k, M-1\}$. 将上述两种表述综合到一起, 则知: 如果满足 $M = 1$, 并且对于每一个 k 都有 $\eta_k = 0$ 成立, 那么 (3.15) 其实就能简化为标准 Armijo 线搜索.

需要注意的是, 尽管 (3.15) 右侧的 $C_{\ell(k)}$ 是部分先前迭代点处目标函数值的凸组合, 但是它不一定与当前迭代点处的目标函数值相关联.

注 3.3 从 (3.15) 式可知: 通过该方法生成的序列 $\{C_k\}$ 具有一定的波动性, 而 (Huang et al., 2015b; Zhang and Hager, 2004) 中的序列 $\{C_k\}$ 已证明具有单调递减性. 从这个角度来看, 由线搜索策略 (3.15) 控制的非单调性比算法 (3.4) 更强, 也更容易找到合适步长. 我们将结合这种线搜索开发新算法求解问题 (3.1), 并证明它的优越性.

我们首先证明算法 3.1 的适定性.

引理 3.1 设函数 $f: R^n \to R$ 连续可微. 对于一个给定迭代点 x_k 和在点 x_k 处的搜索方向 d_k, 如果 $g_k^{\mathrm{T}} d_k < 0$, 则在集合 $\{\bar{\alpha}_k, \bar{\alpha}_k \rho, \bar{\alpha}_k \rho^2, \cdots\}$ 中存在一个步长 $\alpha_k > 0$, 使得以下不等式成立:

$$f(x_k + \alpha_k d_k) \leqslant f_k + \delta_k \bar{Q}_{k+1} \alpha_k g_k^{\mathrm{T}} d_k, \tag{3.16}$$

其中 $\rho \in (0, 1)$ 是一个给定的常数.

证明 采用反证法, 假设不存在步长 α_k 满足不等式 (3.16), 那么对于足够大的正整数 m, 我们有

$$f(x_k + \bar{\alpha}_k \rho^m d_k) > f_k + \delta_k \bar{Q}_{k+1} \bar{\alpha}_k \rho^m g_k^{\mathrm{T}} d_k.$$

由于 $0 < \bar{Q}_{k+1} \delta_k \leqslant \delta_{\max} < 1$, 我们有

$$f(x_k + \bar{\alpha}_k \rho^m d_k) - f_k > \delta_{\max} \bar{\alpha}_k \rho^m g_k^{\mathrm{T}} d_k.$$

根据均值定理, 存在 $\zeta_k \in (0, 1)$ 使得

$$\bar{\alpha}_k \rho^m g(x_k + \zeta_k \bar{\alpha}_k \rho^m d_k)^{\mathrm{T}} d_k > \delta_{\max} \bar{\alpha}_k \rho^m g_k^{\mathrm{T}} d_k.$$

因此,

$$(g(x_k + \zeta_k \bar{\alpha}_k \rho^m d_k) - g_k)^{\mathrm{T}} d_k > (\delta_{\max} - 1) g_k^{\mathrm{T}} d_k.$$

如果 $m \to \infty$, 则知

$$(\delta_{\max} - 1) g_k^{\mathrm{T}} d_k \leqslant 0.$$

由于 $\delta_{\max} < 1$, 可得 $g_k^{\mathrm{T}} d_k \geqslant 0$. 这与 d_k 是一个下降方向矛盾. $\square$

通过引理 3.1, 我们可以得知算法 3.1 具有适定性.

定理 3.1 设 $f: R^n \to R$ 是一个连续可微函数. 对于给定的迭代点 x_k 和 x_k 处的搜索方向 d_k, 如果 $g_k^{\mathrm{T}} d_k < 0$, 则算法 3.1 是适定的.

证明 我们只需要证明

$$\frac{\bar{\eta}_k Q_k C_k + f(x_k + \hat{\alpha}_1 d_k)}{\bar{Q}_{k+1}} \leqslant C_{\ell(k)} + \delta_k \hat{\alpha}_1 g_k^{\mathrm{T}} d_k \tag{3.17}$$

和

$$f(x_k + \hat{\alpha}_2 d_k) \leqslant C_{\ell(k)} + \delta_k \hat{\alpha}_2 g_k^{\mathrm{T}} d_k \tag{3.18}$$

具有适定性. 我们现在运用数学归纳法来证明这一论断.

易得, 当 $k = 0$ 时, (3.17) 和 (3.18) 成立.

假设 (3.17) 和 (3.18) 对于 $k \in \{1, 2, \cdots, r-1\}$ 成立. 根据算法 3.1, 如果 $\bar{f}_1 \leqslant \bar{C}_1$ 成立, 那么 $f_r \leqslant C_{\ell(r)}$. 如果 $\bar{f}_1 \leqslant \bar{C}_1$ 不成立, 那么在该迭代中 $\eta_{r-1} = 0$. 因此, 如果 $\bar{f}_2 \leqslant \bar{C}_2$ 成立, 则 $f_r \leqslant C_{\ell(r)}$. 故对于 $k \in \{1, 2, \cdots, r\}$, 结论 $f_k \leqslant C_{\ell(k)}$ 成立.

对于 $k = r$, 存在步长 $\alpha_k > 0$ 使得 (3.16) 成立. 从而 $\hat{\alpha}_1 = \alpha_k$ 满足不等式:

$$\begin{aligned} f(x_k + \hat{\alpha}_1 d_k) &\leqslant f_k + \delta_k \bar{Q}_{k+1} \hat{\alpha}_1 g_k^{\mathrm{T}} d_k \\ &\leqslant C_{\ell(k)} + \delta_k \bar{Q}_{k+1} \hat{\alpha}_1 g_k^{\mathrm{T}} d_k \\ &\leqslant \bar{\eta}_k Q_k (C_{\ell(k)} - C_k) + C_{\ell(k)} + \delta_k \bar{Q}_{k+1} \hat{\alpha}_1 g_k^{\mathrm{T}} d_k. \end{aligned}$$

最后一个不等式等价于 (3.17). 因此, (3.17) 是适定的.

由 (3.14) 可知: $\hat{\alpha}_2 = \alpha_k$ 满足不等式

$$\begin{aligned} f(x_k + \hat{\alpha}_2 d_k) &\leqslant f_k + \delta_k \bar{Q}_{k+1} \hat{\alpha}_2 g_k^{\mathrm{T}} d_k \\ &\leqslant C_{\ell(k)} + \delta_k \bar{Q}_{k+1} \hat{\alpha}_2 g_k^{\mathrm{T}} d_k \\ &\leqslant C_{\ell(k)} + \delta_k \hat{\alpha}_2 g_k^{\mathrm{T}} d_k. \end{aligned}$$

最后一个不等式表明 (3.18) 是适定的.

至此, 我们断言算法 3.1 具有适定性. □

接下来, 我们给出了序列 $\{C_{\ell(kM)}\}$ 的性质, 它在建立全局收敛性结论时发挥着关键作用.

定理 3.2 $f: R^n \to R$ 是一个连续可微函数. 设 $\{x_k\}$ 是一个由算法 3.1 生成的序列. 假设 f 有下界, 且对于任意的 k 都有 $g_k^{\mathrm{T}} d_k < 0$. 那么

$$\begin{aligned} &C_{\ell((k+1)M)} \\ &\leqslant C_{\ell(kM)} + \delta_{\ell((k+1)M)-1} \alpha_{\ell((k+1)M)-1} g_{\ell((k+1)M)-1}^{\mathrm{T}} d_{\ell((k+1)M)-1}, \quad k \in \{1, 2, \cdots\}. \end{aligned} \tag{3.19}$$

而且

$$\sum_{k=1}^{\infty} \alpha_{\ell((k+1)M)-1} \left| g_{\ell((k+1)M)-1}^{\mathrm{T}} d_{\ell((k+1)M)-1} \right| < \infty. \tag{3.20}$$

证明　由注 3.2 易得 $k \geqslant 1$ 时,

$$C_{kM+1} \leqslant \max\{C_{(k-1)M+1}, \cdots, C_{kM}\} + \delta_{kM} \alpha_{kM} g_{kM}^{\mathrm{T}} d_{kM}$$

$$= C_{\ell(kM)} + \delta_{kM} \alpha_{kM} g_{kM}^{\mathrm{T}} d_{kM},$$

$$C_{kM+2} \leqslant \max\{C_{\ell(kM)}, C_{kM+1}\} + \delta_{kM+1} \alpha_{kM+1} g_{kM+1}^{\mathrm{T}} d_{kM+1}$$

$$= C_{\ell(kM)} + \delta_{kM+1} \alpha_{kM+1} g_{kM+1}^{\mathrm{T}} d_{kM+1},$$

$$\cdots\cdots$$

采用数学归纳法, 我们有

$$C_{kM+l} \leqslant C_{\ell(kM)} + \delta_{kM+l-1} \alpha_{kM+l-1} g_{kM+l-1}^{\mathrm{T}} d_{kM+l-1}, \quad l \in \{1, 2, \cdots, M\}.$$

由于 $\ell((k+1)M) \in \{kM+1, \cdots, (k+1)M\}$, 所以 (3.19) 成立.

下面继续证明 (3.20).

由于 f 有下界, 且 $C_{\ell(kM)}$ 是 f 部分值的凸组合, 所以 $C_{\ell(kM)}$ 同样也是有下界的. 然后, 我们对 (3.19) 中的所有不等式两边求和, 并进行移项, 则得

$$\sum_{k=1}^{\infty} \delta_{\min} \alpha_{\ell((k+1)M)-1} \left| g_{\ell((k+1)M)-1}^{\mathrm{T}} d_{\ell((k+1)M)-1} \right|$$

$$\leqslant \sum_{k=1}^{\infty} \delta_{\ell((k+1)M)-1} \alpha_{\ell((k+1)M)-1} \left| g_{\ell((k+1)M)-1}^{\mathrm{T}} d_{\ell((k+1)M)-1} \right|$$

$$\leqslant C_{\ell(0)} - \lim_{k \to \infty} C_{\ell(kM)}$$

$$< \infty. \qquad\qquad \square$$

3.3　算法及其收敛性分析

在本节中, 我们将在新线搜索的基础上开发一种广义非单调充分下降算法. 该算法求解非凸目标函数时, 具有全局收敛性和 R-线性收敛性.

设 $\|\cdot\|$ 表示向量的欧几里得范数或者矩阵的谱范数. 在算法 3.1 的基础上, 我们设计了求解问题 (3.1) 的算法, 其计算机程序如下.

算法 3.2　广义非单调充分下降算法

步 1: 输入 $0 < \eta_{\min} \leqslant \eta_{\max} < 1$, $0 < \rho < 1$, $\delta_{\max} < 1$, $0 < \delta_{\min} < (1-\eta_{\max})\delta_{\max}$, $\varepsilon > 0$ 足够小, 且 $M > 1$.

步 2: 如果 $\|g_k\| > \varepsilon$, 转步 3; 反之算法终止.

步 3: 找一个搜索方向 d_k, 它只需要满足一些较弱条件 (参考本章假设 3.3 或者假设 3.4).

步 4: 在迭代点 x_k, 由算法 3.1 计算 α_k, x_{k+1}, f_{k+1}, η_k, Q_{k+1}, C_{k+1} 和 $C_{\ell(k+1)}$.

步 5: 设 $k := k+1$. 转步 2.

注 3.4　由于算法 3.2 使用了更通用的线搜索, 它是单调或非单调线搜索规则的推广, 因此建立算法 3.2 的收敛理论将比现有算法更困难.

我们首先做以下假设.

假设 3.1　水平集 $\Omega = \{x \in R^n \mid f(x) \leqslant f(x_0)\}$ 有界.

假设 3.2　在 Ω 的某个邻域 N 内, f 连续可微, 且其梯度利普希茨连续, 即存在有一个常数 $L > 0$ 使得

$$\|g(x) - g(y)\| \leqslant L\|x - y\|, \quad \forall x, y \in N. \tag{3.21}$$

假设 3.3　存在两个正常数 c_1 和 c_2, 使得对于所有足够大的 k, 有如下条件成立:

(a) $g_k^{\mathrm{T}} d_k \leqslant -c_1 \|g_k\|^2$;　　(b) $\|d_k\| \leqslant c_2 \|g_k\|$. \tag{3.22}

从 (3.22) 可以直接得出

$$c_1 \|g_k\|^2 \leqslant |g_k^{\mathrm{T}} d_k| \leqslant \|g_k\|\|d_k\| \leqslant c_2 \|g_k\|^2. \tag{3.23}$$

因此, $c_1 \leqslant c_2$.

如果假设 3.3(b) 替换为:

假设 3.4　除了假设 3.3(a) 成立, 还存在有两个正常数 τ_1 和 τ_2, 使得对于所有足够大的 k, d_k 满足条件:

$$\|d_k\|^2 \leqslant \tau_1 + \tau_2 k. \tag{3.24}$$

则因为序列 $\{\|g_k\|\}$ 有界, 假设 3.4 比假设 3.3 更弱.

下面, 我们分别在假设 3.1, 假设 3.2 和假设 3.3, 或者假设 3.1, 假设 3.2 和假设 3.4 成立的条件下建立算法 3.2 的全局收敛性.

首先, 我们证明以下结果.

引理 3.2 如果假设 3.2 和假设 3.3 成立. 若 α_k 是算法 3.2 生成的步长, 那么对于任意的 k, 下列不等式成立:

$$\alpha_k \geqslant \frac{(1-\delta_{\max})\rho}{L}\frac{|g_k^{\mathrm{T}}d_k|}{\|d_k\|^2}, \tag{3.25}$$

且

$$\alpha_k \geqslant \kappa = \frac{(1-\delta_{\max})\rho c_1}{Lc_2^2} > 0. \tag{3.26}$$

证明 因为 α_k 是算法 3.2 生成的步长, 所以 $\dfrac{\alpha_k}{\rho}$ 一定不满足条件 (3.10) 或条件 (3.18), 即

$$
\begin{aligned}
f\left(x_k + \frac{\alpha_k}{\rho}d_k\right) &> \bar{\eta}_k Q_k(C_{\ell(k)} - C_k) + C_{\ell(k)} + \delta_k \bar{Q}_{k+1}\frac{\alpha_k}{\rho}g_k^{\mathrm{T}}d_k \\
&> C_{\ell(k)} + \delta_k \bar{Q}_{k+1}\frac{\alpha_k}{\rho}g_k^{\mathrm{T}}d_k \\
&\geqslant f(x_k) + \delta_k \bar{Q}_{k+1}\frac{\alpha_k}{\rho}g_k^{\mathrm{T}}d_k,
\end{aligned}
$$

或者

$$
\begin{aligned}
f\left(x_k + \frac{\alpha_k}{\rho}d_k\right) &> C_{\ell(k)} + \delta_k \frac{\alpha_k}{\rho}g_k^{\mathrm{T}}d_k \\
&\geqslant f(x_k) + \delta_k \frac{\alpha_k}{\rho}g_k^{\mathrm{T}}d_k \\
&\geqslant f(x_k) + \delta_k \bar{Q}_{k+1}\frac{\alpha_k}{\rho}g_k^{\mathrm{T}}d_k.
\end{aligned}
$$

故

$$f\left(x_k + \frac{\alpha_k}{\rho}d_k\right) \geqslant f(x_k) + \delta_k \bar{Q}_{k+1}\frac{\alpha_k}{\rho}g_k^{\mathrm{T}}d_k.$$

将上式类比 Huang 等 (2015b) 中的引理 1, 则得

$$\alpha_k \geqslant \frac{(1-\delta_{\max})\rho|g_k^{\mathrm{T}}d_k|}{L\|d_k\|^2}. \tag{3.27}$$

即证明了不等式 (3.25) 成立.

由 (3.22) 和 (3.25) 可知

$$\alpha_k \geqslant \frac{(1-\delta_{\max})\rho}{L}\frac{|g_k^{\mathrm{T}}d_k|}{\|d_k\|^2}$$

$$\geqslant \frac{(1-\delta_{\max})\rho}{L}\frac{c_1\|g_k\|^2}{c_2^2\|g_k\|^2}$$

$$\geqslant \frac{(1-\delta_{\max})\rho c_1}{Lc_2^2} = \kappa > 0. \tag{3.28}$$

$\square$

根据引理 3.2, 我们可以证明算法 3.2 的如下收敛性.

定理 3.3 设 $\{x_k\}$ 是由算法 3.2 生成的序列. 在假设 3.1 — 假设 3.3 的条件下, 下列不等式成立:

$$\|g_{k+1}\| \leqslant (1+c_2\alpha_{\max}L)\|g_k\|, \quad \forall k \in \{0,1,2,\cdots\}. \tag{3.29}$$

此外, $\|g_k\|$ 满足条件

$$\lim_{k\to\infty}\|g_k\| = 0. \tag{3.30}$$

证明 因为 α_k 是算法 3.2 生成的步长, 所以对所有的 $k>0$, 恒有 $\alpha_k \leqslant \alpha_{\max}$ 成立, 从而

$$\|x_{k+1}-x_k\| = \alpha_k\|d_k\| \leqslant c_2\alpha_{\max}\|g_k\|. \tag{3.31}$$

由 g 的利普希茨连续性可知

$$\|g_{k+1}-g_k\| \leqslant c_2\alpha_{\max}L\|g_k\|. \tag{3.32}$$

因此, 我们已证明不等式 (3.29) 成立.

接下来我们证明第二个结果.

由定理 3.2 可得

$$\sum_{k=2}^{\infty}\kappa c_1\|g_{\ell(kM)-1}\|^2 \leqslant \sum_{k=2}^{\infty}\kappa|g_{\ell(kM)-1}^{\mathrm{T}}d_{\ell(kM)-1}|$$

$$\leqslant \sum_{k=2}^{\infty}\alpha_{\ell(kM)-1}|g_{\ell(kM)-1}^{\mathrm{T}}d_{\ell(kM)-1}| < \infty.$$

因此,

$$\lim_{k\to\infty}\|g_{\ell(kM)-1}\|^2 = 0. \tag{3.33}$$

因为已经证得子序列 $\{g_{\ell(kM)-1}\}$ 的极限为 0, 故要证明 (3.30), 只需证明:

$$\{\|g_{\ell(kM)}\|, \|g_{\ell(kM)+1}\|, \cdots, \|g_{\ell((k+1)M)-2}\|\}$$

中的每一个元素都小于 $\|g_{\ell(kM)-1}\|$ 的常数倍.

由于 $\ell((k+1)M) - \ell(kM) \leqslant 2M - 1$, 故在 (3.29) 的条件下有

$$\|g_i\| \leqslant (1 + c_2 \alpha_{\max} L)^{2(M-1)} \|g_{\ell(kM)-1}\|,$$

$$i \in \{\ell(kM), \ell(kM) + 1, \cdots, \ell((k+1)M) - 2\}, \tag{3.34}$$

综合结论 (3.33) 和 (3.34), 我们便得到 (3.30) 式成立. □

我们下面把假设 3.3 替换成更弱的假设 3.4, 同样也能建立算法 3.2 的全局收敛性理论.

定理 3.4 设 $\{x_k\}$ 是由算法 3.2 生成的序列. 在假设 3.1, 假设 3.2 和假设 3.4 成立的条件下, 可得

$$\liminf_{k \to \infty} \|g_k\| = 0. \tag{3.35}$$

证明 由于假设 3.4 包含假设 3(a), 所以引理 3.2 中的 (3.25) 式成立. 故对任意的 k,

$$\alpha_k \geqslant \frac{(1 - \delta_{\max})\rho |g_k^{\mathrm{T}} d_k|}{L \|d_k\|^2}.$$

由 (3.20) 可知

$$\sum_{k=2}^{\infty} \frac{\left(g_{\ell(kM)-1}^{\mathrm{T}} d_{\ell(kM)-1}\right)^2}{\|d_{\ell(kM)-1}\|^2} < \infty.$$

另一方面, 由假设 3.4 可得

$$\sum_{k=0}^{\infty} \frac{\|g_{\ell(kM)-1}\|^2}{\tau_1 + \tau_2(\ell(kM) - 1)} < \infty.$$

因此,

$$\sum_{k=0}^{\infty} \frac{\|g_{\ell(kM)-1}\|^2}{\tau_1 - \tau_2 + \tau_2 kM} = \sum_{k=0}^{\infty} \frac{\|g_{\ell(kM)-1}\|^2}{\tau_1 + \tau_2(kM - 1)} \leqslant \sum_{k=0}^{\infty} \frac{\|g_{\ell(kM)-1}\|^2}{\tau_1 + \tau_2(\ell(kM) - 1)} < \infty. \tag{3.36}$$

基于 (3.36) 式, 我们类似于 Huang 等 (2015b) 中定理 4 的证明完成其余证明, 即证明 (3.35) 成立. □

注 3.5 定理 3.4 中的假设 3.4 条件较弱, 其收敛结果也弱于定理 3.3.

最后, 我们建立了算法 3.2 对于强凸目标函数的 R-线性收敛性和超线性收敛性.

所谓 "强凸目标函数" 是指: 存在常数 $\gamma > 0$, 使得对任意的 $x, y \in R^n$, 均有如下不等式成立:

$$f(x) \geqslant f(y) + g(y)^{\mathrm{T}}(x - y) + \frac{1}{2\gamma}\|x - y\|^2. \tag{3.37}$$

以下结果直接来自于文献 (Zhang and Hager, 2004) 中的结论 (3.2), (3.4) 和 (3.12).

引理 3.3　如果目标函数 f 是强凸的, 则存在常数 $\gamma > \bar{\gamma} > 0$, 使得对所有的 $x, y \in R^n$ 均满足

$$(g(x) - g(y))^{\mathrm{T}}(x - y) \geqslant \frac{1}{\gamma}\|x - y\|^2. \tag{3.38}$$

设 x^* 为强凸函数 f 的唯一极小值. 那么

$$\bar{\gamma}\|g(x)\|^2 \leqslant f(x) - f(x^*) \leqslant \gamma\|g(x)\|^2. \tag{3.39}$$

在引理 3.3 的基础上, 我们可以建立算法 3.2 的 R-线性收敛性.

定理 3.5　设 f 是强凸目标函数, x^* 是它的唯一极小值点. 设 $\{x_k\}$ 是由算法 3.2 求解该类强凸问题时生成的序列. 如果假设 3.1 — 假设 3.3 成立. 那么, 存在常数 $b_0 > 0, \theta \in (0, 1)$, 使得对所有 $k \geqslant 0$, 恒有

$$f(x_k) - f(x^*) \leqslant b_0 \theta^k (f(x_0) - f(x^*)). \tag{3.40}$$

证明　与 Huang 等 (2015b) 中定理 5 的证明类似, 我们易证得

$$C_{\ell((k+1)M)} - f(x^*) \leqslant \theta_1 (C_{\ell(kM)} - f(x^*)), \tag{3.41}$$

其中

$$\theta_1 = 1 - \frac{\delta_{\min}\kappa c_1 (1 - \eta_{\max})}{\delta_{\min}\kappa c_1 + \gamma c_3^2 (1 - \eta_{\max})} \in (0, 1), \quad c_3 = (1 + c_2 \alpha_{\max} L).$$

由 (3.29) 和 (3.39) 式知

$$f(x_{k+1}) - f(x^*) \leqslant b_1 (f(x_k) - f(x^*)), \tag{3.42}$$

其中 $b_1 = \frac{c_3^2 \gamma}{\bar{\gamma}} > 1$. 又因为

$$M \left\lfloor \frac{k}{M} \right\rfloor \leqslant k, \quad \frac{k}{M} - 1 \leqslant \left\lfloor \frac{k}{M} \right\rfloor,$$

所以

$$
\begin{aligned}
f(x_k) - f(x^*) &\leqslant b_1^M \left(f\left(x_{M\lfloor \frac{k}{M} \rfloor} \right) - f(x^*) \right) \\
&\leqslant b_1^M \left(C_{l\left(M\lfloor \frac{k}{M} \rfloor \right)} - f(x^*) \right) \\
&\leqslant b_1^M \theta_1^{\lfloor \frac{k}{M} \rfloor} \left(C_{\ell(0)} - f(x^*) \right) \\
&\leqslant b_1^M \theta_1^{\frac{k}{M}-1} (f_0 - f(x^*)).
\end{aligned}
$$

因此, 若取 $b_0 = b_1^M \theta_1^{-1}$, $\theta = \theta_1^{\frac{1}{M}}$, 则得到 (3.40) 式. $\qquad\square$

3.4 数值性能测试

在本节中, 我们把开发的算法用于求解大量大规模基准测试问题, 以此测试所提出的非单调线搜索规则的数值效率.

需要注意的是, Zhang 和 Hager (2004) 没有利用共轭梯度法确定搜索方向, 而是把文献 (Liu and Nocedal, 1989; Nocedal, 1980) 提出的 L-BFGS 方法和非单调 Wolfe 线搜索策略相结合开发算法. 因为算法 3.1 是一种非单调 Armijo 线搜索, Liu 和 Nocedal (1989), Nocedal (1980) 提出的 BFGS 型方法不适合与本章提出的线搜索结合.

为了重点考察本章提出的非单调线搜索规则在求解复杂大规模优化问题时的数值性能, 我们把它与 Grippo 等 (1986), Huang 等 (2015b), Zhang 和 Hager (2004) 提出的典型的非单调线搜索策略进行比较. 文献 (Ahookhosh and Ghaderi, 2017; Huang and Wan, 2017; La Cruz et al., 2006; Raydan, 1997) 的研究结果表明, 其中的谱梯度方法求解大规模优化问题时表现良好, 我们在测试上述不同非单调线搜索规则时, 都使用该谱梯度方法确定搜索方向.

具体说来, 谱梯度方法的搜索方向为

$$
d_k = -\bar{\alpha}_k g_k. \tag{3.43}
$$

记 $s_{k-1} = x_k - x_{k-1}$, $y_{k-1} = g_k - g_{k-1}$, (3.43) 式的 $\bar{\alpha}_k$ 为算法的试探步长, 选择为

$$
\alpha_k^{\mathrm{BB1}} = \frac{s_{k-1}^{\mathrm{T}} y_{k-1}}{y_{k-1}^{\mathrm{T}} y_{k-1}}, \tag{3.44}
$$

或

$$
\alpha_k^{\mathrm{BB2}} = \frac{s_{k-1}^{\mathrm{T}} s_{k-1}}{s_{k-1}^{\mathrm{T}} y_{k-1}}, \tag{3.45}
$$

或

$$\alpha_k^{\text{NEW}} = \sqrt{\frac{s_{k-1}^{\text{T}} s_{k-1}}{y_{k-1}^{\text{T}} y_{k-1}}} = \sqrt{\alpha_k^{\text{BB1}} \alpha_k^{\text{BB2}}}. \tag{3.46}$$

(3.44) 和 (3.45) 式定义的试探步长是著名的 BB 步长 (Barzilai and Borwein, 1988; La Cruz et al., 2006; Raydan, 1997), (3.46) 式定义的试探步长是 Deng 等 (2013) 提出的求解非线性方程组的步长. 实际上, 由此三种步长确定的对角矩阵 $\alpha_k^{\text{BB1}} I$, $\alpha_k^{\text{BB2}} I$ 和 $\alpha_k^{\text{NEW}} I$ 都可视为 $f(x)$ 在 x_k 处的近似 Hessian 矩阵. 如果 $\bar{\alpha}_k$ 的试探步长 $\bar{\alpha}_k \notin [\alpha_{\min}, \alpha_{\max}]$, 我们重置

$$\bar{\alpha}_k = \begin{cases} 1, & \|g_k\| > 1, \\ \|g_k\|^{-1}, & 10^{-5} \leqslant \|g_k\| \leqslant 1, \\ 10^5, & \|g_k\| < 10^{-5}, \end{cases} \tag{3.47}$$

其中 $\alpha_{\min}$ 和 $\alpha_{\max}$ 分别代表试探步长的下、上限.

为了叙述简便, 我们使用如下记号.

NMLS-N　采用 (3.43) 式确定搜索方向的算法 3.2;

NMLS-A　搜索方向 (3.43) 与 Armijo 线搜索 (3.2) 组合的算法;

NMLS-G　搜索方向 (3.43) 与非单调线搜索 (3.3) 组合的算法;

NMLS-Z　搜索方向 (3.43) 与非单调线搜索 (3.4) 组合的算法;

NMLS-H　基于 (3.43) 中的搜索方向和非单调线搜索 (3.6) 的组合的算法;

P　CUTEst 测试库中测试问题的名称;

n　问题的维数;

NI　迭代次数;

NF　函数值的计算次数;

T　精确到小数点后三位的消耗的 CPU 时间 (s);

F　函数值的计算次数超过 50000.

所有算法参数的选择如下.

$$\alpha_{\min} = 10^{-10}, \quad \alpha_{\max} = 10^{10}, \quad \delta_{\min} = 10^{-6},$$
$$\delta_{\max} = 0.9, \quad \eta_{\min} = 0.1, \quad \eta_{\max} = 0.9, \quad \varepsilon = 10^{-6}.$$

特别地, 我们与文献 (Zhang and Hager, 2004) 的选取一样, 对任何 k, η_k 和 δ_k 为固定值.

NMLS-N　$\delta_k = 0.001$, $\rho = 0.5$, $\eta_k = 0.95$, $M = 5$;

NMLS-A　$\delta = 0.001$, $\rho = 0.5$;

NMLS-G $\delta = 0.001$, $\rho = 0.5$, $M = 10$;

NMLS-Z $\delta = 0.001$, $\rho = 1.6$, $\rho_1 = 0.1$, $\eta_k = 0.85$;

NMLS-H $\delta_k = 0.001$, $\rho = 1.6$, $\rho_1 = 0.1$, $\eta_k = 0.55$.

如果算法满足终止条件 $\|g_k\| \leqslant 10^{-6}$, 或者迭代过程中函数求值次数超过 50000, 则该算法停止. 所有数值实验都是在配置为 3.0 GHz CPU, 1 GB 内存, 装有 Red Hat Enterprise Linux Client 6.0 系统的个人计算机上运行.

3.4.1 不同算法之间的比较

在本节中, 从 CUTEst 中任意选择 212 个测试问题, 以比较 5 个算法 NMLS-N, NMLS-A, NMLS-G, NMLS-Z 和 NMLS-H 的数值性能. 所有算法都用 Fortran 77 编码, CUTEst 每一个测试问题的维数从 2 到 10000 (Gould et al., 2015), 并采用 Dolan 和 Moré (2002) 引入的算法性能图评估算法. 具体说来, 该性能图测评算法的方式如下: (1) 设 $\mathcal{S}$ 是所有算法组成的集合, $\mathcal{P}$ 是所有测试问题组成的集合, $t_{p,s}$ 是算法的迭代次数, 或是函数值计算次数, 或是通过某个算法 $s \in \mathcal{S}$ 求解某个测试问题 $p \in \mathcal{P}$ 所需消耗的 CPU 时间. (2) 由下式

$$r_{p,s} = \frac{t_{p,s}}{\min\{t_{p,s} : s \in \mathcal{S}\}},$$

计算算法 s 求解问题 p 的相对性能. 这样, 算法 s 的总体性能由下式给出:

$$\rho_s(\tau) = \frac{1}{n_p}\text{size}\{p \in \mathcal{P} : r_{p,s} \leqslant \tau\}.$$

事实上, $\rho_s(\tau)$ 是算法 s 在给定阈值 τ 的条件下, 其性能比 $r_{p,s}$ 的分布特征.

在图 3.1 至图 3.4 中, 我们展示了 5 种算法在三种不同试探步长下的迭代次

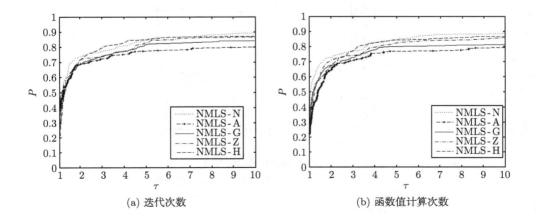

(a) 迭代次数　　　　　　　　　　　(b) 函数值计算次数

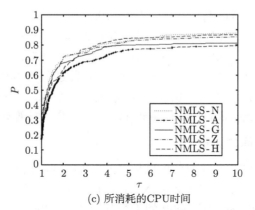

(c) 所消耗的CPU时间

图 3.1   试探步长为 (3.44) 时算法的性能图

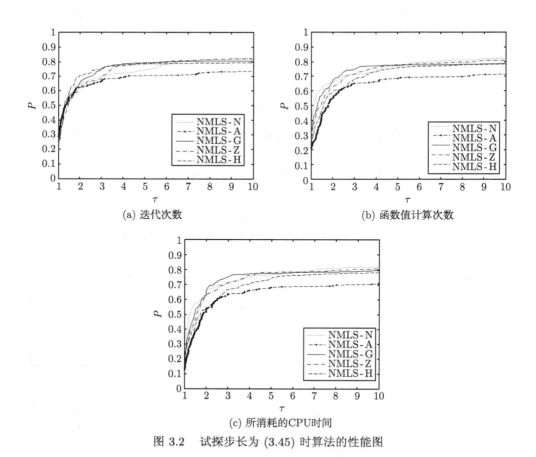

(a) 迭代次数

(b) 函数值计算次数

(c) 所消耗的CPU时间

图 3.2   试探步长为 (3.45) 时算法的性能图

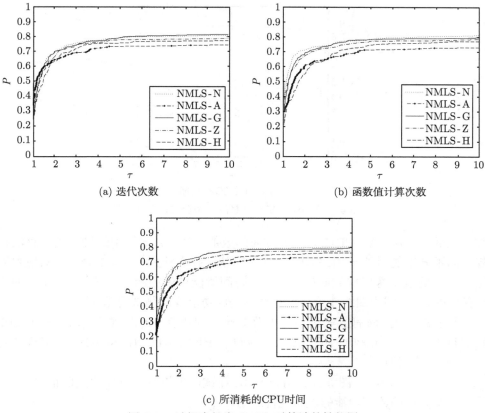

(a) 迭代次数　　　　　　　　　　(b) 函数值计算次数

(c) 所消耗的CPU时间

图 3.3　试探步长为 (3.46) 时算法的性能图

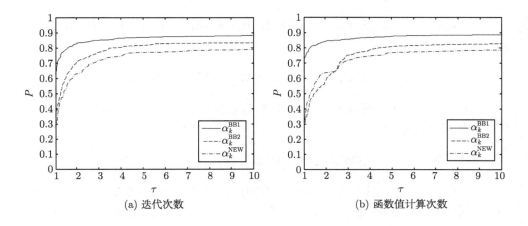

(a) 迭代次数　　　　　　　　　　(b) 函数值计算次数

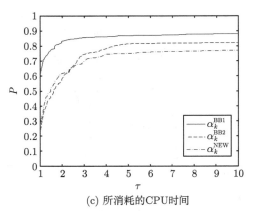

(c) 所消耗的CPU时间

图 3.4　不同试探步长下算法 NMLS-N 的性能图

数、函数求值次数和 CPU 时间等方面的数值性能图. 该图中纵轴给出了算法在规定的不同性能因子 τ 内, 所求解的测试问题的百分比 P, $\tau = 1$ 处的值对应着算法所需要的最少迭代次数或最短 CPU 时间所能求解的测试问题的百分比, 而当 τ 变得更大时, 图中曲线能给出了每种方法成功求解的测试问题的百分比.

我们注意到, 所有算法都不能求解的测试问题有: FLETCBV3($n = 10000$); FLETCHBV($n=10000$); INDEF($n=10000$); PENALTY2($n=6000$); BROWNBS ($n = 20$). 特别地,

(1) 从图 3.1(a)— 图 3.1(c) 可以看出, 在试探步长由 (3.44) 决定的情况下, 五种非单调算法的数值性能的优越性排序为

$$\text{NMLS-N} > \text{NMLS-H} > \text{NMLS-Z} > \text{NMLS-G} > \text{NMLS-A}.$$

(2) 从图 3.2(a)— 图 3.2(c) 可以看出, 在试探步长由 (3.45) 决定的情况下, 优越性的顺序为

$$\text{NMLS-N} > \text{NMLS-Z} > \text{NMLS-G} > \text{NMLS-H} > \text{NMLS-A}.$$

(3) 从图 3.3(a)— 图 3.3(c) 可以得出, 在试探步长由 (3.46) 确定的情况下, 数值性能优越性排序为

$$\text{NMLS-N} > \text{NMLS-G} > \text{NMLS-Z} > \text{NMLS-H} > \text{NMLS-A}.$$

(4) 图 3.4(a)— 图 3.4(c) 给出了不同试探步长下 NMLS-N 的数值性能曲线. 根据性能曲线易得, 在三种试探步长中, 试探步长 (3.44) 表现最好. 试探步长 (3.46) 的性能比其他两个实验步长差. 原因如 Huang 和 Wan (2017) 所述, 可能是它更适合求解非线性方程组.

综合所有 212 个测试问题的数值结果表明, 在不同试探步长的前提条件下, NMLS-N 优于其他四种算法; 对于 NMLS-N 而言, 选用试探步长 (3.44) 比其他选择具有更好的数值性能.

3.4.2 新型非单调线搜索的特点

下面, 我们用实际例子说明基于三种不同非单调线搜索开发的算法 (NMLS-N, NMLS-Z, NMLS-H) 之间的差异, 并以此展示本章提出的线搜索优点. 所用例子来自 (Moré et al., 1981).

例 3.1 考虑以下无约束优化问题:

$$\min f(x) = \sum_{i=1}^{n} f_i(x)^2,$$

其中

$$f_i(x) = n - \sum_{j=1}^{n} \cos x_j + i(1 - \cos x_i) - \sin x_i,$$

初始点为 $x_0 = \left(\dfrac{1}{n}, \cdots, \dfrac{1}{n} \right)$.

表 3.1 列出了取试探步长 (3.44) 的条件下每种算法得出的 C_k 和 g_k 值.

表 3.1 三种不同算法的 C_k 和 g_k 值

k	NMLS-N		NMLS-Z		NMLS-H	
	C_k	g_k	C_k	g_k	C_k	g_k
23	2.5586e−05	7.4710e−03	2.8220e−04	2.4723e−02	2.9372e−05	4.0718e−03
24	2.8090e−05	1.4781e−02	2.7459e−04	3.8128e−02	2.7053e−05	6.1554e−03
25	2.6832e−05	1.0873e−03	2.5682e−04	2.3628e−02	2.3464e−05	3.8788e−03
38	1.6773e−05	2.7649e−04	1.4258e−04	2.6851e−02	1.1351e−05	1.5876e−03
39	1.6849e−05	4.7021e−03	1.3225e−04	1.6485e−02	1.0958e−05	1.0183e−03
40	1.6699e−05	5.6897e−03	1.2951e−04	2.5421e−02	1.0803e−05	1.5348e−03
67	8.0583e−06	3.6620e−06	3.4098e−05	7.1090e−03	8.5615e−06	1.0686e−03
68	7.9236e−06	1.1935e−06	3.3490e−05	1.1014e−02	8.4594e−06	6.8205e−04
69	7.7961e−06	9.1032e−07	3.1155e−05	6.6744e−03	8.4130e−06	1.0055e−03

如表 3.1 中结果所示, 当使用算法 NMLS-N 求解例 3.1 时, 序列 $\{C_k\}$ 在第 24 次和第 39 次迭代处改变单调性 (见表 3.1 中画线结果), 产生跳跃, 并且在第 69 次迭代处算法终止, g_k 的值远远满足终止条件. 不同的是, 其他两种算法产生的序列 $\{C_k\}$ 一直是单调递减的. 换句话说, 该计算结果与 Huang 等 (2015b), Zhang 和 Hager (2004) 报道的不同, 使用本章非单调线搜索开发的算法产生的序列 $\{C_k\}$ 值具有波动性 (偶尔增加).

3.4.3   可调参数的影响

我们接下来进一步研究广义非单调线搜索 (3.15) 中可调参数对算法数值效率的影响.

如注 3.2 所述, 如果 $M = 1$, 则 (3.15) 退化为 (3.6). 如果 $M = 1$ 且 $\delta_k = \dfrac{\delta}{Q_{k+1}}$, 则 (3.15) 是 (3.4) 的推广. 如果对每个 k, $\eta_k = 0$, 则 (3.15) 变为 (3.3), 其中 $m(k) = \min(k, M - 1)$. 为了通过数值实验验证这些说法, 我们采用试探步长 (3.44), 并考虑以下三种情形:

情形 I $M = 5$, 参数 η_k 可调, 测试问题分别由 NMLS-G 和 NMLS-N 求解;

情形 II   参数 M 可调节, $\eta_k = 0.85$, $\delta_k = \dfrac{\delta}{Q_{k+1}}$, 测试问题分别由 NMLS-Z 和 NMLS-N 求解;

情形 III $\eta_k = 0.85$, 参数 M 可调节, 测试问题分别由 NMLS-H 和 NMLS-N 求解.

表 3.2 — 表 3.4 报告了上述三种情形下, 所有算法求解 CUTEst 中选择的 212 个测试问题时的数值结果, 其中 "更强" 表示 NMLS-N 在迭代次数 (NI)、函数求值次数 (NF)、CPU 时间 (CPU) 或两方面均比其他方法表现更好的次数. "均等" 表示 NMLS-N 的性能与其他方法相同的次数, "更弱" 表示 NMLS-N 的性能比其他方法差的次数.

表 3.2—表 3.4 中的结果说明, 求解大多数测试问题时, 算法 NMLS-N 中选择合适的参数 η_k, M 值, 其性能明显优于 NMLS-G, NMLS-Z 和 NMLS-H. 更具体地,

表 3.2 η_k 的不同选择及情形 I 的数值性能比较

		$\eta_k = 0.55$	$\eta_k = 0.65$	$\eta_k = 0.75$	$\eta_k = 0.85$	$\eta_k = 0.95$
	更强	67	67	66	70	77
NI	均等	99	102	98	81	72
	更弱	46	43	48	61	63
	更强	61	66	68	77	91
NF	均等	98	100	98	83	74
	更弱	53	46	46	52	47
	更强	96	103	93	100	104
CPU	均等	33	34	34	33	30
	更弱	83	75	85	79	78
	更强	50	57	55	60	66
所有性能	均等	25	30	28	23	23
	更弱	35	29	39	37	39

表 3.3 M 的不同选择及情形 II 的数值性能比较

		$M = 2$	$M = 3$	$M = 4$	$M = 5$	$M = 6$	$M = 7$
	更强	69	69	67	69	68	74
NI	均等	85	86	84	82	83	79
	更弱	58	57	61	61	61	59
	更强	73	73	74	76	75	79
NF	均等	86	86	84	83	85	81
	更弱	53	53	54	53	52	52
	更强	105	89	88	90	93	96
CPU	均等	35	31	39	36	41	37
	更弱	72	92	85	86	78	79
	更强	63	57	56	58	57	57
所有性能	均等	26	27	32	29	35	26
	更弱	41	39	42	44	41	37

表 3.4 M 的不同选择及情形 III 的数值性能比较

		$M = 2$	$M = 3$	$M = 4$	$M = 5$	$M = 6$	$M = 7$
	更强	70	73	71	71	69	75
NI	均等	84	85	83	81	82	79
	更弱	58	54	58	60	61	58
	更强	74	77	78	78	76	80
NF	均等	85	85	83	82	84	81
	更弱	53	50	51	52	52	51
	更强	98	95	94	93	91	100
CPU	均等	35	36	39	38	36	32
	更弱	79	81	79	81	85	80
	更强	60	63	63	61	59	63
所有性能	均等	29	28	31	31	30	26
	更弱	44	39	41	40	39	39

• 在情形 I 中, 当 η_k 在 0.55 到 0.95 这个范围变化时, NMLS-N 的性能优于 NMLS-G. 特别是当 $\eta_k = 0.95$ 时 NMLS-N 表现最好, 但在求解下列问题时, 所有算法均失败:

FLETCBV3$(n = 10000)$; FLETCHBV$(n = 10000)$; INDEF$(n = 10000)$;
PENALTY2$(n = 6000)$; SPARSINE$(n = 2000)$; BROYDN7D$(n = 10000)$;
SPMSRTLS$(n = 10000)$; BROWNBS$(n = 20)$.

• 在情形 II 中, 可调节参数 M 会对数值结果产生影响. 在选择适当 M 值的情况下, 算法 NMLS-N 的性能优于 NMLS-Z. 在解决下列问题时, 所有算法均失败:

CURLY20$(n = 900)$; FLETCBV3$(n = 10000)$; FLETCHBV$(n = 10000)$;

FREUROTH($n = 9000$);　INDEF($n = 10000$);　PENALTY2($n = 6000$);
SPARSINE($n = 2000$);　BROYDN7D($n = 10000$);　SPMSRTLS($n = 10000$);
BROWNBS($n = 20$).

● 在情形 III, 当 $M = 2, 3, 4, 5, 6, 7$ 时, 算法 NMLS-N 优于 NMLS-H. 在求解下列问题时, 所有算法均失败:

CURLY20($n = 900$);　FLETCBV3($n = 10000$);　FLETCHBV($n = 10000$);
FREUROTH($n = 9000$);　INDEF($n = 10000$);　PENALTY2($n = 6000$);
SPARSINE($n = 2000$);　BROYDN7D($n = 10000$);　SPMSRTLS($n = 10000$);
BROWNBS($n = 20$).

限于篇幅, 表 3.5 只给出了在不同 η_k 值的情况下, 情形 I 的六个数值结果. 但容易看出, 可调参数 η_k 对数值结果具有显著影响. 下划线的数值结果表明, 在适当选择 η_k 的条件下, 算法 NMLS-N 优于 NMLS-G. 情形 II 和情形 III 也可以得出类似的结论. 概括地说, 本章开发的算法 NMLS-H 的参数的可调整性, 能够为更高效地求解更多的优化问题创造条件.

表 3.5　η_k 的不同选择及情形 I 的六个数值结果

P	n		NMLS-G	$\eta_k = 0.55$	$\eta_k = 0.65$	$\eta_k = 0.75$	$\eta_k = 0.85$	$\eta_k = 0.95$
		NI	12407	9085	<u>143</u>	F	F	F
COSINE	2000	NF	12558	9234	<u>206</u>	F	F	F
		CPU	3.22	2.35	<u>0.06</u>	F	F	F
		NI	F	F	F	F	843	<u>226</u>
FREUROTH	2000	NF	F	F	F	F	10397	<u>235</u>
		CPU	F	F	F	F	4.21	<u>0.11</u>
		NI	F	F	F	F	<u>191</u>	339
FREUROTH	10000	NF	F	F	F	F	<u>204</u>	348
		CPU	F	F	F	F	<u>0.60</u>	0.85
		NI	678	<u>73</u>	825	142	288	1660
TQUARTIC	10000	NF	765	<u>140</u>	1202	233	433	1971
		CPU	0.77	<u>0.14</u>	1.19	0.22	0.42	1.90
		NI	F	F	F	674	<u>613</u>	713
VARDIM	6000	NF	F	F	F	32373	<u>29009</u>	32758
		CPU	F	F	F	10.49	<u>9.42</u>	10.68
		NI	822	804	488	463	<u>455</u>	469
CHAINWOO	10000	NF	899	869	533	500	<u>500</u>	487
		CPU	1.80	1.83	1.22	1.02	<u>0.98</u>	0.97

总　　结

本章提出并分析了一类广义非单调线搜索规则. 研究表明, 所提出的线搜索策略可以综合现有方法在搜索合适步长方面的优势. 在一定的假设条件下, 我们证明了基于该线搜索规则所开发的算法具有全局收敛性和 R-线性收敛性.

大量数值测试结果表明:

(1) 作为现有方法的推广, 本章提出的广义非单调线搜索规则能够继承已有方法的优势, 并具有更广泛的适用性.

(2) 把该广义非单调线搜索规则与谱梯度方法结合, 所开发的算法优于其他类似算法.

(3) 该广义非单调线搜索规则中参数的可调整性能够增强其求解更多优化问题的能力.

第 4 章 大规模非负矩阵分解的交替 非单调投影 BB 算法

在大数据挖掘和机器学习中, 非负矩阵分解是一种日益流行的非负大数据降维和特征提取方法. 针对大规模非负矩阵分解问题, 本章提出将一种新型交替非单调投影 BB 算法. 与文献中现有算法不同, 为了有效求解交替非负最小二乘框架下的子问题, 本章的算法将使用先进的非单调线搜索技术和谱梯度投影策略寻找合适的步长, 并使用新型自适应 BB 步长生成好的搜索方向. 除了建立算法的全局收敛性外, 我们还将算法应用于分析对大规模合成数据集和真实数据集, 以进行大量的数值测试. 数值结果将证明, 与现有先进算法相比, 所开发的算法在数值效率、噪声鲁棒性和矩阵分解质量等方面都表现更好, 且适用于人脸图像重建和杂交鱼类谱系亚基因组转录组文本的深度挖掘.

4.1 引 言

非负矩阵分解 (NMF) 旨在找到两个低秩非负因子矩阵并使用两者的乘积来近似原始非负矩阵, 自然地获取高维数据非负的基于局部特征的表示. 这项研究首先由 Paatero 和 Tapper (1994) 提出, 也叫正矩阵分解. 随后, Lee 和 Seung (1999) 在 *Nature* 上发表了 NMF 在学习面部图像的组成特征和文本的语义特征方面的研究, 并给出了分解结果基于局部特征或低维表示的可解释性. 结果表明了 NMF 基于对象局部特征的表示与人脑的感知机制一致, 即对整体的感知是基于对其局部特征的感知. 凭借为原始数据找到良好稀疏表示的能力, NMF 已广泛应用于解决许多实际问题 (Fu et al., 2019), 如信号处理 (Han et al., 2009a; Hoyer, 2004; Li et al., 2017b) 和数据挖掘 (Guan, 2012; Pauca et al., 2004; Tang and Wan, 2021; Zhang et al., 2020a). 此外, NMF 也是一类重要用于大数据机器学习的无监督学习技术 (Pauca et al., 2006), 它可以对高维 (多特征) 无标记数据样本进行分类, 并识别每类的主要特征 (Wan et al., 2019).

给定一个非负矩阵 $V = (V_{:,1}, \cdots, V_{:,n}) \in R^{m \times n}$, V 中的每一列都表示一个具有 m 个特征的数据向量. NMF 就是找到两个非负因子矩阵 $W = (W_{:,1}, \cdots, W_{:,r})$

主要结果发表于 Data Mining and Knowledge Discovery, 35: 1972–2008, 2021.

$\in R_+^{m \times r}$, $H = (H_{:,1}, \cdots, H_{:,n}) \in R_+^{r \times n}$ 及一个合适的正整数 $r < \min\{m, n\}$, 使得

$$V \approx WH. \tag{4.1}$$

因此, V 中的每一列都可以由 W 中 r 个列的线性组合给出一个合适的表达, 其中组合系数为 H 中的对应列元素, 即

$$V_{:,j} \approx (W_{:,1}, \cdots, W_{:,r})(H_{1j}, \cdots, H_{rj})^{\mathrm{T}}, \quad j = 1, \cdots, n.$$

因此在几何上, W 被视为 r 维空间的一个基矩阵, 而 H 是 V 在新基空间上的低维潜在表示, 也叫系数矩阵或编码矩阵. 特别地, 若 V 是一组向量化的人脸图像数据, 则 W 的每一列表示了人脸的眼睛、鼻子、嘴巴、额头和脸颊等部件, 而 H 表示 V 在 (W 展开的) 低维空间上的非负嵌入, 即 $H_{:,j}$ 是第 j 个人脸图像数据的低维表示, 其中零元素体现了表示的稀疏性.

为了最小化 V 和 WH 的重构误差, 并满足因子矩阵的非负性约束, 本章考虑如下 NMF 优化模型:

$$\min_{W \geqslant 0, \ H \geqslant 0} F(W, H) := \frac{1}{2}\|V - WH\|_F^2, \tag{4.2}$$

其中 $\|\cdot\|_F$ 是 Frobenius 范数. 模型 (4.2) 是非凸的, 且由于 r 的未知性, 它也是 NP-难的 (Vavasis, 2010). 因此, 没有普适的算法能找到该模型的最优解. 另一方面, 在许多实际数据挖掘的问题中, m 和 n 的规模往往很大, 这也增加了问题的求解难度. 因此为大规模 NMF 模型 (4.2) 开发高效算法是很有研究价值和意义的.

尽管模型 (4.2) 是非凸的, 但当固定其中一个因子矩阵时, 它关于另一个因子矩阵是凸的. 基于这个发现, 一种高效且流行方法是交替非负最小二乘 (ANLS) 框架 (Lin, 2007). 该框架不是直接求解原非凸模型 (4.2), 而是通过交替求解如下两个凸的非负最小二乘 (NLS) 子问题更新近似解序列:

$$W^{k+1} = \arg \min_{W^{\mathrm{T}} \geqslant 0} F_{\mathrm{NMF}}(W, H^k) := \frac{1}{2}\|V^{\mathrm{T}} - (H^k)^{\mathrm{T}} W^{\mathrm{T}}\|_F^2, \tag{4.3}$$

$$H^{k+1} = \arg \min_{H \geqslant 0} F_{\mathrm{NMF}}(W^{k+1}, H) := \frac{1}{2}\|V - W^{k+1}H\|_F^2. \tag{4.4}$$

本质上, ANLS 方法也称为非线性优化中的两块坐标下降法 (Bertsekas, 1997). NLS 子问题 (4.3) 和 (4.4) 的凸性保证了基于 ANLS 迭代框架得到的序列 $\{(W^k, H^k)\}$ 的任意聚点都是原优化问题 (4.2) 的稳定点 (Grippo and Sciandrone, 2000; Lin, 2007).

由于原问题 (4.2) 的解和一系列子问题 (4.3) 和 (4.4) 的解相关, 因此当子问题是由给定的大矩阵 V 产生的大规模优化问题时, 开发更有效的算法来寻找 (4.3) 和 (4.4) 的解是有价值的. Lin (2007) 首次采用界约束优化问题中的投影梯度算法和单调线搜索规则来求解 NLS 子问题. 事实上, 该算法是最速下降方法在界约束优化中的推广, 因此其数值效率并不令人满意 (Bertsekas, 1997). 同一时期, Cichocki 和 Zdunek (2007) 将子问题 (4.3) 和 (4.4) 分别转化为 m 和 n 个变量为向量的 NLS 问题, 且均采用精确线搜索的投影 BB 算法求解它们来更新因子矩阵. 此外, 投影拟牛顿法 (Kim et al., 2007)、投影牛顿法 (Gong and Zhang, 2012)、有效集法 (Kim and Park, 2008a, 2008b)、内点信赖域法 (Jiang et al., 2012b) 等被提出用于建立基于 ANLS 的 NMF 算法. 然而, Guan (2012) 指出这些算法面临以下其中一点或全部缺点: (1) 耗时的单调线搜索; (2) 数值不稳定问题; (3) 收敛速度慢.

研究表明, 投影 BB 方法、最优梯度法和非单调线搜索技术可以有效改善 NMF 算法的性能 (Han et al., 2009b; Guan, 2012; Xu and Yin, 2013; Huang et al., 2015a, 2015b; Li et al., 2020, 2021). Han 等 (2009b) 提出了四种基于非单调线搜索技术或无线搜索过程的投影 BB 算法来求解由非光滑 NMF 模型产生的 NLS 子问题, 其中使用 GLL 非单调线搜索规则的方法 (称为 PBB2) 的数值性能最优. 考虑到子问题 (4.3) 和 (4.4) 中目标函数不仅是凸的且它们的梯度函数还是利普希茨连续的, Guan (2012) 使用 Nesterov (2003) 提出的最优梯度法 (OGM) 来求解 NLS 子问题, 并且基于 ANLS 框架, 提出一个新的高效算法, 叫做 NeNMF. 特别地, OGM 无需任何线搜索, 且具有非线性收敛速度. 但是 OGM 的收敛速度不仅取决于起始点和稳定点的距离, 还取决于 (4.3) 和 (4.4) 中梯度函数的利普希茨常数. 受投影 BB 算法、GLL 非单调线搜索技术和 OGM 算法的启发, Huang 等 (2015d) 提出了一种新的 NMF 算法, 即通过使用二次正则投影 BB (QRPBB) 方法来交替求解 NLS 子问题. QRPBB 在每一次迭代中都先计算一个非负二次强凸最小化问题的封闭解 (解析解) 来修正当前迭代点, 然后在该点使用非单调投影 BB 算法更新相应子问题的近似解. 随后, Huang 等 (2015c) 进一步提出了一种单调投影 BB (MPBB) 算法来求解相应子问题. 与 QRPBB 相比, MPBB 没有线搜索迭代过程, 但函数值序列的单调下降性保证了算法是全局收敛性的. 为了提高现有 NMF 算法的计算效率, Li 等 (2020) 提出了一种基于有效集识别技术的自适应非单调投影 BB (ANPBB) 算法来求解 NLS 子问题. ANPBB 在 QRPBB 的基础上改进了 Ahookhosh 和 Ghaderi (2017) 提出的非单调线搜索技术、基于有效约束识别技术 (Cristofari et al., 2017) 和改进的 BB 步长 (Zheng and Zheng, 2017) 修正搜索方向, 并采用大步长策略来加快算法的收敛速度. 此外, Li 等 (2020) 还提出了一种外推二次正则投影 BB (EQRPBB) 方法. 该方法在 QRPBB 的基础上使用了一种改进的非单调线搜索规则来确定步长, 并使用 OGM 中的迭代点外推技术来加速收敛.

考虑到子问题 (4.3) 和 (4.4) 可能不是严格凸的, 显然, 如果用不同的非单调线搜索策略来求解子问题, 得到的近似解序列可能是不同的, 这可能会影响原模型 (4.2) 稳定点的质量. 因此, 我们想开发一种新的非单调线搜索策略来获得一组质量更好的近似解序列 (如 V 与 WH 的重构误差更小). 事实上, Huang 等 (2018) 提出了一个新型非单调线搜索规则, 它是著名的 Grippo-Lampariello-Lucidi (GLL) 非单调线搜索规则 (Grippo et al., 1986) 和 Zhang-Hager 非单调线搜索规则 (Zhang and Hager, 2004) 的推广. 数值实验表明, 相比现有的非单调线搜索规则, 该规则能更有效地求解复杂的大规模无约束优化问题和非光滑非线性方程组 (Huang et al., 2015b; Huang and Wan, 2017; Huang et al., 2018). 另一方面, Birgin 等 (2000) 研究表明结合经典 BB 步长 (Barzilai and Borwein, 1988) 和 GLL 非单调线搜索技术的梯度投影算法能有效求解凸约束优化问题. 此外, Dai 和 Fletcher (2005) 还指出 BB 步长可以显著提高投影梯度法求解二次规划问题的数值性能.

为了提高求解模型 (4.2) 的算法效率和得到更高质量的稳定点, 本章将提出一种新的非单调投影 BB 算法来求解子问题 (4.3) 和 (4.4). 首先, 我们将结合 Huang 等 (2018) 提出的非单调线搜索规则和 Guan (2012) 使用的谱梯度投影策略 (最优梯度方法 (Nesterov, 2003)) 来提高算法在求解 (4.3) 和 (4.4) 时的数值性能. 其次, 结合第 1 章提出的自适应 BB 步长, 为新算法提供一个充分下降的好的搜索方向. 最后, 在 ANLS 框架下, 提出一个求解大规模 NMF 模型的交替非单调投影 BB 算法, 称之为 ANPBB. 在建立算法全局收敛性的同时, 通过求解大量的人工合成数据库和真实世界数据库对 ANPBB 进行测试, 且与文献中先进的算法进行比较, 以展示其优势.

4.2 新型交替非单调投影 BB 算法

本节将提出一个基于 ANLS 框架的交替非单调投影 BB 算法来求解模型 (4.2).

模型 (4.2) 的解与有效地找到子问题 (4.3) 和 (4.4) 的最小值紧密相关, 因此我们重点研究求解 (4.3) 和 (4.4) 中确定搜索方向和步长的新型策略. 基本想法是结合 (Huang et al., 2018) 中的非单调线搜索规则和 (Guan, 2012) 中的谱梯度投影策略的优势, 得到改进的非单调线搜索规则, 使用第 1 章所提出的自适应 BB 步长作为谱步长修正搜索方向.

在模型 (4.2) 中目标函数关于因子矩阵 W 和 H 是对称的, 因此我们可以只关注如何求解子问题 (4.4). 根据矩阵内积 $\langle \cdot, \cdot \rangle$ 和矩阵迹 $\text{Tr}(\cdot)$ 之间的关系, (4.2) 中的目标函数可以被重写为

$$
\begin{aligned}
F(W, H) &= \frac{1}{2}\langle V, V \rangle - \langle WH, V \rangle + \frac{1}{2}\langle WH, WH \rangle \\
&= \frac{1}{2}\text{Tr}(V^{\mathrm{T}}V) - \text{Tr}(H^{\mathrm{T}}(W^{\mathrm{T}}V)) + \frac{1}{2}\text{Tr}(H^{\mathrm{T}}(W^{\mathrm{T}}WH)) \\
&= \frac{1}{2}\langle V, V \rangle - \langle H, W^{\mathrm{T}}V \rangle + \frac{1}{2}\langle H, W^{\mathrm{T}}WH \rangle,
\end{aligned}
$$

其中 $\langle V, V \rangle$ 是一个常值. 因此求解子问题 (4.4) 等价于求解以下问题:

$$
\min_{H \geqslant 0} f^k(H) := -\langle H, (W^{k+1})^{\mathrm{T}}V \rangle + \frac{1}{2}\langle H, (W^{k+1})^{\mathrm{T}}W^{k+1}H \rangle. \tag{4.5}
$$

为了叙述的简便性, 我们分别使用 f 和 W 替换上式中的 f^k 和 W^{k+1}. 那么, 问题 (4.5) 可以被重写为

$$
\min_{H \geqslant 0} f(H) := -\langle H, W^{\mathrm{T}}V \rangle + \frac{1}{2}\langle H, W^{\mathrm{T}}WH \rangle. \tag{4.6}
$$

也就是说, 问题 (4.6) 的任意一个最优解都可以用于更新矩阵 H. 显然, 这样的更新策略可以避免内积 $\langle V, V \rangle$ 的计算, 因此在 V 是高维矩阵的情况下, 可以大大降低计算成本.

在问题 (4.6) 中, f 的梯度函数为

$$
\nabla f(H) = \nabla_H F(W, H) = W^{\mathrm{T}}WH - W^{\mathrm{T}}V.
$$

根据凸约束优化问题的一阶最优性条件 (Lin, 2007), 可得 H_* 是问题 (4.6) 的最优解当且仅当

$$
\nabla^P f(H_*) = \nabla_H^P F(W, H_*) = 0, \tag{4.7}
$$

其中

$$
\nabla_H^P F(W, H_*)_{bj} = \begin{cases} \nabla_H F(W, H_*)_{bj}, & (H_*)_{bj} > 0, \\ \min\{0, \nabla_H F(W, H_*)_{bj}\}, & (H_*)_{bj} = 0. \end{cases} \tag{4.8}
$$

4.2.1　谱梯度投影策略

如 (Guan, 2012) 中所示, (4.6) 中 f 是凸的, ∇f 是利普希茨连续的且利普希茨常数 $L = \|W^{\mathrm{T}}W\|_2$, 其中 $\|\cdot\|_2$ 是矩阵的谱范数. 在求解问题 (4.6) 的第

t 步迭代中, 对于给定的迭代点 H_t, 我们首先使用常数 L 构造一个强凸的二次函数:

$$\phi(H_t, H) = f(H_t) + \langle \nabla f(H_t), H - H_t \rangle + \frac{L}{2}\|H - H_t\|_F^2.$$

显然, $\phi(H_t, H)$ 是 f 在 H_t 处的强凸近似, 且有 $f(H) \leqslant \phi(H_t, H)$. 通过添加非负性约束, 我们得到下列强凸二次规划问题:

$$\min_{H \geqslant 0} \phi(H_t, H). \tag{4.9}$$

令 Z_t 为问题 (4.9) 的解, 则有

$$Z_t = P\left(H_t - \frac{1}{L}\nabla f(H_t)\right), \tag{4.10}$$

其中 $P(\cdot)$ 为投影算子, 将所有负元素投影为零 (Guan, 2012). 显然 Z_t 的计算成本很低. 直接由 (Huang et al., 2015c) 中的引理 3(i) 可得

$$f(Z_t) \leqslant f(H_t) - \frac{L}{2}\|Z_t - H_t\|_F. \tag{4.11}$$

也就是说, 在第 t 次迭代中, 由式 (4.10) 定义的 Z_t 以极少的计算成本为目标函数 f 产生一个充分的下降量.

注 4.1 由 (Parikh and Boyd, 2014) 中临近算子 $\mathbf{prox}_f$ 的定义可得

$$\mathbf{prox}_{\frac{1}{L}f}(H_t) = \arg\min_{H \geqslant 0}\left\{f(H) + \frac{L}{2}\|H - H_t\|_F^2\right\}. \tag{4.12}$$

通过泰勒展开, $f(H_t) + \langle \nabla f(H_t), H - H_t \rangle$ 是 $f(H)$ 在 H_t 处的一阶近似. 由式 (4.9), (4.12) 和 f 的凸性可得 Z_t 是 $\mathbf{prox}_{\frac{1}{L}f}(H_t)$ 的一个近似值.

4.2.2 自适应 BB 谱步长

接下来, 我们尝试通过 Z_t 来更新 H_t. 具体来说, 我们需要找到一个合适的搜索方 D_t 和一个步长 $\lambda_t \in (0, 1]$ 使得

$$H_{t+1} = Z_t + \lambda_t D_t. \tag{4.13}$$

本章将式 (4.13) 中的搜索方向定义为

$$D_t = P\left(Z_t - \alpha_t \nabla f(Z_t)\right) - Z_t, \tag{4.14}$$

其中 $\alpha_t > 0$ 是谱步长参数. 在凸约束优化问题中, 为了提高谱梯度投影算法的数值效率, 经典 BB 步长经常用于计算 α_t 产生好的搜索方向 (Birgin et al., 2000; Dai and Fletcher, 2005). 近年来, 结合 BB 步长修正的搜索方向, 很多高效的投影 BB 算法被提出用于解子问题 (4.3) 和 (4.4) (Han et al., 2009b; Huang et al., 2015c, 2015d).

为了得到更好的搜索方向, 我们使用第 1 章提出的自适应 BB 步长计算谱步长 α_t, 即

$$\alpha_t = \frac{R_2}{R_1 + R_2}\alpha_t^{\mathrm{BB1}} + \frac{R_1}{R_1 + R_2}\alpha_t^{\mathrm{BB2}}, \tag{4.15}$$

其中

$$\begin{cases} R_1 = \|\alpha_t^{\mathrm{BB1}}Y_{t-1} - S_{t-1}\|_F^2, \\[2mm] R_2 = \|(\alpha_t^{\mathrm{BB2}})^{-1}S_{t-1} - Y_{t-1}\|_F^2, \\[2mm] \alpha_t^{\mathrm{BB1}} = \dfrac{\langle S_{t-1}, S_{t-1}\rangle}{\langle S_{t-1}, Y_{t-1}\rangle}, \\[3mm] \alpha_t^{\mathrm{BB2}} = \dfrac{\langle S_{t-1}, Y_{t-1}\rangle}{\langle Y_{t-1}, Y_{t-1}\rangle}, \\[3mm] S_{t-1} = H_t - Z_{t-1}, \\[2mm] Y_{t-1} = \nabla f(H_t) - \nabla f(Z_{t-1}). \end{cases} \tag{4.16}$$

利用矩阵内积和矩阵范数的关系, 我们进一步将 (4.15) 简化为

$$\alpha_t = \frac{A_t(B_t^2 + C_t^2)}{B_t C_t(A_t + C_t)}, \tag{4.17}$$

其中 $A_t = \langle S_{t-1}, S_{t-1}\rangle$, $B_t = \langle S_{t-1}, Y_{t-1}\rangle$, 且 $C_t = \langle Y_{t-1}, Y_{t-1}\rangle$.

由下文的引理 4.3 可知, 当 Z_t 不是问题 (4.6) 的最小值点时, 由 (4.14) 定义的 D_t 是一个充分下降方向, 也就是说 D_t 和 $-\nabla f(Z_t)$ 的夹角严格小于 $\pi/2$, 且

$$\langle \nabla f(Z_t), D_t\rangle \leqslant -\frac{1}{\alpha_t}\|D_t\|_F^2. \tag{4.18}$$

4.2.3　改进的非单调线搜索

我们接下来研究怎样为 (4.13) 选择一个合适的步长 $\lambda_t \in (0, 1]$.

如 (Huang et al., 2018) 中所示, 非单调线搜索策略可以极大地提高算法求解大规模复杂优化问题的数值效率. 考虑到 NMF 中子问题 (4.3) 和 (4.4) 的复杂性, 我们将改进 (Huang et al., 2018) 中的非单调线搜索规则来计算 (4.13) 中的 λ_t.

我们首先为叙述该线搜索做以下准备.

对于 $t \in N$, 令 $\eta_t \in [0,1]$ 为常数, $Q_0 = 1$, 且 $M > 1$ 是一个非负整数. 取

$$
\begin{cases}
Q_{t+1} = \eta_t Q_t + 1, \\
C_{t+1} = \dfrac{\eta_t Q_t C_t + f(Z_{t+1})}{Q_{t+1}}, \\
C_{\ell(t)} = \max\limits_{t' \leqslant j \leqslant t}\{C_j\}, \quad t' = \max\{0, t - M + 1\}, \\
\ell(t) = \max\{j \,|\, j \in \mathcal{S}_t\}, \quad \mathcal{S}_t = \arg\max\limits_{t' \leqslant j \leqslant t} C_j.
\end{cases}
\tag{4.19}
$$

在 (4.19) 中, $\mathcal{S}_t$ 是集合 $\{C_j \,|\, \max\{0, t - M + 1\} \leqslant j \leqslant t\}$ 中最大值的下标集, 而 $\ell(t)$ 是 $\mathcal{S}_t$ 中的最大下标. 下面, 我们在算法 4.1 中详细说明了怎样使用我们的线搜索规则寻找步长 λ_t.

算法 4.1 改进的非单调线搜索

输入: $0 < \eta_{\min} \leqslant \eta_{\max} < 1$, $\delta_{\max} < 1$, $0 < \delta_{\min} < (1 - \eta_{\max})\delta_{\max}$, $0 < \rho < 1$, $M > 1$, Z_t, D_t, Q_t, C_t, $C_{\ell(t)}$.

输出: H_{t+1}, Z_{t+1}, $f(Z_{t+1})$, Q_{t+1}, C_{t+1}, $C_{\ell(t+1)}$.

步 0: 选择参数 $\bar{\eta}_t \in [\eta_{\min}, \eta_{\max}]$; 由式 (4.19) 中的第一个等式计算 $\bar{Q}_{t+1}$; 选择 δ_t 使得 $\delta_{\min} \leqslant \delta_t \leqslant \dfrac{\delta_{\max}}{\bar{Q}_{t+1}}$.

步 1: 计算步长 $\hat{\lambda}_1 = \rho^{\bar{h}_t}$ 使其满足不等式

$$
\frac{\bar{\eta}_t Q_t C_t + f(Z_t + \hat{\lambda}_1 D_t)}{\bar{Q}_{t+1}} \leqslant C_{\ell(t)} + \delta_t \hat{\lambda}_1 \langle \nabla f(Z_t), D_t \rangle,
\tag{4.20}
$$

且 $\bar{h}_t$ 是使得该不等式成立的最小正整数. 然后计算

$$
\bar{Y}_1 = Z_t + \hat{\lambda}_1 D_t, \quad \bar{Z}_1 = P\left(\bar{Y}_1 - \frac{1}{L}\nabla f(\bar{Y}_1)\right), \quad \bar{f}_1 = f(\bar{Z}_1), \quad \hat{C}_1 = \frac{\bar{\eta}_t Q_t C_t + \bar{f}_1}{\bar{Q}_{t+1}}.
$$

令

$$
\bar{C}_1 := \max\left\{ \max_{\max\{0, t - M + 2\} \leqslant j \leqslant t}\{C_j\}, \hat{C}_1 \right\}.
$$

步 2: 如果 $\bar{f}_1 \leqslant \bar{C}_1$, 那么更新

$$
\lambda_t := \hat{\lambda}_1, \quad \eta_t := \bar{\eta}_t, \quad Q_{t+1} := \bar{Q}_{t+1}, \quad H_{t+1} := \bar{Y}_1, \quad Z_{t+1} := \bar{Z}_1,
$$

$$
f(Z_{t+1}) := \bar{f}_1, \quad C_{t+1} := \hat{C}_1, \quad C_{\ell(t+1)} := \bar{C}_1.
$$

否则转向步 3.

步 3: 令 $\hat{\lambda}_2 := \rho^{\bar{h}_t}$. 更新 $\bar{h}_t := \bar{h}_t + 1$ 直到以下不等式成立:

$$f(Z_t + \hat{\lambda}_2 D_t) \leqslant C_{\ell(t)} + \delta_t \hat{\lambda}_2 \langle \nabla f(Z_t), D_t \rangle. \tag{4.21}$$

然后计算

$$\bar{Y}_2 = Z_t + \hat{\lambda}_2 D_t, \quad \bar{Z}_2 = P\left(\bar{Y}_2 - \frac{1}{L} \nabla f(\bar{Y}_2) \right), \quad \bar{f}_2 = f(\bar{Z}_2).$$

令

$$\bar{C}_2 := \max \left\{ \max_{\max\{0, t-M+2\} \leqslant j \leqslant t} \{C_j\}, \bar{f}_2 \right\},$$

更新

$$\lambda_t := \hat{\lambda}_2, \quad \eta_t := 0, \quad Q_{t+1} := Q_t, \quad H_{t+1} := \bar{Y}_2, \quad Z_{t+1} := \bar{Z}_2,$$
$$f(Z_{t+1}) := \bar{f}_2, \quad C_{t+1} := f_{t+1}, \quad C_{\ell(t+1)} := \bar{C}_2.$$

显然, 基于新的搜索方向 D_t 和计算成本极低的谱梯度投影 Z_t, 算法 4.1 成功将 (Huang et al., 2018) 中的非单调线搜索规则推广到关于矩阵变量的目标函数 f 中. 在下一节, 我们将证明算法 4.1 是适定的.

4.2.4　新型高效算法

结合上述修正的搜索方向 (4.14) 和改进的非单调线搜索规则算法 4.1, 现在我们提出一个新的非单调投影 BB (NPBB) 算法求解问题 (4.6).

算法 4.2　NPBB

步 0: 选择参数 $0 < \eta_{\min} \leqslant \eta_{\max} < 1$, $\delta_{\max} < 1$, $0 < \delta_{\min} < (1 - \eta_{\max})\delta_{\max}$, $0 < \rho < 1$, $0 < \alpha_{\min} < \alpha_{\max}$, $M > 1$ 是一个正整数和 $\varepsilon > 0$ 充分小. 初始化 $H_0 := H^k$, $W := W^{k+1}$. 计算 $L = \|W^{\mathrm{T}} W\|_2$, $Z_0 = P\left(H_0 - \frac{1}{L} \nabla f(H_0) \right)$. 初始化 $\alpha_0 := 1$, $C_0 := f(Z_0)$, $C_{\ell(0)} := C_0$, $Q_0 := 1$. 令 $t := 0$.

步 1: 如果 $\|\nabla^P f(Z_t)\| \leqslant \varepsilon$, 那么算法终止; 否则转向下一步.

步 2: 由式 (4.14) 计算 D_t.

步 3: 通过算法 4.1 更新 H_{t+1}, Z_{t+1}, $f(Z_{t+1})$, Q_{t+1}, C_{t+1} 和 $C_{\ell(t+1)}$.

步 4: 计算 $S_t = H_{t+1} - Z_t$ 和 $Y_t = \nabla f(H_{t+1}) - \nabla f(Z_t)$. 令 $\bar{\alpha}_{t+1}$ 由式 (4.17) 计算. 则 $\alpha_{t+1} = \min\{\alpha_{\max}, \max\{\alpha_{\min}, \bar{\alpha}_{t+1}\}\}$.

步 5: 令 $t := t + 1$. 转向步 1.

注 4.2　算法 4.2 的一个主要计算任务就是在第 3 步通过执行算法 4.1 来找到步长 λ_t. 事实上, 为了找到一个合适的步长, 需要多次计算不同取值 λ 下的 $f(Z_t + \lambda D_t)$. 由 (4.6) 可知

$$f(Z_t + \lambda D_t) = -\langle Z_t + \lambda D_t, W^{\mathrm{T}}V \rangle + \frac{1}{2}\langle Z_t + \lambda D_t, W^{\mathrm{T}}W(Z_t + \lambda D_t)\rangle. \quad (4.22)$$

在算法 4.2 开始前, 由于 $W^{\mathrm{T}}W$ 和 $W^{\mathrm{T}}V$ 已知, 因此公式 (4.22) 的计算复杂度为 $O(nr^2 + 2nr)$. 事实上通过泰勒公式, 我们可以将 $f(Z_t + \lambda D_t)$ 重写为

$$f(Z_t + \lambda D_t) = f(Z_t) + \lambda\langle \nabla f(Z_t), D_t\rangle + \frac{1}{2}\lambda^2\langle D_t, W^{\mathrm{T}}W D_t\rangle. \quad (4.23)$$

由于 $\langle \nabla f(Z_t), D_t\rangle$ 和 $\langle D_t, W^{\mathrm{T}}W D_t\rangle$ 可以在算法 4.1 开始前计算并储存, 而 (4.23) 中的 $f(Z_t)$ 已经在上一次迭代中被保留, 因此公式 (4.23) 的计算复杂度为 $O(1)$. 也就是说与 (4.22) 相比, 在算法 4.2 中, 使用 (4.23) 计算 $f(Z_t + \lambda D_t)$ 更高效.

基于算法 4.2, 我们为原模型 (4.2) 提出一个高效的 NMF 算法, 叫做交替非单调投影 BB (ANPBB) 算法.

算法 4.3　ANPBB

步 0: 初始化 W^0, H^0. 给定充分小的精度 $\epsilon > 0$, $\varepsilon_W > 0$, $\varepsilon_H > 0$ 和两个压缩参数 $0 < t_W, t_H < 1$. 令 $k := 0$.

步 1: 如果满足终止条件, 那么终止算法. 否则进行下一步.

步 2: (更新矩阵 W) 使用算法 4.2 求解如下非负子问题

$$\min_{W^{\mathrm{T}} \geqslant 0} -\langle W^{\mathrm{T}}, H^k V^{\mathrm{T}}\rangle + \frac{1}{2}\langle W^{\mathrm{T}}, H^k (H^k)^{\mathrm{T}} W^{\mathrm{T}}\rangle.$$

将满足算法精度 ε_W 的解记作 W^{k+1}. 若算法 4.2 求解该问题时不需要进行任何迭代, 则令 $\varepsilon_W := t_W * \varepsilon_W$.

步 3: (更新矩阵 H) 使用算法 4.2 求解如下非负子问题

$$\min_{H \geqslant 0} -\langle H, (W^{k+1})^{\mathrm{T}}V\rangle + \frac{1}{2}\langle H, (W^{k+1})^{\mathrm{T}}W^{k+1}H\rangle.$$

将满足算法精度 ε_H 的解记作 H^{k+1}. 若算法 4.2 求解该问题时不需要进行任何迭代, 则令 $\varepsilon_H := t_H * \varepsilon_H$.

步 4: 令 $k := k+1$, 转向步 1.

注 4.3　算法 4.3 也采用了 ANLS 框架. 此外, 在步 3 和步 4 中, 我们取 $t_W = t_H = 0.1$.

注 4.4 参考文献 (Lin, 2007) 和 (Gillis and Glineur, 2008), 若 (W, H) 是模型 (4.2) 的一个稳定点, 则有以下 Karush-Kuhn-Tucker (KKT) 条件成立:

$$
\begin{aligned}
&W_{ia} \geqslant 0, && H_{bj} \geqslant 0, \\
&\nabla_W F(W, H)_{ia} \geqslant 0, && \nabla_H F(W, H)_{bj} \geqslant 0, \\
&W_{ia} \cdot \nabla_W F(W, H)_{ia} = 0, && H_{bj} \cdot \nabla_H F(W, H)_{bj} = 0, \quad \forall\, i, a, b, j.
\end{aligned}
$$

显然, 上述 KKT 条件等价于

$$
\min\{W_{ia}, \nabla_W F(W, H)_{ia}\} = 0, \quad \min\{H_{bj}, \nabla_H F(W, H)_{bj}\} = 0, \quad \forall\, i, a, b, j.
$$

根据以下定义:

$$
\nabla_W^P F(W, H)_{ia} = \begin{cases} \nabla_W F(W, H)_{ia}, & W_{ia} > 0, \\ \min\{0, \nabla_W F(W, H)_{ia}\}, & W_{ia} = 0, \end{cases} \tag{4.24}
$$

$$
\nabla_H^P F(W, H)_{bj} = \begin{cases} \nabla_H F(W, H)_{bj}, & H_{bj} > 0, \\ \min\{0, \nabla_H F(W, H)_{bj}\}, & H_{bj} = 0, \end{cases} \tag{4.25}
$$

模型 (4.2) 的 KKT 条件等价于

$$
\nabla_H^P F(W, H) = 0, \quad \nabla_W^P F(W, H) = 0. \tag{4.26}
$$

因此, 在算法 4.3 的步 2 中, 我们使用以下终止条件 (Guan, 2012; Lin, 2007):

$$
\begin{aligned}
&\left\| [\nabla_H^P F(W^k, H^k), \nabla_W^P F(W^k, H^k)^{\mathrm{T}}] \right\|_F \\
&\leqslant \epsilon \left\| [\nabla_H^P F(W^0, H^0), \nabla_W^P F(W^0, H^0)^{\mathrm{T}}] \right\|_F,
\end{aligned} \tag{4.27}
$$

其中 ϵ 是给定的精度. 在求解子问题 (4.3) 时, 为了避免不必要的运算, 将算法 4.2 中的终止条件替换为

$$
\left\| \nabla_W^P F(W_t, H^k)^{\mathrm{T}} \right\|_F \leqslant \varepsilon_W, \tag{4.28}
$$

其中

$$
\varepsilon_W = \max\{10^{-3}, \epsilon\} \left\| [\nabla_W^P F(W^0, H^0), \nabla_W^P F(W^0, H^0)^{\mathrm{T}}] \right\|_F.
$$

而在求解子问题 (4.4) 时, 我们令

$$
\left\| \nabla_H^P F(W^{k+1}, H_t)^{\mathrm{T}} \right\|_F \leqslant \varepsilon_H = \varepsilon_W. \tag{4.29}
$$

4.3　收敛性分析

本节将给出算法 4.2 和算法 4.3 的收敛性分析.

我们首先证明算法 4.1 是适定的.

定理 4.1　对于给定的迭代点 Z_t 和由式 (4.14) 定义的 D_t, 在集合 $\{1, \rho, \rho^2, \cdots\}$ 中存在步长 $\hat{\lambda}_1$ 和 $\hat{\lambda}_2$ 分别使得以下不等式成立:

$$\frac{\bar{\eta}_t Q_t C_t + f(Z_t + \hat{\lambda}_1 D_t)}{\bar{Q}_{t+1}} \leqslant C_{\ell(t)} + \delta_t \hat{\lambda}_1 \langle \nabla f(Z_t), D_t \rangle, \tag{4.30}$$

$$f(Z_t + \hat{\lambda}_2 D_t) \leqslant C_{\ell(t)} + \delta_t \hat{\lambda}_2 \langle \nabla f(Z_t), D_t \rangle. \tag{4.31}$$

也就是说算法 4.1 是适定的.

证明　我们使用数学归纳法证明定理 4.1.

对于所有的 $t \in N$, 由 (4.18) 可知 D_t 是 Z_t 处的充分下降方向. 则与 (Huang et al., 2018) 中引理 1 相似, 存在步长 $\lambda_t \in \{1, \rho, \rho^2, \cdots\}$ 使得下面不等式成立:

$$f(Z_t + \lambda_t D_t) \leqslant f(Z_t) + \delta_t \bar{Q}_{t+1} \lambda_t \langle \nabla f(Z_t), D_t \rangle. \tag{4.32}$$

当 $t = 0$ 时, $C_{\ell(0)} = f(Z_0)$, 因此不等式 (4.30) 和 (4.31) 成立.

假设对于所有的 $t \in \{1, 2, \cdots, r-1\}$, 不等式 (4.30) 和 (4.31) 都成立. 那么由算法 4.1 可知, 若 $\bar{f}_1 \leqslant \bar{C}_1$, 则有 $f(Z_r) \leqslant C_{\ell(r)}$. 反之, 则有 $f(Z_r) \leqslant f(H_r) = f(Z_{r-1} + \hat{\lambda}_2 D_{r-1}) \leqslant C_{\ell(r-1)}$ 且 $\eta_{r-1} = 0$, 这意味着 $f(Z_r) \leqslant \max\{C_{\ell(r-1)}, f(Z_r)\} = C_{\ell(r)}$. 因此对于所有的 $t \in \{1, 2, \cdots, r\}$ 都有 $f(Z_t) \leqslant C_{\ell(t)}$.

当 $t = r$, 存在 $\lambda_t \in \{1, \rho, \rho^2, \cdots\}$ 满足不等式 (4.32), 因此取 $\hat{\lambda}_1 = \lambda_t$, 则有

$$
\begin{aligned}
f(Z_t + \hat{\lambda}_1 D_t) &\leqslant f(Z_t) + \delta_t \bar{Q}_{t+1} \hat{\lambda}_1 \langle \nabla f(Z_t), D_t \rangle \\
&\leqslant C_{\ell(t)} + \delta_t \bar{Q}_{t+1} \hat{\lambda}_1 \langle \nabla f(Z_t), D_t \rangle \\
&\leqslant \bar{\eta}_t Q_t (C_{\ell(t)} - C_t) + C_{\ell(t)} + \delta_t \bar{Q}_{t+1} \hat{\lambda}_1 \langle \nabla f(Z_t), D_t \rangle.
\end{aligned}
$$

最后一个不等式等价于 (4.30).

取 $\hat{\lambda}_2 = \lambda_t$. 则由 (4.32) 和 $\bar{Q}_{t+1} \geqslant 1$ 可得

$$
\begin{aligned}
f(Z_t + \hat{\lambda}_2 D_t) &\leqslant f(Z_t) + \delta_t \bar{Q}_{t+1} \hat{\lambda}_2 \langle \nabla f(Z_t), D_t \rangle \\
&\leqslant C_{\ell(t)} + \delta_t \bar{Q}_{t+1} \hat{\lambda}_2 \langle \nabla f(Z_t), D_t \rangle \\
&\leqslant C_{\ell(t)} + \delta_t \hat{\lambda}_2 \langle \nabla f(Z_t), D_t \rangle.
\end{aligned}
$$

最后一个不等式表明不等式 (4.31) 成立. 因此, 算法 4.1 是适定的.　　□

注 4.5　若 λ_t 由算法 4.1 产生, 则有

$$C_{t+1} = \frac{\eta_t Q_t C_t + f(Z_{t+1})}{Q_{t+1}} \leqslant \frac{\eta_t Q_t C_t + f(Z_t + \lambda_t D_t)}{Q_{t+1}}$$

$$\leqslant C_{\ell(t)} + \delta_t \lambda_t \langle \nabla f(Z_t), D_t \rangle, \tag{4.33}$$

其中 $0 < \delta_t < 1$, $\eta_t \in [0,1]$ 且 $Q_{t+1} = \eta_t Q_t + 1$. 不等式 (4.33) 表明本章提出的线搜索规则具有 Huang-Wan 线搜索规则 (Huang et al., 2018) 的性质.

下面的引理说明了由算法 4.1 产生的序列 $\{C_{\ell(tM)}\}$ 与 (Huang et al., 2018) 中线搜索规则所产生的序列有相同的性质, 在建立算法 4.2 的全局收敛性中起着重要作用.

引理 4.1　假设由 (4.6) 式中定义的 f 有界. 令 $\{Z_t\}$ 和 $\{H_t\}$ 是由算法 4.1 产生的两个序列. 则有

(1) 序列 $\{C_{\ell(t)}\}$ 是非递增的, 且序列 $\{Z_t\}$ 属于水平集 $L(H_0) = \{H \geqslant 0 : f(H) \leqslant f(H_0)\}$.

(2) 对于任意的 $t \in N$,

$$C_{\ell((t+1)M)} \leqslant C_{\ell(tM)} + \delta_{\ell((t+1)M)-1} \lambda_{\ell((t+1)M)-1} \langle \nabla f(Z_{\ell((t+1)M)-1}), D_{\ell((t+1)M)-1} \rangle. \tag{4.34}$$

更进一步有

$$\sum_{t=1}^{\infty} \lambda_{\ell((t+1)M)-1} \left| \langle \nabla f(Z_{\ell((t+1)M)-1}), D_{\ell((t+1)M)-1} \rangle \right| < \infty. \tag{4.35}$$

证明　由 (4.19) 式中 $C_{\ell(t)}$ 的定义和不等式 (4.33), 我们可得

$$C_{\ell(t+1)} = \max_{\max\{0, t-M+2\} \leqslant j \leqslant t+1} \{C_j\}$$

$$\leqslant \max\{C_{\ell(t)}, C_{t+1}\}$$

$$= C_{\ell(t)}.$$

因此序列 $\{C_{\ell(t)}\}$ 是非递增的. 由此进一步可得

$$f(Z_t) \leqslant C_{\ell(t)} \leqslant C_{\ell(0)} = f(Z_0) \leqslant f(H_0).$$

因此 $\{Z_t\} \subset L(H_0) = \{H \geqslant 0 : f(H) \leqslant f(H_0)\}$. 第一个结论成立.

根据 f 的有界性和 (Huang et al., 2018) 中的定理 2, 我们可以证明不等式 (4.34) 和 (4.35) 成立.　　　　　　　　　　　　　　　　　　　　　□

与 (Huang et al., 2015b) 中的引理 4 和 (Huang et al., 2018) 中的引理 2 相似, 我们可以为由算法 4.1 得到的步长 λ_t 提供一个下界.

引理 4.2 如果 Z_t 不是问题 (4.6) 的稳定点, 且步长 λ_t 由算法 4.1 产生, 则有

$$\lambda_t \geqslant \min\left\{1, \frac{2\rho(1-\delta_{\max})|\langle \nabla f(Z_t), D_t\rangle|}{L\|D_t\|_F^2}\right\} \geqslant \min\left\{1, \frac{2\rho(1-\delta_{\max})}{L\alpha_{\max}}\right\}, \quad (4.36)$$

其中 L 是 ∇f 的利普希茨常数.

证明 由于 f 是连续可微的, ∇f 是利普希茨连续的且利普希茨常数为 L, 因此对于任意的 $\lambda > 0$, 都有

$$f(Z_t + \lambda D_t) - f(Z_t) = \int_0^\lambda \langle \nabla f(Z_t + tD_t), D_t\rangle dt$$

$$= \lambda\langle \nabla f(Z_t), D_t\rangle + \int_0^\lambda \langle \nabla f(Z_t + tD_t) - \nabla f(Z_t), D_t\rangle dt$$

$$\leqslant \lambda\langle \nabla f(Z_t), D_t\rangle + \int_0^\lambda Lt\|D_t\|_F^2 dt$$

$$= \lambda\langle \nabla f(Z_t), D_t\rangle + \frac{L}{2}\lambda^2\|D_t\|_F^2.$$

因此取 $\lambda = \dfrac{\lambda_t}{\rho}$ 可得

$$f\left(Z_t + \frac{\lambda_t}{\rho}D_t\right) - f(Z_t) \leqslant \frac{\lambda_t}{\rho}\langle \nabla f(Z_t), D_t\rangle + \frac{L}{2}\left(\frac{\lambda_t}{\rho}\right)^2\|D_t\|_F^2. \quad (4.37)$$

另一方面, 对于由算法 4.1 得到的步长 λ_t, 要么 $\lambda_t = 1$, 要么 $\lambda_t = \rho^{\bar{h}_t} < 1$. 当 $\lambda_t = \rho^{\bar{h}_t}$ 时, 则有不等式 (4.30) 或 (4.31) 对于 λ_t/ρ 不成立. 也就是说

$$f\left(Z_t + \frac{\lambda_t}{\rho}D_t\right) > \bar{\eta}_t Q_t(C_{\ell(t)} - C_t) + C_{\ell(t)} + \delta_t \bar{Q}_{t+1}\frac{\lambda_t}{\rho}\langle \nabla f(Z_t), D_t\rangle$$

$$\geqslant C_{\ell(t)} + \delta_t \bar{Q}_{t+1}\frac{\lambda_t}{\rho}\langle \nabla f(Z_t), D_t\rangle$$

$$\geqslant f(Z_t) + \delta_t \bar{Q}_{t+1}\frac{\lambda_t}{\rho}\langle \nabla f(Z_t), D_t\rangle,$$

或者

$$f\left(Z_t + \frac{\lambda_t}{\rho}D_t\right) > C_{\ell(t)} + \delta_t\frac{\lambda_t}{\rho}\langle\nabla f(Z_t), D_t\rangle$$

$$\geqslant f(Z_t) + \delta_t\frac{\lambda_t}{\rho}\langle\nabla f(Z_t), D_t\rangle$$

$$\geqslant f(Z_t) + \delta_t\bar{Q}_{t+1}\frac{\lambda_t}{\rho}\langle\nabla f(Z_t), D_t\rangle.$$

因此

$$f\left(Z_t + \frac{\lambda_t}{\rho}D_t\right) - f(Z_t) \geqslant \delta_t\bar{Q}_{t+1}\frac{\lambda_t}{\rho}\langle\nabla f(Z_t), D_t\rangle. \tag{4.38}$$

直接由 (4.37) 和 (4.38) 可得

$$\frac{\lambda_t}{\rho}\langle\nabla f(Z_t), D_t\rangle + \frac{L}{2}\left(\frac{\lambda_t}{\rho}\right)^2\|D_t\|_F^2 \geqslant \delta_t\bar{Q}_{t+1}\frac{\lambda_t}{\rho}\langle\nabla f(Z_t), D_t\rangle.$$

又由 λ_t 和 ρ 的非负性可得

$$\lambda_t \geqslant \frac{2(\delta_t\bar{Q}_{t+1} - 1)\rho\langle\nabla f(Z_t), D_t\rangle}{L\|D_t\|_F^2}.$$

结合条件 $\delta_t\bar{Q}_{t+1} \leqslant \delta_{\max}$, $0 < \delta_{\max} < 1$ 和公式 (4.18), 我们可以证明不等式 (4.36) 成立. $\qquad\square$

在一般的梯度投影算法中, 尺度化的投影梯度方向定义为

$$D^\alpha(H) = P(H - \alpha\nabla f(H)) - H, \tag{4.39}$$

其中 $\alpha > 0$, $H \geqslant 0$. 因此在算法 4.2 中, 搜索方向 $D_t = D^{\alpha_t}(Z_t)$. 下面给出非负约束优化问题基于 $D^\alpha(H)$ 的最优性条件.

引理 4.3　对于任意的 $\alpha > 0$, $H \geqslant 0$, 下面陈述是正确的:

(1) 不等式 $\langle\nabla f(H), D^\alpha(H)\rangle \leqslant -\frac{1}{\alpha}\|D^\alpha(H)\|_F^2$ 成立.

(2) 等式 $\|D^\alpha(H_*)\|_F = 0$ 成立当且仅当 H_* 是问题 (4.6) 的稳定点, 即 $\langle\nabla f(H_*), H - H_*\rangle \geqslant 0$, $\forall H \geqslant 0$.

证明　直接由 (Birgin et al., 2000) 中的引理 2.1 可证引理 4.3 成立. $\qquad\square$

基于引理 4.2 和引理 4.3, 我们可以给出并证明算法 4.2 的全局收敛性.

定理 4.2　假设水平集 $L(H_0)$ 有界. 令序列 $\{Z_t\}$ 由算法 4.2 产生. 则要么算法 4.2 在有限次迭代后终止于 $\epsilon = 0$, 要么有

$$\liminf_{t\to\infty}\|D^1(Z_t)\|_F = 0. \tag{4.40}$$

证明 由 $D^{\alpha}(H)$ 的定义得

$$D^1(Z_t) = P(Z_t - \nabla f(Z_t)) - Z_t.$$

则 $\|D^1(Z_t)\|_F = 0$ 等价于算法 4.2 的终止条件. 根据引理 4.3 的结论 (2), 如果 Z_t 是问题 (4.6) 的稳定点, 那么算法 4.2 将会在有限次迭代后终止于 $\epsilon = 0$.

假设 $\{Z_t\}$ 是一个无限序列, 我们可以证明存在一个自然数子列 $l_1 \leqslant l_2 \leqslant \cdots$, 当 $t \to \infty$ 时, 有 $\|D^1(Z_{l_t})\|_F \to 0$. 取 $l_t = \ell(tM) - 1$, 由引理 4.1 中的式 (4.35) 可得

$$\sum_{t=1}^{\infty} \lambda_{l_t} \left| \langle \nabla f(Z_{l_t}), D_{l_t} \rangle \right| < \infty.$$

又由引理 4.2, 对于任意的 $t \in N$, 存在一个正常数 $\hat{\lambda}$ 且 $\hat{\lambda} \leqslant \lambda_{l_t} \leqslant 1$. 因此

$$\lim_{t \to \infty} \left| \langle \nabla f(Z_{l_t}), D_{l_t} \rangle \right| = 0.$$

基于引理 4.3 中的结论 (1) 和 $0 < \alpha_{\min} \leqslant \alpha_{l_t} \leqslant \alpha_{\max}$, 我们可得

$$\lim_{t \to \infty} \|D_{l_t}\|_F^2 \leqslant \lim_{t \to \infty} \alpha_{l_t} \left| \langle \nabla f(Z_{l_t}), D_{l_t} \rangle \right| = 0,$$

也就是说

$$\lim_{t \to \infty} \|D_{l_t}\|_F = 0.$$

又由 (Hager and Zhang, 2006b) 中命题 2.1 的 P4 和 P5, 可得

$$\|D_{l_t}\|_F \geqslant \min\{\alpha_{\min}, 1\} \|D^1(Z_{l_t})\|_F.$$

因此, $\lim\limits_{t \to \infty} \|D_{l_t}\|_F = 0$ 意味着 $\lim\limits_{t \to \infty} \|D^1(Z_{l_t})\|_F = 0$. 因此结论 (4.40) 成立. □

在本节的最后, 我们给出算法 4.3 的收敛性结果.

定理 4.3 由算法 4.3 产生的序列 $\{(W^k, H^k)\}$ 的任意极限点都是模型 (4.2) 的稳定点.

证明 显然, 作为求解非线性优化问题的两块块坐标下降法的改进, 由算法 4.3 产生的迭代序列 $\{(W^k, H^k)\}$ 与由 (Bertsekas, 1997; Grippo and Sciandrone, 2000) 开发的算法产生的序列具有相同的性质, 且相应的函数值序列都具有单调下降性. 因此算法 4.3 的收敛性结果可直接从 (Grippo and Sciandrone, 2000) 中的推论 2 得到. □

4.4　数值性能测试

本节将研究所开发算法 ANPBB 的数值性能.

为了证明 ANPBB 的算法优势, 我们将其与文献 (Guan, 2012; Xu and Yin, 2013; Huang et al., 2015c, 2015d; Han et al., 2009b) 中的五个流行且先进的算法进行比较, 同时将它们用于处理合成数据集和真实数据集. 为了叙述的简便性, 我们给出以下符号说明:

- **M1**　本章所提出的算法: ANPBB.
- **M2**　基于 ANLS 使用 MPBB (Huang et al., 2015c) 交替求解子问题的算法.
- **M3**　基于 ANLS 使用 QRPBB (Huang et al., 2015d) 交替求解子问题的算法.
- **M4**　基于 ANLS 使用 PBB2 (Han et al., 2009b) 交替求解子问题的算法.
- **M5**　基于 ANLS 使用 OGM (Guan, 2012) 交替求解子问题的算法.
- **M6**　基于广义块坐标下降方法使用临近梯度法交替求解近似子问题的算法 (Xu and Yin, 2013).

所有的算法都在 MATLAB R2016b 中实现, 所有实验的测试环境均为一个拥有 2.60 GHz CPU 处理器, 16 GB 运行内存和 Windows 10 操作系统的个人计算机. 当 CPU 时间 (s) 超过限制或最大迭代次数超过 10000 时, 算法终止. 在求解子问题 (4.3) 和 (4.4) 时, 算法 4.2 的子迭代次数超过 2000 或者满足终止条件 (4.28) 或 (4.29) 时, 算法终止. 除 M6 外, 其他四个算法也采用同样的终止条件, 这是因为 M6 没有内循环. 算法 4.2 中相关参数设置为

$$\alpha_{\min} = 10^{-20}, \quad \alpha_{\max} = 10^{20}, \quad \delta_t = 10^{-4}/\bar{Q}_{t+1},$$

$$\bar{\eta}_t = 0.25, \quad \rho = 0.05, \quad M = 3.$$

事实上, $\alpha_{\min}$ 和 $\alpha_{\max}$ 的值直接参考了文献 (Han et al., 2009b) 和 (Huang et al., 2015d). δ_t 的设置来源于 (Huang et al., 2018) 的数值测试结果. 此外, 通过最小化 (4.2) 中的目标函数, 使用网格搜索法来确定其他参数的取值. 其他五个算法中的相关参数设置为相关文献中的默认值.

4.4.1　合成数据

通过使用 MATLAB 函数 rand 和 randn, 我们首先生成三种不同类型的 NMF 测试问题, 具体来说, V 使用以下三种方式产生:

$$V = \text{rand}(m, n), \tag{4.41}$$

$$V = |\mathrm{randn}(m, n)|, \tag{4.42}$$

$$V = WH, \quad W = \max(0, \mathrm{randn}(m, r)), \quad H = \mathrm{rand}(r, n). \tag{4.43}$$

事实上, Guan (2012), Huang 等 (2015c), Han 等 (2009b), Huang 等 (2015d) 也使用前两种方法产生了测试问题 (4.41) 和 (4.42), 并且 Xu 和 Yin (2013) 也使用第三种方法产生了测试问题 (4.43). 此外, 由 (4.41) 和 (4.42) 产生的数据分别服从均匀分布和折叠正态分布. 令 $m \in \{1000, 5000, 10000\}, n \in \{200, 500, 1000\}, r \in \{10, 20, 30\}$, 我们为每类测试问题都产生 27 个不同规模 (m, n, r) 下的测试问题. 每个测试问题都随机产生 10 个初始点, 且为了结果的公平性, 在每次数值实验中, 六个算法都是用同样的初始点.

为了评估各算法的数值效率, 我们分析所有算法在 10 个不同的初始点下得到相应数值结果的平均值. 我们分别使用 Iter, Titer, Nf, Pgn, Residual 和 ObjFun 表示算法在求解测试问题时基于 ANLS 框架求解子问题的迭代次数、求解一系列子问题中总的子迭代次数、线搜索中目标函数的总的迭代次数、算法终止时投影梯度范数 $\|[\nabla_H^P F(W^k, H^k), \nabla_W^P F(W^k, H^k)^{\mathrm{T}}]\|_F$ 的取值、算法终止时重构误差 $\|V - W^k H^k\|_F / \|V\|_F$ 的取值、算法终止时 (4.2) 中目标函数的取值. 需要指出的是, M6 关于 Iter 和 Titer 的值相同. 如果算法不需要线搜索, 则相应 Nf 的值为 0, 如: M2, M5 和 M6.

在每个合成数据集中, 在求解大规模的测试问题时, 我们使用 Dolan 和 Moré (2002) 提出的性能评估方法来比较各算法的数值性能. 在图 4.1 — 图 4.3 中, 我们汇报了在各数据库中, CPU 时间超过 50 秒时, 各算法关于 Iter, Titer, Nf, Pgn, Residual 和 ObjFun 的性能曲线. 在各子图中, 纵坐标关于 ρ 的值表示算法的性能比在 τ 内的测试问题比例. 图的左端, 即 $\tau = 1$ 处的 ρ 值, 给出了算法以最好数值结果 (Iter, Titer, Nf, Pgn, Residual 或 ObjFun) 求解测试问题的比例. 而图的右端表示, 每个算法在最大因子 τ 内成功求解算法的比例.

图 4.1 表明:

(1) 基于 Iter, 六个算法的性能优先级为: M4 > M3 > M2, M5 > M1 > M6.

(2) 在 Titer 方面, 这六个算法的优先级为: M6 > M1, M3 > M2 > M4 > M5.

(3) 在 Nf 方面, 基于线搜索策略的算法优先级为: M1 > M3 > M4.

(4) 在 Pgn 方面, 所有算法的性能排序为: M1 > M2, M3 > M4, M5 > M6.

(5) 在 Residual 和 ObjFun 方面, 算法的优先级为: M1 > M2 > M3 > M4, M5, M6.

结合图 4.1 中的第一条和第二条结果, 在相同的 CPU 时间限制下, 与其他四个基于 ANLS 的算法相比, M1 需要更多的迭代次数和更少的子迭代次数来求解第一类合成数据集下的问题 (4.41). 由第三条结论可知, 算法 4.2 中改进的非单调线搜索规则比 QRPBB 和 PBB2 中的线搜索规则更加有效. 由以上结论, 我们可以推断, 在求解子问题 (4.3) 和 (4.4) 时, 本章所提出的算法 4.2 相比文献中的先进算法更加高效, 这是因为它能花费更少的平均迭代次数和更少的函数值迭代次数来达到给定的算法精度. 而在 M6 中, 一个主要的计算任务就是计算每个因子矩阵的谱范数, 且至少需要计算 $2 * \text{Iter}$ 次. 根据第四条和第五条结论, 我们认为 M1 可以为第一类型问题 (4.41) 找到更高质量的解, 基于更小的 Pgn, Residual 和 ObjFun. 总的来说, 在相同的 CPU 时间限制下, 在求解第一类测试问题时, M1 的数值效率明显优于其他五种算法.

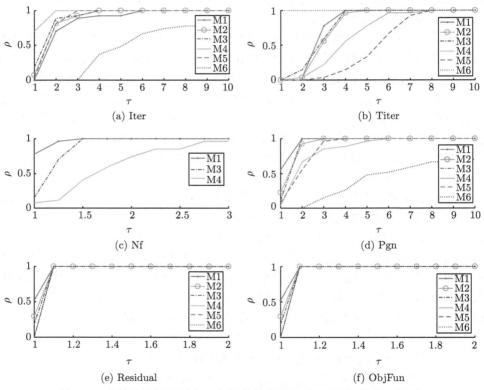

(a) Iter

(b) Titer

(c) Nf

(d) Pgn

(e) Residual

(f) ObjFun

图 4.1　各算法求解问题 (4.41) 时的性能概况 (彩图请扫封底二维码)

图 4.2 中的结果说明了:

(1) 在 Iter 方面, 各算法的优先级为: $M4 > M2, M3, M5 > M1 > M6$.

(2) 由各算法关于 Titer 的性能曲线得: $M6 > M1, M3 > M2 > M4 > M5$.

(3) 在 Nf 方面, 基于线搜索策略的算法的优先级排序为: $M1 > M3 > M4$.

(4) 根据各算法在 Pgn 方面的表现, 可知: $M1 > M2, M3 > M5 > M4 > M6$.

(5) 综合 Residual 和 ObjFun 的结果, 可得算法顺序为: M1 > M3 > M2 >
M4, M5, M6.

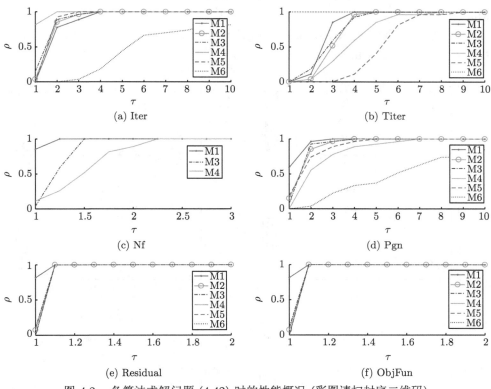

(a) Iter   (b) Titer

(c) Nf   (d) Pgn

(e) Residual   (f) ObjFun

图 4.2   各算法求解问题 (4.42) 时的性能概况 (彩图请扫封底二维码)

进一步分析图 4.2 中的结果, 我们可以得到图 4.1 的相似结论. 对于第二类合
成数据集, 在求解子问题 (4.3) 和 (4.4) 时, 由算法 4.2 所产生的平均子迭代次数
明显少于 MPBB, QRPBB, PBB2 和 OGM. 如图 4.2(c) 所示, 算法 4.2 中的非单
调线搜索规则在降低线搜索策略计算成本方面发挥重要作用. 根据各算法在 Pgn,
Residual 和 ObjFun 方面的性能表现, 我们的算法 (M1) 可以极大地提高在第二
类问题 (4.42) 中的矩阵分解质量. 综上所述, 在相同的 CPU 时间限制内, 在求解
第二类 NMF 问题 (4.42) 中, M1 优于其他所比较的算法.

由图 4.3 可得:

(1) 根据各算法关于 Iter 的曲线表现, 可得: M4 > M3 > M1, M2, M5 > M6.

(2) 根据 Titer 的结果, 各算法的优越性为: M6 > M1 > M3 > M2 > M4 >
M5.

(3) 根据 Nf 的表现可得各基于线搜索策略的算法性能排序为: M1 > M3 > M4.

(4) 各算法在 Pgn 方面的性能优先级顺序为: M1 > M3 > M2 > M4 > M5 > M6.

(5) 根据各算法在 Residual 和 ObjFun 方面的综合表现可得: M1 > M3 > M2 > M4 > M5 > M6.

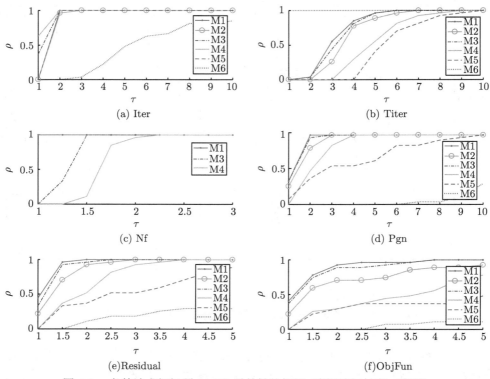

(a) Iter　　　　　　　　　　　(b) Titer
(c) Nf　　　　　　　　　　　(d) Pgn
(e)Residual　　　　　　　　　　(f)ObjFun

图 4.3　各算法求解问题 (4.43) 时的性能概况 (彩图请扫封底二维码)

显然, 与图 4.1 和图 4.2 得出的结论相似, 上述结果也意味着 M1 在求解第三类 NMF 问题 (4.43) 时的数值性能明显优于其他作比较的算法.

为了进一步说明各算法的数值性能差距, 在表 4.1 中, 我们报告了在各类合成数据库中, 各算法分别以最小取值的 Iter, Titer, Nf, Pgn, Residual 和 ObjFun 求解测试问题的百分比. 在各数据库中, 共有 27 个不同规模 (m, n, r) 的测试问题. 在表 4.1 中的每个性能指标下, 在各类数据库中, 我们将六个算法中取得最优性能测试问题百分比的最大值用黑体标出, 而相应的第二大百分比用下划线标出. 特别地, 对于指标 Iter 和 Titer, 因为 M6 没有内循环过程, 所以我们计算其他五个算法的百分比. 而对于指标 Nf, 我们只计算 M1, M3 和 M4 的百分比. 此外, 在表 4.1 中, 我们将 "N" 表示为无关算法的默认值.

表 4.1 各算法以最优性能求解测试问题的百分比

问题	算法	Iter(%)	Titer(%)	Nf(%)	Pgn(%)	Residual(%)	ObjFun(%)
(4.41)	M1	0	**51.85**	**77.78**	**55.56**	**51.85**	**51.85**
	M2	7.41	7.41	N	22.22	29.63	29.63
	M3	18.52	37.04	14.81	11.11	18.52	18.52
	M4	**70.37**	3.70	7.41	3.70	0	0
	M5	3.70	0	N	7.41	0	0
	M6	N	N	N	0	0	0
(4.42)	M1	0	**55.56**	**85.19**	**59.26**	**81.48**	**81.48**
	M2	3.70	0	N	14.81	7.41	7.41
	M3	14.81	37.04	3.70	7.41	11.11	11.11
	M4	**81.48**	0	11.11	0	0	0
	M5	0	7.41	N	18.52	0	0
	M6	N	N	N	0	0	0
(4.43)	M1	0	**77.78**	100	33.33	**44.44**	**40.74**
	M2	0	0	N	25.93	22.22	22.22
	M3	37.04	22.22	0	**33.33**	33.33	37.04
	M4	**62.96**	0	0	0	0	0
	M5	0	0	N	7.41	0	0
	M6	N	N	N	0	0	0

从表 4.1 中的结果可以看出:

(1) 在 Iter 和 Titer 方面, 基于 ANLS 的算法的百分比进一步证实了在各类人工合成数据库中, 相比其他算法, M1 以更少的平均子迭代数求解任意的非负子问题.

(2) 在 Nf 方面, M1 使用最少函数值迭代次数求解测试问题的比例明显高于其他算法.

(3) 在 Pgn, Residual 和 ObjFun 方面, 在各类数据库中, M1 取得最优数值结果的百分比最大, 这意味着 M1 更能为 NMF 找到更小重构误差的分解结果.

(4) 以上所有结果均与图 4.1—图 4.3 中所示结果一致.

显然, 上述结果进一步显示了我们的算法与其他五种算法之间的性能差异, 说明了在大规模非负矩阵分解中, 我们的算法能够提高文献中先进算法的数值效率, 得到更高质量的矩阵分解结果.

4.4.2 在图像重构中的应用

现在通过处理四个公开人脸图像数据集来测试我们的算法, 并基于数值效率和人脸图像重构质量对上述提到的六种算法进行比较.

具体来讲, 对于给定的 n 张人脸图像, 我们首先将它们转化为一个非负矩阵 V, 且 V 中的每一列代表一个列化的图像数据. 然后, 使用 NMF 算法将该矩阵分解成两个低秩非负因子矩阵 W 和 H 且 $r < \min\{m,n\}$, 从而揭示 n 幅人脸图像的主要特征. 基于新矩阵 $\bar{V} = WH$, 我们重建人脸图像, 学习原始图像的关键特征 (Han et al., 2009b; Hoyer, 2004; Lee and Seung, 1999). 一般情况下, W 被视为图像的基矩阵, 而 H 是系数矩阵. 由于 $m \times n$ 远大于 $(m+n) \times r$, 显然 $\bar{V}$ 也可以为原始图像矩阵 V 提供一个压缩的形式 (Berry et al., 2007).

我们使用六种算法来处理下面四个公开数据库:

● **ORL 人脸数据库**　该数据库下载于

http://www.cad.zju.edu.cn/home/dengcai/Data/FaceData.html.

它由 40 个不同个体的 400 张面部图像组成, 其中每个个体包含 10 张图像拍摄于不同的时间、不同的光线或面部表情等. 每张图像的尺寸都为 92×112 像素. 因此我们得到一个 10304×400 的矩阵.

● **CBCL 人脸数据库**　该数据库下载于

http://cbcl.mit.edu/software-datasets/FaceData2.html.

它包含 400 张不同的人脸图像, 每张图像的规模为 19×19 像素. 由此得到一个 361×400 的矩阵.

● **Yale 人脸数据库**　该数据库下载于

http://cvc.cs.yale.edu/cvc/projects/yalefaces/yalefaces.html.

它包含了 165 张人脸图像, 由 15 个人拍摄, 且每人采集了 11 张不同人脸图像. 每张图像的尺寸为 100×100 像素. 因此得到一个 10000×165 矩阵.

● **JAFFE 人脸数据库**　该数据库下载于

https://www.kasrl.org/jaffe.html.

它包含了 213 张图像, 来源于 10 个日本女性模特的不同面部表情. 每张图像的尺寸为 256×256 像素. 由此得到一个 65536×213 矩阵.

我们首先研究各算法关于这些人脸数据库的整体重构质量. 参考文献 (Wan et al., 2018), 我们使用以下指标来衡量: 由 $\frac{1}{mn}\|\bar{V} - V\|_F^2$ 定义的平方误差 (MSE), 由 $20 \times \log_{10}(\|\bar{V}\|_F / \|V - \bar{V}\|_F)$ 定义的信噪比 (SNR) 和结构相似度 (SSIM). SSIM 的代码下载于

http://www.ece.uwaterloo.ca/ z70wang/research/ssim/.

事实上, SNR 和 SSIM 越大意味着重构质量越好. 此外在数值效率方面, 我们还使用 Pgn, Residual 和 ObjFun 对算法进行评估. 每个数据库相应测试问题的初始点都是随机产生的, 且每个问题被独立求解 10 次并得到相应的平均数值结果.

　　由于 r 的选择直接影响因子矩阵 W 和 H 的质量, 因此我们重点研究在不同 r 下所有比较算法分解非负矩阵的数值性能变化. 在四个数据库中, 我们令 r 从 10 以步长 5 增长到 50. 在图 4.4 — 图 4.7 中, 在四个数据库中, 当 CPU 时间限制为 20 秒时, 我们报告了六种算法在不同 r 下分解非负矩阵的数值性能, 包括数值效率 (Pgn, Residual 和 ObjFun) 和矩阵重构质量 (MSE, SNR 和 SSIM). 具体来讲, 每个数据库共包含 9 个测试问题, 因此基于 r 的取值, 每个矩阵都有 9 种重构结果.

　　图 4.4 中的结果说明, 对于 ORL, 由 M1 得到的 Pgn, Residual, ObjFun 和 MSE 的取值最小, 而且 SNR 和 SSIM 的取值最大. 当 $r \in \{35, 40, 45, 50\}$ 时, M1 与其他算法的性能差距较大.

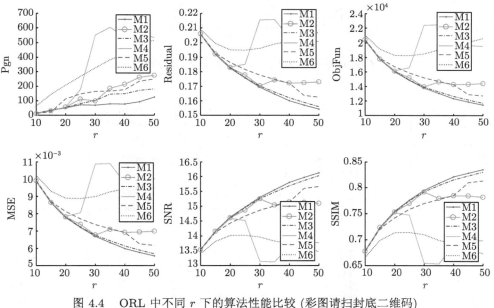

图 4.4　ORL 中不同 r 下的算法性能比较 (彩图请扫封底二维码)

　　图 4.5 中的结果表明, 对于 CBCL, 除 M6 外, 其他五种算法的性能相似. 尽管 M6 在 Pgn 方面表现最好, 但它在其他方面的整体性能表现最差. 此外, 从图 4.5 中的误差棒可以看出 M1 略优于其他算法, 其性能更加稳定.

　　根据图 4.6 和图 4.7 中的结果, 可以发现, 对于 Yale 和 JAFFE, 在大部分数值测试中, 相比其他算法 M1 能够得到更小的 Residual, ObjFun, MSE 和更大的 SNR, SSIM. 对于 Yale 当 $r \in \{25, 30, 35, 40\}$, 对于 JAFFE 当 $r \in \{20, 25, 30, 35\}$ 时, 我们的算法显著优于其他算法.

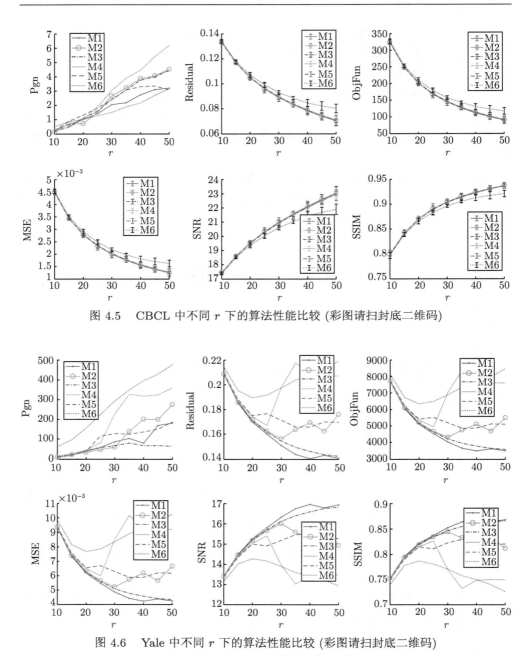

图 4.5　CBCL 中不同 r 下的算法性能比较 (彩图请扫封底二维码)

图 4.6　Yale 中不同 r 下的算法性能比较 (彩图请扫封底二维码)

　　从图 4.4—图 4.7 中的整体数值结果可以看出, 当 CPU 时间限制为 20 秒时, M1 和 M3 在四个数据集上的性能都明显优于 M2, M4, M5 和 M6. 这说明同时结合非单调线搜索规则和谱梯度投影策略的算法性能更加优越, 更有应用前景. 此外, 我们发现, 基于数值效率和重构质量, 数据库 ORL, CBCL, Yale 和 JAFFE 的最佳 r 值分别为 $50, 50, 40, 35$.

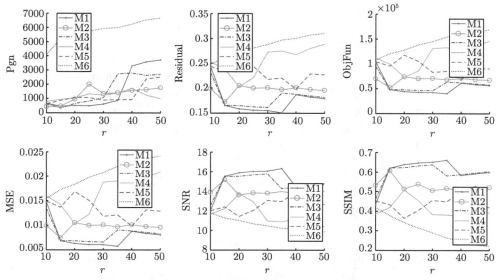

图 4.7 JAFFE 中不同 r 下的算法性能比较 (彩图请扫封底二维码)

总的来说, 在分解大规模人脸图像矩阵时, 本章所提出的算法 (M1) 在数值效率和重构质量方面都优于文献中已有的先进算法.

在表 4.2 中, 我们更详细地报告了在各数据库中, 各算法以最优数值结果解决测试问题的百分比. 对于每个数据库, 每个评价指标下的最大的百分比使用粗体突出显示.

表 4.2 中的结果显示:

(1) 对于 M1, 可以看到关于 Residual, ObjFun, MSE 和 SNR 的最优百分比明显高于其他算法. 这意味着, M1 能够以更高的质量分解不同的人脸数据矩阵.

(2) 在 SSIM 方面, M1 的算法性能最好.

(3) 在 Pgn 方面, M1 并不总是表现最好, 但它的重构矩阵具有最好的质量.

(4) 此外, 表 4.2 中的结果进一步证实了在分解这四个图像数据集中, M1 的数值效率和分解质量都明显高于 M3.

由上述所有结果可得, 我们的算法 (M1) 在分解真实世界人脸图像数据矩阵中的整体数值性能明显优于其他五种算法.

表 4.2　各数据库中各算法求解测试问题时的最优性能百分比

数据库	算法	Pgn(%)	Residual(%)	ObjFun(%)	MSE(%)	SNR(%)	SSIM(%)
ORL	M1	**88.89**	**100**	**100**	**100**	**100**	**88.89**
	M2	0	0	0	0	0	11.11
	M3	0	0	0	0	0	0
	M4	0	0	0	0	0	0
	M5	11.11	0	0	0	0	0
	M6	0	0	0	0	0	0
CBCL	M1	0	**66.67**	**66.67**	**66.67**	**66.67**	**44.44**
	M2	22.22	11.11	11.11	11.11	11.11	11.11
	M3	0	11.11	11.11	11.11	11.11	22.22
	M4	11.11	0	0	0	0	0
	M5	11.11	11.11	11.11	11.11	11.11	22.22
	M6	**55.56**	0	0	0	0	0
Yale	M1	11.11	**100**	**100**	**100**	**100**	**100**
	M2	**44.44**	0	0	0	0	0
	M3	**44.44**	0	0	0	0	0
	M4	0	0	0	0	0	0
	M5	0	0	0	0	0	0
	M6	0	0	0	0	0	0
JAFFE	M1	**44.44**	**88.89**	**88.89**	**88.89**	**88.89**	**44.44**
	M2	11.11	11.11	11.11	11.11	1111	11.11
	M3	11.11	0	0	0	0	**44.44**
	M4	22.22	0	0	0	0	0
	M5	11.11	0	0	0	0	0
	M6	0	0	0	0	0	0

接下来, 通过将各数据库中的 r 固定为最佳值, 我们进一步研究六种算法重建的人脸图像的质量差异. 同样地, 我们使用 MSE, SNR 和 SSIM 这三个指标来衡量重构的人脸图像质量. 这些指标体现了原始人脸图像与重构后的人脸图像的相似度. 具体来说, 重构矩阵 $\bar{V}$ 的每一列都可以重塑为一个图像, 即重构图像. 在数据库 ORL, CBCL, Yale 和 JAFFE 中, 分别令 r 取 50, 50, 40 和 35, 我们使用六种算法重建了 400, 400, 165 和 213 张人脸图像.

为了评估各算法在每组图像中的性能差距, 我们使用箱线图来分别表示不同算法得到的重构图像关于 MSE, SNR 和 SSIM 的表现. 在箱线图中, 每个盒子的底部、中线和顶部分别表示一组数据的第一个四分位数 (Q1)、中位数 (Median) 和第三个四分位数 (Q3). 而连接盒子虚线的上边缘和下边缘分别表述这组数据的最大值 (Max) 和最小值 (Min). 数据中超出虚线的异常值使用符号 "+" 标出. 因此在每个箱线图中, 我们得到五个算法性能指标: Min, Q1, Median, Q3 和 Max ,

它们的值可以直观地表示各算法的数值性能差异. 在图 4.8—图 4.11, 我们绘制了六种算法在不同数据库下关于四组重构图像的箱线图.

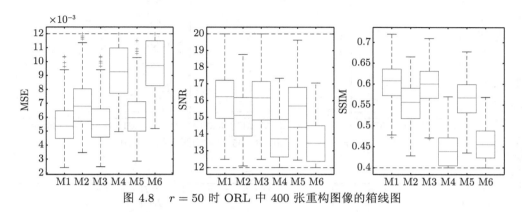

图 4.8　$r = 50$ 时 ORL 中 400 张重构图像的箱线图

由图 4.8 可知, 在 ORL 中, 在 MSE 方面, M1 的算法性能指标 (Min, Q1, Median, Q3 和 Max) 略小于其他算法. 另一方面, 基于 SNR 和 SSIM 的箱线图, M1 关于五个性能指标的值略高于其他五种算法. 而图 4.9 中的结果表明, 在 CBCL 中, M1, M2, M3 和 M5 之间的性能差距很小.

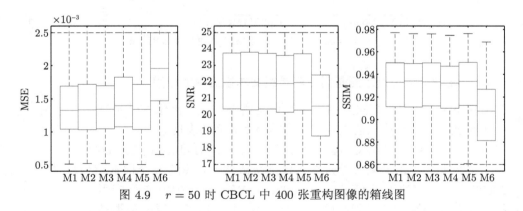

图 4.9　$r = 50$ 时 CBCL 中 400 张重构图像的箱线图

从图 4.10 和图 4.11 可以看出, 在 MSE 方面, M1 对应的五个指标 Min, Q1, Median, Q3 和 Max 的值明显低于其他算法. 且在 SNR 和 SSIM 方面, M1 关于这五个性能指标的取值明显高于其他算法. 这表明在 Yale 和 JAFFE 中由 M1 重构的图像质量更高.

从四个公开人脸图像数据库的人脸图像重构实验中, 我们清楚地展示了本章所提出算法 (M1) 的优势.

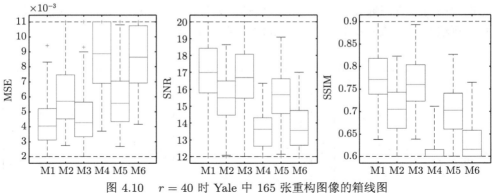

图 4.10　$r = 40$ 时 Yale 中 165 张重构图像的箱线图

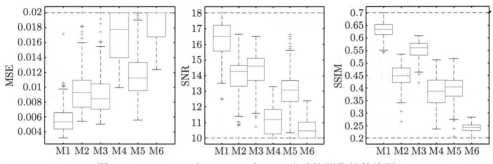

图 4.11　$r = 35$ 时 JAFFE 中 213 张重构图像的箱线图

4.4.3　在杂交鱼类谱系亚基因组转录组文本挖掘中的应用

接下来, 我们将算法应用于杂交鱼类谱系中亚基因组的转录组文本挖掘, 进一步测试我们的算法在数值效率和聚类精度方面的表现.

本章所用的转录组文本数据下载于 https://github.com/TJY0622/TJY.

该数据库包含了从 8 个远缘多代杂交鱼类中采集的 8 个样本, 且每个样本由 20093 个基因表达组成 (Xiao et al., 2016). Wan 等 (2019) 首次应用 NMF 方法挖掘杂交鱼类谱系中亚基因组的转录组文本, 并给出了不错的聚类结果, 其中得到的最佳聚类数为 6. 我们打算使用本章所比较的算法来挖掘该数据库, 并与 (Wan et al., 2019) 中的结果进行比较, 其中所分解矩阵的维度为 20093×8.

与 Wan 等 (2019) 的方法一致, 为了衡量聚类结果的准确性, 我们使用得到的因子矩阵 W 和 H 生成所谓的隶属度矩阵 R:

$$R_{ij} = \text{sum} \left((W_{:,i} \times H_{ij}) / \left(\sum_{k=1}^{r} W_{:,k} \times H_{kj} \right) \right) / m, \quad i = 1, \cdots, r, j = 1, \cdots, n,$$

其中 $\mathrm{sum}(X)$ 表示向量 X 所有元素的和, $\sum\limits_{k=1}^{r}$ 表示 r 个向量的和. 显然 R 中每一列的和等于 1, 且 R 的第 j 列表示第 j 个样本属于 r 个族群的隶属度. 因此, 若

$$c = \arg \max_{i=1,\cdots,r} R_{ij}, \tag{4.44}$$

则第 j 个样本属于族群 c.

对应不同的聚类数 r, 我们在图 4.12 中描绘了各算法在经过 20 次独立实验后, 产生的平均数值结果和平均聚类精度 (AC), 其中算法的 CPU 时间限制为 10 秒. 这里, AC 是 Cai 等 (2005) 提出的用于衡量聚类精确度的指标, 且 SpH 表示所得因子矩阵 H 的稀疏度, 其中若 $H_{ij} \leqslant 10^{-5}$, 则认为 $H_{ij} = 0$. 由 R 的定义可知, R 的稀疏度等价于 H 的稀疏度. 图 4.12 中的结果表明, 在相同的终止条件下, M1 可以产生比其他算法更好的 Pgn, Residual 和 ObjFun. 基于 SpH 的结果, 我们知道 H 的稀疏度随着 r 的增加而变高. 在 AC 方面, 除了 M6, 各算法都在聚类族群数量为 6 时所得的聚类精度最高, 且接近于 1.

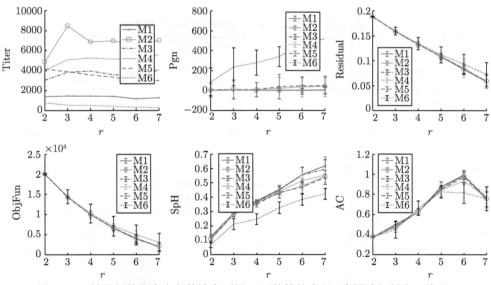

图 4.12 转录组数据库中各算法在不同 r 下的性能表现 (彩图请扫封底二维码)

此外, 表 4.3 记录了 $r = 6$ 时各算法的平均数值结果. 在表 4.3 中, 每个指标下的最优和次优结果分别用粗体和下划线突出显示. 相应的数值结果表明, 无论是数值效率还是聚类精度, M1 都表现最好, M3 次之.

表 4.3　$r = 6$ 时各算法的平均数值结果

算法	Titer	Pgn	Residual	ObjFun	SpH	AC
M1	<u>1164</u>	**1.9783**	**0.0830**	**3.8873e+03**	**0.5573**	**0.9938**
M2	6526.2	28.5397	0.0837	3.9538e+03	0.4771	<u>0.9875</u>
M3	3539.5	<u>2.6047</u>	<u>0.0834</u>	<u>3.9251e+03</u>	<u>0.5552</u>	0.9875
M4	5185	7.2746	0.0851	4.0924e+03	0.5146	0.9313
M5	2983.8	47.7781	0.0840	3.9880e+03	0.4688	0.9688
M6	**328.6**	474.8975	0.0934	4.9331e+03	0.3844	0.8125

最后, 我们在表 4.4 中报告了 (Wan et al., 2019) 的算法和我们的算法 (M1) 得到的转录组数据集的聚类结果. 因为模型 (4.2) 是非凸的, 所以不同的算法通过不同的初始点可能获得不同的隶属度矩阵. 在表 4.4 中, 每一列中最大和第二大的结果用粗体和下划线突出显示. 根据聚类公式 (4.44), 我们发现由 M1 所得的杂交鱼类的聚类结果与 (Wan et al., 2019) 的结果一致. 具体来说, BT_{F_1} 和 BT_{F_2} 属于同一类, 而 TB_{F_1} 和 TB_{F_3} 也在同一个族群中. 此外, M1 所得到的聚类结果 (R) 更加稀疏.

表 4.4　$r = 6$ 时转录组文本数据的聚类结果

族群	\ 8 个远缘多代杂交鱼							
	BCB	BT_{F_1}	BT_{F_2}	BT_{F_3}	TB_{F_1}	TB_{F_2}	TB_{F_3}	TC
(Wan et al., 2019) 中的隶属度矩阵 R								
1	0	0	0.2826	0	**0.6049**	0	<u>0.6132</u>	0
2	0.3713	0.388	0	**0.8713**	0	0	0.2588	0.1597
3	0	<u>0.4268</u>	<u>0.4047</u>	0	0.1333	0	0	0
4	0	0.1853	0.008	0	0	**0.8493**	0.128	0
5	0	0	0.1329	0	0.1029	0	0	<u>0.8403</u>
6	<u>0.6287</u>	0	0.1718	0.1287	0.1589	0.1507	0	0
由 M1 所得的隶属度矩阵 R								
1	0.1902	0.345	0	<u>0.7836</u>	0	0.0517	0.2358	0.0627
2	0	0	0	0	0	<u>0.7827</u>	0	0
3	0	0	0	0.0636	0.0788	0.0788	0	**0.9373**
4	0	**0.655**	**0.5641**	0	0.1514	0	0	0
5	**0.8098**	0	0.2076	0.0938	0.2021	0.02	0	0
6	0	0	0.2283	0.059	<u>0.5677</u>	0.0669	**0.7642**	0

总体而言, 与其他算法相比, M1 在分解转录组数据时具有更好的数值效率和更高的聚类精度. 此外, 与 (Wan et al., 2019) 中的算法和结论相比, M1 改善了相

应的聚类结果.

4.4.4 噪声鲁棒性讨论

在噪声环境中, 我们期望分解结果受噪声的影响不大, 也就是说算法是噪声鲁棒的.

为了处理数据中的噪声和异常值, Li 等 (2017b) 引入了一个通用的损失函数, 即 $L_{2,p}$ 范数, 来衡量数据的重构误差. 为了研究我们算法的噪声鲁棒性, 首先通过以下四种常用的方式在给定的四个公开图像数据集中添加图像噪声:

- **N1** 均值为 0, 方差为 0.001 的高斯白噪声;
- **N2** 均值为 0, 方差为 0.01 的高斯白噪声;
- **N3** 噪声密度为 0.05 的椒盐噪声;
- **N4** 噪声密度为 0.1 的椒盐噪声.

然后, 使用六种算法来处理被噪声污染后的数据库, 比较数值结果的鲁棒性. 此外, 为了展示 $L_{2,p}$ 范数的噪声鲁棒性, 我们将模型 (4.2) 中的 Frobenius 范数替换为 $L_{2,p}$ 范数 $(p = 0.5)$, 使用相应的乘法更新法 (M7) 进行求解.

对于 ORL, CBCL, Yale 和 JAFFE 数据库, 我们将 r 分别设置为 50, 50, 40 和 35. 对于每个算法而言, CPU 时间的限制为 20 秒. 在表 4.5 中, 我们记录在不同噪声环境下, 各算法在 20 次独立实验后所产生的 Residual 的平均值和标准差, 记为 "Residual% ± Std%". 且表中每一行的最小和第二小结果分别以粗体和下划线的方式突出显示.

表 4.5 各算法在不同噪声环境下的分解结果 (Residual% ± Std%)

数据库	噪声	M1	M2	M3	M4	M5	M6	M7
ORL	N1	**16.84±0.13**	20.31±1.15	<u>17.32±0.42</u>	22.04±0.59	18.11±0.37	23.89±0.48	27.63±0.29
	N2	**24.63±0.20**	27.06±1.09	<u>24.92±0.24</u>	28.12±0.73	25.57±0.34	29.71±0.44	32.89±0.30
	N3	**27.03±0.06**	28.04±0.22	<u>27.23±0.12</u>	28.90±0.94	27.52±0.15	30.03±0.23	34.72±0.27
	N4	**34.24±0.05**	35.47±0.17	<u>34.37±0.05</u>	36.20±0.69	34.83±0.04	36.69±0.09	40.30±0.19
CBCL	N1	**8.93±0.03**	<u>8.95±0.03</u>	8.97±0.03	9.02±0.03	<u>8.95±0.03</u>	9.77±0.04	9.78±0.01
	N2	**18.19±0.04**	<u>18.22±0.04</u>	18.22±0.04	18.27±0.05	18.25±0.05	18.78±0.06	18.81±0.01
	N3	**20.95±0.10**	<u>20.96±0.11</u>	20.97±0.10	21.01±0.11	20.98±0.10	21.41±0.10	21.70±0.10
	N4	**27.95±0.11**	<u>27.97±0.11</u>	27.97±0.11	27.99±0.11	28.00±0.11	28.41±0.11	28.54±0.01
Yale	N1	**14.93±0.12**	16.20±0.30	<u>15.12±0.18</u>	18.29±1.58	16.50±0.32	19.55±0.34	18.58±0.18
	N2	**22.30±0.09**	23.75±0.30	<u>22.75±0.18</u>	26.14±1.68	23.91±0.19	26.01±0.34	25.12±0.11
	N3	**26.60±0.10**	27.60±0.23	<u>27.02±0.14</u>	28.52±0.26	27.83±0.23	28.84±0.28	29.40±0.10
	N4	**34.10±0.06**	35.39±0.20	<u>34.68±0.08</u>	36.65±0.29	35.66±0.09	36.37±0.15	36.60±0.11
JAFFE	N1	**16.59±1.75**	20.41±0.16	<u>18.41±1.81</u>	26.70±2.35	21.80±1.21	29.64±0.73	29.48±0.01
	N2	**23.45±1.50**	26.38±0.11	<u>25.79±0.95</u>	30.80±1.26	27.31±1.97	32.76±0.69	33.03±0.01
	N3	**27.02±0.50**	30.36±0.13	<u>27.20±0.45</u>	31.66±1.95	29.47±1.05	33.38±1.17	36.08±0.01
	N4	**34.87±0.11**	37.08±0.12	<u>35.20±0.76</u>	40.06±0.53	36.65±0.36	39.96±0.15	41.33±0.01

表 4.5 中的数值结果表明:

(1) 与高斯白噪声相比, 椒盐噪声更难去噪. 实际上, 从 N1 到 N4, 每个数据库的分解结果都越来越差.

(2) 基于 Residual 的表现, 与 M2, M4, M5, M6 和 M7 相比, M1 (本章所提出的算法) 和 M3 都具有明显的优势.

(3) 在 Residual 方面, M7 表现较差, 因此 $L_{2,p}$ 范数的优势没有显现.

(4) 同时根据 Residual 和 Std 的表现, 我们的算法 (M1) 在处理不同噪声环境下的四个图像数据库中比 M3 更加鲁棒.

因此, 本章所提出的算法在数值效率和噪声鲁棒性方面都有比较好的结果.

总　　结

基于一个非单调投影 BB 算法 (NPBB) 来交替求解单因子矩阵变量的非负最小二乘子问题, 本章提出了一种新的高效的基于 ANLS 框架的算法来求解大规模 NMF 问题. 与文献中已有的算法不同, NPBB 使用一种改进的结合谱梯度投影策略的非单调线搜索规则来寻找合适的步长, 并采用自适应 BB 步长来修正搜索方向. 证明了所提出线搜索规则的适定性, 建立了所开发算法的全局收敛性理论.

通过对三个合成数据集、四个公共人脸图像数据集和一个实际的转录组数据集进行的数值测试, 展示了本章所开发算法的优势. 与文献中已有先进算法相比, 我们的算法拥有更高的数值效率、更好的分解质量和更好的噪声鲁棒性, 它还适用于人脸图像重建, 以及杂交鱼类谱系中亚基因组转录组文本的深度挖掘.

第 5 章　正交对偶图正则化非负矩阵分解及协同聚类

在大数据时代, 非负矩阵分解 (NMF) 在数据聚类和特征提取方面受到了广泛关注. 为了提高协同聚类的性能, 本章首先提出两种新的 NMF 优化模型, 分别称作正交对偶图正则非负矩阵分解 (ODGNMF) 方法和正交对偶图正则非负矩阵三因子分解 (ODGNMTF) 方法. 新模型不仅考虑了潜在样本流形和样本特征流形的几何结构, 还保证了因子矩阵的正交性, 它能够在改善聚类性能的同时使因子矩阵具有更强的稀疏性和鲁棒性. 随后, 我们开发两种高效算法以求解新模型, 建立新算法的收敛性理论. 最后, 基于两个人工数据集和三个公共数据集上一系列的数值实验, 我们将证明 ODGNMF 和 ODGNMTF 比文献中先进的 NMF 方法在计算成本、鲁棒性、灵敏度和稀疏性等方面具有优越性.

5.1　引　言

大数据时代的亟须任务就是研究用于分析和处理各种复杂数据的模型和技术, 如人脸数据识别技术、生物医学工程中的转录组数据挖掘技术, 以及各类信号处理模型和技术. 它们对实现从海量数据中高效检索、分类和提取有价值的信息发挥着至关重要的作用. 然而, 到目前为止还不存在任何通用模型或技术以用于挖掘来自不同实际问题中复杂大数据信息 (Zhang et al., 2020a; Gao et al., 2020), 大数据挖掘仍是一项具有挑战性的任务. 传统的统计方法在处理大数据挖掘问题时具有明显的局限 (Wan et al., 2019; Jolliffe and Cadima, 2016; Comon and Jutten, 2010; de Lathauwer et al., 2000; Wang et al., 2015c), 如经典的 k-均值聚类方法就不适合分析小样本的全长转录组数据 (Wan et al., 2019), 更不可能从中辨识出差异表达基因 (Wang et al., 2015c).

近年来研究的非负矩阵分解 (NMF) 方法, 能够兼备 k-均值聚类方法和主成分分析 (PCA) 方法的作用, 被视为用于大数据聚类和特征提取的基本方法——一种无监督机器学习方法 (Zhang et al., 2020a; Gao et al., 2020; Shang et al., 2020; Belachew, 2019; Tosyali et al., 2019; Peng et al., 2020; Chen et al., 2019). 其基本思想是: 对给定的原始非负矩阵 (样本数据), 找到两个低秩非负矩阵, 使得

主要结果发表于 Journal of Scientific Computing, 87(3): 1-37, 2021.

它们的乘积能很好地近似原始非负矩阵, 并在一定的条件下实现样本降维表示、特征提取和聚类. 但已有研究结果表明, 最基本的 NMF 很难具备优良的聚类性能. 为此, Hoyer (2004) 提出了一种稀疏非负矩阵分解 (SNMF) 方法, 该方法将因子矩阵的稀疏性作为惩罚项加入到 NMF 模型中, 以提高其学习能力. Cai 等 (2010) 从数据空间的几何特点出发提出了一种正则图非负矩阵分解 (GNMF) 方法, 该方法通过构造样本数据的拉普拉斯图以学习样本间的相似性, 以提升 NMF 的聚类性能和稀疏性. 显然, 如果我们能同时学习样本间的相似性和样本特征间的相似性, 则有望能够进一步提高 NMF 方法的学习性能 (Shang et al., 2020; Belachew, 2019; Gu and Zhou, 2009; Shang et al., 2012; Sun et al., 2018; Ding et al., 2006; Yoo and Choi, 2010; Dhillon, 2001; Dhillon et al., 2003).

受到样本间和特征间存在对偶性的启发, Gu 和 Zhou (2009) 提出了对偶正则协同聚类 (DRCC) 方法, 该 NMF 模型同时构造了样本和样本特征的拉普拉斯图, 以同时学习样本流形和样本特征流形的图结构, 且证实在聚类性能上优于 GNMF 方法. Shang 等 (2012) 在 DRCC 方法的基础上, 提出了图对偶正则化二因子非负矩阵分解 (DNMF) 方法和图对偶正则化三因子非负矩阵分解 (DNMTF) 方法. 数值实验表明, 后者在众多图像数据集上的聚类性能优于 DRCC. Sun 等 (2018) 在 DNMF 的基础上, 将已知的样本的标注信息和基矩阵的稀疏性特征用于构造 NMF 模型, 提出了一类半监督机器学习方法——稀疏对偶正则图非负矩阵分解 (SDGNMF) 方法. 因为 SDGNMF 方法利用了已知的样本的标注信息, 它自然具有更好的聚类性能.

除了利用样本间和样本特征间的图结构外, 维持 NMF 中的因子矩阵的正交性往往也能在一定程度上提升 NMF 方法的聚类性能和学习能力 (Ding et al., 2006; Yoo and Choi, 2010; Wang et al., 2019; He et al., 2020b; Abe and Yadohisa, 2019). 比如, Ding 等 (2006) 提出了一种关于样本聚类的正交非负矩阵三因子分解方法, 该方法将因子矩阵的正交性用于构造三因子非负矩阵分解 (NMTF) 模型, 得到了较好的聚类性能和稀疏性能. Yoo 和 Choi (2010) 直接利用流形上的梯度信息, 也提出了一种三因子正交非负矩阵分解方法, 进一步改善了 NMF 聚类结果的可解释性.

为了清楚地展示正交 NMF 方法在提升 NMF 聚类性能方面的能力, 我们基于一组人工数据集, 比较了经典 NMF 方法和带因子矩阵 H 正交约束的 NMF 方法 (简称 ONMF-H) 的聚类性能. 图 5.1 展示了两种方法的聚类结果, 其中, 图 5.1(a) 和图 5.1(b) 中的虚线分别表示由经典 NMF 方法和 ONMF-H 方法所得到的基向量的方向. 图 5.1 的结果显示: 由 ONMF-H 方法所得到的基向量 (基矩阵 W 的每一列), 可以给出该人工数据集的全部近似类中心点, 而经典 NMF 方法所得到的基向量, 只能给出一个包含全部数据的凸包.

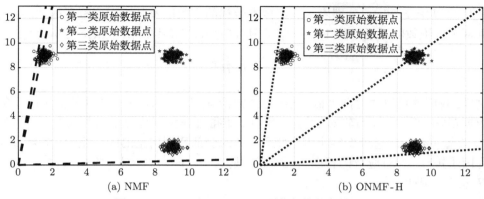

图 5.1 NMF 和 ONMF-H 所获得的基向量对比

遗憾的是, 在已有研究结果中, 我们还很少看到一种 NMF 模型, 它同时考虑因子矩阵正交性, 以及隐藏在样本流形和样本特征流形具备的图结构特征. 本章打算提出两类新型 NMF 模型, 使之不仅能挖掘上述图结构特征, 还能保证因子矩阵的正交性, 其中一类 NMF 模型是二因子正交对偶图正则非负矩阵分解 (ODGNMF) 模型, 另一类是三因子正交对偶图正则非负矩阵分解 (ODGNMTF) 模型. 我们还将开发求解这两类复杂模型的高效算法, 并证明它们的收敛性. 此外, 我们将通过大量的数值测试, 以证实本章提出的模型和算法的优越性.

5.2 相 关 工 作

为了叙述方便, 我们在表 5.1 中列出了本章主要使用的符号, 并进行了说明.

表 5.1 符号说明

符号	说明
$R_+^{\upsilon \times \omega}$	所有规模为 $\upsilon \times \omega$ 的非负矩阵的集合
x_ω	矩阵 X 的第 ω 列
$\overline{x}_\upsilon$	矩阵 X 的第 υ 行
$\mathrm{Tr}(\cdot)$	迹运算
$\|\cdot\|_2$	2 范数
$L_V(L_W)$	数据流形 (特征流形) 的图拉普拉斯算子
$G_V(G_U)$	数据点 (数据特征) 的权重矩阵
$D_V(D_U)$	对角矩阵且 $(D_V)_{jj} = \sum\limits_{\omega}(G_V)_{j\omega} \ ((D_U)_{ii} = \sum\limits_{\upsilon}(G_U)_{i\upsilon})$

1. 非负矩阵分解

对非负矩阵分解问题的研究, 可以追溯到 Lee 和 Seung (1999) 在 *Nature* 上发表的论文, 其数学模型是: 对于任意给定的非负数据矩阵 $X = [x_1, \cdots, x_n] \in$

$R_+^{m \times n}$, 其中 n 和 m 分别表示非负样本数据的个数以及其所对应特征的数, 寻找到两个低维数的因子矩阵 $W \in R_+^{m \times r}$ 和 $H \in R_+^{n \times r}$ (其中 $(n+m)r < nm$), 使得

$$X \approx WH^{\mathrm{T}}.$$

这样, 我们便可以通过两个低维数非负数据矩阵 W 和 H 来替代原始高维的非负数据矩阵 X. 结合矩阵乘法法则, 我们不难得到非负矩阵分解的几何意义: 矩阵 X 的每一列列向量近似等于因子矩阵 W 的全部列列向量的线性组合, 组合系数为因子矩阵 H 对应行的行向量元素值, 即 $X = [x_1, \cdots, x_n]$, $W = [w_1, \cdots, w_r]$, $H = [h_{jl}]$ 满足

$$x_j = \sum_{l=1}^r w_l \times h_{jl}, \quad \forall j \in \{1, \cdots, n\},$$

因此因子矩阵 W 和 H 分别被称为基矩阵和系数矩阵.

为了更好地刻画因子矩阵 W 和 H 对原始矩阵 X 的近似程度, 非负矩阵分解问题通常被改写为如下优化模型

$$\min_{W,H} \quad J_{\mathrm{NMF}} = \sum_{i=1}^n \|x_i - W\overline{h_i}^{\mathrm{T}}\|_2^2 = \|X - WH^{\mathrm{T}}\|_F^2 \tag{5.1}$$
$$\text{s.t.} \quad W, H \geqslant 0,$$

其中 $\overline{h_i}$ 表示因子矩阵 H 的第 i 个行向量, $\|\cdot\|_F$ 是 Frobenius 范数.

关于 NMF (5.1), Lee 和 Seung (1999) 给出了其局部极小点的迭代更新公式, 并证明了该公式的收敛性:

$$W_{il} \leftarrow W_{il} \frac{(XH)_{il}}{(WH^{\mathrm{T}}H)_{il}}, \quad H_{jl} \leftarrow H_{jl} \frac{(X^{\mathrm{T}}W)_{jl}}{(HW^{\mathrm{T}}W)_{jl}}, \tag{5.2}$$

其中 $i \in \{1, \cdots, m\}$, $l \in \{1, \cdots, r\}$, $j \in \{1, \cdots, n\}$.

2. 图正则非负矩阵分解

最近有大量研究表明, 很多真实世界的数据事实上是来自一个嵌入在高维环境空间中的非线性低维流形 (Zhang et al., 2020a; Tosyali et al., 2019; Peng et al., 2020; Chen et al., 2019; Gu and Zhou, 2009; Shang et al., 2012; Wang et al., 2018a). 即处于高维空间的样本数据其实对应着低维流形中一个点 (标签). 为了更好地挖掘这个隐藏在样本数据中的流形结构, Cai 等 (2010) 在经典的非负矩阵分解模型的基础之上, 通过构造样本数据点的拉普拉斯图, 提出了一个挖掘样本

数据点分布的内在几何结构的图正则非负矩阵分解 (GNMF) 模型:

$$\min_{W,H} \quad J_{\mathrm{GNMF}} = \|X - WH^{\mathrm{T}}\|_F^2 + \lambda \mathrm{Tr}(H^{\mathrm{T}}LH)$$
$$\text{s.t.} \quad W, H \geqslant 0, \tag{5.3}$$

其中 $\mathrm{Tr}(\cdot)$ 是矩阵迹算子, $\lambda \geqslant 0$ 是用来权衡正则项对目标函数贡献的正则参数, 正则项 $\mathrm{Tr}(H^{\mathrm{T}}LH)$ 是用来挖掘数据点分布内在几何结构的数学模型, 其几何解释为: 如果在高维空间中数据点 x_u 和 x_v 彼此靠近, 那么在局部结构不变的假设下, 它们所对应的低维流形标签 $\overline{h_u}$ 和 $\overline{h_v}$ 也应该彼此靠近, 即

$$\begin{aligned}
\min_H \frac{1}{2} \sum_{u,v=1}^n \|\overline{h_u} - \overline{h_v}\|_2^2 G_{uv} \\
= \sum_{u=1}^n \overline{h_u} D_{uu} \overline{h_u}^{\mathrm{T}} - \sum_{u \neq v}^n \overline{h_u} G_{uv} \overline{h_v}^{\mathrm{T}} \\
= \mathrm{Tr}(H^{\mathrm{T}}(D-G)H) = \mathrm{Tr}(H^{\mathrm{T}}LH),
\end{aligned} \tag{5.4}$$

其中 $L = D - G$ 是用来刻画数据点内在几何结构的拉普拉斯矩阵, G 是样本数据点的邻接矩阵, D 是对应邻接矩阵 G 的度矩阵, 即一个对角线元素为 $D_{jj} = \sum_\omega G_{j\omega}$ 的对角矩阵.

为了找到 GNMF 的局部极小点, Cai 等 (2010) 建立了如下迭代更新公式, 并证明了其收敛性:

$$W_{il} \leftarrow W_{il} \frac{(XH)_{il}}{(WH^{\mathrm{T}}H)_{il}}, \quad H_{jl} \leftarrow H_{jl} \frac{(X^{\mathrm{T}}W + \lambda GH)_{jl}}{(HW^{\mathrm{T}}W + \lambda DH)_{jl}}. \tag{5.5}$$

3. 协同聚类

通过进一步研究样本数据点和它们特征之间的二元性, 研究人员发现相比于只考虑样本数据之间相似性的聚类模型, 基于样本数据及其特征的协同聚类模型往往会获得更好的聚类表现 (Shang et al., 2020; Belachew, 2019; Gu and Zhou, 2009; Shang et al., 2012; Sun et al., 2018; Ding et al., 2006; Yoo and Choi, 2010). 受其启发, Gu 和 Zhou (2009) 提出了一个双重正则协同聚类 (DRCC) 模型:

$$\min \quad J_{\mathrm{DRCC}} = \|X - WSH^{\mathrm{T}}\|_F^2 + \lambda \mathrm{Tr}(H^{\mathrm{T}}L_H H) + \mu \mathrm{Tr}(W^{\mathrm{T}}L_W W)$$
$$\text{s.t.} \quad W, H \geqslant 0, \tag{5.6}$$

其中 $W \in R_+^{m \times r}$, $S \in R^{r \times c}$, $H \in R_+^{n \times c}$, $\lambda, \mu \geqslant 0$ 分别是用于权衡关于样本的正则项和关于特征的正则项在目标函数中占比的正则参数. 类似于 GNMF, $L_H =$

$D_H - G_H$ 和 $L_W = D_W - G_W$ 分别是对应数据流形和特征流形的拉普拉斯矩阵. G_H 和 G_W 分别是对应样本数据点和其特征的邻接矩阵. D_H 和 D_W 分别是对应 G_H 和 G_W 的度矩阵, 即 $(D_H)_{jj} = \sum_\omega (G_H)_{j\omega}$, $(D_W)_{ii} = \sum_\upsilon (G_W)_{i\upsilon}$.

不难发现, DRCC 模型中并没有对因子矩阵 S 施加非负约束, 这使得 DRCC 能被应用到更一般的数据类型, 但这也限制了其在面对非负矩阵时的分解表现. 下述迭代更新公式用于求解 DRCC 模型:

$$W_{il} \leftarrow W_{il} \sqrt{\frac{(\mu G_W W + P^+ + WQ^-)_{il}}{(\mu D_W W + P^- + WQ^+)_{il}}},$$

$$H_{jh} \leftarrow H_{jh} \sqrt{\frac{(\lambda G_H H + A^+ + HB^-)_{jh}}{(\lambda D_H H + A^- + HB^+)_{jh}}},$$

$$S = (W^\mathrm{T} W)^{-1} W^\mathrm{T} X H (H^\mathrm{T} H)^{-1},$$

其中 $i \in \{1, \cdots, m\}$, $j \in \{1, \cdots, n\}$, $l \in \{1, \cdots, r\}$, $h \in \{1, \cdots, c\}$, $A = X^\mathrm{T} W S = A^+ - A^-$, $B = S^\mathrm{T} W^\mathrm{T} W S = B^+ - B^-$, $P = X W S^\mathrm{T} = P^+ - P^-$, $Q = S H^\mathrm{T} H S^\mathrm{T} = Q^+ - Q^-$.

作为 DRCC 的改进, Shang 等 (2012) 提出了一个图对偶正则非负矩阵分解 (DNMF) 模型以及在保证因子矩阵 S 非负性的条件下提出了图对偶正则非负矩阵三因子分解 (DNMTF) 模型. 其中 DNMTF 的优化模型如下:

$$\begin{aligned} \min \quad & J_{\mathrm{DNMTF}} = \|X - WSH^\mathrm{T}\|_F^2 + \lambda \mathrm{Tr}(H^\mathrm{T} L_H H) + \mu \mathrm{Tr}(W^\mathrm{T} L_W W) \\ \text{s.t.} \quad & W, S, H \geqslant 0, \end{aligned}$$

对应寻找局部极小点的迭代更新公式如下:

$$W_{il} \leftarrow W_{il} \frac{(XHS^\mathrm{T} + \mu G_W W)_{il}}{(WSH^\mathrm{T} HS^\mathrm{T} + \mu D_W W)_{il}},$$

$$H_{jh} \leftarrow H_{jh} \frac{(X^\mathrm{T} W S + \lambda G_H H)_{jh}}{(HS^\mathrm{T} W^\mathrm{T} W S + \lambda D_H H)_{jh}},$$

$$S_{lh} \leftarrow S_{lh} \frac{(W^\mathrm{T} X H)_{lh}}{(W^\mathrm{T} W S H^\mathrm{T} H)_{lh}},$$

其中所有参数的定义与 DRCC 模型相同.

4. 正交非负矩阵分解

Ding 等 (2006) 在因子矩阵 W 和 H 列向量正交的条件下, 证明了 NMF 与 k-均值聚类方法以及基于拉普拉斯算子的谱聚类之间的等价性, 进而提出了正交

非负矩阵分解 (ONMF) 模型以及正交非负矩阵三因子分解 (ONMTF) 模型. 对应 ONMF 的优化模型以及迭代更新公式具体如下:

$$\begin{aligned} \min \quad & J_{\text{ONMF}} = \|X - WH^{\text{T}}\|_F^2 \\ \text{s.t.} \quad & W, H \geqslant 0, W^{\text{T}}W = I, H^{\text{T}}H = I \end{aligned} \tag{5.7}$$

和

$$W_{il} \leftarrow W_{il}\sqrt{\frac{(XH)_{il}}{(WW^{\text{T}}XH)_{il}}}, \quad H_{jl} \leftarrow H_{jl}\sqrt{\frac{(X^{\text{T}}W)_{jl}}{(HH^{\text{T}}X^{\text{T}}W)_{jl}}}.$$

不同于文献 (Ding et al., 2006), Yoo 和 Choi (2010) 通过直接利用因子矩阵 W 和 H 在 Stiefel 流形上的真实梯度信息, 建立了两个类似迭代更新算法, 使得其在理论上严格保持因子矩阵的正交性, 并且他们还通过分析非负矩阵分解的过程, 建立了 NMF 的聚类结果与概率论之间的联系, 为 NMF 的应用提供了理论解释. 具体地, 求解模型 (5.7) 的局部最小点的迭代更新公式如下:

$$W_{il} \leftarrow W_{il}\frac{(XH)_{il}}{(WH^{\text{T}}X^{\text{T}}W)_{il}}, \quad H_{jl} \leftarrow H_{jl}\frac{(X^{\text{T}}W)_{jl}}{(HW^{\text{T}}XH)_{jl}}. \tag{5.8}$$

5. Stiefel 流形

下述矩阵集合 M_S 被称为 Stiefel 流形 (Stiefel, 1935).

$$M_S = \left\{ V \in R^{\upsilon \times \omega} : V^{\text{T}}V = I \right\}.$$

对于任意给定的矩阵 $V \in M_S$, 其对应的切线空间被定义为 $T_S(V)$:

$$T_S(V) = \{\Delta \in R^{\upsilon \times \omega} : V^{\text{T}}\Delta + \Delta^{\text{T}}V = 0\},$$

其中 $V^{\text{T}}\Delta$ 为反对称矩阵.

设 F 为 Stiefel 流形 M_S 上的目标函数. 分别定义 ∇F 和 $\widehat{\nabla}F$ 为欧几里得空间和 Stiefel 流形上 F 在 V 处的梯度:

$$n_E(\nabla F, \Delta) = \text{Tr}((\nabla F)^{\text{T}}\Delta), \quad n_S(\widehat{\nabla}F, \Delta) = \text{Tr}\left(\widehat{\nabla}F^{\text{T}}\left(I - \frac{1}{2}VV^{\text{T}}\right)\Delta\right).$$

然后, Stiefel 等式 $n_E(\nabla F, \Delta) = n_S(\widehat{\nabla}F, \Delta)$ 的一个解为 (Edelman et al., 1998)

$$\widehat{\nabla}F = \nabla F - V(\nabla F)^{\text{T}}V. \tag{5.9}$$

5.3　新型正交对偶图正则化非负矩阵分解模型及算法

本节将提出一种新的协同聚类方法, 称作正交对偶图正则化非负矩阵分解 (ODGNMF).

为了提高聚类方法的性能, ODGNMF 模型将整合现有方法的优点, 在考虑因子矩阵的正交性约束的同时考虑内在数据流形和特征流形的几何结构.

5.3.1　ODGNMF 的约束优化模型

最近在谱图理论和流形学习理论方面的研究表明, 利用样本数据点和对应特征中包含的几何结构信息可以提高 NMF 方法的聚类性能 (Zhang et al., 2020a; Tosyali et al., 2019; Peng et al., 2020; Chen et al., 2019; Gu and Zhou, 2009; Wang et al., 2018a; Shang et al., 2012). 为了能有效地构建数据流形和特征流形的几何结构, 我们首先介绍构造数据图和特征图的方法.

对于输入数据矩阵 $X = [x_1, \cdots, x_n]$, 我们通过 k 最近邻规则构建其数据图, 即对于任意样本数据点 x_j, 最靠近其的 k 个样本数据点, 我们认为它们与 x_j 有边相连. 对于任意两个样本数据点 x_j 与 x_ω, 这里有很多方法度量它们之间靠近程度, 其中最为常用的是 (Cai et al., 2010):

• **0-1 度量**　当且仅当节点 x_j 与 x_ω 有边相连时 $(G_H)_{j\omega} = 1$, 否则 $(G_H)_{j\omega} = 0$.

• **热核度量**　当且仅当节点 x_j 与 x_ω 有边相连时 $(G_H)_{j\omega} = \exp\left(\dfrac{\|x_j - x_\omega\|}{\sigma}\right)$, 否则 $(G_H)_{j\omega} = 0$.

• **点乘度量**　当且仅当节点 x_j 与 x_ω 有边相连时 $(G_H)_{j\omega} = x_j^{\mathrm{T}} x_\omega$, 否则 $(G_H)_{j\omega} = 0$.

显然, 0-1 度量是最简单的度量方法, 非常易于计算. 所以为了方便, 我们使用 0-1 度量策略来构造 k 最近邻数据图, 其具体如下:

$$(G_H)_{j\omega} = \begin{cases} 1, & x_j \in N(x_\omega) \text{ 或者 } x_\omega \in N(x_j), \\ 0, & \text{否则}, \end{cases} \quad j, \omega \in \{1, \cdots, n\}, \quad (5.10)$$

其中 $N(x_j)$ 表示样本数据点 x_j 的 k 最近邻集合. 数据图的拉普拉斯矩阵被定义为 $L_H = D_H - G_H$, 其中 $(D_H)_{jj} = \sum\limits_{\omega}(G_H)_{j\omega}$ 是一个对角阵.

类似地, 对于给定的特征矩阵 $X^{\mathrm{T}} = [\overline{x}_1; \cdots; \overline{x}_m]$, 我们定义特征邻接矩阵:

$$(G_W)_{iv} = \begin{cases} 1, & \overline{x}_i \in N(\overline{x}_v) \text{ 或者 } \overline{x}_v \in N(\overline{x}_i), \\ 0, & \text{否则}, \end{cases} \quad i, v \in \{1, \cdots, m\}, \quad (5.11)$$

其中 $N(\overline{x}_i)$ 表示特征 $\overline{x}_i$ (矩阵 X 的第 i 行行向量) 的 k 最近邻集合. 特征图的拉普拉斯矩阵被定义为 $L_W = D_W - G_W$. 接着, 结合因子矩阵 W 和 H 的正交性约束, 我们提出一个新的正交对偶图正则非负矩阵分解模型, 其对应优化模型如下:

$$
\begin{aligned}
\min \quad & J_{\text{ODGNMF}} = \|X - WH^{\mathrm{T}}\|_F^2 + \lambda \mathrm{Tr}(H^{\mathrm{T}} L_H H) + \mu \mathrm{Tr}(W^{\mathrm{T}} L_W W) \\
\text{s.t.} \quad & W, H \geqslant 0, W^{\mathrm{T}}W = I, H^{\mathrm{T}}H = I,
\end{aligned} \tag{5.12}
$$

类似于 DNMF, $\lambda, \mu \geqslant 0$ 是用于平衡重构误差和图正则项的正则参数. 显然, 如果 $\lambda = \mu = 0$, 则模型 (5.12) 退化为 (Yoo and Choi, 2010) 中的 (5.7).

5.3.2 ODGNMF 的乘法更新策略

因为目标函数 (5.12) 关于因子矩阵 W 和 H 非凸, 所以其很难获得一个封闭解. 因此我们现在学习如何发展一个高效的算法求解模型 (5.12) (Lv et al., 2020; Li and Wan, 2019; Guo and Wan, 2019).

通过矩阵迹的特点: $\mathrm{Tr}(AB) = \mathrm{Tr}(BA)$ 和 $\mathrm{Tr}(A) = \mathrm{Tr}(A^{\mathrm{T}})$, 我们有

$$
\begin{aligned}
J_{\text{ODGNMF}} &= \|X - WH^{\mathrm{T}}\|_F^2 + \lambda \mathrm{Tr}(H^{\mathrm{T}} L_H H) + \mu \mathrm{Tr}(W^{\mathrm{T}} L_W W) \\
&= \mathrm{Tr}(XX^{\mathrm{T}}) - 2\mathrm{Tr}(XHW^{\mathrm{T}}) + \mathrm{Tr}(WH^{\mathrm{T}}HW^{\mathrm{T}}) \\
&\quad + \lambda \mathrm{Tr}(H^{\mathrm{T}} L_H H) + \mu \mathrm{Tr}(W^{\mathrm{T}} L_W W).
\end{aligned}
$$

令 α, β, Γ 和 Θ 分别为对应模型 (5.12) 中的约束 $W \geqslant 0$, $H \geqslant 0$, $W^{\mathrm{T}}W = I$ 和 $H^{\mathrm{T}}H = I$ 的拉格朗日乘子. 然后, 这个约束优化问题的拉格朗日函数为

$$
L = J_{\text{ODGNMF}} + \mathrm{Tr}(\alpha^{\mathrm{T}}W) + \mathrm{Tr}(\beta^{\mathrm{T}}H) + \mathrm{Tr}(\Gamma(W^{\mathrm{T}}W - I)) + \mathrm{Tr}(\Theta(H^{\mathrm{T}}H - I)).
$$

因为

$$
\frac{\partial L}{\partial W} = -2XH + 2WH^{\mathrm{T}}H + 2\mu L_W W + \alpha + 2W\Gamma, \tag{5.13}
$$

且 KKT 条件中的 $\alpha_{il} W_{il} = 0$, 我们有

$$
(-XH + WH^{\mathrm{T}}H + \mu L_W W + W\Gamma)_{il} W_{il} = 0. \tag{5.14}
$$

因此, 对应正交约束 $W^{\mathrm{T}}W = I$ 的拉格朗日乘子 $\Gamma \in R^{r \times r}$ 为

$$
\begin{aligned}
& (-XH + WH^{\mathrm{T}}H + \mu L_W W + W\Gamma)_{il} W_{il} = 0 \\
\Longrightarrow & (-H^{\mathrm{T}}X^{\mathrm{T}}W + H^{\mathrm{T}}H + \mu W^{\mathrm{T}} L_W W + \Gamma^{\mathrm{T}})_{ll} = 0 \\
\Longleftrightarrow & \Gamma_{ll} = \Gamma_{ll}^{\mathrm{T}} = (H^{\mathrm{T}}X^{\mathrm{T}}W - H^{\mathrm{T}}H - \mu W^{\mathrm{T}} L_W W)_{ll}.
\end{aligned} \tag{5.15}
$$

对于乘子矩阵 Γ 非对角元素, 我们通过梯度为 0 的条件得到

$$\Gamma_{ll'} = (H^\mathrm{T} X^\mathrm{T} W - H^\mathrm{T} H - \mu W^\mathrm{T} L_W W)_{ll'}, \quad l \neq l'. \tag{5.16}$$

结合 (5.15) 和 (5.16), Γ 能被写成如下更紧凑的形式:

$$\Gamma = H^\mathrm{T} X^\mathrm{T} W - H^\mathrm{T} H - \mu W^\mathrm{T} L_W W. \tag{5.17}$$

接着, 结合 (5.14) 和 (5.17), 我们便可以得到一个计算最优因子矩阵 W 的迭代公式:

$$W_{il} \leftarrow W_{il} \frac{(XH + \mu(G_W W + WW^\mathrm{T} D_W W))_{il}}{(WH^\mathrm{T} X^\mathrm{T} W + \mu(D_W W + WW^\mathrm{T} G_W W))_{il}}. \tag{5.18}$$

注 5.1　在 Stiefel 流形 $\{W|W^\mathrm{T}W = I\}$ 上, J_{ODGNMF} 的真实梯度信息为

$$\begin{aligned}
\widehat{\nabla_W} J &= \nabla_W J - W(\nabla_W J)^\mathrm{T} W \\
&= -2XH + 2\mu(I - WW^\mathrm{T})L_W W + 2WH^\mathrm{T} X^\mathrm{T} W.
\end{aligned}$$

如果我们将 (5.17) 式中的 Γ 导入 (5.13), 我们可以得到

$$\widehat{\nabla_W} J = \frac{\partial L}{\partial W}.$$

换而言之, 我们的更新公式 (5.18) 保证了因子矩阵 W 的正交性约束, 这对提高非负矩阵分解的聚类性能具有重要意义.

类似地, 我们可以提出一种迭代公式来计算一个最优的 H. 事实上,

$$\frac{\partial L}{\partial H} = -2X^\mathrm{T} W + 2HW^\mathrm{T} W + 2\lambda L_H H + \beta + 2H\Theta,$$

以及

$$(-X^\mathrm{T} W + HW^\mathrm{T} W + \lambda L_H H + H\Theta)_{jl} H_{jl} = 0.$$

因此, 对于 Θ 的对角元素:

$$\Theta_{ll} = (W^\mathrm{T} XH - W^\mathrm{T} W - \lambda H^\mathrm{T} L_H H)_{ll},$$

以及其的非对角元素:

$$\Theta_{ll'} = (W^\mathrm{T} XH - W^\mathrm{T} W - \lambda H^\mathrm{T} L_H H)_{ll'}, \quad l \neq l'.$$

接着, 一个最优的因子矩阵 H 能被如下迭代公式计算得到:

$$H_{jl} \leftarrow H_{jl} \frac{(X^\mathrm{T} W + \lambda(G_H H + HH^\mathrm{T} D_H H))_{jl}}{(HW^\mathrm{T} XH + \lambda(D_H H + HH^\mathrm{T} G_H H))_{jl}}. \tag{5.19}$$

注 5.2 在 Stiefel 流形 $\{H|H^{\mathrm{T}}H = I\}$ 上, J_{ODGNMF} 的真实梯度信息为

$$\widehat{\nabla_H J} = \nabla_H J - H(\nabla_H J)^{\mathrm{T}} H$$
$$= -2X^{\mathrm{T}}W + 2\lambda(I - HH^{\mathrm{T}})L_H H + 2HW^{\mathrm{T}}XH.$$

我们也可以证明

$$\widehat{\nabla_H J} = \frac{\partial L}{\partial H}.$$

换而言之, 我们的更新公式 (5.19) 也保证了因子矩阵 H 的正交性约束.

有了上述准备, 我们下面叙述求解模型 (5.12) 的计算机程序.

算法 5.1 ODGNMF

步 1: 给定非负矩阵 $X \in R_+^{m \times n}$, 聚类数 r, 正则参数 $\lambda, \mu \geqslant 0$, 以及最大迭代次数 T.

步 2: (初始化) 随机选择初始因子矩阵 $W^0 \in R_+^{m \times r}$ 和 $H^0 \in R_+^{n \times r}$, 并令 $t := 0$.

步 3: 若终止条件满足或 $t = T$, 则转到步 7. 否则转到步 4.

步 4: 根据公式 (5.18) 更新 W^{t+1}.

步 5: 根据公式 (5.19) 更新 H^{t+1}.

步 6: 令 $t := t + 1$, 转到步 3.

步 7: 输出矩阵 $W^t \in R_+^{m \times r}$ 和 $H^t \in R_+^{n \times r}$.

关于步 3 中的终止条件, 我们通常设置为

$$\frac{\|W^{t+1} - W^t\|_F^2}{\|W^t\|_F^2} \leqslant 10^{-7} \quad 并且 \quad \frac{\|H^{t+1} - H^t\|_F^2}{\|H^t\|_F^2} \leqslant 10^{-7}.$$

定义 $O_1 = \|X - WH^{\mathrm{T}}\|_F^2 + \lambda \mathrm{Tr}(H^{\mathrm{T}}L_H H) + \mu \mathrm{Tr}(W^{\mathrm{T}}L_W W)$, 我们可以证明如下结论.

定理 5.1 分别应用公式 (5.18) 和 (5.19) 更新因子矩阵 W 和 H. 则公式 (5.18) 和 (5.19) 提供了一种自动步长的梯度下降方法来求解如下优化问题:

$$\begin{aligned} \min \quad & O_1 \\ \text{s.t.} \quad & W^{\mathrm{T}}W = I, H^{\mathrm{T}}H = I. \end{aligned}$$

证明 我们改写公式 (5.18) 和 (5.19) 为

$$W_{il} \leftarrow W_{il} + \delta_{il} \frac{\partial O_1}{\partial W_{il}},$$

$$H_{jl} \leftarrow H_{jl} + \eta_{jl}\frac{\partial O_1}{\partial H_{jl}},$$

其中

$$\delta_{il} = -W_{il}/2(WH^{\mathrm{T}}X^{\mathrm{T}}W + \mu(D_W W + WW^{\mathrm{T}}G_W W))_{il},$$
$$\eta_{jl} = -H_{jl}/2(HW^{\mathrm{T}}XH + \lambda(D_H H + HH^{\mathrm{T}}G_H H))_{jl}.$$
□

5.4　正交对偶图正则化非负矩阵三因子分解模型及算法

本节将提出模型 (5.12) 的改进——正交对偶图正则化非负矩阵三因子分解模型 (ODGNMTF).

正如 (Gu and Zhou, 2009; Ding et al., 2006; Yoo and Choi, 2010) 中所述, 因为因子矩阵 S 的存在, 使得非负矩阵三因子分解能同时对样本数据点及其特征进行不同聚类数的聚类, 所以相比经典的非负矩阵分解模型, 非负矩阵三因子分解模型在某些情况下可以获得更高的分解精度.

5.4.1　ODGNMTF 的约束优化模型

首先, 我们将模型 (5.12) 修改为

$$\begin{aligned}
\min \quad & J_{\mathrm{ODGNMTF}} = \|X - WSH^{\mathrm{T}}\|_F^2 + \lambda\mathrm{Tr}(H^{\mathrm{T}}L_H H) + \mu\mathrm{Tr}(W^{\mathrm{T}}L_W W) \\
\text{s.t.} \quad & W, S, H \geqslant 0, W^{\mathrm{T}}W = I, H^{\mathrm{T}}H = I,
\end{aligned}$$

(5.20)

类似模型 (5.12), 这里的 $\lambda, \mu \geqslant 0$ 也是被用来平衡第一项与第二项, 第三项权重的称为正则化参数. 显然, 如果 $\lambda = \mu = 0$, 模型 (5.20) 将退化为 (Yoo and Choi, 2010) 中的模型 ONMTF.

注 5.3　*一方面, 由于模型 (5.20) 中矩阵 S 的存在性, 它为非负矩阵分解提供了更大的自由度. 另一方面, 正如模型 (5.12) 所做的那样, 模型 (5.20) 不仅考虑了数据流形和特征流形的内在几何结构, 还考虑了因子矩阵的正交性约束. 我们将在 5.6 节把模型 (5.20) 与其他模型比较, 以此彰显它的优越性.*

5.4.2　ODGNMTF 的乘法更新策略

我们首先改写模型 (5.20) 为

$$\begin{aligned}
J_{\mathrm{ODGNMTF}} &= \|X - WSH^{\mathrm{T}}\|_F^2 + \lambda\mathrm{Tr}(H^{\mathrm{T}}L_H H) + \mu\mathrm{Tr}(W^{\mathrm{T}}L_W W) \\
&= \mathrm{Tr}(XX^{\mathrm{T}}) - 2\mathrm{Tr}(XHS^{\mathrm{T}}W^{\mathrm{T}}) + \mathrm{Tr}(WSH^{\mathrm{T}}HS^{\mathrm{T}}W^{\mathrm{T}}) \\
&\quad + \lambda\mathrm{Tr}(H^{\mathrm{T}}L_H H) + \mu\mathrm{Tr}(W^{\mathrm{T}}L_W W).
\end{aligned}$$

设 α, β, τ, Γ 和 Θ 分别为对应约束条件 $W \geqslant 0$, $H \geqslant 0$, $S \geqslant 0$, $W^{\mathrm{T}}W = I$ 和 $H^{\mathrm{T}}H = I$ 的拉格朗日乘子. 则上述模型的拉格朗日函数为

$$L_T = J_{\mathrm{ODGNMTF}} + \mathrm{Tr}(\alpha^{\mathrm{T}}W) + \mathrm{Tr}(\beta^{\mathrm{T}}H) + \mathrm{Tr}(\tau^{\mathrm{T}}S)$$
$$+ \mathrm{Tr}(\Gamma(W^{\mathrm{T}}W - I)) + \mathrm{Tr}(\Theta(H^{\mathrm{T}}H - I)).$$

注意到

$$\frac{\partial L_T}{\partial S} = -2W^{\mathrm{T}}XH + 2W^{\mathrm{T}}WSH^{\mathrm{T}}H + 2\tau.$$

则由 KKT 条件中的 $\tau_{lh}S_{lh} = 0$ 可得

$$(-W^{\mathrm{T}}XH + W^{\mathrm{T}}WSH^{\mathrm{T}}H + \tau)_{lh}S_{lh} = 0.$$

因此导出 S 的更新公式:

$$S_{lh} \leftarrow S_{lh}\frac{(W^{\mathrm{T}}XH)_{lh}}{(W^{\mathrm{T}}WSH^{\mathrm{T}}H)_{lh}}. \tag{5.21}$$

类似地,

$$\frac{\partial L_T}{\partial W} = -2XHS^{\mathrm{T}} + 2WSH^{\mathrm{T}}HS^{\mathrm{T}} + 2\mu L_W W + 2W\Gamma + \alpha, \tag{5.22}$$

且 $\Gamma \in R^{r \times r}$ 满足

$$(-XHS^{\mathrm{T}} + WSH^{\mathrm{T}}HS^{\mathrm{T}} + \mu L_W W + W\Gamma)_{il}W_{il} = 0$$
$$\Longrightarrow (-SH^{\mathrm{T}}X^{\mathrm{T}}W + SH^{\mathrm{T}}HS^{\mathrm{T}} + \mu W^{\mathrm{T}}L_W W + \Gamma^T)_{ll} = 0$$
$$\Longleftrightarrow \Gamma_{ll} = \Gamma_{ll}^{\mathrm{T}} = (SH^{\mathrm{T}}X^{\mathrm{T}}W - SH^{\mathrm{T}}HS^{\mathrm{T}} - \mu W^{\mathrm{T}}L_W W)_{ll},$$

由梯度条件的零值可得

$$\Gamma_{ll'} = (SH^{\mathrm{T}}X^{\mathrm{T}}W - SH^{\mathrm{T}}HS^{\mathrm{T}} - \mu W^{\mathrm{T}}L_W W)_{ll'}, \quad l \neq l'.$$

进而得到

$$\Gamma = SH^{\mathrm{T}}X^{\mathrm{T}}W - SH^{\mathrm{T}}HS^{\mathrm{T}} - \mu W^{\mathrm{T}}L_W W. \tag{5.23}$$

其次, 由 KKT 条件中的 $\alpha_{il}W_{il} = 0$, 可得

$$(-XHS^{\mathrm{T}} + WSH^{\mathrm{T}}HS^{\mathrm{T}} + \mu L_W W + W\Gamma)_{il}W_{il} = 0.$$

由此可得因子矩阵 W 的迭代公式为

$$W_{il} \leftarrow W_{il}\frac{(XHS^{\mathrm{T}} + \mu(G_W W + WW^{\mathrm{T}}D_W W))_{il}}{(WSH^{\mathrm{T}}X^{\mathrm{T}}W + \mu(D_W W + WW^{\mathrm{T}}G_W W))_{il}}, \tag{5.24}$$

其中 L_W 被 $D_W - G_W$ 所替代.

注 5.4　由 Stiefel 等式 (5.9), J_{ODGNMTF} 在 Stiefel 流形 $\{W|W^{\text{T}}W = I\}$ 上的真实梯度信息为

$$\widehat{\nabla_W} J_T = \nabla_W J_T - W(\nabla_W J_T)^{\text{T}} W$$

$$= -2XHS^{\text{T}} + 2\mu(I - WW^{\text{T}})L_W W + 2WSH^{\text{T}}X^{\text{T}}W.$$

显然, 只要我们将 (5.23) 式中的 Γ 代入 (5.22), 便可得到

$$\widehat{\nabla_W} J_T = \frac{\partial L_T}{\partial W}.$$

这说明, 迭代公式 (5.24) 保证了因子矩阵 W 的正交性约束.

最后, 我们讨论因子矩阵 H 的迭代公式. 同样地,

$$\frac{\partial L_T}{\partial H} = -2X^{\text{T}}WS + 2HS^{\text{T}}W^{\text{T}}WS + 2\lambda L_H H + 2H\Theta + \beta,$$

以及拉格朗日乘子矩阵 $\Theta \in R^{c \times c}$ 满足

$$(-X^{\text{T}}WS + HS^{\text{T}}W^{\text{T}}WS + \lambda L_H H + H\Theta)_{jh} H_{jh} = 0$$

$$\Longrightarrow (-S^{\text{T}}W^{\text{T}}XH + S^{\text{T}}W^{\text{T}}WS + \lambda H^{\text{T}}L_H H + \Theta^{\text{T}})_{hh} = 0$$

$$\Longleftrightarrow \Theta_{hh} = \Theta_{hh}^{\text{T}} = (S^{\text{T}}W^{\text{T}}XH - S^{\text{T}}W^{\text{T}}WS - \lambda H^{\text{T}}L_H H)_{hh}.$$

当 $h \neq h'$ 时,

$$\Theta_{hh'} = (S^{\text{T}}W^{\text{T}}XH - S^{\text{T}}W^{\text{T}}WS - \lambda H^{\text{T}}L_H H)_{hh'}.$$

因此,

$$\Theta = S^{\text{T}}W^{\text{T}}XH - S^{\text{T}}W^{\text{T}}WS - \lambda H^{\text{T}}L_H H.$$

由 $\beta_{jh} H_{jh} = 0$, 可得

$$(-X^{\text{T}}WS + HS^{\text{T}}W^{\text{T}}WS + \lambda L_H H + H\Theta)_{jh} H_{jh} = 0.$$

故因子矩阵 H 的迭代公式为

$$H_{jh} \leftarrow H_{jh} \frac{(X^{\text{T}}WS + \lambda(G_H H + HH^{\text{T}}D_H H))_{jh}}{(HS^{\text{T}}W^{\text{T}}XH + \lambda(D_H H + HH^{\text{T}}G_H H))_{jh}}. \tag{5.25}$$

注 5.5　由 Stiefel 等式 (5.9), J_{ODGNMTF} 在 Stiefel 流形 $\{H|H^{\text{T}}H = I\}$ 上的真实梯度信息为

$$\widehat{\nabla_H} J_T = \nabla_H J_T - H(\nabla_H J_T)^{\text{T}} H$$

$$= -2X^{\mathrm{T}}WS + 2\lambda(I - HH^{\mathrm{T}})L_H H + 2HS^{\mathrm{T}}W^{\mathrm{T}}XH,$$

我们可以证明

$$\widehat{\nabla_H} J_T = \frac{\partial L_T}{\partial H}.$$

这也说明, 迭代公式 (5.25) 保证了因子矩阵 H 的正交性约束.

基于上述准备, 我们下面叙述求解模型 (5.20) 的一类高效算法.

算法 5.2　ODGNMTF

步 1: 给定非负矩阵 $X \in R_+^{m \times n}$, 样本数据点聚类数 c, 特征聚类数 r, 正则参数 $\lambda, \mu \geqslant 0$, 以及最大迭代次数 T.

步 2: 随机初始化因子矩阵 $W^t \in R_+^{m \times r}$, $S^t \in R_+^{r \times c}$ 和 $H^t \in R_+^{n \times c}$, 并令 $t := 0$.

步 3: 若终止条件满足或 $t = T$, 则转到步 8. 否则转到步 4.

步 4: 根据公式 (5.21) 更新 S^{t+1}.

步 5: 根据公式 (5.24) 更新 W^{t+1}.

步 6: 根据公式 (5.25) 更新 H^{t+1}.

步 7: 令 $t := t + 1$, 转到步 3.

步 8: 输出矩阵 $W^t \in R_+^{m \times r}$, $S^t \in R_+^{r \times c}$ 和 $H^t \in R_+^{n \times c}$.

算法的步 3 中的终止条件与算法 5.1 相同. 此外, 对比算法 5.1 和算法 5.2, 我们不难发现算法 5.2 中, 样本数据点聚类数 c 不一定要等于特征聚类数 r, 这使得算法 5.2 可以尝试不同的聚类方案, 特别是用于处理单词-文本数据的情形 (Gu and Zhou, 2009; Ding et al., 2006; Yoo and Choi, 2010).

定义 $OT_1 = \|X - WSH^{\mathrm{T}}\|_F^2 + \lambda\mathrm{Tr}(H^{\mathrm{T}}L_H H) + \mu\mathrm{Tr}(W^{\mathrm{T}}L_W W)$, 我们可以证明如下结论.

定理 5.2　分别应用公式 (5.21), (5.24) 和 (5.25) 更新因子矩阵 S, W 和 H. 该乘法更新策略提供了一种自动步长的梯度下降方法来求解如下优化问题:

$$\begin{aligned} \min \quad & OT_1 \\ \mathrm{s.t.} \quad & W^{\mathrm{T}}W = I, H^{\mathrm{T}}H = I. \end{aligned}$$

证明　为证明所需结论, 我们只要把 (5.21), (5.24), (5.25) 做如下改写即可:

$$S_{lh} \leftarrow S_{lh} + \rho_{lh}\frac{\partial OT_1}{\partial S_{lh}},$$

$$W_{il} \leftarrow W_{il} + \delta_{il}\frac{\partial OT_1}{\partial W_{il}},$$

$$H_{jl} \leftarrow H_{jh} + \eta_{jh} \frac{\partial OT_1}{\partial H_{jh}},$$

其中

$$\rho_{lh} = -\frac{S_{lh}}{2(W^{\mathrm{T}}WSH^{\mathrm{T}}H)_{lh}},$$

$$\delta_{il} = -\frac{W_{il}}{2(WH^{\mathrm{T}}X^{\mathrm{T}}W + \mu(D_W W + WW^{\mathrm{T}}G_W W))_{il}},$$

$$\eta_{jh} = -\frac{H_{jl}}{2(HW^{\mathrm{T}}XH + \lambda(D_H H + HH^{\mathrm{T}}G_H H))_{jl}}, \qquad \square$$

5.5   收敛性分析

本节将研究算法 5.1 和算法 5.2 的收敛性.

因为模型 (5.12) 和 (5.20) 的目标函数有下界 0, 所以我们只需证明模型 (5.12) 的目标函数值关于更新步骤 (5.18) 和 (5.19) 是非增的 (或者单调减的), 以及模型 (5.20) 的目标函数值关于更新步骤 (5.21), (5.24) 和 (5.25) 是非增的 (或者单调减的).

为此, 首先叙述如下概念.

定义 5.1   设 $F: R^{v \times \omega} \to R$ 为给定函数. 若函数 $G: R^{v \times \omega} \times R^{v \times \omega} \to R$ 满足下列条件:

$$G(V, V) = F(V), \quad G(V, U) \geqslant F(V), \quad \forall V, U \in R^{v \times \omega},$$

便称 G 为 F 的辅助函数.

首先证明下述结论.

引理 5.1   设 G 为 F 的辅助函数. 令矩阵序列 $\{V^t\}_{t=0}^{+\infty}$ 由下述迭代公式产生:

$$V^{t+1} = \arg \min_{V \in R^{v \times \omega}} G(V, V^t).$$

则 $F: R^{v \times \omega} \to R$ 关于 $\{V^t\}_{t=0}^{+\infty}$ 是非增的.

证明   显然, 下述不等式成立:

$$F(V^{t+1}) = G(V^{t+1}, V^{t+1}) \leqslant G(V^{t+1}, V^t) \leqslant G(V^t, V^t) = F(V^t). \qquad \square$$

由引理 5.1 可知, 当且仅当 V^t 是 $G(V, V^t)$ 局部极小值点时, 等式 $F(V^{t+1}) = F(V^t)$ 成立. 且当 F 在 V^t 的一个小邻域内是连续可微时, 一阶最优条件 $\nabla F(V^t) = 0$ 成立.

5.5.1 算法 5.1 的收敛性分析

接下来, 我们将说明, 乘法更新公式 (5.18) 和 (5.19) 就是满足引理 5.1 的辅助函数的迭代公式.

首先, 令 $F_{W_{il}}$ 和 $F_{H_{jl}}$ 分别表示目标函数 (5.26) 中与元素 W_{il} 和 H_{jl} 相关的部分.

$$
\begin{aligned}
J_{\text{ODGNMF}} = {} & \|X - WH^{\mathrm{T}}\|_F^2 + \lambda \mathrm{Tr}(H^{\mathrm{T}} L_H H) + \mu \mathrm{Tr}(W^{\mathrm{T}} L_W W) \\
& + \mathrm{Tr}(\Gamma(W^{\mathrm{T}} W - I)) + \mathrm{Tr}(\Theta(H^{\mathrm{T}} H - I)).
\end{aligned} \tag{5.26}
$$

则有

$$
F'_{W_{il}} = \left(\frac{\partial J_{\text{ODGNMF}}}{\partial W} \right)_{il} = 2(-XH + WH^{\mathrm{T}}H + \mu L_W W + W\Gamma)_{il},
$$

$$
F''_{W_{il}} = 2\left((H^{\mathrm{T}}H)_{ll} + \mu(L_W)_{ii} + (\Gamma)_{ll} \right),
$$

且

$$
F'_{H_{jl}} = \left(\frac{\partial J_{\text{ODGNMF}}}{\partial H} \right)_{jl} = 2(-X^{\mathrm{T}}W + HW^{\mathrm{T}}W + \lambda L_H H + H\Theta)_{jl},
$$

$$
F''_{H_{jl}} = 2\left((W^{\mathrm{T}}W)_{ll} + \lambda(L_H)_{jj} + (\Theta)_{ll} \right).
$$

因为更新公式 (5.18) 和 (5.19) 本质上是针对元素而言的, 所以我们只需分别证明 $F_{W_{il}}$ 和 $F_{H_{jl}}$ 相对于公式 (5.18) 产生的序列 $\{W_{il}^t\}_{t=0}^{+\infty}$ 和公式 (5.19) 产生的序列 $\{H_{jl}^t\}_{t=0}^{+\infty}$ 是非增的 (单调递减的).

定义

$$
\begin{aligned}
GW(W_{il}, W_{il}^t) = {} & F_{W_{il}}(W_{il}^t) + F'_{W_{il}}(W_{il}^t)(W_{il} - W_{il}^t) \\
& + \frac{(W^t H^{\mathrm{T}} H + \mu D_W W^t + W^t \Gamma^1)_{il}}{W_{il}^t}(W_{il} - W_{il}^t)^2,
\end{aligned} \tag{5.27}
$$

且

$$
\begin{aligned}
GH(H_{jl}, H_{jl}^t) = {} & F_{H_{jl}}(H_{jl}^t) + F'_{H_{jl}}(H_{jl}^t)(H_{jl} - H_{jl}^t) \\
& + \frac{(H^t W^{\mathrm{T}} W + \lambda D_H H^t + H^t \Theta^1)_{jl}}{H_{jl}^t}(H_{jl} - H_{jl}^t)^2,
\end{aligned} \tag{5.28}
$$

其中

$$
\begin{cases}
\Gamma^1 = \Gamma + \Gamma^2 = H^{\mathrm{T}} X^{\mathrm{T}} W^t + \mu(W^t)^{\mathrm{T}} G_W W^t - H^{\mathrm{T}}H, \\
\Gamma^2 = \mu(W^t)^{\mathrm{T}} D_W W^t \geqslant 0,
\end{cases}
$$

并且

$$
\begin{cases}
\Theta^1 = \Theta + \Theta^2 = W^{\mathrm{T}} X H^t + \lambda (H^t)^{\mathrm{T}} G_H H^t - W^{\mathrm{T}} W, \\
\Theta^2 = \lambda (H^t)^{\mathrm{T}} D_H H^t \geqslant 0.
\end{cases}
$$

由此可以证明下述结论成立.

引理 5.2　函数 $GW(W_{il}, W_{il}^t)$ 和 $GH(H_{jl}, H_{jl}^t)$ 分别是 $F_{W_{il}}$ 和 $F_{H_{jl}}$ 的辅助函数.

证明　首先, 由 $F_{W_{il}}(W_{il})$ 和 $F_{H_{jl}}(H_{jl})$ 的泰勒展开公式可得

$$
\begin{aligned}
F_{W_{il}}(W_{il}) = {} & F_{W_{il}}(W_{il}^t) + F_{W_{il}}'(W_{il}^t)(W_{il} - W_{il}^t) \\
& + ((H^{\mathrm{T}} H)_{ll} + \mu (L_W)_{ii} + (\Gamma)_{ll})(W_{il} - W_{il}^t)^2,
\end{aligned}
$$

以及

$$
\begin{aligned}
F_{H_{jl}}(H_{jl}) = {} & F_{H_{jl}}(H_{jl}^t) + F_{H_{jl}}'(H_{jl}^t)(H_{jl} - H_{jl}^t) \\
& + ((W^{\mathrm{T}} W)_{ll} + \lambda (L_H)_{jj} + (\Theta)_{ll})(H_{jl} - H_{jl}^t)^2.
\end{aligned}
$$

下面, 要证 $GW(W_{il}, W_{il}^t) \geqslant F_{W_{il}}(W_{il})$ 和 $GH(H_{jl}, H_{jl}^t) \geqslant F_{H_{jl}}(H_{jl})$, 等价于证明

$$
\frac{(W^t H^{\mathrm{T}} H + \mu D_W W^t + W^t \Gamma^1)_{il}}{W_{il}^t} \geqslant (H^{\mathrm{T}} H)_{ll} + \mu (L_W)_{ii} + (\Gamma)_{ll} \tag{5.29}
$$

和

$$
\frac{(H^t W^{\mathrm{T}} W + \lambda D_H H^t + H^t \Theta^1)_{jl}}{H_{jl}^t} \geqslant (W^{\mathrm{T}} W)_{ll} + \lambda (L_H)_{jj} + (\Theta)_{ll}. \tag{5.30}
$$

因为

$$
\begin{cases}
(W^t H^{\mathrm{T}} H)_{il} = \displaystyle\sum_{\omega=1}^{r} W_{i\omega}^t (H^{\mathrm{T}} H)_{\omega l} \geqslant W_{il}^t (H^{\mathrm{T}} H)_{ll}, \\
(D_W W^t)_{il} = \displaystyle\sum_{v=1}^{m} (D_W)_{iv} W_{vl}^t \geqslant (D_W)_{ii} W_{il}^t \geqslant (D_W - G_W)_{ii} W_{il}^t = (L_W)_{ii} W_{il}^t, \\
(W^t \Gamma^1)_{il} = \displaystyle\sum_{\omega=1}^{r} W_{i\omega}^t (\Gamma^1)_{\omega l} \geqslant W_{il}^t (\Gamma^1)_{ll} \geqslant W_{il}^t (\Gamma^1 - \Gamma^2)_{ll} = W_{il}^t (\Gamma)_{ll}
\end{cases}
$$

且

$$
\begin{cases}
(H^tW^{\mathrm{T}}W)_{jl} = \sum_{\omega=1}^{r} H^t_{j\omega}(W^{\mathrm{T}}W)_{\omega l} \geqslant H^t_{jl}(W^{\mathrm{T}}W)_{ll}, \\[2mm]
(D_HH^t)_{jl} = \sum_{\upsilon=1}^{n} (D_H)_{j\upsilon}H^t_{\upsilon l} \geqslant (D_H)_{jj}H^t_{jl} \geqslant (D_H - G_H)_{jj}H^t_{jl} = (L_H)_{jj}H^t_{jl}, \\[2mm]
(H^t\Theta^1)_{jl} = \sum_{\omega=1}^{r} H^t_{j\omega}(\Theta^1)_{\omega l} \geqslant H^t_{jl}(\Theta^1)_{ll} \geqslant H^t_{jl}(\Theta^1 - \Theta^2)_{ll} = H^t_{jl}(\Theta)_{ll},
\end{cases}
$$

所以不等式 (5.29) 和 (5.30) 成立. 因此

$$
GW(W_{il}, W^t_{il}) \geqslant F_{W_{il}}(W_{il}), \quad GH(H_{jl}, H^t_{jl}) \geqslant F_{H_{jl}}(H_{jl}).
$$

由定义可以得到 $GW(W_{il}, W^t_{il}) = F_{W_{il}}(W_{il})$ 和 $GH(H_{jl}, H^t_{jl}) = F_{H_{jl}}(H_{jl})$. 因此 $GW(W_{il}, W^t_{il})$ 和 $GH(H_{jl}, H^t_{jl})$ 分别是 $F_{W_{il}}$ 和 $F_{H_{jl}}$ 的辅助函数. $\qquad\square$

基于上述准备, 我们现在叙述本节最重要的结论之一.

定理 5.3   给定矩阵 $X \in R^{m \times n}_+$, $W^0 \in R^{m \times r}_+$ 和 $H^0 \in R^{n \times r}_+$, 目标函数 (5.26) 关于迭代公式 (5.18) 和 (5.19) 所产生的矩阵序列 $\{W^t, H^t\}^{+\infty}_{t=0}$ 非增. 换而言之, 迭代公式 (5.18) 和 (5.19) 是收敛的.

证明   由引理 5.2 可知

$$
\begin{aligned}
W^{t+1}_{il} &= \arg\min_{W_{il} \in R} GW(W_{il}, W^t_{il}) \\
&= W^t_{il} - W^t_{il} \frac{F'_{W_{il}}(W^t_{il})}{2(W^tH^{\mathrm{T}}H + \mu D_W W^t + W^t\Gamma^1)_{il}} \\
&= W^t_{il} \frac{(XH + \mu(G_W W^t + W^t(W^t)^{\mathrm{T}} D_W W^t))_{il}}{(W^tH^{\mathrm{T}}XW^t + \mu(D_W W^t + W^t(W^t)^{\mathrm{T}} G_W W^t))_{il}}
\end{aligned}
$$

且有

$$
\begin{aligned}
H^{t+1}_{jl} &= \arg\min_{H_{jl} \in R} GH(H_{jl}, H^t_{jl}) \\
&= H^t_{jl} - H^t_{jl} \frac{F'_{H_{jl}}(H^t_{jl})}{2(H^tW^{\mathrm{T}}W + \lambda D_H H^t + H^t\Theta^1)_{jl}} \\
&= H^t_{jl} \frac{(X^{\mathrm{T}}W + \lambda(G_H H^t + H^t(H^t)^{\mathrm{T}} D_H H^t))_{jl}}{(H^tW^{\mathrm{T}}XH^t + \lambda(D_H H^t + H^t(H^t)^{T} G_H H^t))_{jl}}.
\end{aligned}
$$

又因为目标函数 J_{ODGNMF} 有下界, 结合引理 5.1 可知: 迭代公式 (5.18) 和 (5.19) 是收敛的. $\qquad\square$

5.5.2　算法 5.2 的收敛性分析

类似于算法 5.1, 现在证明迭代公式 (5.21), (5.24) 和 (5.25) 就是满足引理 5.1 的辅助函数的迭代公式.

首先, 令 $FT_{W_{il}}$ 和 $FT_{H_{jh}}$ 分别表示 (5.31) 中目标函数 J_{ODGNMTF} 与元素 W_{il} 和 H_{jh} 相关的部分.

$$J_{\text{ODGNMTF}} = \|X - WSH^{\mathrm{T}}\|_F^2 + \lambda \mathrm{Tr}(H^{\mathrm{T}} L_H H) + \mu \mathrm{Tr}(W^{\mathrm{T}} L_W W)$$
$$+ \mathrm{Tr}(\Gamma(W^{\mathrm{T}} W - I)) + \mathrm{Tr}(\Theta(H^{\mathrm{T}} H - I)). \tag{5.31}$$

可得

$$FT'_{W_{il}} = \left(\frac{\partial J_{\text{ODGNMTF}}}{\partial W}\right)_{il} = 2(-XHS^{\mathrm{T}} + WSH^{\mathrm{T}}HS^{\mathrm{T}} + \mu L_W W + W\Gamma)_{il},$$

$$FT''_{W_{il}} = 2[(SH^{\mathrm{T}}HS^{\mathrm{T}})_{ll} + \mu(L_W)_{ii} + (\Gamma)_{ll}],$$

以及

$$FT'_{H_{jh}} = \left(\frac{\partial J_{\text{ODGNMTF}}}{\partial H}\right)_{jh} = 2(-X^{\mathrm{T}}WS + HS^{\mathrm{T}}W^{\mathrm{T}}WS + \lambda L_H H + H\Theta)_{jh},$$

$$FT''_{H_{jh}} = 2[(S^{\mathrm{T}}W^{\mathrm{T}}WS)_{hh} + \lambda(L_H)_{jj} + (\Theta)_{hh}].$$

因为更新公式 (5.24) 和 (5.25) 本质上是针对元素而言的, 所以我们只需分别证明 $FT_{W_{il}}$ 和 $FT_{H_{jh}}$ 相对于公式 (5.24) 产生的序列 $\{W_{il}^t\}_{t=0}^{+\infty}$ 和公式 (5.25) 产生的序列 $\{H_{jh}^t\}_{t=0}^{+\infty}$ 是非增的.

定义

$$GTW(W_{il}, W_{il}^t) = FT_{W_{il}}(W_{il}^t) + FT'_{W_{il}}(W_{il}^t)(W_{il} - W_{il}^t)$$
$$+ \frac{(W^t SH^{\mathrm{T}}HS^{\mathrm{T}} + \mu D_W W^t + W^t \Gamma^1)_{il}}{W_{il}^t}(W_{il} - W_{il}^t)^2, \quad (5.32)$$

且

$$GTH(H_{jh}, H_{jh}^t) = FT_{H_{jh}}(H_{jh}^t) + FT'_{H_{jh}}(H_{jh}^t)(H_{jh} - H_{jh}^t)$$
$$+ \frac{(H^t S^{\mathrm{T}}W^{\mathrm{T}}WS + \lambda D_H H^t + H^t \Theta^1)_{jh}}{H_{jh}^t}(H_{jh} - H_{jh}^t)^2, \quad (5.33)$$

其中

$$\begin{cases} \Gamma^1 = \Gamma + \Gamma^2 = SH^{\mathrm{T}}X^{\mathrm{T}}W^t + \mu(W^t)^{\mathrm{T}}G_W W^t - SH^{\mathrm{T}}HS^{\mathrm{T}}, \\ \Gamma^2 = \mu(W^t)^{\mathrm{T}}D_W W^t \geqslant 0 \end{cases}$$

且

$$\begin{cases} \Theta^1 = \Theta + \Theta^2 = S^{\mathrm{T}} W^{\mathrm{T}} X H^t + \lambda (H^t)^{\mathrm{T}} G_H H^t - S^{\mathrm{T}} W^{\mathrm{T}} W S, \\ \Theta^2 = \lambda (H^t)^{\mathrm{T}} D_H H^t \geqslant 0. \end{cases}$$

我们证明以下结论成立.

引理 5.3 $GTW(W_{il}, W_{il}^t)$ 和 $GTH(H_{jh}, H_{jh}^t)$ 分别为 $FT_{W_{il}}$ 和 $FT_{H_{jh}}$ 的辅助函数.

证明 $FT_{W_{il}}(W_{il})$ 和 $FT_{H_{jh}}(H_{jh})$ 的泰勒展开公式表明

$$\begin{aligned} FT_{W_{il}}(W_{il}) = {}& FT_{W_{il}}(W_{il}^t) + FT'_{W_{il}}(W_{il}^t)(W_{il} - W_{il}^t) \\ & + ((SH^{\mathrm{T}} H S^{\mathrm{T}})_{ll} + \mu (L_W)_{ii} + (\Gamma)_{ll})(W_{il} - W_{il}^t)^2, \end{aligned}$$

且有

$$\begin{aligned} FT_{H_{jh}}(H_{jh}) = {}& FT_{H_{jh}}(H_{jh}^t) + FT'_{H_{jh}}(H_{jh}^t)(H_{jh} - H_{jh}^t) \\ & + ((S^{\mathrm{T}} W^{\mathrm{T}} W S)_{hh} + \lambda (L_H)_{jj} + (\Theta)_{hh})(H_{jh} - H_{jh}^t)^2. \end{aligned}$$

则证明 $GTW(W_{il}, W_{il}^t) \geqslant FT_{W_{il}}(W_{il})$ 和 $GTH(H_{jh}, H_{jh}^t) \geqslant FT_{H_{jh}}(H_{jh})$ 等价于证明

$$\frac{(W^t S H^{\mathrm{T}} H S^{\mathrm{T}} + \mu D_W W^t + W^t \Gamma^1)_{il}}{W_{il}^t} \geqslant (S H^{\mathrm{T}} H S^{\mathrm{T}})_{ll} + \mu (L_W)_{ii} + (\Gamma)_{ll}$$

及

$$\frac{(H^t S^{\mathrm{T}} W^{\mathrm{T}} W S + \lambda D_H H^t + H^t \Theta^1)_{jh}}{H_{jh}^t} \geqslant (S^{\mathrm{T}} W^{\mathrm{T}} W S)_{hh} + \lambda (L_H)_{jj} + (\Theta)_{hh}.$$

又因为

$$\begin{cases} (W^t S H^{\mathrm{T}} H S^{\mathrm{T}})_{il} = \sum_{\omega=1}^{r} W_{i\omega}^t (S H^{\mathrm{T}} H S^{\mathrm{T}})_{\omega l} \geqslant W_{il}^t (S H^{\mathrm{T}} H S^{\mathrm{T}})_{ll}, \\ (D_W W^t)_{il} = \sum_{\upsilon=1}^{m} (D_W)_{i\upsilon} W_{\upsilon l}^t \geqslant (D_W)_{ii} W_{il}^t \geqslant (D_W - G_W)_{ii} W_{il}^t = (L_W)_{ii} W_{il}^t, \\ (W^t \Gamma^1)_{il} = \sum_{\omega=1}^{r} W_{i\omega}^t (\Gamma^1)_{\omega l} \geqslant W_{il}^t (\Gamma^1)_{ll} \geqslant W_{il}^t (\Gamma^1 - \Gamma^2)_{ll} = W_{il}^t (\Gamma)_{ll}, \end{cases}$$

且有

$$
\begin{cases}
\left(H^t S^{\mathrm{T}} W^{\mathrm{T}} W S\right)_{jh} = \displaystyle\sum_{\omega=1}^{c} H^t_{j\omega} (S^{\mathrm{T}} W^{\mathrm{T}} W S)_{\omega h} \geqslant H^t_{jh} (S^{\mathrm{T}} W^{\mathrm{T}} W S)_{hh}, \\[3mm]
(D_H H^t)_{jh} = \displaystyle\sum_{v=1}^{n} (D_H)_{jv} H^t_{vh} \geqslant (D_H)_{jj} H^t_{jh} \geqslant (D_H - G_H)_{jj} H^t_{jh} = (L_H)_{jj} H^t_{jh}, \\[3mm]
(H^t \Theta^1)_{jh} = \displaystyle\sum_{\omega=1}^{c} H^t_{j\omega} (\Theta^1)_{\omega h} \geqslant H^t_{jh} (\Theta^1)_{hh} \geqslant H^t_{jh} (\Theta^1 - \Theta^2)_{hh} = H^t_{jh} (\Theta)_{hh},
\end{cases}
$$

可得

$$
GTW(W_{il}, W^t_{il}) \geqslant FT_{W_{il}}(W_{il}), \quad GTH(H_{jh}, H^t_{jh}) \geqslant FT_{H_{jh}}(H_{jh}).
$$

这意味着 $GTW(W_{il}, W_{il}) = FT_{W_{il}}(W_{il})$ 和 $GTH(H_{jh}, H_{jh}) = FT_{H_{jh}}(H_{jh})$. 因此, $GTW(W_{il}, W^t_{il})$ 和 $GTH(H_{jh}, H^t_{jh})$ 分别是 $FT_{W_{il}}$ 和 $FT_{H_{jh}}$ 的辅助函数. □

参考 (Shang et al., 2012), 可以证明

$$
\begin{aligned}
GTS(S_{lh}, S^t_{lh}) = {} & FT_{S_{lh}}(S^t_{lh}) + FT'_{S_{lh}}(S^t_{lh})(S_{lh} - S^t_{lh}) \\
& + \frac{(W^{\mathrm{T}} W S^t H^{\mathrm{T}} H)_{lh}}{S^t_{lh}} (S_{lh} - S^t_{lh})^2
\end{aligned}
$$

是 $F_{S_{lh}}$ 的辅助函数, 且函数 $F_{S_{lh}}$ 是 (5.31) 中目标函数关于 S_{lh} 的部分.

综上, 我们叙述本章另一个重要的结论.

定理 5.4 给定矩阵 $X \in R_+^{m \times n}$, $W^0 \in R_+^{m \times r}$, $S^0 \in R_+^{r \times c}$ 和 $H^0 \in R_+^{n \times c}$, (5.31) 中目标函数关于迭代公式 (5.21), (5.24) 和 (5.25) 产生的矩阵序列是非增的. 这也说明了, 这三个迭代公式的收敛性.

证明 引理 5.3 表明

$$
\begin{aligned}
W^{t+1}_{il} = {} & \arg \min_{W_{il} \in R} GTW(W_{il}, W^t_{il}) \\
= {} & W^t_{il} - W^t_{il} \frac{FT'_{W_{il}}(W^t_{il})}{2(W^t S H^{\mathrm{T}} H S^{\mathrm{T}} + \mu D_W W^t + W^t \Gamma^1)_{il}} \\
= {} & W^t_{il} \frac{(X H S^{\mathrm{T}} + \mu(G_W W^t + W^t (W^t)^{\mathrm{T}} D_W W^t))_{il}}{(W^t S H^{\mathrm{T}} X^{\mathrm{T}} W^t + \mu(D_W W^t + W^t (W^t)^{\mathrm{T}} G_W W^t))_{il}},
\end{aligned}
$$

$$H_{jh}^{t+1} = \arg \min_{H_{jh} \in R} GTH(H_{jh}, H_{jh}^t)$$

$$= H_{jh}^t - H_{jh}^t \frac{FT'_{H_{jh}}(H_{jh}^t)}{2(H^t S^{\mathrm{T}} W^{\mathrm{T}} W S + \lambda D_H H^t + H^t \Theta^1)_{jh}}$$

$$= H_{jh}^t \frac{(X^{\mathrm{T}} W S + \lambda(G_H H^t + H^t (H^t)^{\mathrm{T}} D_H H^t))_{jh}}{(H^t S^{\mathrm{T}} W^{\mathrm{T}} X H^t + \lambda(D_H H^t + H^t (H^t)^{\mathrm{T}} G_H H^t))_{jh}}$$

且

$$S_{lh}^{t+1} = \arg \min_{S_{lh} \in R} GTS(S_{lh}, S_{lh}^t)$$

$$= S_{lh}^t - S_{lh}^t \frac{FT'_{S_{lh}}(S_{lh}^t)}{2(W^{\mathrm{T}} W S^t H^{\mathrm{T}} H)_{lh}}$$

$$= S_{lh}^t \frac{(W^{\mathrm{T}} X H)_{lh}}{(W^{\mathrm{T}} W S^t H^{\mathrm{T}} H)_{lh}}.$$

又因为 (5.31) 中的目标函数 J_{ODGNMTF} 有下界以及引理 5.1, 所以三个迭代公式 (5.21), (5.24) 和 (5.25) 都是收敛的.　　　　　　　　　　　　　　　□

5.5.3 算法的复杂度分析

本节最后来分析算法 5.1 和算法 5.2 的计算复杂度.

首先, 我们令 O 表示由基本算数运算所带来的计算复杂度 (包括加法、乘法、除法, 它们由浮点数计算). 接着, 定义 m 为特征个数, n 为样本数据点个数, r 为特征的聚类数, c 为样本数据点的聚类数, k 为最近邻数. 则算法 5.1 在每次迭代计算所需的基本算法运算为:

- 加法: $2nmr + (m^2 + n^2)(3r - 1) + (m + n)(2r^2 - r + rk) - 2r^2$.
- 乘法: $2nmr + (m^2 + n^2)3r + (m + n)(2r^2 + 2r + rk)$.
- 除法: $(n + m)r$.
- 总体: $O((mn + m^2 + n^2)r)$.

其中由于 XH, WW^{T}, $G_W W$, $D_W W$, $X^{\mathrm{T}} W$, HH^{T}, $G_H H$ 和 $D_H H$ 的重复性, 我们只需计算一遍.

此外, k 最近邻图的计算复杂度为 $O(n^2 m + nm^2)$. 因此, 如果算法 5.1 在第 t 次迭代终止, 则它总的计算复杂度为 $O(t(mn + m^2 + n^2)r + n^2 m + nm^2)$.

相似地, 算法 5.2 在每次迭代中所需的计算复杂度为:

- 加法: $3nmr + 3nrc + m^2(3r - 1) + n^2(3c - 1) + (k - 1)(mr + nc) + r^2(3m - 2) + c^2(3n - 2) + rc^2 + r^2 c - 3nr - 3rc$.
- 乘法: $3nmr + 3ncr + r^2(3m + c) + c^2(3n + r) + r(2m + 3m^2) + c(2n + 3n^2) + k(rm + cn) + rc$.

- 除法: $nc + mr + rc$.
- 总体: $O((mn + m^2 + n^2)(c + r))$.

因为若算法 5.2 第 t 次迭代终止, 则总的计算复杂度为 $O(t(mn + m^2 + n^2)(c + r) + n^2m + nm^2)$. 当 $r = c$ 时, 它与算法 5.1 相同.

5.6　数值性能测试

本节将应用算法 5.1 和算法 5.2 挖掘一系列数据集以检验它们的数值表现, 并关注它们在鲁棒性、灵敏性以及稀疏性等方面的性能.

本节所有的数值实验都是在电脑软件 MATLAB 2016b 上执行. 电脑参数为: Windows 10 系统, CPU 2.40 GHz, 8G 运行内存.

为了保证因子矩阵 W 和 H 的唯一性, 当算法 5.1 和算法 5.2 终止时, 我们标准化因子矩阵 W 每一列列向量的范数, 即

$$W_{il} \leftarrow \frac{W_{il}}{\sqrt{\sum_i W_{il}^2}}. \tag{5.34}$$

然后, 计算相应的因子矩阵 H

$$H_{jl} \leftarrow H_{jl} \sqrt{\sum_i W_{il}^2}. \tag{5.35}$$

5.6.1　随机生成人工数据集上的表现

尽管 NMF 提供了大量关于聚类问题的建模方法以及算法设计, 但是研究表明, 如果我们单单只是考虑最小化矩阵的重构误差, 往往很难获得一个很好的聚类表现. 因此, 针对不同的聚类性能要求, 研究人员提出了很多新的约束条件来改善 NMF 方法的聚类性能.

下面, 通过随机生成的数据集来形象地展示不同约束对 NMF 方法数值表现的影响. 首先, 为了保证实验的有效性, 我们选择经典 NMF 方法 (5.1) 作为对照组. 接着, 我们在对照组的基础之上, 通过对因子矩阵 H 附加不同的约束条件, 得到了三个实验组: (1) 考虑了数据流形内在几何结构的 NMF 方法 (即 GNMF (5.3)); (2) 考虑了因子矩阵 H 正交性约束的 NMF 方法 (称作 ONMF-H); (3) 同时考虑了数据流形内在几何结构和因子矩阵 H 正交性约束的 NMF 方法 (称作 ODGNMF-H).

为了方便理解, 我们将上述四个 NMF 方法的具体模型和算法归纳如下:

(1) 经典 NMF 优化模型为 (5.1), 对应的迭代公式为 (5.2).

(2) GNMF 的优化模型为 (5.3), 对应的迭代公式为 (5.5).

(3) ONMF-H 的优化模型为

$$\min_{W,H} \quad J_{\text{ONMF-H}} = \sum_{i=1}^{n} \|X - WH^{\mathrm{T}}\|_F^2$$
$$\text{s.t.} \quad W, H \geqslant 0, H^{\mathrm{T}}H = I,$$

对应的迭代公式为

$$W_{il} \leftarrow W_{il} \frac{(XH)_{il}}{(WH^{\mathrm{T}}H)_{il}}, \quad H_{jl} \leftarrow H_{jl} \frac{(X^{\mathrm{T}}W)_{jl}}{(HW^{\mathrm{T}}XH)_{jl}}.$$

(4) ODGNMF-H 的优化模型为

$$\min \quad J_{\text{ODGNMF-H}} = \|X - WH^{\mathrm{T}}\|_F^2 + \lambda \mathrm{Tr}(H^{\mathrm{T}}L_H H)$$
$$\text{s.t.} \quad W, H \geqslant 0, H^{\mathrm{T}}H = I,$$

对应的迭代公式为

$$W_{il} \leftarrow W_{il} \frac{(XH)_{il}}{(WH^{\mathrm{T}}H)_{il}}, \quad H_{jl} \leftarrow H_{jl} \frac{(X^{\mathrm{T}}W + \lambda(G_H H + HH^{\mathrm{T}}D_H H))_{jl}}{(HW^{\mathrm{T}}XH + \lambda(D_H H + HH^{\mathrm{T}}G_H H))_{jl}}.$$

上述算法的参数设置为

$$T_{\max} = 500, \quad k = 5, \quad \lambda_{\text{GNMF}} = \lambda_{\text{ODGNMF-H}} = 10,$$
$$\beta = 10^{-1}, \quad W^0 = \text{rand}(2,3), \quad H^0 = \text{rand}(1800,3).$$

为了分析比较各方法的差异, 首先在平面上选择三个不同的中心: $(1.5, 7)$, $(9, 9)$ 和 $(7, 1.5)$. 接着对于每一个中心, 随机生成 600 个带有标准正态分布扰动的数据点. 因此得到了一个输入数据矩阵 $X \in R_+^{2 \times 1800}$. 最后使用上述五个方法聚类这组随机数据. 具体结果如图 5.2 所示, 其中四类不同线形分别表示通过上述算法获得的基向量的方向 (即因子矩阵 W 的每一列列向量).

关于给定的数据集, 图 5.2 中的结果表明:

• 经典 NMF 方法勉强发现了第一类和第三类数据集的类中心, 但是未能找到第二类数据集的类中心.

• ONMF-H 方法准确地挖掘出第二类数据集的类中心, 对于第一类和第三类数据集类中心的识别略有误差.

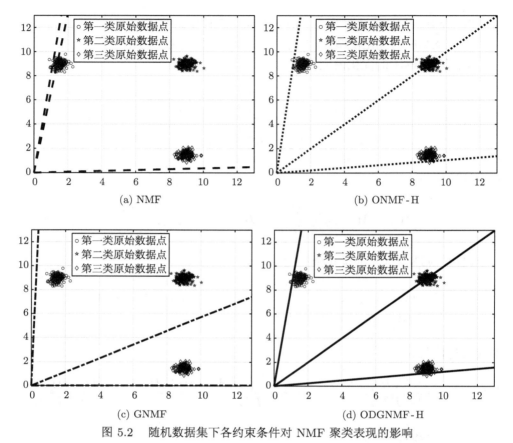

图 5.2　随机数据集下各约束条件对 NMF 聚类表现的影响

• GNMF 方法基本挖掘出了三个数据集的类中心, 但精确度很低.

• 与 ONMF-H 方法相同, ODGNMF-H 也基本正确地找到这三类数据集的类中心.

因此, 我们可得到如下结论:

(1) 在单边聚类问题上, 不管是数据流形的几何结构约束, 还是因子矩阵 H 的正交性约束, 它们都能对 NMF 的聚类性能带来不少的提升.

(2) 在只考虑样本数据点聚类问题时 (即单边聚类问题上), 因子矩阵 H 的正交性约束要比稀疏性约束和数据流形的几何结构约束更能提升 NMF 的聚类表现.

(3) 我们的算法 (ODGNMF-H) 在低维数单边聚类问题方面, 具有不错的表现.

5.6.2 公共数据集上的表现

接下来, 比较算法 5.1 和算法 5.2 与其他七个最先进的 NMF 算法在三大知名公共数据集 (ORL 图像库、UMIST 人脸数据库、JAFFE 表情数据库) 上的聚类表现. 这三个数据集的详细信息如下:

- **ORL** 这个数据集来自

http://www.cad.zju.edu.cn/home/dengcai/Data/FaceData.html.

它包含了 40 个不同对象的面部图像, 每个对象包含 10 张不同的图像. 这些图像被拍摄于不同的时间、不同的角度、不同的面部表情和装扮. 每张图像的尺寸都被裁剪为 32×32 像素, 每个像素有 256 个灰度级别.

- **UMIST** 这个数据集来自

https://see.xidian.edu.cn/vipsl/database_Face.html#UMIST.

它由 UMIST 大学创建, 包含 20 个不同对象的 575 张图像. 每个对象涵盖从侧面到正面的一系列姿势, 以及一系列的人种族、性别和外表. 每张图像的尺寸都被裁剪为 32×32 像素, 每个像素有 256 个灰度级别.

- **JAFFE** 这个数据集来自

https://www.kasrl.org/jaffe.html.

它包含 10 个不同日本女性的 7 种面部表情 (愤怒、厌恶、恐惧、快乐、悲伤、惊喜、中立) 的 213 张图像. 每张图像的寸尺度都被裁剪为 64×64 像素, 每个像素有 256 个灰度级别.

这三大知名公共数据集中最重要的信息总结于表 5.2.

表 5.2 三大公共数据集的重要信息

名称	样本数 (n)	特征数 (m)	类别数 (c)
ORL	400	1024	40
UMIST	575	1024	20
JAFFE	213	4096	10

为了了解所比较的 9 种方法的优劣, 我们下面对它们进行详细的说明, 并给定相关的算法参数.

(1) **ONMF 和 ONMTF (Yoo and Choi, 2010)** 正交非负矩阵分解和正交非负矩阵三因子分解, 它们直接利用目标函数在 Stiefel 流形上的真实梯度信息来构建算法. 为了方便叙述, 我们将它们缩写为 "O" 和 "OT".

(2) **DRCC (Gu and Zhou, 2009)** 对偶正则协同聚类算法, 其在非负矩阵分解的基础之上将数据空间中内在的数据流形和特征流形的几何结构纳入模型之中, 并放宽了因子矩阵 S 的非负约束. 针对本实验中的三个数据集, 我们根据

文献 (Shang et al., 2012), 设置正则参数 $\lambda = \mu = 100$. 为了方便叙述, 我们将它缩写为 "CC".

(3) **DNMF 和 DNMTF (Shang et al., 2012)**　图对偶正则非负矩阵分解和图对偶正则非负矩阵三因子分解, 它们同时考虑了数据空间中内在的数据流形和特征流形的几何结构. 类似于 DRCC, 正则参数 $\lambda = \mu = 100$. 为了方便叙述, 我们将它们缩写为 "D" 和 "DT".

(4) **SDGNMF (Sun et al., 2018)**　稀疏对偶图正则非负矩阵分解算法, 该算法是基于 DNMF 的半监督学习算法, 其不仅对因子矩阵 W 施加稀疏约束, 而且将标签信息作为附加约束整合到模型之中. 根据文献 (Sun et al., 2018), 我们设置正则参数为 $\lambda(\mu) = 100$, $\beta = 0.6$ 关于 ORL 数据集, $\beta = 0.5$ 关于其他数据集. 此外, 为了更好地揭示正交约束和稀疏约束对模型性能的影响, 我们取消其在所有数据集上的标签信息. 为简单起见, SDGNMF 缩写为 "SD".

(5) **SNCP (Wang et al., 2019)**　序列非凸罚函数逼近算法, 其通过将因子矩阵 H 正交约束转化为一组基于范数的非凸等式约束来进行求解. 针对本实验中的三个数据集, 我们根据文献 (Wang et al., 2019), 设置算法参数 $\rho = 10^{-8}$, $\gamma = 1.1$, $\epsilon = 10^{-2}$, $c^t = 1.1\|W^{t\mathrm{T}}W^t\|$ 以及 $t^t = 1.1\|H^tH^{t\mathrm{T}}\|$. 为了方便叙述, 我们将它缩写为 "SN".

(6) 为了方便叙述, 我们将算法 5.1 和算法 5.2 缩写为 "OD" 和 "ODT".

(7) 上述算法所需其他参数值均设置为对应文献的阈值.

为了确保上述算法比较的公平性和有效性, 我们将采用以下策略.

● 输入数据矩阵 X 等于三个公共数据集的原始图像数据. 初始矩阵 W^0, S^0 和 H^0 的矩阵元素均服从 0 到 1 之间的均匀分布.

● 凡是涉及拉普拉斯图矩阵的地方, 我们均采用 0-1 度量规则的 k 最近邻图来构造邻接矩阵, 即 (5.10) 和 (5.11). 此外, 根据文献 (Gu and Zhou, 2009; Shang et al., 2012; Sun et al., 2018), k 最近邻图的 k 在 ORL 数据集中被设置为 4, 在 UMIST 和 JAFFE 数据集中被设置为 5. 显然, 关于算法 5.1 和算法 5.2, 最优的 k 应该通过分析其对不同数据集的敏感性来得到.

● 对于全部的算法, 样本数据的聚类数 c 以及特征的聚类数 r 均等于数据集真实的类别数, 且最大的迭代次数被设置为 500.

● 对于算法 5.1 和算法 5.2, 我们通过搜索网格 $10^{\{-4,\cdots,4\}}$ 来设置它们正则参数 λ 和 μ.

此外, 我们还需要规定每一个样本数据点的类别标签判定依据. 正如文献 (Yoo and Choi, 2010; Gaussier and Goutte, 2005; Ding et al., 2008) 所示, 因子矩阵的概率分布为 NMF 方法的聚类应用提供了理论支持, 因此我们定义样本数据点的分类依据如下.

对于公式 (5.34) 和 (5.35) 标准化后的结果, 样本数据点 $x_v \in \{x_1, \cdots, x_n\}$ 被分配到第 c^* 类的依据为

$$c^* = \arg \max_{\omega \in \{1,\cdots,n\}} \left\{ \frac{H_{v\omega} \sqrt{\sum_i W_{i\omega}^2}}{\sum_l H_{vl} \sqrt{\sum_i W_{il}^2}} \right\}. \tag{5.36}$$

换而言之, 公式 (5.36) 是一个分类质量的度量. 此外, 为了更好地判别分类结果的好坏, 参考文献 (Cai et al., 2005), 我们选择聚类精确度 (ACC) 和归一化互信息 (NMI) 作为判断上述算法聚类结果好坏的评价指标.

最后, 对于上述算法, 我们执行 20 次独立的实验, 并分别将每个算法在三大公共数据集上的平均结果汇总到表 5.3—表 5.5. 为了更好地分析, 我们对最好的结果做了特殊标记.

表 5.3　各算法在数据集 ORL 的数值表现

c		O	OT	CC	D	DT	SD	SN	OD	ODT
5	ACC	0.916	0.706	0.716	0.911	0.82	0.911	0.711	<u>0.94</u>	0.71
	NMI	0.9082	0.6561	0.6468	0.9099	0.8015	0.9099	0.7137	<u>0.9413</u>	0.6599
10	ACC	0.8165	0.605	0.501	0.778	0.635	0.7795	0.2225	<u>0.8565</u>	0.6065
	NMI	0.8347	0.6402	0.5127	0.8218	0.6837	0.8233	0.3177	<u>0.8822</u>	0.6341
15	ACC	0.6773	0.506	0.3903	0.6403	0.4917	0.64	0.015	<u>0.7423</u>	0.5067
	NMI	0.7532	0.5954	0.4658	0.7302	0.5991	0.7303	0.0258	<u>0.8156</u>	0.5969
20	ACC	0.634	0.4893	0.3598	0.5793	0.4393	0.5793	—	<u>0.6885</u>	0.489
	NMI	0.7362	0.6178	0.4823	0.7093	0.5838	0.7097	—	<u>0.7952</u>	0.615
25	ACC	0.5762	0.4444	0.3364	0.559	0.4092	0.5596	—	<u>0.6536</u>	0.4446
	NMI	0.71	0.5998	0.4896	0.712	0.5824	0.7125	—	<u>0.7824</u>	0.5995
30	ACC	0.5218	0.4097	0.3023	0.5248	0.3607	0.5258	—	<u>0.584</u>	0.4103
	NMI	0.6794	0.5847	0.4836	0.6932	0.5608	0.6944	—	<u>0.748</u>	0.5849
35	ACC	0.4823	0.3666	0.3051	0.4827	0.3289	0.4839	—	<u>0.528</u>	0.368
	NMI	0.6655	0.5642	0.5031	0.6664	0.5428	0.6672	—	<u>0.7176</u>	0.5632
40	ACC	0.4409	0.3358	0.2771	0.4479	0.2981	0.4486	0.0286	<u>0.4771</u>	0.3351
	NMI	0.6444	0.5508	0.4978	0.6496	0.5243	0.6504	0.0729	<u>0.6852</u>	0.5499
平均	ACC	0.6331	0.4829	0.3985	0.6154	0.4729	0.616	0.1221	<u>0.6838</u>	0.4838
	NMI	0.7415	0.6011	0.5102	0.7366	0.6098	0.7372	0.1413	<u>0.7959</u>	0.6004

表 5.4　各算法在数据集 UMIST 的数值表现

c		O	OT	CC	D	DT	SD	SN	OD	ODT
4	ACC	0.7188	0.6559	0.6911	0.7094	0.7243	0.7094	0.6515	**0.7693**	0.6436
	NMI	0.5387	0.4963	0.5301	0.5347	0.5628	0.5347	0.499	**0.6485**	0.4754
6	ACC	0.6971	0.5727	0.5677	0.6808	0.6183	0.6811	0.5451	**0.7148**	0.5724
	NMI	0.6078	0.5051	0.4383	0.5967	0.5357	0.5973	0.454	**0.6686**	0.5018
8	ACC	0.622	0.5718	0.5224	0.5896	0.5918	0.5893	0.4513	**0.6527**	0.5722
	NMI	0.5857	0.5459	0.4369	0.5316	0.543	0.5323	0.3792	**0.6496**	0.5476
10	ACC	0.5928	0.5367	0.4432	0.5541	0.5514	0.5543	0.3909	**0.6177**	0.5308
	NMI	0.5947	0.5567	0.3997	0.5611	0.5506	0.5618	0.3664	**0.6576**	0.5511
12	ACC	0.543	0.4899	0.4069	0.5196	0.4884	0.5198	0.39	**0.5994**	0.4871
	NMI	0.5589	0.5378	0.3765	0.5512	0.5119	0.5513	0.4035	**0.6482**	0.5364
14	ACC	0.5209	0.4799	0.3518	0.4776	0.4613	0.4779	0.3286	**0.5679**	0.4804
	NMI	0.5733	0.5571	0.3463	0.5418	0.5131	0.5422	0.3874	**0.656**	0.5569
16	ACC	0.4748	0.4378	0.3146	0.4371	0.4164	0.4375	0.308	**0.526**	0.4292
	NMI	0.55	0.5305	0.3314	0.5249	0.497	0.5249	0.3969	**0.6281**	0.5261
18	ACC	0.4427	0.4407	0.3024	0.4187	0.4049	0.4191	0.1304	**0.5051**	0.4343
	NMI	0.529	0.5561	0.3301	0.5244	0.4975	0.525	0.1757	**0.6299**	0.5514
20	ACC	0.4229	0.4087	0.286	0.3937	0.3747	0.3942	—	**0.4937**	0.4089
	NMI	0.5285	0.5393	0.3303	0.5107	0.479	0.5111	—	**0.6282**	0.5365
平均	ACC	0.5594	0.5105	0.4318	0.5312	0.5146	0.5314	0.3551	**0.6052**	0.5065
	NMI	0.563	0.5361	0.3911	0.5419	0.5212	0.5423	0.3402	**0.6461**	0.5315

表 5.5　各算法在数据集 JAFFE 的数值表现

c		O	OT	CC	D	DT	SD	SN	OD	ODT
2	ACC	0.9233	0.6344	0.6022	0.9311	0.8967	0.9311	0.7211	**0.9878**	0.6211
	NMI	0.6277	0.1356	0.0687	0.654	0.5764	0.654	0.3283	**0.9607**	0.1139
4	ACC	0.807	0.5587	0.539	0.6837	0.6733	0.6831	0.5477	**0.9105**	0.543
	NMI	0.638	0.354	0.2957	0.4966	0.4657	0.496	0.3922	**0.8084**	0.337
6	ACC	0.5646	0.528	0.4346	0.5335	0.5697	0.5343	0.5197	**0.7638**	0.5169
	NMI	0.4771	0.4188	0.2766	0.428	0.473	0.428	0.4807	**0.7162**	0.4109
8	ACC	0.4904	0.4354	0.3374	0.4275	0.445	0.4269	0.3731	**0.5711**	0.4363
	NMI	0.4557	0.3951	0.2326	0.3629	0.3885	0.3626	0.3498	**0.5732**	0.3963
10	ACC	0.4502	0.4124	0.3035	0.4223	0.3937	0.4221	0.2336	**0.5401**	0.4157
	NMI	0.4273	0.4044	0.2466	0.4046	0.366	0.4047	0.2361	**0.5535**	0.4025
平均	ACC	0.6471	0.5138	0.4433	0.5996	0.5957	0.5995	0.479	**0.7547**	0.5066
	NMI	0.5252	0.3416	0.224	0.4692	0.4539	0.4691	0.3574	**0.7224**	0.3321

根据表 5.3—表 5.5 中显示的结果, 我们可以得到:

(1) DRCC 算法的表现略差于其他考虑数据空间内在几何结构信息的算法 (DNMTF 和 ODGNMTF). 事实上, 半非负矩阵三因子分解虽然通过放宽因子矩阵 S 的非负约束, 以使得其能应用于更一般的数据, 但这也降低了其分解非负数据的能力. 特别地, 这类方法并不适合那些高维数且通常比球面高斯环境要复杂得多的图像数据 (Shang et al., 2012).

(2) 相比于其他带有正交约束的 NMF 算法 (ONMF 和 ODGNMF), SNCP 在这三个数据集上的表现相当不稳定, 具体请看表 5.3 和表 5.4. 换而言之, 相比于基于乘法更新 (MU) 规则的 NMF, 基于交替非负最小二乘 (ANLS) 框架的 NMF 对算法参数和输入数据更为敏感. 实际上, 基于 ANLS 的 NMF 算法很容易在线搜索过程中陷入一个狭窄的曲线谷附近 (Huang et al., 2018).

(3) 正交非负 (三因子) 矩阵分解算法 (ONMF 和 ONMTF) 的聚类表现与图正则非负矩阵 (三因子) 分解算法 (DNMF 和 DNMTF) 的聚类表现十分接近, 这侧面说明了因子矩阵的正交约束与内在的数据流形结构在提高 NMF 聚类性能方面具有相近的效果.

(4) 对于我们给定的三个公共数据集, NMF 型算法的聚类表现要优于 NMTF 型算法, 这暗示了因子矩阵 S 所提供的额外自由度在某些情况下不能一定提高算法的聚类性能. 因此, 这也激励我们在未来研究更高效的 NMTF 型算法.

(5) 就评价指标 ACC 和 NMI 而言, 我们的算法 5.1 在与 DNMF 和 ONMF 的比较中展现出了压倒性的优势, 这说明算法 5.1 在求解聚类问题方面具有不错效率.

(6) 通过比较 ACC 和 NMI 的值, 我们发现算法 5.1 和算法 5.2 要优于那些只考虑正交约束、流形结构约束或稀疏性约束的算法. 这从侧面说明了我们的算法 5.1 和算法 5.2 已经成功地整合了正交约束和几何结构的优点, 能够更好地学习基于部分的数据集表示.

5.6.3 噪声鲁棒性讨论

现在, 我们通过应用上述算法聚类带有椒盐噪声 (SP) 的三大公共数据, 进而讨论它们的鲁棒性. 作为一种常见的污染图像方法, 椒盐噪声通常很难被完全剔除 (He et al., 2020).

为了更好地研究上述算法的鲁棒性, 我们将损坏像素的百分比从 0% 变到 50%, 具体请看图 5.3. 然后运用上述算法来聚类这些被污染的图像.

对应这三个公共数据集的比较结果 (20 次独立运行的平均结果) 被分别呈现在表 5.6—表 5.8.

(a) SP = 0%　　(b) SP = 10%　　(c) SP = 20%　　(d) SP = 30%　　(e) SP = 40%　　(f) SP = 50%

图 5.3　被椒盐噪声所污染的图像 (污染比从 0% 到 50%)

表 5.6　各算法在数据集 ORL 上的鲁棒聚类表现

SP		O	OT	CC	D	DT	SD	SN	OD	ODT
0%	ACC	0.4463	0.3321	0.2754	0.45	0.2976	0.4508	0.0198	**0.4761**	0.3298
	NMI	0.6467	0.5465	0.4966	0.6485	0.5238	0.649	0.0477	**0.7025**	0.5452
10%	ACC	0.3181	0.2894	0.2509	0.4053	0.2816	0.406	0.0118	**0.4418**	0.2895
	NMI	0.5417	0.5049	0.4726	0.6015	0.5046	0.602	0.0284	**0.6544**	0.5047
20%	ACC	0.2449	0.2381	0.2233	0.3133	0.2363	0.3136	0.0129	**0.3665**	0.2365
	NMI	0.4717	0.4582	0.4489	0.5245	0.4598	0.5247	0.0286	**0.5733**	0.4572
30%	ACC	0.2088	0.2045	0.1991	0.2409	0.2115	0.2405	0.0078	**0.2869**	0.2045
	NMI	0.4408	0.4289	0.4269	0.4661	0.4404	0.4662	0.0162	**0.5024**	0.4275
40%	ACC	0.1879	0.1849	0.1916	0.207	0.1958	0.2068	0.0081	**0.2284**	0.1855
	NMI	0.4235	0.4138	0.4221	0.4388	0.423	0.4387	0.0167	**0.4551**	0.4121
50%	ACC	0.184	0.1811	0.1833	0.1939	0.1806	0.194	—	**0.1969**	0.1804
	NMI	0.4191	0.4066	0.4146	0.4256	0.4151	0.4256	—	**0.4318**	0.4042
平均	ACC	0.265	0.2384	0.2206	0.3017	0.2339	0.3019	0.01	**0.3328**	0.2377
	NMI	0.4906	0.4598	0.447	0.5175	0.4611	0.5177	0.0229	**0.5533**	0.4585

表 5.7　各算法在数据集 UMIST 上的鲁棒聚类表现

SP		O	OT	CC	D	DT	SD	SN	OD	ODT
0%	ACC	0.4233	0.4101	0.2843	0.3987	0.3737	0.3991	—	**0.5037**	0.408
	NMI	0.5213	0.5465	0.3349	0.513	0.4814	0.5137	—	**0.6305**	0.5402
10%	ACC	0.4045	0.409	0.3112	0.4173	0.365	0.4177	—	**0.4889**	0.3973
	NMI	0.4772	0.5195	0.3596	0.5184	0.46	0.5187	—	**0.6175**	0.5119
20%	ACC	0.3297	0.3715	0.2875	0.3846	0.3363	0.3848	—	**0.4363**	0.3659
	NMI	0.3837	0.4618	0.3317	0.4745	0.4141	0.475	—	**0.5617**	0.4547
30%	ACC	0.2657	0.2913	0.2577	0.3457	0.287	0.3451	—	**0.3661**	0.2856
	NMI	0.2943	0.3443	0.2831	0.4131	0.3399	0.4131	—	**0.4573**	0.3372
40%	ACC	0.2129	0.2186	0.2242	**0.2733**	0.2397	0.2731	—	0.2654	0.213
	NMI	0.2234	0.2355	0.2339	0.3024	0.2657	0.3022	—	**0.3169**	0.2278
50%	ACC	0.173	0.1752	0.1904	0.2143	0.1919	0.2142	—	**0.2304**	0.1724
	NMI	0.1674	0.1691	0.1861	0.2239	0.1953	0.2237	—	**0.249**	0.1664
平均	ACC	0.3015	0.3126	0.2592	0.339	0.299	0.339	—	**0.3818**	0.307
	NMI	0.3446	0.3794	0.2882	0.4076	0.3594	0.4077	—	**0.4721**	0.373

表 5.8　各算法在数据集 JAFFE 上的鲁棒聚类表现

SP		O	OT	CC	D	DT	SD	SN	OD	ODT
0%	ACC	0.458	0.4174	0.3106	0.408	0.3831	0.4077	0.2479	**0.546**	0.4169
	NMI	0.4306	0.4063	0.2453	0.3842	0.3636	0.3841	0.2797	**0.5669**	0.4046
10%	ACC	0.4364	0.3864	0.3406	0.4479	0.3721	0.4479	0.2331	**0.4862**	0.3871
	NMI	0.397	0.3681	0.2889	0.4255	0.3514	0.4253	0.2372	**0.5192**	0.3643
20%	ACC	0.4129	0.3556	0.3303	0.4387	0.3761	0.4383	0.1772	**0.4512**	0.3549
	NMI	0.3712	0.3174	0.2781	0.4173	0.3452	0.4162	0.155	**0.4731**	0.3151
30%	ACC	0.3692	0.3228	0.3575	0.4378	0.3789	0.4387	0.1608	**0.4714**	0.3207
	NMI	0.3161	0.2674	0.2919	0.4097	0.3428	0.4108	0.1204	**0.4565**	0.2631
40%	ACC	0.3061	0.2561	0.3364	0.3885	0.3352	0.389	0.1394	**0.4279**	0.2549
	NMI	0.2352	0.1763	0.2631	0.349	0.2764	0.3487	0.0937	**0.4439**	0.1762
50%	ACC	0.2641	0.2225	0.3028	0.335	0.2906	0.335	0.0695	**0.3674**	0.2232
	NMI	0.1682	0.1294	0.224	0.2752	0.2185	0.2755	0.0382	**0.3227**	0.1291
平均	ACC	0.3745	0.3268	0.3297	0.4093	0.356	0.4094	0.1713	**0.4583**	0.3263
	NMI	0.3197	0.2775	0.2652	0.3768	0.3163	0.3768	0.1541	**0.4637**	0.2754

由表 5.6—表 5.8 中的结果, 我们可知:

(1) 在 ACC 和 NMI 方面, 我们的算法 5.1 (算法 5.2) 要优于 DNMF (DN-MTF) 和 ONMF (ONMTF), 特别地, 当噪声比小于等于 30% 时这种优势特别明显. 换而言之, 我们的算法 5.1 和算法 5.2 已经成功地结合了正交约束和几何结构约束的优点.

(2) 即使三个公共数据集的噪声比在不断变化, 相比于其他算法, 我们的算法 5.1 依旧具有不错的鲁棒性.

5.6.4　参数的灵敏度分析

为了进一步验证我们算法 5.1 和算法 5.2 的鲁棒性, 我们现在研究不同的算法参数是如何影响算法的数值表现的.

在算法 5.1 和算法 5.2 中, 有三个重要参数: 最邻近图的邻居数 k 以及两个正则参数 λ 和 μ. 事实上, 当我们将算法应用到实际问题之中时, 往往很难选择到最优的算法参数. 显然, 如果一个算法对其不同参数选择不敏感, 则它被认为更鲁棒, 且更容易应用于实际之中. 根据参考文献 (Gu and Zhou, 2009; Shang et al., 2012; Sun et al., 2018), 并结合 λ 和 μ 在模型 (5.12) 和 (5.20) 中的对称性, 我们只需研究不同参数 k 和 λ 下算法 5.1 和算法 5.2 在三个公共数据集上的平均聚类表现. 数值实验结果被呈现在图 5.4—图 5.6 中.

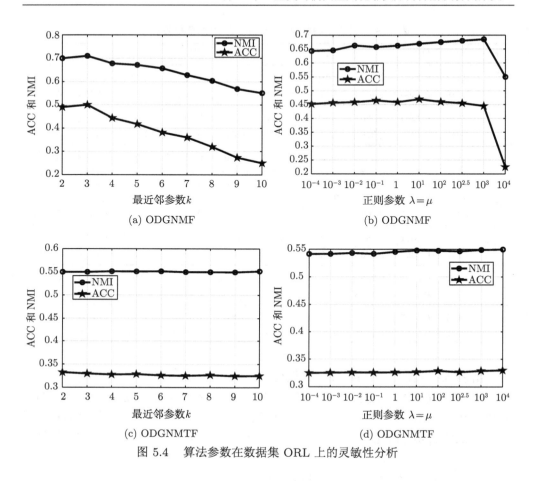

图 5.4　算法参数在数据集 ORL 上的灵敏性分析

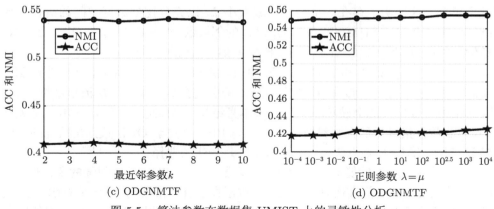

(c) ODGNMTF　　　　　　　(d) ODGNMTF

图 5.5　算法参数在数据集 UMIST 上的灵敏性分析

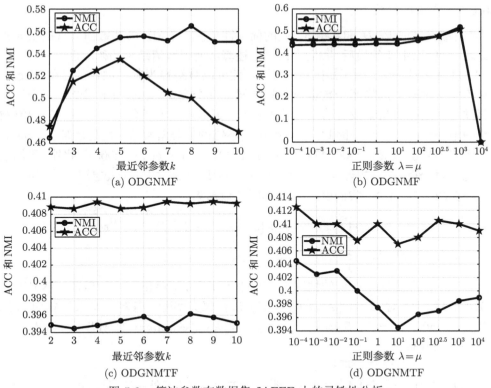

(a) ODGNMF　　　　　　　(b) ODGNMF

(c) ODGNMTF　　　　　　　(d) ODGNMTF

图 5.6　算法参数在数据集 JAFFE 上的灵敏性分析

从图 5.4—图 5.6 中数值结果, 我们不难发现:

(1) 随着邻域数 k 的不断增大, 算法 5.1 的聚类结果先是越来越好, 然后变得越来越差. 这证明了存在一个最佳邻域大小 k, 以充分挖掘数据空间的潜在流形结构. 具体地, 对于 UMIST 数据集, 最优的邻域数 $k^* = 6, 7$, 对于 ORL 数据集, 最优的邻域数 $k^* = 2, 3$, 对于 JAFFE 数据集, 最优的邻域数 $k^* = 5$.

(2) 当正则参数 λ 和 μ 在 10^2 到 10^3 间变化时, 算法 5.1 的性能达到了峰值. 换而言之, 过小的正则参数不能使算法 5.1 充分挖掘数据集的底层流形结构, 而过大的正则参数也可能会破坏 NMF 方法本身结构. 具体地 $\lambda^* = \mu^* = 10^3$ 是关于 UMIST 数据集最优的正则参数, $\lambda^* = \mu^* = 10^{2.5}$ 是关于 ORL 数据集最优的正则参数, 对于 JAFFE 数据集 $\lambda^* = \mu^* = 10^3$ 是最优的选择.

(3) 算法 5.2 的性能对于不同的算法参数 (λ, μ 和 k) 具有很强的鲁棒性. 实际上, 算法 5.2 的数值表现只在 JAFFE 数据集上有略微波动, 具体请看图 5.6. 换而言之, 在非负矩阵三因子分解算法中, 因子矩阵 S 所提供的额外自由度能减弱算法对参数的灵敏度.

5.6.5　稀疏性分析

因为系数矩阵 H 和基矩阵 W 的稀疏性是衡量 NMF 方法数值表现的重要指标之一, 所以本节的最后, 我们来讨论上述算法所得数值结果的稀疏性.

就稀疏性来说, 因子矩阵 H 的稀疏性可以被解释为其列向量的近似正交性. 它不同于硬聚类那样每个数据对象只能属于一个类别, 也不同于完全非正交聚类那样每个数据对象都没有清晰的聚类解释. 近似正交性条件使每个数据对象能被明确地分到一或多族. 因此, 它具有相当不错的聚类解释性, 尤其是对于单词-文本矩阵 (Ding et al., 2006; Yoo and Choi, 2010; Ding et al., 2005). 此外, 我们还发现在因子矩阵 H 的近似正交性条件下, NMF 具有发现异常数据点的能力.

在图 5.7 (a) 中, 我们设置 5 个不同的数据集:

$$A : \{x_1, \cdots, x_{15}\}, \quad B : \{x_{16}, x_{17}, x_{18}\}, \quad C : \{x_{19}, x_{20}\},$$
$$D : \{x_{21}, x_{22}, x_{23}\}, \quad E : \{x_{24}, \cdots, x_{38}\}.$$

然后, 在聚类数设置为 2 的情况下, 我们应用算法 (NMF, ONMF-H, GNMF 和 ODGNMF-H) 对 $X = \{A, B, C, D, E\}$ 进行聚类实验. 各算法参数设置为如下: $T_{\max} = 500$, $k = 2$, $\beta = 0.1$, $\lambda_{\text{GNMF}} = \lambda_{\text{ODGNMF-H}} = 1$, $W^0 = \text{rand}(2, 2)$, $H^0 = \text{rand}(38, 2)$.

图 5.7 中的结果表明:

(1) NMF 将集合 $\{A, B\}$ 聚为一类, $\{C, D, E\}$ 聚为另外一类, 具体参看图 5.7 (b).

(2) ONMF-H 将集合 $\{A, B\}$ 聚为一类, $\{D, E\}$ 聚为另外一类. 对于数据点 $\{x_{19}, x_{20}\}$, 我们很难明确区分它们属于哪一类, 具体参看图 5.7(c).

(3) GNMF 将 $\{A, B\}$ 视为一类, $\{C, D, E\}$ 视为另外一类, 具体参看图 5.7(d).

(4) ODGNMF-H 将 $\{A, B\}$ 视为一类, $\{D, E\}$ 为另外一类. 对于数据点 $\{x_{19}, x_{20}\}$, 基本不能定义它们到底属于哪一类, 具体参看图 5.7(e).

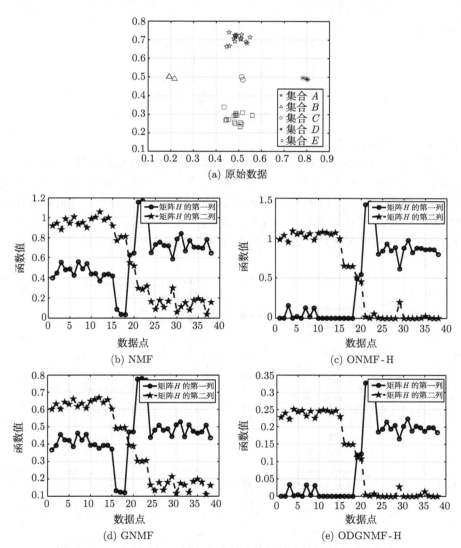

图 5.7 因子矩阵 H 近似正交性在挖掘异常数据点方面的能力

事实上, 当聚类数为 2 时, 集合 C 将被视为异常值. 显然, 只有算法 ONMF-H 和 ODGNMF-H 能准确挖掘出这个隐藏信息. 而且, ODGNMF-H 挖掘出来的信息更为清晰 (数据点 $\{x_{19}, x_{20}\}$ 在两个基上的坐标更为接近), 这意味着 ODGNMF-H 在低维数据聚类问题上具有不错的性能.

接下来, 我们将本章所比较的 9 种算法应用于三个公共数据集的聚类问题, 并给出它们系数矩阵的稀疏性 (近似正交性) 分析. 因为当聚类数等于 2 时, 公式 (5.37) 的第一种情况能给出清楚的聚类解释, 所以我们定义公式 (5.37) 为稀疏性评价指标.

$$\widetilde{c}^* = \begin{cases} \omega, & \text{若} \quad \dfrac{H_{v\omega}\sqrt{\sum_i W_{i\omega}^2}}{\sum_l H_{vl}\sqrt{\sum_i W_{il}^2}} \geqslant \dfrac{2}{3}, \\ -, & \text{否则}, \end{cases} \tag{5.37}$$

其中 "−" 代表不能聚类.

在图 5.8—图 5.10, 带有圆圈和五角星的实曲线分别表示在指标 (5.36) 下的对应不同聚类数的 ACC 值和 NMI 值. 相反, 带有圆圈和五角星的虚曲线分别表示在指标 (5.37) 下的对应不同聚类数的 ACC 值和 NMI 值. 显然如果实虚曲线之间的距离越小, 意味着更令人满意的分类判别. 特别地, 对于 ONMF, ONMTF, ODGNMF 和 ODGNMTF, 如果初始矩阵 H^0 是完全列正交的话, 实曲线将和虚曲线重合.

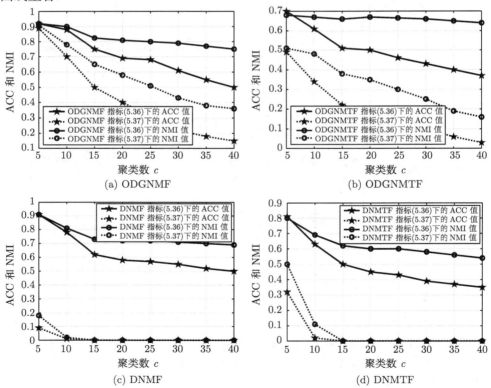

(a) ODGNMF　　　　　　　　　　　　　(b) ODGNMTF

(c) DNMF　　　　　　　　　　　　　(d) DNMTF

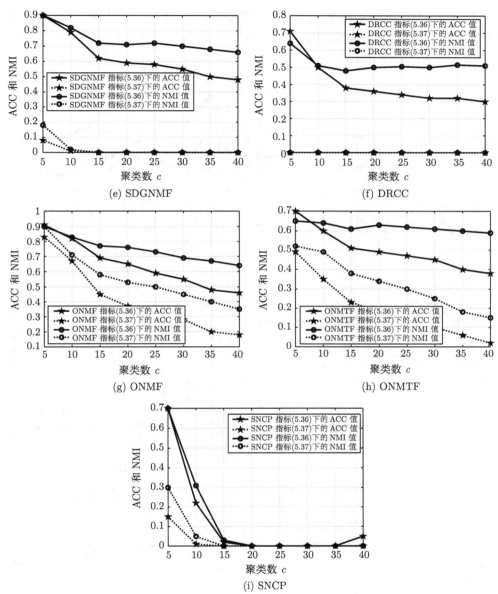

图 5.8 新基下的坐标在数据集 ORL 上的稀疏性分析

由图 5.8—图 5.10, 我们发现带有正交约束的 NMF 方法所获得实虚曲线之间距离要小于其他的 NMF 方法, 具体请看图 5.8(a), 5.8(g), 5.9(a), 5.9(g), 5.10(a) 和 5.10(g). 特别地, 当聚类数 c 较小时, 前者在这三个公共数据集上能提供更令人满意的分类判别. 换而言之, 从系数矩阵的角度来说, 在这些数据库中, 带有正交约束的 NMF 方法比其他方法具有更好的稀疏性. 此外, 不难发现, 算法 5.1 和算法 5.2 相比其他方法能提供更好的分类判别, 具体参看图 5.8(a), 5.8(b), 5.9(a), 5.9(b), 5.10(a) 和 5.10(b).

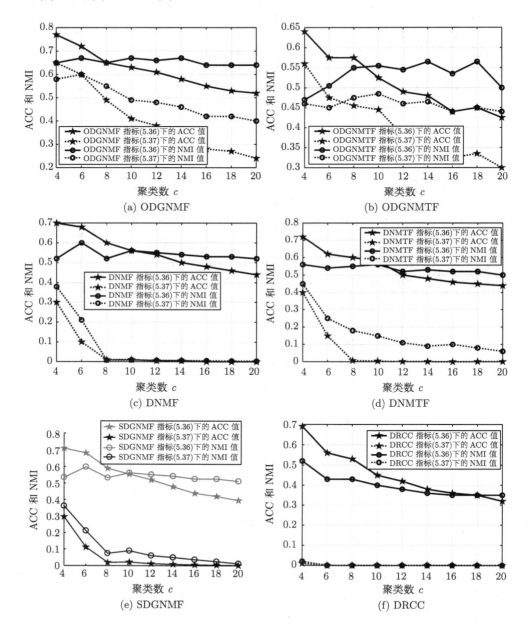

(a) ODGNMF

(b) ODGNMTF

(c) DNMF

(d) DNMTF

(e) SDGNMF

(f) DRCC

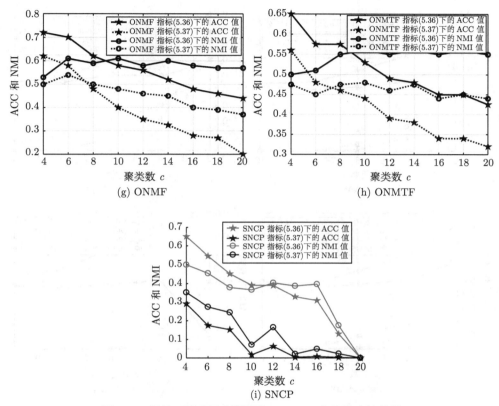

图 5.9 新基下的坐标在数据集 UMIST 上的稀疏性分析

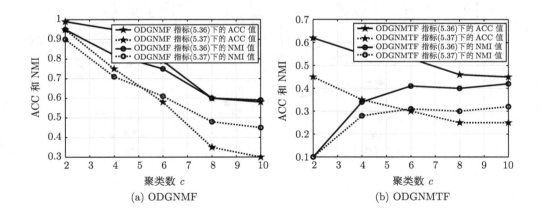

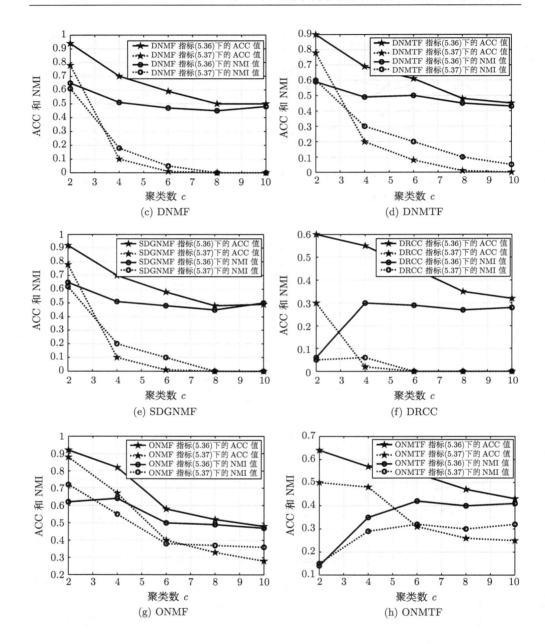

(c) DNMF

(d) DNMTF

(e) SDGNMF

(f) DRCC

(g) ONMF

(h) ONMTF

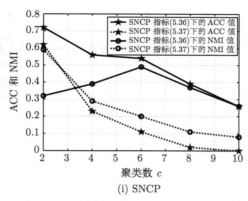

(i) SNCP

图 5.10 新基下的坐标在数据集 JAFFE 上的稀疏性分析

最后, 我们通过上述算法的数值实验结果来分析基矩阵的稀疏性. 首先, 我们通过定义基矩阵稀疏水平的评价指标:

$$S(x) = \frac{1}{n-1}\left(n - \left(\frac{\|x\|_1}{\|x\|_2}\right)^2\right),$$

其中 n 是向量 x 的维度, $S(x) \in [0,1]$, $\|\cdot\|_1$ 表示 L_1 范数, $\|\cdot\|_2$ 表示 L_2 范数 (Sun et al., 2017). 具体结果呈现于图 5.11—图 5.13.

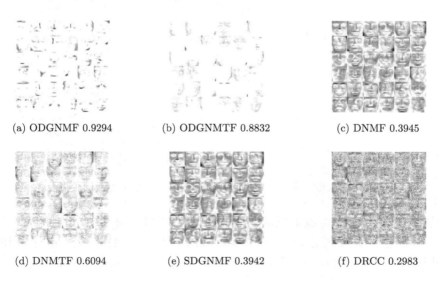

(a) ODGNMF 0.9294　　(b) ODGNMTF 0.8832　　(c) DNMF 0.3945

(d) DNMTF 0.6094　　(e) SDGNMF 0.3942　　(f) DRCC 0.2983

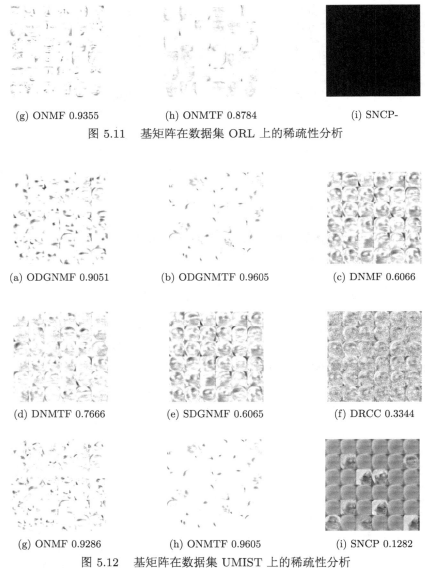

(g) ONMF 0.9355　　　　　　(h) ONMTF 0.8784　　　　　　(i) SNCP-

图 5.11　　基矩阵在数据集 ORL 上的稀疏性分析

(a) ODGNMF 0.9051　　　　　(b) ODGNMTF 0.9605　　　　　(c) DNMF 0.6066

(d) DNMTF 0.7666　　　　　　(e) SDGNMF 0.6065　　　　　　(f) DRCC 0.3344

(g) ONMF 0.9286　　　　　　(h) ONMTF 0.9605　　　　　　(i) SNCP 0.1282

图 5.12　　基矩阵在数据集 UMIST 上的稀疏性分析

从图 5.11—图 5.13，我们能清楚地看到，就基矩阵而言，带有正交约束的 NMF 方法要比其他没有考虑正交约束的 NMF 方法更为鲁棒. 特别地，算法 5.1 和算法 5.2 相比其他 NMF 方法可以提供更好的基于部件 (而非元素) 的线性表示.

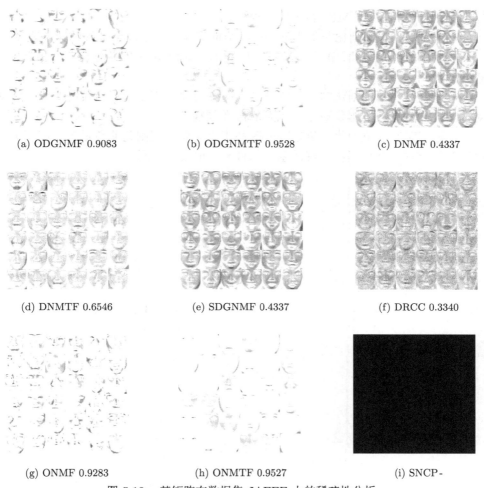

(a) ODGNMF 0.9083　　　　　(b) ODGNMTF 0.9528　　　　　(c) DNMF 0.4337

(d) DNMTF 0.6546　　　　　(e) SDGNMF 0.4337　　　　　(f) DRCC 0.3340

(g) ONMF 0.9283　　　　　(h) ONMTF 0.9527　　　　　(i) SNCP-

图 5.13　基矩阵在数据集 JAFFE 上的稀疏性分析

总　　结

　　本章提出了两种新的 NMF 优化模型, 分别称为正交对偶图正则化非负矩阵分解和正交对偶图正则化非负矩阵三因子分解. 相比于其他现有的 NMF 模型, 提出的模型能在考虑数据流形和特征流形几何结构的同时, 保证因子矩阵的正交性, 进而使得它们能获得更好的聚类表现. 此外, 还开发了两个乘法更新策略来求解所提出的模型, 并证明了算法的收敛性.

　　从计算复杂度、鲁棒性、灵敏性、稀疏性等方面出发, 通过两个随机生成数据集和三大公共数据集上的数值实验, 证明了提出的算法要远优于现有的算法. 具

体地, 相比于其他的 NMF 算法,

● 正交对偶图正则化非负矩阵分解在协同聚类问题上具有较好的数值表现.

● 就椒盐噪声而言, 正交对偶图正则化非负矩阵分解在协同聚类问题上具有较强的鲁棒性.

● 正交对偶图正则化非负矩阵分解和正交对偶图正则化非负矩阵三因子分解对于给定的数据集能提供更令人满意的分类判别.

● 正交对偶图正则化非负矩阵分解和正交对偶图正则化非负矩阵三因子分解可以为给定的大数据提供更好的基于部件特征的线性表示.

第 6 章　求解矩阵空间上界约束优化问题的新算法及应用

本章研究矩阵空间 $R^{m\times n}$ 上一类界约束优化问题. 这类问题广泛应用于大数据挖掘, 但缺乏高效的求解算法. 为了提高算法的数值效率, 本章将提出一类新型非单调线搜索规则. 该规则能够集成已有知名非单调线搜索规则的优点. 通过分析和利用该线搜索规则的良好性质, 本章将提出一种求解矩阵空间界约束优化问题的新型非单调谱投影梯度算法, 并建立该算法的全局收敛性. 数值结果将表明, 新算法在求解大量大规模基准测试问题时, 能够显著减少算法的迭代次数和线搜索中目标函数的迭代次数, 加快算法的收敛速度. 最后, 我们将研究的优化问题和开发的算法应用于解决图像聚类问题. 公开数据集上的测试结果表明我们的方法相比文献中的先进算法可以产生更好更鲁棒的聚类结果.

6.1　引　言

考虑一类矩阵空间带界约束的优化问题:

$$
\begin{aligned}
\min \quad & f(X) := \frac{1}{2}\|AX - B\|_F^2 + \alpha\Phi(X) \\
\text{s.t.} \quad & X \in \mathcal{B},
\end{aligned}
\tag{6.1}
$$

其中 $\|\cdot\|_F$ 是 Frobenius 范数, $\mathcal{B} = \{X : L \leqslant X \leqslant U\}$ 是一个关于矩阵变量 $X \in R^{m\times n}$ 的闭凸集, $L \in R^{m\times n}$ 和 $U \in R^{m\times n}$ 分别提供 X 的下界和上界, 而 $A \in R^{p\times m}$ 和 $B \in R^{p\times n}$ 都是给定的矩阵. 此外, 函数 $\Phi: R^{m\times n} \to R$ 是一阶连续可微的, 基于一个均衡参数 α, Φ 也经常被称作关于 X 的正则项. 实际上, 该模型来源于广义的 NMF 优化模型 (Cai et al., 2010; Wang et al., 2015b; Tang and Wan, 2021; Zafeiriou et al., 2006; An et al., 2011; Li et al., 2018; Huang et al., 2020), 并在大数据挖掘和聚类中得到了广泛应用. 特别地, 当 L 和 U 中的元素都分别为零和无穷大时, 模型 (6.1) 就变成了非负约束的优化问题. 当处理高维和海量数据时, 就涉及对大规模的非负矩阵进行特征提取和降维, 此时, 如何高效求解模型 (6.1) 仍然是一个挑战.

主要结果发表于 Journal of Computational and Applied Mathematics, 438(2024): 115563.

一类常用于求解模型 (6.1) 的方法是设计如下迭代公式:

$$X_{t+1} = X_t + \lambda_t D_t, \tag{6.2}$$

其中 λ_t 是需要确定的步长, D_t 是一个 (广义) 搜索方向 (矩阵), 且 $\{X_t\}$ 是一个近似解 (矩阵) 序列. 显然, 当 $n = 1$ 时, X_t 和 D_t 将缩减为 R^m 空间的向量, 而模型 (6.1) 就是 R^m 空间的常见的界约束优化问题 (Nocedal and Wright, 2006).

在标准的无约束优化中, 当搜索方向下降时, 单调的线搜索准则, 如 Armijo 线搜索 (Armijo, 1966) 和 Wolfe 线搜索 (Nocedal and Wright, 2006), 能够保证迭代点序列函数值的单调下降性. 然而, 这种单调性可能使得迭代点序列陷入狭窄弯曲的目标函数峡谷中, 从而导致单调线搜索规则的效率大大降低, 即产生小步长或者之字形的迭代点序列 (Grippo et al., 1986; Toint, 1996). 为了克服这一缺陷, 已提出很多非单调线搜索规则, 由于它们允许目标函数值在合适的迭代步中上升而跳出峡谷, 因此可能改善算法的数值性能 (Grippo et al., 1986, 1991; Toint, 1996; Dai, 2002; Zhang and Hager, 2004; Shi and Shen, 2006; Gu and Mo, 2008; Ahookhosh et al., 2012; Huang et al., 2015b; Ahookhosh and Ghaderi, 2017; Huang et al., 2018). 此外, 研究表明这些非单调线搜索规则还可以提高算法找到复杂优化问题全局最优解的可能性.

Grippo 等 (1986) 提出了第一个非单调线搜索规则, 它将 Armijo 线搜索中当前迭代点的目标函数值替换成预先选定的若干迭代点中目标函数的最大值. 接着, 他们还使用选定函数值的平均值以改进这一非单调线搜索 (Grippo et al., 1991). 然而, 这些线搜索都可能舍弃了先前迭代中所产生的好的函数值, 而且回溯步数的选定也会严重影响算法的数值性能 (Toint, 1996; Dai, 2002; Zhang and Hager, 2004). 因此为了避免这些缺点, 通过将上述目标函数的最大值替换成先前迭代中所有目标函数适当的凸组合, Zhang 和 Hager (2004) 提出了另一种非单调线搜索规则, 并引进两个线搜索参数以控制它的非单调性程度. 随后, Gu 和 Mo (2008), Ahookhosh 等 (2012) 分别提出了 Zhang-Hager 非单调线搜索的变体. 作为这种线搜索规则的重要推广, Huang 等 (2015b) 开发了一种具有类似标准 Armijo 线搜索性质的新型非单调线搜索规则, 基于谱共轭梯度方向 (Deng et al., 2013), 建立了该线搜索的全局收敛性理论. 此后, Ahookhosh 和 Ghaderi (2017) 提出了另外两种非单调线搜索规则, 定义了一种新的非单调项来替换 Zhang-Hager 线搜索中的凸组合. 类似于文献 (Grippo et al., 1991), 该非单调项被定义为先前迭代中预定数量的函数值的凸组合. 为了融合文献 (Grippo et al., 1986; Zhang and Hager, 2004; Huang et al., 2015b) 中重要的不同类型的非单调线搜索规则, Huang 等 (2018) 提出了一种新型非单调线搜索规则, 并论证了它在求解非光滑非线性方程组方面的优点. 然而, 文献 (Grippo et al., 1986, 1991; Ghalavand et al., 2021; Gu and Mo, 2008; Huang and Wan, 2017; Birgin et al., 2000; Zhao et al., 2021; Hager and Zhang, 2006b) 中已有非单调线搜索的优点都是针对 R^m 中无约束和约束优化问题进行分析的, 而不是本章所研究的 $R^{m \times n}$ 中的优化问题. 尽管有些线搜索已经成功推广于求解模型 (6.1) 特殊形式下的一些优化问题 (Han et al., 2009b; Huang et al., 2015b; Li et al., 2020, 2021), 但是研究适用于 $R^{m \times n}$ 中的新型非单调线搜索规则, 并直接用于求解类似于模型 (6.1) 的大规模优化问题显然是有价值的.

为了填补这一研究空白, 我们尝试开发更高效的算法来求解模型 (6.1). 具体地, 我们需要解决以下问题:

(1) 为了求解类似于模型 (6.1) 的光滑优化问题, 如何提出一个能够包含已有方法优点的线搜索规则?

(2) 基于新型线搜索规则, 怎样开发一个能够直接求解模型 (6.1) 的高效算法?

(3) 怎样建立新算法的收敛性理论?

(4) 与文献中已有的先进研究成果相比, 无论从理论或数值性能的角度分析, 所提出线搜索策略和基于该策略开发的算法的优势是什么?

因此, 本章的主要研究内容的创新点有:

(1) 提出了一个新策略来设计新的非单调线搜索规则, 使其能够结合文献中著名非单调线搜索规则的优点, 避免它们的缺点. 理论上证明了我们的规则是适定的, 且文献中其他的规则都是它的特例.

(2) 为了求解模型 (6.1), 我们在所提出线搜索策略的基础上开发了一种新算法, 叫做非单调谱投影梯度算法. 在一个常用的假设下, 我们分析了线搜索具有的良好性质, 并证明了算法的全局收敛性.

(3) 为了验证所提出线搜索的优势, 我们为模型 (6.1) 设计了基准测试问题, 求解了四种常用的 NMF 问题.

(4) 通过大量的数值实验验证了我们算法的数值效率, 与其他相似的算法相比, 我们的线搜索可以减少算法的迭代次数和函数值的计算次数, 进而加快算法的收敛速度, 提高算法的数值效率.

6.2 矩阵空间中相关的非单调线搜索规则

为了方便比较我们的线搜索和其他线搜索, 本节我们将文献中的相关知名非单调线搜索规则在矩阵空间 $R^{m \times n}$ 中进行改写, 并总结它们的优缺点.

在迭代算法中, 一个重要的任务就是找到可接受的步长, 并通过迭代公式 (6.2) 来找到模型 (6.1) 的解. 在矩阵空间 $R^{m \times n}$ 中, 我们将文献 (Grippo et al., 1986)

中的首个非单调线搜索规则改写为

$$f(X_t + \lambda_t D_t) \leqslant \max_{0 \leqslant j \leqslant m(t)} f(X_{t-j}) + \delta\lambda_t \langle \nabla f(X_t), D_t \rangle, \tag{6.3}$$

其中 $\langle \cdot, \cdot \rangle$ 表示矩阵的内积, $\delta \in (0, 1)$ 是一个常数, 对于任意的正整数 $t \geqslant 1$, 有 $0 \leqslant m(t) \leqslant \min\{m(t-1)+1, M\}$, $m(0) = 0$ 且 $M \geqslant 1$ 是一个正整数, 则 $m(t)+1$ 是在第 t 次迭代中需要的已知函数值的数量. 此外, λ_t 满足不等式 (6.3) 且是集合 $\{s, s\rho, \cdots\}$ 中的最大值, 此时 $s > 0$, $\rho \in (0, 1)$. 显然基于该规则, $f(X_{t+1})$ 可能大于 $f(X_t)$.

为了克服 (6.3) 中由最大值函数引起的一些不足, 著名的 Zhang-Hager 非单调线搜索规则由文献 (Zhang and Hager, 2004) 中提出. 现将其在矩阵空间 $R^{m \times n}$ 中改写为

$$f(X_t + \lambda_t D_t) \leqslant C_t + \delta\lambda_t \langle \nabla f(X_t), D_t \rangle, \tag{6.4}$$

其中

$$\begin{cases} C_t = \dfrac{\eta_{t-1}Q_{t-1}C_{t-1} + f(X_t)}{Q_t}, \\ Q_t = \eta_{t-1}Q_{t-1} + 1, \end{cases} \tag{6.5}$$

对任意的 $t \geqslant 1$, $C_0 = f(X_0)$, $Q_0 = 1$, $\eta_{t-1} \in [\eta_{\min}, \eta_{\max}]$, $0 < \eta_{\min} \leqslant \eta_{\max} < 1$. 此外, 文献 (Zhang and Hager, 2004) 证明了由 (6.4) 产生的序列 $\{C_t\}$ 是单调下降的.

作为上述 Zhang-Hager 线搜索规则的一个重要变体, Gu 和 Mo (2008) 也提出了一种知名非单调线搜索规则. 在矩阵空间该线搜索可改写为

$$f(X_t + \lambda_t D_t) \leqslant T_t + \delta\lambda_t \langle \nabla f(X_t), D_t \rangle, \tag{6.6}$$

其中

$$T_t = f(X_t) + \eta_{t-1}(T_{t-1} - f(X_t)) \tag{6.7}$$

且 $T_0 = f(X_0)$. 尽管 C_t 和 T_t 都是所有先前函数值的凸组合, 但是与 (6.5) 定义的 C_t 不同, (6.7) 定义的 T_t 在每次迭代中都避免了 Q_t 的计算. 因此不同于 (6.4) 需要两个参数 η_t 和 Q_t 来控制线搜索规则的非单调性, (6.6) 只依赖一个非单调性参数 η_t. 此外, 该线搜索规则得到的序列 $\{T_t\}$ 也是单调下降的.

根据经典 Armijo 单调线搜索的基本格式和性质, Huang 等 (2015b) 提出了另外一种非单调线搜索规则, 它在 $R^{m \times n}$ 中的形式如下:

$$C_{t+1} = \frac{\eta_t Q_t C_t + f(X_t + \lambda_t D_t)}{Q_{t+1}} \leqslant C_t + \delta_t\lambda_t \langle \nabla f(X_t), D_t \rangle, \tag{6.8}$$

其中 $0 < \delta_{\min} < (1 - \eta_{\max})\delta_{\max}$, 且 $\delta_{\min} \leqslant \delta_t \leqslant \delta_{\max}/Q_{t+1}$. 由 $Q_{t+1} - \eta_t Q_t = 1$ 可知, 上述不等式等价于

$$f(X_t + \lambda_t D_t) \leqslant C_t + \delta_t Q_{t+1} \lambda_t \langle \nabla f(X_t), D_t \rangle. \tag{6.9}$$

显然, (6.8) 是 (6.4) 的一种推广. 随后, Huang 等 (2018) 进一步推广了上述非单调线搜索规则, 其在矩阵空间 $R^{m \times n}$ 中的格式可写为

$$C_{t+1} = \frac{\eta_t Q_t C_t + f(X_t + \lambda_t D_t)}{Q_{t+1}} \leqslant C_{\ell(t)} + \delta_t \lambda_t \langle \nabla f(X_t), D_t \rangle, \tag{6.10}$$

其中

$$\begin{cases} C_{\ell(t)} = \max\limits_{0 \leqslant j \leqslant \min\{t, M-1\}} C_{t-j}, \\ \ell(t) = \max\{t - j' \,|\, j' \in \operatorname*{arg\,max}\limits_{0 \leqslant j \leqslant \min\{t, M-1\}} C_{t-j}\}. \end{cases} \tag{6.11}$$

显然, 由 (6.10) 可知, 该线搜索可以得到一个非单调下降的序列 $\{C_t\}$. 此外, (6.10) 可以进一步改写为

$$f(X_t + \lambda_t D_t) \leqslant \eta_t Q_t (C_{\ell(t)} - C_t) + C_{\ell(t)} + \delta_t Q_{t+1} \lambda_t \langle \nabla f(X_t), D_t \rangle, \tag{6.12}$$

因此, 正如 (Huang et al., 2018) 中的分析, 非单调线搜索规则 (6.3), (6.4) 和 (6.8) 都可以被视为 (6.10) 的特例.

尽管上述非单调线搜索规则都是密切相关的, 但它们仍然有各自的优缺点.

• 作为第一个经典的非单调线搜索规则, (6.3) 可以产生一个非单调下降的函数值序列, 但是它需要一个预先给定的正整数 M. 相反地, 不同于 (6.3), 规则 (6.4) 使用先前迭代中所有已知函数值的凸组合来产生非单调下降的函数值序列. 因此在实践上, (6.4) 比 (6.3) 更容易被实现.

• 规则 (6.6) 的特点与 (6.4) 的相似, 但是前者可以通过避免 $\{Q_t\}$ 的计算和存储来减少线搜索的计算成本.

• 规则 (6.4) 是规则 (6.8) 的特殊形式, 且两者都可以产生单调下降的序列 $\{C_t\}$, 但后者的全局收敛性比前者更容易建立 (详情见 (Huang et al., 2015b; Zhang and Hager, 2004)).

• 与规则 (6.4) 和 (6.8) 不同, 规则 (6.10) 可以产生一个非单调下降的序列 $\{C_t\}$, 且作为 (6.3), (6.4) 和 (6.8) 的一般形式, 该规则对于算法非单调性程度的控制有更大的自由度.

然而, 除了文献 (Han et al., 2009b; Huang et al., 2015b; Li et al., 2020, 2021) 基于非单调线搜索 (6.3), (6.6) 和 (6.10) 求解经典 NMF 问题开展过相关研究外, 大部分研究工作都是研究基于非单调线搜索求解空间 R^m 中的优化问题.

6.3　新型非单调线搜索技术

本节我们将介绍如何设计一个新型非单调线搜索规则, 使其能够融合知名线搜索规则 (6.3), (6.4), (6.6), (6.8) 和 (6.10) 的优点. 基于此规则, 我们将构造新的高效算法求解模型 (6.1).

对于文献中已有的非单调线搜索, 它们的一个重要优点就是使目标函数值能够在某些迭代点处能够上升, 从而增加找到全局最优解的可能性. 已证实: 基于合适的下降方向, 非单调线搜索策略在求解 R^m 中大规模复杂优化问题时具有良好的数值性能 (Ahookhosh and Ghaderi, 2017; Huang et al., 2015b, 2018). 因此, 为了高效求解类似于模型 (6.1) 的大规模约束优化问题, 开发新的高效的非单调线搜索策略是有意义的.

下面阐述我们设计线搜索策略的基本思想. 由 $C_{\ell(t)}$ 的定义可知 $C_{\ell(t)} \geqslant C_t$, 不同于 6.2 节中 Zhang-Hager 线搜索 (6.4) 的三个变体, 我们将 (6.4) 中的 C_t 替换为 $C_{\ell(t)}$ 来增加不等式的右边, 得到

$$f(X_t + \lambda_t D_t) \leqslant C_{\ell(t)} + \delta_t \lambda_t \langle \nabla f(X_t), D_t \rangle. \tag{6.13}$$

因为 $C_{\ell(t)} \geqslant C_t$, 所以 (6.13) 有更强的非单调性. 因此, 与 (6.4) 相比, 上述策略可以产生更大的步长, 并减少了目标函数的计算次数, 进而降低计算成本. 另一方面, 从理论上说, 我们的线搜索 (6.13) 也可以增强复杂优化问题找到全局最优解的可能性. 具体来说, 在求解模型 (6.1) 时, 若我们使用规则 (6.13) 来寻找合适的步长 λ_t, 则相应算法的计算程序如下所示.

算法 6.1　新型非单调线搜索

输入: $0 < \eta_{\min} \leqslant \eta_{\max} < 1$, $0 < \delta_{\min} < \delta_{\max} < 1$, $0 < \rho < 1$, $M > 1$, X_t, D_t, Q_t, C_t, $C_{\ell(t)}$ 在第 t 次迭代中的取值.

输出: X_{t+1}, $f(X_{t+1})$, Q_{t+1}, C_{t+1}, $C_{\ell(t+1)}$.

步 1: 选择 δ_t 使得 $\delta_{\min} \leqslant \delta_t \leqslant \delta_{\max}$; 计算步长 $\lambda_t = \rho^{h_t}$, 其中 h_t 是使得不等式 (6.13) 成立的最小正整数. 更新 $X_{t+1} := X_t + \lambda_t D_t$.

步 2: 选择 $\bar{\eta}_t \in [\eta_{\min}, \eta_{\max}]$; 利用公式 (6.5) 中的第二个等式计算 $\bar{Q}_{t+1}$; 然后计算 $\hat{C}_1 = \dfrac{\bar{\eta}_t Q_t C_t + f(X_{t+1})}{\bar{Q}_{t+1}}$, 并令 $\bar{C}_1 := \max\left\{ \max\limits_{0 \leqslant j \leqslant \min\{t, M-2\}} C_{t-j}, \hat{C}_1 \right\}$.

步 3: 如果 $f(X_{t+1}) \leqslant \bar{C}_1$, 那么令 $\eta_t := \bar{\eta}_t$, $Q_{t+1} := \bar{Q}_{t+1}$, $C_{t+1} := \hat{C}_1$, $C_{\ell(t+1)} := \bar{C}_1$. 反之则令 $\bar{C}_2 := \max\left\{ \max\limits_{0 \leqslant j \leqslant \min\{t, M-2\}} C_{t-j}, f(X_{t+1}) \right\}$, $\eta_t := 0$, $Q_{t+1} := Q_t$, $C_{t+1} := f(X_{t+1})$, $C_{\ell(t+1)} := \bar{C}_2$.

注 6.1   根据 $C_{\ell(t)} - C_t \geqslant 0$ 和 $Q_{t+1} = \eta_t Q_t + 1$, 我们可得

$$
\begin{aligned}
f(X_t + \lambda_t D_t) &\leqslant C_{\ell(t)} + \delta_t \lambda_t \langle \nabla f(X_t), D_t \rangle \\
&\leqslant \eta_t Q_t (C_{\ell(t)} - C_t) + C_{\ell(t)} + \delta_t \lambda_t \langle \nabla f(X_t), D_t \rangle \\
&= Q_{t+1} C_{\ell(t)} - \eta_t Q_t C_t + \delta_t \lambda_t \langle \nabla f(X_t), D_t \rangle.
\end{aligned}
\tag{6.14}
$$

而 (6.14) 中最后一个不等式等价于

$$
C_{t+1} = \frac{\eta_t Q_t C_t + f(X_t + \lambda_t D_t)}{Q_{t+1}} \leqslant C_{\ell(t)} + \frac{\delta_t}{Q_{t+1}} \lambda_t \langle \nabla f(X_t), D_t \rangle.
\tag{6.15}
$$

因此, 若 λ_t 满足不等式 (6.13), 则 λ_t 也满足不等式 (6.15). 此外, 由 Q_{t+1} 的定义可知

$$
Q_{t+1} = 1 + \sum_{j=0}^{t} \prod_{i=0}^{j} \eta_{t-i} \leqslant 1 + \sum_{j=0}^{t} \eta_{\max}^{j+1} \leqslant \sum_{j=0}^{\infty} \eta_{\max}^{j} = \frac{1}{1 - \eta_{\max}}.
\tag{6.16}
$$

故 (6.15) 中 $\delta_{\min}(1 - \eta_{\max}) \leqslant \delta_t / Q_{t+1} < 1$ 有界.

注 6.2   将 (6.13) 中的 C_t 替换为 T_t, 我们可以得到另一种非单调线搜索规则

$$
f(X_t + \lambda_t D_t) \leqslant T_{\ell(t)} + \delta_t \lambda_t \langle \nabla f(X_t), D_t \rangle,
\tag{6.17}
$$

其中

$$
T_{\ell(t)} = \max_{0 \leqslant j \leqslant \min\{t, M-1\}} T_{t-j}.
$$

由于 $1 - \eta_t > 0$, 则 (6.17) 两边同时乘以 $1 - \eta_t$ 可得

$$
(1 - \eta_t) f(X_t + \lambda_t D_t) \leqslant (1 - \eta_t) T_{\ell(t)} + (1 - \eta_t) \delta_t \lambda_t \langle \nabla f(X_t), D_t \rangle.
$$

上式等价于

$$
(1 - \eta_t) f(X_t + \lambda_t D_t) + \eta_t T_t \leqslant (1 - \eta_t) T_{\ell(t)} + \eta_t T_t + (1 - \eta_t) \delta_t \lambda_t \langle \nabla f(X_t), D_t \rangle.
$$

由式 (6.7) 定义的 T_{t+1}, $T_t \leqslant T_{\ell(t)}$, $\eta_t > 0$ 可得

$$
\begin{aligned}
T_{t+1} &\leqslant (1 - \eta_t) T_{\ell(t)} + \eta_t T_{\ell(t)} + (1 - \eta_t) \delta_t \lambda_t \langle \nabla f(X_t), D_t \rangle \\
&= T_{\ell(t)} + (1 - \eta_t) \delta_t \lambda_t \langle \nabla f(X_t), D_t \rangle.
\end{aligned}
$$

显然最后一个不等式表明, 线搜索 (6.17) 也能产生非单调下降的序列 $\{T_t\}$.

接下来, 我们回答如何确定 (6.13) 中的搜索方向 D_t.

考虑到模型 (6.1) 中的界约束条件, 我们令 D_t 为谱梯度投影方向, 即

$$D_t = P(X_t - \alpha_t \nabla f(X_t)) - X_t, \tag{6.18}$$

其中 $\alpha_t > 0$ 叫做谱步长. 对于任意的 $X \in R^{m \times n}$, 有

$$P(X_{ij}) = \begin{cases} X_{ij}, & L_{ij} < X_{ij} < U_{ij}, \\ U_{ij}, & X_{ij} \geqslant U_{ij}, \\ L_{ij}, & X_{ij} \leqslant L_{ij}, \end{cases}$$

且 (6.1) 中 f 的梯度函数为

$$\nabla f(X) = A^{\mathrm{T}} A X - A^{\mathrm{T}} B + \frac{\partial \Phi}{\partial X}.$$

由下一节中的引理 6.1 可知, 当 X_t 不是模型 (6.1) 的稳定点时, 由 (6.18) 定义的 D_t 是一个充分下降方向, 也就是说 D_t 和 $-\nabla f(X_t)$ 的夹角严格小于 $\pi/2$, 且

$$\langle \nabla f(X_t), D_t \rangle \leqslant -\frac{1}{\alpha_t} \|D_t\|_F^2. \tag{6.19}$$

受第 1 章和第 4 章中表现良好的自适应 BB 步长启发, 为了改善搜索方向 D_t 的数值性能, 不同于文献中已有的谱梯度投影方法, 我们令

$$\alpha_t = \frac{A_t(B_t^2 + C_t^2)}{B_t C_t (A_t + C_t)}, \tag{6.20}$$

其中

$$\begin{cases} A_t = \langle S_{t-1}, S_{t-1} \rangle, & B_t = \langle S_{t-1}, Y_{t-1} \rangle, & C_t = \langle Y_{t-1}, Y_{t-1} \rangle, \\ S_{t-1} = X_t - X_{t-1}, & Y_{t-1} = \nabla f(X_t) - \nabla f(X_{t-1}). \end{cases}$$

事实上, 由 (6.20) 定义的 α_t 是 Barzilai 和 Borwein (1988) 所提出的两个经典 BB 步长的最优加权平均.

基于以上线搜索规则 (6.13) 和由 (6.18) 定义的谱梯度投影方向 D_t, 在本节的最后, 我们提出一个广义的非单调谱梯度投影算法 (GNSPG) 来求解模型 (6.1) 类的界约束优化问题.

算法 6.2　GNSPG

步 1: 选择算法参数 $0 < \eta_{\min} \leqslant \eta_{\max} < 1$, $0 < \delta_{\min} < \delta_{\max} < 1$, $0 < \rho < 1$, $M > 1$, $\alpha_{\max} > \alpha_{\min} > 0$ 和充分小的算法精度 $\epsilon > 0$. 初始化 X_0, $\alpha_0 = 1$, $C_0 = f(X_0)$, $C_{\ell(0)} = C_0$. 令 $t := 0$.

步 2: 若 $\|\nabla^P f(X_t)\|_F \leqslant \epsilon$ 成立, 则算法终止.

步 3: 通过 (6.18) 和 (6.20) 计算 D_t.

步 4: 使用算法 6.1 得到步长 λ_t, 然后更新 X_{t+1}.

步 5: 计算 $S_t = X_{t+1} - X_t$ 和 $Y_t = \nabla f(X_{t+1}) - \nabla f(X_t)$. 由公式 (6.20) 计算 $\bar{\alpha}_{t+1}$. 如果 $\langle S_t, Y_t \rangle > 0$, 那么令 $\alpha_{t+1} := \min\{\alpha_{\max}, \max\{\alpha_{\min}, \bar{\alpha}_{t+1}\}\}$; 否则令 $\alpha_{t+1} := \alpha_{\max}$.

步 6: 令 $t := t+1$. 转向第 2 步.

注 6.3 算法 6.2 的目的是找到模型 (6.1) 的一个局部最优解. 由界约束优化问题的一阶最优性条件 (Lin, 2007) 可知, 若 X^* 是模型 (6.1) 的一个稳定点, 则

$$\|\nabla^P f(X^*)\|_F = 0, \tag{6.21}$$

其中

$$\nabla^P f(X^*)_{ij} = \begin{cases} \nabla f(X^*)_{ij}, & L_{ij} < X_{ij}^* < U_{ij}, \\ \min\{0, \nabla f(X^*)_{ij}\}, & X_{ij}^* = L_{ij}, \\ \max\{0, \nabla f(X^*)_{ij}\}, & X_{ij}^* = U_{ij}. \end{cases}$$

事实上, 该条件是模型 (6.1) 的 KKT 条件的等价形式. 因此, 与标准的局部光滑优化理论一致, 我们给出算法 6.2 中的终止条件

$$\|\nabla^P f(X_t)\|_F \leqslant \epsilon.$$

注 6.4 理论上, 与 6.2 节中提到的相关非单调线搜索规则相比, 我们的线搜索规则 (6.13) 和算法 6.2 有以下优点:

(1) 我们的线搜索规则 (6.13) 是相关非单调线搜索规则 (6.3), (6.4), (6.6) 和 (6.8) 的推广. 实际上, 对于 (6.13), 若令 $t \geqslant 0$ 时 $\eta_t = 0$, 则有

$$C_t = f(X_t), \quad C_{\ell(t)} = \max_{0 \leqslant j \leqslant \min\{t, M-1\}} f(X_{t-j}).$$

因此, 当 $\eta_t = 0$ 且 $m(t) = \min\{t, M-1\}$ 时, (6.13) 退化成 (6.3). 如果 $M = 1$, 则有 $C_{\ell(t)} = C_t$, 此时 (6.13) 变成了 (6.4). 若令 $M = 1$ 然后将 (6.13) 中的 C_t 替换为 T_t, 则可以证明我们的线搜索 (6.13) 是 (6.6) 的推广. 假设 $M = 1$ 且 $\delta_t = \delta_t Q_{t+1}$, 则由不等式 (6.9) 可得: (6.13) 与 (6.8) 一致.

(2) 直接由注 6.1 中的结果可知, (6.13) 融合了 (6.10) 的优点. 比较不等式 (6.13) 和 (6.12) 的右端可以看出, 前者更加简洁, 从而在寻找步长 λ_t 过程中更容易实现. 此外, 由算法 6.1 生成的序列 $\{C_t\}$ 也可能会偶尔增加, 即 $\{C_t\}$ 是非单调下降的.

(3) 我们的线搜索规则可以确保算法有更强的非单调性. 事实上, 相比

$$\max_{0 \leqslant j \leqslant \min\{t, M-1\}} f(X_{t-j}),$$

(6.13) 中的 $C_{\ell(t)}$ 包含了更多先前迭代中的好的函数值. 由 $C_{\ell(t)}$ 的定义可知, 不等式 (6.13) 的右端比不等式 (6.3), (6.4) 或者 (6.6) 的右端都大. 又因为 $Q_{t+1} \geqslant 1$ 且 D_t 是一个下降方向, 所以

$$\delta_t Q_{t+1} \lambda_t \langle \nabla f(X_t), D_t \rangle \leqslant \delta_t \lambda_t \langle \nabla f(X_t), D_t \rangle.$$

这表明 (6.13) 的右端比 (6.9) 的右端大. 此外, 因为不等式 (6.15) 的右端大于不等式 (6.10) 的右端, 所以如果 λ_t 满足 (6.10), 那么 λ_t 也满足 (6.15). 因此, 相比其他相似方法, 算法 6.1 可以找到更大的步长.

(4) 在算法 6.2 中, 如果我们令 λ_t 的初始步长为 1, 则沿着 D_t 方向的回溯策略总能保证下一迭代点 X_{t+1} 的可行性, 即 $X_{t+1} \in \mathcal{B}$.

6.4　收敛性分析

本节首先证明算法 6.1 的适定性, 接着建立算法 6.2 的全局收敛性.

对于矩阵空间的谱梯度投影方法, 我们定义一个尺度化的梯度投影方向:

$$D^\alpha(X) = P(X - \alpha \nabla f(X)) - X, \tag{6.22}$$

其中 $\alpha > 0$ 且 $X \in \mathcal{B}$. 因此由 D_t 的定义 (6.18) 可知 $D_t = D^{\alpha_t}(X_t)$. 下面, 我们先回顾关于尺度化梯度投影方向的一些结论 (见文献 (Birgin et al., 2000) 中的引理 2.1).

引理 6.1　对于任意的 $\alpha > 0$ 和 $X \in \mathcal{B}$, 以下说法是正确的:

(1) 不等式 $\langle \nabla f(X), D^\alpha(X) \rangle \leqslant -\dfrac{1}{\alpha} \|D^\alpha(X)\|_F^2$ 成立.

(2) 等式 $\|D^\alpha(X^*)\|_F = 0$ 成立当且仅当 X^* 是模型 (6.1) 的稳定点.

(3) 若等式 $\|D^1(X^*)\|_F = 0$ 成立, 则等式 $\|\nabla^P f(X^*)\|_F = 0$ 也成立.

证明　结论 (1) 和 (2) 可以直接由文献 (Birgin et al., 2000) 中的引理 2.1 得证.

对于结论 (3), 若 $\|D^1(X^*)\|_F = 0$, 则 X^* 是模型 (6.1) 的稳定点. 由于模型 (6.1) 只有线性约束条件, 所以 X^* 也是该模型的 KKT 点, 则 $\|\nabla^P f(X^*)\|_F = 0$. □

通过引理 6.1, 我们可以证明算法 6.2 中的搜索方向 D_t 具有以下好的性质.

引理 6.2 令 D_t 由公式 (6.18) 定义. 令 $\alpha_{\max}$ 是在算法 6.2 的第 1 步中给定的常数. 那么, 存在一个正常数 $\kappa > 0$ 使得

$$\|D_t\|_F \leqslant \kappa \alpha_{\max} < \infty, \quad \forall t \geqslant 0. \tag{6.23}$$

证明 根据柯西不等式和引理 6.1 中的第一个结论, 我们可得

$$\|\nabla f(X)\|_F \cdot \|D^\alpha(X)\|_F \geqslant |\langle \nabla f(X), D^\alpha(X) \rangle| \geqslant \frac{1}{\alpha} \|D^\alpha(X)\|_F^2.$$

这意味着

$$\|D^\alpha(X)\|_F \leqslant \alpha \|\nabla f(X)\|_F, \quad \forall X \in \mathcal{B}, \alpha > 0. \tag{6.24}$$

从而,

$$\|D_t\|_F = \|D^{\alpha_t}(X_t)\|_F \leqslant \alpha_t \|\nabla f(X_t)\|_F \leqslant \alpha_{\max} \|\nabla f(X_t)\|_F.$$

根据 X 的有界性和 $\nabla f(X)$ 的连续性, 我们可以得出存在一个常数 $\kappa > 0$ 使得

$$\|\nabla f(X)\|_F \leqslant \kappa, \quad \forall X \in \mathcal{B}.$$

因此

$$\|D_t\|_F \leqslant \kappa \alpha_{\max} < \infty, \quad \forall t \geqslant 0.$$

结论得证. □

现在我们证明算法 6.1 是适定的.

定理 6.1 对于给定的迭代点 X_t 和该点处的下降方向 D_t, 算法 6.1 是适定的.

证明 我们通过数学归纳法证明所需结论.

首先由 D_t 的定义 (6.18) 和公式 (6.19) 可知 $\langle \nabla f(X_t), D_t \rangle \leqslant 0$. 又由引理 6.2, 我们知道 D_t 是有界的.

当 $t = 0$ 时, 有 $C_{\ell(0)} = C_0 = f(X_0)$, 此时规则 (6.13) 就变成了文献 (Armijo, 1966) 中的标准 Armijo 线搜索规则. 因此, 存在 $\lambda_0 > 0$ 使得 (6.13) 成立.

假设对于所有的 $t \in \{1, 2, \cdots, r-1\}$, 都存在步长 $\lambda_t > 0$ 使得不等式 (6.13) 成立. 当 $t = r - 1$, 直接由算法 6.1 中的步 1 可知, $f(X_r) \leqslant C_{\ell(r-1)}$. 而对于算法 6.1 的步 3, 如果 $f(X_r) \leqslant \bar{C}_1$, 那么 $f(X_r) \leqslant C_{\ell(r)}$; 否则, 我们可得

$$C_{\ell(r)} = \max \left\{ \max_{0 \leqslant j \leqslant \min\{r-1, M-2\}} C_{r-1-j}, f(X_r) \right\}$$

$$\geqslant f(X_r).$$

因此, 对于所有的 $t \in \{0, 1, \cdots, r\}$, $f(X_t) \leqslant C_{\ell(t)}$ 都成立.

使用 $f(X_t + \lambda_t D_t)$ 在 X_t 处的一阶泰勒展开式, 由式 (6.19) 和引理 6.2 可得

$$\lim_{\lambda_t \to 0^+} \frac{C_{\ell(t)} - f(X_t + \lambda_t D_t) + \delta_t \lambda_t \langle \nabla f(X_t), D_t \rangle}{\lambda_t}$$

$$\geqslant \lim_{\lambda_t \to 0^+} \frac{f(X_t) - f(X_t + \lambda_t D_t) + \delta_t \lambda_t \langle \nabla f(X_t), D_t \rangle}{\lambda_t}$$

$$= \lim_{\lambda_t \to 0^+} \frac{(\delta_t \lambda_t - \lambda_t)\langle \nabla f(X_t), D_t \rangle - o(\lambda_t \|D_t\|_F)}{\lambda_t}$$

$$= (\delta_t - 1)\langle \nabla f(X_t), D_t \rangle \geqslant 0.$$

因此, 存在一个常数 $\hat{\lambda}_t > 0$ 使得

$$f(X_t + \lambda_t D_t) \leqslant C_{\ell(t)} + \delta_t \lambda_t \langle \nabla f(X_t), D_t \rangle, \quad \forall \lambda_t \in [0, \hat{\lambda}_t].$$

这意味着当 $t = r$ 时, 不等式 (6.13) 也成立.

综上可得, 我们证明了算法 6.1 是适定的. □

下面的引理给出了我们的线搜索规则 (6.13) 一些很好的性质.

引理 6.3　令序列 $\{f(X_t)\}$ 和 $\{C_t\}$ 由算法 6.1 产生, 则下面的说法是正确的:

(1) $f(X_t) \leqslant C_{\ell(t)}$, $\forall\, t \in N$;

(2) 序列 $\{C_{\ell(t)}\}$ 是非单调递增的.

证明　因为算法 6.1 是适定的且对于所有的 $t \in N$, D_t 是一个下降方向, 所以总是存在步长 $\lambda_t > 0$ 使得 (6.13) 成立. 由算法 6.1 的步 1 可知, $f(X_t) \leqslant C_{\ell(t-1)}$ 恒成立. 而在算法 6.1 的步 3 中, 若 $f(X_t) \leqslant \bar{C}_1$, 则 $f(X_t) \leqslant C_{\ell(t)}$; 反之则有

$$C_{\ell(t)} = \max\left\{\max_{0 \leqslant j \leqslant \min\{t-1, M-2\}} C_{t-1-j}, f(X_t)\right\}$$

$$\geqslant f(X_t).$$

因此, 当 $t \in N$ 时, 恒有 $f(X_t) \leqslant C_{\ell(t)}$. 第一个结论证毕!

由 $C_{\ell(t)}$ 的定义, 我们可知

$$C_{\ell(t+1)} = \max_{0 \leqslant j \leqslant \min\{t+1, M-1\}} C_{t+1-j}$$

$$\leqslant \max\{C_{\ell(t)}, C_{t+1}\}.$$

而由 (6.15), 可得 $C_{t+1} \leqslant C_{\ell(t)}$, 这是因为内积 $\langle \nabla f(X_t), D_t \rangle$ 是负的. 因此, $C_{\ell(t+1)} \leqslant C_{\ell(t)}$. 第二个结论证毕! □

注 6.5 由引理 6.3, 我们很容易得出

$$f(X_t) \leqslant C_{\ell(t)} \leqslant f(X_0), \quad \forall t \in N. \tag{6.25}$$

因此, 由算法 6.1 产生的序列 $\{X_t\}$ 被包含在水平集 $L(X_0) = \{X \in \mathcal{B} : f(X) \leqslant f(X_0)\}$ 中. 又因为水平集 $L(X_0)$ 是有界的, 所有序列 $\{f(X_t)\}$ 也是有界的.

直接由注 6.1 可知, 算法 6.1 产生的序列 $\{C_t\}$ 满足不等式 (6.15), 且该不等式与线搜索规则 (6.10) 相似. 下面的引理进一步说明了算法 6.1 生成的序列 $\{C_{\ell(t)}\}$ 具有非常重要的性质.

引理 6.4 令序列 $\{X_t\}$ 和 $\{C_t\}$ 由算法 6.1 产生, λ_t 是相应的步长. 那么, 对于任意的 t, 都有

$$C_{\ell((t+1)M)} \leqslant C_{\ell(tM)} + \frac{\delta_{\ell((t+1)M)-1}}{Q_{\ell((t+1)M)}} \lambda_{\ell((t+1)M)-1} \left\langle \nabla f(X_{\ell((t+1)M)-1}), D_{\ell((t+1)M)-1} \right\rangle. \tag{6.26}$$

更进一步,

$$\sum_{t=0}^{\infty} \lambda_{\ell((t+1)M)-1} \left| \left\langle \nabla f(X_{\ell((t+1)M)-1}), D_{\ell((t+1)M)-1} \right\rangle \right| < \infty. \tag{6.27}$$

证明 由 (6.16) 可知, $\delta_t/Q_{t+1} \in (0,1)$ 且有界, 因此与文献 Huang 等 (2018) 中引理 1 的证明相似, 我们可以证明上述结论. □

引理 6.4 中序列 $\{C_{\ell(t)}\}$ 的性质在建立算法 6.2 的全局收敛性理论中起着至关重要的作用.

参考文献 (Huang et al., 2015b) 中的引理 1 和文献 (Huang et al., 2018) 中的引理 2, 则在一个温和的假设下, 我们使用相似的讨论能够为算法 6.1 中的步长 λ_t 提供一个下界.

引理 6.5 假设 Φ 的梯度函数是利普希茨连续的. 如果 X_t 不是模型 (6.1) 的稳定点, 且 λ_t 是由算法 6.1 产生的步长, 那么存在一个常数 $\hat{\lambda}$ 使得

$$\lambda_t \geqslant \hat{\lambda} \triangleq \min\left\{1, \frac{2\rho(1-\delta_t)}{L\alpha_t}\right\}, \tag{6.28}$$

其中 L 是 $\nabla f(X)$ 的利普希茨常数.

证明 由于 f 是连续可微的且 $\nabla f(X)$ 是利普希茨连续的且利普希茨常数为 L, 因此参考引理 4.2 的证明过程可得, 对于任意的 $\lambda_t > 0$, 且 $\rho > 0$, 都有

$$f\left(X_t + \frac{\lambda_t}{\rho} D_t\right) - f(X_t) \leqslant \frac{\lambda_t}{\rho} \langle \nabla f(X_t), D_t \rangle + \frac{L}{2}\left(\frac{\lambda_t}{\rho}\right)^2 \|D_t\|_F^2. \tag{6.29}$$

当 λ_t 是由线搜索规则 (6.13) 得到的步长, 我们考虑以下两种情况.

情况 I $\lambda_t = 1$.

此时, λ_t 显然满足不等式 (6.28).

情况 II $\lambda_t < 1$.

从算法 6.1 的步 1 可知 $\lambda_t = \rho^{h_t}$, 其中 h_t 是使得不等式 (6.13) 满足的最小正整数, 则有 $h_t > 0$, $\lambda_t = \rho^{h_t} < 1$. 另一方面, 我们可以推断 $\rho^{h_t-1} = \dfrac{\lambda_t}{\rho}$ 不满足 (6.13), 也就是说, 下面不等式成立:

$$
\begin{aligned}
f\left(X_t + \frac{\lambda_t}{\rho}D_t\right) &> C_{\ell(t)} + \delta_t \frac{\lambda_t}{\rho}\langle \nabla f(X_t), D_t\rangle \\
&\geqslant f(X_t) + \delta_t \frac{\lambda_t}{\rho}\langle \nabla f(X_t), D_t\rangle.
\end{aligned}
$$

因此,

$$
f\left(X_t + \frac{\lambda_t}{\rho}D_t\right) - f(X_t) \geqslant \delta_t \frac{\lambda_t}{\rho}\langle \nabla f(X_t), D_t\rangle. \tag{6.30}
$$

结合公式 (6.29) 和 (6.30), 我们得出

$$
\frac{\lambda_t}{\rho}\langle \nabla f(X_t), D_t\rangle + \frac{L}{2}\left(\frac{\lambda_t}{\rho}\right)^2 \|D_t\|_F^2 \geqslant \delta_t \frac{\lambda_t}{\rho}\langle \nabla f(X_t), D_t\rangle.
$$

由 λ_t 和 ρ 的非负性可得

$$
\lambda_t \geqslant \frac{2(\delta_t - 1)\rho\langle \nabla f(X_t), D_t\rangle}{L\|D_t\|_F^2}.
$$

由 $\delta_t \leqslant \delta_{\max} < 1$ 和引理 6.1 中的第一个结论, 我们可以得出结论:

$$
\lambda_t \geqslant \frac{2\rho(1 - \delta_t)}{L\alpha_t}.
$$

综合上述两种情况, 我们令 $\hat{\lambda} = \min\left\{1, \dfrac{2\rho(1 - \delta_t)}{L\alpha_t}\right\}$, 则知 (6.28) 成立.   □

基于以上准备, 我们叙述并证明算法 6.2 的全局收敛性.

定理 6.2 令序列 $\{X_t\}$ 由算法 6.2 产生. 则要么算法 6.2 在有限次迭代后终止于模型 (6.1) 的稳定点, 要么以下结论成立:

$$
\liminf_{t\to\infty}\|D^1(X_t)\|_F = 0. \tag{6.31}
$$

证明 由 $D^\alpha(X)$ 的定义 (6.22) 可知

$$D^1(X_t) = P(X_t - \nabla f(X_t)) - X_t.$$

由引理 6.1 中的结论 (2) 可知, 若 X_t 是模型 (6.1) 的稳定点, 则 $\|D^1(X_t)\|_F = 0$. 因此由引理 6.1 中的结论 (3) 可知, 算法 6.2 在有限次迭代后终止于 $\|\nabla^P f(X_t)\|_F = 0$.

如果序列 $\{X_t\}$ 是无限的, 那么我们可以证明存在一个无限子列 $l_1 \leqslant l_2 \leqslant \cdots$ 使得当 t 趋于 ∞ 时, $\|D^1(X_{l_t})\|_F$ 趋于零. 取 $l_t = \ell(tM) - 1$, 由引理 6.4 中的公式 (6.27) 可得

$$\lim_{t \to \infty} \lambda_{l_t} |\langle \nabla f(X_{l_t}), D_{l_t} \rangle| = 0. \tag{6.32}$$

假设 $\bar{X}$ 是序列 $\{X_{l_t}\}$ 的极限点, 在余下的证明中, 我们分以下两种情形讨论.

情形 I 假定 $\lim_{t \to \infty} \lambda_{l_t} = 0$.

由反证法, 我们假设 $\bar{X}$ 不是模型 (6.1) 的稳定点. 则由引理 6.1 中的结论 (1) 可得

$$\langle \nabla f(\bar{X}), D^\alpha(\bar{X}) \rangle \leqslant -\frac{1}{\alpha_{\max}} \|D^\alpha(\bar{X})\|_F^2 < 0, \quad \forall \alpha \in [\alpha_{\min}, \alpha_{\max}].$$

由连续性和紧性可知, 存在常数 $a > 0$ 使得

$$\langle \nabla f(\bar{X}), P(\bar{X} - \alpha \nabla f(\bar{X})) - \bar{X} \rangle < -a, \quad \forall \alpha \in [\alpha_{\min}, \alpha_{\max}].$$

当 t 充分大时, 这意味着

$$\langle \nabla f(X_{l_t}), P(X_{l_t} - \alpha \nabla f(X_{l_t})) - X_{l_t} \rangle < -a/2, \quad \forall \alpha \in [\alpha_{\min}, \alpha_{\max}]. \tag{6.33}$$

另一方面, 存在一个充分大的正整数 $\bar{t}$ 使得当 $t \geqslant \bar{t}$ 时, $\lambda_{l_t}/\rho > 0$ 不满足不等式 (6.13), 则由式 (6.30) 可得

$$f\left(X_{l_t} + \frac{\lambda_{l_t}}{\rho} D_{l_t}\right) - f(X_{l_t}) \geqslant \delta_{l_t} \frac{\lambda_{l_t}}{\rho} \langle \nabla f(X_{l_t}), D_{l_t} \rangle. \tag{6.34}$$

使用中值定理, (6.34) 可以进一步写成

$$\langle \nabla f(X_{l_t} + \theta_t D_{l_t}), D_{l_t} \rangle > \delta_{l_t} \langle \nabla f(X_{l_t}), D_{l_t} \rangle, \tag{6.35}$$

其中 $\theta_t \in (0, \lambda_{l_t}/\rho)$, 且当 $t \to \infty$ 时, $\theta_t \to 0$. 对不等式 (6.35) 的两边分别取极限, 我们得出

$$(1 - \delta)\langle \nabla f(\bar{X}), P(\bar{X} - \alpha \nabla f(\bar{X})) - \bar{X} \rangle \geqslant 0,$$

其中 $\delta \in [\delta_{\min}, \delta_{\max}]$, $\alpha \in [\alpha_{\min}, \alpha_{\max}]$. 因为 $1 - \delta > 0$, 且对于所有的 $t \in N$, $\langle \nabla f(X_{l_t}), D_{l_t} \rangle < 0$, 所以

$$\langle \nabla f(\bar{X}), P(\bar{X} - \alpha \nabla f(\bar{X})) - \bar{X} \rangle = 0.$$

又由连续性和紧性可知, 存在常数 $a > 0$ 使得

$$\langle \nabla f(X_{l_t}), P(X_{l_t} - \alpha \nabla f(X_{l_t})) - X_{l_t} \rangle > -a/2, \quad \forall \alpha \in [\alpha_{\min}, \alpha_{\max}].$$

当 t 充分大时, 这与不等式 (6.33) 矛盾. 因此, $\bar{X}$ 是稳定点. 也就是说,

$$\lim_{t \to \infty} \|D^1(X_{l_t})\|_F = 0$$

成立.

情形 II　假定 $\lim\limits_{t \to \infty} \lambda_{l_t} \geqslant \bar{\lambda} > 0$.

直接由 (6.32) 可得

$$\lim_{t \to \infty} |\langle \nabla f(X_{l_t}), D_{l_t} \rangle| = 0.$$

根据引理 6.1 中的结论 (1) 可知

$$\lim_{t \to \infty} \|D_{l_t}\|_F^2 \leqslant \lim_{t \to \infty} \alpha_{\max} |\langle \nabla f(X_{l_t}), D_{l_t} \rangle| = 0,$$

这意味着

$$\lim_{t \to \infty} \|D_{l_t}\|_F^2 = 0.$$

由文献 (Hager and Zhang, 2006b) 中命题 2.1 的 P4 和 P5 可知

$$\|D_{l_t}\|_F \geqslant \min\{\alpha_{\min}, 1\} \|D^1(X_{l_t})\|_F.$$

所以, 由 $\lim\limits_{t \to \infty} \|D_{l_t}\|_F = 0$ 可得 $\|D^1(\bar{X})\|_F = 0$. 由引理 6.1 中的结论 (2) 知, $\bar{X}$ 是模型 (6.1) 的稳定点. □

6.5　基准优化问题测试

本节我们将通过大量的数值测试来验证所提出的非单调线搜索规则的有效性. 首先研究与文献 (Grippo et al., 1986; Zhang and Hager, 2004; Gu and Mo, 2008; Huang et al., 2015b, 2018) 中的知名非单调线搜索相比, 我们的线搜索规则怎样提高算法 6.2 求解模型 (6.1) 的数值效率. 然后, 我们研究所有已知函数凸组合 (C_t 和 T_t) 中权重的选择对算法性能的影响.

在数值测试中, 我们使用 360 个测试问题来比较所有线搜索规则的有效性, 而这些问题来源于不同类型的 $\Phi(X)$ 和不同规模的 (p, m, n) 下的模型 (6.1). 当 $\delta_t = \delta/Q_{t+1}$ 时, 非单调线搜索 (6.8) 等价于 (6.4). 因此, 我们只关注线搜索规则 (6.3),

(6.6), (6.8), (6.10) 和 (6.13) 的数值性能. 为了增强可读性, 我们将本章所比较的算法表示如下.

- **NMLS-N** 本章所提出的算法 6.2.
- **NMLS-G** 算法 6.2 使用非单调线搜索规则 (6.3).
- **NMLS-M** 算法 6.2 使用非单调线搜索规则 (6.6).
- **NMLS-H** 算法 6.2 使用非单调线搜索规则 (6.8).
- **NMLS-W** 算法 6.2 使用非单调线搜索规则 (6.10).

我们使用参考文献中所建议的算法参数值, 或者使用网格搜索方法 (Audet and Hare, 2017) 进行参数寻优. 我们列举各算法中相关参数的取值情况如下.

- **NMLS-N** $\delta_t = 10^{-4}$, $\rho = 0.5$, $M = 4$, $\eta_t = 0.05$.
- **NMLS-G** $\delta = 10^{-4}$, $\rho = 0.5$, $M = 10$.
- **NMLS-M** $\delta = 10^{-4}$, $\rho = 0.5$, $\eta_0 = 0.85$, $\eta_t = (\eta_{t-1} + \eta_{t-2})/2$.
- **NMLS-H** $\delta_t = 10^{-4}$, $\rho = 0.5$, $\eta_t = 0.55$.
- **NMLS-W** $\delta_t = 10^{-4}$, $\rho = 0.5$, $M = 5$, $\eta_t = 0.95$.

此外, 在所有比较的算法中, $\alpha_{\min} = 10^{-20}$ 且 $\alpha_{\max} = 10^{20}$. 实际上 $\alpha_{\min}$, $\alpha_{\max}$, δ 和 δ_t 的取值参考了文献 (Han et al., 2009b). 线搜索规则 (6.3), (6.6), (6.8) 和 (6.10) 中其他算法参数与文献 (Grippo et al., 1986; Gu and Mo, 2008; Huang et al., 2015b, 2018) 中的参数取值相同. 基于算法 6.2 在不同参数取值下的性能表现, 我们通过网格搜索法确定 M 和 η_t 在新型线搜索准则 (6.13) 中的取值.

所有算法的运行环境均为 MATLAB R2021b, 且所有数值实验均在中南大学高性能平台计算中心进行. 当满足终止条件 $\|\nabla^P f(X_t)\| \leqslant \epsilon$ 或达到最大迭代次数 5000 时, 所有算法终止. 为了评估各算法的数值效率, 我们使用以下指标衡量数值性能:

- **Nf** 线搜索中函数值的计算次数.
- **NI** 算法的迭代次数.
- **Time** 算法的运行时间 (s).

6.5.1 测试问题

基于 α 和 $\Phi(X)$ 的不同选择, 我们首先生成模型 (6.1) 的 4 种类型测试问题.

类型 1 $\alpha = 0$ 下的模型 (6.1):

$$\min \quad f_1(X) := \frac{1}{2}\|AX - B\|_F^2 \tag{6.36}$$

$$\text{s.t.} \quad 0 \leqslant X \leqslant 1.$$

类型 2　$\alpha > 0$ 且 $\Phi(X) = \|X\|_1$ 下的模型 (6.1):

$$
\begin{aligned}
\min \quad & f_2(X) := \frac{1}{2}\|AX - B\|_F^2 + \alpha\|X\|_1 \\
\text{s.t.} \quad & 0 \leqslant X \leqslant 1.
\end{aligned}
\tag{6.37}
$$

类型 3　$\alpha > 0$ 且 $\Phi(X) = \mathrm{Tr}(XX^{\mathrm{T}})/2$ 下的模型 (6.1):

$$
\begin{aligned}
\min \quad & f_3(X) := \frac{1}{2}\|AX - B\|_F^2 + \frac{\alpha}{2}\mathrm{Tr}(XX^{\mathrm{T}}) \\
\text{s.t.} \quad & 0 \leqslant X \leqslant 1.
\end{aligned}
\tag{6.38}
$$

类型 4　$\alpha > 0$ 且 $\Phi(X) = \|XX^{\mathrm{T}} - I\|_F^2/4$ 下的模型 (6.1):

$$
\begin{aligned}
\min \quad & f_4(X) := \frac{1}{2}\|AX - B\|_F^2 + \frac{\alpha}{4}\|XX^{\mathrm{T}} - I\|_F^2 \\
\text{s.t.} \quad & 0 \leqslant X \leqslant 1.
\end{aligned}
\tag{6.39}
$$

在问题 (6.37) 中, L_1 范数 $\|\cdot\|_1$ 常被用于增加 X 的稀疏性. 由 X 的非负性可得, $\|X\|_1 = \langle E, X \rangle$, 其中 $E \in R^{m \times n}$ 是一个所有元素都为 1 的矩阵. 在问题 (6.38) 中, $\mathrm{Tr}(XX^{\mathrm{T}}) = \|X\|_F^2$ 也可用于增加 X 的稀疏性. 在问题 (6.39) 中, $I \in R^{m \times m}$ 是一个单位矩阵, 且最小化 $\Phi(X)$ 可以保证 X 的正交性. 基于矩阵范数和矩阵内积之间的关系, 我们将 $f_1(X)$, $f_2(X)$, $f_3(X)$ 和 $f_4(X)$ 改写为

$$
\begin{cases}
f_1(X) = \dfrac{1}{2}\langle B, B \rangle - \langle X, A^{\mathrm{T}}B \rangle + \dfrac{1}{2}\langle X, A^{\mathrm{T}}AX \rangle, \\
f_2(X) = f_1(X) + \alpha\langle E, X \rangle, \\
f_3(X) = f_1(X) + \dfrac{\alpha}{2}\langle X, X \rangle, \\
f_4(X) = f_1(X) + \dfrac{\alpha}{4}\left(\langle XX^{\mathrm{T}}, XX^{\mathrm{T}} \rangle - 2\langle X, X \rangle + \langle I, I \rangle\right).
\end{cases}
$$

它们的梯度分别为

$$
\begin{cases}
\nabla f_1(X) = A^{\mathrm{T}}AX - A^{\mathrm{T}}B, \\
\nabla f_2(X) = A^{\mathrm{T}}AX - A^{\mathrm{T}}B + \alpha E, \\
\nabla f_3(X) = A^{\mathrm{T}}AX - A^{\mathrm{T}}B + \alpha X, \\
\nabla f_4(X) = A^{\mathrm{T}}AX - A^{\mathrm{T}}B + \alpha(XX^{\mathrm{T}}X - X).
\end{cases}
$$

实际上, $\langle B, B \rangle$, $A^{\mathrm{T}}B$, $A^{\mathrm{T}}A$ 和 $\langle I, I \rangle$ 都是固定的模型系数, 我们可以在各算法开始前分别计算和储存这些系数来减少算法的计算成本.

此外, 在算法 6.2 的第 4 步中, 函数值 $f_1(X_t + \lambda_t D_t)$, $f_2(X_t + \lambda_t D_t)$, $f_3(X_t + \lambda_t D_t)$ 和 $f_4(X_t + \lambda_t D_t)$ 往往需要通过有限次计算来找到合适的步长 λ_t. 因此, 为了减少线搜索步的计算成本, 我们将这些函数值重新表达. 则有

$$
\begin{aligned}
& f_1(X_t + \lambda_t D_t) \\
&= \frac{1}{2}\langle B, B \rangle - \langle X_t + \lambda_t D_t, A^{\mathrm{T}}B \rangle + \frac{1}{2}\langle X_t + \lambda_t D_t, A^{\mathrm{T}}A(X_t + \lambda_t D_t) \rangle \\
&= f_1(X_t) + \lambda_t \langle \nabla f_1(X_t), D_t \rangle + \frac{1}{2}\lambda_t^2 \langle D_t, A^{\mathrm{T}}A D_t \rangle,
\end{aligned}
$$

$$
\begin{aligned}
& f_2(X_t + \lambda_t D_t) \\
&= f_1(X_t + \lambda_t D_t) + \alpha\langle E, X_t + \lambda_t D_t \rangle \\
&= f_2(X_t) + \lambda_t \langle \nabla f_2(X_t), D_t \rangle + \frac{1}{2}\lambda_t^2 \langle D_t, A^{\mathrm{T}}A D_t \rangle,
\end{aligned}
$$

$$
\begin{aligned}
& f_3(X_t + \lambda_t D_t) \\
&= f_1(X_t + \lambda_t D_t) + \frac{\alpha}{2}\langle X_t + \lambda_t D_t, X_t + \lambda_t D_t \rangle, \\
&= f_3(X_t) + \lambda_t \langle \nabla f_3(X_t), D_t \rangle + \frac{1}{2}\lambda_t^2 \langle D_t, A^{\mathrm{T}}A D_t \rangle + \frac{\alpha}{2}\lambda_t^2 \langle D_t, D_t \rangle,
\end{aligned}
$$

$$
\begin{aligned}
& f_4(X_t + \lambda_t D_t) \\
&= g_4(X_t) + \lambda_t \langle \nabla g_4(X_t), D_t \rangle + \frac{1}{2}\lambda_t^2 \langle D_t, A^{\mathrm{T}}A D_t \rangle - \frac{\alpha}{2}\lambda_t^2 \langle D_t, D_t \rangle \\
& \quad + \frac{\alpha}{4}\langle (X_t + \lambda_t D_t)(X_t + \lambda_t D_t)^{\mathrm{T}}, (X_t + \lambda_t D_t)(X_t + \lambda_t D_t)^{\mathrm{T}} \rangle,
\end{aligned}
$$

其中

$$
\begin{cases}
g_4(X) = \dfrac{1}{2}\|AX - B\|_F^2 - \dfrac{\alpha}{2}\langle X, X \rangle + \dfrac{\alpha}{4}\langle I, I \rangle, \\[2mm]
\nabla g_4(X) = A^{\mathrm{T}}AX - A^{\mathrm{T}}B - \alpha X.
\end{cases}
$$

第 t 次迭代中, 在执行算法 6.2 的第 4 步之前, 我们可以首先计算并保留 $\langle \nabla f_1(X_t), D_t \rangle$, $\langle \nabla f_2(X_t), D_t \rangle$, $\langle \nabla f_3(X_t), D_t \rangle$, $\langle \nabla g_4(X_t), D_t \rangle$, $\langle D_t, A^{\mathrm{T}}A D_t \rangle$ 和 $\langle D_t, D_t \rangle$. 此外, $f_1(X_t)$, $f_2(X_t)$, $f_3(X_t)$ 和 $g_4(X_t)$ 已在算法的上一次迭代中被计算且保留. 因此, 函数值 $f_1(X_t + \lambda_t D_t)$, $f_2(X_t + \lambda_t D_t)$, $f_3(X_t + \lambda_t D_t)$ 和 $f_4(X_t + \lambda_t D_t)$ 的计算复杂度可以分别下降到 $O(1)$, $O(1)$, $O(1)$ 和 $O(m^2n + m^2)$, 而不是原来

的计算复杂度 $O(m^2n + 2mn)$, $O(m^2n + 3mn)$, $O(m^2n + 3mn)$ 和 $O(2m^2n + 3mn + m^2)$.

由于文献中没有任何所研究问题 (6.36) — (6.39) 的基准测试环境, 因此我们随机生成测试问题, 即这些问题中的 A 和 B 通过以下三种不同的方式生成:

(1) $A = \text{rand}(p, m), B = \text{rand}(p, n)$;

(2) $A = \text{rand}(p, m), B = |\text{randn}(p, n)|$;

(3) $A = \text{rand}(p, m), B = \max(0, \text{randn}(p, n))$.

每个测试问题的初始点都设置为 $X_0 = \text{rand}(m, n)$. 命令 rand 和 randn 都是 MATLAB 函数, 其中, rand 产生一个所有元素都服从 0-1 均匀分布的矩阵, randn 产生一个所有元素都服从标准正态分布的矩阵. 对于 B 的每种情况, 我们首先选择 15 种不同规模的 (p, m, n) 满足 $p > n$, $m < \min(p, n)$ 且 $1000 \leqslant mn \leqslant 10000$, 然后我们选择另外 15 种 (p, m, n) 满足 $p < n$, $m < \min(p, n)$ 且 $mn > 10000$. 因此, 模型 (6.1) 中每种类型的问题共有 90 个测试问题, 涉及不同规模的 (p, m, n) 和三种生成 B 的方式. 然后, 我们将 NMLS-N 与其他四种算法在生成的 360 个测试问题上进行比较, 每个算法随机生成 20 个不同的初始点, 因此本章使用相应数值结果的平均值.

6.5.2　不同线搜索之间的对比

为了显示 NMLS-N 的优势, 我们采用由 Dolan 和 Moré (2002) 引入的性能曲线.

图 6.1—图 6.4 给出了各算法在 Nf, NI 和 Time 上的性能曲线. 在求解各类型的测试问题时, 我们令 $\epsilon \in \{10^{-1}, 10^{-2}, 10^{-3}, 10^{-4}, 10^{-5}, 10^{-6}\}$, 且在问题 (6.37) 和 (6.38) 中 $\alpha = 1$.

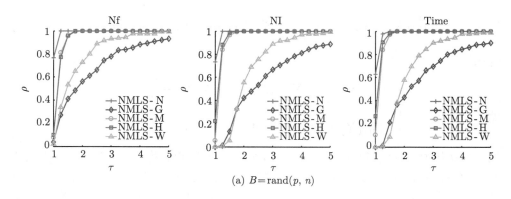

(a) $B = \text{rand}(p, n)$

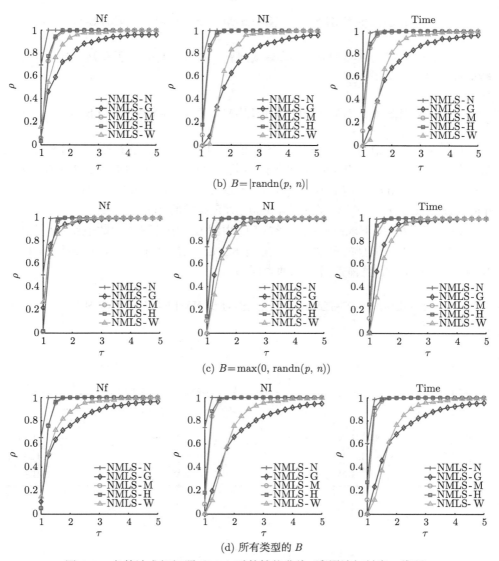

图 6.1 各算法求解问题 (6.36) 时的性能曲线 (彩图请扫封底二维码)

在求解不同类型 B 对应的问题 (6.36) 时, 图 6.1 中的结果表明:

(1) 对于第一种类型和第二种类型的测试问题 (见图 6.1(a) 和 6.1(b) 中的曲线), 各算法在 Nf, NI 和 Time 方面的数值性能优先级是

$$\text{NMLS-N} > \text{NMLS-H} > \text{NMLS-M} > \text{NMLS-W} > \text{NMLS-G}.$$

(2) 对于第三种类型的测试问题 (见图 6.1(c)), 算法优先级的顺序是

$$\text{NMLS-N} > \text{NMLS-H} > \text{NMLS-M} > \text{NMLS-G} > \text{NMLS-W}.$$

(3) 通过求解三种类型 B 下的测试问题 (见图 6.1(d)), 所有被比较的算法的数值性能从优到劣排列为

$$\text{NMLS-N} > \text{NMLS-H} > \text{NMLS-M} > \text{NMLS-W} > \text{NMLS-G}.$$

(4) 由各子图中 ρ 在 $\tau = 1$ 下的取值可知, 与其他算法相比, NMLS-N 以最好结果下的 Nf, NI 和 Time 求解测试问题的比例分别为: 0.77, 0.73, 0.63 ($B =$ rand(p, n) 时); 0.69, 0.74, 0.57 ($B = |\text{randn}(p, n)|$ 时); 0.50, 0.75, 0.61 ($B = \max(0, \text{randn}(p, n))$ 时); 0.65, 0.74, 0.60 (所有类型的 B).

在不同类型 B 下求解问题 (6.37) 时, 由图 6.2 中各算法的数值结果可知:

(1) 对于所有类型的测试问题 (见图 6.2(a), 6.2(b) 和 6.2(c)), 各算法在 Nf, NI 和 Time 方面的整体数值性能都表现为

$$\text{NMLS-N} > \text{NMLS-H} > \text{NMLS-M} > \text{NMLS-W} > \text{NMLS-G}.$$

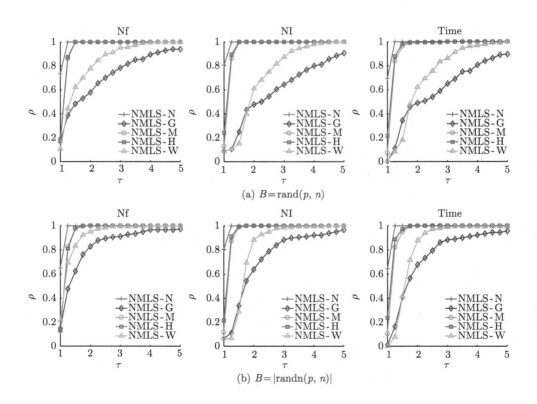

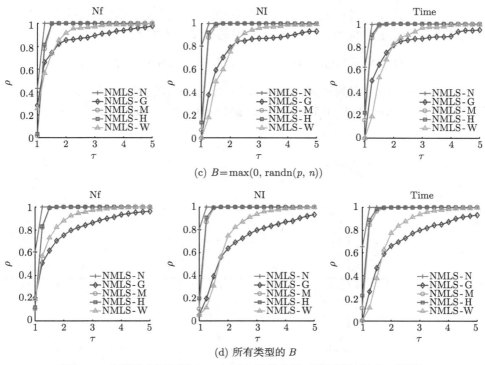

(c) $B = \max(0, \mathrm{randn}(p, n))$

(d) 所有类型的 B

图 6.2　各算法求解问题 (6.37) 时的性能曲线 (彩图请扫封底二维码)

(2) 由各算法在求解所有类型 B 下的测试问题的性能曲线可知 (见图 6.2(d)), 整体数值性能的优先级顺序为

$$\text{NMLS-N} > \text{NMLS-H} > \text{NMLS-M} > \text{NMLS-W} > \text{NMLS-G}.$$

(3) 相比于其他相似的算法, NMLS-N 在不同情形下求解问题 (6.37) 时取得最小 Nf, NI 和 Time 的比例分别为: 0.73, 0.81, 0.69 ($B = \mathrm{rand}(p, n)$); 0.65, 0.81, 0.64 ($B = |\mathrm{randn}(p, n)|$); 0.43, 0.81, 0.62 ($B = \max(0, \mathrm{randn}(p, n))$); 0.61, 0.81, 0.65 (所有类型的 B).

在求解问题 (6.38) 时, 图 6.3 中的数值结果表明:

(1) 由图 6.3(a) 和 6.3(b) 中关于 Nf, NI 和 Time 的性能曲线可知, 本节所比较的算法的性能优先级如下:

$$\text{NMLS-N} > \text{NMLS-H} > \text{NMLS-M} > \text{NMLS-W} > \text{NMLS-G}.$$

(2) 在图 6.3(c) 中, 各算法的整体数值性能表现为

$$\text{NMLS-N} > \text{NMLS-M} > \text{NMLS-H} > \text{NMLS-W} > \text{NMLS-G}.$$

(3) 对于 (6.38) 式定义的第三类测试问题中所有随机产生的矩阵 B ,本节所使用的五种算法的数值性能按图 6.3(d) 中的结果排序如下:

$$\text{NMLS-N} > \text{NMLS-H} > \text{NMLS-M} > \text{NMLS-W} > \text{NMLS-G}.$$

(4) 在求解的所有测试问题中, NMLS-N 取得 Nf, NI 和 Time 最好结果的比例分别是: 0.79, 0.89, 0.70 $(B = \text{rand}(p, n))$; 0.56, 0.75, 0.61 $(B = |\text{randn}$

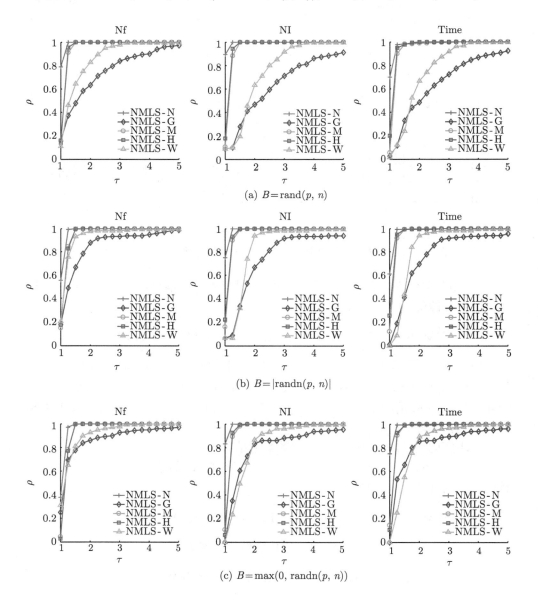

(a) $B = \text{rand}(p, n)$

(b) $B = |\text{randn}(p, n)|$

(c) $B = \text{max}(0, \text{randn}(p, n))$

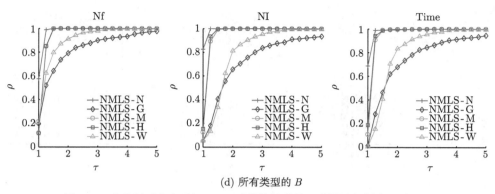

(d) 所有类型的 B

图 6.3 各算法求解问题 (6.38) 时的性能曲线 (彩图请扫封底二维码)

$(p, n)|)$; 0.38, 0.83, 0.75 $(B = \max(0, \mathrm{randn}(p, n)))$; 0.57, 0.83, 0.69 (所有类型的 B).

在求解问题 (6.39) 时, 图 6.4 中的结果揭示了:

(1) 图 6.4(a), 6.4(b) 和 6.4(c) 中关于 Nf, NI 和 Time 的性能曲线将五种算法按照如下顺序排列:

$$\text{NMLS-N} > \text{NMLS-H} > \text{NMLS-M} > \text{NMLS-W} > \text{NMLS-G}.$$

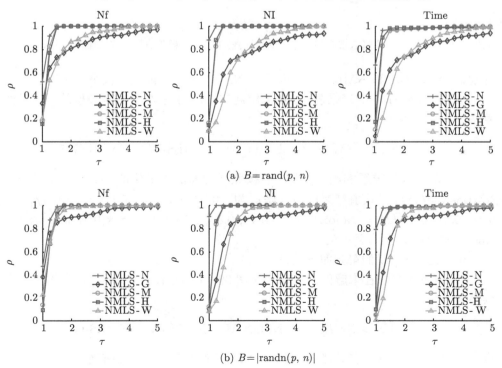

(a) $B = \mathrm{rand}(p, n)$

(b) $B = |\mathrm{randn}(p, n)|$

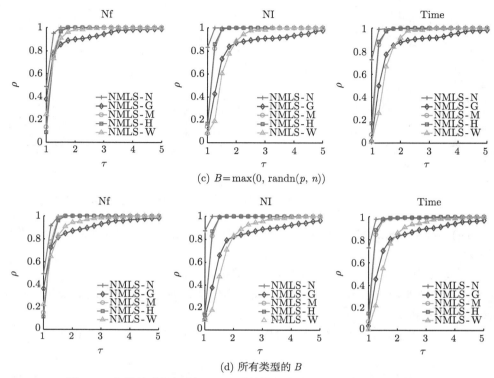

(c) $B = \max(0, \mathrm{randn}(p, n))$

(d) 所有类型的 B

图 6.4　各算法求解问题 (6.39) 时的性能曲线 (彩图请扫封底二维码)

特别地, NMLS-H 和 NMLS-M 之间关于 Nf 和 NI 的性能差距很小.

(2) 图 6.4(d) 中的结果表明, 在求解问题 (6.39) 中对于所有类型的 B, 五种算法的综合表现为

$$\text{NMLS-N} > \text{NMLS-H} > \text{NMLS-M} > \text{NMLS-W} > \text{NMLS-G}.$$

(3) 在所有被求解的测试问题中, 按照五种算法中最优的 Nf, NI 和 Time, NMLS-N 取得最优数值结果的占比情况为: 0.52, 0.88, 0.67 ($B = \mathrm{rand}(p, n)$); 0.48, 0.91, 0.79 ($B = |\mathrm{randn}(p, n)|$); 0.49, 0.83, 0.73 ($B = \max(0, \mathrm{randn}(p, n))$); 0.50, 0.87, 0.73 (所有类型的 B).

由上述分析, 我们得到如下结论:

(1) 根据各算法在求解问题 (6.36)— (6.39) 中的整体性能表现, 它们的优先级顺序为

$$\text{NMLS-N} > \text{NMLS-H} > \text{NMLS-M} > \text{NMLS-W} > \text{NMLS-G}.$$

更确切地说, 在处理大多数测试问题时, NMLS-N 拥有最好的数值结果.

(2) 求解原模型 (6.1) 时, NMLS-N 明显优于其他算法, 它只需更少的 Nf, NI 和 Time.

(3) 本章所提出的非单调线搜索规则可以通过寻找更合适的步长来减少函数值计算次数和算法迭代次数, 从而加快算法 6.2 在求解模型 (6.1) 中的收敛速度.

6.5.3 非单调参数的影响

接下来, 我们探讨在所有已知函数值凸组合中的不同非单调参数 η_t 对算法数值性能的影响.

回顾文献中已有的线搜索规则, C_t 和 T_t 是两种知名的 $\{f(X_0), \cdots, f(X_t)\}$ 中所有函数值的凸组合, 分别由 (6.5) 和 (6.7) 定义. 对于 C_t, 参数 η_{t-1} 和 Q_t 的取值共同确定了 $f(X_t)$ 和 C_{t-1} 的权重. 而对于 T_t, η_{t-1} 是唯一决定 $f(X_t)$ 和 T_{t-1} 权重取值的参数. 通过将算法 6.1 中的 C_t 替换成 T_t, 我们得到本节所比较的算法, 记作 NMLS-T. 我们尝试回答不同权重的选择如何影响算法 6.2 的性能.

我们首先关注在 C_t 和 T_t 中 η_t 的取值如何影响 NMLS-N 和 NMLS-T 的数值性能. 针对问题 (6.36)— (6.39), 我们分别执行所比较的算法来求解 90 个相应的测试问题, 其中 $M = 4$, $\epsilon \in \{10^{-1}, 10^{-2}, 10^{-3}, 10^{-4}, 10^{-5}, 10^{-6}\}$. 此外 η_t 的取值变化范围为如下集合:

$$\{0.05, 0.15, 0.25, 0.35, 0.45, 0.55, 0.65, 0.75, 0.85, 0.9\}.$$

NMLS-N 和 NMLS-T 的相应数值结果列于表 6.1 和表 6.2 中. 具体来说, 在表 6.1 和表 6.2 中, 每个 η_t 对应的结果表示在 540 次数值实验中各算法关于 Nf, NI 或 Time 表现最好的次数. 此外, 对于每一个性能指标, 我们将最优性能实验次数

表 6.1　NMLS-N 在 η_t 不同取值下的数值结果

问题	指标	η_t									
		0.05	0.15	0.25	0.35	0.45	0.55	0.65	0.75	0.85	0.9
(6.36)	Nf	**160**	52	46	59	55	61	94	<u>138</u>	106	58
	NI	**418**	<u>81</u>	59	50	41	42	30	30	29	29
	Time	**334**	<u>78</u>	34	29	22	23	7	6	5	2
(6.37)	Nf	<u>150</u>	52	47	68	57	58	80	**154**	104	57
	NI	**416**	<u>87</u>	60	48	43	38	28	28	28	28
	Time	**330**	<u>81</u>	40	32	28	12	5	5	4	3
(6.38)	Nf	**152**	54	47	55	58	64	97	<u>139</u>	111	58
	NI	**415**	<u>100</u>	62	48	35	38	30	29	29	29
	Time	**313**	<u>91</u>	51	35	23	15	2	2	1	
(6.39)	Nf	<u>119</u>	102	59	58	68	63	96	**123**	115	67
	NI	**358**	<u>140</u>	69	59	38	35	31	29	29	29
	Time	**261**	<u>109</u>	59	43	25	15	10	8	6	4

表 6.2   NMLS-T 在 η_t 不同取值下的数值结果

问题	指标	η_t									
		0.05	0.15	0.25	0.35	0.45	0.55	0.65	0.75	0.85	0.9
(6.36)	Nf	**164**	56	57	69	67	60	82	<u>127</u>	89	63
	NI	**416**	<u>83</u>	61	51	45	32	33	29	29	29
	Time	**331**	<u>76</u>	45	31	30	9	7	6	3	2
(6.37)	Nf	**156**	52	52	80	66	61	81	<u>127</u>	98	54
	NI	**413**	<u>88</u>	63	48	45	35	29	28	28	28
	Time	**329**	<u>77</u>	58	29	25	8	1	3	8	2
(6.38)	Nf	**162**	66	53	68	62	66	92	<u>124</u>	87	59
	NI	**414**	<u>104</u>	64	48	34	33	30	29	29	29
	Time	**300**	<u>105</u>	53	34	29	12	3	1	2	1
(6.39)	Nf	<u>**123**</u>	114	57	69	61	78	93	<u>**123**</u>	98	77
	NI	**358**	<u>143</u>	72	53	36	34	29	29	29	29
	Time	**274**	<u>119</u>	54	43	16	17	7	4	4	2

的最大值用粗体突出表示, 而第二大的值用下划线标出. 如果在表 6.1 或表 6.2 中某一行有多个最大值, 我们同时用粗体和下划线将它们标出.

从表 6.1 和表 6.2 中的数值结果, 我们得出以下结论:

(1) 可调参数 η_t 显著影响 NMLS-N 和 NMLS-T 的数值性能.

(2) 在 Nf 方面, 对于大部分测试问题, NMLS-N 和 NMLS-T 都在 $\eta_t \in \{0.05, 0.75\}$ 时表现更好.

(3) 在 NI 和 Time 方面, 当 $\eta_t = 0.05$ 时, NMLS-N 和 NMLS-T 对于大多数测试问题都有最好的性能表现.

总的来说, 当 $M = 4$, $\eta_t = 0.05$ 时, NMLS-N 和 NMLS-T 在求解模型 (6.1) 类的界约束优化问题时, 都有很好的适应性. 此外, 通过选择合适的 η_t, NMLS-N 和 NMLS-T 都可以改善它们的数值性能.

接下来, 基于 Nf, NI 和 Time 的性能曲线, 我们研究 NMLS-N 和 NMLS-T 之间的性能差距. 当 $M = 4$ 且 $\eta_t = 0.05$, 各算法相应的性能结果见图 6.5.

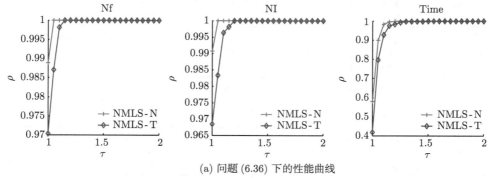

(a) 问题 (6.36) 下的性能曲线

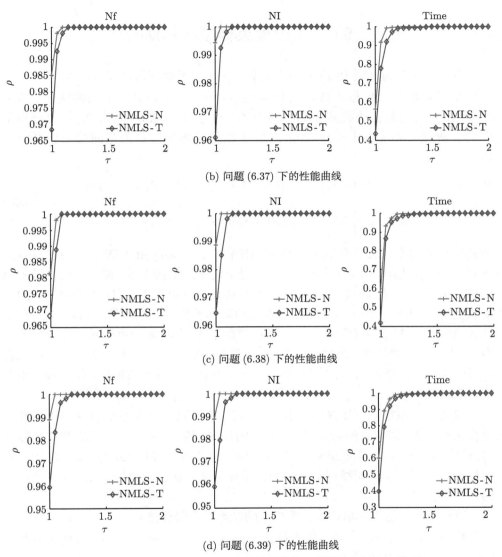

(b) 问题 (6.37) 下的性能曲线

(c) 问题 (6.38) 下的性能曲线

(d) 问题 (6.39) 下的性能曲线

图 6.5 NMLS-N 和 NMLS-T 的性能曲线 (彩图请扫封底二维码)

在图 6.5 中, 由各子图 $\tau = 1$ 时 ρ 的取值, 我们可知:

(1) 在 Nf 和 NI 方面, NMLS-N 和 NMLS-T 之间的性能差距很小.

(2) 在 Time 方面, NMLS-N 明显优于 NMLS-T.

总的来说, 在处理大规模的测试问题时, 相比 NMLS-T, NMLS-N 能以较少的迭代次数和函数值计算次数更快地达到给定的算法精度.

6.6　图像聚类模型和算法

本节将研究的模型 (6.1) 和开发的算法 6.2 用于处理图像聚类问题.

聚类是根据对象样本数据的相似性, 将一组对象划分为不同的簇群. 特别地, 图像聚类是数据挖掘和机器学习中的一个重要问题, 在过去 20 年中得到了广泛的研究 (Tang and Feng, 2022). 图像聚类问题中一种流行的聚类模型如下所示:

$$
\min \quad F(W, H) := \frac{1}{2}\|V - WH\|_F^2 + \alpha \Phi(W) + \beta \Psi(H) \tag{6.40}
$$

$$
\text{s.t.} \quad 0 \leqslant W \leqslant W_{\max}, 0 \leqslant H \leqslant H_{\max}.
$$

该模型也被称作广义非负矩阵分解 (NMF) 模型 (Tang and Wan, 2021; Huang et al., 2020). 模型 (6.40) 最小化 V 中每个元素的重构误差, 使用连续可微的函数 $\Phi: R^{m \times r} \to R$ 和 $\Psi: R^{r \times n} \to R$ 分别表示基矩阵 W 和系数矩阵 H 的判别式约束, 其中 $\alpha, \beta > 0$ 是均衡判别式约束和重构误差的参数. 从数学上来说, $V = (V_{:,1}, \cdots, V_{:,n}) \in R_+^{m \times n}$ 表示一个给定的矩阵, 其中每一列表示一个列化的具有 m 个像素值的图像. 模型 (6.40) 将 n 个图像聚类, 所得 $W \in R_+^{m \times r}$ 中的列表示每一类的聚类中心, $H \in R_+^{r \times n}$ 表示原图像在新空间的聚类编码, 且 r 表示聚类所得族群数量.

通过分别固定 W 和 H, 我们可以得到关于单因子矩阵变量 H 和 W 的界约束优化子问题, 即本章所研究模型 (6.1) 的特例. 因此, 基于算法 6.2 和块坐标下降方法 (Grippo and Sciandrone, 2000; Xu and Yin, 2013; Yang et al., 2018), 我们提出一种基于非单调线搜索技术的块坐标下降算法来求解模型 (6.40). 该算法的计算流程如下:

算法 6.3　基于非单调线搜索技术的块坐标下降算法

步 1: 初始化 W^0, H^0. 给定精度 $\varepsilon > 0$, $\varepsilon_W > 0$ 和 $\varepsilon_H > 0$, 选取压缩参数 $0 < t_W, t_H < 1$. 令 $k := 0$.

步 2: 若算法满足终止条件, 则终止, 否则转向下一步.

步 3: 更新因子矩阵 W. 使用算法 6.2 求解界约束子问题

$$
\min_{0 \leqslant W \leqslant W_{\max}} F(W, H^k), \tag{6.41}
$$

并将其解记为 W^{k+1}. 若算法 6.2 求解问题 (6.41) 时满足该算法终止条件, 则令 $\varepsilon_W := t_W * \varepsilon_W$.

步 4: 更新因子矩阵 H. 使用算法 6.2 求解界约束子问题

$$\min_{0 \leqslant H \leqslant H_{\max}} F(W^{k+1}, H), \tag{6.42}$$

并将其解记为 H^{k+1}. 若算法 6.2 求解问题 (6.42) 时满足该算法终止条件, 则令 $\varepsilon_H := t_H * \varepsilon_H$.

步 5: 令 $k := k + 1$, 转向步 2.

注 6.6 算法 6.3 采用了交替块坐标下降框架, 显然以下结论成立:

$$F(W^{k+1}, H^k) \leqslant F(W^k, H^k), \quad F(W^{k+1}, H^{k+1}) \leqslant F(W^{k+1}, H^k).$$

因此, $F(W^{k+1}, H^{k+1}) \leqslant F(W^k, H^k)$, 这表明由算法 6.3 产生的函数值序列 $\{F(W^k, H^k)\}$ 是单调非递增的.

注 6.7 模型 (6.40) 的 KKT 条件是

$$\nabla_W^P F(W, H) = 0, \quad \nabla_H^P F(W, H) = 0,$$

其中 $\nabla_W^P F(W, H)$ 和 $\nabla_H^P F(W, H)$ 的定义都与 $\nabla^P f(X)$ 的定义 (6.21) 相同, 具体为

$$\nabla_W^P F(W, H)_{ia} = \begin{cases} \nabla_W F(W, H)_{ia}, & 0 < W_{ia} < (W_{\max})_{ia}, \\ \min\{0, \nabla_W F(W, H)_{ia}\}, & W_{ia} = 0, \\ \max\{0, \nabla_W F(W, H)_{ia}\}, & W_{ia} = (W_{\max})_{ia}, \end{cases} \tag{6.43}$$

$$\nabla_H^P F(W, H)_{bj} = \begin{cases} \nabla_H F(W, H)_{bj}, & 0 < H_{bj} < (H_{\max})_{bj}, \\ \min\{0, \nabla_H F(W, H)_{bj}\}, & H_{bj} = 0, \\ \max\{0, \nabla_H F(W, H)_{bj}\}, & H_{bj} = (H_{\max})_{bj}. \end{cases} \tag{6.44}$$

注 6.8 在算法 6.3 的步 2 中, 我们采用算法 4.3 的终止条件 (4.27), 且在求解子问题 (6.41) 和 (6.42) 时, 算法 6.2 的终止条件分别为 (4.28) 和 (4.29).

参考文献 (Xu and Yin, 2013), 我们首先给出 Nash 稳定点的定义.

定义 6.1 若 $(\bar{W}, \bar{H})$ 是模型 (6.40) 的一个可行点且满足

$$F(\bar{W}, \bar{H}) \leqslant F(W, \bar{H}), \quad \forall 0 \leqslant W \leqslant W_{\max},$$
$$F(\bar{W}, \bar{H}) \leqslant F(\bar{W}, H), \quad \forall 0 \leqslant H \leqslant H_{\max}.$$

则称 $(\bar{W}, \bar{H})$ 是模型 (6.40) 的一个 Nash 稳定点.

接下来, 我们证明算法 6.3 的全局收敛性.

定理 6.3 假设模型 (6.40) 中的函数 Φ 和 Ψ 都是连续可微的, 且序列 $\{(W^k, H^k)\}$ 由算法 6.3 迭代产生. 则 $\{(W^k, H^k)\}$ 的任意极限点都是模型 (6.40) 的 Nash 稳定点.

证明 由注 6.6 中的结论可知, 函数值序列 $\{F(W^k, H^k)\}$ 是单调下降的, 则由 F 的紧性和连续性可知, 序列 $\{(W^k, H^k)\}$ 存在极限点. 令 $(\bar{W}, \bar{H})$ 是 $\{(W^k, H^k)\}$ 的一个极限点. 则由算法 6.3 的步 3 和步 4 可得

$$F(W^{k+1}, H^k) \leqslant F(W, H^k), \quad \forall 0 \leqslant W \leqslant W_{\max},$$
$$F(W^{k+1}, H^{k+1}) \leqslant F(W^{k+1}, H), \quad \forall 0 \leqslant H \leqslant H_{\max}.$$

对上述不等式的两边分别取 $k \to \infty$, 由 F 的连续性和定义 6.1, 我们可得 $(\bar{W}, \bar{H})$ 是模型 (6.40) 的 Nash 稳定点. 收敛性证毕. □

下面我们将讨论模型 (6.40) 的一个特例: 正交对偶图正则 NMF 模型, 并展示如何使用算法 6.3 求解该模型.

为了更好地求解协同聚类问题, Tang 和 Wan (2021) 提出了一个高效的正交对偶图正则 NMF 模型:

$$
\begin{aligned}
\min \quad & F(W, H) := \|V - WH\|_F^2 + \alpha \mathrm{Tr}(W^{\mathrm{T}} L_W W) + \beta \mathrm{Tr}(H L_H H^{\mathrm{T}}) \\
\text{s.t.} \quad & W \geqslant 0, H \geqslant 0, W^{\mathrm{T}} W = I, HH^{\mathrm{T}} = I,
\end{aligned}
\tag{6.45}
$$

其中, $L_W = D_W - G_W$ 是特征图的拉普拉斯图变换, 而 $L_H = D_H - G_H$ 是样本图的拉普拉斯图变换. 在文献 (Tang and Wan, 2021) 中, Tang 和 Wan 指出该模型可以同时保留数据流形和特征流形的几何结构, 并且确保因子矩阵的正交性来获得更好的聚类性能. 为了求解模型 (6.45), 该论文作者提出了如下乘法更新公式:

$$
\begin{aligned}
W_{il} &\leftarrow W_{il} \frac{\left(VH^{\mathrm{T}} + \alpha(G_W W + WW^{\mathrm{T}} D_W W)\right)_{il}}{\left(WHV^{\mathrm{T}} W + \alpha(D_W W + WW^{\mathrm{T}} G_W W)\right)_{il}}, \\
H_{lj} &\leftarrow H_{lj} \frac{\left(W^{\mathrm{T}} V + \beta(HG_H + HD_H H^{\mathrm{T}} H)\right)_{lj}}{\left(HV^{\mathrm{T}} WH + \beta(HD_H + HG_H H^{\mathrm{T}} H)\right)_{lj}}.
\end{aligned}
\tag{6.46}
$$

显然由更新公式 (6.46) 可知, 在某迭代中, 若 $W_{il} = 0$ 或 $H_{lj} = 0$, 则相应的矩阵元素停止迭代, 且取值为 0.

我们将证明在求解模型 (6.45) 时, 算法 6.3 比文献 (Tang and Wan, 2021) 中

的算法更优. 首先, 通过两个罚参数 λ 和 μ, 我们将模型 (6.45) 重构为

$$
\begin{aligned}
\min \quad F(W,H) &:= \frac{1}{2}\|V - WH\|_F^2 + \frac{\alpha}{2}\mathrm{Tr}(W^{\mathrm{T}}L_WW) + \frac{\beta}{2}\mathrm{Tr}(HL_HH^{\mathrm{T}}) \\
&\quad + \frac{\lambda}{4}\|W^{\mathrm{T}}W - I\|_F^2 + \frac{\mu}{4}\|HH^{\mathrm{T}} - I\|_F^2
\end{aligned} \tag{6.47}
$$

$$
\text{s.t.} \quad 0 \leqslant W \leqslant W_{\max}, 0 \leqslant H \leqslant H_{\max}.
$$

事实上, 该模型包含三个目标: 第一个目标是最小化 $\|V - WH\|_F^2$, 表示最小化 V 和 WH 的重构误差; 第二个目标是最小化 $\mathrm{Tr}(W^{\mathrm{T}}L_WW) + \mathrm{Tr}(HL_HH^{\mathrm{T}})$, 用于维持得到的低维样本空间和低维特征空间与原样本空间和原特征空间的几何结构相似性; 第三个目标是最小化 $\|W^{\mathrm{T}}W - I\|_F^2 + \|HH^{\mathrm{T}} - I\|_F^2$, 表示分解后的因子矩阵 W 和 H 都是正交的, 稀疏的. 显然, 模型 (6.47) 是模型 (6.40) 的特例, 因此算法 6.3 可以直接用于求解它. 此时, F 的梯度信息为

$$
\begin{cases}
\nabla F_W(W,H) = WHH^{\mathrm{T}} - VH^{\mathrm{T}} + \alpha L_WW + \lambda(WW^{\mathrm{T}}W - W), \\
\nabla F_H(W,H) = W^{\mathrm{T}}WH - W^{\mathrm{T}}V + \beta HL_H + \mu(HH^{\mathrm{T}}H - H).
\end{cases}
$$

在基于块坐标框架的算法 6.3 中, 为了有效求解模型 (6.47), 通过固定 (6.47) 中的 W 或 H, 我们交替求解两个维度减少的界约束子问题. 具体来说, 在算法 6.3 的第 k 次迭代中, 对于给定的 W^k 和 H^k, 为了更新因子矩阵, 我们交替求解下列两个维度缩减的界约束子问题:

$$
\min \quad f_W^k(W) := \frac{1}{2}\|V - WH^k\|_F^2 + \frac{\alpha}{2}\mathrm{Tr}(W^{\mathrm{T}}L_WW) + \frac{\lambda}{4}\|W^{\mathrm{T}}W - I\|_F^2
$$
$$
\text{s.t.} \quad 0 \leqslant W \leqslant W_{\max} \tag{6.48}
$$

和

$$
\min \quad f_H^k(H) := \frac{1}{2}\|V - W^{k+1}H\|_F^2 + \frac{\beta}{2}\mathrm{Tr}(HL_HH^{\mathrm{T}}) + \frac{\mu}{4}\|HH^{\mathrm{T}} - I\|_F^2
$$
$$
\text{s.t.} \quad 0 \leqslant H \leqslant H_{\max}. \tag{6.49}
$$

此时 $\nabla f_W^k = \nabla F_W(W, H^k)$ 且 $\nabla f_H^k = \nabla F_W(W^{k+1}, H)$. 首先, 通过固定模型 (6.47) 中的 H^k 并且移除相应的常数项, 我们得到子问题 (6.48). 然后, 基于该问题的解, 即 W^{k+1}, 我们相似地通过固定 (6.47) 中的 W^{k+1} 得到子问题 (6.49). 显然, 我们知道子问题 (6.48) 和 (6.49) 都是模型 (6.1) 的特殊案例, 其中 (6.48) 中的 $(H^k)^{\mathrm{T}}, V^{\mathrm{T}}, W^{\mathrm{T}}$ 和 (6.49) 中的 W^{k+1}, V, H 分别对应模型 (6.1) 中 A, B, X

的角色. 因此, 通过初始化 $W_0 = W^k$, 我们可以直接使用算法 6.2 来求解 (6.48), 进而得到 W^{k+1}. 然后, 基于 W^{k+1} 和初始点 $H_0 = H^k$, 我们使用算法 6.2 来求解 (6.49) 最终得到 H^{k+1}.

此外, 为了减少线搜索步的计算成本, 我们将 $f_H^k(H_t + \lambda_t D_t^H)$ 改写为

$$
\begin{aligned}
& f_H^k(H_t + \lambda_t D_t^H) \\
={} & g_H(H_t) + \lambda_t \left\langle \nabla g_H(H_t), D_t^H \right\rangle \\
& + \frac{1}{2}\lambda_t^2 \left\langle D_t^H, (W^{k+1})^{\mathrm{T}} W^{k+1} D_t^H \right\rangle + \frac{\beta}{2}\lambda_t^2 \left\langle D_t^H L_H, D_t^H \right\rangle - \frac{\mu}{2}\lambda_t^2 \left\langle D_t^H, D_t^H \right\rangle \\
& + \frac{\mu}{4} \left\langle (H_t + \lambda_t D_t^H)(H_t + \lambda_t D_t^H)^{\mathrm{T}}, (H_t + \lambda_t D_t^H)(H_t + \lambda_t D_t^H)^{\mathrm{T}} \right\rangle, \quad (6.50)
\end{aligned}
$$

其中

$$
\begin{cases}
f_H^k(H) = g_H(H) + \dfrac{\mu}{4}\langle HH^{\mathrm{T}}, HH^{\mathrm{T}}\rangle, \\[2mm]
g_H(H) = \dfrac{1}{2}\|V - W^{k+1}H\|_F^2 + \dfrac{\beta}{2}\mathrm{Tr}(HL_HH^{\mathrm{T}}) - \dfrac{\mu}{2}\langle H, H\rangle + \dfrac{\mu}{4}\langle I, I\rangle, \\[2mm]
\nabla g_H(H) = (W^{k+1})^{\mathrm{T}} W^{k+1} H - (W^{k+1})^{\mathrm{T}} V + \beta H L_H - \mu H, \\[2mm]
\nabla f_H^k(H) = \nabla g_H(H) + \mu H H^{\mathrm{T}} H, \\[2mm]
D_t^H = P\left(H_t - \alpha_t \nabla f_H^k(H_t)\right) - H_t.
\end{cases}
$$

然后在执行线搜索规则之前, 我们可以首先计算并保存 f_H^k 中的固定系数, 如 $g_H(H_t)$, $\langle \nabla g_H(H_t), D_t^H \rangle$, $\langle D_t^H, (W^{k+1})^{\mathrm{T}} W^{k+1} D_t^H \rangle$, $\langle D_t^H L_H, D_t^H \rangle$ 和 $\langle D_t^H, D_t^H \rangle$. 因此, 在线搜索中, 通过使用上述所储存的系数, 函数值的计算复杂度将下降至 $O(nr^2 + r^2)$. 此外, 将问题 (6.49) 中的 V, W, H 分别替换为 V^{T}, H^{T}, W^{T}, 我们可以得到问题 (6.48). 因此, 对于线搜索中的目标函数 f_W^k, 我们可以执行相似的计算策略, 且相应的计算复杂度将降至 $O(mr^2 + r^2)$.

6.7　聚类性能测试

本节将验证基于非单调线搜索技术的块坐标下降算法在广义 NMF 问题中的适用性和有效性.

我们首先使用基于不同非单调线搜索规则的算法 6.3 求解改进的正交对偶图正则 NMF 模型 (6.47), 以聚类三个知名公开图像数据库: ORL 图像库、UMIST 人脸图像库和 JAFFE 表情图像库, 并将得到的聚类结果同 MU 算法基于迭代公

式 (6.46) 的聚类结果做比较. 然后, 通过聚类被椒盐噪声污染后的图像数据库, 比较各算法的聚类性能, 讨论它们的噪声鲁棒性. 最后, 通过比较各算法在三个数据库上的详细数值结果, 深入研究它们的算法性能差距, 分析各算法的优缺点.

参照文献 (Tang and Wan, 2021), 我们首先介绍本章所使用公开数据库的详细信息:

• **ORL** 该数据库资源下载于

http://www.cad.zju.edu.cn/home/dengcai/Data/FaceData.html.

它由 40 个不同个体的 400 张面部图像组成, 其中每个个体包含 10 张图像, 拍摄于不同的时间、不同的光线或不同的面部表情等. 每张图像都被重新剪裁为 32×32 像素. 因此本章所使用的 ORL 数据集包含 400 个样本, 每个样本含有 1024 个特征, 且样本的总族群数量为 40, 每个样本都有一个类标签.

• **UMIST** 该数据库源于

https://see.xidian.edu.cn/vipsl/database_Face.html#UMIST.

它由 575 张图像组成, 来源于 20 个不同种族和性别的个体从侧面到正面拍摄的一系列人脸图像. 通过将每张图像的尺寸裁剪为 32×32 像素, 得到一个包含 575 样本的数据集, 其中每个样本具有 1024 个特征. 该样本集的族群数量为 20, 且每个样本都带有类标签.

• **JAFFE** 该数据库下载于

https://www.kasrl.org/jaffe.html.

它包含了 213 张图像, 来源于 10 个日本女性模特的不同面部表情, 如喜、怒、哀、乐. 每张图片的尺寸都被剪裁为 64×64 像素. 因此, 得到一个包含 213 个样本的数据集, 其中包含 4096 种特征且总族群数量为 10. 每个样本都带有一个类标签.

我们用如下简单记号表示本章所比较的算法:

• **ANSPG-N** 使用 NMLS-N 交替求解界约束优化子问题 (6.48) 和 (6.49) 的算法 6.3, 缩写为 "ANS-N".

• **ANSPG-T** 使用 NMLS-T 交替求解界约束优化子问题 (6.48) 和 (6.49) 的算法 6.3, 缩写为 "ANS-T".

• **ANSPG-G** 使用 NMLS-G 交替求解界约束优化子问题 (6.48) 和 (6.49) 的算法 6.3, 缩写为 "ANS-G".

• **ANSPG-M** 使用 NMLS-M 交替求解界约束优化子问题 (6.48) 和 (6.49) 的算法 6.3, 缩写为 "ANS-M".

• **ANSPG-H** 使用 NMLS-H 交替求解界约束优化子问题 (6.48) 和 (6.49) 的算法 6.3, 缩写为 "ANS-H".

- **ANSPG-W** 使用 NMLS-W 交替求解界约束优化子问题 (6.48) 和 (6.49) 的算法 6.3, 缩写为 "ANS-W".

- **MU** 求解正交对偶图正则 NMF 模型 (6.45), 基于迭代公式 (6.46) 的乘法更新算法.

显然, 除了 MU 以外, 上述 6 个算法是相似的, 它们不同点是基于不同的非单调线搜索规则. 本章所有算法都是由 MATLAB R2021b 编码, 所有数值实验都在个人计算机上执行, 运行环境为 260 GHz CPU, 16 GB 内存. 在所有数值实验中, 我们采用以下策略:

- 对于每个数据库, 我们首先随机选择 c 个族群, 然后将所有带有相应类标签的图像样本重构为输入的数据矩阵 V. 对于 ORL, 我们令 $c = 5, 10, 15, 20, 25, 30, 35, 40$, 对于 UMIST, 令 $c = 4, 8, 12, 16, 20$, 而对于 JAFFE, 令 $c = 2, 4, 6, 8, 10$.

- 令 $r = c$, 我们随机产生 0, 1 之间的初始矩阵对 (W^0, H^0). 此外, 算法 6.3 中的压缩参数设置为 $t_W = t_H = 0.1$.

- 在模型 (6.45) 和 (6.47) 中, 我们需要提前确定模型参数的取值. 与文献 Tang 和 Wan (2021) 中的设置一样, 在 ORL 中, 取样本图和特征图的邻居数为 $p = 4$, 正则参数 $\alpha = \beta = 10^2$, 而在 UMIST 和 JAFFE 中, 令 $p = 5$, $\alpha = \beta = 10^3$. 另外, 对于所有的数据库, 我们取 $\lambda = \mu = 10^5$.

- 我们设置求解子问题的算法 6.2 的最大迭代次数为 2000. 而对于基于块坐标下降框架的算法 6.3 和 MU 的最大迭代次数为 10000. 此外当 CPU 时间超过 200 秒时, 所有算法将终止.

- 为了评估各算法的聚类性能, 参考 Tang 和 Wan (2021), 我们使用聚类准确度 (ACC) 和归一化互信息 (NMI) 作为评价指标. 对于每一个给定的 c, 我们执行 20 次独立实验来减弱随机性对算法的影响, 并且使用 ACC 和 NMI 的平均值作为最终结果. 且为了公平性, 每次实验中各算法的初始点相同.

6.7.1 聚类结果分析

我们首先运行算法 6.3 得到模型 (6.47) 在三种数据库上的聚类结果, 并与其他相似算法和 MU 算法的聚类结果进行比较, 验证我们算法聚类性能的优越性.

表 6.3—表 6.5 分别罗列了所有比较的算法在三个公开数据集上的聚类结果. 在各表中, 每行的最大值和第二大值分别由粗体和下划线突出表示, 分别对应各算法中最好和次好的聚类结果. 如果每行存在多个最好值, 则同时用粗体和下划线将它们标出.

表 6.3 聚类模型 (6.47) 关于 ORL 数据集的聚类结果

c		ANS-N	ANS-T	ANS-G	ANS-M	ANS-H	ANS-W	MU
5	ACC	0.8040	0.8040	<u>0.8120</u>	0.7980	**0.8140**	0.8050	0.8090
	NMI	0.7843	0.7843	<u>0.7887</u>	0.7648	<u>0.7946</u>	0.7645	0.7651
10	ACC	**0.7155**	<u>0.7150</u>	0.6915	0.7092	0.7085	0.7050	0.7000
	NMI	**0.7816**	<u>0.7809</u>	0.7644	0.7739	0.7775	0.7704	0.7734
15	ACC	**<u>0.6631</u>**	**0.6631**	0.6537	0.6313	0.6516	0.6627	0.6187
	NMI	**0.7595**	<u>0.7591</u>	0.7491	0.7344	0.7587	0.7586	0.7301
20	ACC	**0.6150**	<u>0.6147</u>	0.5938	0.6020	0.6012	0.6068	0.5717
	NMI	**0.7466**	<u>0.7464</u>	0.7357	0.7408	0.7434	0.7470	0.7170
25	ACC	**<u>0.5838</u>**	**0.5838**	0.5740	0.5736	0.5788	0.5815	0.5272
	NMI	<u>0.7425</u>	**0.7426**	0.7316	0.7259	0.7353	0.7402	0.7058
30	ACC	<u>0.5595</u>	0.5570	0.5530	**0.5638**	0.5518	0.5447	0.4992
	NMI	<u>0.7375</u>	0.7371	0.7336	**0.7393**	0.7350	0.7293	0.6998
35	ACC	**0.5493**	<u>0.5490</u>	0.5429	0.5333	0.5326	0.5390	0.4599
	NMI	**0.7382**	<u>0.7379</u>	0.7372	0.7323	0.7324	0.7329	0.6870
40	ACC	**0.5343**	<u>0.5312</u>	0.5217	0.5314	0.5260	0.5192	0.4465
	NMI	**0.7383**	<u>0.7372</u>	0.7322	0.7367	0.7339	0.7319	0.6840
平均	ACC	**0.6281**	<u>0.6272</u>	0.6178	0.6178	0.6206	0.6205	0.5790
	NMI	**0.7536**	<u>0.7532</u>	0.7466	0.7435	0.7514	0.7469	0.7203

表 6.4 聚类模型 (6.47) 关于 UMIST 数据集的聚类结果

c		ANS-N	ANS-T	ANS-G	ANS-M	ANS-H	ANS-W	MU
4	ACC	**<u>0.6371</u>**	**<u>0.6371</u>**	0.6331	0.6328	**0.6371**	0.6331	0.6349
	NMI	**<u>0.5254</u>**	**<u>0.5254</u>**	0.5198	0.5159	**0.5254**	0.5190	0.5110
8	ACC	<u>0.5541</u>	<u>0.5541</u>	0.5462	**0.5602**	0.5516	<u>0.5541</u>	0.5341
	NMI	<u>0.5921</u>	<u>0.5921</u>	0.5802	**0.5994**	0.5873	0.5886	0.5672
12	ACC	**<u>0.5287</u>**	**<u>0.5287</u>**	0.5280	0.5265	0.5271	0.5242	0.5215
	NMI	**<u>0.6274</u>**	**<u>0.6274</u>**	0.6253	0.6196	0.6219	0.6189	0.6178
16	ACC	<u>0.5059</u>	<u>0.5059</u>	0.5055	0.5044	**0.5082**	0.5055	0.4947
	NMI	<u>0.6309</u>	0.6308	0.6297	0.6287	**0.6365**	0.6297	0.6150
20	ACC	<u>0.4991</u>	**0.4993**	0.4909	0.4885	0.4927	0.4923	0.4793
	NMI	<u>0.6479</u>	**0.6481**	0.6442	0.6425	0.6442	0.6425	0.6249
平均	ACC	**<u>0.5450</u>**	**<u>0.5450</u>**	0.5407	0.5425	0.5433	0.5418	0.5329
	NMI	<u>0.6046</u>	**0.6048**	0.5998	0.6012	0.6031	0.5997	0.5872

由表 6.3 — 表 6.5 中的结果可知:

(1) 基于 ACC 和 NMI 的数值结果, 在各数据库上, 基于不同非单调线搜索规则的算法求解模型 (6.47) 得到的聚类结果相比 MU 求解模型 (6.45) 得到的结果更好. 因此, 非单调线搜索技术可以改善流行的乘法更新类算法的聚类性能.

(2) 通过比较各基于块坐标下降框架算法的聚类结果, 我们发现, 对于不同取值 c 下的聚类问题, 没有算法能够严格占优. 特别地, 在 c 的某些特例中, ANSPG-G, ANSPG-M, ANSPG-H 或 ANSPG-W 在聚类性能上表现最好. 事实上, 我们

的线搜索规则 (6.13) 是其他非单调线搜索规则 (6.3), (6.6), (6.8) 和 (6.10) 的一般形式. 因此, 通过为算法参数 M, η_t 和 δ_t 选择合适的值, 我们的算法 (ANSPG-N 和 ANSPG-T) 可以一直表现最优.

表 6.5　聚类模型 (6.47) 关于 JAFFE 数据集的聚类结果

c		ANS-N	ANS-T	ANS-G	ANS-M	ANS-H	ANS-W	MU
2	ACC	**<u>0.8963</u>**	**<u>0.8963</u>**	0.8912	0.8912	0.8947	0.8912	0.8866
	NMI	**<u>0.6638</u>**	**<u>0.6638</u>**	0.6564	0.6564	0.6586	0.6564	0.6482
4	ACC	**<u>0.7685</u>**	**<u>0.7685</u>**	0.7546	0.7546	0.7567	0.7662	0.7058
	NMI	**<u>0.6426</u>**	**<u>0.6426</u>**	0.6318	0.6343	0.6391	0.6412	0.5760
6	ACC	**<u>0.6945</u>**	**<u>0.6945</u>**	0.6729	0.6743	0.6849	0.6872	0.5788
	NMI	**0.6161**	<u>0.6158</u>	0.6011	0.6030	0.6102	0.6133	0.5144
8	ACC	**0.6208**	<u>0.6205</u>	0.6164	0.6091	0.6094	0.6071	0.5244
	NMI	**0.5909**	<u>0.5901</u>	0.5899	0.5852	0.5829	0.5817	0.5133
10	ACC	**0.5962**	<u>0.5960</u>	0.5817	0.5782	0.5845	0.5784	0.4911
	NMI	**0.6060**	<u>0.6057</u>	0.5924	0.5942	0.5940	0.5924	0.5063
平均	ACC	**0.7153**	<u>0.7152</u>	0.7034	0.7015	0.7060	0.7060	0.6373
	NMI	**0.6239**	<u>0.6236</u>	0.6143	0.6146	0.6170	0.6170	0.5516

(3) 基于各表中 ACC 和 NMI 最优和次优的结果, 在 ORL 和 UMIST 上, 对于不同取值的 c, ANSPG-N 和 ANSPG-T 大部分情况下拥有最好或次好的聚类结果, 而在 JAFFE 上, 对于不同取值的 c, ANSPG-N 和 ANSPG-T 总是得到最好或次好的聚类结果.

(4) 由各表中 ACC 和 NMI 的平均结果可知, ANSPG-N 和 ANSPG-T 的聚类性能明显优于其他算法. 而 ANSPG-N 和 ANSPG-T 之间的性能差距较小.

总的来说, 相比流行的 MU 算法, 基于块坐标下降框架的算法在聚类公开数据库上的数值性能更优. 且本章提出的非单调线搜索规则能够显著改善算法的聚类性能, 有望进一步求解更复杂的图像聚类问题.

6.7.2　算法噪声鲁棒性分析

接下来通过聚类添加椒盐噪声后的三个公开图像数据库, 比较相应的聚类结果, 我们来分析各算法的噪声鲁棒性. 在文献研究中, 椒盐噪声经常用来污染图片, 且是难以完全去噪的 (Tang and Wan, 2021).

为了比较上述七种算法的噪声鲁棒性, 在 ORL 中, 我们将所添加的椒盐噪声密度百分比设置为 {2%, 4%, 6%, 8%, 10%}, 而在 UMIST 和 JAFFE 中, 噪声密度的百分比为 {5%, 10%, 15%, 20%, 25%}. 然后, 基于所有被污染的图片, 我们对比各数据库的聚类结果. 在 20 次独立实验后, 我们在表 6.6—表 6.8 中记录了各算法关于 ACC 和 NMI 的平均值. 在各表中, 每行的最大值和第二大值分别由粗体和下划线突出表示, 分别对应各算法中最好和次好的聚类结果. 如果每行存在多个最好值, 则同时用粗体和下划线将它们标出.

表 6.6 不同噪声密度下各算法在 ORL 上的聚类结果

噪声密度 (%)		ANS-N	ANS-T	ANS-G	ANS-M	ANS-H	ANS-W	MU
2	ACC	**0.5200**	<u>0.5180</u>	0.5126	0.5158	0.5175	0.5161	0.4563
	NMI	**0.7274**	<u>0.7273</u>	0.7262	0.7246	0.7272	0.7263	0.6882
4	ACC	<u>0.5010</u>	**0.5024**	0.5005	0.4926	0.4990	0.4940	0.4594
	NMI	<u>0.7098</u>	**0.7114**	0.7095	0.7079	0.7085	0.7080	0.6849
6	ACC	0.4856	<u>0.4860</u>	0.4736	0.4764	**0.4888**	0.4729	0.4476
	NMI	0.6945	**0.6952**	0.6857	0.6889	<u>0.6950</u>	0.6859	0.6787
8	ACC	<u>0.4496</u>	**0.4501**	0.4324	0.4406	0.4473	0.4434	0.4330
	NMI	**0.6660**	<u>0.6659</u>	0.6531	0.6610	0.6631	0.6615	0.6611
10	ACC	<u>0.4282</u>	0.4265	0.4177	**0.4284**	0.4248	0.4164	0.4204
	NMI	<u>0.6463</u>	0.6458	0.6387	0.6430	0.6414	0.6377	**0.6491**
平均	ACC	**0.4769**	<u>0.4766</u>	0.4674	0.4708	0.4755	0.4686	0.4433
	NMI	<u>0.6888</u>	**0.6891**	0.6826	0.6851	0.6870	0.6839	0.6724

表 6.7 不同噪声密度下各算法在 UMIST 上的聚类结果

噪声密度 (%)		ANS-N	ANS-T	ANS-G	ANS-M	ANS-H	ANS-W	MU
5	ACC	<u>0.5763</u>	**0.5768**	0.5554	0.5648	0.5509	0.5610	0.4554
	NMI	<u>0.5869</u>	**0.5873**	0.5692	0.5808	0.5685	0.5774	0.4842
10	ACC	**<u>0.5448</u>**	**<u>0.5448</u>**	0.5331	0.5319	0.5362	0.5303	0.4308
	NMI	<u>0.5562</u>	**0.5564**	0.5524	0.5463	0.5523	0.5546	0.4655
15	ACC	**<u>0.5352</u>**	**<u>0.5352</u>**	0.5310	0.5171	0.5284	0.5228	0.4141
	NMI	<u>0.5434</u>	**0.5436**	0.5418	0.5396	0.5375	0.5353	0.4580
20	ACC	<u>0.5168</u>	**0.5202**	0.5047	0.5150	0.5138	0.5033	0.4070
	NMI	<u>0.5289</u>	**0.5362**	0.5218	<u>0.5289</u>	0.5244	0.5259	0.4377
25	ACC	<u>0.4958</u>	**0.5002**	0.4923	0.4962	0.4946	0.4876	0.3995
	NMI	<u>0.4985</u>	**0.5016**	0.4962	0.4929	0.4969	0.4927	0.4279
平均	ACC	<u>0.5338</u>	**0.5354**	0.5233	0.5250	0.5248	0.5210	0.4214
	NMI	<u>0.5428</u>	**0.5450**	0.5363	0.5377	0.5359	0.5372	0.4547

表 6.7—表 6.8 中的结果表明:

(1) 对于所有数据库, 所添加的椒盐噪声密度越大, 则各算法所得到的 ACC 和 NMI 的值越小, 即聚类效果越差.

(2) 在 ORL 中, 基于不同噪声密度下 ACC 和 NMI 的最大和第二大的值, ANSPG-N 和 ANSPG-T 在大部分实验中都表现最好. 然而, 随着噪声密度的增加, 各算法之间的性能差距越小.

(3) 在 UMIST 和 JAFFE 中, 基于非单调线搜索技术的块坐标下降算法 (ANSPG-N, ANSPG-T, ANSPG-G, ANSPG-M, ANSPG-H, ANSPG-W) 在聚

类不同椒盐噪声密度的图像中, 它们的聚类性能都明显优于 MU. 因此, 在聚类添加椒盐噪声的图像中, 相比 MU, 基于非单调线搜索技术的算法的聚类性能更加优越.

(4) 相比其他算法, 基于 ACC 和 NMI, ANSPG-N 和 ANSPG-T 在各数据库上在不同噪声密度下的聚类性能都是显著的.

表 6.8　不同噪声密度下各算法在 JAFFE 上的聚类结果

噪声密度 (%)		ANS-N	ANS-T	ANS-G	ANS-M	ANS-H	ANS-W	MU
5	ACC	<u>0.5763</u>	**0.5768**	0.5554	0.5648	0.5509	0.561	0.4554
	NMI	<u>0.5869</u>	**0.5873**	0.5692	0.5808	0.5685	0.5774	0.4842
10	ACC	**<u>0.5448</u>**	**0.5448**	0.5331	0.5319	0.5362	0.5303	0.4308
	NMI	<u>0.5562</u>	**0.5564**	0.5524	0.5463	0.5523	0.5546	0.4655
15	ACC	**<u>0.5352</u>**	**0.5352**	0.531	0.5171	0.5284	0.5228	0.4141
	NMI	<u>0.5434</u>	**0.5436**	0.5418	0.5396	0.5375	0.5353	0.4580
20	ACC	<u>0.5168</u>	**0.5202**	0.5047	0.515	0.5138	0.5033	0.4070
	NMI	<u>0.5289</u>	**0.5362**	0.5218	<u>0.5289</u>	0.5244	0.5259	0.4377
25	ACC	<u>0.4958</u>	**0.5002**	0.4923	0.4962	0.4946	0.4876	0.3995
	NMI	<u>0.4985</u>	**0.5016**	0.4962	0.4929	0.4969	0.4927	0.4279
平均	ACC	<u>0.5338</u>	**0.5354**	0.5233	0.5250	0.5248	0.5210	0.4214
	NMI	<u>0.5428</u>	**0.5450**	0.5363	0.5377	0.5359	0.5372	0.4547

总的来说, 在聚类这三个被污染的图像数据库时, ANSPG-N 和 ANSPG-T 的性能更加鲁棒. 由这些数值测试, 我们可以推断在处理图像聚类问题中, 基于非单调线搜索技术的算法有更好的噪声鲁棒性, 且我们的线搜索可以集成文献 (Grippo et al., 1986; Zhang and Hager, 2004; Gu and Mo, 2008; Huang et al., 2015b, 2018) 中已有线搜索的优点.

6.7.3　算法的数值性能分析

通过比较六种基于不同非单调线搜索技术的块坐标下降算法和 MU 算法在聚类各公开图像数据库时的详细数值结果, 分析各算法之间的性能差距, 进一步验证非单调线搜索规则的优越性.

为了分析各算法的数值性能, 我们比较它们的算法迭代次数 (Iter)、线搜索中目标函数的计算次数 (Nf)、终止时的梯度投影范数 $\|[\nabla_W^P F(W^k, H^k), \nabla_H^P F(W^k, H^k)^{\mathrm{T}}]\|_F$ 的值 (Pgn), 算法终止时相应目标函数中三个部分的取值情况:

$$\mathrm{ObjFun1} = \|V - W^k H^k\|_F^2,$$
$$\mathrm{ObjFun2} = \mathrm{Tr}\left((W^k)^{\mathrm{T}} L_W W^k\right) + \mathrm{Tr}\left(H^k L_H (H^k)^{\mathrm{T}}\right),$$
$$\mathrm{ObjFun3} = \|(W^k)^{\mathrm{T}} W^k - I\|_F^2 + \|H^k (H^k)^{\mathrm{T}} - I\|_F^2,$$

还有算法终止时各算法得到的模型 (6.47) 中目标函数值与最小函数值的差 (DOF).

特别地, 对于块坐标下降类算法, Iter 表示算法 6.3 中块坐标下降框架的迭代次数, Titer 表示算法在内循环中求解一系列子问题的总子迭代次数. 而对于 MU, 由于没有内循环且没有使用线搜索技术, 我们将它们关于 Titer 和 Nf 的值都记为 "N". 为了比较各算法的数值性能, 我们在表 6.9 中罗列了各算法分别在 ORL, UMIST 和 JAFFE 数据库上运行 20 次后的平均数值结果. 特别地, 在各数据库中, 每个指标下对应被加粗的值和带下划线的值分别表示该指标最小的和第二小的值.

表 6.9   各算法的数值结果

数据库	算法	Iter/Titer/Nf/Pgn	ObjFun1/ObjFun2/ObjFun3	DOF
ORL	ANS-N	57.4/6774.4/13106/**1.81e+02**	**3.9720e+09**/<u>29.2308</u>/**0.4690**	0
	ANS-T	57.1/**6724.6**/13012/<u>1.88e+02</u>	**3.9720e+09**/29.2313/**0.4690**	<u>4.1249</u>
	ANS-G	<u>55.6</u>/7070.4/**11710**/1.93e+02	**3.9720e+09**/29.3955/0.4693	1.3245e+02
	ANS-M	56.5/<u>6743.5</u>/13689/1.90e+02	**3.9720e+09**/29.3043/0.4691	7.5382e+01
	ANS-H	**52.7**/6890/13975/2.17e+02	**3.9720e+09**/29.2864/0.4691	4.8972e+01
	ANS-W	56.1/6820.5/<u>11753</u>/1.96e+02	**3.9720e+09**/29.4905/0.4691	1.3324e+02
	MU	1194.1/N/N/3.32e+05	3.9721e+09/**8.5275**/8.9433	9.3895e+05
UMIST	ANS-N	<u>138.3</u>/<u>8566.3</u>/17665/3.12e+01	**3.0473e+09**/<u>5.2792</u>/**0.3832**	0
	ANS-T	**136.2**/**8552.6**/<u>17600</u>/**2.89e+01**	**3.0473e+09**/<u>5.2792</u>/**0.3832**	<u>0.0047</u>
	ANS-G	138.6/8951.7/**16367**/6.20e+01	**3.0473e+09**/5.2976/0.3834	5.5087e+01
	ANS-M	149.5/8878.8/19045/5.62e+01	**3.0473e+09**/5.3423/0.3840	7.3841e+01
	ANS-H	145.4/8847.8/23674/6.27e+01	**3.0473e+09**/5.2801/0.3832	1.1250e+01
	ANS-W	139.1/8608.3/38874/5.71e+01	**3.0473e+09**/5.2908/0.3833	1.9547e+01
	MU	1136.3/N/N/2.44e+05	3.0474e+09/**3.124**/3.4532	3.7851e+05
JAFFE	ANS-N	<u>76.7</u>/<u>2386.9</u>/5683.7/**2.23e+02**	**9.2423e+09**/<u>4.2701</u>/**0.9852**	0
	ANS-T	<u>76.7</u>/**2380.2**/5672/2.42e+02	**9.2423e+09**/4.2702/**0.9852**	<u>5.9085</u>
	ANS-G	**76.5**/2476.6/**5527.4**/3.25e+02	**9.2423e+09**/4.2728/0.9859	1.54e+02
	ANS-M	83.2/2461.7/6082.2/3.18e+02	**9.2423e+09**/4.2722/0.9854	2.23e+02
	ANS-H	78.4/2480.5/6010.8/3.15e+02	**9.2423e+09**/4.2714/0.9853	2.20e+02
	ANS-W	79.9/2447.6/<u>5633.1</u>/2.68e+02	**9.2423e+09**/4.2704/**0.9852**	1.0597e+01
	MU	152/N/N/2.43e+05	9.2425e+09/**1.3568**/2.1093/	2.0359e+05

基于表 6.9 中的数值结果, 我们可知:

(1) 由数据库中各算法的数值结果可得, 与其他四个相似算法相比, ANSPG-N 和 ANSPG-T 都能以较少迭代次数 (Titer) 和较少线搜索中目标函数值的计算次数 (Nf) 取得相似精度的解, 且由 Pgn 的值可知该解更靠近稳定点.

(2) 由 Pgn 的取值情况可知, MU 所得解不是模型 (6.47) 的稳定点, 且该解显然与其他六个算法所得解不同. 此外, 由 ObjFun1, ObjFun3 和 DOF 可知, 相比乘法更新类算法, 基于非单调线搜索技术的块坐标下降算法能够找到拥有更小重构误差, 更好正交性和更小目标函数值的因子矩阵对 (W, H).

(3) 基于 ObjFun2, ObjFun3 和 DOF 的数值表现, 相比其他非单调类算法, 考虑低维重构样本空间和特征空间与原样本空间和特征空间局部结构的相似性、因子矩阵的正交性, 以及目标函数值的大小, 我们认为 ANSPG-N 和 ANSPG-T 能够找到模型 (6.47) 更高质量的因子矩阵.

综上所述, 基于非单调线搜索技术的块坐标下降算法能够帮助 NMF 模型 (6.47) 找到更高质量的因子矩阵, 且它们的数值性能显著优于乘法更新类算法. 作为文献 (Grippo et al., 1986; Zhang and Hager, 2004; Gu and Mo, 2008; Huang et al., 2015b, 2018) 中非单调线搜索准则的重要推广, 我们的非单调线搜索可以为广义 NMF 模型 (6.40) 构造有效的优化算法, 并用于处理图像聚类问题.

总　　结

本章提出了一种新的非单调线搜索规则, 该规则结合了现有非单调线搜索规则的优点, 可以有效地求解矩阵空间中的界约束优化问题. 基于这种线搜索所具有的良好性质, 我们提出了一种新的非单调谱投影梯度算法来求解矩阵空间的界约束优化问题, 并建立了其全局收敛性. 随后为求解图像聚类问题提出了一种基于新型非单调线搜索技术的块坐标下降算法. 该算法基于块坐标下降框架使用提出的非单调谱投影梯度算法交替求解单因子矩阵变量的界约束优化子问题来更新原复杂问题的近似因子矩阵解序列.

通过求解大量的大规模的不同类型的测试问题, 我们对所提出算法的数值性能进行了测试, 并与文献中已有的类似算法进行了比较. 具体而言, 本章所提出的线搜索规则通过生成适当的步长, 在减少函数值迭代次数和算法迭代次数的前提下, 加快算法的收敛速度, 显著提高算法的数值效率. 此外, 与流行的乘法更新类策略相比, 基于非单调线搜索技术的块坐标下降算法能为正交对偶图正则 NMF 模型找到重构误差更小, 更满足正交性的因子矩阵解, 且在聚类公开图像数据集时性能更优, 更鲁棒.

第 7 章　求解非光滑方程组新型非单调谱残量方法

本章中, 我们将提出一种新型非单调谱残量方法 (NSRA) 求解大规模非线性方程组. 该方法不需要计算导数, 其搜索步长是近似割线方程的残量极小化问题的最优解. 对于非线性局部利普希茨连续方程组, 我们还将建立本章所开发的算法的全局收敛性理论. 利用算法求解大规模基准测试问题, 数值结果能够证实本章提出的算法在性能上的优越性.

7.1　引　　言

我们研究如下非线性方程组:

$$F(x) = 0, \tag{7.1}$$

其中 $F: R^n \to R^n$ 是非线性局部利普希茨连续函数. 当经济学、管理科学、工程和力学中的许多问题用变分不等式和互补性问题描述时, 其统一的数学模型可以归纳为方程组 (7.1). 由于该类问题属于非光滑非线性系统, 其求解难度高, 需要开发高效算法.

已有文献已提出了一系列迭代算法求解问题 (7.1), 其基本格式是: 由任意给定的初始点 x_0 生成一系列近似解序列 x_k, 且相邻两个迭代点由下式给出:

$$x_{k+1} = x_k + \alpha_k d_k, \tag{7.2}$$

其中, d_k 是第 k 次迭代时的搜索方向, 通常要求它是残量 $\|F(x_k)\|$ 的下降方向; α_k 是沿着 d_k 方向的步长, 通常使用某种线搜索规则得到.

当 F 是光滑函数时, 通常用牛顿法和拟牛顿法生成搜索方向 (Dennis and Moré, 1977; Wan et al., 2014a). 这两种方法的局部收敛性较好, 但在算法运行中需要计算和存储 F 的雅可比矩阵, 因此它们一般不适合求解大规模非线性方程 (Deng and Wan, 2015a; Wan et al., 2011a). 为了克服牛顿法或拟牛顿法的缺点, 求解优化问题的谱梯度方法 (Cheng and Chen, 2013; Cheng and Li, 2009; La Cruz et al., 2006) 或共轭梯度方法 (Wan et al., 2016) 被推广到求解方程组(7.1), 数值测试也证实它们在求解大规模问题时具有较高的数值效率. 当 F 仅局部利普希茨连续时, 则需要光滑化或者非光滑方法求解 (7.1) (Qi and Sun, 1993; Wan et al., 2015).

通常采用单调和非单调线搜索规则计算 (7.2) 式中的步长. 许多人研究了不同形式的单调和非单调线搜索规则 (Huang et al., 2015b; Wan et al., 2014a, 2014b). 我们在第 1 章已证实, BB(Barzilai-Borwein) 类步长可能对求解大规模无约束优化问题具有良好的数值性能 (Barzilai and Borwein, 1988; Li and Wan, 2019), 由此生成近似解差不多能媲美于拟牛顿方法得到的近似解.

7.2 新的谱步长及其在二次极小化中的应用

在提出求解适用于非线性方程组的新型 BB 类步长之前, 我们先介绍求解优化问题的经典 BB 步长.

对如下无约束优化问题:

$$\min_{x \in R^n} f(x), \tag{7.3}$$

其中函数 $f: R^n \to R$ 连续可微. 求解优化问题 (7.3) 的 BB 步长是指:

$$\alpha_k = \arg\min_\alpha \|\alpha y_{k-1} - s_{k-1}\|^2, \tag{7.4}$$

或

$$\alpha_k = \arg\min_\alpha \|\alpha^{-1} s_{k-1} - y_{k-1}\|^2. \tag{7.5}$$

由 (7.4) 和 (7.5) 易得 BB 步长为

$$\alpha_k = \frac{s_{k-1}^{\mathrm{T}} y_{k-1}}{y_{k-1}^{\mathrm{T}} y_{k-1}}, \tag{7.6}$$

或

$$\alpha_k = \frac{s_{k-1}^{\mathrm{T}} s_{k-1}}{s_{k-1}^{\mathrm{T}} y_{k-1}}, \tag{7.7}$$

其中 $s_{k-1} = x_k - x_{k-1}$, $y_{k-1} = \nabla f(x_k) - \nabla f(x_{k-1})$. Cheng 和 Chen (2013) 将上述 BB 步长方法推广到求解光滑非线性方程组.

下面, 我们根据上述 BB 步长的构造思想研究针对线性方程组的 BB 步长.

对如下线性方程组:

$$Ax = b, \tag{7.8}$$

其中 A 为对称正定阵. 定义 $L: R^n \to R^n$, $L(x) = Ax - b$. 则 (7.8) 变为

$$L(x) = 0. \tag{7.9}$$

易得 $x_* \in R^n$ 是方程组 (7.9) 的解, 当且仅当 x_* 是以下二次极小化问题的最优解:

$$\min q(x) = \frac{1}{2} x^{\mathrm{T}} A x - b^{\mathrm{T}} x, \quad x \in R^n. \tag{7.10}$$

对任意给定的两点 $x_k, x_{k-1} \in R^n$, 定义:

$$s_{k-1} = x_k - x_{k-1}, \quad y_{k-1} = L(x_k) - L(x_{k-1}).$$

则

$$A s_{k-1} = A(x_k - x_{k-1}) = (A x_k - b) - (A x_{k-1} - b) = L_k - L_{k-1} = y_{k-1}. \tag{7.11}$$

类比 (7.6) 和 (7.7), 可得线性方程 (7.9) 所对应的 BB 步长为

$$\alpha_k^{\mathrm{BB1}} = \frac{s_{k-1}^{\mathrm{T}} y_{k-1}}{y_{k-1}^{\mathrm{T}} y_{k-1}}, \tag{7.12}$$

或

$$\alpha_k^{\mathrm{BB2}} = \frac{s_{k-1}^{\mathrm{T}} s_{k-1}}{s_{k-1}^{\mathrm{T}} y_{k-1}}. \tag{7.13}$$

我们现在定义一个目标函数 $m : R^n \to R$, 以刻画线性方程组 (7.8) 的解的近似程度, 称之为残量函数, 它由下式给出:

$$m(x) = \frac{1}{2} \|A x - b\|^2 = \frac{1}{2} x^{\mathrm{T}} A^{\mathrm{T}} A x - b^{\mathrm{T}} A x + \frac{1}{2} b^{\mathrm{T}} b. \tag{7.14}$$

由于 $m(x) \geqslant 0$ 恒成立, 故若 m 的全局极小值 x_* 满足 $m(x_*) = 0$, 则 x_* 是方程组 (7.8) 的解.

显然, m 的梯度函数是

$$\nabla m(x) = A^{\mathrm{T}} A x - A^{\mathrm{T}} b = A^{\mathrm{T}} L(x) \triangleq g(x),$$

其 Hessian 矩阵是 $A^{\mathrm{T}} A$. 我们定义

$$y'_{k-1} = g(x_k) - g(x_{k-1}) = A^{\mathrm{T}} y_{k-1}.$$

则对于问题 (7.14), x_k 处的 BB 步长可表示为

$$\alpha_k = \frac{s_{k-1}^{\mathrm{T}} s_{k-1}}{s_{k-1}^{\mathrm{T}} y'_{k-1}}.$$

如果使用 BB 步长的方法求残量函数 m 的极小值, 则迭代序列可表示为

$$
\begin{aligned}
x_{k+1} &= x_k + \alpha_k d_k \\
&= x_k - \frac{s_{k-1}^{\mathrm{T}} s_{k-1}}{s_{k-1}^{\mathrm{T}} y'_{k-1}} g(x_k) \\
&= x_k - \frac{s_{k-1}^{\mathrm{T}} s_{k-1}}{s_{k-1}^{\mathrm{T}} A^{\mathrm{T}} y_{k-1}} g(x_k) \\
&= x_k - \frac{s_{k-1}^{\mathrm{T}} s_{k-1}}{y_{k-1}^{\mathrm{T}} y_{k-1}} g(x_k) \\
&= x_k - \frac{s_{k-1}^{\mathrm{T}} s_{k-1}}{y_{k-1}^{\mathrm{T}} y_{k-1}} A^{\mathrm{T}} L_k.
\end{aligned}
\tag{7.15}
$$

由 (7.15) 中第四个等式知, 使用的步长可表示为

$$
\frac{s_{k-1}^{\mathrm{T}} s_{k-1}}{y_{k-1}^{\mathrm{T}} y_{k-1}}.
$$

由于 $\nabla^2 m = A^{\mathrm{T}} A$, 故矩阵

$$
\sqrt{\frac{s_{k-1}^{\mathrm{T}} s_{k-1}}{y_{k-1}^{\mathrm{T}} y_{k-1}}}\, I
$$

近似于 A 的倒数, 即可看作 m 在 x_k 处的 Hessian 矩阵的逆的近似. 这样

$$
x_{k+1} = x_k - \frac{s_{k-1}^{\mathrm{T}} s_{k-1}}{y_{k-1}^{\mathrm{T}} y_{k-1}} A^{\mathrm{T}} L_k \approx x_k - \sqrt{\frac{s_{k-1}^{\mathrm{T}} s_{k-1}}{y_{k-1}^{\mathrm{T}} y_{k-1}}} L_k.
\tag{7.16}
$$

依据 (7.16) 式中表达式特征, 我们定义新的步长:

$$
\alpha_k^{\mathrm{NEW}} = \sqrt{\frac{s_{k-1}^{\mathrm{T}} s_{k-1}}{y_{k-1}^{\mathrm{T}} y_{k-1}}} = \sqrt{\alpha_k^{\mathrm{BB1}} \alpha_k^{\mathrm{BB2}}}.
\tag{7.17}
$$

按照该思路, 我们对非线性方程组 (7.1) 也可以定义类似于 (7.14) 的残量函数 (参见 (7.36) 式), 并用 (7.17) 得到的 α_k^{NEW} 作为求解非线性方程组 (7.1) 的试探步长, 以此提高算法的数值效率.

　　(7.17) 式定义的 α_k^{NEW} 正好可以写成经典 BB 步长 α_k^{BB1} 和 α_k^{BB2} 的几何平均. 我们还可以证明 α_k^{NEW} 具有以下性质.

命题 7.1 由 (7.17) 定义的 α_k^{NEW} 在求解问题 (7.10) 时, 以下不等式恒成立:

$$0 < \lambda_{\min} \leqslant (\alpha_k^{\mathrm{NEW}})^{-1} \leqslant \lambda_{\max}, \quad \forall k, \tag{7.18}$$

其中 $\lambda_{\min}$ 和 $\lambda_{\max}$ 分别为线性方程组系数矩阵 A 的最小、最大特征值.

证明 易得 $(\alpha_k^{\mathrm{BB2}})^{-1}$ 是 A 在 s_{k-1} 处的 Rayleigh 商 (Rayleigh quotient), $(\alpha_k^{\mathrm{BB1}})^{-1}$ 是 A 在 $\sqrt{A}s_{k-1}$ 处的 Rayleigh 商. 由于 A 是对称正定的, 故

$$\begin{aligned}0 < \lambda_{\min} \leqslant (\alpha_k^{\mathrm{BB1}})^{-1} \leqslant \lambda_{\max}, \quad \forall k, \\ 0 < \lambda_{\min} \leqslant (\alpha_k^{\mathrm{BB2}})^{-1} \leqslant \lambda_{\max}, \quad \forall k.\end{aligned} \tag{7.19}$$

根据 (7.17) 中 α_k^{NEW} 与 α_k^{BB1} 和 α_k^{BB2} 的关系可得: 对任意的 x_k, 有

$$0 < \lambda_{\min} \leqslant (\alpha_k^{\mathrm{NEW}})^{-1} \leqslant \lambda_{\max}, \tag{7.20}$$

其中 $\lambda_{\min}$ 和 $\lambda_{\max}$ 分别是 A 的最小和最大特征值. $\qquad\square$

注 7.1 已有文献中也提到过步长计算公式 (7.17)(Dai, 2003; Dai et al., 2015), 但只对该步长性质进行了初步分析 (Cheng and Dai, 2012; Dai and Yang, 2006; Vrahatis et al., 2000). 特别地, Dai 等 (2015) 首次分析了该步长用于求解二维严格凸二次极小化问题时的性质. 本章中, 我们将该步长用于求解 n 维二次极小化问题, 并建立其收敛性理论.

下面我们叙述基于最速下降方向和步长 (7.17) 而开发的求解 n 维二次极小化问题 (7.10) 的算法.

算法 7.1 基于步长 (7.17) 的改进最速下降算法

步 1: 选择一个初始点 $x_0 \in R^n$, $\varepsilon > 0$. 设 $k := 0$.

步 2: 如果 $\|\nabla q(x_k)\| \leqslant \varepsilon$, 该算法停止. 否则, 按照 (7.17) 公式计算 $\alpha_k = \alpha_k^{\mathrm{NEW}}$, 转至步 3.

步 3: 设 $d_k := -\nabla q(x_k)$.

步 4: 设 $x_{k+1} := x_k + \alpha_k d_k$, $k := k+1$. 转至步 2.

注 7.2 尽管算法 7.1 用于求解 n 维二次极小化问题 (7.10), 但是在步 3 中用 $-L(x_k)$ 替换 $-\nabla q(x_k)$, 并重新定义 $y_k = L(x_k) - L(x_{k-1})$, 则所得近似解即为线性方程组 (7.9) 的近似解.

注 7.3 对于算法 7.1, 我们可以在 q 为二次函数的情况下建立它的收敛理论 (请参见定理 7.1). 然而, 对于一般非光滑非线性方程组 (7.1), 算法 7.1 的理论结果很难在现有文献中找到. Raydan (1997) 指出, 要验证算法 7.1 的效率, 需要将其用于求解一般非光滑非线性方程组. 我们在本章 7.3 节利用步长 (7.17) 开发新的算法, 以求解一般非光滑非线性方程组 (7.2).

在建立算法 7.1 的收敛性理论之前, 我们首先叙述以下结论 (Raydan, 1993).

引理 7.1　设 q 是由 (7.10) 定义的二次函数, x_* 是 q 的极小值点. 如果 $\{x_k\}$ 是由算法 7.1 生成的序列, 对于任意的 k 定义 $e_k = x_* - x_k$, 那么

(1) $Ae_k = d_k$;

(2) $e_{k+1} = \alpha_k \left(\dfrac{1}{\alpha_k} I - A \right) e_k.$

通过引理 7.1, 我们可以证明如下结论.

引理 7.2　设 q 是由 (7.10) 定义, $\{v_1, v_2, \cdots, v_n\}$ 是 A 的正交特征向量, 对应的特征值为 $\{\lambda_1, \lambda_2, \cdots, \lambda_n\}$, 其中 $\lambda_1 \leqslant \lambda_2 \leqslant \cdots \leqslant \lambda_n$. 假设 $\{x_k\}$ 是由算法 7.1 生成的序列, 对于任意的 k 定义 $e_k = x_* - x_k$, 设 x_* 是 q 的极小值. 那么

$$e_{k+1} = \sum_{i=1}^{n} c_i^{(k+1)} v_i, \tag{7.21}$$

其中

$$c_i^{k+1} = \prod_{j=0}^{k} (1 - \alpha_j \lambda_i) c_i^0. \tag{7.22}$$

证明　对任意的 k, 存在常数 $c_1^{(k)}, c_2^{(k)}, \cdots, c_n^{(k)}$, 使得

$$e_k = \sum_{i=1}^{n} c_i^{(k)} v_i, \tag{7.23}$$

其中 $\{v_1, v_2, \cdots, v_n\}$ 是 A 的特征值 $\{\lambda_1, \lambda_2, \cdots, \lambda_n\}$ 所对应的正交特征向量. 由引理 7.1 的第二个结论知, 对任意的 k,

$$\begin{aligned}
e_{k+1} &= \sum_{i=1}^{n} c_i^{(k+1)} v_i \\
&= \alpha_k \left(\frac{1}{\alpha_k} I - A \right) e_k \\
&= \alpha_k \left(\frac{1}{\alpha_k} I - A \right) \sum_{i=1}^{n} c_i^{(k)} v_i \\
&= \sum_{i=1}^{n} (1 - \alpha_k \lambda_i) c_i^{(k)} v_i.
\end{aligned} \tag{7.24}$$

因此,

$$c_i^{(k+1)} = (1 - \alpha_k \lambda_i) c_i^{(k)} = \cdots = \prod_{j=0}^{k} (1 - \alpha_j \lambda_i) c_i^{(0)}. \tag{7.25}$$

$\square$

由于 α_k 满足 (7.18), 类似于 (Raydan, 1993), 我们也有如下结论.

引理 7.3 设 $\{c_1^{(k)}\}$ 是一个由 (7.22) 定义的序列, 则 $c_1^{(k)}$ Q 维线性收敛到零, 收敛因子为 $\hat{c} = 1 - (\lambda_{\min}/\lambda_{\max})$.

由引理 7.3 又可证如下结论.

引理 7.4 假设所有序列 $\{c_1^{(k)}\}, \{c_2^{(k)}\}, \cdots, \{c_l^{(k)}\}$, $1 \leqslant l < n$ 收敛到 0, 那么

$$\liminf_{k \to \infty} |c_{l+1}^{(k)}| = 0.$$

证明 利用反证法证明. 假设存在 $\epsilon > 0$, 使得对于任意的 k 满足条件:

$$\left(c_{l+1}^{(k)}\right)^2 \lambda_{l+1}^2 > \epsilon.$$

由引理 7.1 知

$$s_k = x_{k+1} - x_k = \alpha_k d_k = \alpha_k A e_k.$$

由 (7.11) 可得

$$y_k = A s_k = \alpha_k A^2 e_k.$$

由 (7.23) 和向量组 $\{v_1, v_2, \cdots, v_n\}$ 的正交性可得

$$\alpha_{k+1} = \sqrt{\frac{s_k^{\mathrm{T}} s_k}{y_k^{\mathrm{T}} y_k}} = \sqrt{\frac{(A e_k)^{\mathrm{T}} (A e_k)}{(A^2 e_k)_k^{\mathrm{T}} (A^2 e_k)}} = \sqrt{\frac{\sum\limits_{i=1}^{n} (c_i^{(k)})^2 \lambda_i^2}{\sum\limits_{i=1}^{n} (c_i^{(k)})^2 \lambda_i^4}}. \tag{7.26}$$

由于所有数列 $\{c_1^{(k)}\}, \{c_2^{(k)}\}, \cdots, \{c_l^{(k)}\}$ 均收敛到 0, 则存在足够大的 $\hat{k}$, 使得对任意的 $k \geqslant \hat{k}$, 有如下不等式成立:

$$\sum_{i=1}^{l} \left(c_i^{(k)}\right)^2 \lambda_i^2 < \frac{\epsilon}{2}. \tag{7.27}$$

由 (7.26), (7.27) 和 (7.18) 可得

$$\left(\sqrt{\frac{\dfrac{\epsilon}{2} + \sum\limits_{i=l+1}^{n} \left(c_i^{(k)}\right)^2 \lambda_i^2}{\sum\limits_{i=l+1}^{n} \left(c_i^{(k)}\right)^2 \lambda_i^4}}\right)^{-1} \leqslant \alpha_{k+1}^{-1} \leqslant \lambda_{\max}. \tag{7.28}$$

另一方面,

$$\sum_{i=l+1}^{n}(c_i^{(k)})^2\lambda_i^2 \geqslant (c_{l+1}^{k})^2\lambda_{l+1}^2 > \epsilon, \quad \sum_{i=l+1}^{n}(c_i^{(k)})^2\lambda_i^4 \geqslant \left(\sum_{i=l+1}^{n}(c_i^{(k)})^2\lambda_i^2\right)\lambda_{l+1}^2.$$

因此, 由 (7.28) 可知

$$\left(\sqrt{\frac{\frac{\epsilon}{2}+\sum\limits_{i=l+1}^{n}\left(c_i^{(k)}\right)^2\lambda_i^2}{\sum\limits_{i=l+1}^{n}\left(c_i^{(k)}\right)^2\lambda_i^4}}\right)^{-1} = \left(\sqrt{\frac{\frac{\epsilon}{2}}{\sum\limits_{i=l+1}^{n}\left(c_i^{(k)}\right)^2\lambda_i^4}+\frac{\sum\limits_{i=l+1}^{n}\left(c_i^{(k)}\right)^2\lambda_i^2}{\sum\limits_{i=l+1}^{n}\left(c_i^{(k)}\right)^2\lambda_i^4}}\right)^{-1}$$

$$\geqslant \left(\sqrt{\frac{\frac{\epsilon}{2}}{\epsilon\lambda_{l+1}^2}+\frac{1}{\lambda_{l+1}^2}}\right)^{-1}$$

$$= \sqrt{\frac{2}{3}}\lambda_{l+1}.$$

故对于任意的 $k \geqslant \hat{k}$, 下列不等式成立:

$$\sqrt{\frac{2}{3}}\lambda_{l+1} \leqslant \alpha_{k+1}^{-1} \leqslant \lambda_{\max}.$$

因为 $c_{l+1}^{(k+1)} = (1-\alpha_k\lambda_{l+1})c_{l+1}^{(k)}$, 所以对任意的 $k \geqslant \hat{k}+1$, 有

$$\left|c_{l+1}^{(k+1)}\right| \leqslant |1-\alpha_k\lambda_{l+1}|\left|c_{l+1}^{(k)}\right| \leqslant \hat{c}\left|c_{l+1}^{(k)}\right|, \tag{7.29}$$

其中

$$\hat{c} = \max\left(\frac{\sqrt{6}-2}{2}, 1-\frac{\lambda_{l+1}}{\lambda_{\max}}\right) < 1.$$

上述结果显然与 (7.29) 矛盾. 故 $\liminf\limits_{k\to\infty}\left|c_{l+1}^{(k)}\right| = 0$. □

　　以上述结果为基础, 下面我们叙述并证明本章的主要定理之一.

　　定理 7.1　设 q 是由 (7.10) 严格定义的凸二次函数, $\{x_k\}$ 是由算法 7.1 生成的序列, 其中步长由 (7.17) 定义. 设 x_* 是 q 的极小值点. 那么序列 $\{x_k\}$ 收敛于 x_*, 或者存在一个整数 j 使得 $x_j = x_*$.

　　证明　如果存在一个整数 j 使得 $x_j = x_*$, 则结论自然成立. 现假设不存在整数 j, 使得 $x_j = x_*$ 成立, 即需要证明序列 $\{e_k\}$ 收敛到 0.

　　由 (7.23) 式和特征向量的正交性知

$$\|e_k\|_2^2 = \sum_{i=1}^{n} (c_i^{(k)})^2.$$

则证明序列 $\{e_k\}$ 收敛到 0 可转化成: 对于 $i=1,2,\cdots,n$, 序列 $\{c_i^{(k)}\}$ 收敛到 0.

利用反证法证明. 假设存在序列 $\{c_i^{(k)}\}$ 不收敛到 0, 即存在一最小整数 p $(1 \leqslant p \leqslant n)$, 使得 $\{c_p^{(k)}\}$ 不收敛到 0. 由引理 7.3 可知: $p \geqslant 2$.

由于序列 $\{c_1^{(k)}\}$, $\cdots$, $\{c_{p-1}^{(k)}\}$ 均收敛到 0, 则存在足够大的 $\hat{k}$, 使得对于给定的 $\epsilon > 0$ 和任意的 $k \geqslant \hat{k}$ 满足条件:

$$\sum_{i=1}^{p-1} \left(c_i^{(k)} \right)^2 \lambda_i^2 < \frac{\epsilon}{2}. \tag{7.30}$$

根据引理 7.4 可知: $\liminf\limits_{k \to \infty} |c_p^{(k)}| = 0$. 故存在有 $k_p \geqslant \hat{k}$ 使得

$$\left(c_p^{(k_p)} \right)^2 \lambda_p^2 < \epsilon.$$

为了分析 $k \geqslant k_p$ 时序列 $\{c_p^k\}$ 的性质, 我们定义了

$$M_\epsilon = \sup_{i \geqslant k_p} \left\{ \left(c_p^{(i)} \right)^2 \right\}.$$

如果 $k_0(k_0 > k_p)$ 是第一个正整数, 使得

$$\left(c_p^{(k_0-1)} \right)^2 \lambda_p^2 < \epsilon, \quad \left(c_p^{(k_0)} \right)^2 \lambda_p^2 > \epsilon.$$

那么, 对于 $i, k_p \leqslant i \leqslant k_0 - 1$, 满足条件

$$\max_{k_p \leqslant i \leqslant k_0-1} \left\{ \left(c_p^{(i)} \right)^2 \right\} < \frac{\epsilon}{\lambda_p^2}. \tag{7.31}$$

由 (7.26) 和 (7.30) 可知: 对于任意满足条件 $k_0 + 1 \leqslant i \leqslant j$ 的整数 i,

$$\sqrt{\frac{2}{3}} \lambda_p \leqslant \alpha_i^{-1} \leqslant \lambda_{\max}, \tag{7.32}$$

其中 j 是大于 k_0 的第一个整数, 且满足条件 $\left(c_p^{(j)} \right)^2 \lambda_p^2 < \epsilon$. 故根据 (7.20) 可知, 对于任意的 $k' \geqslant 0$,

$$1 - \frac{\lambda_p}{\lambda_{\min}} \leqslant 1 - \alpha_{k'} \lambda_p \leqslant 1 - \frac{\lambda_p}{\lambda_{\max}}.$$

综合该式和 (7.25) 式,

$$\left(c_p^{(k'+1)}\right)^2 = (1 - \alpha_{k'}\lambda_p)^2 \left(c_p^{(k')}\right)^2$$

$$\leqslant \max\left\{ \left(1 - \frac{\lambda_{\max}}{\lambda_{\min}}\right)^2, \left(1 - \frac{\lambda_{\min}}{\lambda_{\max}}\right)^2 \right\} \left(c_p^{(k')}\right)^2$$

$$\leqslant \left(\frac{\lambda_{\max} - \lambda_{\min}}{\lambda_{\min}}\right)^2 \left(c_p^{(k')}\right)^2, \quad k' \geqslant 0.$$

故对于 k_0 和 $k_0 + 1$, 可得

$$\left(c_p^{(k_0)}\right)^2 \leqslant \left(\frac{\lambda_{\max} - \lambda_{\min}}{\lambda_{\min}}\right)^2 \left(c_p^{(k_0-1)}\right)^2$$

$$= \left(\frac{\lambda_{\max} - \lambda_{\min}}{\lambda_{\min}}\right)^2 \frac{\left(c_p^{(k_0-1)}\right)^2 \lambda_p^2}{\lambda_p^2}$$

$$< \left(\frac{\lambda_{\max} - \lambda_{\min}}{\lambda_{\min}}\right)^2 \frac{\epsilon}{\lambda_p^2}, \tag{7.33}$$

且

$$\left(c_p^{(k_0+1)}\right)^2 \leqslant \left(\frac{\lambda_{\max} - \lambda_{\min}}{\lambda_{\min}}\right)^4 \left(c_p^{(k_0-1)}\right)^2$$

$$\leqslant \left(\frac{\lambda_{\max} - \lambda_{\min}}{\lambda_{\min}}\right)^4 \frac{\epsilon}{\lambda_p^2}. \tag{7.34}$$

对任意满足 $k_0 + 1 \leqslant i \leqslant j$ 的 i, α_i 满足 (7.32). 则

$$\left|c_p^{(i+1)}\right| \leqslant \max\left\{ \frac{\sqrt{6} - 2}{2}, 1 - \frac{\lambda_p}{\lambda_{\max}} \right\} \left|c_p^{(i)}\right|.$$

故当 i 满足 $k_0 + 1 \leqslant i \leqslant j + 1$ 可知

$$\max_{k_0+1 \leqslant i \leqslant j+1} \left\{ \left(c_p^{(i)}\right)^2 \right\} = \left(c_p^{(k_0+1)}\right)^2$$

$$\leqslant \left(\frac{\lambda_{\max} - \lambda_{\min}}{\lambda_{\min}}\right)^4 \frac{\epsilon}{\lambda_p^2}. \tag{7.35}$$

综合结论 (7.31), (7.33) 和 (7.35), 我们可以得到

$$\max_{k_p \leqslant i \leqslant j+1} \left\{ \left(c_p^{(i)}\right)^2 \right\} \leqslant \max\left\{ 1, \left(\frac{\lambda_{\max} - \lambda_{\min}}{\lambda_{\min}}\right)^2, \left(\frac{\lambda_{\max} - \lambda_{\min}}{\lambda_{\min}}\right)^4 \right\} \frac{\epsilon}{\lambda_p^2}.$$

类比上述证明, 对于 $i > j + 1$, 我们可证得

$$\max_{j+1 \leqslant i} \left\{ \left(c_p^{(i)} \right)^2 \right\} \leqslant \max \left\{ 1, \left(\frac{\lambda_{\max} - \lambda_{\min}}{\lambda_{\min}} \right)^2, \left(\frac{\lambda_{\max} - \lambda_{\min}}{\lambda_{\min}} \right)^4 \right\} \frac{\epsilon}{\lambda_p^2}.$$

故

$$M_\epsilon \leqslant \max \left\{ 1, \left(\frac{\lambda_{\max} - \lambda_{\min}}{\lambda_{\min}} \right)^2, \left(\frac{\lambda_{\max} - \lambda_{\min}}{\lambda_{\min}} \right)^4 \right\} \frac{\epsilon}{\lambda_p^2}.$$

当 $\epsilon(\epsilon > 0) \to 0$ 时, $\limsup\limits_{k \to \infty} \left(c_p^{(k)} \right)^2 = 0$. 因此 $\lim\limits_{k \to \infty} \left| c_p^{(k)} \right| = 0$, 这与假设矛盾. 故可得序列 $\{e_k\}$ 收敛到 0. □

注 7.4 定理 7.1 参考 Raydan (1993) 获得的 BB 步长性质, 给出了算法 7.1 对于 n 维极小化问题的收敛性, 这是 Dai 等 (2015) 结果的推广.

7.3 新型非单调谱残量算法及其收敛性

在本节中, 我们将利用 7.2 节中提出的步长, 开发一种新型非单调谱残量算法来求解一般的非光滑非线性方程组. 然后, 建立算法的收敛理论.

如果 (7.1) 中 F 是一个一般非线性非光滑函数, 我们定义:

$$f(x) = \frac{1}{2} \| F(x) \|^2 \tag{7.36}$$

作为目标函数. 如果 x_* 是 (7.36) 的全局极小值, 其满足条件 $f(x_*) = 0$, 那么 x_* 也是方程 (7.1) 的解. 因为 F 是局部利普希茨的, 则 f 可能是非光滑的.

定义 $s_{k-1} = x_k - x_{k-1}, y_{k-1} = F(x_k) - F(x_{k-1})$. 那么, 对于一般的非线性和非光滑方程 (7.1), 新步长的定义如下:

$$\alpha_k^{\text{NEW}} = \sqrt{\frac{s_{k-1}^{\text{T}} s_{k-1}}{y_{k-1}^{\text{T}} y_{k-1}}}. \tag{7.37}$$

由于非单调线搜索技术的优势, 我们推广并改进 Huang 等 (2015b) 的非单调线搜索规则, 以求解非线性方程组 (7.1).

作为从优化问题解法到非线性方程解法的推广, 本章中新型非单调线搜索规则可以表述如下. 设 x_k 为当前迭代点, d_k 是 x_k 处的搜索方向, $C_0 = f(x_0)$, $Q_0 = 1$. 选择 ρ, δ 和 η_k, 使得 $0 < \rho < 1, \delta \in (0, 1), \eta_k \in [\eta_{\min}, \eta_{\max}]$, 其中 $0 \leqslant \eta_{\min} \leqslant \eta_{\max} \leqslant 1$. C_k 的迭代公式为

$$C_{k+1} = \frac{\eta_k Q_k C_k + f(x_{k+1})}{Q_{k+1}}, \tag{7.38}$$

其中 $Q_{k+1} = \eta_k Q_k + 1$, 对于任意的 $k \geqslant 0$, $b_{\max}$ 是一个足够大的常数, 使得 b_k^k 满足条件 $b_{\max} > b_k^k > 0$. 由

$$b_j^k = \frac{\prod\limits_{i=j}^{k-1} \eta_i}{Q_k} Q_j b_j^j, \quad j = 0, 1, 2, \cdots, k-1,$$

可以构造一组系数 b_j^k, $j = 0, 1, 2, \cdots, k-1$, 其满足条件:

$$b_j^k = \frac{\eta_{k-1}}{Q_k} Q_{k-1} b_j^{k-1}. \tag{7.39}$$

在表 7.1 中我们给出了对于不同的 j, k 所对应的 b_j^k 的值.

表 7.1 不同 j, k 对应 b_j^k 的值

	$j = 0$	$j = 1$	$j = 2$	$\cdots$	$j = p$
$k = 0$	b_0^0				
$k = 1$	$\frac{\eta_0}{Q_1} Q_0 b_0^0$	b_1^1			
$k = 2$	$\frac{\eta_1 \eta_0}{Q_2} Q_0 b_0^0$	$\frac{\eta_1}{Q_2} Q_1 b_1^1$	b_2^2		
$\vdots$	$\vdots$	$\vdots$	$\vdots$		
$k = p$	$\frac{\prod\limits_{i=0}^{p-1} \eta_i}{Q_p} Q_0 b_0^0$	$\frac{\prod\limits_{i=1}^{p-1} \eta_i}{Q_p} Q_1 b_1^1$	$\frac{\prod\limits_{i=2}^{p-1} \eta_i}{Q_p} Q_2 b_2^2$	$\cdots$	b_p^p

对于给定的正序列 $\{\epsilon_k\}$, 使之满足条件:

$$\sum_{k=0}^{\infty} \epsilon_k = \bar{\epsilon} < \infty,$$

本章改进的非单调线搜索步长更新规则如下: 寻找步长 $\alpha_k = \bar{\alpha}_k \rho^{h_k}$, 其中 $\bar{\alpha}_k = \alpha_k^{\mathrm{NEW}}$, h_k 是使得以下不等式成立的最小整数:

$$C_{k+1} = \frac{\eta_k Q_k C_k + f(x_k + \alpha_k d_k)}{Q_{k+1}} \leqslant C_k + \frac{\sum\limits_{j=0}^{k} b_j^k \epsilon_j}{Q_{k+1}} - \gamma \alpha_k^2 \|F_k\|^2. \tag{7.40}$$

注 7.5 由 $\eta_{\max} < 1$ 可知

$$1 < Q_{k+1} = 1 + \sum_{j=0}^{k}\prod_{i=0}^{j}\eta_{k-i} \leqslant 1 + \sum_{j=0}^{k}\eta_{\max}^{j+1} \leqslant \sum_{j=0}^{\infty}\eta_{\max}^{j} = \frac{1}{1-\eta_{\max}}.$$

故序列 $\{Q_k\}$ 有界.

又因为

$$b_j^k = \frac{\prod\limits_{i=j}^{k-1}\eta_i}{Q_k}Q_j b_j^j \leqslant \frac{b_{\max}}{1-\eta_{\max}}, \quad j = 0, 1, 2, \cdots, k-1,$$

故对任意的 $k, j \geqslant 0$, b_j^k 有界, 且满足条件

$$0 \leqslant b_j^k \leqslant \frac{b_{\max}}{1-\eta_{\max}}.$$

设 $\alpha_{\min}$ 和 $\alpha_{\max}$ 分别为试探步长的上、下界. 设试探步长为 $\bar{\alpha}_k = \alpha_k^{\text{NEW}} \notin [\alpha_{\min}, \alpha_{\max}]$. 我们定义:

$$\bar{\alpha}_k = \begin{cases} 1, & \|F(x_k)\| > 1, \\ \|F(x_k)\|^{-1}, & 10^{-5} \leqslant \|F(x_k)\| \leqslant 1, \\ 10^5, & \|F(x_k)\| < 10^{-5}. \end{cases} \tag{7.41}$$

基于以上准备工作, 我们能够设计如下求解一般非光滑非线性方程组的算法 (7.2), 其计算机程序如下.

算法 7.2 非单调谱残量算法 (NSRA)

步 1: 选择一个初始点 $x_0 \in R^n$. 输入 $\varepsilon > 0$, $b_{\max} > 0$, $0 \leqslant \eta_{\min} \leqslant \eta_{\max} \leqslant 1$, $0 < \tau_{\min} \leqslant \tau_{\max} < 1$, $0 < \rho_{\min} \leqslant \rho \leqslant \rho_{\max} < 1$, $0 < \alpha_{\min} < \alpha_{\max}$, $\gamma > 0$, $\bar{\epsilon} > 0$. 正序列 $\{\epsilon_k\}$ 满足

$$\sum_{k=0}^{\infty}\epsilon_k \leqslant \bar{\epsilon}.$$

置 $C_0 := f(x_0)$, $Q_0 := 1$, $k := 0$.

步 2: 如果 $\|F_k\| \geqslant \varepsilon$, 转步 3; 反之算法终止.

步 3: 选择 $\eta_k \in [\eta_{\min}, \eta_{\max}]$, $b_{\max} > b_k^k > 0$. 计算 $Q_{k+1} := \eta_k Q_k + 1$. 如果 $k = 0$, 则置

$$E_0 := \frac{b_0^0 \epsilon_0}{Q_1};$$

否则, 置

$$E_k := \frac{\eta_{k-1} Q_{k-1} E_{k-1} + b_k^k \epsilon_k}{Q_{k+1}}. \tag{7.42}$$

计算 $d_k := -F(x_k)$.

步 4: 如果 $k = 0$, 置 $\bar{\alpha}_0 := 1$; 反之, 置 $\bar{\alpha}_k := \alpha_k^{\mathrm{NEW}}$. 如果 $\bar{\alpha}_k \notin [\alpha_{\min}, \alpha_{\max}]$, 则用 (7.41) 替代 $\bar{\alpha}_k$. 设 $\rho_+ := 1$, $\rho_- := 1$. 如果

$$C_{k+1}(x_k + \rho_+ \bar{\alpha}_k d_k) \leqslant C_k + E_k - \gamma \rho_+^2 \bar{\alpha}_k^2 \|d_k\|^2, \tag{7.43}$$

则置 $\alpha_k := \rho_+ \bar{\alpha}_k$, $d_k := -F(x_k)$, $x_{k+1} := x_k + \alpha_k d_k$;

如果

$$C_{k+1}(x_k - \rho_- \bar{\alpha}_k d_k) \leqslant C_k + E_k - \gamma \rho_-^2 \bar{\alpha}_k^2 \|d_k\|^2, \tag{7.44}$$

则置 $\alpha_k := \rho_- \bar{\alpha}_k$, $d_k := F(x_k)$, $x_{k+1} := x_k + \alpha_k d_k$, 同时选择 $\rho_{+\mathrm{new}} \in [\tau_{\min}\rho_+, \tau_{\max}\rho_+]$, $\rho_{-\mathrm{new}} \in [\tau_{\min}\rho_-, \tau_{\max}\rho_-]$, 或置 $\rho_{+\mathrm{new}} = \rho_{-\mathrm{new}} := \rho\rho_+$. 更新 $\rho_+ \leftarrow \rho_{+\mathrm{new}}$, $\rho_- \leftarrow \rho_{-\mathrm{new}}$. 转步 5.

步 5: 置 $k := k + 1$. 转步 3.

注 7.6　此前研究成果中, 算法 7.2 步 2 中 η_k 的定义, 往往是在每次迭代中取一个固定值 (Zhang and Hager, 2004). 参考 Wan 等 (2014a) 对 η_k 的改进, 我们将 η_k 的值更改为

$$\eta_k = \min \left\{ \frac{\|F(x_k)\|}{\|F(x_k) - F(x_{k-1})\| + \|F(x_{k-1})\|}, \eta_{\max} \right\}. \tag{7.45}$$

(Wan et al., 2014a) 中的 η_k 类似于 (7.45), 其恰当调整能提高算法的数值效率. 在本章算法设计中, 我们是通过 (7.45) 来调整 η_k, 以进一步提高算法 7.2 的数值效率. 易得 (7.45) 中的 η_k 满足条件 $0 \leqslant \eta_k \leqslant \eta_{\max} < 1$.

注 7.7　定义

$$E_k = \frac{\sum\limits_{j=0}^{k} b_j^k \epsilon_j}{Q_{k+1}}.$$

则

$$E_k = \frac{\sum\limits_{j=0}^{k} b_j^k \epsilon_j}{Q_{k+1}}$$

$$= \frac{\dfrac{\eta_{k-1}}{Q_k} Q_{k-1} \sum\limits_{j=0}^{k-1} b_j^{k-1} \epsilon_j + b_k^k \epsilon_k}{Q_{k+1}}$$

$$= \frac{\eta_{k-1} Q_{k-1} E_{k-1} + b_k^k \epsilon_k}{Q_{k+1}}. \tag{7.46}$$

故算法的步 3 中, 对任意的 $k > 0$, 均有 (7.42) 式成立.

注 7.8　在算法 7.2 的步 4 中, 由于 $-F(x_k)$ 和 $F(x_k)$ 这两种搜索方向的计算成本很低, 我们选择其中一种作为该算法的搜索方向 (La Cruz et al., 2006). 如果两个方向中有一个是下降方向, 那么算法 7.2 的步 4 是适定的. 否则, 我们由 (7.43) 和 (7.44) 式确保算法 7.2 的步 3 的适定性.

注 7.9　与 (La Cruz et al., 2006) 中所提出的残量法相比, 算法 7.2 的步 3 中的步长更合理, 并可采用 (7.43), (7.44) 等不同的线搜索规则. 在本章的其余部分中, 我们将详细证实: 线搜索规则 (7.43) 和 (7.44) 比已有文献中的线搜索规则更优越.

为了建立算法 7.2 的全局收敛性, 我们首先证明以下引理.

引理 7.5　设 $\{x_k\}$ 是由算法 7.2 生成的问题 (7.1) 的解序列. 那么, 对任意的 $\forall k \geqslant 0$, 有

$$C_k + \sum_{j=0}^{k} b_j^k \epsilon_j \geqslant f(x_k). \tag{7.47}$$

证明　由 (7.40) 可知

$$f_{k+1} \leqslant C_k + \sum_{j=0}^{k} b_j^k \epsilon_j - \gamma Q_{k+1} \alpha_k^2 \|F_k\|^2, \tag{7.48}$$

对于 $\forall k \geqslant 0$ 均成立. 那么

$$f_k \leqslant C_{k-1} + \sum_{j=0}^{k-1} b_j^{k-1} \epsilon_j. \tag{7.49}$$

由 (7.38), (7.39) 和 (7.49), 可得

$$C_k = \frac{\eta_{k-1} Q_{k-1} \left(C_{k-1} + \sum\limits_{j=0}^{k-1} b_j^{k-1} \epsilon_j \right) + f(x_k) - \eta_{k-1} Q_{k-1} \sum\limits_{j=0}^{k-1} b_j^{k-1} \epsilon_j}{Q_k}$$

$$> f(x_k) - \frac{\eta_{k-1}}{Q_k} Q_{k-1} \sum_{j=0}^{k-1} b_j^{k-1} \epsilon_j$$

$$= f(x_k) - \sum_{j=0}^{k-1} b_j^k \epsilon_j$$

$$\geqslant f(x_k) - \sum_{j=0}^{k} b_j^k \epsilon_j. \tag{7.50}$$

由此可得 (7.47).　　　　　　　　　　　　　　　　　　　　　　　　　　　□

　　引理 7.6　设 f 有下界, $\{\alpha_k\}$ 是由 (7.40) 生成的步长序列. 那么

$$\sum_{k=0}^{\infty} \alpha_k^2 \|F(x_k)\|^2 < \infty. \tag{7.51}$$

　　证明　由 (7.48) 知, 对任意的 $k \geqslant 0$, 有

$$
\begin{aligned}
C_{k+1} + \sum_{j=0}^{k} b_j^{k+1} \epsilon_j &= \frac{\eta_k Q_k C_k + f(x_{k+1})}{Q_{k+1}} + \frac{\eta_k Q_k}{Q_{k+1}} \sum_{j=0}^{k} b_j^k \epsilon_j \\
&= \frac{\eta_k Q_k \left(C_k + \sum_{j=0}^{k} b_j^k \epsilon_j \right) + f(x_{k+1})}{Q_{k+1}} \\
&\leqslant \frac{(\eta_k Q_k + 1) \left(C_k + \sum_{j=0}^{k} b_j^k \epsilon_j \right) - \gamma Q_{k+1} \alpha_k^2 \|F_k\|^2}{Q_{k+1}} \\
&= C_k + \sum_{j=0}^{k} b_j^k \epsilon_j - \gamma \alpha_k^2 \|F_k\|^2.
\end{aligned} \tag{7.52}
$$

由于 C_k 是 $f_0, \cdots, f_k$ 的一个凸组合. 根据 f 的有界性条件可得 $\{C_k\}$ 同样有下界. 由 (7.5) 可知序列 $\{b_j^k\}$ 是有界的. 因此, 当 $k \geqslant 0$ 时, $\sum_{j=0}^{k} b_j^{k+1} \epsilon_j$ 是有界的. 再由 (7.52) 知如下不等式成立:

$$
\begin{aligned}
C_1 + \sum_{j=0}^{0} b_j^1 \epsilon_j &\leqslant C_0 + b_0^0 \epsilon_0 - \gamma \alpha_0^2 \|F_0\|^2, \\
C_2 + \sum_{j=0}^{1} b_j^2 \epsilon_j &\leqslant C_1 + \sum_{j=0}^{0} b_j^1 \epsilon_j + b_1^1 \epsilon_1 - \gamma \alpha_1^2 \|F_1\|^2, \\
&\cdots\cdots \\
C_{k+1} + \sum_{j=0}^{k} b_j^{k+1} \epsilon_j &\leqslant C_k + \sum_{j=0}^{k-1} b_j^k \epsilon_j + b_k^k \epsilon_k - \gamma \alpha_k^2 \|F_k\|^2, \\
&\cdots\cdots
\end{aligned}
$$

故

$$-b_{\max}\epsilon + \sum_{k=0}^{\infty}(\gamma\alpha_k^2\|F_k\|^2) \leqslant -\sum_{k=0}^{\infty}(b_k^k\epsilon_k - \gamma\alpha_k^2\|F_k\|^2) < \infty.$$

因而

$$\sum_{k=0}^{\infty}(\alpha_k^2\|d_k\|^2) < \infty. \qquad \Box$$

在进行算法的收敛性分析之前, 我们首先说明与局部利普希茨函数相关的一些概念和特征, 以及关于问题 (7.1) 的一些假设.

设 $H: R^n \to R^m$ 是一个局部利普希茨函数. 根据 Rademacher 定理, 知 H 几乎处处可微. 设 D_H 是 H 可微的点集. 如果点 x 处存在偏导数, 我们用 $JH(x)$ 表示为 H 的 $n \times m$ 雅可比矩阵. 对于不可微点 x, 则根据文献 (Clarke, 1990) 2.6 节中的定义, 我们用 $\partial H(x)$ 来表示 x 处的广义雅可比矩阵. 就是说

$$\partial H(x) = \mathrm{co}\left\{\lim_{x_i \to x, x_i \in D_H} JH(x_i)\right\}. \tag{7.53}$$

引理 7.7 设 $H: R^n \to R^m$ 是一个局部利普希茨函数. x 是 R^n 中的一个给定点. 如果对任意的搜索方向 $h \in R^n$,

$$\lim_{V \in \partial H(x+th), t \to 0}\{Vh\} \tag{7.54}$$

存在. 那么

(1) 方向导数可由下式计算:

$$H'(x; h) = \lim_{t \to 0}\frac{H(x+th) - H(x)}{t} = \lim_{V \in \partial H(x+th), t \to 0}\{Vh\}. \tag{7.55}$$

(2) 存在 $V \in \partial H(x)$, 使得对任意的 $h \in R^n$, 有

$$H'(x; h) = Vh. \tag{7.56}$$

证明 证明过程来自于文献 (Qi and Sun, 1993) 中的命题 2.1 和引理 2.2. $\Box$

由引理 7.7, 我们可以得到如下结果.

推论 7.1 设 $f: R^n \to R$ 由 (7.36) 定义. 那么, f 在 x_k 处的广义梯度为

$$\partial f(x_k) = \mathrm{co}\left\{\lim_{x_i \to x_k, x_i \in D_f} \nabla f(x_i)\right\}.$$

假设对每一个 $d_k \in R^n$, 极限

$$\lim_{v \in \partial f(x_k+td_k), t \to 0} \{v^{\mathrm{T}} d_k\} \tag{7.57}$$

存在. 那么

(1) 方向导数可由下式计算:

$$f'(x_k; d_k) = \lim_{t \to 0} \frac{f(x_k + td_k) - f(x_k)}{t} = \lim_{v \in \partial f(x_k+td_k), t \to 0} \{v^{\mathrm{T}} d_k\}. \tag{7.58}$$

(2) 存在一个向量 $v \in \partial f(x_k)$, 使得

$$f'(x_k; d_k) = v^{\mathrm{T}} d_k. \tag{7.59}$$

通过上述讨论, 我们给出算法 7.2 的收敛定理.

定理 7.2　设 $F : R^n \to R^n$ 是一个局部利普希茨函数. 设 $\{x_k\}$ 是由算法 7.2 生成的问题 (7.1) 的近似解序列. 则 $\{x_k\}$ 的每一个极限点 x_* 均满足

$$\langle F(x_*), v_* \rangle = 0, \tag{7.60}$$

其中 $v_* \in \partial f(x_*)$.

证明　由引理 7.6 可知

$$\lim_{k \to \infty} \alpha_k^2 \|F(x_k)\|^2 = 0. \tag{7.61}$$

对于 $\{x_k\}$ 中的极限点 x_*, 定义下标 K_1 是无限序列的下标, 则

$$\lim_{k \in K_1} x_k = x_*.$$

由 (7.61) 可知

$$\lim_{k \in K_1} \alpha_k^2 \|F(x_k)\|^2 = 0. \tag{7.62}$$

如果 $\{\alpha_k\}_{k \in K_1}$ 不趋近于 0, 则存在无限序列 $K_2 \subset K_1$, 使得对任意的 $k \in K_2$, α_k 是有界的, 且 α_k 远离零点. 结合该条件和 (7.62) 式可得

$$\lim_{k \in K_2} \|F(x_k)\|^2 = 0.$$

故在极限点 x_* 处 $\|F(x_*)\| = 0$. 我们已证 (7.60) 式成立.

接下来, 我们就下式成立时进一步证明:

$$\lim_{k \in K_1} \alpha_k = 0. \tag{7.63}$$

算法 7.2 的步 4 中, 存在一个指标 $k_0 \in K_1$ 使得对于所有的 $k \geqslant k_0$, $k \in K_1$ 满足条件 $\rho_+ < 1$, $\rho_- < 1$. 设 m_k 表示步 4 中的内部迭代次数. 假设在算法 7.2 第 k 次迭代的最后一次不成功线搜索中, ρ_k^+ 和 ρ_k^- 的值分别为 ρ_+ 和 ρ_-. 由 $\rho_{+\mathrm{new}}$ 和 $\rho_{-\mathrm{new}}$ 的选择可知

$$\rho_k^+ \leqslant \tau_{\max}^{m_k - 1}, \quad \rho_k^- \leqslant \tau_{\max}^{m_k - 1}, \quad \forall k > k_0, \quad k \in K_1.$$

由 (7.63) 式可得

$$\lim_{k \in K_1} m_k = \infty.$$

由于 $\tau_{\max} < 1$, 故

$$\lim_{k \in K_1} \rho_k^+ = \lim_{k \in K_1} \rho_k^- = 0. \tag{7.64}$$

当 $\bar{\alpha}_k \in [\alpha_{\min}, \alpha_{\max}]$ 时, 可得

$$\lim_{k \in K_1} \rho_k^+ \bar{\alpha}_k = \lim_{k \in K_1} \rho_k^- \bar{\alpha}_k = 0. \tag{7.65}$$

对于搜索方向 $d_k = -F(x_k)$, 线搜索规则 (7.40) 意味着对任意的 $k \in K_1$, $k > k_0$, 且有

$$f(x_k - \rho_k^+ \bar{\alpha}_k F_k) > C_k - Q_{k+1} \gamma (\rho_k^+ \bar{\alpha}_k)^2 \|F_k\|^2 + \sum_{j=0}^{k} b_j^k \epsilon_j. \tag{7.66}$$

由于 $C_k + \sum\limits_{j=0}^{k} b_j^k \epsilon_j \geqslant f(x_k) \geqslant 0$, 故由 (7.66) 可知

$$f(x_k - \rho_k^+ \bar{\alpha}_k F_k) - f_k > -2Q_{k+1} \gamma (\rho_k^+ \bar{\alpha}_k)^2 f_k.$$

因而

$$f(x_k) \leqslant c \equiv f(x_0) + \eta, \quad k \in N,$$

且

$$f(x_k - \rho_k^+ \bar{\alpha}_k F_k) - f_k > -2c Q_{k+1} \gamma (\rho_k^+ \bar{\alpha}_k)^2.$$

故

$$\frac{f(x_k - \rho_k^+ \bar{\alpha}_k F_k) - f_k}{-\rho_k^+ \bar{\alpha}_k} < 2cQ_{k+1}\gamma\rho_k^+\bar{\alpha}_k.$$

由推论 7.1 可知: 当 $\rho_k^+ \bar{\alpha}_k \to 0$ 时, 有

$$f'(x_k; F_k) < 2cQ_{k+1}\gamma\rho_k^+\bar{\alpha}_k.$$

类似地, 当 $d_k = F(x_k)$ 时, 我们可以证明以下不等式成立:

$$\frac{f(x_k + \rho_k^- \bar{\alpha}_k F_k) - f_k}{\rho_k^- \bar{\alpha}_k} > -2cQ_{k+1}\gamma\rho_k^-\bar{\alpha}_k.$$

因此

$$f'(x_k; F_k) > -2cQ_{k+1}\gamma\rho_k^-\bar{\alpha}_k.$$

由于 Q_{k+1} 是有界的, 结合 (7.65) 式可得

$$\lim_{k \in K_1} f'(x_k; F_k) = 0. \tag{7.67}$$

因此, 根据推论 7.1 可得 (7.60). □

注 7.10　基于定理 7.2 的证明思想, 我们还可以运用 Cheng 和 Li (2009), La Cruz 等 (2006) 所开发的算法 (DF-SANE 和 N-DF-SANE), 推广求解非光滑问题 (7.1) 的算法.

7.4　数值性能测试

在本节中, 我们把开发的算法用于求解已有文献中出现的相关测试问题, 以检验本章所开发的算法的数值效率.

为了重点考察本章提出的新的步长、η_k 的变化和所开发的算法在求解大规模问题时的数值性能, 我们把它与 Cheng 和 Li (2009), La Cruz 等 (2006) 开发的算法进行比较. 所有测试问题来自文献 (La Cruz et al., 2006; Narushima, 2013). 所有算法都用 MATLAB 计算机语言编写, 并在 MATLAB 环境里运行. 所有数值实验都是在一台配置为 3.39GHz CPU、3.47GB 内存的个人计算机上进行. 用于比较的算法 DFSANE 代码直接从以下网站公开获取.

http://kuainasi.ciens.ucv.ve/mraydan/mraydan_pub.html.

为了算法比较的公平性, 我们把已有算法的计算机代码也用 MATLAB 语言重写.

算法 7.2 的参数设置为

$$\alpha_{\min} = 10^{-10}, \quad \alpha_{\max} = 10^{10}, \quad \alpha_0 = 1, \quad \eta_0 = 0.95, \quad b_k^k = 1,$$

$$\tau_{\min} = 0.1, \quad \tau_{\max} = 0.5, \gamma = 10^{-4}, \quad \epsilon_k = \frac{\|F(x_0)\|}{(1+k)^2}.$$

(La Cruz et al., 2006) 中的 DF-SANE 算法, (La Cruz et al., 2006) 中的 N-DF-SANE 算法均使用默认参数. $\rho_{+\mathrm{new}}$ 和 $\rho_{-\mathrm{new}}$ 的选择与文献 (La Cruz et al., 2006) 相同. 所有算法寻优过程若满足以下不等式, 则所有算法终止:

$$\frac{\|F(x_k)\|}{\sqrt{n}} \leqslant e_a + e_r \frac{\|F(x_0)\|}{\sqrt{n}},$$

其中 $e_a = 10^{-5}$, $e_r = 10^{-4}$.

为了叙述简便, 我们使用如下记号.

M1 (La Cruz et al., 2006) 中的 DF-SANE 算法;

M2 步长 (7.17) 代替初始步长的 DF-SANE 算法;

M3 (Cheng and Li, 2009) 中的 N-DF-SANE 算法;

M4 步长 (7.17) 代替初始步长的 N-DF-SANE 算法;

M5 算法 7.2, 其中 η_k 取值参考了 (Zhang and Hager, 2004) 中的 $\eta_k = 0.85$;

M6 算法 7.2, 其中 η_k 由 (7.45) 定义;

P 文献 (La Cruz et al., 2006; Narushima, 2013) 中测试问题的名称;

I 问题初始点的数目;

n 问题的维数;

NI 迭代次数;

NF 函数值的计算次数;

T 算法消耗的 CPU 时间 (精确到小数点后三位)(s);

Mi 第 i 个算法;

F 函数值的计算次数超过 5000.

我们首先研究新的步长如何提高数值效率.

在表 7.2 和表 7.3 中, 我们列举了分别采用 M1—M4 求解测试问题时, 算法的迭代次数、函数值的计算次数和所消耗的 CPU 时间.

由表 7.2 和表 7.3 中下划线部分的数值结果可知: M2(或 M4) 优于 M1(或 M3). 对问题 5, 15, 17, 19 和 24, M1 和 M3 未能解决这些问题, 而 M2 和 M4 表现良好.

表 7.4 罗列了 M5 和 M6 的迭代次数、函数值的计算次数和消耗的 CPU 时间. 下划线部分结果证明了 M6 优于 M5. 因此可以得到结论: 由 (7.45) 定义的 η_k 确实提高了数值效率.

表 7.2　步长 (7.17) 下 M1 和 M2 的性能

P	n	M1			M2		
		NI	NF	T	NI	NF	T
5	50000	F	F	F	F	F	F
8	50000	4	3	0.029	3	2	0.021
11	50000	30	33	0.064	18	17	0.036
15	20000	F	F	F	31	41	0.046
17	200	F	F	F	731	3298	0.184
19	200	F	F	F	345	444	0.043
24	500	198	278	0.024	15	23	0.003
30	60000	52	64	0.356	53	61	0.391
31	50000	196	258	1.960	196	257	1.902
34	10000	13	18	0.012	7	12	0.008
35	50000	34	45	0.145	33	42	0.159
36	50000	26	37	0.460	15	22	0.284
39	50000	106	177	0.340	53	73	0.143
44	50000	8	9	0.233	8	9	0.243

表 7.3　步长 (7.17) 下 M3 和 M4 的性能

P	n	M3			M4		
		NI	NF	T	NI	NF	T
5	50000	F	F	F	132	204	0.304
8	50000	4	3	0.032	3	2	0.024
11	50000	30	31	0.068	18	17	0.038
15	20000	F	F	F	31	41	0.052
17	200	F	F	F	F	F	F
19	200	F	F	F	86	112	0.017
24	500	F	F	F	11	12	0.001
30	60000	43	56	0.388	66	80	0.539
31	50000	391	514	3.916	365	480	3.598
34	10000	9	16	0.011	7	12	0.008
35	50000	22	27	0.107	22	27	0.094
36	50000	23	34	0.453	15	22	0.290
39	50000	99	180	0.419	159	315	0.678
44	50000	61	80	1.806	34	41	0.961

对于 M1, M3 和 M6, 我们采用 Dolan 和 Moré (2002) 引入的算法性能图评估算法, 该性能图评估算法的方式如下: (1) 设 $\mathcal{S}$ 是所有算法组成的集合, $\mathcal{P}$ 是所有测试问题组成的集合, 设 $t_{p,s}$ 是算法的迭代次数, 或者是函数求值次数, 或者是

通过某个算法 $s \in \mathcal{S}$ 求解某个测试问题 $p \in \mathcal{P}$ 所需消耗的 CPU 时间. (2) 由下式

$$r_{p,s} = \frac{t_{p,s}}{\min\{t_{p,s} : s \in \mathcal{S}\}}$$

计算算法 s 求解问题 p 的相对性能, 这样算法 s 的总体性能由下式给出:

$$\rho_s(\tau) = \frac{1}{n_p} \text{size}\{p \in \mathcal{P} : r_{p,s} \leqslant \tau\}.$$

事实上, $\rho_s(\tau)$ 是算法 s 在给定阈值 τ 的条件下, 其性能比 $r_{p,s}$ 的分布特征.

表 7.4 (7.45) 定义的 η_k 下 M5 和 M6 的性能

P	n	M5			M6		
		NI	NF	T	NI	NF	T
5	50000	132	204	0.267	67	118	0.145
7	60000	85	131	0.436	25	49	0.167
15	100	22	23	0.004	16	19	0.003
17	40	246	884	0.082	187	633	0.054
19	100	266	341	0.036	202	259	0.024
23	50000	128	3613	3.717	28	777	0.763
24	5000	187	238	0.077	28	33	0.011
30	3000	66	80	0.036	46	73	0.031
31	50000	365	480	3.153	275	363	2.337
33	50000	17	32	3.275	5	19	1.830
34	50000	12	17	0.040	9	16	0.033
35	50000	22	27	0.082	17	26	0.081
36	5000	24	29	0.038	20	27	0.033
39	50000	159	315	0.554	24	37	0.063
44	50000	34	41	0.835	18	22	0.425

在图 7.1(a) 至图 7.1(c) 中, 我们展示了 3 种算法在迭代次数, 函数求值次数和 CPU 时间等方面的数值性能图. 所有的测试问题已在 La Cruz 等 (2006) 进行了测试. 问题 4, 7, 18, 21 和 30 的维度分别是 30, 60, 90, 300, 600, 900, 3000, 6000, 9000, 30000 和 60000, 其他测试问题的维度分别是 20, 40, 80, 100, 200, 500, 1000, 2000, 5000, 10000, 20000 和 50000.

图 7.1(a), 图 7.1(b), 图 7.1(c) 的纵轴显示的是: 算法在规定的不同性能因子 τ 内, 所求解的测试问题的百分比 P. $\tau = 1$ 处的值对应着算法所需要的最少迭代次数或最短 CPU 时间所能求解的测试问题的百分比.

根据图 7.1(a), 图 7.1(b), 图 7.1(c) 的性能曲线易得, M6 解决了大多数问题, 并且在 3 种非单调方法中鲁棒性最好. 因此本章提出的非单调线搜索策略具有一定的使用前景.

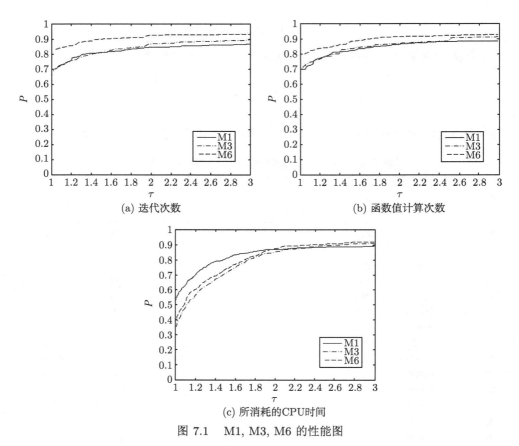

(a) 迭代次数　　　　　　　　　　　　(b) 函数值计算次数

(c) 所消耗的CPU时间

图 7.1　　M1, M3, M6 的性能图

接下来, 我们用算法求解互补问题 (CP), 即寻求点 $x \in R^n$, 使其满足

$$x \geqslant 0, \quad G(x) \geqslant 0, \quad x^{\mathrm{T}} G(x) = 0, \tag{7.68}$$

其中 $G : R^n \rightarrow R^n$ 是一个连续可微函数. 通过任意一个 NCP 函数, 例如 $\varphi(a, b) = \min\{a, b\}$, 互补问题 (7.68) 可以转化为非光滑的非线性方程组:

$$\Phi(x) = \begin{pmatrix} \varphi(x(1), G(x(1))) \\ \varphi(x(2), G(x(2))) \\ \vdots \\ \varphi(x(n), G(x(n))) \end{pmatrix}. \tag{7.69}$$

故求解互补问题 (7.68) 即求解一个非光滑方程组.

我们首先列举已有文献中互补测试问题.

例 7.1 (7.68) 中, $G(\cdot)$ 是一个线性映射, 定义 $G(x) = Mx + q$, 其中 $q = (-1, -1, \cdots, -1)^{\mathrm{T}}$, 且

$$M = \begin{pmatrix} 4 & -2 & 0 & \cdots & 0 & 0 \\ 1 & 4 & -2 & \cdots & 0 & 0 \\ \vdots & \vdots & \vdots & & \vdots & \vdots \\ 0 & 0 & 0 & \cdots & 4 & -2 \\ 0 & 0 & 0 & \cdots & 1 & 4 \end{pmatrix}.$$

选择初始点 $x_0 = (0, 0, \cdots, 0)^{\mathrm{T}}$ 进行问题求解.

例 7.2 (7.68) 中, $G(\cdot)$ 是一个线性映射, 定义 $G(x) = Mx + q$, 其中 $q = (-1, -1, \cdots, -1)^{\mathrm{T}}$, 且

$$M = \begin{pmatrix} 1 & 2 & 2 & \cdots & 2 \\ 0 & 1 & 2 & \cdots & 2 \\ 0 & 0 & 1 & \cdots & 2 \\ \vdots & \vdots & \vdots & & \vdots \\ 0 & 0 & 0 & \cdots & 1 \end{pmatrix}.$$

选择初始点 $x_0 = (0, 0, \cdots, 0)^{\mathrm{T}}$ 进行问题求解.

例 7.3 (7.68) 中, $G(\cdot)$ 是一个线性映射, 定义 $G(x) = Mx + q$, 其中 $q = (-1, -1, \cdots, -1)^{\mathrm{T}}$, 且

$$M = \begin{pmatrix} 4 & -1 & 0 & \cdots & 0 & 0 \\ -1 & 4 & -1 & \cdots & 0 & 0 \\ \vdots & \vdots & \vdots & & \vdots & \vdots \\ 0 & 0 & 0 & \cdots & 4 & -1 \\ 0 & 0 & 0 & \cdots & -1 & 4 \end{pmatrix}.$$

选择初始点 $x_0 = (0, 0, \cdots, 0)^{\mathrm{T}}$ 进行问题求解.

对于前 3 个测试问题, 我们测试了 M1, M3 和 M6 的效率, 测试问题的维度从 80 到 50000. 表 7.5 中的数值结果证明了这三种方法可以求解大规模非光滑非线性方程. 下划线的结果表明, M6 优于其他两种算法.

表 7.5　例 7.1 —例 7.3 的数值结果

P	n	M1			M3			M6		
		NI	NF	T	NI	NF	T	NI	NF	T
1	80	23	22	0.003	23	24	0.004	<u>18</u>	<u>19</u>	0.003
1	500	21	20	0.004	21	22	0.004	<u>16</u>	<u>17</u>	<u>0.003</u>
1	5000	17	16	0.006	17	18	0.008	<u>14</u>	<u>15</u>	0.007
1	10000	16	15	0.009	16	17	0.012	<u>13</u>	<u>14</u>	0.009
1	50000	12	13	0.033	12	13	0.039	<u>10</u>	<u>11</u>	<u>0.032</u>
2	80	4	3	0.001	4	3	0.001	4	3	0.001
2	500	4	3	0.007	4	3	0.008	4	3	<u>0.005</u>
2	5000	4	3	0.708	4	3	0.708	4	3	<u>0.341</u>
2	10000	4	3	2.862	4	3	2.875	4	3	<u>1.252</u>
3	80	9	8	0.002	9	8	0.001	9	8	0.002
3	500	9	8	0.002	9	8	0.002	9	8	0.002
3	5000	8	7	0.003	8	7	0.003	8	7	0.003
3	10000	7	6	0.004	7	6	0.004	7	6	0.004
3	50000	6	7	0.020	6	7	0.021	6	7	<u>0.018</u>

例 7.4　在 (7.68) 中, $x \in R^4$ 和 $G(\cdot)$ 由以下式子给出

$$G(x) = \begin{pmatrix} 3x_1^2 + 2x_1x_2 + 2x_2^2 + x_3 + 3x_4 - 6 \\ 2x_1^2 + x_1 + x_2^2 + 10x_3 + 2x_4 - 2 \\ 3x_1^2 + x_1x_2 + 2x_2^2 + 2x_3 + 9x_4 - 9 \\ x_1^2 + x_2^2 + 2x_3 + 3x_4 - 3 \end{pmatrix}.$$

该问题有一个退化解 $x^* = \left(\dfrac{\sqrt{6}}{2}, 0, 0, \dfrac{1}{2} \right)^{\mathrm{T}}$ 和一个非退化解 $x^{**} = (1, 0, 3, 0)^{\mathrm{T}}$. 对于不同的起始点, 我们运用了 3 种算法来求解该问题. 通过以下 7 种算法生成了不同的初始值:

(1) $x_0 = 0.5e$;

(2) $x_0 = e$;

(3) $x_0 = 4e$;

(4) $x_0 = 8e$;

(5) $x_0 = (1, 1, 0, 0)$;

(6) $x_0 = (1, 0, 1, 0)$;

(7) $x_0 = (1, 0, 0, 1)$,

其中 $e = (1, 1, 1, 1)^{\mathrm{T}}$.

表 7.6 中展示了 M1, M3 和 M6 用于求解非线性互补问题例 7.4 时的数值结果. 可得结论: M6 在大多数初始点上表现良好, 但对于初始点 (2) 来说, M6 不能在允许误差范围内求解问题例 7.4.

表 7.6　例 7.4 的数值结果

情形	M1			M3			M6		
	NI	NF	T	NI	NF	T	NI	NF	T
(1)	40	52	0.009	32	47	0.053	<u>27</u>	<u>35</u>	0.036
(2)	34	45	0.005	31	46	0.010	F	F	F
(3)	256	701	0.051	48	100	0.012	<u>35</u>	<u>70</u>	<u>0.007</u>
(4)	33	40	0.006	52	110	0.013	<u>33</u>	57	<u>0.005</u>
(5)	27	32	0.004	184	292	0.044	176	249	0.022
(6)	26	29	0.004	22	25	0.005	<u>18</u>	<u>25</u>	<u>0.002</u>
(7)	224	379	0.040	94	211	0.026	<u>92</u>	<u>118</u>	<u>0.010</u>

例 7.5　在 (7.68) 中, $x \in R^{10}$, $G(x) = (G_1(x), G_2(x), \cdots, G_{10}(x))^{\mathrm{T}}$, 其中

$$G_i(x) = c_i + (L_i x_i)^{1/\beta_i} - \left(\frac{5000}{\sum\limits_{k=1}^{10} x_k} \right)^{1/\gamma} + \frac{x_i}{\gamma \sum\limits_{k=1}^{10} x_k} \left(\frac{5000}{\sum\limits_{k=1}^{10} x_k} \right)^{1/\gamma}, \quad i = 1, 2, \cdots, 10,$$

$\gamma = 1.2, L_i = 10$, 且

$$c = (5.0, 3.0, 8.0, 5.0, 1.0, 3.0, 7.0, 4.0, 6.0, 3.0)^{\mathrm{T}},$$

$$\beta = (1.2, 1.0, 0.9, 0.6, 1.5, 1.0, 0.7, 1.1, 0.95, 0.75)^{\mathrm{T}}.$$

该问题是一个非线性互补问题, 起源于 Nash-Cournot 问题. 通过以下四种随机方法, 我们可以生成不同的初始值:

(1) $x_0 \sim 0.5 \, \mathrm{rand}(4, 1)$;

(2) $x_0 \sim \mathrm{rand}(4, 1)$;

(3) $x_0 \sim 3 \, \mathrm{rand}(4, 1)$;

(4) $x_0 \sim 10 \, \mathrm{rand}(4, 1)$.

对于非线性互补问题 7.5, 我们在表 7.7 中列举了 M1, M3 和 M6 的数值结果. 这三种方法都以近似的数值效率求解了该问题.

表 7.7　例 7.5 的数值结果

情形	M1			M3			M6		
	NI	NF	T	NI	NF	· T	NI	NF	T
(1)	22.97	26.4	0.005	17.75	18.42	0.004	21.28	38.28	0.004
(2)	15.38	25.14	0.004	12.64	19.22	0.003	23.14	52.25	0.005
(3)	5.06	6.54	0.001	5.03	6.33	0.001	<u>4.99</u>	<u>6.28</u>	0.002
(4)	35.83	52.67	0.008	44.33	69.59	0.011	41.66	62.16	<u>0.007</u>

总　　结

　　本章提出了一种 BB 步长和一种求解非光滑非线性方程组的非单调谱残量方法, 得到了它们收敛性结果.

　　基于新开发的非单调谱残量算法, 我们建立了局部利普希茨连续非线性方程组的全局收敛理论. 数值测试结果表明: 新算法优于其他算法.

第 8 章　求解非线性互补问题的部分光滑化雅可比方法

本章我们将提出用于求解非线性互补问题 (NCP) 的部分光滑化函数, 分析它的性质, 并利用它开发一种适定且高效的牛顿算法来求解互补问题. 在效益函数水平集有界的条件下, 我们将建立这一算法的全局收敛性及局部超线性收敛性. 与文献中相似的理论结果相比, 我们利用了问题的 P_0 性质和所采用的光滑化方法, 去掉了非奇异性假设. 数值实验将表明, 本章提出的部分光滑化方法优于现有的光滑化方法.

8.1　引　　言

因为互补问题在经济、工程和科学领域具有直接和大量应用, 学者们研究了求解此类问题的许多鲁棒或高效算法 ((Ferris and Pang, 1997; Buhmiler and Krejić, 2008; Harker and Pang, 1990; Huang and Ma, 2012; Pang and Gabriel, 1993; Chen and Wan, 2015; Wan and Wang, 2006) 及其参考文献). 互补问题的数学模型是: 找到一个向量 $x \in R^n$, 满足

$$x \geqslant 0, \quad F(x) \geqslant 0, \quad x^{\mathrm{T}} F(x) = 0, \tag{8.1}$$

其中函数 $F : R^n \to R^n$ 连续可微. 该问题通常简称为 NCP(F).

NCP(F) 最典型的例子是刻画具有不等式约束的连续优化问题的最优性条件, 但更直接的应用是它能刻画在实际中具有重要应用价值的均衡问题. 本章我们主要研究如下一类 NCP(F): 问题 (8.1) 中 F 是连续可微的 P_0 函数. 此时, (8.1) 被称为具有 P_0 函数的非线性互补问题. 众所周知, 单调互补问题和 P 函数互补问题都是 P_0 函数非线性互补问题的特殊情况 (Huang and Ma, 2012; Tang and Liu, 2010; Tang et al., 2009; Zhang et al., 2009).

光滑化方法是广泛用于求解问题 (8.1) 的基本方法 (Huang and Ma, 2012; Chen and Wan, 2015; Wan and Wang, 2006; Tang and Liu, 2010; Tang et al., 2009; Zhang et al., 2009; Zhang and Huang, 2010; Zheng and Shi, 2014; Ni and Wang, 2010; Zhu et al., 2010). 从本质上讲, 构造合适的近似光滑化函数对于得到

主要结果发表于 Journal of Computational and Applied Mathematics, 286: 158-171, 2015.

(8.1) 的近似光滑问题起着关键作用. 本章基于部分光滑化思想, 提出了一个用于求解问题 (8.1) 的、具有良好性质的部分光滑化函数. 它能用于开发一类高效的雅可比牛顿算法, 并在适当假设条件下, 建立算法的全局收敛性和超线性收敛性.

8.2　一种新的光滑逼近函数

在本节中, 我们针对 NCP 提出了一种新的光滑函数.

函数 $\phi : R^2 \to R$ 称为 NCP 函数, 如果 ϕ 满足

$$\phi(a, b) = 0 \Leftrightarrow a \geqslant 0, b \geqslant 0, ab = 0. \tag{8.2}$$

由于 $\phi_{\min} : R^2 \to R$, $\phi_{\min}(a, b) = \min\{a, b\}$ 是 NCP 函数, 问题 (8.1) 可等价为

$$\begin{pmatrix} \phi_{\min}(x_1, F_1(x)) \\ \phi_{\min}(x_2, F_2(x)) \\ \vdots \\ \phi_{\min}(x_n, F_n(x)) \end{pmatrix} \triangleq \Phi(x) = 0. \tag{8.3}$$

然而 $\phi_{\min}(a, b)$ 在 $a = b$ 处是不可微的, 因此许多经典的求解光滑方程组的高效算法不能用来求解非光滑方程组 (8.3). 为此, 我们构造 (8.3) 的近似光滑问题. 具体地说, 我们定义如下新的部分光滑函数 $\varphi : R_+ \times R^2 \to R$, 对于任意的 $(\mu, a, b) \in R_+ \times R^2$, 有

$$\varphi(\mu, a, b) = \begin{cases} a, & a < b, \mu > 0, \\ \mu \arctan \dfrac{a - b}{\mu} + b, & a \geqslant b, \mu > 0, \\ \min\{a, b\}, & \mu = 0. \end{cases} \tag{8.4}$$

在图 8.1—图 8.3 中, 我们展示了上述部分光滑化函数与其他两个函数之间的差异. 它们直观地解释了为什么我们的方法被称为**部分光滑化方法**. 实际上, 图 8.1—图 8.3 表明光滑 Fischer Burmeister 函数和凝聚函数都是从两边近似 min 函数, 而由 (8.4) 定义的新函数在相同光滑参数 μ 足够小的情况下, 从一侧近似 min 函数.

下面的结果表明, 由 (8.4) 定义的 ϕ 是对原始非光滑函数更好的全局逼近.

引理 8.1　设函数 $\varphi : R_+ \times R^2 \to R$ 由式 (8.4) 所定义. 则

(1) φ 为 $R_+ \times R^2$ 的连续函数;

(2) 对任意 $\mu > 0$ 连续可微, 且

$$\frac{\partial \varphi(\mu, a, b)}{\partial a} = \begin{cases} 1, & a < b, \\ \dfrac{\mu^2}{\mu^2 + (a - b)^2}, & a \geqslant b. \end{cases}$$

$$\frac{\partial \varphi(\mu, a, b)}{\partial b} = \begin{cases} 0, & a < b, \\ 1 - \dfrac{\mu^2}{\mu^2 + (a-b)^2}, & a \geqslant b; \end{cases}$$

(3) $\lim\limits_{\mu \to 0^+} \varphi(\mu, a, b) = \varphi(0, a, b) \triangleq \varphi(a, b)$, 且 $\varphi(a, b) = \phi_{\min}(a, b)$;

(4) 对于任意 $\mu > 0$, $|\varphi(\mu, a, b) - \phi_{\min}(a, b)| \leqslant \dfrac{\pi}{2}\mu$ 都成立.

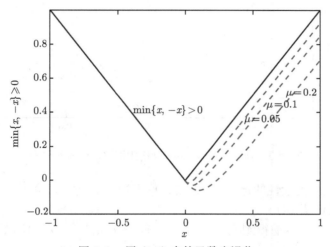

图 8.1 用 (8.4) 中的函数光滑化

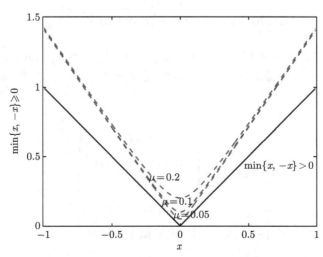

图 8.2 用 Chen 等 (2000) 中的经典 Fischer Burmeister 函数光滑化

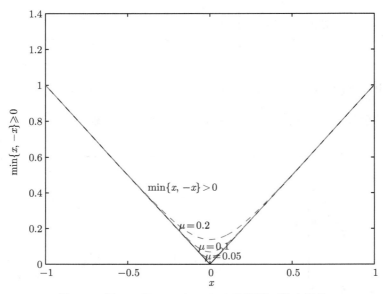

图 8.3　用 Qi 和 Liao (1999) 中的凝聚函数光滑化

证明　根据连续性的定义, 由直接计算可知 (1)—(3) 成立.

我们下面证明 (4).

因为 $\mu > 0$, 容易得到当 $a < b$ 时, 有 $\varphi(\mu, a, b) = a$. 所以, $|\varphi(\mu, a, b) - \phi_{\min}(a, b)| = 0$. 当 $a \geqslant b$ 时, 有 $\varphi(\mu, a, b) = \mu \arctan \dfrac{a - b}{\mu}$. 则

$$|\varphi(\mu, a, b) - \phi_{\min}(a, b)| = \left| \mu \arctan \frac{a - b}{\mu} \right| \leqslant \frac{\pi}{2} \mu. \qquad \square$$

注 8.1　引理 8.1 表明当 $\mu > 0$ 时, φ 是光滑的, 并且当 $\mu \downarrow 0$ 时, 它能很好地近似 $\phi_{\min}$. 特别地, 最后一个结论表明, 对于所有 $(a, b) \in R^2$, φ 和 $\phi_{\min}$ 之间的距离是一致有界的.

记

$$\Phi_\mu(x) = \begin{pmatrix} \varphi(\mu, x_1, F_1(x)) \\ \varphi(\mu, x_2, F_2(x)) \\ \vdots \\ \varphi(\mu, x_n, F_n(x)) \end{pmatrix}. \tag{8.5}$$

那么, 基于非光滑形式 (8.3) 式, (8.1) 式近似于:

$$\Phi_\mu(x) = 0. \tag{8.6}$$

从引理 8.1 中的结论 (4) 很容易地得到以下推论.

推论 8.1 设 Φ_μ 由 (8.5) 定义. 则有

$$\|\Phi_\mu(x) - \Phi(x)\| \leqslant \kappa\mu,$$

其中 $\kappa = \dfrac{\pi\sqrt{n}}{2}$.

推论 8.1 说明 Φ_μ 是 Φ 的一致光滑逼近. 下面的结果给出了 Φ_μ 的雅可比矩阵的显式表达式.

引理 8.2 设 Φ_μ 由 (8.5) 定义, 则 Φ_μ 的雅可比矩阵为

$$\nabla\Phi_\mu(x) = (\nabla\varphi_\mu(x_1, F_1(x)), \cdots, \nabla\varphi_\mu(x_n, F_n(x))),$$

其中 $\nabla\Phi_\mu(x) = D_a(x) + \nabla F(x)D_b(x)$, $D_a(x) = \text{diag}\{a_1(x), \cdots, a_n(x)\}$ 和 $D_b(x) = \text{diag}\{b_1(x), \cdots, b_n(x)\}$ 是两个对角矩阵, 定义为

$$a_i(x) = \begin{cases} 1, & i \in \{i : x_i < F_i(x)\} \triangleq \alpha(x), \\ \dfrac{\mu^2}{\mu^2 + (x_i - F_i(x))^2}, & i \notin \alpha(x). \end{cases}$$

$$b_i(x) = \begin{cases} 0, & i \in \alpha(x), \\ 1 - \dfrac{\mu^2}{\mu^2 + (x_i - F_i(x))^2}, & i \notin \alpha(x). \end{cases}$$

证明 直接计算可得. $\qquad\qquad\qquad\qquad\qquad\qquad\qquad\qquad\qquad$ $\square$

此外, 我们还有

$$0 < a_i(x) \leqslant 1, \quad 0 \leqslant b_i(x) < 1, \quad i = 1, 2, \cdots, n. \tag{8.7}$$

引理 8.3 设 $M \in R^{n \times n}$ 是一个 P_0 矩阵. 那么, 下列形式的任何矩阵都是非奇异的:

$$D_a + D_b M$$

其中 $D_a \in R^{n \times n}$ 是正 (负) 对角矩阵, $D_b \in R^{n \times n}$ 是非负 (非正) 对角矩阵.

证明 设 $D_a = \text{diag}(a_1, a_2, \cdots, a_n)$, $D_b = \text{diag}(b_1, b_2, \cdots, b_n)$. 若 D_a 为正定阵, D_b 为非负定阵, 那么对于所有的 $i = 1, 2, \cdots, n$, 有 $a_i > 0$ 和 $b_i \geqslant 0$. 设 $q \in R^n$ 是满足 $(D_a + D_b M)q = 0$ 的向量. 那么, 对于每个 $i \in \{1, 2, \cdots, n\}$, 有

$$q_i = -\frac{b_i}{a_i}(Mq)_i.$$

进一步,

$$q_i^2 = -\frac{b_i}{a_i} q_i (Mq)_i.$$

若 $b_i = 0$, 则 $q_i = 0$.

当 $b_i \neq 0$ 时, 有 $\dfrac{b_i}{a_i} > 0$. 因为 $q_i^2 \geqslant 0$, 有 $q_i(Mq)_i \leqslant 0$. 若 $q_i(Mq)_i = 0$, 则 $q_i = 0$. 否则, $q_i(Mq)_i < 0$ 与 M 的 P_0 性质矛盾. 事实上, 给定的 P_0 矩阵 M, 则对所有的 $x \in R^n$, $x \neq 0$, 存在一个非零分量 x_l 满足

$$x_l(Mx)_l \geqslant 0. \tag{8.8}$$

记 $I_q = \{i | q_i(Mq)_i < 0\}$. 那么, 对所有 $i \in I_q$ 有 $q_i \neq 0$. 在 (8.8) 式中, 取 $x = q$, 则对于所有非零分量 q_i, 有 $i \in I_q$, $q_i(Mq)_i < 0$. 矛盾.

根据以上讨论, 得出 $q = 0$, 即 $D_a + D_b M$ 是一个非奇异矩阵. 类似地, 当 D_a 为负定矩阵, D_b 为非正定矩阵时, 也可以证明同样的结果. $\qquad\square$

由引理 8.3, 我们可以得到对应 P_0 函数的 Φ_μ 的如下性质 (Harker and Pang, 1990; Huang and Ma, 2012).

定义 8.1　函数 $F : R^n \to R^n$ 称为 P_0 函数, 如果 $\forall x, y \in R^n$ 且 $x \neq y$, 存在 $i_0 \in \{1, 2, \cdots, n\}$ 满足

$$x_{i_0} \neq y_{i_0}, \quad (x_{i_0} - y_{i_0}) [F_{i_0}(x) - F_{i_0}(y)] \geqslant 0.$$

推论 8.2　设 F 是一个 P_0 函数. 设 Φ_μ 由 (8.5) 定义. 那么, 对于任意 $\mu > 0$ 和 $x \in R^n$, 雅可比矩阵 $\nabla\Phi_\mu(x)$ 是非奇异的.

证明　对于所有 $\mu > 0$, 由定理 8.2 可知对角矩阵 $D_a(x)$ 为正定矩阵, $D_b(x)$ 为非负定对角矩阵.

因为 F 是一个 P_0 函数, 所以雅可比矩阵 $\nabla F(x)$ 是一个 P_0 矩阵. 由引理 8.3 可知

$$\nabla\Phi_\mu(x) = D_a(x) + \nabla F(x) D_b(x)$$

是非奇异矩阵. $\qquad\square$

以下定理说明了函数 Φ_μ 的雅可比阵一致逼近性.

定理 8.1　设 Φ_μ 由 (8.5) 定义. 那么

$$\lim_{\mu \to 0^+} \text{dist}\,(\nabla\Phi_\mu(x), \partial_C\Phi(x)) = 0, \tag{8.9}$$

其中 $\partial_C\Phi$ 表示 Φ 的 Clarke 广义梯度.

证明 显然, (8.9) 成立, 当且仅当对于所有的 $i = 1, 2, \cdots, n$, 有

$$\lim_{\mu \to 0^+} \text{dist}\left(\nabla \varphi_\mu(x_i, F_i(x)), \partial_C \phi_{\min}(x_i, F_i(x))\right) = 0, \tag{8.10}$$

其中 $\partial_C \varphi_{\min}(x_i, F_i(x))$ 是 $\phi_{\min}(x_i, F_i(x))$ 的 Clarke 广义梯度. 这就是说, 我们要证明 (8.9) 成立, 只需要证明 (8.10) 是成立的.

直接计算可得

$$\partial_C \phi_{\min}(x_i, F_i(x)) = \begin{cases} e_i, & x_i < F_i(x), \\ \text{conv}(e_i, \nabla F_i(x)), & x_i = F_i(x), \\ \nabla F_i(x), & x_i \geqslant F_i(x), \end{cases} \tag{8.11}$$

其中 e_i 是第 i 个分量为 1, 其他分量为 0 的向量, $\text{conv}(\cdot, \cdot)$ 表示两个向量的凸组合. 由引理 8.2 得到 (8.10). $\qquad\square$

8.3 新的雅可比光滑化牛顿算法

在本节中, 我们开发求解 (8.1) 的有效算法.

我们首先定义两个函数 $\theta : R^n \to R$ 和 $\theta_\mu : R^n \to R$:

$$\theta(x) = \frac{1}{2}\|\Phi(x)\|^2, \quad \theta_\mu(x) = \frac{1}{2}\|\Phi_\mu(x)\|^2. \tag{8.12}$$

它们在我们的算法的每次迭代中, 用于寻找一个合适的步长.

算法的计算机程序如下.

算法 8.1 雅可比光滑化牛顿算法

步 0: 取 $\rho, \alpha, \eta \in (0, 1)$, $\sigma \in \left(0, \dfrac{1-\alpha}{2}\right)$ 和 $\gamma \in (0, +\infty)$. 给定初始点 $x^0 \in R^n$. 计算 $\kappa = \dfrac{\pi\sqrt{n}}{2}$, $\beta_0 = \|\Phi(x^0)\|$, $\mu_0 = \dfrac{\alpha\beta_0}{2\kappa}$. 令 $k := 0$.

步 1: 求解如下线性方程组:

$$\nabla \Phi_{\mu_k}(x^k)^{\mathrm{T}} d = -\Phi(x^k). \tag{8.13}$$

记它的解为 d^k.

步 2: 令 $\lambda^k := \rho^{m_k}$, $x^{k+1} := x^k + \lambda^k d^k$, 其中 m_k 是集合 $\{0, 1, 2, \cdots\}$ 中的最小非负整数, 使得

$$\theta_{\mu_k}(x^k + \rho^m d^k) - \theta_{\mu_k}(x^k) \leqslant -2\sigma\rho^m \theta(x^k). \tag{8.14}$$

步 3: 如果 $\|\Phi(x^{k+1})\| = 0$, 算法终止. 否则, 转到步 4.

步 4: 如果

$$\|\Phi(x^{k+1})\| \leqslant \max\{\eta\beta_k, \alpha^{-1}\|\Phi(x^{k+1}) - \Phi_{\mu_k}(x^{k+1})\|\}, \tag{8.15}$$

则重新定义 β_k: $\beta_{k+1} = \|\Phi(x^{k+1})\|$, 并且选择 μ_{k+1} 使下列两个不等式成立:

$$0 < \mu_{k+1} \leqslant \min\left\{\frac{\alpha\beta_{k+1}}{2\kappa}, \frac{\mu_k}{4}\right\} \tag{8.16}$$

和

$$\text{dist}\left(\nabla\Phi_{\mu_{k+1}}(x^{k+1})^{\mathrm{T}}, \partial_C\Phi(x^{k+1})\right) \leqslant \gamma\beta_{k+1}. \tag{8.17}$$

否则, 令 $\beta_{k+1} := \beta_k$, $\mu_{k+1} := \mu_k$, 转到步 5.

步 5: 令 $k := k+1$. 返回步 1.

注 8.2　Kanzow 和 Pieper (1999) 提出了一种基于雅可比光滑化方法求解一般非线性互补问题的算法. 与 Kanzow 和 Pieper (1999) 不同的是, 因为 F 是 P_0 函数, 由雅可比光滑化方法推导出的算法 8.1 中的步 1 是适定的. 另外, Kanzow 和 Pieper (1999) 用 Fischer Burmeister 函数将非线性互补问题重构为非光滑方程组, 而不是本章采用的部分光滑函数.

注 8.3　如果 n 很大, 则算法 8.1 的步 1 涉及求解一个大规模线性方程组. 很多线性方程求解器可以用来求解 (8.13) (Badia et al., 2011; Deng and Wan, 2015a; Wan et al., 2014a). 例如, 在 Badia 等 (2011) 中提出了一个 Fortran 程序求解大规模稠密线性系统.

在算法 8.1 的步 4 中, 为了找到合适的 μ_{k+1}, 我们设计了如下子算法:

算法 8.2　基于算法 8.1 的子算法

步 0: 令 $l := 0$, $\zeta \in (0,1)$.

步 1: 令 $\mu_{k+1}^{(l)} = \frac{1}{2}\min\left\{\frac{\alpha\beta_{k+1}}{2\kappa}, \frac{\mu_k}{4}\right\}$.

步 2: 如果

$$\text{dist}\left(\nabla\Phi_{\mu_{k+1}^{(l)}}(x^{k+1})^{\mathrm{T}}, \partial_C\Phi(x^{k+1})\right) \leqslant \gamma\beta_{k+1}$$

成立, 则 $\mu_{k+1} := \mu_{k+1}^{(l)}$. 否则, 转到步 3.

步 3: 令 $l := l+1$, $\mu_{k+1}^{(l)} := \zeta^l\mu_{k+1}^{(l-1)}$. 返回步 2.

从定理 8.1 中容易看出, 经过有限多步后就可以得到 μ_{k+1}. 因此, 算法 8.1 的步 4 是适定的.

我们首先分析由算法 8.1 生成的序列性质.

命题 8.1 设 $\{x^k\}$, $\{\mu_k\}$ 和 β_k 为算法 8.1 生成的序列. 则

$$\|\Phi(x^k) - \Phi_{\mu_k}(x^k)\| \leqslant \alpha\|\Phi(x^k)\|, \quad \forall k \geqslant 0, \tag{8.18}$$

且

$$\mathrm{dist}\left(\nabla\Phi_{\mu_{k+1}}(x^{k+1})^{\mathrm{T}}, \partial_C\Phi(x^{k+1})\right) \leqslant \gamma\beta_{k+1}, \quad \forall k \in K, k \geqslant 1 \tag{8.19}$$

成立, 其中

$$K = \{0\} \cup \left\{k \big| \|\Phi(x^{k+1})\| \leqslant \max\{\eta\beta_k, \alpha^{-1}\|\Phi(x^{k+1}) - \Phi_{\mu_k}(x^{k+1})\|\}, k = 1, 2, \cdots\right\}. \tag{8.20}$$

证明 我们先证明 (8.18).

当 $k \notin K$ 时, 结论显然成立. 当 $k \in K$ 时, 因为 Φ_μ 是 Φ 和 (8.16) 的一致光滑近似, 由推论 8.1 知

$$\|\Phi(x^k) - \Phi_{\mu_k}(x^k)\| \leqslant \kappa\mu_k$$
$$\leqslant \kappa \cdot \frac{\alpha\beta_k}{2\kappa} = \frac{\alpha\beta_k}{2}$$
$$\leqslant \alpha\beta_k = \alpha\|\Phi(x^k)\|.$$

故 (8.18) 式成立.

(8.19) 可直接由算法 8.1 的步 4 得出. □

命题 8.1 可用于证明算法 8.1 的适定性, 并分析解序列的极限性质.

下面的命题说明算法 8.1 中步 1 和步 2 的适定性.

命题 8.2 设 F 是一个连续可微的 P_0 函数. 则算法 8.1 中的步 1 和步 2 是适定的.

证明 由算法 8.1 的构造可知 $k \geqslant 0$, $\mu_k > 0$.

根据推论 8.2 可知 $\nabla\Phi_{\mu_k}(x^k)$ 是非奇异的. 所以, 算法 8.1 中的步 1 是适定的.

接下来, 我们证明步 2 中的线搜索在有限步后终止.

事实上, 因为 $\forall k \geqslant 0$, $\mu_k > 0$, $\theta_{\mu_k}(\cdot)$ 是连续可微的. 由 θ_{μ_k} 的定义可知

$$\nabla\theta_{\mu_k}(x^k) = \nabla\Phi_{\mu_k}(x^k)\Phi_{\mu_k}(x^k).$$

另一方面, 由 (8.13) 可知

$$\nabla\Phi_{\mu_k}(x^k)^{\mathrm{T}}d^k = -\Phi(x^k).$$

所以

$$\theta_{\mu_k}(x^k + \lambda d^k) - \theta_{\mu_k}(x^k)$$

$$
\begin{aligned}
&= \lambda \left(\nabla \theta_{\mu_k}(x^k)\right)^{\mathrm{T}} d^k + o(\lambda) \\
&= \lambda \left(\nabla \Phi_{\mu_k}(x^k) \Phi_{\mu_k}(x^k)\right)^{\mathrm{T}} d^k + o(\lambda) \\
&= -\lambda (\Phi_{\mu_k}(x^k))^{\mathrm{T}} \Phi(x^k) + o(\lambda) \\
&= -2\lambda \theta(x^k) + \lambda (\Phi(x^k))^{\mathrm{T}} (\Phi(x^k) - \Phi_{\mu_k}(x^k)) + o(\lambda) \\
&\leqslant -2\lambda \theta(x^k) + 2\lambda \alpha \theta(x^k) + o(\lambda) = -2\lambda(1-\alpha)\theta(x^k) + o(\lambda).
\end{aligned}
$$

最后一个不等式可由 (8.18) 得出.

由于 $\sigma < \dfrac{1-\alpha}{2} < 1-\alpha$, 必存在一个非负整数 m_k, 使得 (8.14) 成立.　　□

通过以上讨论, 我们得知算法 8.1 的适定性.

8.4　收敛性分析

在本节中, 我们将分析算法 8.1 的收敛性.

我们假设:

假设 8.1　水平集

$$
D_0 = \left\{ x \in R^n \,\middle|\, \|\Phi(x)\| \leqslant (1+\alpha)\|\Phi(x^0)\| \right\}
$$

是有界的.

在该假设条件下, 我们有

定理 8.2　设 $\{x^k\}$ 是由算法 8.1 生成的序列. 那么, 在假设 8.1 下, 下列陈述成立:

(1) $\{x^k\} \subset D_0$.

(2) $\lim\limits_{k \to \infty} \Phi(x^k) = 0$.

证明　我们先证明结论 (1).

定义

$$
\begin{aligned}
K_1 &= \left\{ k \in K \,\middle|\, \eta \beta_{k-1} \geqslant \alpha^{-1} \|\Phi_{\mu_{k-1}}(x^k) - \Phi(x^k)\| \right\}, \\
K_2 &= \left\{ k \in K \,\middle|\, \eta \beta_{k-1} < \alpha^{-1} \|\Phi_{\mu_{k-1}}(x^k) - \Phi(x^k)\| \right\},
\end{aligned}
$$

则 $K_1 \cup K_2 \cup \{0\} = K$.

记

$$
K = \{ k_i \,|\, k_i \in K_1 \cup K_2 \cup \{0\}, 0 = k_0 < k_1 < k_2 < \cdots \}.
$$

对于任意给定的非负整数 k, 设 k_j 为 K 中小于 k 的最大值, 即

$$
k_j = \max\{ k_i \in K \,|\, k_i \leqslant k \}.
$$

由算法 8.1 中的步 4 可知 $\mu_k = \mu_{k_j}$, $\beta_k = \beta_{k_j}$. 由 (8.14) 可知

$$\|\Phi_{\mu_{k_j}}(x^k)\| \leqslant \|\Phi_{\mu_{k_j}}(x^{k_j})\|.$$

由 (8.18) 可知, 对于任意 $j \geqslant 0$,

$$
\begin{aligned}
\|\Phi(x^k)\| &\leqslant \|\Phi_{\mu_k}(x^k)\| + \|\Phi(x^k) - \Phi_{\mu_k}(x^k)\| \\
&= \|\Phi_{\mu_{k_j}}(x^k)\| + \|\Phi(x^k) - \Phi_{\mu_k}(x^k)\| \\
&\leqslant \|\Phi_{\mu_{k_j}}(x^{k_j})\| + \kappa\mu_k \\
&\leqslant \|\Phi(x^{k_j})\| + \kappa\mu_{k_j} + \kappa\mu_{k_j} \\
&= \beta_k + 2\kappa\mu_{k_j}.
\end{aligned}
\tag{8.21}
$$

如果 $j = 0$, 则 $\beta_{k_j} = \beta_0$, $\mu_{k_j} = \mu_0$ 及

$$\|\Phi(x^k)\| \leqslant \beta_0 + 2\kappa\mu_0 \leqslant (1+\alpha)\|\Phi(x^0)\|.$$

如果 $j \geqslant 1$, 由算法 8.1 中的步 4 可知 $\mu_{k_j} \leqslant \dfrac{1}{2}\mu_{k_j-1} = \dfrac{1}{2}\mu_{k_{j-1}}$ 及

$$
\beta_{k_j} =
\begin{cases}
\eta\beta_{k_j-1} = \eta\beta_{k_{j-1}}, & k_j \in K_1, \\
\alpha^{-1}\|\Phi_{\mu_{k_j-1}}(x^{k_j}) - \Phi(x^{k_j})\| \leqslant \dfrac{\kappa}{\alpha}\mu_{k_j-1} = \dfrac{\kappa}{\alpha}\mu_{k_{j-1}} \leqslant \dfrac{1}{2}\beta_{k_{j-1}}, & k_j \in K_2.
\end{cases}
$$

令 $r := \max\left\{\dfrac{1}{2}, \eta\right\}$. 由 μ_0 和 β_0 的定义, 对 $j \geqslant 1$, 有

$$\mu_{k_j} \leqslant \frac{1}{2^{j-1}}\mu_0 = \frac{1}{2^j}\frac{\alpha}{\kappa}\|\Phi(x^0)\| \tag{8.22}$$

和

$$\beta_{k_j} \leqslant r^{j-1}\beta_0 = r^{j-1}\|\Phi(x^0)\|. \tag{8.23}$$

由 (8.21) 可知, 对 $j \geqslant 1$,

$$\|\Phi(x^k)\| \leqslant \left(r^{j-1} + \frac{\alpha}{2^{j-1}}\right)\|\Phi(x^0)\| \leqslant r^{j-1}(1+\alpha)\|\Phi(x^0)\|. \tag{8.24}$$

故

$$\|\Phi(x)\| \leqslant (1+\alpha)\|\Phi(x^0)\|.$$

即 $\{x^k\} \subset D_0$.

接下来证明结论 (2), 即

$$\lim_{k \to \infty} \Phi(x^k) = 0.$$

如果 K 是无穷集合, 则由 (8.24) 可知, 对 $j \geqslant 1$,

$$\lim_{k \to \infty} \|\Phi(x^k)\| \leqslant \lim_{j \to \infty} r^{j-1}(1+\alpha)\|\Phi(x^0)\| = 0.$$

所以只需证明 K 是无穷集合.

如果 K 是有穷集合, 则 K_1 和 K_2 都是有限集合. 令 $\hat{k}$ 为 K 的最大指标, 则对于所有 $k > \hat{k}$, 有

$$\mu_k = \mu_{\hat{k}}, \quad \beta_k = \beta_{\hat{k}} = \|\Phi(\hat{x}^k)\|, \tag{8.25}$$

$$\|\Phi(x^k)\| > \eta\beta_k = \eta\|\Phi(\hat{x}^k)\| > 0 \tag{8.26}$$

和

$$\alpha\|\Phi(x^k)\| > \|\Phi_{\mu_{\hat{k}}}(x^k) - \Phi(x^k)\| \tag{8.27}$$

成立. 由 (8.26) 可知, 对所有 $k > \hat{k}$,

$$\theta(x^k) \geqslant \eta^2 \theta(x^{\hat{k}}), \tag{8.28}$$

记 $\hat{\mu} = \mu_{\hat{k}}$, 则对所有 $k > \hat{k}$, 有

$$\theta_{\mu_k}(x^k) \geqslant \theta_{\mu_{\hat{k}}}(x^k), \quad \Phi_{\mu_k}(x^k) \geqslant \Phi_{\mu_{\hat{k}}}(x^k).$$

由假设 8.1 及推论 8.2 知, 存在 $M > 0$, 使得

$$\|(\Phi'_{\hat{\mu}}(x^k))^{-1}\| \leqslant M, \quad \forall x \in D_0.$$

则对所有 $k > \hat{k}$,

$$\|d^k\| = \|(\Phi'_{\hat{\mu}}(x^k))^{-1}\Phi(x^k)\| \leqslant M\|\Phi(x^k)\| \leqslant M(1+\alpha)\|\Phi(x^0)\| \triangleq L.$$

根据 (8.14), 如果 $\liminf_{k} \lambda_k = \lambda^* > 0$, 则对所有 $k \geqslant \hat{k}$,

$$\theta_{\hat{\mu}}(x^{k+1}) - \theta_{\hat{\mu}}(x^k) \leqslant -2\sigma\lambda_k\theta(x^k) \leqslant -2\sigma\lambda^*\eta^2\theta(x^{\hat{k}}) < 0.$$

由于 $\{\theta_{\hat{\mu}}(x^k)\}_{k \geqslant \hat{k}}$ 是一个单调序列, 知 $\theta_{\hat{\mu}}(x^k) \to -\infty$. 这与 $\theta_{\hat{\mu}}(x^k) \geqslant 0$ 矛盾. 故 K 不是有限集. 结果 (2) 得证.

当 $\liminf\limits_{k} \lambda_k = 0$ 时, 令 K_0 为一指标集使得

$$\lambda_k \to 0 \quad (k \in K_0).$$

由 D_0 有界可得 $\{x^k\}_{k \in K_0} \to x^*$. 由 (8.14) 可知, 对所有 $k \geqslant \hat{k}$,

$$-2\sigma\rho^{m_k-1}\theta(x^k) < \theta_{\hat{\mu}}(x^k + \rho^{m_k-1}d^k) - \theta_{\hat{\mu}}(x^k). \tag{8.29}$$

(8.29) 式两端同除以 ρ^{m_k-1}, 得

$$-2\sigma\theta(x^k) < \frac{\theta_{\hat{\mu}}(x^k + \rho^{m_k-1}d^k) - \theta_{\hat{\mu}}(x^k)}{\rho^{m_k-1}}$$

$$= (\nabla\theta_{\hat{\mu}}(x^k))^{\mathrm{T}}d^k + \int_0^1 (\nabla\theta_{\hat{\mu}}(x^k + t\rho^{m_k-1}d^k) - \theta_{\hat{\mu}}(x^k))^{\mathrm{T}}d^k dt.$$

注意到

$$(\nabla\theta_{\hat{\mu}}(x^k))^{\mathrm{T}}d^k = -(\Phi(x^k))^{\mathrm{T}}\Phi_{\hat{\mu}}(x^k)$$

$$= -2\theta(x^k) + (\Phi(x^k))^{\mathrm{T}}(\Phi_{\hat{\mu}}(x^k) - \Phi(x^k))$$

$$= -2\theta(x^k) + 2\alpha\theta(x^k).$$

上述不等式用到了式 (8.27).

因为 $\nabla\theta_{\hat{\mu}}(\cdot)$ 是连续的, d^k 是有界的, 且

$$\lim_{k \in K_0, k \to \infty} m_k = \infty,$$

则有

$$\lim_{k \in K_0, k \to \infty} \int_0^1 ((\nabla\theta_{\hat{\mu}}(x^k + t\rho^{m_k-1}d^k) - \nabla\theta_{\hat{\mu}}(x^k))^{\mathrm{T}}d^k)dt.$$

由 (8.29) 可知

$$-2\sigma\theta(x^*) \leqslant -2(1-\alpha)\theta(x^*) < 0.$$

所以, $\sigma \geqslant (1-\alpha)$. 这与 $\sigma < (1-\alpha)/2$ 矛盾. 故 K 不可能是有限集. $\qquad\square$

类似于 Chen 等 (1998), 我们可以证明如下收敛性.

定理 8.3 若假设 8.1 成立. 如果 x^* 为算法 8.1 中的 $\{x^k\}$ 序列生成的某一聚点, 且 $\Phi(\cdot)$ 在 x^* 处是半光滑的, 且对任意的 $V \in \partial_C\Phi(x^*)$ 都非奇异, 则

(1) x^* 是 $\Phi(x) = 0$ 的解.

(2) $\{x^k\}$ 超线性收敛到 x^*.

(3) 若 $\Phi(\cdot)$ 在 x^* 处强半光滑, $\{x^k\}$ 趋于 x^*.

注 8.4　Mifflin (1977) 中的定义 1 提出了半光滑函数的概念.

注 8.5　值得注意的是, 定理 8.2 和定理 8.3 的证明思想与 Chen 等 (1998) 中的证明思想相似. 然而, 利用 F 的 P_0 性质和本章提出的新的光滑化方法, 我们建立了在较弱条件下的收敛结果. 实际上, 与已有文献结果相比, 定理 8.2 和定理 8.3 没有假设矩阵 $\nabla \Phi_{\mu_k}(x^k)$ 满足非奇异性. 由于单调互补问题是带 P_0 函数互补问题 (8.1) 的特例, 所以我们的结果是已有理论结果的推广 (参见 (Geiger and Kanzow, 1996)).

8.5　数值性能测试

在本节中, 我们将通过数值实验来检验算法 8.1 的效率.

由于我们的重点是分析不同光滑化方法在求解 (8.1) 优缺点, 所以我们将算法 8.1 中的光滑函数 (8.4) 分别替换为经典的 Fischer Burmeister 函数 (Chen et al., 2000):

$$\phi_{\mathrm{FB}}(\mu, a, b) = \sqrt{a^2 + b^2 + \mu^2} - (a + b)$$

和常用的凝聚函数 (Qi and Liao, 1999):

$$\varphi_1(\mu, a, b) = -\mu \ln(\exp(-a/\mu) + \exp(-b/\mu)).$$

对应后两者的两种算法分别称为 FB-Algor 和 AGG-Algor.

我们运行算法 8.1, FB-Algor 和 AGG-Algor 求解已有文献中所有基准测试问题, 并比较它们的数值性能. 所有的计算机代码用 MATLAB2008a 写成, 并在个人计算机 2.00 GHZ CPU, 2.00 GB RAM 及 Windows 7 环境下运行.

算法的相关参数设置如下:

$$\alpha = 0.5, \quad \eta = 0.01, \quad \sigma = 0.4, \quad \delta = 0.6, \quad \zeta = 0.5 \quad \gamma = 10.$$

取 $\|\Phi(x^k)\| < 10^{-6}$ 为终止准则. 如果迭代次数大于 200 次, 或者某一次迭代得到的步长小于 10^{-5}, 则认为算法失败.

表 8.1 中采用了如下记号:

DIM: 初始值维数;

ST: 初始值;

IT: 迭代次数;

MIT: 平均迭代次数;

F: 计算失败;

VAL: 计算终止时, $\|\Phi(x^k)\|$ 的数值;

MVAL: $\|\Phi(x^k)\|$ 在 100 次实验中的均值;

NC: 在 100 次实验中, 算法成功次数;

rand $(n,1)$: 表示 n 维随机向量, 分量在 $(0,1)$ 区间内服从均匀分布.

我们首先将如下两个测试问题的维数从 8 到 1600 变化, 以检验算法的效率和鲁棒性.

例 8.1 在问题 (8.1) 中, 设 $F(\cdot)$ 是一个线性映射 (Huang and Ma, 2012; Fathi, 1979), 由 $F(x) = Mx + q$ 给出, 其中 $q = (-1, -1, \cdots, -1)^{\mathrm{T}}$, M 定义为

$$
\begin{aligned}
&M_{ii} = 4(i-1) + 1, \quad i = 1, 2, \cdots, n; \\
&M_{ij} = M_{ii} + 1, \quad i = 1, 2, \cdots, n-1, j = i+1, \cdots, n; \\
&M_{ji} = M_{jj} + 1, \quad j = 1, 2, \cdots, n-1, i = j+1, \cdots, n.
\end{aligned}
\tag{8.30}
$$

这个问题只有唯一解 $x^* = (1, 0, \cdots, 0)^{\mathrm{T}}$. 取初始点 $x^0 = (0, 0, \cdots, 0)^{\mathrm{T}}$, 结果如表 8.1.

表 8.1 例 8.1 的数值结果

DIM	算法 8.1		FB-Algor		AGG-Algor	
	IT	VAL	IT	VAL	IT	VAL
8	8	2.62e−07	15	3.74e−09	9	3.97e−09
32	8	0.00e+00	40	1.64e−11	14	2.22e−16
128	11	8.14e−07	140	4.51e−08	14	3.33e−16
256	7	4.97e−07	F	F	15	8.88e−16
512	7	2.82e−07	F	F	18	2.22e−16
1024	7	1.49e−07	F	F	64	1.55e−15

例 8.2 在问题 (8.1) 中, 设 $F(\cdot)$ 为线性映射, 由 $F(x) = Mx + q$ 给出, 其中 $q = (-1, -1, \cdots, -1)^{\mathrm{T}}$ 以及

$$
M = \begin{pmatrix}
4 & -2 & 0 & \cdots & 0 & 0 \\
1 & 4 & -2 & \cdots & 0 & 0 \\
\vdots & \vdots & \vdots & & \vdots & \vdots \\
0 & 0 & 0 & \cdots & 4 & -2 \\
0 & 0 & 0 & \cdots & 1 & 4
\end{pmatrix}.
$$

取初始点 $x^0 = (1, 1, \cdots, 1)^{\mathrm{T}}$, 结果如表 8.2.

从表 8.1 和表 8.2 的结果可以看出:

(1) 与其他两种算法相比, 算法 8.1 可以以更少的迭代次数或更高的精度找到 (8.1) 的解.

(2) 算法 8.1 对于测试问题的维数增加, 鲁棒性相对较强.

表 8.2　例 8.2 的数值结果

DIM	算法 8.1		FB-Algor		AGG-Algor	
	IT	VAL	IT	VAL	IT	VAL
100	4	1.79e−14	7	1.09e−07	4	1.53e−15
200	4	8.97e−15	7	1.12e−07	4	1.42e−15
400	4	4.39e−15	7	1.13e−07	4	2.21e−15
800	4	3.21e−15	7	1.13e−07	4	3.14e−15
1600	4	8.77e−15	7	1.14e−07	4	4.44e−15

接下来, 我们将算法求解如下同时存在退化解和非退化解的测试问题.

例 8.3(Kojima-Shindo 问题)　在问题 (8.1) 中 (参见 (Huang and Ma, 2012; Zhang et al., 2009; Jiang and Qi, 1997)), $x \in R^4$ 和 $F(\cdot) : R^4 \to R^4$ 定义为

$$F(x) = \begin{pmatrix} 3x_1^2 + 2x_1x_2 + 2x_2^2 + x_3 + 3x_4 - 6 \\ 2x_1^2 + x_1 + x_2^2 + 10x_3 + 2x_4 - 2 \\ 3x_1^2 + x_1x_2 + 2x_2^2 + 2x_3 + 9x_4 - 9 \\ x_1^2 + x_2^2 + 2x_3 + 3x_4 - 3 \end{pmatrix}.$$

该问题存在一个退化解 $x^* = \left(\dfrac{\sqrt{6}}{2}, 0, 0, \dfrac{1}{2} \right)^{\mathrm{T}}$ 和一个非退化解 $x^{**} = (1, 0, 3, 0)^{\mathrm{T}}$. 我们设置不同的初始点进行三种算法的测试. 结果如表 8.3, 其中 $e = (1, 1, 1, 1)^{\mathrm{T}}$.

表 8.3　例 8.3 的数值结果

ST	算法 8.1		FB-Algor		AGG-Algor	
	IT	VAL	IT	VAL	IT	VAL
0.5e	4**	6.52e−09	14*	9.54e−07	5*	1.50e−09
e	5**	7.50e−07	7**	5.72e−13	6**	6.83e−11
4e	6**	1.72e−07	8**	1.27e−11	6**	4.64e−07
8e	9**	4.83e−09	19**	5.16e−07	12**	5.79e−09
(1,1,0,0)	5**	1.14e−08	9**	1.93e−10	5*	3.30e−08
(1,0,1,0)	3**	3.55e−09	19*	7.30e−07	F	F
(1,0,0,1)	4*	5.28e−13	14*	7.30e−07	5*	9.25e−10

注: 表中数值结果不同的上标 * 或 ** 分别表示算法找到的解是退化解和非退化解.

从表 8.3 可以看出, 算法 8.1 比其他算法更适合找到问题的非退化解. 这与 8.4 节收敛性的理论结果是一致. 此外, 算法 8.1 的迭代次数比其他算法少.

在本节的最后, 我们打算进一步测试算法对初始值选择的敏感性. 为此, 我们随机生成 100 个初始点, 然后对每个初始点运行三种算法来求解测试问题. 我们

通过计算 $\|\Phi(x^k)\|$ 的平均值、平均迭代次数和算法成功找到解的平均次数来评估这些算法. 数值结果如表 8.4—表 8.6 所示.

例 8.4(修正的 Mathiesen 问题) 在问题 (8.1) 中, $x \in R^4$ 且 $F(x) : R^4 \to R^4$ 定义为

$$F(x) = \begin{pmatrix} -x_2 + x_3 + x_4 \\ x_1 - (4.5x_3 + 2.7x_4)/(x_2 + 1) \\ 5 - x_1 - (0.5x_3 + 0.3x_4)/(x_3 + 1) \\ 3 - x_1 \end{pmatrix}.$$

该问题为非线性互补问题, 有无穷多个解 $(\lambda, 0, 0, 0)$, 其中 $\lambda \in [0, 3]$. 对于 $\lambda = 0$ 或 $\lambda = 3$, 解是退化的, 对于 $\lambda \in (0, 3)$, 解是非退化的. 我们通过以下 7 种不同的方法生成 100 个初值:

(1) $x^0 \sim -\text{rand}(4, 1)$;

(2) $x^0 \sim \text{rand}(4, 1)$;

(3) $x^0 \sim -5\text{rand}(4, 1)$;

(4) $x^0 \sim 5\text{rand}(4, 1)$;

(5) $x^0 \sim -10\text{rand}(4, 1)$;

(6) $x^0 \sim 10\text{rand}(4, 1)$;

(7) $x^0 \sim 100\text{rand}(4, 1)$.

我们的目的是测试算法对初始值的具体选择的依赖性, 数值结果如表 8.4 所示.

表 8.4 例 8.4 的数值结果

ST	算法 8.1			FB-Algor			AGG-Algor		
	MIT	MVAL	NC	MIT	MVAL	NC	MIT	MVAL	NC
(1)	1	0	100	21.8	7.19e−07	100	1.03	1.25e−07	80
(2)	2.60	0	86	19.61	7.33e−07	100	2.60	2.81e−08	47
(3)	2.21	0	98	25.67	7.22e−07	93	4.05	9.62e−08	58
(4)	5.62	9.27e−08	93	19.55	6.53e−07	85	5.21	8.70e−08	71
(5)	3.03	0	98	26.4	6.93e−07	95	4.36	4.97e−08	61
(6)	5.22	7.59e−08	94	20.0	6.61e−07	81	5.18	6.79e−08	72
(7)	6.03	4.11e−08	92	24.3	6.62e−07	84	11.33	2.41e−07	57

例 8.5(Nash 均衡问题) 在问题 (8.1) 中, $x \in R^{10}$ 且 $F(x) = (F_1(x), \cdots, F_{10}(x))^{\mathrm{T}}$, 其中

$$F_i(x) = c_i + (L_i x_i)^{1/\beta_i} - \left(\frac{5000}{\sum\limits_{k=1}^{10} x_k}\right)^{1/\gamma} + \frac{x_i}{\gamma \sum\limits_{k=1}^{10} x_k}\left(\frac{5000}{\sum\limits_{k=1}^{10} x_k}\right)^{1/\gamma}, \quad i = 1, \cdots, 10.$$

$\gamma = 1.2$, $L_i = 10$,

$$c = (5.0, 3.0, 8.0, 5.0, 1.0, 3.0, 7.0, 4.0, 6.0, 3.0)^{\mathrm{T}}$$

和

$$\beta = (1.2, 1.0, 0.9, 0.6, 1.5, 1.0, 0.7, 1.1, 0.95, 0.75)^{\mathrm{T}}.$$

该问题源于具有十个决策变量的 Nash-Cournot 生产问题, 是一个非线性互补问题. 通过以下 4 种方法生成不同的初始值:

(1) $x^0 \sim 0.5\mathrm{rand}(4, 1)$;

(2) $x^0 \sim \mathrm{rand}(4, 1)$;

(3) $x^0 \sim 3\mathrm{rand}(4, 1)$;

(4) $x^0 \sim 10\mathrm{rand}(4, 1)$.

我们对每种初值选定的情形做 100 次实验, 数值结果如表 8.5 所示.

表 8.5 例 8.5 的数值结果

ST	算法 8.1			FB-Algor			AGG-Algor		
	MIT	MVAL	NC	MIT	MVAL	NC	MIT	MVAL	NC
(1)	8.16	1.84e−07	96	17.13	9.40e−08	99	7.58	9.70e−08	99
(2)	7.86	8.70e−10	100	15.56	1.04e−07	100	8.05	4.10e−08	100
(3)	6.77	7.72e−08	98	11.6	6.21e−08	100	7.08	6.07e−08	100
(4)	7.68	4.30e−08	75	12.75	8.40e−08	100	5.74	7.03e−08	100

例 8.6 在问题 (8.1) 中, $x \in R^7$ 且 $F(x) : R^7 \to R^7$ 定义为

$$F(x) = \begin{pmatrix} 2x_1 - x_3 + x_5 + 3x_6 - 1 \\ x_2 + 2x_5 + x_6 - x_7 - 3 \\ -x_1 + 2x_3 + x_4 + x_5 + 2x_6 - 4x_7 + 1 \\ x_3 + x_4 + x_5 - x_6 - 1 \\ -x_1 - 2x_2 - x_3 - x_4 + 5 \\ -3x_1 - x_2 - 2x_3 + x_4 + 4 \\ x_2 + 4x_3 - 1.5 \end{pmatrix}.$$

它有非退化解

$$x^* \approx (0.2727272727, 2.0909090909, 0, 0.5454545454, 0, 0, 0)^{\mathrm{T}}.$$

测试中取初始点:

(1) $x^0 \sim -\mathrm{rand}(7, 1)$;

(2) $x^0 \sim \mathrm{rand}(7, 1)$;

(3) $x^0 \sim -5\mathrm{rand}(7,1)$;

(4) $x^0 \sim 5\mathrm{rand}(7,1)$;

(5) $x^0 \sim -10\mathrm{rand}(7,1)$;

(6) $x^0 \sim 10\mathrm{rand}(7,1)$;

(7) $x^0 \sim 100\mathrm{rand}(7,1)$.

我们对每种初值选定的情形做 100 次实验, 平均数值结果如表 8.6 所示.

表 8.6　例 8.6 的数值结果

ST	算法 8.1			FB-Algor			AGG-Algor		
	MIT	MVAL	NC	MIT	MVAL	NC	MIT	MVAL	NC
(1)	3.95	1.22e−08	100	11.2	8.00e−08	100	4.55	2.52e−08	100
(2)	4.21	7.42e−08	100	9.13	9.68e−08	100	4.42	5.53e−08	100
(3)	3.44	9.11e−08	100	14.48	7.38e−08	100	3.48	4.73e−08	100
(4)	4.91	8.98e−09	100	13.48	1.06e−07	100	5.35	9.78e−09	100
(5)	3.85	4.29e−08	100	15.81	1.05e−07	100	3.74	7.13e−08	100
(6)	5.28	3.11e−08	100	14.23	7.79e−08	100	5.56	4.26e−08	98
(7)	7.51	1.97e−08	99	17.97	8.90e−08	100	7.77	4.66e−08	47

从表 8.4—表 8.6 的结果可以看出, 本章算法对初始值的选择不太敏感. 具体来说, 从 $\|\Phi(x^k)\|$ 的平均值, 平均迭代次数或算法成功找到解的次数的角度来看, 它优于其他算法.

总　　结

本章利用部分光滑化的思想, 提出了一种新型非线性互补问题的部分光滑化方法, 分析了它的有用性质, 并利用这些性质开发了适定的、高效的求解带 P_0 函数的非线性互补问题的雅可比牛顿算法. 在适当的假设条件下, 证明了该算法的全局收敛性和超线性收敛性. 数值实验表明, 该算法具有以下四个方面的优势:

(1) 与其他算法相比, 该算法能够以更少的迭代次数或更高的精度找到 NCP 问题的解.

(2) 随着测试问题维数的增加, 鲁棒性相对增强. 特别是, 它似乎更适合解决大规模的问题.

(3) 与其他方法相比, 该方法迭代次数少, 能更有效地找到 NCP 的非退化解.

(4) 对初始值的选择不太敏感.

第 9 章　求解互补约束优化问题的强收敛光滑正则化方法

本章将提出一种带互补约束优化问题 (MPCC) 的光滑正则化方法. 通过构造互补约束的一个光滑正则化函数, 我们将原问题转化成含扰动参数的标准光滑优化问题, 并研究通过求解近似子问题而生成的稳定点序列的收敛性. 在适当的假设条件下, 我们将证明算法生成的序列的任意聚点都是原 MPCC 的强稳定点. 最后用数值结果证明本章所提出的算法的有效性.

9.1　引　言

本章考虑如下形式的互补约束优化问题:

$$
\begin{aligned}
\min \quad & f(z) \\
\text{s.t.} \quad & g(z) \leqslant 0, \\
& h(z) = 0, \\
& G(z) \geqslant 0, H(z) \geqslant 0, \\
& G(z)^{\mathrm{T}} H(z) = 0,
\end{aligned}
\tag{9.1}
$$

其中函数 $f : R^n \to R$, $g : R^n \to R^m$, $h : R^n \to R^p$, $G : R^n \to R^l$ 以及 $H : R^n \to R^l$ 都是连续可微的. 由于问题 (9.1) 常见于交通网络管理、经济均衡和形状设计优化等许多应用中, 因此在过去的三十年中已经取得了许多理论和算法成果 (详细可参见 (Facchinei et al., 1999; Hoheisel et al., 2013; Jiang and Ralph, 2000; Liu et al., 2008; Steffensen and Ulbrich, 2010; Outrata, 1999; Pang and Fukushima, 1999; Raghunathan and Biegler., 2005; Stein, 2012; Wan and Wang, 2006; Scheel and Scholtes, 2000; Huang and Sun, 2005; Fletcher et al., 2006; Fukushima et al., 1998; Fukushima and Pang, 1999; Kadrani et al., 2009; Kanzow and Schwartz, 2014, 2013; Lin and Fukushima, 2003, 2005; Leyffer et al., 2006; Li et al., 2012) 及其参考文献).

研究这类问题存在的主要挑战之一是 (9.1) 中的互补约束常常无法在可行点 (最优解) 处满足经典优化理论中常用的一些约束品性 (见 (Luo et al., 1996; Out-

主要结果发表于 Pacific Journal of Optimization, 12(3): 497-519, 2016.

rata, 1999; Pang and Fukushima, 1999; Scheel and Scholtes, 2000; Wan, 2002; Chi et al., 2015)). 因此, 关于标准光滑优化问题的许多基本理论和高效算法一般都不能直接用于求解问题 (9.1). 本章, 我们将着重研究求解问题 (9.1) 的新型数值方法.

此前的研究成果中, 光滑化方法一直是求解问题 (9.1) 的主要方法. 其基本思想是: (1) 通过光滑化方法, 首先把问题 (9.1) 中的互补约束重构为含有扰动参数 ε 的近似标准光滑约束 (Huang and Wang, 2010, 2012; Miao and Chen, 2013). (2) 再用标准光滑优化模型近似原始的 MPCC (9.1). 这样, 寻找问题 (9.1) 的解就转化为寻找合适的扰动参数, 使得相关近似子问题的解在某种意义上接近原始 MPCC (9.1) 的稳定点 (Facchinei et al., 1999).

求解问题 (9.1) 的另一种方法是正则化方法. 例如, Scholtes (2001) 首先将问题 (9.1) 中的互补约束 $G(z) \geqslant 0$, $H(z) \geqslant 0$, $G(z)^{\mathrm{T}} H(z) = 0$ 替换为 $G(z) \geqslant 0$, $H(z) \geqslant 0$, $G(z)^{\mathrm{T}} H(z) \leqslant \varepsilon$. 通过该正则化方法, 扩大了原 MPCC (9.1) 的可行域, 并将原问题重构为含正则化参数的非线性规划问题 (NLP). 我们需要研究的问题是: 当正则化参数 $\varepsilon \to 0$ 时, 所构造的正则化问题解的收敛性.

Achtziger 等 (2013) 提出了求解消失约束数学规划问题 (Mathematical Programs with Vanishing Constraints) 的光滑正则化方法, 其光滑正则化方法的基本思想是将互补约束重构为非光滑方程组, 并对方程组进行光滑化处理, 使原 MPCC(9.1) 转化为标准的光滑非线性优化问题.

受上述文献的启发, 本章拟研究一种求解问题 (9.1) 的光滑正则化方法. 为此, 我们首先构造一个光滑正则化函数来处理互补约束. 然后, 在分析正则函数性质的基础上, 我们将 MPCC (9.1) 重构为具有光滑约束的约束优化问题, 从而扩大了近似问题的可行域, 使得在任意可行点处都有某种标准约束品性成立.

本章的另一个重点是研究光滑正则化问题的稳定点序列的收敛性. 在一定条件下, 我们将证明由该方法生成的任一聚点都是原始 MPCC (9.1) 的强稳定点, 并用数值实验证明本章所开发算法的有效性. 此外, 我们用 G_i 表示向量 G 的第 i 个分量, 类似的表示也用在向量值函数中. 对于一个函数 $g: R^n \to R^m$ 以及一个给定的向量 $z \in R^n$, $I_g(z) \triangleq \{i : g_i(z) = 0\}$ 称为 g 在 z 的有效下标集. 对于给定的向量 α, $\mathrm{supp}(\alpha) \triangleq \{i : \alpha_i \neq 0\}$ 称为 α 的支撑集.

9.2 预 备 知 识

本节中, 我们将介绍与稳定性和约束品性相关的 MPCC 的两个基本概念.
设 $\bar{z}$ 为 MPCC (9.1) 的可行点. 定义如下指标集

$$I_{00}(\bar{z}) = \{i \mid G_i(\bar{z}) = 0, \ H_i(\bar{z}) = 0\},$$

$$I_{0+}(\bar{z}) = \{i|G_i(\bar{z}) = 0, \ H_i(\bar{z}) > 0\},$$

$$I_{+0}(\bar{z}) = \{i|G_i(\bar{z}) > 0, \ H_i(\bar{z}) = 0\}.$$

在此前的 MPCC (9.1) 的收敛性结论中, 最好的结论是证明了近似子问题的稳定点序列收敛于 MPCC 的一个强稳定点.

定义 9.1　设 $\bar{z}$ 是问题 (9.1) 的可行点. 若存在乘子向量 $\bar{\lambda} \in R^m, \bar{\mu} \in R^p$ 和 $\bar{u}, \bar{v} \in R^l$ 使得

$$\nabla f(\bar{z}) + \nabla g(\bar{z})\bar{\lambda} + \nabla h(\bar{z})\bar{\mu} - \nabla G(\bar{z})\bar{u} - \nabla H(\bar{z})\bar{v} = 0, \tag{9.2}$$

$$\bar{\lambda} \geqslant 0, \quad \bar{\lambda}^{\mathrm{T}} g(\bar{z}) = 0, \tag{9.3}$$

$$\bar{u}_i = 0, \quad i \in I_{+0}(\bar{z}), \tag{9.4}$$

$$\bar{v}_i = 0, \quad i \in I_{0+}(\bar{z}), \tag{9.5}$$

且

$$\bar{u}_i \geqslant 0, \quad \bar{v}_i \geqslant 0, \quad i \in I_{00}(\bar{z}), \tag{9.6}$$

则 $\bar{z}$ 被称为强稳定点.

与标准 NLP 类似, 为了保证 MPCC (9.1) 的局部极小点 $\bar{z}$ 是一个稳定点, 适当的约束品性 (CQ) 是必要的. Luo 等 (1996) 指出: 标准 NLP 中, 在问题 (9.1) 的可行点处常常并不满足一些常用的约束品性. 因此引进了许多 MPCC 型约束品性.

定义 9.2　设 $\bar{z}$ 是问题 (9.1) 的可行点. 若梯度

$$\{\nabla g_i(\bar{z})|i \in I_g(\bar{z})\} \cup \{\{\nabla h_i(\bar{z})|i = 1, 2, \cdots, p\} \cup \{\nabla G_i(\bar{z})|i \in I_{00}(\bar{z}) \cup I_{0+}(\bar{z})\}$$

$$\cup \{\nabla H_i(\bar{z})|i \in I_{00}(\bar{z}) \cup I_{+0}(\bar{z})\}\}$$

正线性无关, 则称互补约束优化问题的 Mangasarian-Fromovitz 约束品性 (MPEC-MFCQ) 在点 $\bar{z}$ 处成立. 即点 $\bar{z}$ 满足 MPEC-MFCQ 当且仅当不存在向量

$$(\lambda_{I_g(\bar{z})}, \mu, \alpha_{I_{00}(\bar{z}) \cup I_{0+}(\bar{z})}, \beta_{I_{00}(\bar{z}) \cup I_{+0}(\bar{z})}) \neq 0,$$

且对所有的 $i \in I_g(\bar{z}), \lambda_i \geqslant 0$ 有下式成立:

$$\sum_{i \in I_g(\bar{z})} \lambda_i \nabla g_i(\bar{z}) + \sum_{i=1}^{p} \mu_i \nabla h_i(\bar{z}) - \sum_{i \in I_{00}(\bar{z}) \cup I_{0+}(\bar{z})} \alpha_i \nabla G_i(\bar{z}) - \sum_{i \in I_{00}(\bar{z}) \cup I_{+0}(\bar{z})} \beta_i \nabla H_i(\bar{z}) = 0.$$

9.3 光滑正则化方法

本节中, 我们将提出求解问题 (9.1) 的光滑正则化方法.

首先, 我们知道下列关系式恒成立.

$$a \geqslant 0, b \geqslant 0, ab = 0 \Leftrightarrow a \geqslant 0, b \geqslant 0, ab \leqslant 0 \Leftrightarrow |a| - a + |b| - b + |ab| + ab = 0.$$

现定义一个函数 $\varphi : R^2 \to R$,

$$\varphi(a,b) = \frac{1}{2}(|a| - a + |b| - b + |ab| + ab). \tag{9.7}$$

显然, φ 是不可微函数. 如果我们用 $\sqrt{|\cdot|^2 + \varepsilon^2}$ 代替 $|\cdot|$, 则可以得到 φ 的一个光滑近似如下所示.

$$\varphi^\varepsilon(a,b) = \frac{1}{2}\left(\sqrt{a^2 + \varepsilon^2} - a + \sqrt{b^2 + \varepsilon^2} - b + \sqrt{(ab)^2 + \varepsilon^2} + ab\right). \tag{9.8}$$

下面我们讨论函数 φ^ε 和 φ 的一些性质.

命题 9.1 设 φ 是按式 (9.7) 定义的函数, 则下列结论成立.

(i) φ 非负且局部利普希茨连续.

(ii) φ 在集合 $D_\varphi = \{(a,b)^{\mathrm{T}} \in R^2 | a \neq 0, b \neq 0\}$ 上可微.

(iii) φ 在点 $(a,b)^{\mathrm{T}} \in D_\varphi$ 的梯度为

$$\nabla\varphi(a,b)^{\mathrm{T}} = \begin{cases} (b,a), & a > 0, b > 0, \\ (b-1, a-1), & a < 0, b < 0, \\ (-1, 0), & a < 0, b > 0, \\ (0, -1), & a > 0, b < 0. \end{cases}$$

(iv) φ 在任意不可微点 $(a,b)^{\mathrm{T}} \notin D_\varphi$ 的 Clarke 广义梯度为

$$\partial_C \varphi(a,b)^{\mathrm{T}} = \begin{cases} \{(\lambda b - (1-\lambda), 0) \mid \lambda \in [0,1]\}, & a = 0, b > 0, \\ \{(\lambda(b-1), -1) \mid \lambda \in [0,1]\}, & a = 0, b < 0, \\ \{(0, \lambda a - (1-\lambda)) \mid \lambda \in [0,1]\}, & a > 0, b = 0, \\ \{(-1, \lambda(a-1)) \mid \lambda \in [0,1]\}, & a < 0, b = 0, \\ \{(-\lambda_1, -\lambda_2) \mid \lambda_1, \lambda_2 \in [0,1]\}, & a = 0, b = 0. \end{cases}$$

(v) φ 是正则函数 (Clarke, 1990).

证明　结论 (i)—(iii) 和 (v) 的证明是容易的. 下面我们只证明第四个结论. 设 $(a,b)^{\mathrm{T}} \notin D_\varphi$, $\{(a_k,b_k)^{\mathrm{T}}\} \subseteq D_\varphi$ 是任意收敛到 $(a,b)^{\mathrm{T}}$ 的序列. 由 φ 的广义梯度定义知

$$\partial_C \varphi(a,b) := \mathrm{conv}\{\partial_B \varphi(a,b)\}, \tag{9.9}$$

其中

$$\partial_B \varphi(a,b) := \{h \in R^2 \,|\, \exists \{(a_k,b_k)^{\mathrm{T}}\} \subseteq D_\varphi : (a_k,b_k)^{\mathrm{T}} \to (a,b)^{\mathrm{T}} \text{ 且 } \nabla \varphi(a_k,b_k) \to h\}. \tag{9.10}$$

下面我们将分五种情形证明第四个结论.

情形 1　$a = 0, b > 0$.

若 $a_k \uparrow 0$, 对充分大的 k, 由结论 (iii) 可得

$$\nabla \varphi(a_k,b_k)^{\mathrm{T}} = (-1,0) \to (-1,0).$$

若 $a_k \downarrow 0$, 则对充分大的 k, 有

$$\nabla \varphi(a_k,b_k)^{\mathrm{T}} = (b_k,a_k) \to (b,0).$$

由式 (9.9) 和 (9.10), 有

$$\partial_B \varphi(0,b)^{\mathrm{T}} = \{(-1,0),(b,0)\},$$
$$\partial_C \varphi(a,b)^{\mathrm{T}} = \mathrm{conv}\{(-1,0),(b,0)\} = \{(\lambda b - (1-\lambda),0) \mid \lambda \in [0,1]\}.$$

情形 2　$a = 0, b < 0$.

若 $a_k \uparrow 0$, 对充分大的 k, 由结论 (iii) 可得

$$\nabla \varphi(a_k,b_k)^{\mathrm{T}} = (b_k - 1, a_k - 1) \to (b-1,-1).$$

若 $a_k \downarrow 0$, 则对充分大的 k, 有

$$\nabla \varphi(a_k,b_k)^{\mathrm{T}} = (0,-1) \to (0,-1).$$

因此

$$\partial_C \varphi(a,b)^{\mathrm{T}} = \mathrm{conv}\{(0,-1),(b-1,-1)\} = \{(\lambda(b-1),-1)|\lambda \in [0,1]\}.$$

情形 3　$b = 0, a > 0$. 与情形 1 类似, 通过交换 a 和 b, 可得

$$\partial_C \varphi(a,b)^{\mathrm{T}} = \mathrm{conv}\{(0,-1),(0,a)\} = \{(0,a\lambda + \lambda - 1)|\lambda \in [0,1]\}.$$

情形 4 $b = 0, a < 0$. 与情形 2 类似, 通过交换 a 和 b, 可得

$$\partial_C \varphi(a,b)^{\mathrm{T}} = \mathrm{conv}\{(-1,0),(-1,a-1)\} = \{(-1,\lambda(a-1))|\lambda \in [0,1]\}.$$

情形 5 $b = 0, a = 0$.
若 $a_k \uparrow 0$ 且 $b_k \uparrow 0$, 则对充分大的 k, 有

$$\nabla\varphi(a_k,b_k)^{\mathrm{T}} = (b_k - 1, a_k - 1) \to (-1,-1).$$

若 $a_k \downarrow 0$ 且 $b_k \uparrow 0$, 则对充分大的 k, 有

$$\nabla\varphi(a_k,b_k)^{\mathrm{T}} = (0,-1) \to (0,-1).$$

若 $a_k \downarrow 0$ 且 $b_k \downarrow 0$, 则对充分大的 k, 有

$$\nabla\varphi(a_k,b_k)^{\mathrm{T}} = (b_k, a_k) \to (0,0).$$

若 $a_k \uparrow 0$ 且 $b_k \downarrow 0$, 则对充分大的 k, 有

$$\nabla\varphi(a_k,b_k)^{\mathrm{T}} = (-1,0) \to (-1,0).$$

因此

$$\partial_C \varphi(a,b)^{\mathrm{T}} = \mathrm{conv}\{(-1,-1),(0,-1),(0,0),(-1,0)\} = \{(-\lambda_1,-\lambda_2)|\lambda_1,\lambda_2 \in [0,1]\}.$$

综上所述, 结论 (iv) 成立. □

命题 9.2 设 φ^ε 如式 (9.8) 中定义, 则下列结论成立.
(i) 对所有的 $(a,b)^{\mathrm{T}} \in R^2$, 有

$$\lim_{\varepsilon \to 0} \varphi^\varepsilon(a,b) = \varphi(a,b).$$

(ii) $\varphi^\varepsilon(a,b)$ 的梯度为

$$\nabla\varphi^\varepsilon(a,b)^{\mathrm{T}} = \frac{1}{2}\left(b + \frac{ab^2}{\sqrt{a^2b^2+\varepsilon^2}} + \frac{a}{\sqrt{a^2+\varepsilon^2}} - 1, a + \frac{a^2b}{\sqrt{a^2b^2+\varepsilon^2}} + \frac{b}{\sqrt{b^2+\varepsilon^2}} - 1\right).$$

证明 结论 (i) 和 (ii) 可由定义直接计算得出. □

基于命题 9.1 和命题 9.2, 我们可以得到 MPCC (9.1) 中互补约束的光滑近似, 即用

$$\varphi^\varepsilon(G_i(z), H_i(z)) \leqslant 0, \quad i = 1, 2, \cdots, l$$

替代

$$G_i(z) \geqslant 0, \quad H_i(z) \geqslant 0, \quad G_i(z)H_i(z) = 0.$$

令

$$\phi_i(z) = \varphi(G_i(z), H_i(z)), \quad \phi_i^\varepsilon(z) = \varphi^\varepsilon(G_i(z), H_i(z)).$$

为了得到一个正则的可行域, 我们进一步用 $\phi_i^\varepsilon(z) \leqslant \dfrac{3}{2}\varepsilon$ 替换约束条件 $\phi_i^\varepsilon(z) \leqslant 0$. 因此, 问题 (9.1) 被转化成标准的光滑非线性优化问题 (NLP(ε)):

$$
\begin{aligned}
\min \quad & f(z) \\
\text{s.t.} \quad & g_i(z) \leqslant 0, \quad i = 1, 2, \cdots, m, \\
& h_i(z) = 0, \quad i = 1, 2, \cdots, p, \\
& \phi_i^\varepsilon(z) \leqslant \frac{3}{2}\varepsilon, \quad i = 1, 2, \cdots, l,
\end{aligned}
\tag{9.11}
$$

其中

$$
\begin{aligned}
\phi_i^\varepsilon(z) = \frac{1}{2}\Big(&\sqrt{(G_i(z))^2 + \varepsilon^2} - G_i(z) + \sqrt{(H_i(z))^2 + \varepsilon^2} \\
&- H_i(z) + \sqrt{(G_i(z)H_i(z))^2 + \varepsilon^2} + G_i(z)H_i(z) \Big).
\end{aligned}
$$

注 9.1　对于标准光滑优化问题 (9.11), 我们将在 9.4 节中证明它在任意可行点处都满足标准 MFCQ (见定理 9.1). 因此, 对于每个扰动参数 ε, 许多有效的算法可以应用于寻找它的稳定点 (Deng et al., 2013; Huang et al., 2015b). 我们的主要兴趣之一是证明当 $\varepsilon_k \downarrow 0$ 时求解 NLP(ε_k) 生成的稳定点序列收敛于问题 (9.1) 的稳定点.

由命题 9.2, 我们可以直接得到以下结论.

命题 9.3　$\phi^\varepsilon(z)$ 的梯度为

$$\nabla \phi_i^\varepsilon(z) = a_{\varepsilon,i}(z)\nabla G_i(z) + b_{\varepsilon,i}(z)\nabla H_i(z),$$

其中

$$a_{\varepsilon,i}(z) = \frac{1}{2}\left(H_i(z) + \frac{G_i(z)H_i(z)^2}{\sqrt{G_i(z)^2 H_i(z)^2 + \varepsilon^2}} + \frac{G_i(z)}{\sqrt{G_i(z)^2 + \varepsilon^2}} - 1 \right),$$

$$b_{\varepsilon,i}(z) = \frac{1}{2}\left(G_i(z) + \frac{G_i(z)^2 H_i(z)}{\sqrt{G_i(z)^2 H_i(z)^2 + \varepsilon^2}} + \frac{H_i(z)}{\sqrt{H_i(z)^2 + \varepsilon^2}} - 1 \right).$$

为方便起见, 我们记:

$$I_{\phi^\varepsilon}(z) = \left\{ i : \phi_i^\varepsilon(z) = \frac{3}{2}\varepsilon \right\}.$$

下面的命题将给出 ϕ_i^ε 的梯度和 ϕ_i 的广义梯度之间的关系.

命题 9.4 设 $\bar{z}$ 是 MPCC (9.1) 的可行点, $\{z_k\} \subseteq R^n$ 是收敛到 $\bar{z}$ 的序列, 且 $\{\varepsilon_k\}$ 是给定的正序列 $(\varepsilon_k \downarrow 0)$, 则对所有的 $i \in \{1, 2, \cdots, l\}$, 有下列式子成立:

(i) $\lim\limits_{k \to \infty} \mathrm{dist}[\nabla \phi_i^{\varepsilon_k}(z_k), \partial_C \phi_i(\bar{z})] = 0.$

(ii) 序列 $\{\nabla \phi_i^{\varepsilon_k}(z_k)\}$ 的每个聚点都属于 $\partial_C \phi_i(\bar{z})$.

证明 注意到

$$\nabla \phi_i^{\varepsilon_k}(z_k) = (\nabla G_i(z_k), \nabla H_i(z_k)) \nabla \varphi^{\varepsilon_k}(G_i(z_k), H_i(z_k)),$$
$$\partial_C \phi_i(\bar{z}) = (\nabla G_i(\bar{z}), \nabla H_i(\bar{z})) \partial_C \varphi(G_i(\bar{z}), H_i(\bar{z})).$$

为了简化符号, 我们将 $(G_i(z_k), H_i(z_k))$ 和 $(G_i(\bar{z}), H_i(\bar{z}))$ 分别记为 (a_k, b_k) 和 (a, b).

下面分三种情形证明结论.

情形 1 $i \in I_{00}(\bar{z})$.

若 $i \in I_{00}(\bar{z})$, 则当 $\varepsilon_k \to 0$ 时, 可以得到 $a_k \to 0$ 和 $b_k \to 0$. 另一方面,

$$\frac{|a_k|}{\sqrt{a_k^2 + \varepsilon_k^2}} \leqslant 1. \tag{9.12}$$

因此, 对任意给定的 $\varepsilon > 0$, 存在 $\bar{k} \in N$ 使得对所有 $k \geqslant \bar{k}$, 下列不等式成立:

$$|a_k| \leqslant \frac{\varepsilon}{2}, \quad |b_k| \leqslant \frac{\varepsilon}{2},$$
$$\frac{|a_k b_k^2|}{\sqrt{a_k^2 b_k^2 + \varepsilon_k^2}} \leqslant \frac{\varepsilon}{2},$$
$$\frac{|b_k a_k^2|}{\sqrt{a_k^2 b_k^2 + \varepsilon_k^2}} \leqslant \frac{\varepsilon}{2}.$$

令

$$d_k^{\mathrm{T}} = \frac{1}{2} \left(\frac{a_k}{\sqrt{a_k^2 + \varepsilon_k^2}} - 1, \frac{b_k}{\sqrt{b_k^2 + \varepsilon_k^2}} - 1 \right).$$

由于

$$\frac{1}{2} \left(\frac{a_k}{\sqrt{a_k^2 + \varepsilon_k^2}} - 1 \right) \in [-1, 0],$$

$$\frac{1}{2}\left(\frac{b_k}{\sqrt{b_k^2 + \varepsilon_k^2}} - 1\right) \in [-1, 0],$$

故

$$d_k \in \left\{(-\lambda_1, -\lambda_2)^{\mathrm{T}} | \lambda_1, \lambda_2 \in [0, 1]\right\} = \partial_C \varphi(0, 0).$$

由命题 9.2 的第二个结论可得

$$\nabla \varphi^{\varepsilon_k}(G_i(z_k), H_i(z_k))^{\mathrm{T}}$$

$$= \frac{1}{2}\left(b_k + \frac{a_k b_k^2}{\sqrt{a_k^2 b_k^2 + \varepsilon_k^2}} + \frac{a_k}{\sqrt{a_k^2 + \varepsilon_k^2}} - 1, a_k + \frac{a_k^2 b_k}{\sqrt{a_k^2 b_k^2 + \varepsilon_k^2}} + \frac{b_k}{\sqrt{b_k^2 + \varepsilon_k^2}} - 1\right).$$

$$(9.13)$$

根据 (9.13), 我们有

$$\|\nabla \varphi^{\varepsilon_k}(G_i(z_k), H_i(z_k)) - d_k\|$$

$$\leqslant \left\|\frac{1}{2}\left(b_k + \frac{a_k b_k^2}{\sqrt{a_k^2 b_k^2 + \varepsilon_k^2}}, a_k + \frac{a_k^2 b_k}{\sqrt{a_k^2 b_k^2 + \varepsilon_k^2}}\right)\right\|$$

$$\leqslant \frac{1}{2}\left|b_k + \frac{a_k b_k^2}{\sqrt{a_k^2 b_k^2 + \varepsilon_k^2}}\right| + \frac{1}{2}\left|a_k + \frac{a_k^2 b_k}{\sqrt{a_k^2 b_k^2 + \varepsilon_k^2}}\right|$$

$$\leqslant \frac{1}{2}\left(\frac{\varepsilon}{2} + \frac{\varepsilon}{2}\right) + \frac{1}{2}\left(\frac{\varepsilon}{2} + \frac{\varepsilon}{2}\right) = \varepsilon. \qquad (9.14)$$

因此,

$$\mathrm{dist}[\nabla \phi_i^{\varepsilon_k}(z_k), \partial_C \phi_i(\bar{z})]$$

$$\leqslant \|(\nabla G_i(z_k), \nabla H_i(z_k))\nabla \varphi^{\varepsilon_k}(G_i(z_k), H_i(z_k)) - (\nabla G_i(\bar{z}), \nabla H_i(\bar{z}))d_k\|$$

$$\leqslant \|(\nabla G_i(z_k), \nabla H_i(z_k))\| \|\nabla \varphi^{\varepsilon_k}(G_i(z_k), H_i(z_k)) - d_k\|$$

$$+ \|(\nabla G_i(z_k), \nabla H_i(z_k)) - (\nabla G_i(\bar{z}), \nabla H_i(\bar{z}))\| \|d_k\|. \qquad (9.15)$$

结合式 (9.15), 考虑到 $(\nabla G_i, \nabla H_i)$ 的连续性, 集合 $\partial_C \varphi(G_i(\bar{z}), H_i(\bar{z}))$ 的有界性以及函数 φ 的正则性, 可以得到, 对所有的 $k \geqslant \bar{k}$,

$$\mathrm{dist}[\nabla \phi_i^{\varepsilon_k}(z_k), \partial_C \phi_i(\bar{z})] < \varepsilon.$$

情形 2　$i \in I_{+0}(\bar{z})$.

若 $i \in I_{+0}(\bar{z})$, 当 $\varepsilon_k \to 0$ 时, 我们有 $a_k \to a > 0$ 和 $b_k \to 0$. 因此, 对任意给定的 $\varepsilon > 0$, 存在 $\bar{k} \in N$ 使得对所有的 $k \geqslant \bar{k}$, 下列不等式成立:

$$\frac{a_k}{\sqrt{a_k^2 + \varepsilon_k^2}} - 1 \leqslant \frac{\varepsilon}{2},$$

$$\frac{|a_k b_k^2|}{\sqrt{a_k^2 b_k^2 + \varepsilon_k^2}} \leqslant \frac{\varepsilon}{2},$$

$$\left| b_k + \frac{a_k b_k^2}{\sqrt{a_k^2 b_k^2 + \varepsilon_k^2}} \right| \leqslant \frac{\varepsilon}{2}.$$

令

$$d_k^{\mathrm{T}} = (d_k^1, d_k^2) = \begin{cases} (0, a), & \frac{1}{2} \left(a_k + \frac{a_k^2 b_k}{\sqrt{a_k^2 b_k^2 + \varepsilon_k^2}} + \frac{b_k}{\sqrt{b_k^2 + \varepsilon_k^2}} - 1 \right) > a, \\ \left(0, \frac{1}{2} \left(a_k + \frac{a_k^2 b_k}{\sqrt{a_k^2 b_k^2 + \varepsilon_k^2}} + \frac{b_k}{\sqrt{b_k^2 + \varepsilon_k^2}} - 1 \right) \right), & \text{其他}. \end{cases}$$

$$\tag{9.16}$$

由

$$a_k \left(1 + \frac{a_k b_k}{\sqrt{a_k^2 b_k^2 + \varepsilon_k^2}} \right) \in [0, 2a_k],$$

$$\frac{b_k}{\sqrt{b_k^2 + \varepsilon_k^2}} - 1 \in [-2, 0],$$

可得

$$\frac{1}{2} \left(a_k + \frac{a_k^2 b_k}{\sqrt{a_k^2 b_k^2 + \varepsilon_k^2}} + \frac{b_k}{\sqrt{b_k^2 + \varepsilon_k^2}} - 1 \right) \in [-1, a_k].$$

因此,

$$d_k \in \{(0, \lambda a - (1 - \lambda))^{\mathrm{T}} | \lambda \in [0, 1]\} = \partial_C \varphi(a, 0),$$

且对任意的 $k \geqslant \bar{k}$,

$$\| \nabla \varphi^{\varepsilon_k}(G_i(z_k), H_i(z_k)) - d_k \|$$

$$\leqslant \left\| \frac{1}{2} \left(b_k + \frac{a_k b_k^2}{\sqrt{a_k^2 b_k^2 + \varepsilon_k^2}} + \frac{a_k}{\sqrt{a_k^2 + \varepsilon_k^2}} - 1 \right) \right\|$$

$$+ \left\| \frac{1}{2} \left(a_k + \frac{a_k^2 b_k}{\sqrt{a_k^2 b_k^2 + \varepsilon_k^2}} + \frac{b_k}{\sqrt{b_k^2 + \varepsilon_k^2}} - 1 \right) - d_k^2 \right\|$$

$$\leqslant \frac{\varepsilon}{2} + \frac{\varepsilon}{2}$$
$$= \varepsilon. \tag{9.17}$$

由式 (9.17) 可知: 对所有的 $k \geqslant \bar{k}$,

$$\mathrm{dist}[\nabla \phi_i^{\varepsilon_k}(z_k), \partial_C \phi_i(\bar{z})] < \varepsilon.$$

情形 3　$i \in I_{0+}(\bar{z})$.

若 $i \in I_{0+}(\bar{z})$, 当 $\varepsilon_k \to 0$ 时, 我们有 $a_k \to 0$ 和 $b_k \to b > 0$. 因此, 对任意给定的 $\varepsilon > 0$, 存在 $\bar{k} \in N$ 使得对所有的 $k \geqslant \bar{k}$, 下列不等式成立:

$$|b_k - b| \leqslant \frac{\varepsilon}{2}, \quad \frac{|a_k^2 b_k|}{\sqrt{a_k^2 b_k^2 + \varepsilon_k^2}} \leqslant \frac{\varepsilon}{2}, \quad \left| \frac{b_k}{\sqrt{b_k^2 + \varepsilon_k^2}} - 1 \right| \leqslant \frac{\varepsilon}{2},$$

$$\left| a_k + \frac{a_k^2 b_k}{\sqrt{a_k^2 b_k^2 + \varepsilon_k^2}} + \frac{b_k}{\sqrt{b_k^2 + \varepsilon_k^2}} - 1 \right| \leqslant \varepsilon.$$

令

$$d_k^{\mathrm{T}} = (d_k^1, d_k^2) = \begin{cases} (b, 0), & \frac{1}{2}\left[b_k + \frac{a_k b_k^2}{\sqrt{a_k^2 b_k^2 + \varepsilon_k^2}} + \frac{a_k}{\sqrt{a_k^2 + \varepsilon_k^2}} - 1 \right] > b, \\ \left(\frac{1}{2}\left[b_k + \frac{a_k b_k^2}{\sqrt{a_k^2 b_k^2 + \varepsilon_k^2}} + \frac{a_k}{\sqrt{a_k^2 + \varepsilon_k^2}} - 1 \right], 0 \right), & \text{其他}. \end{cases} \tag{9.18}$$

由于

$$\frac{1}{2}\left(b_k + \frac{a_k b_k^2}{\sqrt{a_k^2 b_k^2 + \varepsilon_k^2}} \right) \in [0, b_k],$$

$$\frac{1}{2}\left[b_k + \frac{a_k b_k^2}{\sqrt{a_k^2 b_k^2 + \varepsilon_k^2}} + \frac{a_k}{\sqrt{a_k^2 + \varepsilon_k^2}} - 1 \right] \in [-1, b_k],$$

显然有

$$d_k \in \{(\lambda b - (1 - \lambda), 0)^{\mathrm{T}} | \lambda \in [0, 1]\} = \partial_C \varphi(0, b).$$

因此, 对任意的 $k \geqslant \bar{k}$,

$$\|\nabla \varphi^{\varepsilon_k}(G_i(z_k), H_i(z_k)) - d_k\|$$

$$\leqslant \left\| \frac{1}{2}\left(b_k + \frac{a_k b_k^2}{\sqrt{a_k^2 b_k^2 + \varepsilon_k^2}} + \frac{a_k}{\sqrt{a_k^2 + \varepsilon_k^2}} - 1 \right) - d_k^1 \right\|$$

$$+ \left\| \frac{1}{2} \left(a_k + \frac{a_k^2 b_k}{\sqrt{a_k^2 b_k^2 + \varepsilon_k^2}} + \frac{b_k}{\sqrt{b_k^2 + \varepsilon_k^2}} - 1 \right) \right\|$$

$$\leqslant \frac{\varepsilon}{2} + \frac{\varepsilon}{2} = \varepsilon. \tag{9.19}$$

类似于情形 1 的证明, 我们可以得到, 对所有的 $k \geqslant \bar{k}$,

$$\mathrm{dist}[\nabla \phi_i^{\varepsilon_k}(z_k), \partial_C \phi_i(\bar{z})] < \varepsilon.$$

结论 (i) 证明完毕.

结论 (ii) 可直接由结论 (i) 和集合 $\partial_C \phi_i(\bar{z})$ 是闭集得出. □

命题 9.1—命题 9.4 将在收敛性定理证明中起到重要作用. 下面结论表明光滑正则化方法将扩大原问题的可行域.

命题 9.5 设 X 和 $X(\varepsilon)$ 分别为 MPCC (9.1) 和 NLP(ε) 的可行域, 则对任意的 $\varepsilon > 0$ 有 $X \subseteq X(\varepsilon)$.

证明 对于给定的 $\varepsilon > 0$ 和 $z \in X$, 有 $g(z) \leqslant 0$, $h(z) = 0$, $\phi_i^\varepsilon(z) \leqslant \frac{3}{2}\varepsilon$ 总成立. 事实上, 若 $i \in I_{00}(z)$, 则 $G_i(z) = H_i(z) = 0$, 且有

$$\phi_i^\varepsilon(z) = \frac{3}{2}\varepsilon.$$

若 $i \in I_{0+}(z)$, 则 $G_i(z) = 0, H_i(z) > 0$, 且有

$$\phi_i^\varepsilon(z) = \frac{1}{2}(2\varepsilon + \sqrt{H_i(z)^2 + \varepsilon^2} - H_i(z)) = \varepsilon + \frac{1}{2} \frac{\varepsilon^2}{\sqrt{H_i(z)^2 + \varepsilon^2} + H_i(z)} < \frac{3}{2}\varepsilon.$$

若 $i \in I_{+0}(z)$, 则 $G_i(z) > 0, H_i(z) = 0$, 且有

$$\phi_i^\varepsilon(z) = \frac{1}{2}(2\varepsilon + \sqrt{G_i(z)^2 + \varepsilon^2} - G_i(z)) = \varepsilon + \frac{1}{2} \frac{\varepsilon^2}{\sqrt{G_i(z)^2 + \varepsilon^2} + G_i(z)} < \frac{3}{2}\varepsilon.$$

因此, 对任意的 $\varepsilon > 0$, $X \subseteq X(\varepsilon)$ 总成立. □

9.4 收敛性分析

本节将研究问题 (9.11) 稳定点序列的收敛性. 下面的概念将在收敛性分析中起关键性作用.

定义 9.3 设 $\bar{z}$ 是 MPCC (9.1) 的可行点. 序列 $\{z_k\}$ 是 NLP(ε_k) 收敛到 $\bar{z}$ 的可行点序列 ($\varepsilon_k \downarrow 0$). 若当 $i \in I_{0+}(\bar{z}) \cup I_{+0}(\bar{z}) \cup I_{00}(\bar{z})$ 时, $\{\nabla \phi_i^{\varepsilon_k}(z_k)\}$ 的任意聚点不为 0, 则称序列 $\{z_k\}$ 是渐近非退化的.

注 9.2　下面两个例子表明渐近非退化条件是容易满足的.

例 9.1

$$\begin{aligned}
\min \quad & f(z) = z_1^2 \\
\text{s.t.} \quad & z_1 \geqslant 0, \\
& z_2 \geqslant 0, \\
& z_1 z_2 = 0.
\end{aligned} \tag{9.20}$$

显然, $z_k = (0, \varepsilon_k)^{\mathrm{T}}$ 是问题 (9.20) 对应的 $\mathrm{NLP}(\varepsilon_k)$ 的 KKT 点, 且当 $\varepsilon_k \downarrow 0$ 时,

$$\nabla \phi_1^{\varepsilon_k}(z_k) = (\varepsilon_k - 1)(1, 0)^{\mathrm{T}} + \left(\frac{\sqrt{2}}{2} - 1 \right)(0, 1)^{\mathrm{T}} \to \left(-1, \frac{\sqrt{2}}{2} - 1 \right)^{\mathrm{T}} \neq 0.$$

因此, 该例子满足渐近非退化条件.

例 9.2

$$\begin{aligned}
\min \quad & f(z) = z_1 + z_2 - z_1 z_2 \\
\text{s.t.} \quad & z_1 \geqslant 0, \\
& z_2 \geqslant 0, \\
& z_1 z_2 = 0.
\end{aligned} \tag{9.21}$$

注意到 $z_k = (0, 0)^{\mathrm{T}}$ 是问题 (9.21) 对应的 $\mathrm{NLP}(\varepsilon_k)$ 的 KKT 点, 且当 $\varepsilon_k \downarrow 0$ 时,

$$\nabla \phi_1^{\varepsilon_k}(z_k) = -1 \times (1, 0)^{\mathrm{T}} + (-1) \times (0, 1)^{\mathrm{T}} = (-1, -1)^{\mathrm{T}} \to (-1, -1)^{\mathrm{T}} \neq 0.$$

故该例子也满足渐近非退化条件.

引理 9.1　设 $\bar{z}$ 是 MPCC (9.1) 的可行点且在 $\bar{z}$ 点满足 MPEC-MFCQ, $\{z_k\}$ 是 $\mathrm{NLP}(\varepsilon_k)$ 中与 ε_k 相关的可行点序列. 若当 $\varepsilon_k \downarrow 0$ 时, $z_k \to \bar{z}$ 且 $\{z_k\}$ 满足渐近非退化条件, 则对充分大的 k, 向量组

$$\begin{cases}
\nabla g_i(z_k), & i \in I_g(\bar{z}), \\
\nabla h_i(z_k), & i = 1, 2, \cdots, p, \\
\nabla G_i(z_k), & i \in I_{\phi^\varepsilon}(z_k) \cap I_{00}(\bar{z}), \\
\nabla H_i(z_k), & i \in I_{\phi^\varepsilon}(z_k) \cap I_{00}(\bar{z}), \\
a_{\varepsilon,i}(z_k) \nabla G_i(z_k) + b_{\varepsilon,i}(z_k) \nabla H_i(z_k), & i \in I_{\phi^\varepsilon}(z_k) \cap I_{+0}(\bar{z}), \\
a_{\varepsilon,i}(z_k) \nabla G_i(z_k) + b_{\varepsilon,i}(z_k) \nabla H_i(z_k), & i \in I_{\phi^\varepsilon}(z_k) \cap I_{0+}(\bar{z})
\end{cases} \tag{9.22}$$

正线性无关.

证明 由于 g, h, G, H 都是连续函数, 故对充分大的 k, 有

$$I_g(z_k) \subseteq I_g(\bar{z}), \quad I_h(z_k) \subseteq I_h(\bar{z}). \tag{9.23}$$

因为在 $\bar{z}$ 点满足 MPEC-MFCQ, 故由定义 9.2 可知梯度

$$\{\nabla g_i(\bar{z}) | i \in I_g(\bar{z})\} \cup \{\nabla h_i(\bar{z}) | i = 1, 2, \cdots, p\}$$

$$\cup \{\nabla G_i(\bar{z}) | i \in I_{00}(\bar{z}) \cup I_{0+}(\bar{z})\} \cup \{\nabla H_i(\bar{z}) | i \in I_{00}(\bar{z}) \cup I_{+0}(\bar{z})\} \tag{9.24}$$

正线性无关.

由下列关系式:

$$\begin{cases} (I_{\phi^\varepsilon}(z_k) \cap I_{0+}(\bar{z})) \cup (I_{\phi^\varepsilon}(z_k) \cap I_{00}(\bar{z})) \subseteq I_{00}(\bar{z}) \cup I_{0+}(\bar{z}), \\ (I_{\phi^\varepsilon}(z_k) \cap I_{+0}(\bar{z})) \cup (I_{\phi^\varepsilon}(z_k) \cap I_{00}(\bar{z})) \subseteq I_{00}(\bar{z}) \cup I_{+0}(\bar{z}) \end{cases}$$

和渐近非退化条件可知, 当 k 充分大时, 若 $i \in I_{0+}(\bar{z})$, 则 $a_{\varepsilon,i}(z_k) \neq 0$, $b_{\varepsilon,i}(z_k)$ 充分接近零. 若 $i \in I_{+0}(\bar{z})$, 则 $b_{\varepsilon,i}(z_k) \neq 0$, $a_{\varepsilon,i}(z_k)$ 充分接近零.

类似于文献 (Qi and Wei, 2000) 中命题 2.2 的证明, 对充分大的 k, 可知向量组

$$\begin{cases} \nabla g_i(z_k), & i \in I_g(\bar{z}), \\ \nabla h_i(z_k), & i = 1, 2, \cdots, p, \\ \nabla G_i(z_k), & i \in I_{\phi^\varepsilon}(z_k) \cap I_{00}(\bar{z}), \\ \nabla H_i(z_k), & i \in I_{\phi^\varepsilon}(z_k) \cap I_{00}(\bar{z}), \\ a_{\varepsilon,i}(z_k)\nabla G_i(z_k) + b_{\varepsilon,i}(z_k)\nabla H_i(z_k), & i \in I_{\phi^\varepsilon}(z_k) \cap I_{0+}(\bar{z}), \\ a_{\varepsilon,i}(z_k)\nabla G_i(z_k) + b_{\varepsilon,i}(z_k)\nabla H_i(z_k), & i \in I_{\phi^\varepsilon}(z_k) \cap I_{+0}(\bar{z}) \end{cases} \tag{9.25}$$

正线性无关. □

基于引理 9.1, 我们可证明下面的定理.

定理 9.1 设 $\bar{z}$ 是 MPCC (9.1) 的可行点且在 $\bar{z}$ 点满足 MPEC-MFCQ, $\{z_k\}$ 是 NLP(ε_k) 与 ε_k 相关的可行点序列. 若当 $\varepsilon_k \downarrow 0$ 时, $z_k \to \bar{z}$ 且 $\{z_k\}$ 满足渐近非退化条件, 则对充分大的 k, 问题 NLP(ε_k) 在任意的点 z_k 都满足标准的 MFCQ.

证明 由引理 9.1 可知对充分大的 k, 显然有向量组

$$\begin{cases} \nabla g_i(z_k), & i \in I_g(\bar{z}), \\ \nabla h_i(z_k), & i = 1, 2, \cdots, p, \\ \nabla G_i(z_k), & i \in I_{\phi^\varepsilon}(z_k) \cap I_{00}(\bar{z}), \\ \nabla H_i(z_k), & i \in I_{\phi^\varepsilon}(z_k) \cap I_{00}(\bar{z}), \\ a_{\varepsilon,i}(z_k)\nabla G_i(z_k) + b_{\varepsilon,i}(z_k)\nabla H_i(z_k), & i \in I_{\phi^\varepsilon}(z_k) \cap I_{+0}(\bar{z}), \\ a_{\varepsilon,i}(z_k)\nabla G_i(z_k) + b_{\varepsilon,i}(z_k)\nabla H_i(z_k), & i \in I_{\phi^\varepsilon}(z_k) \cap I_{0+}(\bar{z}) \end{cases} \tag{9.26}$$

正线性无关.

　　下面将证明对充分大的 k, 问题 (9.11) 在给定 z_k 点满足标准的 MFCQ. 由定义 9.2 可知只需证明

$$
0 = \sum_{i \in I_g(z_k)} \lambda_i \nabla g_i(z_k) + \sum_{i=1}^{p} \mu_i \nabla h_i(z_k) + \sum_{i=1}^{l} \gamma_i (a_{\varepsilon,i}(z_k) \nabla G_i(z_k) + b_{\varepsilon,i}(z_k) \nabla H_i(z_k))
$$

$$(9.27)$$

当且仅当 $\mu \in R^p$, 且 λ, $\gamma \geqslant 0$ 是零向量时成立. 为了证明上式, 把 (9.27) 式改写成

$$
\begin{aligned}
0 = & \sum_{i \in I_g(z_k)} \lambda_i \nabla g_i(z_k) + \sum_{i=1}^{p} \mu_i \nabla h_i(z_k) \\
& + \sum_{i \in I_{\phi\varepsilon}(z_k) \cap I_{+0}(\bar{z})} \gamma_i (a_{\varepsilon,i}(z_k) \nabla G_i(z_k) + b_{\varepsilon,i}(z_k) \nabla H_i(z_k)) \\
& + \sum_{i \in I_{\phi\varepsilon}(z_k) \cap I_{0+}(\bar{z})} \gamma_i (a_{\varepsilon,i}(z_k) \nabla G_i(z_k) + b_{\varepsilon,i}(z_k) \nabla H_i(z_k)) \\
& + \sum_{i \in I_{\phi\varepsilon}(z_k) \cap I_{00}(\bar{z})} \gamma_i a_{\varepsilon,i}(z_k) \nabla G_i(z_k) + \sum_{i \in I_{\phi\varepsilon}(z_k) \cap I_{00}(\bar{z})} \gamma_i b_{\varepsilon,i}(z_k) \nabla H_i(z_k). \quad (9.28)
\end{aligned}
$$

由于向量组 (9.26) 正线性无关, 结合式 (9.28) 和式 (9.23) 可得

$$
\begin{cases}
\lambda_i = 0 & (i \in I_g(z_k)), \\
\mu_i = 0 & (i = 1, 2, \cdots, p), \\
\gamma_i = 0 & (i \in I_{\phi\varepsilon}(z_k) \cap I_{+0}(\bar{z})), \\
\gamma_i = 0 & (i \in I_{\phi\varepsilon}(z_k) \cap I_{0+}(\bar{z})), \\
\gamma_i a_{\varepsilon,i}(z_k) = \gamma_i b_{\varepsilon,i}(z_k) = 0 & (i \in I_{\phi\varepsilon}(z_k) \cap I_{00}(\bar{z})).
\end{cases}
\quad (9.29)
$$

根据渐近非退化条件, 可得

$$
\gamma_i = 0 \quad (i \in I_{\phi\varepsilon}(z_k) \cap I_{00}(\bar{z})).
$$

因此,

$$
\gamma_i = 0 \quad (i \in I_{\phi\varepsilon}(z_k)). \qquad \square
$$

　　为了在 MPEC-MFCQ 和渐近非退化条件下建立原始问题的解和光滑正则化问题的解之间的关系, 我们先建立下面的重要引理.

引理 9.2 设 $\varepsilon_k > 0$ 收敛到零, $\{z_k\}$ 是 $\varepsilon = \varepsilon_k$ 时问题 (9.11) 的稳定点序列且 $z_k \to \bar{z}$. 设 $(\lambda^k, \mu^k, \gamma^k)$ 是相应于 z_k 的乘子向量. 如果对于 MPCC (9.1), 在 $\bar{z}$ 点满足 MPEC-MFCQ 且序列 $\{z_k\}$ 满足渐近非退化条件, 则乘子向量序列 $\{(\lambda^k, \mu^k, \gamma^k)\}$ 有界.

证明 首先, 显然 $\bar{z}$ 是问题 (9.1) 的可行点. 由定理 9.1 可知存在乘子向量 $(\lambda^k, \mu^k, \gamma^k)$ 使得下列式子成立:

$$\nabla f(z_k) + \sum_{i=1}^{m} \lambda_i^k \nabla g_i(z_k) + \sum_{i=1}^{p} \mu_i^k \nabla h_i(z_k) + \sum_{i=1}^{l} \gamma_i^k \nabla \phi_i^{\varepsilon_k}(z_k) = 0, \qquad (9.30)$$

$$\begin{aligned} \lambda_k \geqslant 0, \quad &\mathrm{supp}(\lambda^k) \subseteq I_g(z_k), \\ \gamma_k \geqslant 0, \quad &\mathrm{supp}(\gamma^k) \subseteq I_{\phi^{\varepsilon_k}}(z_k). \end{aligned} \qquad (9.31)$$

将 (9.30) 式改写成下列形式:

$$\begin{aligned} &\nabla f(z_k) + \sum_{i \in \mathrm{supp}(\lambda_k)} \lambda_i^k \nabla g_i(z_k) + \sum_{i \in \mathrm{supp}(\mu_k)} \mu_i^k \nabla h_i(z_k) \\ &+ \sum_{i \in \mathrm{supp}(\gamma_k) \cap I_{+0}(\bar{z})} \gamma_i^k a_{\varepsilon_k, i}(z_k) \nabla G_i(z_k) \\ &+ \sum_{i \in \mathrm{supp}(\gamma_k) \cap (I_{+0}(\bar{z}) \cup I_{00}(\bar{z}))} \gamma_i^k b_{\varepsilon_k, i}(z_k) \nabla H_i(z_k) \\ &+ \sum_{i \in \mathrm{supp}(\gamma_k) \cap (I_{0+}(\bar{z}) \cup I_{00}(\bar{z}))} \gamma_i^k a_{\varepsilon_k, i}(z_k) \nabla G_i(z_k) \\ &+ \sum_{i \in \mathrm{supp}(\gamma_k) \cap I_{0+}(\bar{z})} \gamma_i^k b_{\varepsilon_k, i}(z_k) \nabla H_i(z_k) = 0. \end{aligned}$$

现定义

$$\bar{u}_i^k = \begin{cases} \gamma_i^k a_{\varepsilon_k, i}(z_k), & i \in \mathrm{supp}(\gamma^k) \cap (I_{0+}(\bar{z}) \cup I_{00}(\bar{z})), \\ 0, & \text{其他}, \end{cases}$$

$$\bar{\nu}_i^k = \begin{cases} \gamma_i^k b_{\varepsilon_k, i}(z_k), & i \in \mathrm{supp}(\gamma^k) \cap (I_{+0}(\bar{z}) \cup I_{00}(\bar{z})), \\ 0, & \text{其他}. \end{cases}$$

由 $\bar{u}_i^k$ 和 $\bar{\nu}_i^k$, 式 (9.30) 还可改写成

$$0 = \nabla f(z_k) + \sum_{i=1}^{m} \lambda_i^k \nabla g_i(z_k) + \sum_{i=1}^{p} \mu_i^k \nabla h_i(z_k) + \sum_{i=1}^{l} \bar{u}_i^k \nabla G_i(z_k) + \sum_{i=1}^{l} \bar{\nu}_i^k \nabla H_i(z_k)$$

$$+ \sum_{i\in\text{supp}(\gamma_k)\cap I_{+0}(\bar{z})} \gamma_i^k a_{\varepsilon_k,i}(z_k)\nabla G_i(z_k) + \sum_{i\in\text{supp}(\gamma_k)\cap I_{0+}(\bar{z})} \gamma_i^k b_{\varepsilon_k,i}(z_k)\nabla H_i(z_k).$$

$$(9.32)$$

下一步将证明序列 $\left\{\left(\lambda^k,\mu^k,\bar{u}^k,\bar{\nu}^k,\gamma_{I_{+0}(\bar{z})\cup I_{0+}(\bar{z})}^k\right)\right\}$ 有界.

假设序列 $\left\{\left(\lambda^k,\mu^k,\bar{u}^k,\bar{\nu}^k,\gamma_{I_{+0}(\bar{z})\cup I_{0+}(\bar{z})}^k\right)\right\}$ 无界, 则存在子集 K 使得

$$\left\|(\lambda^k,\mu^k,\bar{u}^k,\bar{\nu}^k,\gamma_{I_{+0}(\bar{z})\cup I_{0+}(\bar{z})}^k)_K\right\| \to +\infty \quad (k\to+\infty).$$

从而可得相应的范数序列收敛:

$$\frac{(\lambda^k,\mu^k,\bar{u}^k,\bar{\nu}^k,\gamma_{I_{+0}(\bar{z})\cup I_{0+}(\bar{z})}^k)}{\left\|(\lambda^k,\mu^k,\bar{u}^k,\bar{\nu}^k,\gamma_{I_{+0}(\bar{z})\cup I_{0+}(\bar{z})}^k)\right\|}, \quad \overrightarrow{k\in K}, \quad (\lambda,\mu,\overline{u},\overline{\nu},\gamma_{I_{+0}(\bar{z})\cup I_{0+}(\bar{z})}) \neq 0.$$

结合 (9.32) 式可得

$$0 = \sum_{i=1}^m \lambda_i\nabla g_i(\bar{z}) + \sum_{i=1}^p \mu_i\nabla h_i(\bar{z}) + \sum_{i=1}^l \bar{u}_i\nabla G_i(\bar{z}) + \sum_{i=1}^l \bar{\nu}_i\nabla H_i(\bar{z}).$$

即

$$0 = \sum_{i\in\text{supp}(\lambda)} \lambda_i\nabla g_i(\bar{z}) + \sum_{i\in\text{supp}(\mu)} \mu_i\nabla h_i(\bar{z}) + \sum_{i\in\text{supp}(\bar{u})} \bar{u}_i\nabla G_i(\bar{z}) + \sum_{i\in\text{supp}(\bar{\nu})} \bar{\nu}_i\nabla H_i(\bar{z}),$$

其中 $\lambda \geqslant 0$, 且对所有充分大的 $k \in K$, 有下列式子成立:

$$\text{supp}(\lambda) \subseteq I_g(z_k) \subseteq I_g(\bar{z}),$$
$$\text{supp}(\bar{u}) \subseteq \text{supp}(\bar{u}^k) \subseteq \text{supp}(\gamma^k) \cap (I_{00}(\bar{z})\cup I_{0+}(\bar{z})) \subseteq I_{00}(\bar{z})\cup I_{0+}(\bar{z}), \quad (9.33)$$
$$\text{supp}(\bar{\nu}) \subseteq \text{supp}(\bar{\nu}^k) \subseteq \text{supp}(\gamma^k) \cap (I_{00}(\bar{z})\cup I_{+0}(\bar{z})) \subseteq I_{00}(\bar{z})\cup I_{+0}(\bar{z}).$$

下面证明 $(\lambda,\mu,\bar{u},\bar{\nu}) \neq 0$. 事实上, 若 $(\lambda,\mu,\bar{u},\bar{\nu}) = 0$, 则存在 $i \in I_{+0}(\bar{z}) \cup I_{0+}(\bar{z})$, 使得 $\gamma_i \neq 0$. 不失一般性, 假设当 $i \in I_{0+}(\bar{z})$ 时, $\gamma_i \neq 0$, 则对所有充分大的 k 有 $\gamma_i^k \neq 0$. 因为 $\bar{u}_i^k = \gamma_i^k a_{\varepsilon_k,i}(z_k)$, 由渐近非退化条件, 可得当 $i \in I_{0+}(\bar{z})$ 时,

$$\bar{u}_i = \lim_{k\in K} \bar{u}_i^k = \lim_{k\in K} \gamma_i^k a_{\varepsilon_k,i}(z_k) \neq 0,$$

这与 $\bar{u} = 0$ 矛盾.

由定义 9.2 可知 $(\lambda, \mu, \bar{u}, \bar{\nu}) \neq 0$ 与点 $\bar{z}$ 满足 MPEC-MFCQ 矛盾. 因此, 可以证得如下序列:

$$\{(\lambda_i^k, \mu_i^k, \bar{u}_i^k, \bar{\nu}_i^k, \gamma_{i \in I_{+0}(\bar{z}) \cup I_{0+}(\bar{z})}^k)\}$$

有界. 从而由渐近非退化条件知乘子向量 $(\lambda^k, \mu^k, \gamma^k)$ 有界. □

基于定理 9.1 和引理 9.2, 我们可以证明下面的收敛性结果.

定理 9.2 设 $\varepsilon_k > 0$ 收敛到零. 设 $\{z_k\}$ 是问题 NLP(ε_k) 的稳定点序列且 $z_k \to \bar{z}$. 设 $(\lambda^k, \mu^k, \gamma^k)$ 是对应于 z_k 的乘子向量. 如果对于 MPCC (9.1), 在 $\bar{z}$ 点满足 MPEC-MFCQ 且序列 $\{z_k\}$ 满足渐近非退化条件, 则 $\bar{z}$ 是问题 (9.1) 的强稳定点.

证明 因为 $(z_k, \lambda^k, \mu^k, \gamma^k)$ 是 NLP(ε_k) 的 KKT 点, 我们有下列结论成立:

$$\nabla f(z_k) + \sum_{i=1}^m \lambda_i^k \nabla g_i(z_k) + \sum_{i=1}^p \mu_i^k \nabla h_i(z_k) + \sum_{i=1}^l \gamma_i^k \nabla \phi_i^{\varepsilon_k}(z_k) = 0, \qquad (9.34)$$

且

$$\begin{aligned} &\lambda_i^k \geqslant 0, \quad i \in I_g(z_k) \subseteq I_g(\bar{z}), \quad \lambda_i^k = 0, \quad i \notin I_g(z_k), \\ &\gamma_i^k \geqslant 0, \quad i \in I_{\phi^{\varepsilon_k}}(z_k) \subseteq I_{\phi^{\varepsilon_k}}(\bar{z}), \quad \gamma_i^k = 0, \quad i \notin I_{\phi^{\varepsilon_k}}(z_k). \end{aligned} \qquad (9.35)$$

由命题 9.4 (i) 可假设 τ_i^* 是有界序列 $\{\nabla \phi_i^{\varepsilon_k}(z_k)\}$ 的任意聚点 $(i \in \{1, 2, \cdots, l\})$. 由命题 9.4 (ii), 我们可得对所有的 $i \in \{1, 2, \cdots, l\}$, 有 $\tau_i^* \in \partial_C \phi_i(\bar{z})$ 成立. 由

$$\partial_C \phi_i(\bar{z}) = (\nabla G_i(\bar{z}), \nabla H_i(\bar{z})) \partial_C \varphi(G_i(\bar{z}), H_i(\bar{z})),$$

以及命题 9.1 的第四个结论可知

$$\begin{aligned} &\tau_i^* = \nu_i \nabla G_i(\bar{z}) + \omega_i \nabla H_i(\bar{z}), \quad \nu_i \in [-1, 0], \ \omega_i \in [-1, 0], \quad i \in I_{00}(\bar{z}), \\ &\tau_i^* = \nu_i \nabla G_i(\bar{z}) + \omega_i \nabla H_i(\bar{z}), \quad \omega_i = 0, \ i \in I_{0+}(\bar{z}), \\ &\tau_i^* = \nu_i \nabla G_i(\bar{z}) + \omega_i \nabla H_i(\bar{z}), \quad \nu_i = 0, \ i \in I_{+0}(\bar{z}). \end{aligned} \qquad (9.36)$$

由引理 9.2 以及对所有的 i, $\{\nabla \phi_i^{\varepsilon_k}(z_k)\}$ 有界, 可知序列 $\{\nabla \phi_i^{\varepsilon_k}(z_k)\}$ 的分量存在一个联合收敛子序列. 设 $(\lambda^k, \mu^k, \gamma^k) \to (\lambda^*, \mu^*, \gamma^*)$, 由式 (9.34)—(9.36) 可知

$$\nabla f(\bar{z}) + \sum_{i=1}^m \lambda_i^* \nabla g_i(\bar{z}) + \sum_{i=1}^p \mu_i^* \nabla h_i(\bar{z}) + \sum_{i=1}^l \gamma_i^* \nu_i \nabla G_i(\bar{z}) + \sum_{i=1}^l \gamma_i^* \omega_i \nabla H_i(\bar{z}) = 0,$$

$$\tag{9.37}$$

且

$$\begin{aligned} &\lambda_i^* \geqslant 0, \quad i \in I_g(\bar{z}), \quad \lambda_i^* = 0, \quad i \notin I_g(\bar{z}), \\ &\gamma_i^* \nu_i = 0, \quad i \in I_{+0}(\bar{z}), \quad \gamma_i^* \omega_i = 0, \quad i \in I_{0+}(\bar{z}), \\ &\gamma_i^* \nu_i \leqslant 0, \quad \gamma_i^* \omega_i \leqslant 0, \quad i \in I_{00}(\bar{z}). \end{aligned} \qquad (9.38)$$

由问题 (9.1) 关于强收敛点的定义, 易得 $\bar{z}$ 是问题 (9.1) 的强收敛点. □

本节的最后, 基于定理 9.2, 我们将建立求解原始 MPCC (9.1) 的算法.

算法 9.1 光滑正则化算法

步 1: 给定一个初始点 z_1. 取 $\varepsilon_1 > 0$, ϵ_{stop}, $\beta \in (0, 1)$. 令 $k := 1$.

步 2: 设 ε_k 为当前参数. 求解下面的子问题:

$$
\begin{aligned}
\min \quad & f(z) \\
\text{s.t.} \quad & g(z) \leqslant 0, h(z) = 0, \\
& \Phi^{\varepsilon_k}(z) \leqslant \frac{3}{2}\varepsilon_k,
\end{aligned}
$$

其中

$$
\Phi^{\varepsilon_k}(z) = \begin{pmatrix} \phi_1^{\varepsilon_k}(z) \\ \vdots \\ \phi_l^{\varepsilon_k}(z) \end{pmatrix}.
$$

其最优解记为 $\bar{z}_k$.

步 3: 若 $\text{maxvio}(\bar{z}_k) < \epsilon_{\text{stop}}$, 则算法终止且 $\bar{z}_k$ 是 MPCC (9.1) 的近似解. 否则, 令 $\varepsilon_{k+1} := \beta\varepsilon_k$, $z_{k+1} := \bar{z}_k$, $k := k + 1$. 返回步 2.

注 9.3 为了度量最终迭代点 $\bar{z}_k$ 的可行性, 我们记最大约束违反度为

$$
\text{maxvio}(\bar{z}_k) = \max\left\{ \|\max\{g(\bar{z}_k), 0\}\|, \|h(\bar{z}_k)\|, \|\min\{G(\bar{z}_k), H(\bar{z}_k)\}\| \right\}. \quad (9.39)
$$

在算法 9.1 中, (9.39) 被视为终止条件. 事实上, 若 $\text{maxvio}(\bar{z}_k) = 0$, 则 $\bar{z}_k$ 是 MPCC (9.1) 的可行点, 且是问题 (9.1) 的扰动问题的稳定点. 因此, 由定理 9.2, $\bar{z}_k$ 一定是 MPCC (9.1) 的近似最优解.

9.5 数值性能测试

本节中, 我们将给出算法 9.1 的数值结果. 在数值实验中, 所有计算机代码用 MATLAB 编写, 并在 1.50 GHz CPU, 1.47 GB 内存, Windows 7 操作系统环境下运行.

首先, 我们通过求解一个二维 MPCC 来展示算法 9.1 的优越性 (见 (Kanzow and Schwartz, 2013)):

$$
\begin{aligned}
\min \quad & (z_1 - 1)^2 + (z_2 - 1)^2 \\
\text{s.t.} \quad & 0 \leqslant z_1 \perp z_2 \geqslant 0.
\end{aligned} \quad (9.40)
$$

MPCC (9.40) 具有一个 C-稳定点 $(0, 0)^{\mathrm{T}}$ 以及两个强稳定点 $(1, 0)^{\mathrm{T}}$ 和 $(0, 1)^{\mathrm{T}}$.

在算法 9.1 的步 1, 我们随机从 $[-1,2] \times [-1,2] \subset R^2$ 中选取初始点. 我们应用算法 9.1 和另外两个松弛算法 (参考 (Kanzow and Schwartz, 2013) 和 (Steffensen and Ulbrich, 2010)) 进行比较, 分别求解 MPCC (9.40). 对于松弛算法的任意初始点, 取 (ε_1, β) 为 $(0.5, 0.1)$. 我们将最优解记为 $\bar{z}$. 若 $\|\bar{z} - (1,0)^{\mathrm{T}}\|_2 < 10^{-5}$, 则记相应初始点为 "∗". 若 $\|\bar{z} - (0,1)^{\mathrm{T}}\|_2 < 10^{-5}$, 则记相应初始点为 "+". 若 $\|\bar{z} - (0,0)^{\mathrm{T}}\|_2 < 10^{-5}$, 则记相应初始点为 "o". 三种算法的收敛结果分别见图 9.1—图 9.3. 从图 9.1—图 9.3 可以看出三种算法的收敛点都依赖于初始点的选择. 总结来说, 当初始点满足 $z_1 = z_2$ 时, Steffensen 和 Ulbrich (2010) 的算法收敛到 C-稳定点 $(0,0)^{\mathrm{T}}$. 然而, 对算法 9.1 和 Kanzow 和 Schwartz (2013) 的算法来说, 从任意初始点出发, 都会收敛到两个强稳定点的其中一个.

其次, 我们通过数值实验将算法 9.1 与 (Facchinei et al., 1999) 中基于经典光滑化方法的算法进行比较, 使用这两种算法来求解来自 MacMPEC 的基准测试问题.

在数值实验中, 初始扰动参数设为 0.001. 我们选取 $\beta = 0.001$ 来缩小扰动参数. 若终止条件 $\epsilon_{\mathrm{stop}} \leqslant 10^{-6}$ 满足, 则算法终止.

数值结果见表 9.1, 其中记录了最优函数值, 测试问题中决策变量的个数, 终止时达到的最大约束违反度和消耗的时间. 为了可读性, 我们记表 9.1 中的符号如下.

Prob: 测试问题;

dim: 测试问题变量的维数;

f_F / f_{SR}: Facchinei 等 (1999) 的算法的最优函数值 / 算法 9.1 的最优函数值.

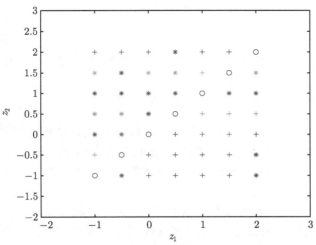

图 9.1　(Steffensen and Ulbrich, 2010) 中算法的收敛结果

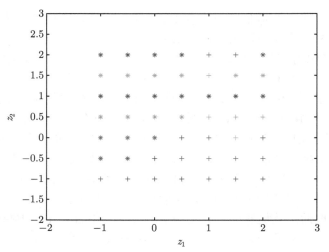

图 9.2　(Kanzow and Schwartz, 2013) 中算法的收敛结果

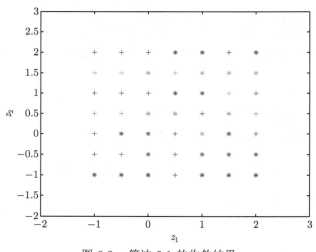

图 9.3　算法 9.1 的收敛结果

$\text{maxvio}_F/\text{maxvio}_{SR}$: 当 Facchinei 等 (1999) 的算法终止时达到的最大约束违反度 $\text{maxvio}(\bar{z}_k)$ / 当算法 9.1 终止时达到的最大约束违反度 $\text{maxvio}(\bar{z}_k)$;

$\text{time}_F/\text{time}_{SR}$: Facchinei 等 (1999) 的算法的 CPU 时间 (秒) / 算法 9.1 的 CPU 时间 (秒).

从表 9.1 中可知, 对大多数测试问题, 算法 9.1 和 Facchinei 等 (1999) 的算法能得到相同的最优函数值. 对某些测试问题, 例如 Prob 7, 算法 9.1 能得到比 Facchinei 等 (1999) 的算法更小的最优函数值. 另一方面, 尽管对有些测试问题,

表 9.1 算法比较

Prob	dim	f_F/f_{SR}	$\mathrm{maxvio}_F/\mathrm{maxvio}_{SR}$	$\mathrm{time}_F/\mathrm{time}_{SR}$
1(a)	11	3.2077/3.2077	4.6617e−07/7.1891e−07	0.239265/0.100509
1(b)	11	3.2077/3.2077	4.4386e−07 /7.1890e−07	0.234136/0.071558
2(a)	11	3.4494/3.4494	3.4895e−12/7.5002e−07	3.393147/0.094812
2(b)	11	3.4494/3.4494	3.5008e−12/7.5001e−07	0.099551/0.078717
3(a)	11	4.6043/4.6043	3.5254e−12/8.9474e−07	0.097304/0.104245
3(b)	11	4.6043/4.6043	3.5267e−12/8.9474e−07	0.094299/0.077759
4(a)	11	6.5927/6.5927	5.2675e−12/3.8801e−09	0.098892/0.087942
4(b)	11	6.5927/6.5927	5.2681e−12/3.8370e−09	0.087695/0.084988
5	6	−1.0000/−1.0000	2.8278e−08/3.3134e−09	0.112806/0.048474
6	3	−3.2667e+03/−3.2667e+03	3.7499e−08/0.0000	1.528503/0.354673
7	10	4.9994/−5.3004e−09	3.0705e−07/9.5258e−08	0.240394/0.056529
8(a)	13	−343.3453/−343.3453	4.6446e−08/1.5991e−08	0.158342/0.098217
8(b)	13	−203.1551/−203.1551	5.1908e−08/1.5017e−08	0.183059/0.109557
8(c)	13	−68.1357/−68.1357	6.6334e−10/1.3794e−08	0.104969/0.111392
8(d)	13	−19.1541 /−19.1541	8.6585e−08/ 1.3034e−08	0.081449/0.240244
8(e)	13	−3.1612/−3.1612	1.3412e−09/ 2.1708e−08	0.076849/0.608544
8(f)	13	−346.8932/−346.8923	4.6078e−12/6.0215e−07	0.385400/3.560272
8(g)	13	−224.0372/−224.0327	1.3771e−11/5.5414e−09	0.329335/0.124757
8(h)	13	−80.7860/−80.7860	7.5091e−11/4.8087e−12	0.173718/0.158723
8(i)	13	−22.8371/−22.8371	5.6931e−12/2.2307e−07	0.246480/0.157465
8(j)	13	−5.3491/ −5.3491	1.7907e−12/3.5642e−07	0.143475/0.173765
9(a)	6	1.8694e−12/ 4.2031e−14	1.4565e−12/1.1920e−09	0.059045/0.057028
9(b)	6	1.8710e−12/8.7041e−14	1.4398e− 12/1.1917e−09	0.059153/0.065361
9(c)	6	1.7129e−12/7.2040e−13	1.4514e−12/1.0087e−09	0.060045/0.085181
9(d)	6	1.5523e−07/ 1.4709e−15	1.2041e−12/9.1520e−10	1.676118/0.234213
9(e)	6	1.8689e−12 / 2.5782e−12	1.4553e−12/1.1920e−09	0.054974/0.097404
10	20	−6.6000e+03/−6.6000e+03	2.5000e−08/2.8571e−09	0.297476/1.964399
11	12	−12.6787/−12.6787	8.3540e−07/8.5883e−07	0.170270/0.059904
df1	2	5.0628e−13/0.0000	5.3473e−07/0.0000	0.115840/0.014758
ex9.1.2	10	−16.0000/−16.0000	2.2532e−12/1.1343e−07	0.180399/0.106860
jr1	2	0.5000/0.5000	2.0000e−12/0.0000	0.233469/0.014239
kth1	2	2.1702e−06/0.0000	6.6207e−07/0.0000	0.106664/0.011332
kth2	2	1.0000e−06/0.0000	1.0000e−06/0.0000	1.008667/0.019391
kth3	2	0.5000/0.5000	1.0037e−12/1.1347e−09	0.033656/0.065504
scholtes1	3	2.0000/2.0000	2.0000e−12/0.0000	0.137413/0.028105
scholtes2	3	15.0000/15.0000	3.1796e−07/0.0000	0.141193/0.021643
scholtes3	3	0.5000/0.5000	1.0001e−12/1.1347e−09	0.031349/0.059631
scholtes4	3	−9.2518e−12/−2.6741e−07	4.6259e−12/1.3370e−07	0.055767/0.119597
liswet1-050	152	1.3815e−02/1.3815e−02	3.3996e−11/1.0367e−08	49.678608/21.137577
liswet1-100	302	1.3803e−02/1.3698e−02	5.4604e−07/1.4317e−09	117.558773/89.971854

算法 9.1 的最大约束违反度 $\mathrm{maxvio}(\bar{z})$ 比 Facchinei 等 (1999) 的算法的最大约束

违反度略大, 但是从表 9.1 的最后一列可以看出, 在 40 个基准测试问题中有 27 个测试问题, 算法 9.1 找到最优解的 CPU 时间更短. 为了更清楚地显示我们的算法的优越性, 在表 9.1 中, 我们将算法 9.1 优于 Facchinei 等 (1999) 的算法的结果用 "＿＿" 标注. 上述所有数值结果表明算法 9.1 是有效的.

总　　结

本章我们提出了一个求解互补约束优化问题的光滑正则化方法. 通过构造互补约束的一个光滑正则化函数, 将原问题转化成标准光滑优化问题, 并研究了两个问题之间的关系. 在一定条件下, 本章证明了光滑正则化问题的稳定点序列的聚点是原 MPCC 的强稳定点. 数值结果表明了该方法的有效性.

第 10 章 互补约束优化问题的部分光滑化方法 (I)

针对一些带互补约束优化问题, 我们将提出一种部分光滑化方法, 它只会对这些互补约束产生局部扰动. 对于由光滑化方法得到的近似问题, 我们将证明在一定条件下, Mangasarian-Fromovitz 约束品性成立. 我们还将分析所提出的光滑化方法的收敛性, 并给出近似问题的稳定点序列的聚点是 C-稳定点、M-稳定点或强稳定点的一些充分条件. 通过数值实验, 我们将验证该算法的性能, 并证明: 我们的算法比文献中类似的算法更有竞争力.

10.1 引　　言

众所周知, 经济学和工程科学领域中 Cournot 均衡问题和广义 Nash 均衡问题都是典型的双层数学规划问题 (Luo et al., 1996). 在一定假设条件下, 如下层问题中的凸性或凹性, 所有双层规划问题都可以被表述为带互补约束优化问题 (MPCC) (例如, 参见 (Luo et al., 1996)). 在过去的三十年中, 高效的 MPCC 数值求解算法一直受到许多数学家和工程专家们的关注, 因为此前的经典优化问题的理论和算法不能直接应用于求解 MPCC (参见 (Hoheisel et al., 2013; Wan et al., 2014b; Lin and Fukushima, 2003) 及其参考文献).

MPCC 模型可以写成如下形式:

$$
\begin{aligned}
\min \quad & f(z) \\
\text{s.t.} \quad & g(z) \leqslant 0, h(z) = 0, \\
& G(z) \geqslant 0, H(z) \geqslant 0, \\
& G(z)^{\mathrm{T}} H(z) = 0,
\end{aligned}
\tag{10.1}
$$

其中 $f: R^n \to R$, $g: R^n \to R^m$, $h: R^n \to R^p$ 和 $G, H: R^n \to R^l$ 都是连续可微函数.

求解问题 (10.1) 存在的主要挑战之一是, MPCC(10.1) 通常不满足标准优化问题常见的一些约束条件. 因此, 需要研究新的最优性条件以及基于这些条件的新型高效数值算法来识别和找到问题 (10.1) 的最优解. 此前的已有方法包括序列二次规划方法 (Fletcher et al., 2006)、内点法 (Leyffer et al., 2006)、罚函数法 (Liu

主要结果发表于 ANZIAM Journal, 2015, 56(03):299-315.

et al., 2008)、提升法 (Stein, 2012)、松弛法 (Lin and Fukushima, 2005; Steffensen and Ulbrich, 2010) 和光滑化方法 (Facchinei et al., 1999; Lin and Fukushima, 2003).

光滑化方法 (Facchinei et al., 1999; Fukushima and Pang, 1999; Li et al., 2012) 作为求解 MPCC 最主要的方法之一, 它是用不同的光滑约束来近似问题 (10.1) 中的非光滑互补约束, 再通过分析近似优化问题解的性质, 以开发出求解问题 (10.1) 的相应算法. 我们注意到, 在此前的光滑化方法中, 问题 (10.1) 中的互补约束 $G(z) \geqslant 0$, $H(z) \geqslant 0$, $G(z)^{\mathrm{T}} H(z) = 0$ 通常整体地被一个光滑方程组来近似.

然而, 问题 (10.1) 中的互补约束 $G(z) \geqslant 0$, $H(z) \geqslant 0$, $G(z)^{\mathrm{T}} H(z) = 0$ 仅在某些可行点处是不光滑的. 因此, 似乎没有必要全部替换这些约束. 本章中, 我们打算提出一种互补约束的部分光滑化方法, 该方法只会对原始模型 (10.1) 产生局部扰动. 通过寻找原问题 (10.1) 的解, 我们可以证明扰动问题解的收敛性有所提高. 实际上, 对于新的光滑化方法, 我们给出了扰动问题的 Mangasarian-Fromovitz 约束品性 (MFCQ) 成立的一些条件. 在一定条件下, 我们证明了扰动问题的稳定点序列的任意聚点是 C-稳定点、M-稳定点或强稳定点, 并通过数值实验展示该算法的有效性.

本章中, G_i 表示向量 G 的第 i 个分量, 并用 F 表示问题 (10.1) 的可行域. 对于约束函数 $g : R^n \to R^m$ 和给定点 $z \in F \subseteq R^n$, 我们记点 z 处 g 的有效约束指标集为 $I_g(z) = \{i : g_i(z) = 0\}$. 对于向量 $\alpha \in R^n$, $\mathrm{supp}(\alpha) = \{i : \alpha_i \neq 0\}$ 表示 α 的支撑集.

10.2　预 备 知 识

本节中, 我们给出了与收敛结果有关的一些基本概念. 首先, 一般的非线性规划问题 (NLP) 可以写成如下形式:

$$
\begin{aligned}
\min \quad & f(z) \\
\text{s.t.} \quad & g(z) \leqslant 0, \\
& h(z) = 0,
\end{aligned}
\tag{10.2}
$$

其中稳定点在寻找局部极小点时起着重要的作用. 接下来我们用 F 表示问题 (10.2) 的可行集.

定义 10.1　设点 $\bar{z} \in F$, 若乘子向量 $\lambda \in R_+^m$ 和 $\mu \in R^p$ 使得 $(\bar{z}, \lambda, \mu)$ 是 (10.2) 的 Karush-Kuhn-Tucker(KKT) 点, 即对所有 $i = 1, 2, \cdots, m$, λ 和 μ 满足 $\lambda_i g_i(\bar{z}) = 0$, 以及

$$\nabla f(\bar{z}) + \sum_{i=1}^{m} \lambda_i \nabla g_i(\bar{z}) + \sum_{i=1}^{p} \mu_i \nabla h_i(\bar{z}) = 0,$$

则称点 $\bar{z}$ 是 NLP 的稳定点.

对于 MPCC (10.1), 文献中已引入了一些不同的稳定点的概念. 下列类型的稳定点与本章将建立的收敛性结果有关.

定义 10.2　设 $\bar{z}$ 是问题 (10.1) 的可行点, 则

(a) 若存在乘子向量 $\bar{\lambda} \in R^m$, $\bar{\mu} \in R^p$ 和 $\bar{u}, \bar{v} \in R^l$ 使得下列式子成立:

$$\nabla f(\bar{z}) + \nabla g(\bar{z})\bar{\lambda} + \nabla h(\bar{z})\bar{\mu} - \nabla G(\bar{z})\bar{u} - \nabla H(\bar{z})\bar{v} = 0,$$

$$\bar{\lambda} \geqslant 0, \quad \bar{z} \in F, \quad \bar{\lambda}^{\mathrm{T}} g(\bar{z}) = 0,$$

$$\bar{u}_i = 0, \quad i \in I_{+0}(\bar{z}),$$

$$\bar{v}_i = 0, \quad i \in I_{0+}(\bar{z}),$$

则称 $\bar{z}$ 为弱稳定点;

(b) 若 $\bar{z}$ 为弱稳定点且满足

$$\bar{u}_i \bar{v}_i \geqslant 0, \quad i \in I_{00}(\bar{z}),$$

则称 $\bar{z}$ 为 C-稳定点;

(c) 若 $\bar{z}$ 为弱稳定点且满足

$$\bar{u}_i > 0, \ \bar{v}_i > 0, \quad \text{或} \quad \bar{u}_i \bar{v}_i = 0, \ i \in I_{00}(\bar{z}),$$

则称 $\bar{z}$ 为 M-稳定点;

(d) 若 $\bar{z}$ 为弱稳定点且满足

$$\bar{u}_i \geqslant 0, \quad \bar{v}_i \geqslant 0, \quad i \in I_{00}(\bar{z}),$$

其中

$$I_{+0}(\bar{z}) = \{i : G_i(\bar{z}) > 0, H_i(\bar{z}) = 0\},$$

$$I_{0+}(\bar{z}) = \{i : G_i(\bar{z}) = 0, H_i(\bar{z}) > 0\},$$

$$I_{00}(\bar{z}) = \{i : G_i(\bar{z}) = 0, H_i(\bar{z}) = 0\},$$

则称 $\bar{z}$ 为强稳定点.

与 NLP 中类似, 我们需要一个合适的约束品性 (CQ) 使得 MPCC(10.1) 的局部极小点 $\bar{z}$ 是一个稳定点. 然而, 正如 Luo 等 (1996) 指出的那样, MPCC(10.1) 经常会违反标准 NLP 中的约束品性. 因此, MPCC 的关键理论问题之一是研究

新的约束品性, 使 MPCC 的局部极小点满足稳定点处的条件. 本章中, 我们将主要使用均衡约束数学规划问题的 Mangasarian-Fromovitz 型约束品性 (MPEC-MFCQs) 的概念.

定义 10.3　设 $\bar{z} \in F$, 若梯度

$$\{\nabla g_i(\bar{z}) | i \in I_g(\bar{z})\} \cup \{\{\nabla h_i(\bar{z}) | i = 1, 2, \cdots, p\} \cup \{\nabla G_i(\bar{z}) | i \in I_{00}(\bar{z}) \cup I_{0+}(\bar{z})\}$$
$$\cup \{\nabla H_i(\bar{z}) | i \in I_{00}(\bar{z}) \cup I_{+0}(\bar{z})\}\}$$

正线性无关, 则称 $\bar{z}$ 满足 MPEC-MFCQ. 即 $\bar{z}$ 满足 MPEC-MFCQ 当且仅当对所有 $i \in I_g(\bar{z})$, $\lambda_i \geqslant 0$ 时, 不存在向量 $(\lambda_{I_g(\bar{z})}, \mu, \alpha_{I_{00}(\bar{z}) \cup I_{0+}(\bar{z})}, \beta_{I_{00}(\bar{z}) \cup I_{+0}(\bar{z})}) \neq 0$ 且对所有的 $i \in I_g(\bar{z})$, $\lambda_i \geqslant 0$ 有下式成立:

$$\sum_{i \in I_g(\bar{z})} \lambda_i \nabla g_i(\bar{z}) + \sum_{i=1}^{p} \mu_i \nabla h_i(\bar{z}) - \sum_{i \in I_{00}(\bar{z}) \cup I_{0+}(\bar{z})} \alpha_i \nabla G_i(\bar{z}) - \sum_{i \in I_{00}(\bar{z}) \cup I_{+0}(\bar{z})} \beta_i \nabla H_i(\bar{z}) = 0.$$

10.3　新的部分光滑化方法和算法

本节中, 我们提出一种新的求解 MPCC (10.1) 的部分光滑化方法, 并开发相应算法.

首先, 我们注意到互补条件:

$$a \geqslant 0, \quad b \geqslant 0, \quad ab = 0$$

可以写成

$$a \geqslant 0, \quad b \geqslant 0, \quad a + b \leqslant |a - b|.$$

因此, 通过只对绝对值函数 $|\cdot|$ 进行磨光, 我们便可以得到互补条件的部分光滑近似. 具体说来, 为了求解互补问题, Qi 和 Li (2011) 将 $\varphi(t) = |t|$ 用

$$\psi_\epsilon(t) = \frac{2t}{\pi} \arctan\left(\frac{t}{\varepsilon}\right)$$

近似. 我们也试图构造一种新的部分光滑化方法来处理 MPCC(10.1) 中的互补约束, 从而得到 (10.1) 的扰动问题. 与此前文献中的方法不同, 我们用

$$G(z) \geqslant 0, \quad H(z) \geqslant 0, \quad \Phi_\varepsilon(z) \leqslant 0, \tag{10.3}$$

其中

$$\Phi_\varepsilon(z) = \begin{pmatrix} \phi_{\varepsilon,1}(z) \\ \vdots \\ \phi_{\varepsilon,l}(z) \end{pmatrix}, \quad \phi_{\varepsilon,i}(z) = \frac{1}{2}\{G_i(z) + H_i(z) - \psi_\epsilon(G_i(z) - H_i(z))\} \tag{10.4}$$

来替代互补约束

$$G(z) \geqslant 0, \quad H(z) \geqslant 0, \quad G(z)^{\mathrm{T}} H(z) = 0. \tag{10.5}$$

因此, MPCC (10.1) 转化为如下的经典优化问题:

$$
\begin{aligned}
\min \quad & f(z) \\
\text{s.t.} \quad & g(z) \leqslant 0, h(z) = 0, \\
& G(z) \geqslant 0, H(z) \geqslant 0, \\
& \Phi_\varepsilon(z) \leqslant 0.
\end{aligned}
\tag{10.6}
$$

记问题 (10.6) 的可行域为 F_ε.

注 10.1 在此前的光滑化方法中 (如 (Facchinei et al., 1999; Fukushima and Pang, 1999; Li et al., 2012)), 互补约束 (10.5) 整体地被某种光滑方程组替代. 在我们的光滑化方法 (10.3)-(10.4) 中, 不等式约束 $G(z) \geqslant 0$ 和 $H(z) \geqslant 0$ 保持不变, 只将等式约束 $G(z)^{\mathrm{T}} H(z) = 0$ 用不等式组 $\Phi_\varepsilon(z) \leqslant 0$ 近似.

注 10.2 对于标准光滑优化问题 (10.6), 我们将在 10.4 节中证明它在任何可行点处都满足标准 MFCQ (见定理 10.1). 因此, 针对每个扰动参数 ε, 有许多有效的算法可以用来求解相应问题的稳定点 (参见 (Deng et al., 2013; Huang et al., 2015b, 2013)). 我们的主要兴趣之一是证明当 $\varepsilon_k \downarrow 0$ 时, 求解 NLP(ε_k) 生成的稳定点序列收敛于问题 (10.1) 的稳定点.

为构建本章的光滑化方法, 先证明以下结论.

引理 10.1 函数 $\psi_\varepsilon : R \to R$ 有如下性质.

(1) 对于任意给定的正常数 a 和 b ($b \geqslant a$), 存在一个常数标量 $T_{ab} > 0$ 使得下式成立:

$$0 \leqslant |t| - \psi_\varepsilon(t) \leqslant T_{ab}\varepsilon, \quad \forall\, t \in [a, b] \cup [-b, -a].$$

(2) 设 $\partial \varphi(t)$ 是 $\varphi(t)$ 的广义梯度 (Clarke, 1990), 则对于任意 t, 有

$$\lim_{\varepsilon \downarrow 0} \mathrm{dist}(\psi_\varepsilon'(t), \partial \varphi(t)) = 0,$$

其中 $\mathrm{dist}(v, S)$ 是点 v 到集合 S 的距离.

证明 引理 10.1 的证明直接来自 (Qi and Li, 2011) 的结论. □

引理 10.2 设 $m : R \to R$ 由下式定义, 对所有 $t \in R$:

$$m(t) = \frac{1}{\pi} \arctan t + \frac{1}{\pi} \frac{t}{1 + t^2},$$

则有 (1) $m(t)$ 递增; (2) $-1/2 < m(t) < 1/2$.

证明　(1) 由于 $m'(t) = 2/\pi(1+t^2)^2 > 0$, 所以 $m(t)$ 在 R 上递增.

(2) 因为当 $t \to +\infty$ 时, $\arctan t \to \pi/2$; 当 $t \to -\infty$ 时, $\arctan t \to -\pi/2$; 当 $t \to \pm\infty$ 时, $t/(1+t^2) \to 0$. 因此, 当 $t \to +\infty$ 时, $m(t) \to 1/2$; 当 $t \to -\infty$ 时, $m(t) \to -1/2$. 由第一个结论, 可得对所有 $t \in R$, 有 $-1/2 < m(t) < 1/2$ 成立. □

引理 10.3　设 $\phi_{\varepsilon,i}$ 如式 (10.4) 定义, 则下列结论成立.

(1) 对所有 $i = 1, 2, \cdots, l$, $\phi_{\varepsilon,i}$ 是连续可微的.

(2) $\nabla\phi_{\varepsilon,i}(z) = \eta_i^{\Phi_\varepsilon}\nabla G_i(z) + \zeta_i^{\Phi_\varepsilon}\nabla H_i(z)$, 其中

$$\eta_i^{\Phi_\varepsilon} = \frac{1}{2} - \frac{1}{\pi}\arctan\frac{G_i(z) - H_i(z)}{\varepsilon} - \frac{1}{\pi}\frac{\{G_i(z) - H_i(z)\}/\varepsilon}{1 + [\{G_i(z) - H_i(z)\}/\varepsilon]^2},$$

$$\zeta_i^{\Phi_\varepsilon} = \frac{1}{2} + \frac{1}{\pi}\arctan\frac{G_i(z) - H_i(z)}{\varepsilon} + \frac{1}{\pi}\frac{\{G_i(z) - H_i(z)\}/\varepsilon}{1 + [\{G_i(z) - H_i(z)\}/\varepsilon]^2}.$$

(3) $\eta_i^{\Phi_\varepsilon} + \zeta_i^{\Phi_\varepsilon} = 1$, 且 $\eta_i^{\Phi_\varepsilon} \in (0,1)$, $\zeta_i^{\Phi_\varepsilon} \in (0,1)$.

(4) 设 $\bar{z}$ 是问题 (10.1) 的可行点, 则当 $i \in I_{+0}(\bar{z})$ 时, $\eta_i^{\Phi_\varepsilon} \to 0$, $\zeta_i^{\Phi_\varepsilon} \to 1(z \to \bar{z}, \varepsilon \downarrow 0)$; 当 $i \in I_{0+}(\bar{z})$ 时, $\eta_i^{\Phi_\varepsilon} \to 1$, $\zeta_i^{\Phi_\varepsilon} \to 0(z \to \bar{z}, \varepsilon \downarrow 0)$.

证明　由 $\phi_{\varepsilon,i}$ 的定义可得 (1). 通过直接计算, 可得 (2). 由 (2) 和引理 10.2 可直接得 (3). 所以接下来只需证明 (4).

由于当 $i \in I_{+0}(\bar{z})$ 时, 有

$$\eta_i^{\Phi_\varepsilon} = \frac{1}{2} - \frac{1}{\pi}\arctan\frac{G_i(z) - H_i(z)}{\varepsilon} - \frac{1}{\pi}\frac{\{G_i(z) - H_i(z)\}/\varepsilon}{1 + [\{G_i(z) - H_i(z)\}/\varepsilon]^2},$$

$$\zeta_i^{\Phi_\varepsilon} = \frac{1}{2} + \frac{1}{\pi}\arctan\frac{G_i(z) - H_i(z)}{\varepsilon} + \frac{1}{\pi}\frac{\{G_i(z) - H_i(z)\}/\varepsilon}{1 + [\{G_i(z) - H_i(z)\}/\varepsilon]^2}.$$

我们可知 $\{G_i(z) - H_i(z)\}/\varepsilon \to +\infty(z \to \bar{z}, \varepsilon \downarrow 0)$. 因此, $\eta_i^{\Phi_\varepsilon} \to 0$, $\zeta_i^{\Phi_\varepsilon} \to 1(z \to \bar{z}, \varepsilon \downarrow 0)$. 类似地, 当 $i \in I_{0+}(\bar{z})$ 时, $\{G_i(z) - H_i(z)\}/\varepsilon \to -\infty(z \to \bar{z}, \varepsilon \downarrow 0)$. 因此

$$\eta_i^{\Phi_\varepsilon} \to 1, \quad \zeta_i^{\Phi_\varepsilon} \to 0 \quad (z \to \bar{z}, \varepsilon \downarrow 0). \qquad \square$$

基于求解扰动光滑问题 (10.6), 我们开发求解 MPCC (10.1) 一种有效算法.

算法 10.1　求解 MPCC(10.1) 的算法

步 1: 给定初值 z_1, $\varepsilon_1 > 0$, ϵ_{stop}, $\beta \in (0,1)$, $k = 1$.

步 2: 设 ε_k 为当前参数. 用光滑 NLP 求解器求解 $\varepsilon = \varepsilon_k$ 的子问题 (10.6). 最优解记为 $\bar{z}_k$.

步 3: 若 $\text{maxvio}(\bar{z}_k) < \epsilon_{\text{stop}}$, 则 $z_k = \bar{z}_k$ 为 MPCC (10.1) 的近似解. 算法终止. 否则, 令 $\varepsilon_{k+1} = \beta\varepsilon_k$, $z_{k+1} = \bar{z}_k$, $k = k + 1$. 返回步 2.

注 10.3 在算法 10.1 的步 3 中, 为了测量在最终迭代 $\bar{z}_k$ 时的违反度, 我们记所有约束的最大违反度为

$$\mathrm{maxvio}(\bar{z}_k) = \max\{\|\max\{g(\bar{z}_k), 0\}\|, \|h(\bar{z}_k)\|, \|\min\{G(\bar{z}_k), H(\bar{z}_k)\}\|\}.$$

若 $\mathrm{maxvio}(\bar{z}_k)$ 足够小, 则得到原问题 (10.1) 的解.

10.4 收敛性分析

本节中, 我们将讨论子问题稳定点序列的收敛性. 记

$$I_{\Phi_\varepsilon}(z) = \{i|\phi_{\varepsilon,i}(z) = 0\}.$$

我们首先讨论问题 (10.6) 的约束品性. 下面的引理给出了保证 MFCQ 成立的条件.

引理 10.4 设 $\bar{z}$ 是问题 (10.1) 的可行点. 若在点 $\bar{z}$ 处 MPEC-MFCQ 条件成立, 则存在邻域 $U(\bar{z})$ 和 $\bar{\varepsilon} > 0$ 使得对所有 $z \in U(\bar{z}) \cap F_\varepsilon$ 和 $\varepsilon \in (0, \bar{\varepsilon})$, 向量组

$$\begin{cases} \nabla g_i(z), & i \in I_g(\bar{z}), \\ \nabla h_i(z), & i = 1, 2, \cdots, p, \\ \nabla G_i(z), & i \in I_G(z), \\ \nabla H_i(z), & i \in I_H(z), \\ \eta_i^{\Phi_\varepsilon} \nabla G_i(z) + \zeta_i^{\Phi_\varepsilon} \nabla H_i(z), & i \in I_{\Phi_\varepsilon}(z) \cap I_{0+}(\bar{z}), \\ \eta_i^{\Phi_\varepsilon} \nabla G_i(z) + \zeta_i^{\Phi_\varepsilon} \nabla H_i(z), & i \in I_{\Phi_\varepsilon}(z) \cap I_{+0}(\bar{z}), \\ \nabla G_i(z), & i \in I_{\Phi_\varepsilon}(z) \cap I_{00}(\bar{z}), \\ \nabla H_i(z), & i \in I_{\Phi_\varepsilon}(z) \cap I_{00}(\bar{z}) \end{cases}$$

正线性无关.

证明 因为函数 g, h, G, H 都连续, 所以存在邻域 $U_1(\bar{z})$ 和正常数 $\bar{\varepsilon}_1$ 使得对任意的 $\varepsilon \in (0, \bar{\varepsilon}_1)$ 和任意的点 $z \in U_1(\bar{z}) \cap F_\varepsilon$, 下式成立:

$$\begin{cases} I_g(z) \subseteq I_g(\bar{z}), & I_G(z) \subseteq I_{00}(\bar{z}) \cup I_{0+}(\bar{z}), \\ I_h(z) \subseteq I_h(\bar{z}), & I_H(z) \subseteq I_{00}(\bar{z}) \cup I_{+0}(\bar{z}). \end{cases}$$

现在我们断言

$$I_{\Phi_\varepsilon}(z) \cap I_G(z) = \varnothing, \quad I_{\Phi_\varepsilon}(z) \cap I_H(z) = \varnothing. \tag{10.7}$$

事实上, 若 $i \in I_G(z)$, 则 $G_i(z) = 0$ 且

$$2\phi_{\varepsilon,i}(z) = G_i(z) + H_i(z) - \frac{2(G_i(z) - H_i(z))}{\pi} \arctan\left(\frac{G_i(z) - H_i(z)}{\varepsilon}\right)$$

$$= H_i(z) + \frac{2H_i(z)}{\pi} \arctan\left(\frac{-H_i(z)}{\varepsilon}\right)$$

$$> H_i(z) - \frac{2H_i(z)}{\pi}\frac{\pi}{2} = 0.$$

因此, $i \notin I_{\Phi_\varepsilon}(z)$, 即　$I_{\Phi_\varepsilon}(z) \cap I_G(z) = \varnothing$. 同理可得　$I_{\Phi_\varepsilon}(z) \cap I_H(z) = \varnothing$. 因为在点 $\bar{z}$ 处 MPEC-MFCQ 条件成立, 所以由定义 10.3 可知梯度

$$\{\nabla g_i(\bar{z})|i \in I_g(\bar{z})\} \cup \{\{\nabla h_i(\bar{z})|i = 1, 2, \cdots, p\} \cup \{\nabla G_i(\bar{z})|i \in I_{00}(\bar{z}) \cup I_{0+}(\bar{z})\}$$

$$\cup \{\nabla H_i(\bar{z})|i \in I_{00}(\bar{z}) \cup I_{+0}(\bar{z})\}\}$$

正线性无关.

一方面

$$\begin{cases} I_G(z) \cup (I_{\Phi_\varepsilon}(z) \cap I_{0+}(\bar{z})) \cup (I_{\Phi_\varepsilon}(z) \cap I_{00}(\bar{z})) \subseteq I_{00}(\bar{z}) \cup I_{0+}(\bar{z}), \\ I_H(z) \cup (I_{\Phi_\varepsilon}(z) \cap I_{+0}(\bar{z})) \cup (I_{\Phi_\varepsilon}(z) \cap I_{00}(\bar{z})) \subseteq I_{00}(\bar{z}) \cup I_{+0}(\bar{z}). \end{cases}$$

另一方面, 当 z 充分接近 $\bar{z}$ 时, 若 $i \in I_{+0}(\bar{z})$, 则 $G_i(z) > 0$, $H_i(z)$ 充分接近零; 若 $i \in I_{0+}(\bar{z})$, 则 $G_i(z)$ 充分接近零, $H_i(z) > 0$. 因此, 由引理 10.3 (4) 可得

$$\begin{cases} \eta_i^{\Phi_\varepsilon} \to 0, & \zeta_i^{\Phi_\varepsilon} \to 1, & \forall\, i \in I_{+0}(\bar{z}), \\ \eta_i^{\Phi_\varepsilon} \to 1, & \zeta_i^{\Phi_\varepsilon} \to 0, & \forall\, i \in I_{0+}(\bar{z}). \end{cases}$$

与 (Qi and Wei, 2000) 中命题 2.2 的证明类似, 我们可知存在邻域 $U_2(\bar{z})$ 和充分小的 $\bar{\varepsilon}_2 > 0$ 使得对给定的 $z \in U_2(\bar{z}) \cap F_\varepsilon$ 和 $\varepsilon \in (0, \bar{\varepsilon}_2)$, 向量组

$$\begin{cases} \nabla g_i(z), & i \in I_g(\bar{z}), \\ \nabla h_i(z), & i = 1, 2, \cdots, p, \\ \nabla G_i(z), & i \in I_G(z), \\ \nabla H_i(z), & i \in I_H(z), \\ \eta_i^{\Phi_\varepsilon}\nabla G_i(z) + \zeta_i^{\Phi_\varepsilon}\nabla H_i(z), & i \in I_{\Phi_\varepsilon}(z) \cap I_{0+}(\bar{z}), \\ \eta_i^{\Phi_\varepsilon}\nabla G_i(z) + \zeta_i^{\Phi_\varepsilon}\nabla H_i(z), & i \in I_{\Phi_\varepsilon}(z) \cap I_{+0}(\bar{z}), \\ \nabla G_i(z), & i \in I_{\Phi_\varepsilon}(z) \cap I_{00}(\bar{z}), \\ \nabla H_i(z), & i \in I_{\Phi_\varepsilon}(z) \cap I_{00}(\bar{z}) \end{cases}$$

正线性无关.

若记 $U(\bar{z}) = U_1(\bar{z}) \cap U_2(\bar{z})$, $\bar{\varepsilon} = \min\{\bar{\varepsilon}_1, \bar{\varepsilon}_2\}$, 则对所有 $z \in U(\bar{z}) \cap F_\varepsilon$ 和 $\varepsilon \in (0, \bar{\varepsilon})$, 向量组

$$
\begin{cases}
\nabla g_i(z), & i \in I_g(\bar{z}), \\
\nabla h_i(z), & i = 1, 2, \cdots, p, \\
\nabla G_i(z), & i \in I_G(z), \\
\nabla H_i(z), & i \in I_H(z), \\
\eta_i^{\Phi_\varepsilon} \nabla G_i(z) + \zeta_i^{\Phi_\varepsilon} \nabla H_i(z), & i \in I_{\Phi_\varepsilon}(z) \cap I_{0+}(\bar{z}), \\
\eta_i^{\Phi_\varepsilon} \nabla G_i(z) + \zeta_i^{\Phi_\varepsilon} \nabla H_i(z), & i \in I_{\Phi_\varepsilon}(z) \cap I_{+0}(\bar{z}), \\
\nabla G_i(z), & i \in I_{\Phi_\varepsilon}(z) \cap I_{00}(\bar{z}), \\
\nabla H_i(z), & i \in I_{\Phi_\varepsilon}(z) \cap I_{00}(\bar{z})
\end{cases}
$$

正线性无关. $\qquad\square$

定理 10.1 设 $\bar{z}$ 是问题 (10.1) 的可行点, 若在该点满足 MPEC-MFCQ, 则存在 $\bar{z}$ 的邻域 $U(\bar{z})$ 和充分小的 $\bar{\varepsilon} > 0$ 使得在任意的点 $z \in U(\bar{z}) \cap F_\varepsilon$, 问题 (10.6) 满足标准 MFCQ, 其中 $\varepsilon \in (0, \bar{\varepsilon})$.

证明 由引理 10.4 可知, 存在邻域 $U(\bar{z})$ 和 $\bar{\varepsilon} > 0$ 使得当 $z \in U(\bar{z}) \cap F_\varepsilon$ ($\varepsilon \in (0, \bar{\varepsilon})$) 时, 向量组

$$
\begin{cases}
\nabla g_i(z), & i \in I_g(\bar{z}), \\
\nabla h_i(z), & i = 1, 2, \cdots, p, \\
\nabla G_i(z), & i \in I_G(z), \\
\nabla H_i(z), & i \in I_H(z), \\
\eta_i^{\Phi_\varepsilon} \nabla G_i(z) + \zeta_i^{\Phi_\varepsilon} \nabla H_i(z), & i \in I_{\Phi_\varepsilon}(z) \cap I_{0+}(\bar{z}), \\
\eta_i^{\Phi_\varepsilon} \nabla G_i(z) + \zeta_i^{\Phi_\varepsilon} \nabla H_i(z), & i \in I_{\Phi_\varepsilon}(z) \cap I_{+0}(\bar{z}), \\
\nabla G_i(z), & i \in I_{\Phi_\varepsilon}(z) \cap I_{00}(\bar{z}), \\
\nabla H_i(z), & i \in I_{\Phi_\varepsilon}(z) \cap I_{00}(\bar{z})
\end{cases} \tag{10.8}
$$

正线性无关.

我们现断言当 $z \in U(\bar{z}) \cap F_\varepsilon$, $\varepsilon \in (0, \bar{\varepsilon})$ 时, 问题 (10.6) 满足标准 MFCQ. 根据定义 10.3, 我们只需证明对任意给定的 $z \in U(\bar{z}) \cap F_\varepsilon$, 下面的等式

$$
\sum_{i \in I_g(z)} \lambda_i \nabla g_i(z) + \sum_{i=1}^p \mu_i \nabla h_i(z) - \sum_{i \in I_G(z)} \alpha_i \nabla G_i(z) - \sum_{i \in I_H(z)} \beta_i \nabla H_i(z)
$$

$$+ \sum_{i=1}^{l} \gamma_i (\eta_i^{\Phi_\varepsilon} \nabla G_i(z) + \zeta_i^{\Phi_\varepsilon} \nabla H_i(z)) = 0 \tag{10.9}$$

成立当且仅当所有乘子向量 $\mu \in R^p$, λ, α, β 和 γ 为 0.

我们将式 (10.9) 改写成

$$\begin{aligned}
0 =& \sum_{i \in I_g(z)} \lambda_i \nabla g_i(z) + \sum_{i=1}^{p} \mu_i \nabla h_i(z) - \sum_{i \in I_G(z)} \alpha_i \nabla G_i(z) - \sum_{i \in I_H(z)} \beta_i \nabla H_i(z) \\
&+ \sum_{i \in I_{\Phi_\varepsilon}(z) \cap I_{+0}(\bar{z})} \gamma_i (\eta_i^{\Phi_\varepsilon} \nabla G_i(z) + \zeta_i^{\Phi_\varepsilon} \nabla H_i(z)) \\
&+ \sum_{i \in I_{\Phi_\varepsilon}(z) \cap I_{0+}(\bar{z})} \gamma_i (\eta_i^{\Phi_\varepsilon} \nabla G_i(z) + \zeta_i^{\Phi_\varepsilon} \nabla H_i(z)) \\
&+ \sum_{i \in I_{\Phi_\varepsilon}(z) \cap I_{00}(\bar{z})} \gamma_i \eta_i^{\Phi_\varepsilon} \nabla G_i(z) + \sum_{i \in I_{\Phi_\varepsilon}(z) \cap I_{00}(\bar{z})} \gamma_i \zeta_i^{\Phi_\varepsilon} \nabla H_i(z).
\end{aligned} \tag{10.10}$$

由正线性无关的定义, 结合 (10.8) 和 (10.10) 可得

$$\begin{cases}
\lambda_i = 0 \ (i \in I_g(z)), \ \mu_i = 0 \ (i = 1, 2, \cdots, p), \ \alpha_i = 0 \ (i \in I_G(z)), \ \beta_i = 0 \ (i \in I_H(z)), \\
\gamma_i = 0 \ (i \in I_{\Phi_\varepsilon}(z) \cap (I_{+0}(\bar{z}) \cup I_{0+}(\bar{z}))), \ \gamma_i \eta_i^{\Phi_\varepsilon} = \gamma_i \zeta_i^{\Phi_\varepsilon} = 0, \ i \in I_{\Phi_\varepsilon}(z) \cap I_{00}(\bar{z}).
\end{cases}$$

由引理 10.3 (3), 对所有 $i \in I_{00}(\bar{z})$, $\eta_i^{\Phi_\varepsilon} + \zeta_i^{\Phi_\varepsilon} = 1$. 因此, $\gamma_i = 0$, $i \in I_{\Phi_\varepsilon}(z) \cap I_{00}(\bar{z})$. 由 $\gamma_i = 0 \ (i \in I_{\Phi_\varepsilon}(z) \cap (I_{+0}(\bar{z}) \cup I_{0+}(\bar{z})))$ 和 $\gamma_i = 0 \ (i \in I_{\Phi_\varepsilon}(z) \cap I_{00}(\bar{z}))$ 可得 $\gamma_i = 0$, $i \in I_{\Phi_\varepsilon}(z)$. 因此, 由定义 10.3 可直接得所证结论. □

下面的定理给出了在 MPEC-MFCQ 条件下光滑子问题和原问题解之间的关系.

定理 10.2　设 $\{\varepsilon_k\}$ 是收敛到零的正序列. 若 $\{z_k\}$ 是 $\varepsilon = \varepsilon_k$ 时子问题 (10.6) 收敛到 $\bar{z}$ 的稳定点序列且在点 $\bar{z}$ 处满足 MPEC-MFCQ, 则 $\bar{z}$ 是问题 (10.1) 的 C-稳定点.

证明　由定理 10.1 可知存在拉格朗日乘子向量 λ^k, μ^k, α^k, β^k 和 γ^k 使得下列式子成立:

$$\begin{aligned}
\nabla f(z_k) + \sum_{i=1}^{m} \lambda_i^k \nabla g_i(z_k) + \sum_{i=1}^{p} \mu_i^k \nabla h_i(z_k) - \sum_{i \in I_G(z_k)} \alpha_i^k \nabla G_i(z_k) \\
- \sum_{i \in I_H(z_k)} \beta_i^k \nabla H_i(z_k) + \sum_{i=1}^{l} \gamma_i^k \nabla \phi_{\varepsilon_k, i}(z_k) = 0,
\end{aligned} \tag{10.11}$$

$$\lambda^k \geqslant 0, \quad \operatorname{supp}(\lambda^k) \subseteq I_g(z_k),$$
$$\alpha^k \geqslant 0, \quad \operatorname{supp}(\alpha^k) \subseteq I_G(z_k),$$
$$\beta^k \geqslant 0, \quad \operatorname{supp}(\beta^k) \subseteq I_H(z_k),$$
$$\gamma^k \geqslant 0, \quad \operatorname{supp}(\gamma^k) \subseteq I_{\Phi_{\varepsilon_k}}(z_k). \tag{10.12}$$

由式 (10.11), 可得

$$\nabla f(z_k) + \sum_{i \in \operatorname{supp}(\lambda^k)} \lambda_i^k \nabla g_i(z_k) + \sum_{i \in \operatorname{supp}(\mu^k)} \mu_i^k \nabla h_i(z_k) - \sum_{i \in \operatorname{supp}(\alpha^k)} \alpha_i^k \nabla G_i(z_k)$$

$$- \sum_{i \in \operatorname{supp}(\beta^k)} \beta_i^k \nabla H_i(z_k) + \sum_{i \in \operatorname{supp}(\gamma^k)} \gamma_i^k \eta_i^{\Phi_{\varepsilon_k}} \nabla G_i(z_k)$$

$$+ \sum_{i \in \operatorname{supp}(\gamma^k)} \gamma_i^k \zeta_i^{\Phi_{\varepsilon_k}} \nabla H_i(z_k) = 0.$$

由式 (10.7) 可得

$$\operatorname{supp}(\alpha^k) \cap \operatorname{supp}(\gamma^k) = \varnothing, \quad \operatorname{supp}(\beta^k) \cap \operatorname{supp}(\gamma^k) = \varnothing. \tag{10.13}$$

记

$$\bar{v}_i^k = \begin{cases} \alpha_i^k, & i \in \operatorname{supp}(\alpha^k), \\ -\gamma_i^k \eta_i^{\Phi_{\varepsilon_k}}, & i \in \operatorname{supp}(\gamma^k) \backslash I_{+0}(\bar{z}), \\ 0, & \text{否则}, \end{cases}$$

$$\bar{\nu}_i^k = \begin{cases} \beta_i^k, & i \in \operatorname{supp}(\beta^k), \\ -\gamma_i^k \zeta_i^{\Phi_{\varepsilon_k}}, & i \in \operatorname{supp}(\gamma^k) \backslash I_{0+}(\bar{z}), \\ 0, & \text{否则}, \end{cases}$$

则式 (10.11) 改写为

$$\nabla f(z_k) + \sum_{i=1}^m \lambda_i^k \nabla g_i(z_k) + \sum_{i=1}^p \mu_i^k \nabla h_i(z_k) - \sum_{i=1}^l \bar{v}_i^k \nabla G_i(z_k) - \sum_{i=1}^l \bar{\nu}_i^k \nabla H_i(z_k)$$

$$+ \sum_{i \in I_{+0}(\bar{z})} \gamma_i^k \eta_i^{\Phi_{\varepsilon_k}} \nabla G_i(z_k) + \sum_{i \in I_{0+}(\bar{z})} \gamma_i^k \zeta_i^{\Phi_{\varepsilon_k}} \nabla H_i(z_k) = 0. \tag{10.14}$$

下面我们将证明序列 $\left\{ \left(\lambda^k, \mu^k, \bar{v}^k, \bar{\nu}^k, \gamma_{I_{+0}(\bar{z}) \cup I_{0+}(\bar{z})}^k \right) \right\}$ 有界. 若其无界, 则存在子集 K 使得对 $k \in K$, 范数列收敛:

$$\frac{\left(\lambda^k, \mu^k, \bar{v}^k, \bar{\nu}^k, \gamma_{I_{+0}(\bar{z}) \cup I_{0+}(\bar{z})}^k \right)}{\left\| \left(\lambda^k, \mu^k, \bar{v}^k, \bar{\nu}^k, \gamma_{I_{+0}(\bar{z}) \cup I_{0+}(\bar{z})}^k \right) \right\|} \rightarrow \left(\lambda, \mu, \overline{v}, \bar{\nu}, \gamma_{I_{+0}(\bar{z}) \cup I_{0+}(\bar{z})} \right) \neq 0.$$

结合 (10.14) 式和引理 10.3(4) 可得

$$\sum_{i=1}^{m} \lambda_i \nabla g_i(\bar{z}) + \sum_{i=1}^{p} \mu_i \nabla h_i(\bar{z}) - \sum_{i=1}^{l} \bar{v}_i \nabla G_i(\bar{z}) - \sum_{i=1}^{l} \bar{\nu}_i \nabla H_i(\bar{z}) = 0,$$

其中, $\lambda \geqslant 0$ 且对充分大的 $k \in K$, 有

$$\mathrm{supp}(\lambda) \subseteq I_g(z_k) \subseteq I_g(\bar{z}),$$

$$\mathrm{supp}(\bar{v}) \subseteq I_G(z_k) \cup I_{\Phi_{\varepsilon_k}}(z_k) \backslash I_{+0}(\bar{z}) \subseteq I_{00}(\bar{z}) \cup I_{0+}(\bar{z}),$$

$$\mathrm{supp}(\bar{\nu}) \subseteq I_H(z_k) \cup I_{\Phi_{\varepsilon_k}}(z_k) \backslash I_{0+}(\bar{z}) \subseteq I_{00}(\bar{z}) \cup I_{+0}(\bar{z}).$$

现证明 $(\lambda, \mu, \bar{v}, \bar{\nu}) \neq 0$. 事实上, 若 $(\lambda, \mu, \bar{v}, \bar{\nu}) = 0$, 则至少存在 $i \in I_{+0}(\bar{z}) \cup I_{0+}(\bar{z})$, 使得 $\gamma_i \neq 0$. 不失一般性, 假设对某个 $i \in I_{+0}(\bar{z})$, $\gamma_i \neq 0$, 则对充分大的 k, $\gamma_i^k \neq 0$. 因此, $\bar{\nu}_i^k = -\gamma_i^k \zeta_i^{\Phi_{\varepsilon_k}} \neq 0$. 因为 $i \in I_{+0}(\bar{z})$, 由引理 10.3(4) 可得

$$\bar{\nu}_i = \lim_{k \in K} -\gamma_i^k \zeta_i^{\Phi_{\varepsilon_k}} \neq 0,$$

这与假设 $\bar{\nu} = 0$ 矛盾.

由定义 10.3, $(\lambda, \mu, \bar{v}, \bar{\nu}) \neq 0$ 与在 $\bar{z}$ 处满足 MPEC-MFCQ 矛盾. 因此, 我们得证序列

$$\left\{ \left(\lambda^k, \mu^k, \bar{v}^k, \bar{\nu}^k, \gamma_{I_{+0}(\bar{z}) \cup I_{0+}(\bar{z})}^k \right) \right\}$$

有界. 不失一般性, 我们假设序列收敛到点 $\left(\lambda^*, \mu^*, \bar{v}^*, \bar{\nu}^*, \gamma_{I_{+0}(\bar{z}) \cup I_{0+}(\bar{z})}^* \right)$. 显然有 $\lambda^* \geqslant 0$ 且 $\mathrm{supp}(\lambda^*) \subseteq I_g(\bar{z})$, 由 $\bar{v}$ 和 $\bar{\nu}$ 的定义可得

$$\mathrm{supp}(\bar{v}^*) \subseteq I_{00}(\bar{z}) \cup I_{0+}(\bar{z}), \quad \mathrm{supp}(\bar{\nu}^*) \subseteq I_{00}(\bar{z}) \cup I_{+0}(\bar{z}).$$

因为 f, g, h, G 和 H 都连续可微, 故

$$\nabla f(\bar{z}) + \sum_{i=1}^{m} \lambda_i^* \nabla g_i(\bar{z}) + \sum_{i=1}^{p} \mu_i^* \nabla h_i(\bar{z}) - \sum_{i=1}^{l} \bar{v}_i^* \nabla G_i(\bar{z}) - \sum_{i=1}^{l} \bar{\nu}_i^* \nabla H_i(\bar{z}) = 0.$$

由 $\bar{v}_i^k$ 和 $\bar{\nu}_i^k$ 的定义可得 $\bar{v}_i^* = 0$, $i \in I_{+0}(\bar{z})$, $\bar{\nu}_i^* = 0$, $i \in I_{0+}(\bar{z})$, 即 $\bar{z}$ 是弱稳定点.

下面分三种情形证明 $\bar{z}$ 是 C-稳定点.

(1) 当 $i \in I_{00}(\bar{z})$, 若 $i \in \mathrm{supp}(\alpha^k)$, 则由 (10.12) 和 $\mathrm{supp}(\alpha^k) \cap \mathrm{supp}(\gamma^k) = \varnothing$, 可得 $\bar{v}_i^k \geqslant 0$, $\bar{\nu}_i^k \geqslant 0$. 因此, $\bar{v}_i^* \bar{\nu}_i^* \geqslant 0$.

(2) 当 $i \in I_{00}(\bar{z})$, 若 $i \in \mathrm{supp}(\gamma^k) \backslash I_{+0}(\bar{z})$, 则由 $\mathrm{supp}(\beta^k) \cap \mathrm{supp}(\gamma^k) = \varnothing$, $\bar{v}_i^k < 0$, $\bar{\nu}_i^k \leqslant 0$. 因此, $\bar{v}_i^* \bar{\nu}_i^* \geqslant 0$.

(3) 当 $i \in I_{00}(\bar{z})$, 若 $i \notin \text{supp}(\alpha^k)$ 且 $i \notin \text{supp}(\gamma^k) \backslash I_{+0}(\bar{z})$ 则 $\bar{v}_i^k = 0$. 因此, $\bar{v}_i^* \bar{\nu}_i^* \geqslant 0$.

综合上述讨论, 可得当 $i \in I_{00}(\bar{z})$ 时, $\bar{v}_i^* \bar{\nu}_i^* \geqslant 0$. 由定义 10.2 可知 $\bar{z}$ 是原 MPCC (10.1) 的 C-稳定点. $\qquad\square$

由 $\bar{v}_i^k$ 和 $\bar{\nu}_i^k$ 的定义和序列 $\{\bar{v}_i^k, \bar{\nu}_i^k\}$ 的有界性, 我们可得以下结论, 这在问题 (10.1) 的 M-稳定点的后续分析中是必需的.

推论 10.1 在定理 10.2 的假设条件下, 序列 $\{(\gamma^k_{\text{supp}(\gamma^k) \cap I_{00}(\bar{z})})\}$ 是有界的.

下面我们讨论 M-稳定性的条件.

定理 10.3 设 $\{\varepsilon_k\}$ 是收敛到零的正序列, z_k 是 $\varepsilon = \varepsilon_k$ 时问题 (10.6) 的稳定点. 若当 $k \to \infty$ 时, $\bar{z}$ 是序列 $\{z_k\}$ 的聚点, 在 $\bar{z}$ 处满足 MPEC-MFCQ, 且对所有的 $i \in \text{supp}(\gamma^k) \cap I_{00}(\bar{z})$, 有

$$\lim_{k \to +\infty} \eta_i^{\Phi_{\varepsilon_k}} \zeta_i^{\Phi_{\varepsilon_k}} = 0,$$

则 $\bar{z}$ 是问题 (10.1) 的 M-稳定点.

证明 由定理 10.2, 只需证明当 $i \in I_{00}(\bar{z})$ 时,

$$\bar{v}_i^* > 0, \quad \bar{\nu}_i^* > 0, \quad \text{或} \quad \bar{v}_i^* \bar{\nu}_i^* = 0. \tag{10.15}$$

假设条件 (10.15) 不成立, 则由 (10.13) 式和 $\bar{v}_i^k$, $\bar{\nu}_i^k$ 的定义可得, 当 $i \in I_{00}(\bar{z})$ 时, $\bar{v}_i^* < 0$, $\bar{\nu}_i^* < 0$, 且

$$\begin{cases} \bar{v}_i^* = -\displaystyle\lim_{k \to +\infty} \gamma_i^k \eta_i^{\Phi_{\varepsilon_k}}, \\ \bar{\nu}_i^* = -\displaystyle\lim_{k \to +\infty} \gamma_i^k \zeta_i^{\Phi_{\varepsilon_k}}. \end{cases}$$

因此,

$$\bar{v}_i^* \bar{\nu}_i^* = \lim_{k \to +\infty} \gamma_i^k \eta_i^{\Phi_{\varepsilon_k}} \gamma_i^k \zeta_i^{\Phi_{\varepsilon_k}} > 0. \tag{10.16}$$

然而, 由推论 10.1 和定理 10.3 的条件可得

$$\lim_{k \to +\infty} \gamma_i^k \eta_i^{\Phi_{\varepsilon_k}} \gamma_i^k \zeta_i^{\Phi_{\varepsilon_k}} = 0,$$

这与 (10.16) 式矛盾. 因此, $\bar{z}$ 是问题 (10.1) 的 M-稳定点. $\qquad\square$

由引理 (10.3) 的第三个结论, 很容易得到下面的定理成立.

定理 10.4 设 $\{\varepsilon_k\}$ 是收敛到零的正序列, z_k 是 $\varepsilon = \varepsilon_k$ 时问题 (10.6) 的稳定点. 若 $\bar{z}$ 是 $k \to \infty$ 时序列 $\{z_k\}$ 的聚点, 且在 $\bar{z}$ 处满足 MPEC-MFCQ 且当 $i \in \text{supp}(\gamma^k) \cap I_{00}(\bar{z})$ 时, 有 $\displaystyle\lim_{k \to +\infty} \gamma_i^k = 0$, 则 $\bar{z}$ 是问题 (10.1) 的强稳定点.

注 10.4　由于强稳定性意味着 B-稳定性, 因此定理 10.4 中给出的 MPCC 强稳定点的充分条件也保证了 $\bar{z}$ 是问题 (10.1) 的 B-稳定点. 这与文献 (Lin and Fukushima, 2005; Yan, 2007, 2010) 中的结论不同, 后者通常需要满足二阶必要条件以及强稳定收敛的其他附加条件.

10.5　数值性能测试

本节中, 我们通过求解一些文献中的测试问题来测试算法 10.1 的数值性能.

通过求解相同的测试问题, 我们对算法 10.1 和 Facchinei 等 (1999) 开发的算法进行比较. 在数值实验中, 我们使用 MATLAB 2012b 中的内置函数 fmincon 来求解子问题 (10.6). 解的容差设为 10^{-6}, 所有测试问题的初始解均采用与 (Facchinei et al., 1999) 中相同的值.

在数值实验中, 我们发现初始值的变化会影响目标函数最优值的获取 (见表 10.1 和表 10.2). 为了得到和 (Facchinei et al., 1999) 中相同的目标函数值, 对测试问题 Prob 7, 我们选取初始扰动参数 $\varepsilon_1 = 0.001$. 对于其他的所有测试问题, 我们取 $\varepsilon_1 = 0.0001$.

对于每种算法, 我们都用 MATLAB 语言编写了相应的计算机代码, 并在 1.50 GHz CPU, 1.47 GB 内存, Windows 7 操作系统环境下运行, 得到的数值结果如表 10.1 所示.

在表 10.1 中, Prob 表示所解决的测试问题, (n, m, l) 表示测试问题中三类决策变量的维度. f_F, k_F, time$_F$ 和 maxvio$_F$ 分别表示由 (Facchinei et al., 1999) 中的算法得到的最优函数值、迭代次数、CPU 时间 (秒) 以及最大约束违反度 maxvio$(\bar{z})$. 符号 f_L, k_L, time$_L$ 和 maxvio$_L$ 表示由算法 10.1 得到的相应项. 表中下划线标注的结果用于展示算法的数值优势. 从表 10.1 中可以看出, 我们使用算法 10.1 得到的最优函数值与 Facchinei 等 (1999) 的算法得到的最优函数值相同. 对于这 14 个测试问题, 算法 10.1 比他们的算法 (Facchinei et al., 1999) 找到最优解所需的 CPU 时间更短 (见表 10.1 中下划线的结果), 尽管在某些情况下算法 10.1 的迭代次数略大于他们的算法. 然而, 对于解的精度 (以 maxvio$(\bar{z})$ 的值衡量), 算法 10.1 在 28 个测试问题中有 17 个测试问题的最优解违反度小于他们的算法. 这表明我们提出的光滑化方法可以更好地近似原始 MPCC.

请注意, (Facchinei et al., 1999) 所解决的所有测试问题的维度都不超过 20. 我们尝试应用我们开发的算法 10.1 来求解一些维数超过 100 的测试问题, 这些问题选自 (Leyffer, 2000) (见表 10.2), 且数值结果证明了算法 10.1 在求解维数超过 100 的测试问题时也是有效的.

表 10.1　算法 10.1 与 (Facchinei et al., 1999) 中的算法比较

Prob	(n, m, l)	f_F/f_L	k_F/k_L	$\text{time}_F/\text{time}_L$	$\text{maxvio}_F/\text{maxvio}_L$
1(a)	(1,6,4)	3.2077/3.2077	2/2	0.230290/0.073070	7.9945e−11/3.1834e−09
1(b)	(1,6,4)	3.2077/3.2077	2/2	0.159354/0.072017	7.8795e−11/5.3853e−09
2(a)	(1,6,4)	3.4494/3.4494	1/2	0.070082/0.093289	2.0535e−08/3.3330e−09
2(b)	(1,6,4)	3.4494/3.4494	1/2	0.048598/0.089176	1.3054e−08/5.6526e−09
3(a)	(1,6,4)	4.6043/4.6043	2/2	0.055994/0.132143	3.5256e−08/3.1831e−09
3(b)	(1,6,4)	4.6043/4.6043	1/2	0.057581/0.099780	3.5255e−08/3.8902e−09
4(a)	(1,6,4)	6.5927/6.5927	1/2	0.057295/0.071829	5.2768e−08/3.9828e−09
4(b)	(1,6,4)	6.5927/6.5927	1/2	0.057103/0.098933	5.2678e−08/3.1831e−09
5	(2,2,2)	−1.0000/−1.0000	2/1	0.100644/0.039830	5.8330e−11/5.8010e−15
6	(1,1,1)	−3266.7 −3266.7	1/2	0.922831/0.034087	3.7507e−10/2.1221e−09
7	(2,2,6)	4.9994/4.9994	1/2	0.169103/0.053031	3.0470e−09/4.4533e−09
8(a)	(1,4,8)	−343.3453/−343.3453	1/2	0.135239/0.175955	4.6388e−10/6.4219e−08
8(b)	(1,4,8)	−203.1551/−203.1551	1/2	0.129527/0.109320	5.1910e−10/4.7815e−09
8(c)	(1,4,8)	−68.1357/−68.1357	1/2	0.144460/0.118080	6.6346e−10/4.7736e−09
8(d)	(1,4,8)	−19.1541/−19.1541	1/2	0.072285/0.118738	8.6641e−10/4.7576e−09
8(e)	(1,4,8)	−3.1612/−3.1612	1/2	0.075084/0.304395	1.3583e−09/7.5678e−09
8(f)	(1,4,8)	−346.8932/−346.8932	1/2	0.273171/0.155402	4.4987e−08/9.0198e−09
8(g)	(1,4,8)	−224.0372/−224.0372	1/2	0.155166/0.112821	3.6486e−08/4.7686e−09
8(h)	(1,4,8)	−80.7860/−80.7860	1/2	0.120192/0.154580	1.8518e−08/4.7504e−09
8(i)	(1,4,8)	−22.8371/−22.8371	1/2	0.181496/0.104794	5.4911e−08/4.9471e−09
8(j)	(1,4,8)	−5.3491/−5.3159	1/3	0.167435/0.150845	1.7340e−08/4.7456e−12
9(a)	(2,2,2)	4.4816e−15/5.1049e−15	1/2	0.042437/0.038047	1.4140e−08/3.1831e−09
9(b)	(2,2,2)	5.3783e−15/2.4358e−11	1/2	0.039184/0.061679	1.4141e−08/3.5027e−09
9(c)	(2,2,2)	1.2633e−15/5.2939e−15	1/2	0.035922/0.066582	1.4142e−08/3.1831e−09
9(d)	(2,2,2)	1.5365e−07/2.5363e−09	1/2	0.098686/0.054299	1.4141e−08/3.0011e−09
9(e)	(2,2,2)	3.4774e−15 /9.4146e−12	1/2	0.033581/0.050065	1.4140e−08/3.1831e−09
10	(4,4,12)	−6600.0 /−6600.0	1/2	0.180838/0.227755	2.5000e−10/3.1830e−09
11	(2,6,4)	−12.6787/−12.6787	1/2	0.113889/0.073480	1.4832e−08/6.4309e−09

表 10.2　选自 (Leyffer, 2000) 中维数超过 100 的测试问题的数值性能

Prob	问题维数	f_L	k_L	time_L	maxvio_L
liswet1-050	152	0.01400	6	18.395330	5.8409e−09
liswet1-100	302	0.01376	2	20.849152	2.3579e−09
liswet1-200	602	0.01705	2	151.736173	7.6763e−09

总　　结

本章提出了一种 MPCC 部分光滑化方法, 并以此为基础建立了一种有效的数值算法. 从理论上证明了在一定条件下部分光滑近似问题满足 MFCQ, 并且给出了扰动子问题的稳定点序列的聚点分别是 C-稳定点、M-稳定点或强稳定点的充分条件. 初步的数值实验证实了该方法与此前文献中方法相比的优越性.

第 11 章　互补约束优化问题的部分光滑化方法 (II)

针对互补约束优化问题 (MPCC), 本章将提出一种新的对数-指数型光滑化方法. 与文献中已有的光滑化方法不同, 我们仅对互补约束中的等式约束部分磨光, 以构造原 MPCC 的光滑扰动问题. 我们将证明: 光滑扰动问题满足 Mangasarian-Fromovitz 约束品性 (MFCQ); 并在较弱的假设条件下证明: 通过求解一系列光滑扰动子问题所产生的近似解序列的任意聚点都是原 MPCC 的 M-稳定点. 初步的数值结果将表明, 与其他同类算法相比, 我们提出的基于部分光滑化方法的算法是有效的.

11.1　引　　言

考虑如下形式的互补约束优化问题 (MPCC):

$$
\begin{aligned}
\min \quad & f(x) \\
\text{s.t.} \quad & g(x) \leqslant 0, h(x) = 0, \\
& G(x) \geqslant 0, H(x) \geqslant 0, \\
& G(x)^{\mathrm{T}} H(x) = 0.
\end{aligned}
\tag{11.1}
$$

其中 $f : R^n \to R$, $g : R^n \to R^m$, $h : R^n \to R^p$ 以及 $G, H : R^n \to R^l$ 都是连续可微函数. MPCC(11.1) 起源于许多领域, 如形状设计、经济均衡和多层次博弈等 (Luo et al., 1996; Wan, 2002). 在过去的三十年中, 该类问题引起了许多数学家和工程师的研究兴趣. 研究这类问题存在的主要挑战之一是 (11.1) 中的约束常常无法在可行点 (最优解) 处满足经典优化理论中常用的一些约束品性, 如线性独立约束品性 (LICQ) 或者 Mangasarian-Fromovitz 约束品性 (MFCQ). 因此, 许多用于求解普通光滑约束优化问题的基本理论结果和强大算法一般都不能直接用于求解 (11.1). 此前已经有人提出了一些具体求解 MPCC (11.1) 的方法, 如推广的序列二次规划方法 (Fletcher et al., 2006; Fukushima et al., 1998; Jiang and Ralph, 2000; Jian, 2005; Li and Jian, 2005; Jian et al., 2006)、内点法 (Leyffer, 2000; Raghunathan and Biegler, 2005)、罚函数法 (Lin and Fukushima, 2003; Liu

---

主要结果发表于 Mathematical Problems in Engineering, 2018: 5056148, 2018.

et al., 2008; Jiang et al., 2017)、提升法 (Stein, 2012)、松弛法 (Scholtes, 2001; Lin and Fukushima, 2005; Kadrani et al., 2009; Steffensen and Ulbrich, 2010; Kanzow and Schwartz, 2013; Dussault et al., 2021; Ramos, 2021), 以及光滑化方法 (Facchinei et al., 1999; Zhu et al., 2007; Yin and Zhang, 2006; Wan and Wang, 2006; Li et al., 2012; Yan, 2007, 2010; Chen and Wan , 2016). 光滑化方法是这些方法中最常用方法, 它是使用光滑函数来近似式 (11.1) 中的互补约束. 因此, 原始的 MPCC 被重构为一个标准的光滑扰动优化模型. 然后, 我们可以通过改变磨光因子的值, 求解相应的光滑扰动子问题, 以得到 MPCC 的近似解序列. 这样, 我们需要从理论上证明该近似解序列收敛于原 MPCC 的某类稳定点 (或最优解).

本书的第 8 章已阐述 Wan 等 (2015) 提出的一种求解具有 P_0 函数的非线性互补问题的部分光滑雅可比方法. 数值实验表明, 该方法优于现有的光滑化方法, 如基于经典 Fischer-Burmeister 光滑化函数和凝聚函数的整体磨光方法.

受 (Wan et al., 2015) 中部分光滑化思想启发, 我们打算通过部分光滑化 (11.1) 中的互补约束来构造 (11.1) 的近似问题, 从而提高 MPCC (11.1) 与构造的光滑化问题之间的近似度. 具体来说, 在此前的结果中 (Facchinei et al., 1999; Zhu et al., 2007; Yin and Zhang, 2006; Wan and Wang, 2006; Li et al., 2012; Yan, 2007, 2010; Chen and Wan, 2016) , 互补约束 $G(x) \geqslant 0$, $H(x) \geqslant 0$, $G(x)^{\mathrm{T}} H(x) = 0$ 通常整体用一个含有扰动参数的光滑方程组来近似. 相比之下, 我们只需将 $G(x)^{\mathrm{T}} H(x) = 0$ 替换成一个不等式组, 以构造 (11.1) 的一个近似问题. 这样, (11.1) 就转化为一个标准的光滑优化问题. 然后, 我们将在一个较弱的假设条件下, 即约束满足所谓的 “锥连续性条件” (MPCC-CCP), 从理论上证明由求解光滑优化问题产生的近似解序列的任何聚点收敛于原始 MPCC 的 M-稳定点. 最后, 我们还将把本章提出的算法同已有文献中的类似方法进行数值比较, 以证明所提出的光滑化方法的有效性.

在本章中, G_i 表示向量 G 的第 i 个分量, 类似的表示也用在向量值函数中. $\mathcal{F}$ 表示问题 (11.1) 的可行域. 对于函数 $g : R^n \to R^m$ 以及给定向量 $x \in R^n$, $I_g(x)$ 表示在点 x 处 g 的有效约束指标集, 即 $\{i : g_i(x) = 0\}$, 其中 $i \in I_g(x)$. 对于一个给定的向量 α, $\mathrm{supp}(\alpha) \triangleq \{i : \alpha_i \neq 0\}$ 表示 α 的支撑集.

11.2 预备知识和新的光滑化方法

本节中, 我们首先介绍一些基本概念, 之后再针对问题 (11.1) 的求解提出新的光滑化方法.

非线性规划 (NLP) 问题的经典数学模型可写成

$$
\begin{aligned}
\min \quad & f(x) \\
\text{s.t.} \quad & g(x) \leqslant 0, \\
& h(x) = 0,
\end{aligned}
\tag{11.2}
$$

其中 $f: R^n \to R$, $g: R^n \to R^m$, $h: R^n \to R^p$ 都是连续可微函数. 记 F 为问题 (11.2) 的可行域. F 中的稳定点在寻找 (11.2) 的极小值时起着重要作用.

定义 11.1 (李董辉等, 2005)　设 $x^* \in F$ 是问题 (11.2) 的可行点, 若存在 $\lambda \in R_+^m$ 以及 $\mu \in R^p$ 使得 $(x^*, \lambda, \mu) \in R^{n+m+p}$ 是 (11.2) 的 KKT 点, 也就是说

$$
\begin{cases}
\nabla f(x^*) + \displaystyle\sum_{i=1}^m \lambda_i \nabla g_i(x^*) + \sum_{i=1}^p \mu_i \nabla h_i(x^*) = 0, \\
\lambda_i g_i(x^*) = 0, \quad i = 1, 2, \cdots, m,
\end{cases}
\tag{11.3}
$$

则称点 x^* 为问题 (11.2) 的稳定点, 其中 λ 和 μ 称为乘子向量.

由于精确地求解 NLP 通常是不可能的, 大多数求解 NLP 的方法是通过求解原问题的近似问题而产生近似解序列, 再证明近似解序列收敛于上述 KKT 点或者原问题的最优解.

定义 11.2　设点 $x^* \in F$, 若存在序列 $\{x^k\} \subset R^n$, $x^k \to x^*$, $\{\lambda^k\} \subset R_+^m$, $\{\mu^k\} \subset R^p$, 以及 $\{\varepsilon_k\} \subset R_+$, 其中 $x^k \to x^*$, $\varepsilon_k \to 0^+$, 使得

$$
\begin{cases}
\|h(x^k)\| \leqslant \varepsilon_k, \quad g_i(x^k) \leqslant \varepsilon_k, \quad i = 1, 2, \cdots, m, \\
\left\| \nabla f(x^k) + \displaystyle\sum_{i=1}^m \lambda_i \nabla g_i(x^k) + \sum_{i=1}^p \mu_i \nabla h_i(x^k) \right\| \leqslant \varepsilon_k, \\
\lambda_i = 0, \quad g_i(x^k) < -\varepsilon_k, \quad i = 1, 2, \cdots, m,
\end{cases}
\tag{11.4}
$$

则称点 x^* 是问题 (11.2) 的近似 KKT (AKKT) 点.

著名的 Karush-Kuhn-Tucker 定理表明, 如果某些约束品性成立, 则问题 (11.2) 的局部极小点 x^* 是一个稳定点. 线性无关约束品性 (LICQ) 和 Mangasarian-Fromovitz 约束品性 (MFCQ) 是最常用的约束品性.

定义 11.3　设 x^* 是问题 (11.2) 的一个可行点, 若梯度 $\{\nabla h_i(x^*) | i = 1, 2, \cdots, p\}$ 线性无关, 且存在一个向量 $d \in R^n$ 满足条件:

$$
\nabla g_i(x^*)^{\mathrm{T}} d < 0 \quad (i \in I_g(x^*)), \quad \nabla h_i(x^*)^{\mathrm{T}} d = 0, \quad i = 1, 2, \cdots, p,
$$

则称 x^* 满足 MFCQ.

Mangasarian (1969) 将上述约束品性描述为如下正线性相关性.

定义 11.4(Mangasarian, 1969) 若存在 $(\alpha, \beta) \in R^{|I_1|+|I_2|} \neq 0$ 使得对所有 $i \in I_1, \alpha_i \geqslant 0$ 有

$$\sum_{i \in I_1} \alpha_i a_i + \sum_{i \in I_2} \beta_i b_i = 0, \tag{11.5}$$

则称有限向量集 $\{a_i | i \in I_1\} \cup \{b_i | i \in I_2\}$ 是正线性相关的.

相反, 如果 (11.5) 成立当且仅当 $(\alpha, \beta) = 0$, 则称这组向量正线性无关.

此外, (Mangasarian, 1969) 中还证明了以下结论.

引理 11.1(Mangasarian, 1969) 点 $x^* \in F$ 满足 MFCQ 当且仅当梯度

$$\{\nabla g_i(x^*) | i \in I_g(x^*)\} \cup \{\nabla h_i(x^*) | i = 1, 2, \cdots, p\}$$

正线性无关.

注意到, Andreani 等 (2016) 引入了一种新型约束品性 (CQ), 称为锥连续性 (CCP), 它与 (11.4) 中的 AKKT 条件密切相关.

定义 11.5(Andreani et al., 2016) 若集值映射 $x \rightrightarrows K(x)$ 由下式定义:

$$K(x) := \left\{ \sum_{i \in I_g(x^*)} \lambda_i \nabla g_i(x) + \sum_{i=1}^{p} \mu_i \nabla h_i(x) : \lambda_i \in R_+, \mu_i \in R \right\}, \tag{11.6}$$

且它在问题 (11.2) 的可行点 x^* 处外半连续 (参见 (Rockafellar et al., 2009) 的定义 5.4), 即

$$\limsup_{x \to x^*} K(x) \subset K(x^*),$$

则称点 x^* 满足 CCP.

Andreani 等 (2016) 指出: CCP 严格强于 ACQ (Abadie's CQ)(Li, 1997), 但弱于 CRSC CQ(Constant Rank of the Subspace Component (Andreani et al., 2012)).

接下来, 我们的主要工作就是把上述概念和结论从 NLP 推广到 MPCC.

对于 (11.1) 的任意可行点 x, 我们首先定义如下下标集:

$$I_{00}(x) = \{i | G_i(x) = 0, \ H_i(x) = 0\},$$

$$I_{0+}(x) = \{i | G_i(x) = 0, \ H_i(x) > 0\},$$

$$I_{+0}(x) = \{i | G_i(x) > 0, \ H_i(x) = 0\}.$$

与定义 11.1 和定义 11.2 类似, 我们给出 MPCC 的不同稳定点的定义.

定义 11.6 (Kanzow and Schwartz, 2013)　设 x^* 是问题 (11.1) 的一个可行点, 那么

(a) 若存在乘子向量 $\lambda \in R^m$ 和 $\alpha, \beta \in R^l$ 使得

$$\nabla f(x^*) + \nabla g(x^*)^{\mathrm{T}}\lambda + \nabla h(x^*)^{\mathrm{T}}\mu - \nabla G(x^*)^{\mathrm{T}}\alpha - \nabla H(x^*)^{\mathrm{T}}\beta = 0, \qquad (11.7)$$

$$\lambda \geqslant 0, \quad x^* \in F, \quad \lambda^{\mathrm{T}} g(x^*) = 0, \qquad (11.8)$$

$$\alpha_i = 0, \quad i \in I_{+0}(x^*), \qquad (11.9)$$

$$\beta_i = 0, \quad i \in I_{0+}(x^*) \qquad (11.10)$$

成立, 则称 x^* 是 W-稳定点.

(b) 若 x^* 是 W-稳定点且有

$$\alpha_i > 0, \ \beta_i > 0 \quad \text{或} \quad \alpha_i\beta_i = 0, \ i \in I_{00}(x^*) \qquad (11.11)$$

成立, 则称 x^* 是 M-稳定点.

定义 11.7 (Ramos, 2021)　设 x^* 是问题 (11.1) 的一个可行点, 若存在序列 $\{x^k\} \to x^*$ 使得

$$\nabla f(x^k) + \sum_{i \in I_g(x^*)} \lambda_i^k \nabla g_i(x^k) + \sum_{i=1}^p \mu_i^k \nabla h_i(x^k)$$

$$- \sum_{i \in I_{0+}(x^*) \cup I_{00}(x^*)} \alpha_i^k \nabla G_i(x^k) - \sum_{i \in I_{+0}(x^*) \cup I_{00}(x^*)} \beta_i^k \nabla H_i(x^k) \to 0 \qquad (11.12)$$

成立, 则称 x^* 是一个 MPCC-AKKT 点, 其中

$$\mathrm{supp}(\lambda^k) \subset I_g(x^*), \quad \mathrm{supp}(\alpha^k) \subset I_{0+}(x^*) \cup I_{00}(x^*), \quad \mathrm{supp}(\beta^k) \subset I_{+0}(x^*) \cup I_{00}(x^*),$$

向量 α, β 满足 $\alpha_i^k\beta_i^k = 0$ 或 $\alpha_i^k > 0, \beta_i^k > 0, i \in I_{00}(x^*)$.

MPCC 的 MFCQ 的定义与定义 11.3 类似.

定义 11.8 (Kanzow and Schwartz, 2013)　问题 (11.1) 的可行点 x^* 满足 MPCC-MFCQ 当且仅当向量组

$$\begin{cases} \nabla h_i(x^*), & i = 1, 2, \cdots, p, \\ \nabla G_i(x^*), & i \in I_{0+}(x^*) \cup I_{00}(x^*), \\ \nabla H_i(x^*), & i \in I_{+0}(x^*) \cup I_{00}(x^*) \end{cases} \qquad (11.13)$$

线性无关且存在一个向量 $d \in R^n$ 使得

$$
\begin{cases}
\nabla g_i(x^*)^{\mathrm{T}} d < 0, & i \in I_g(x^*), \\
\nabla h_i(x^*)^{\mathrm{T}} d = 0, & i = 1, 2, \cdots, p, \\
\nabla G_i(x^*)^{\mathrm{T}} d = 0, & i \in I_{0+}(x^*) \cup I_{00}(x^*), \\
\nabla H_i(x^*)^{\mathrm{T}} d = 0, & i \in I_{+0}(x^*) \cup I_{00}(x^*).
\end{cases} \tag{11.14}
$$

类似于引理 11.1, 有下面的结论成立.

引理 11.2 (Kanzow and Schwartz, 2013) 问题 (11.1) 的可行点 x^* 满足 MPCC-MFCQ 当且仅当梯度

$$
\{\nabla g_i(x^*) | i \in I_g(x^*)\} \cup \{\nabla h_i(x^*) | i = 1, 2, \cdots, p\} \cup \{\nabla G_i(x^*) | i \in I_{00}(x^*)
$$

$$
\cup I_{0+}(x^*)\} \cup \{\nabla H_i(x^*) | i \in I_{00}(x^*) \cup I_{+0}(x^*)\}
$$

正线性无关.

Ramos (2021) 将 CCP 的定义从非线性规划推广到了 MPCC.

定义 11.9 (Ramos, 2021) 问题 (11.1) 的可行点 x^* 满足带互补约束数学规划问题的锥连续性条件 (MPCC-CCP), 当且仅当由下式定义的集值映射 $x \rightrightarrows K_{\mathrm{MPCC}}(x)$:

$$
K_{\mathrm{MPCC}}(x) := \Bigg\{ \sum_{i \in I_g(x^*)} \lambda_i^k \nabla g_i(x) + \sum_{i=1}^p \mu_i^k \nabla h_i(x)
$$

$$
- \sum_{i \in I_{0+}(x^*) \cup I_{00}(x^*)} \alpha_i^k \nabla G_i(x) - \sum_{i \in I_{+0}(x^*) \cup I_{00}(x^*)} \beta_i^k \nabla H_i(x) : \lambda_i^k \in R_+ \Bigg\} \tag{11.15}
$$

在 x^* 处外半连续, 即满足

$$
\limsup_{x \to x^*} K_{\mathrm{MPCC}}(x) \subset K_{\mathrm{MPCC}}(x^*).
$$

Ramos (2021) 指出, MPCC-CCP 严格弱于 MPCC-RCPLD; 在一定的假设下, MPCC-CCP 成立也意味着 MPCC-Abadie 约束品性成立. 此外, MPCC-CCP 也独立于 MPCC-拟正态和 MPCC-伪正态. 下面的引理说明了 MPCC-CCP 和 MPCC-AKKT 之间的关系.

引理 11.3 (Ramos, 2021) MPCC-CCP 在 x^* 成立当且仅当 MPCC-AKKT 点 x^* 是一个 M-稳定点.

本节的最后, 我们提出求解问题 (11.1) 的一种新型光滑化方法.

首先, 我们注意到

$$a \geqslant 0, \quad b \geqslant 0, \quad ab = 0 \tag{11.16}$$

可以写成

$$a \geqslant 0, \quad b \geqslant 0, \quad ab \leqslant 0. \tag{11.17}$$

显然, (11.17) 等价于

$$a \geqslant 0, \quad b \geqslant 0, \quad a + b \leqslant |a - b|.$$

由于

$$a + b \leqslant \frac{|a - b| + a + b}{2} = \max\{a, b\},$$

我们得到了 (11.16) 的一种等价形式:

$$a \geqslant 0, \quad b \geqslant 0, \quad a + b \leqslant \max\{a, b\}. \tag{11.18}$$

如果我们定义

$$w(x) \triangleq \max_{i=1,2,\cdots,m} w_i(x),$$

其中 $w_i : R \to R$ 为连续可微的函数, 则 w 可用如下形式的对数指数函数近似 (Bertsekas, 1977):

$$w(x, \varepsilon) = \varepsilon \ln \left(\sum_{i=1}^{m} \exp \left(\frac{w_i(x)}{\varepsilon} \right) \right) \quad (\varepsilon > 0). \tag{11.19}$$

下面的结论给出了这种近似对数-指数函数的优良性质.

引理 11.4 (Bertsekas, 1977)   设 $w(x, \varepsilon)$ 定义如 (11.19) 所示. 假设 w_i $(i = 1, 2, \cdots, m)$ 是连续可微的, 则

(a) $w(x, \varepsilon)$ 关于 ε 是递增的, 且 $w(x) \leqslant w(x, \varepsilon) \leqslant w(x) + \varepsilon \ln m$.

(b) 对任意 $x \in R^n$ 及 $\varepsilon > 0$, 不等式 $0 \leqslant w_\varepsilon'(x, \varepsilon) \leqslant \ln m$ 成立.

引理 11.4 告诉我们, 如果用以下对数-指数函数近似 $\max\{a, b\}$:

$$\varepsilon \ln \left(\exp \left(\frac{a}{\varepsilon} \right) + \exp \left(\frac{b}{\varepsilon} \right) \right), \quad \varepsilon > 0.$$

那么, 对于 MPCC 中的互补约束:

$$G(x) \geqslant 0, \quad H(x) \geqslant 0, \quad G(x)^{\mathrm{T}} H(x) = 0, \tag{11.20}$$

我们可以用如下不等式组去近似 (11.20) 中的 $G(x)^{\mathrm{T}}H(x) = 0$:

$$\Phi_\varepsilon(x) \leqslant 0,$$

其中 $\Phi_\varepsilon : R^n \to R^n$ 由下式给出:

$$
\begin{aligned}
\Phi_\varepsilon(x) &= \begin{pmatrix} \phi_{\varepsilon,1}(x) \\ \vdots \\ \phi_{\varepsilon,l}(x) \end{pmatrix}, \\
\phi_{\varepsilon,i}(x) &= G_i(x) + H_i(x) - \varepsilon \ln\left(\exp\left(\frac{G_i(x)}{\varepsilon} \right) + \exp\left(\frac{H_i(x)}{\varepsilon} \right) \right).
\end{aligned}
\tag{11.21}
$$

因此, 原始 MPCC (11.1) 被近似为如下新的光滑优化问题:

$$
\begin{aligned}
\min \quad & f(x) \\
\text{s.t.} \quad & g(x) \leqslant 0, h(x) = 0, \\
& G(x) \geqslant 0, H(x) \geqslant 0, \\
& \Phi_\varepsilon(x) \leqslant 0.
\end{aligned}
\tag{11.22}
$$

我们记问题 (11.22) 的可行域为 F_ε, 其对应的拉格朗日函数为

$$L(x, \mu, \lambda, \alpha, \beta, \gamma) = f(x) + g(x)^{\mathrm{T}}\mu + h(x)^{\mathrm{T}}\lambda + G(x)^{\mathrm{T}}\alpha + H(x)^{\mathrm{T}}\beta + \Phi_\varepsilon(x)^{\mathrm{T}}\gamma,$$

其中 $\mu \in R^m$, $\lambda \in R^p$, $\alpha \in R^l$, $\beta \in R^l$, $\gamma \in R^l$. 由于问题 (11.22) 是一个标准的光滑优化问题, 因此它可以应用许多强大的优化算法直接求解 (Deng and Wan, 2015b; Huang et al., 2015b; Wan et al., 2014b; Jian et al., 2015).

注 11.1 与此前的光滑化方法不同, 新的近似光滑问题 (11.22) 仅部分光滑化互补约束条件 (11.20) 中的等式约束. 作为具有扰动参数 ε 的 MPCC (11.1) 的近似问题, 问题 (11.22) 的最优解与 (11.1) 的最优解之间存在怎样的关系, 显然是需要回答的关键理论问题. 因此, 本章下一个重点是从理论上证明当 $\varepsilon \downarrow 0$ 时, 扰动问题 (11.22) 的解趋向于 (11.1) 的最优解.

11.3 收敛性分析和算法设计

本节中, 我们研究扰动子问题的稳定点序列的收敛性. 我们首先研究式 (11.22) 的约束品性.

引理 11.5 设 $\phi_{\varepsilon,i}$ 是由 (11.21) 定义的函数. 则有下列结论成立:

(1) 对所有 $i = 1, 2, \cdots, l$, $\phi_{\varepsilon,i}$ 是连续可微的函数, 且关于 ε 是递减的.

(2) $\phi_{\varepsilon,i}$ 的梯度由下式计算得到:

$$\nabla_x \phi_{\varepsilon,i}(x) = \eta_i^{\Phi_\varepsilon} \nabla G_i(x) + \zeta_i^{\Phi_\varepsilon} \nabla H_i(x),$$

其中

$$\eta_i^{\Phi_\varepsilon} = 1 - \frac{\exp\left(\dfrac{G_i(x)}{\varepsilon}\right)}{\exp\left(\dfrac{G_i(x)}{\varepsilon}\right) + \exp\left(\dfrac{H_i(x)}{\varepsilon}\right)},$$

$$\zeta_i^{\Phi_\varepsilon} = 1 - \frac{\exp\left(\dfrac{H_i(x)}{\varepsilon}\right)}{\exp\left(\dfrac{G_i(x)}{\varepsilon}\right) + \exp\left(\dfrac{H_i(x)}{\varepsilon}\right)}.$$

(3) $\eta_i^{\Phi_\varepsilon} + \zeta_i^{\Phi_\varepsilon} = 1$.

(4) 设 x^* 是问题 (11.1) 的可行点, 则当 $i \in I_{+0}(x^*)$ 时, $\eta_i^{\Phi_\varepsilon} \to 0$, $\zeta_i^{\Phi_\varepsilon} \to 1$ $(x \to x^*, \varepsilon \downarrow 0)$; 当 $i \in I_{0+}(x^*)$ 时, $\eta_i^{\Phi_\varepsilon} \to 1$, $\zeta_i^{\Phi_\varepsilon} \to 0$ $(x \to x^*, \varepsilon \downarrow 0)$.

证明　由 $\phi_{\varepsilon,i}$ 的定义容易得到结论 (1). 结论 (2) 由计算可直接得到. 结论 (3) 可由结论 (2) 直接得到. 下面只证明最后的结论 (4).

当 $i \in I_{+0}(x^*)$, 分别记 $\eta_i^{\Phi_\varepsilon}$ 和 $\zeta_i^{\Phi_\varepsilon}$ 为

$$\eta_i^{\Phi_\varepsilon} = 1 - \frac{1}{1 + \exp\left(\dfrac{H_i(x) - G_i(x)}{\varepsilon}\right)},$$

$$\zeta_i^{\Phi_\varepsilon} = 1 - \frac{\exp\left(\dfrac{H_i(x) - G_i(x)}{\varepsilon}\right)}{1 + \exp\left(\dfrac{H_i(x) - G_i(x)}{\varepsilon}\right)}.$$

故容易得到当 $x \to x^*$, $\varepsilon \downarrow 0$ 时, $\eta_i^{\Phi_\varepsilon} \to 0$, $\zeta_i^{\Phi_\varepsilon} \to 1$. 同理, 我们可以证明若 $i \in I_{0+}(x^*)$, $\eta_i^{\Phi_\varepsilon} \to 1$, $\zeta_i^{\Phi_\varepsilon} \to 0$ $(x \to x^*, \varepsilon \downarrow 0)$. $\qquad\square$

根据引理 11.2 和引理 11.5, 我们现在证明问题 (11.22) 在一定条件下满足某种约束品性.

定理 11.1　设 x^* 是问题 (11.1) 的可行点. 假设在 x^* 处 MPCC-MFCQ 成立, 则存在 x^* 的邻域 $U(x^*)$ 和充分小的 $\bar{\varepsilon} > 0$ 使得问题 (11.22) 在任意的点 $x \in U(x^*) \cap F_\varepsilon$ 处 MFCQ 成立, 其中 $\varepsilon \in (0, \bar{\varepsilon})$.

证明 因为 g, h, G, H 都是连续函数, 则存在邻域 $U_1(x^*)$ 和正常数 $\bar{\varepsilon}_1$ 使得对任意 $\varepsilon \in (0, \bar{\varepsilon}_1)$, $x \in U_1(x^*) \cap F_\varepsilon$, 有下列式子成立:

$$
\begin{aligned}
I_g(x) \subseteq I_g(x^*), \quad & I_G(x) \subseteq I_{00}(x^*) \cup I_{0+}(x^*), \\
I_h(x) \subseteq I_h(x^*), \quad & I_H(x) \subseteq I_{00}(x^*) \cup I_{+0}(x^*).
\end{aligned}
\tag{11.23}
$$

为了讨论的方便, 我们记

$$
I_{\Phi_\varepsilon}(x) = \{i : \phi_{\varepsilon,i}(x) = 0\}.
$$

我们首先证明下列等式成立:

$$
I_{\Phi_\varepsilon}(x) \cap I_G(x) = \varnothing, \quad I_{\Phi_\varepsilon}(x) \cap I_H(x) = \varnothing.
$$

实际上, 若 $i \in I_G(x)$, 则有 $G_i(x) = 0$ 且

$$
\begin{aligned}
\phi_{\varepsilon,i}(x) &= G_i(x) + H_i(x) - \varepsilon \ln \left(\exp \left(\frac{G_i(x)}{\varepsilon} \right) + \exp \left(\frac{H_i(x)}{\varepsilon} \right) \right) \\
&= H_i(x) - \varepsilon \ln \left(1 + \exp \left(\frac{H_i(x)}{\varepsilon} \right) \right) \\
&< H_i(x) - \varepsilon \ln \left(\exp \left(\frac{H_i(x)}{\varepsilon} \right) \right) \\
&= 0.
\end{aligned}
\tag{11.24}
$$

因此, $i \notin I_{\Phi_\varepsilon}(x)$. 即 $I_{\Phi_\varepsilon}(x) \cap I_G(x) = \varnothing$. 同理, 我们可以证明 $I_{\Phi_\varepsilon}(x) \cap I_H(x) = \varnothing$.

注意到问题 (11.1) 在 x^* 处满足 MPCC-MFCQ, 我们可以从引理 11.2 中得出以下梯度

$$
\{\nabla g_i(x^*) | i \in I_g(x^*)\} \cup \{\nabla h_i(x^*) | i = 1, 2, \cdots, p\}
$$

$$
\cup \{\nabla G_i(x^*) | i \in I_{00}(x^*) \cup I_{0+}(x^*)\} \cup \{\nabla H_i(x^*) | i \in I_{00}(x^*) \cup I_{+0}(x^*)\}
$$

是正线性无关的.

由于

$$
I_G(x) \cup (I_{\Phi_\varepsilon}(x) \cap I_{0+}(x^*)) \cup (I_{\Phi_\varepsilon}(x) \cap I_{00}(x^*)) \subseteq I_{00}(x^*) \cup I_{0+}(x^*),
$$

$$
I_H(x) \cup (I_{\Phi_\varepsilon}(x) \cap I_{+0}(x^*)) \cup (I_{\Phi_\varepsilon}(x) \cap I_{00}(x^*)) \subseteq I_{00}(x^*) \cup I_{+0}(x^*),
$$

由引理 11.5 的结论 (4) 可得当 $x \to x^*$, $\varepsilon \downarrow 0$ 时, $\eta_i^{\Phi_\varepsilon} \to 0$, $\zeta_i^{\Phi_\varepsilon} \to 1 (i \in I_{+0}(x^*))$ 以及 $\eta_i^{\Phi_\varepsilon} \to 1$, $\zeta_i^{\Phi_\varepsilon} \to 0 (i \in I_{0+}(x^*))$.

类似于 (Qi and Wei, 2000) 中命题 2.2 的证明, 可得到存在邻域 $U_2(x^*)$ 和充分小的 $\bar{\varepsilon}_2 > 0$ 使得对所有 $x \in U_2(x^*) \cap F_\varepsilon$ ($\varepsilon \in (0, \bar{\varepsilon}_2)$), 向量组

$$
\begin{cases}
\nabla g_i(x), & i \in I_g(x^*), \\
\nabla h_i(x), & i = 1, 2, \cdots, p, \\
\nabla G_i(x), & i \in I_G(x), \\
\nabla H_i(x), & i \in I_H(x), \\
\eta_i^{\Phi_\varepsilon} \nabla G_i(x) + \zeta_i^{\Phi_\varepsilon} \nabla H_i(x), & i \in I_{\Phi_\varepsilon}(x) \cap I_{0+}(x^*), \\
\eta_i^{\Phi_\varepsilon} \nabla G_i(x) + \zeta_i^{\Phi_\varepsilon} \nabla H_i(x), & i \in I_{\Phi_\varepsilon}(x) \cap I_{+0}(x^*), \\
\nabla G_i(x), & i \in I_{\Phi_\varepsilon}(x) \cap I_{00}(x^*), \\
\nabla H_i(x), & i \in I_{\Phi_\varepsilon}(x) \cap I_{00}(x^*)
\end{cases}
\tag{11.25}
$$

正线性无关.

下面我们证明当 $x \in U(x^*) \cap F_\varepsilon$ 时, 问题 (11.22) 满足 MFCQ, 其中 $U(x^*) = U_1(x^*) \cap U_2(x^*)$, $\bar{\varepsilon} = \min\{\bar{\varepsilon}_1, \ \bar{\varepsilon}_2\}$.

设 $x \in U(x^*) \cap F_\varepsilon$. 根据引理 11.1, 我们只需证明

$$
\sum_{i \in I_g(x)} \lambda_i \nabla g_i(x) + \sum_{i=1}^{p} \mu_i \nabla h_i(x) - \sum_{i \in I_G(x)} \alpha_i \nabla G_i(x) - \sum_{i \in I_H(x)} \beta_i \nabla H_i(x)
$$
$$
+ \sum_{i=1}^{l} \gamma_i (\eta_i^{\Phi_\varepsilon} \nabla G_i(x) + \zeta_i^{\Phi_\varepsilon} \nabla H_i(x)) = 0
\tag{11.26}
$$

当且仅当所有的乘子向量 $\mu \in R^p$, $\lambda \in R_+^{|I_g(x)|}$, $\alpha \in R_+^{|I_G(x)|}$, $\beta \in R_+^{|I_H(x)|}$ 以及 $\gamma \in R_+^l$ 是零向量时成立.

为此, 我们将 (11.26) 改写成

$$
0 = \sum_{i \in I_g(x)} \lambda_i \nabla g_i(x) + \sum_{i=1}^{p} \mu_i \nabla h_i(x) - \sum_{i \in I_G(x)} \alpha_i \nabla G_i(x) - \sum_{i \in I_H(x)} \beta_i \nabla H_i(x)
$$
$$
+ \sum_{i \in I_{\Phi_\varepsilon}(x) \cap I_{+0}(x^*)} \gamma_i (\eta_i^{\Phi_\varepsilon} \nabla G_i(x) + \zeta_i^{\Phi_\varepsilon} \nabla H_i(x))
$$
$$
+ \sum_{i \in I_{\Phi_\varepsilon}(x) \cap I_{0+}(x^*)} \gamma_i (\eta_i^{\Phi_\varepsilon} \nabla G_i(x) + \zeta_i^{\Phi_\varepsilon} \nabla H_i(x))
$$
$$
+ \sum_{i \in I_{\Phi_\varepsilon}(x) \cap I_{00}(x^*)} \gamma_i \eta_i^{\Phi_\varepsilon} \nabla G_i(x) + \sum_{i \in I_{\Phi_\varepsilon}(x) \cap I_{00}(x^*)} \gamma_i \zeta_i^{\Phi_\varepsilon} \nabla H_i(x).
\tag{11.27}
$$

由式 (11.25) 和 (11.27) 可得

$$\lambda_i = 0 \ (i \in I_g(x)), \quad \mu_i = 0 \ (i = 1, 2, \cdots, p), \quad \alpha_i = 0 \ (i \in I_G(x)), \quad \beta_i = 0 \ (i \in I_H(x)),$$

$$\gamma_i = 0 \ (i \in I_{\Phi_\varepsilon}(x) \cap (I_{+0}(x^*) \cup I_{0+}(x^*))), \quad \gamma_i \eta_i^{\Phi_\varepsilon} = \gamma_i \zeta_i^{\Phi_\varepsilon} = 0, \quad i \in I_{\Phi_\varepsilon}(x) \cap I_{00}(x^*).$$

考虑对所有的 $i \in I_{00}(x^*)$ 有 $\eta_i^{\Phi_\varepsilon} + \zeta_i^{\Phi_\varepsilon} = 1$, 因此

$$\gamma_i = 0, \quad i \in I_{\Phi_\varepsilon}(x) \cap I_{00}(x^*).$$

因为 $\gamma_i = 0 \ (i \in I_{\Phi_\varepsilon}(x) \cap (I_{+0}(x^*) \cup I_{0+}(x^*)))$, $\gamma_i = 0 \ (i \in I_{\Phi_\varepsilon}(x) \cap I_{00}(x^*))$, 可知 $\gamma_i = 0 \ (i \in I_{\Phi_\varepsilon}(x))$. 因此, (11.26) 成立. $\qquad\square$

下面的定理给出了在 MPCC-CCP 约束条件下, 原问题的最优解与扰动子问题的最优解之间的关系.

定理 11.2 设正数序列 $\{\varepsilon_k\}$ 收敛于零 $(k \to \infty)$. 假设 $\{x^k\}$ 是光滑问题 (11.22) 相应于 $\varepsilon = \varepsilon_k$ 的稳定点序列. 若 x^* 是序列 $\{x^k\}$ 的聚点, 在 x^* 点处满足 MPCC-CCP 且 $\{i : G_i(x^k) > 0, H_i(x^k) > 0\} \cap \mathrm{supp}(\gamma^k) = \varnothing$, 则 x^* 是原始 MPCC (11.1) 的 M-稳定点.

证明 由引理 11.3, 我们只需证明 x^* 是 MPCC-AKKT 点. 由定义 11.7知: 存在一个子序列 $\{x^k\}$ 是 MPCC-AKKT 点子序列. 由于 $\{x^k\}$ 是由扰动参数为 $\varepsilon = \varepsilon_k$ 的光滑问题 (11.22) 生成的稳定点序列, 存在拉格朗日乘子向量 λ^k, μ^k 和 γ^k 满足

$$\nabla f(x^k) + \sum_{i=1}^m \lambda_i^k \nabla g_i(x^k) + \sum_{i=1}^p \mu_i^k \nabla h_i(x^k)$$

$$- \sum_{i \in I_G(x^k)} \alpha_i^k \nabla G_i(x^k) - \sum_{i \in I_H(x^k)} \beta_i^k \nabla H_i(x^k) + \sum_{i=1}^l \gamma_i^k \nabla \phi_{\varepsilon_k, i}(x^k) = 0, \quad (11.28)$$

$$\begin{aligned}
\lambda^k &\geqslant 0, \quad \mathrm{supp}(\lambda^k) \subseteq I_g(x^k), \\
\alpha^k &\geqslant 0, \quad \mathrm{supp}(\alpha^k) \subseteq I_G(x^k), \\
\beta^k &\geqslant 0, \quad \mathrm{supp}(\beta^k) \subseteq I_H(x^k), \\
\gamma^k &\geqslant 0, \quad \mathrm{supp}(\gamma^k) \subseteq I_{\Phi_{\varepsilon_k}}(x^k).
\end{aligned} \quad (11.29)$$

显然, (11.28) 可以被改写为

$$\nabla f(x^k) + \sum_{i \in \mathrm{supp}(\lambda^k)} \lambda_i^k \nabla g_i(x^k) + \sum_{i \in \mathrm{supp}(\mu^k)} \mu_i^k \nabla h_i(x^k) - \sum_{i \in \mathrm{supp}(\alpha^k)} \alpha_i^k \nabla G_i(x^k)$$

$$-\sum_{i\in\text{supp}(\beta^k)}\beta_i^k\nabla H_i(x^k)+\sum_{i\in\text{supp}(\gamma^k)}\gamma_i^k\eta_i^{\Phi_{\varepsilon_k}}\nabla G_i(x^k)+\sum_{i\in\text{supp}(\gamma^k)}\gamma_i^k\zeta_i^{\Phi_{\varepsilon_k}}\nabla H_i(x^k)=0.$$

因为

$$\text{supp}(\alpha^k)\cap\text{supp}(\gamma^k)=\varnothing,\quad\text{supp}(\beta^k)\cap\text{supp}(\gamma^k)=\varnothing,\qquad(11.30)$$

我们记

$$\bar{\gamma}_i^k=\begin{cases}\alpha_i^k,&i\in\text{supp}(\alpha^k),\\-\gamma_i^k\eta_i^{\Phi_{\varepsilon_k}},&i\in\text{supp}(\gamma^k),\\0,&\text{否则},\end{cases}\qquad(11.31)$$

$$\bar{\nu}_i^k=\begin{cases}\beta_i^k,&i\in\text{supp}(\beta^k),\\-\gamma_i^k\zeta_i^{\Phi_{\varepsilon_k}},&i\in\text{supp}(\gamma^k),\\0,&\text{否则}.\end{cases}\qquad(11.32)$$

那么, (11.28) 等价于

$$\nabla f(x^k)+\sum_{i=1}^m\lambda_i^k\nabla g_i(x^k)+\sum_{i=1}^p\mu_i^k\nabla h_i(x^k)-\sum_{i=1}^l\bar{\gamma}_i^k\nabla G_i(x^k)-\sum_{i=1}^l\bar{\nu}_i^k\nabla H_i(x^k)=0.$$

$$(11.33)$$

首先, 我们将证明对于足够大的 k, 有 $\bar{\gamma}_i^k=0, i\in I_{+0}(x^*)$. 因为 $G_i(x^k)\geqslant 0$, $H_i(x^k)\geqslant 0$, 我们将 $I_{+0}(x^*)$ 分解为四个子集.

$$I_{+0}^1(x^*):=\{i\in I_{+0}(x^*):G_i(x^k)>0,H_i(x^k)>0\},$$

$$I_{+0}^2(x^*):=\{i\in I_{+0}(x^*):G_i(x^k)>0,H_i(x^k)=0\},$$

$$I_{+0}^3(x^*):=\{i\in I_{+0}(x^*):G_i(x^k)=0,H_i(x^k)>0\},$$

$$I_{+0}^4(x^*):=\{i\in I_{+0}(x^*):G_i(x^k)=0,H_i(x^k)=0\}.$$

由 $G_i(x^*)>0$ 可知: $I_{+0}^3(x^*)=\varnothing$ 以及 $I_{+0}^4(x^*)=\varnothing$. 当 $i\in I_{+0}^1(x^*)$ 时, 则有 $i\notin I_G(x^k)$. 因为 $\text{supp}(\alpha^k)\subset I_G(x^k)$, 我们可以得到 $i\notin\text{supp}(\alpha^k)$. 此外, 由定理 11.2 的条件 $\{i:G_i(x^k)>0,H_i(x^k)>0\}\cap\text{supp}(\gamma^k)=\varnothing$ 可知: $\bar{\gamma}_i^k=0,i\in I_{+0}^1(x^*)$.

当 $i\in I_{+0}^2(x^*)$ 时, 有 $i\in I_H(x^k)$ 以及 $i\notin I_G(x^k)$. 由 $I_H(x^k)\cap I_\phi(x^k)=\varnothing$ 可得: $i\in I_\phi(x^k)$ 以及 $i\notin\text{supp}(\gamma^k)$. 因为 $\text{supp}(\alpha^k)\subset I_G(x^k)$, 则有 $i\notin\text{supp}(\alpha^k)$. 因此, $\bar{\gamma}_i^k=0,i\in I_{+0}^2(x^*)$. 故 $\bar{\gamma}_i^k=0,i\in I_{+0}(x^*)$ 成立.

类似地可以论证: $\bar{\nu}_i^k=0,i\in I_{0+}(x^*)$.

最后, 我们将证明对于 $i \in I_{00}(x^*)$, 有 $\bar{\nu}_i^k \bar{\gamma}_i^k = 0$, 或 $\bar{\nu}_i^k > 0, \bar{\gamma}_i^k > 0$. 类似地, 我们将 $I_{00}(x^*)$ 分成四个子集.

$$I_{00}^1(x^*) := \{i \in I_{00}(x^*) : G_i(x^k) > 0, H_i(x^k) > 0\},$$

$$I_{00}^2(x^*) := \{i \in I_{00}(x^*) : G_i(x^k) > 0, H_i(x^k) = 0\},$$

$$I_{00}^3(x^*) := \{i \in I_{00}(x^*) : G_i(x^k) = 0, H_i(x^k) > 0\},$$

$$I_{00}^4(x^*) := \{i \in I_{00}(x^*) : G_i(x^k) = 0, H_i(x^k) = 0\}.$$

当 $i \in I_{00}^1(x^*)$ 时, 有 $i \notin I_G(x^k)$ 且 $i \notin I_H(x^k)$. 由 $\operatorname{supp}(\alpha^k) \subset I_G(x^k)$, $\operatorname{supp}(\beta^k) \subset I_H(x^k)$ 可得: $i \notin \operatorname{supp}(\alpha^k)$ 且 $i \notin \operatorname{supp}(\beta^k)$. 此外, 利用定理 11.2 的条件 $\{i : G_i(x^k) > 0, H_i(x^k) > 0\} \cap \operatorname{supp}(\gamma^k) = \varnothing$, 可得: $\bar{\gamma}_i^k = 0, \bar{\nu}_i^k = 0, i \in I_{00}^1(x^*)$. 因此, $\bar{\gamma}_i^k \bar{\nu}_i^k = 0, i \in I_{00}^1(x^*)$.

当 $i \in I_{00}^2(x^*)$ 时, 有 $i \in I_H(x^k)$ 且 $i \notin I_G(x^k)$. 因为 $I_H(x^k) \cap I_\phi(x^k) = \varnothing$ 且 $\operatorname{supp}(\gamma^k) \subset I_\phi(x^k)$, 所以 $i \notin I_\phi(x^k)$ 且 $i \notin \operatorname{supp}(\gamma^k)$. 又因为 $\operatorname{supp}(\alpha^k) \subset I_G(x^k)$, 所以 $i \notin \operatorname{supp}(\alpha^k)$. 因此, $\bar{\gamma}_i^k = 0, \bar{\nu}_i^k = \beta_i^k$ 或 0, $i \in I_{00}^2(x^*)$. 故 $\bar{\gamma}_i^k \bar{\nu}_i^k = 0, i \in I_{00}^2(x^*)$ 成立.

当 $i \in I_{00}^3(x^*)$ 时, 有 $i \in I_G(x^k)$ 且 $i \notin I_H(x^k)$. 由于 $I_G(x^k) \cap I_\phi(x^k) = \varnothing$ 且 $\operatorname{supp}(\gamma^k) \subset I_\phi(x^k)$, 我们可以得到 $i \notin I_\phi(x^k)$ 且 $i \notin \operatorname{supp}(\gamma^k)$. 因为 $\operatorname{supp}(\beta^k) \subset I_H(x^k)$, 于是有 $i \notin \operatorname{supp}(\beta^k)$. 因此, $\bar{\gamma}_i^k = \alpha_i^k$ 或 0, $\bar{\nu}_i^k = 0, i \in I_{00}^3(x^*)$. 因而有 $\bar{\gamma}_i^k \bar{\nu}_i^k = 0, i \in I_{00}^3(x^*)$ 成立.

当 $i \in I_{00}^4(x^*)$ 时, 有 $i \in I_G(x^k)$ 且 $i \in I_H(x^k)$. 由于 $I_G(x^k) \cap I_\phi(x^k) = \varnothing$ 且 $\operatorname{supp}(\gamma^k) \subset I_\phi(x^k)$, 我们可以得到 $i \notin I_\phi(x^k)$ 且 $i \notin \operatorname{supp}(\gamma^k)$. 因为 $\operatorname{supp}(\beta^k) \subset I_H(x^k)$ 且 $\operatorname{supp}(\alpha^k) \subset I_G(x^k)$, 所以, $\bar{\gamma}_i^k = \alpha_i^k$ 或 0, $\bar{\nu}_i^k = \beta_i^k$ 或 0, $i \in I_{00}^4(x^*)$. 因而, $\bar{\gamma}_i^k \bar{\nu}_i^k = 0$, 或是 $\bar{\gamma}_i^k > 0$, $\bar{\nu}_i^k > 0, i \in I_{00}^4(x^*)$.

根据以上论证, 我们得出 x^* 是一个 MPCC-AKKT 点. 根据定理 11.2, MPCC-CCP 在 x^* 处成立的条件, 我们得知 x^* 是原 MPCC 的一个 M-稳定点.   □

本节的最后, 我们在定理 11.1 和定理 11.2 的基础上开发求解原始的 MPCC (11.1) 可实现的算法.

算法 11.1 基于对数-指数函数的新型光滑化算法

步 1: 给定初始点 x_1. 选择 $\varepsilon_1 > 0$, ϵ_{stop}, $\beta \in (0, 1)$. 设置 $k := 1$.

步 2: 令 ε_k 为当前参数. 求解下列问题:

$$\begin{aligned} \min \quad & f(x) \\ \text{s.t.} \quad & g(x) \leqslant 0, h(x) = 0, \\ & G(x) \geqslant 0, H(x) \geqslant 0, \\ & \Phi_{\varepsilon_k}(x) \leqslant 0, \end{aligned}$$

其中

$$\Phi_{\varepsilon_k}(x) = \left(\begin{array}{c} \phi_{\varepsilon_k}(G_1(x), H_1(x)) \\ \vdots \\ \phi_{\varepsilon_k}(G_l(x), H_l(x)) \end{array} \right).$$

最优解记为 x^*.

步 3: 若 $\text{maxvio}(x^*) < \epsilon_{\text{stop}}$, 则算法终止. 否则, 设置 $\varepsilon_{k+1} := \beta \varepsilon_k$, $x_{k+1} := x^*$, $k := k + 1$. 返回步 2.

注 11.2　在算法 11.1 的步 3 中, $\text{maxvio}(x^*)$ 表示最大约束违反度, 定义为

$$\text{maxvio}(x^*) = \max \left\{ \| \max\{g(x^*), 0\} \|, \| h(x^*) \|, \| \min\{G(x^*), H(x^*)\} \| \right\}. \quad (11.34)$$

显然, $\text{maxvio}(x^*)$ 可以用来测量在得到的迭代点 x^* 处的不可行性程度. 如果 $\text{maxvio}(x^*) = 0$, 则 x^* 是 MPCC (11.1) 的可行点, 也是扰动问题的一个稳定点. 由定理 11.2, 可得 x^* 是 MPCC (11.1) 的近似最优解.

11.4　数值性能测试

本节, 我们把本章开发的算法 11.1 同 Facchinei 等 (1999) 开发的类似算法进行比较, 以证实该算法的数值性能和优越性. 我们将用它们求解来自文献 (Facchinei et al., 1999; Leyffer, 2000) 中的所有测试问题.

对于测试问题 8(f)—8(j), 终止条件 ϵ_{stop} 中的精度设为 10^{-3}, 其他测试问题设为 10^{-6}. 参考 (Facchinei et al., 1999), 初始扰动参数设为 1, 并设 $\beta = 0.1$ 以减小扰动参数. 所有计算机代码使用 MATLAB 语言编写, 并在 2.20GHz CPU, 1.75GB 内存, Windows 7 操作系统环境下运行. 数值结果见表 11.1. 在表 11.1中, 对于每一种算法, 我们记录了算法得到的最优目标函数值、最优解、迭代次数和最优解处的终止条件, 以此评价算法的数值性能. 此外, 为叙述方便, 表 11.1 中还使用用了如下符号:

Prob: 测试问题;

f_F/f_N: (Facchinei et al., 1999) 中的算法得到的最优函数值 / 算法 11.1 的最优函数值;

x_F^*/x_N^*: (Facchinei et al., 1999) 中的算法的最优解 / 算法 11.1 的最优解;

k_F/k_N: (Facchinei et al., 1999) 中的算法的终止迭代次数 / 算法 11.1 的终止迭代次数;

$\text{maxvio}_F/\text{maxvio}_N$: (Facchinei et al., 1999) 中的算法在最优解 x^* 处终止时的最大约束违反度 / 算法 11.1 在最优解 x^* 处终止时的最大约束违反度.

表 11.1 算法比较

Prob	f_F/f_N	x_F^*/x_N^*	k_F/k_N	maxvio$_F$/maxvio$_N$
1(a)	3.2077/3.2077	4.0604/4.0604	5/2	7.1071e−06/3.4786e−08
1(b)	3.2077/3.2077	4.0604/4.0604	5/2	7.1063e−06 /3.4786e−08
2(a)	3.4494/3.4494	5.1536/5.1536	5/2	2.0042e−08/8.3186e−08
2(b)	3.4494/3.4494	5.1536/5.1536	5/2	2.0042e−08/8.3741e−08
3(a)	4.6043/4.6043	2.3894/2.3894	5/2	3.5255e−08/5.6882e−07
3(b)	4.6043/4.6043	2.3894/2.3894	5/2	3.5255e−08/5.6882e−07
4(a)	6.5927/6.5927	1.3731/1.3731	5/3	5.2677e−08/1.1699e−14
4(b)	6.5927/6.5927	1.3731/1.3731	5/3	5.2677e−08/1.9621e−17
5	−1.0000/−1.0000	(0.50,0.50)/(0.50,0.50)	6/1	6.0954e−07/5.2779e−16
6	−3.2667e+03/−3.2667e+03	93.3333/93.3333	4/1	3.7500e−08/2.2901e−16
7	4.0753e−06/7.1054e−15	(0,30.0000)/(0,30.0000)	7/2	7.5895e−07/4.1748e−15
8(a)	−343.3453/−343.3453	55.5513/55.5513	4/1	4.6387e−08/3.7728e−09
8(b)	−203.1551/−203.1551	42.5382/42.5382	4/1	5.1908e−08/2.6567e−13
8(c)	−68.1356/−68.1356	24.1451/24.1451	4/1	6.6333e−08/6.9827e−15
8(d)	−19.1541 /−19.1541	12.3727/12.3727	4/1	8.6584e−08/4.8701e−12
8(e)	−3.1612/−3.1612	4.7536/4.7536	4/1	1.3410e−07/1.1826e−11
8(f)	−346.8932/−346.8932	50.0000/50.0000	5/2	4.4957e−08/6.7134e−04
8(g)	−224.0372/−224.0622	39.7914/39.7003	5/2	3.6489e−08/4.2135e−04
8(h)	−80.7860/−80.7861	24.2571/24.2562	5/2	1.8589e−08/2.0398e−05
8(i)	−22.8371/−22.8690	13.0197/12.9023	5/2	5.4911e−08/1.2813e−04
8(j)	−5.3491/ −5.3492	6.0023/6.0015	5/2	1.7337e−08/6.2099e−05
9(a)	1.4267e−12/4.7851e−06	(10.0,5.0)/(7.0226,7.9755)	5/1	1.6052e−08/1.6627e−13
9(b)	5.3783e−15/1.1248e−14	(10.0,5.0)/(5.0,9.0)	5/2	7.7636e−07/2.5611e−07
9(c)	1.2633e−14/1.8666e−10	(10.0,5.0)/(5.0,9.0)	5/3	1.6052e−08/8.6309e−17
9(d)	1.6456e−14/9.4146e−12	(10.0,5.0)/(5.0,9.0)	5/3	1.6051e−08/3.7030e−15
9(e)	1.4267e−12/9.4146e−12	(10.0,5.0)/(5.0,9.0)	5/3	1.6052e−08/3.5898e−15
10	−6.6000e+03/−6.6000e+03	(7.3019,3.4529,11.6981,17.5471) /(7.9142,4.3714,11.0858,16.6286)	4/1	2.5000e−08/2.7393e−15
11	−12.6787/−12.6787	(0.0,2.0)/(0.0,2.0)	5/3	1.4835e−08/1.08886e−15
bard1	16.8919 /16.8919	0.9459/0.9459	4/2	4.5868e−07/1.2435e−14
bard3	−12.6787/−12.6787	0.0000/0.0000	4/2	8.3540e−07/3.7267e−07
dempe	28.2500/28.4859	0.0000/0.0009	2/1	5.1436e−11/6.6730e−15
df1	5.3751e−13/0.0000	1.0000/1.0000	7/1	7.1965e−07/0.0000
ex9.1.2	−16.0000/−16.0000	4.0000/4.0000	4/3	4.1667e−07/7.6800e−17
jr1	0.5000/0.5000	0.5000 /0.5000	5/1	2.0000e−08/0.0000
jr2	0.5000/0.5000	0.5000/0.5000	2/3	2.0000e−12/0.0000
kth1	1.8097e−06 /0.0000	8.9720e−07/8.9722e−07	7/1	0.0000/0.0000
kth2	1.0000e−06/0.0000	0.0000/0.0000	4/1	0.0000/0.0000
kth3	0.5000/0.5000	0.0000/0.0000	5/3	1.0000e−08/3.1427e−17
ralph2	−2.0003e−12/7.0641e−14	1.0070e−06/7.9080e−07	7/7	9.9300e−07/1.8633e−07
scholtes1	2.0000/ 2.0000	0.0000/0.0000	5/1	2.0000e−08/1.5489e−16
scholtes2	15.0000/15.0000	0.0000/0.0000	7/1	8.3043e−07/2.4980e−18
scholtes3	0.5000/ 0.5000	1.0000/1.0000	5/3	1.0000e−08/7.8774e−18
scholtes4	−2.0000e−06/−1.3863e−06	1.0000e−06/6.9830e−07	7/7	9.9999e−07/6.9315e−07
scholtes5	1.5000 /1.0000	1.5000/1.0000	5/1	1.3333e−08/0.0000

参考 (Facchinei et al., 1999), 表 11.1 只展示了最优解 x^* 中与原模型决策变量 x 对应的那部分分量. 在表 11.1 中, 对于 (Facchinei et al., 1999) 中的算法与算法 11.1 寻得的最优解 x^*, 仅以 x_F^*/x_N^* 展示 x^* 的第一个分量.

表 11.1 的数值结果表明:

(1) 除了问题 scholtes5, 针对其他测试问题, 算法 11.1 与 (Facchinei et al., 1999) 中的算法都能得到相同的最优函数值. 对于这个测试问题, 我们的算法能得到比 (Facchinei et al., 1999) 中的算法更小 (更优) 的目标函数值.

(2) 对于两个算法来说, 几乎在所有的测试问题中都能得到相同的最优解.

(3) 算法 11.1 在寻找最优解时, 迭代次数少, 精度高, 拥有更优的性能. 实际上, 相比 (Facchinei et al., 1999) 中的算法, 本章的算法在总共 44 个测试问题的 41 个中都表现出更少的迭代次数.

(4) 针对终止条件来说, 在 44 个测试问题的 33 个中, 算法 11.1 在最优解处都表现出更小的约束违反度.

总之, 上述结果证明了算法 11.1 优于 (Facchinei et al., 1999) 中算法, 就是说本章提出的部分光滑化方法比整体光滑化方法能更好地求解 MPCC.

总   结

与文献中现有的光滑化方法不同, 我们针对具有互补约束的优化问题, 提出了一种基于对数-指数函数的部分光滑化方法. 我们证明了所构造的近似光滑问题的 Mangasarian-Fromovitz 约束品性成立. 在较弱约束品性 (MPCC-CCP) 条件下, 证明了近似解序列的任意聚点都是原 MPCC 的 M-稳定点. 初步的数值结果表明, 所提出的光滑化方法比其他类似方法更有效.

第 12 章　基于人类社会学习智慧的自适应群智能优化算法

　　本章将提出一种新的自适应群智能优化算法, 该算法通过模拟人类社会学习智慧的特征来设计学习策略. 根据该策略的原理, 首先根据粒子的适应度水平自适应地将群分组为若干个子群, 并且不需要像现有算法那样固定种群大小. 然后, 每个子群中的个体根据其进化水平被分成三种不同的类型, 不同类型的个体采用不同的学习模式, 按照这一思想我们将提出自适应惯性加权规则和动态学习机制. 在这种学习机制下, 所有的粒子像人类社会中每个个体一样, 在加强算法的全局优化性能方面发挥着各自的作用. 为了测试算法, 我们利用本章提出的算法求解 CEC 2014 和 CEC 2017 测试集中所有基准测试问题. 测试结果将证实本章提出的学习策略的优势, 证明我们的算法在全局搜索能力、求解精度和收敛速度方面的整体性能优于其他的群智能算法的各种变体. 此外, 统计检验也用于验证本章提出的算法优势具有统计学上的显著性意义.

12.1　引　　言

　　粒子群优化 (particle swarm optimization, PSO) 是一种典型的群智能优化方法, 最早由 Kennedy 和 Eberhart (1995) 提出, 是一种基于群体的随机优化技术. 由于 PSO 实现简单, 且在探索全局最优解方面效率高, 因此已成功应用于解决神经网络参数训练 (Ibrahim and El-Amary, 2018; Mohamad et al., 2018)、调度问题 (Zhang et al., 2018; Hannan et al., 2018)、图像分割 (Suresh and Lal, 2017; Pham et al., 2018)、控制器设计 (Boubaker, 2017)、特征选择 (Yadav et al., 2018; Nguyen et al., 2016)、模型参数辨识 (Yousri et al., 2019) 等诸多问题.

　　然而, 与其他基于种群的算法一样, PSO 也存在难于平衡算法的 "探索能力" 与 "利用能力" 的问题 (Zhan et al., 2009). 探索能力有利于解决具有多峰目标函数的全局优化问题, 但它可能会使得算法在解决单峰问题时无法快速收敛. 相比之下, 利用能力在求解具有单峰目标函数的优化问题中起着更重要的作用. 因此, 一个好的优化算法应该在这两个方面做到很好的平衡, 这样才能高效地求解更多的优化问题.

主要结果发表于 Swarm and Evolutionary Algorithms, 2023, 80: 101336.

为了实现算法的探索与利用性能之间的平衡, 人们研究了各种 PSO 变式, 如具有时变参数 (Zhan et al., 2009)、具有动态邻居拓扑 (Li et al., 2011)、具有多子群技术 (Liang and Suganthan, 2005), 或具有混合策略 (Haklı and Uğuz, 2014) 的 PSO 算法. 所有这些算法都与蚁群、狼、鸟类和鲸鱼等各种物种的群体智慧相关. 然而, 据我们所知, 它们中没有一个是通过模拟人类社会学习智慧而发展起来的, 而人类社会学习智慧往往被认为是地球上最高水平的群体智慧.

在本章中, 为了通过捕捉人类社会学习智慧的潜在优势来消除现有 PSO 算法中存在的上述技术瓶颈, 我们研究了一种具有自适应学习策略的新型多子群群智能优化算法. 具体而言, 与现有 PSO 变体中的学习策略不同, 我们的学习策略试图将如下观察到的人类社会学习网络的特征纳入到群智能算法的开发中:

• 基于每个人的环境适应水平 (由人类社会学习网络中的个体学习能力定义), 将这个网络中的种群划分为若干个没有固定大小的子群, 这些子群按适应性水平从低到高排列. 此外, 适应性水平较低的子群会向适应性水平较高的子群学习如何提高其自身的适应性.

• 在同一个子群中, 由于个体经历导致的适应性差异, 所有的个体 (人) 都采用了与自身当前适应水平相适应的学习模式. 特别是, 一个适应水平能力一般的普通个体, 会向具有最高适应能力的最佳个体学习.

直观地看, 上述人类社会学习网络如图 12.1(a) 所示. 在图 12.1(b) 中, 我们进一步展示了通过结合这种人类社会学习智慧来开发新算法的基本思路. 尽管进一步验证上述关于人类社会学习智慧的真实性有待进一步论证, 但我们在本章中的研究重点集中于: 能否利用这些观察到的人类社会学习智慧特征来提高群智能算法的数值性能. 事实上, 在未来的研究中, 人类社会学习智慧的任何特征都可能

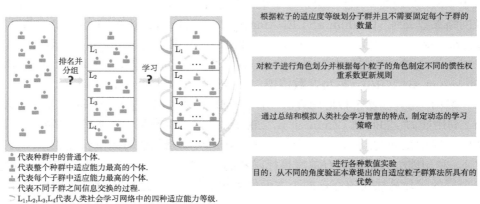

➤ 代表种群中的普通个体.
➤ 代表整个种群中适应能力最高的个体.
➤ 代表每个子群中适应能力最高的个体.
— 代表不同子群之间信息交换的过程.
➤ L_1, L_2, L_3, L_4 代表人类社会学习网络中的四种适应能力等级.

(a) 人类社会学习网络　　　　　　　　　　(b) 新算法的研究

图 12.1　研究框架

被纳入新的群智能算法的开发中.

综上所述, 与现有 PSO 算法不同, 本研究的主要创新点如下所述.

(1) 基于人类社会学习网络中的特征, 提出了一种新的学习策略. 最重要的是, 我们需要通过数学模型进一步界定这种学习策略, 并通过数值测试验证其在提高群智能算法性能的优势.

(2) 在我们提出的基于适应度的多子群技术中, 基于个体的适应度水平, 群被自适应地分组为若干个子群, 而不需要像之前的算法中那样固定种群大小.

(3) 在同一个子群中, 针对这些不同类型的个体, 我们设计了不同的惯性加权规则和学习机制, 并对它们进行自适应更新.

(4) 就像人类社会中每个个体一样 (Tiberghien, 1997), 我们提出的群智能算法中所有具有不同适应水平的个体在搜索全局最优解时都发挥了各自的作用, 使其探索性和利用性都得到了增强.

12.2 相 关 工 作

自 1995 年以来, 有许多研究致力于群智能算法研究, 并针对提高群智能算法性能所涉及的基本技术瓶颈, 主要开展了以下三个方面的研究工作: (1) 自适应更新策略; (2) 更新学习机制; (3) 多子群技术. 本章首先对相关研究成果进行综述, 并揭示其不足.

12.2.1 自适应更新策略

自适应更新策略是一种潜在的提高算法搜索能力的方法, 经常被用于设计群智能算法.

在粒子群算法中, 自适应更新策略主要用于更新惯性权值和加速度系数. van den Bergh 和 Engelbrecht (2004) 引入了一种合作 PSO (CPSO), 这篇文章利用合作行为来增强算法的性能. Zhan 等 (2009) 提出了一种具有所谓精英学习策略的自适应 PSO (APSO), 其中惯性权重和加速度系数由种群分布和粒子适应度评估的进化状态来调整. Nickabadi 等 (2011) 提出了一种自适应惯性权重方法, 将群体的成功率作为其反馈参数, 以确定搜索空间中粒子的情况. Yeh 等 (2013) 提出了一种基于灰色关联系数的粒子群优化算法 (GPSO), 通过计算每个粒子与所谓的 Gbest (全局最优) 粒子之间的灰色关联系数来分析它们之间的相似性. 显然, 在所有这些 PSO 变体中, 虽然使用了整个种群的进化信息来自适应更新算法参数, 但他们忽略了粒子之间进化差异的信息.

为了克服上述缺点, Xu 等 (2021) 提出了一种基于粒子群进化状态的自适应粒子群优化算法. Liu 等 (2019) 还开发了一种改进的 PSO 算法, 使用基于

Sigmoid 函数的加权策略自适应调整惯性权重, 它们的数值性能已经被验证优于先前的 PSO 算法.

此外, 在部分其他类型的进化算法中, 也将自适应更新策略与多算子技术相结合, 以提高算法的性能. Sallam 等 (2020) 开发了一种多算子差分进化算法, 该算法使用基于景观的指示器在整个进化过程中自适应地选择性能最好的差异进化算子. Liu 等 (2022a) 提出了一种自适应的多算子框架, 通过考虑算子的历史性能和种群的收敛状态, 在不同进化阶段选择合适的算子. 然而, 目前没有任何研究成果将多算子技术集成到 PSO 算法的开发中.

为了填补前人研究的空缺, 我们结合人类社会学习智慧的特点, 根据粒子个体间进化水平的差异, 尝试设计新的自适应惯性加权规则. 通过这种设计新的学习机制, 将自适应惯性权重和多算子技术集成到本章将提出的群智能算法中.

12.2.2　更新学习机制

已经证明, 基本的 PSO 算法在求解具有大量局部最优点 (Liang et al., 2006b) 的复杂多模态问题时, 很容易陷入局部最优. 为此, 在许多 PSO 变体中研究了学习机制, 即搜索优化器模型中更新系数的方法, 以增强群多样性, 缓解过早收敛的问题.

Mendes 等 (2004) 开发了一种完全知情的 PSO (FIPS), 其中每个粒子的更新基于几个邻居的历史最佳位置, 而不是所谓的 Gbest 或 Pbest (个体历史最佳) 粒子. 针对这一思路, Qu 等 (2012) 提出了一种基于距离的局部知情粒子群优化器来求解多模态问题. Liang 等 (2006b) 提出了一种综合学习粒子群优化 (CLPSO) 算法, 该算法使用所有其他粒子的个人最佳信息更新给定粒子的速度. Li 等 (2011) 开发了一种自学习粒子群优化算法 (SL-PSO), 每个粒子在不同情况下自适应选择四种不同的学习策略中的一种, 跳出局部最优陷阱. Li 等 (2022) 提出了一种基于排名系统的切换粒子群优化算法 (RSPSO), 其中所使用的学习策略和参数设置在不同的搜索阶段自适应地发生改变.

其他类型的进化算法也非常注重学习机制的更新. 例如 Dai 等 (2021) 提出了结合头脑风暴优化算法 (BSO) 的最优识别框架. 在该算法中, 每个子群只选择一个代表与其他子群中的粒子交换信息, 这一模式与本章前面所述的人类社会学习智慧的学习特征有本质的不同.

显然, 通过模拟人类社会学习智慧, 本章提出的学习机制可以填补此前所有研究结果的空白: 它允许群体中每个个体根据其自身的适应水平和子群的适应水平更新搜索优化算法中的学习系数. 事实上, 通过我们的学习机制, 群体的划分、每个个体的学习策略以及两个子群之间的学习都取决于个体的类型, 且具有动态特征, 其目的就是保证每个个体在搜索全局最优解时发挥各自的作用.

12.2.3 多子群技术

由于多子群技术是求解多模态优化问题 (Al-Betar et al., 2015) 中保持种群多样性的有效方法之一, 文献中的许多结果都求解了这一问题.

Liang 和 Suganthan (2005) 引入了一种动态多子群 PSO (DMS-PSO) 算法, 该算法使用一种重新分组调度技术在子群之间交换信息. Nasir 等 (2012) 在 DMS-PSO 和 CLPSO (Liang et al., 2006b) 的基础上, 开发了一种动态邻域学习 PSO (DNLPSO) 算法, 其中每个粒子不仅从自身学习, 还向其他粒子的最好经验学习. Lynn 和 Suganthan (2015) 进一步提出了一种异构综合学习 PSO 算法, 称为 HCLPSO, 将群划分为两个子群, 构建综合学习策略更新粒子. Xu 等 (2019a) 开发了一种基于多维学习策略 (TSLPSO) 的 PSO 算法. 与 HCLPSO 不同的是, TSLPSO 中两个子群中的一个被专门用来通过多维学习策略来增强种群多样性和收敛速度. 然而, 在这些多子群技术中, 子群的大小是固定的, 每个子群往往是独立工作的, 而不是相互作用, 这可能会影响 PSO 算法的性能. 实际上, Chen 和 Zhao (2009) 提出了一种通过预定义子群的上下界来调整子群种群大小的方案, 该方案被验证对种群多样性是有益的. Zhang 等 (2020c) 提出了一种多子群 PSO 算法 (PSO-ALS), 通过聚类算法将群自适应地划分为子群.

在本章中, 我们也打算自适应地调整所有子群的种群大小, 从而保持我们算法的多样性. 此外, 与现有的基于位置的多子群策略不同, 我们的多子群策略是基于个体的适应度水平, 如 (Yang et al., 2017) 中所做的那样. 然而, 基于适应度水平的学习群优化算法 (LLSO) 的种群大小是固定的. 值得注意的是, 在求解一个优化问题时, 众所周知, "位置" 只是问题的一个近似解, 而 "适应度" 则是用目标函数来衡量这个解的质量. 因此, 适应度比位置能够更准确地反映个体、子群和整个种群的进化信息.

12.3 模拟人类社会学习智慧的新型自适应多子群群智能算法

在本节中, 我们通过模拟人类社会学习智慧, 提出了一种基于新型自适应学习策略的多子群群智能算法, 以保证个体的多样性和全局收敛性.

12.3.1 更新子群大小和群的划分

在基于多子群技术的学习策略中, 群的划分和每个子群的大小对维持个体的多样性起着根本的作用. 现有的多子群技术中, 子群的大小通常是固定好的或利用参数辅助的方式确定的, 它们并不是根据所有个体的动态进化进行自适应调整.

此外, 如 12.2 节所述, 先前大多数结果中子群的划分往往是基于所有个体的位置, 而不是基于适应度.

为了克服现有多子群技术的潜在缺点, 我们现在提出了一种新的方法, 通过模拟人类社会学习智慧, 以自适应的方式划分子群并更新它们的大小. 在数学上, 我们的多子群技术由公式定义

$$
\begin{aligned}
&f_1 = f_{\max}, \\
&f_2 = f_{\min} + \alpha_1 \left(f_{\max} - f_{\min}\right), \\
&f_3 = f_{\min} + \alpha_2 \left(f_{\max} - f_{\min}\right), \\
&f_4 = f_{\min} + \alpha_3 \left(f_{\max} - f_{\min}\right), \\
&f_5 = f_{\min}, \\
&\Omega_j^t = \{X_i^t \mid f_j \leqslant \text{fitness}\left(X_i^t\right) < f_{j+1}, i = 1, 2, \cdots, N\}, \\
&\qquad\qquad j = 1, 2, 3, 4,
\end{aligned}
\tag{12.1}
$$

其中 $f_{\max}$ 和 $f_{\min}$ 分别表示历史适应度函数的最大值和最小值, fitness(∗) 表示个体 ∗ 的适应度, $\{f_k, k = 1, 2, \cdots, 5\}$ 表示子群的边界. 因此, Ω_j^t 表示第 t 次迭代中的第 j 个子群, X_i^t 第 t 次迭代中第 i 个个体的位置. 在式 (12.1) 中, 使用 α_k, $k = 1, 2, 3$ 来确定每个子群的适应度的上界和下界, 从而避免了由于子群的极端大小不平衡而影响算法有效性的情况. 为了得到相对均衡的子群大小, 我们建议 $\alpha_1 = 0.25$, $\alpha_2 = 0.50$, $\alpha_3 = 0.75$. 下一节的数值测试证实了在这样的参数设置下, 子群中的个体数量并没有太大的差异, 每个子群的适应度上界和下界的差异基本是相同的.

注 12.1　正如在式 (12.1) 给出的多子群技术中所看到的, 基于所有个体的适应度水平, 而不是基于 BSO (Dai et al., 2021) 中个体位置的划分策略, 将群自适应地分组为四个不同的子群. 每个子群中的个体数量, 即集合 Ω_j^t 中的元素数量, 会随着进化状态自适应变化, 而不是像在 PSO 变体 LLSO (Yang et al., 2017) 中那样固定不变. 由于个体的适应度可以看作是人类社会学习网络中个体的适应性, 我们算法中的子群划分策略可以刻画人类社会学习网络的以下特征: 具有相似适应性的个体被划分到相同的子群中. 值得注意的是, 具有相似适应度水平的个体的位置可能彼此相距很远, 这一性质显然有利于提高算法的多样性.

12.3.2　自适应惯性权重算子

粒子群算法的惯性权重是反映粒子调节能力的关键参数之一. 为了实现算法探索性能与开发性能之间的平衡, 我们现在通过模拟人类社会学习智慧, 提出了一种自适应惯性权重计算方法.

人类认知心理学提出了一个原则, 即最优秀的规划者会根据当前状态和他们从别人那里获得的最佳经验来调节他们的学习策略 (Nelson, 1990). 为了模拟这种学习智慧, 我们在每次迭代时, 首先根据它们的进化水平, 将所有的个体分配到三个角色: 一个是整个群中的最佳个体, 称为全局最优个体 (Gbest); 第二种是每个子群中的最佳个体, 称为每个子群中的最优个体 (Sbest); 第三个由其余个体组成, 称为普通个体. 所有这些个体的不同角色由以下不同的惯性权重算子定义:

$$
\omega_i^t = \begin{cases} \dfrac{\dfrac{\sum_{j=1}^{N(t)-1} \text{fitness Sbest}_j^t}{(N(t)-1)}}{\text{fitness}(X_i^t)}, & X_i^t = \text{Gbest}^t, \\[2em] \dfrac{\text{fitness}\left(\text{Sbest}_{j+1}^t\right)}{\text{fitness}\left(X_i^t\right)}, & X_i^t = \text{Sbest}_j^t, \\[1.5em] \dfrac{\text{fitness}\left(\text{Sbest}_{S_{(i)}^t}^t\right)}{\text{fitness}(X_i^t)}, & \text{其他}, \end{cases} \tag{12.2}
$$

其中 $N(t)$ 表示子群的个数, Sbest_j 表示第 j 个子群在第 t 次迭代时的最佳个体, $S_{(i)}^t$ 表示第 i 个个体所在的子群在第 t 次迭代时的最佳个体, $\text{fitness}(*)$ 表示个体 $*$ 的适应度. 显然, 在这种学习策略下, 适应度水平越高的个体的惯性权重往往越大, 因为个体越好, 就越能保持自己原来的搜索方向, 式 (12.2) 中适应度比的使用形式符合 (Nelson, 1990) 中所述的人类认知心理学的原理.

为了保证权重系数的非负性和正则性, 我们需要进一步将式 (12.2) 中的惯性权值做标准化处理

$$
\omega_i^{t*} = 0.4 + 0.5 * F(\omega_i^t), \tag{12.3}
$$

其中 $F(\cdot)$ 为标准正态分布的累积分布函数. 通过这种修改, ω_i^{t*} 是 ω_i^t 的递增函数, 并且可以将所有的惯性系数映射到区间 $[0.4, 0.9]$, 它与 (Lynn and Suganthan, 2017) 中提到的惯性权重的范围一致.

注 12.2 与现有的惯性加权规则不同, 由式 (12.2) 和 (12.3) 定义的学习策略, 能够根据具有不同适应度水平的个体的不同角色自适应地调整惯性权重. 特别是, 它与 (Li et al., 2022) 不同, 我们提出的学习策略不依赖于整个种群的进化状态. 实际上, 式 (12.2) 中定义的学习策略是通过同时利用每个个体的进化状态 (适应度) 和其他个体之间的进化差异 (比值) 的信息来更新惯性权重的. 因此, 我们提出的多算子学习技术可能会更有利于算法性能的提升.

12.3.3 不同角色个体的学习策略

如图 12.1 所示, 人类社会学习网络中不同类型的个体都有自己的学习模式. 我们现在为这三种类型的个体设计动态的学习机制.

全局最优个体往往可以利用自身优秀的搜索能力, 整合来自各个子群最优个体的信息, 从而提高全局优化器搜索的深度和广度. 在数学上, 这种学习策略可由以下更新速度的模型定义:

$$V_i^{t+1} = w_i^t V_i^t + c_{11} r_1 \left(\text{Pbest}_i^t - X_i^t \right)$$
$$+ c_{21} r_2 \left(\text{AVGSbest}^t - X_i^t \right), \tag{12.4}$$

其中 c_{11} 和 c_{21} 两个正常数, 称为加速度系数, r_1 和 r_2 是服从区间 [0,1] 上的两个均匀分布的随机数, Pbest_i 代表 i 个体的历史最佳位置, AVGSbest^t 是每个子群的最佳个体位置的加权平均值. AVGSbest^t 由下式定义:

$$\begin{cases} \text{AVGSbest}^t = \displaystyle\sum_{j=1}^{N(t)-1} r_j^t * \text{Sbest}_j^t, \\[4mm] r_j^t = \left(1 - \dfrac{\text{fitness} \left(\text{Sbest}_j^t \right)}{\displaystyle\sum_{j=1}^{N(t)-1} \text{fitness} \left(\text{Sbest}_j^t \right)} \right) \bigg/ (N(t) - 2) \end{cases} \tag{12.5}$$

可以证明, 这个权重系数满足下列条件:

$$\sum_{j=1}^{N(t)-1} r_j^t = 1. \tag{12.6}$$

注 12.3   可以看出, 式 (12.4) 定义中同时考虑了认知学习和社会学习过程. 在经典的 PSO 中, 全局最优粒子只涉及认知学习, 这很容易使其陷入局部最优解. 相反, 我们通过使用所有子群中最优个体的加权平均来更新全局最优个体的速度, 它能保证种群掌握和学习更多样化的寻优信息, 以增强种群的多样性. 在这种情况下, 式 (12.5) 中的权重定义是基于个体的适应度的权重, 适应度的值越大, 对于全局最优个体的学习就越有价值.

接下来, 我们设计每个子群中最优个体的动态学习模型. 每个子群中的最佳个体指导同一子群中普通个体的学习过程, 同时也负责探索来自其他子群的信息, 以进一步增加总群体的多样性. 换句话说, 要为子群中最优个体设计学习策略, 就需要让它们具备整合更多来自不同子群的信息的能力, 从而避免陷入局部最优解. 从数学上讲, 对于每个子群中的最佳粒子, 设置其更新速度的模型为

$$V_i^{t+1} = w_i^t V_i^t + c_{12} r_1 \left(\text{Pbest}_i^t - X_i^t \right)$$
$$+ c_{22} r_2 \left(\text{Sbest}_{S(i)+1}^t - X_i^t \right), \tag{12.7}$$

其中 c_{12} 和 c_{22} 也称为加速度系数, $\text{Sbest}_{S(i)+1}^{t}$ 用于指导适应度较低的子群中最佳个体的学习行为. 可以看出, 式 (12.7) 中的第三项可以提高种群多样性, 而第二项可以加速算法收敛. 在人类社会学习智慧中, 每个群体 (子群) 都有自己的优势和劣势, 通过不同群体之间的信息交流共享, 可以提高其适应性 (适应度). 同时, 式 (12.7) 中的第三项允许子群中最好的个体从其他子群中整合更多的信息.

作为普通个体, 他在向子群中的最佳个体学习的过程, 正像一个普通个体在人类社会学习网络中的学习模式一样, 其个体更新学习速度模型为

$$V_i^{t+1} = w_i^t V_i^t + c_{13} r_1 \left(\text{Pbest}_i^t - X_i^t \right)$$
$$+ c_{23} r_2 \left(\text{Sbest}_{S(i)}^t - X_i^t \right). \tag{12.8}$$

显然, 上述子群中普通个体的学习模型只与来自同一子群内最优个体的信息 $\text{Sbest}_{S(i)}^t$ 和 Pbest_i^t 相关联, 而不是像经典 PSO 算法那样从全局最优个体中学习. 这样的学习策略可以更准确地纳入人类社会学习网络中一个普通个体的学习特征: 向同一社交圈中最优秀的具有相似社交能力的个体学习, 而不是向整个社交圈中最优秀的个体学习.

注 12.4 在式 (12.4), (12.8), 我们将人类社会学习智慧纳入到群体中个体的学习策略中, 即人类社会网络中具有分层适应性的个体采用不同的学习策略, 并在搜索全局最优时发挥各自的作用. 特别地, 与 BSO (Dai et al., 2021) 不同的是, 我们用式 (12.4), (12.8) 定义的学习策略并没有从每个子群中随机选择一个代表来参与学习进程, 也没有充分利用群中所有个体的智慧. 我们的学习策略也不同于 LLSO (Yang et al., 2017) 中的样本选择策略, 后者是在当前整个群中随机选择两个适应度水平较高的个体来指导个体的学习, 而不是像本章提出的个性化学习方式. 值得注意的是, PSO 另一个变体 RSPSO (Li et al., 2022) 也针对不同的搜索阶段自适应地改变了学习策略和参数设置, 但与我们根据个体的适应度水平给出不同的学习策略存在差异.

12.3.4 算法的整体框架

有了上面的准备工作, 本章提出的群智能算法 (APSO-HSL) 的计算框架如算法 12.1 所示.

算法 12.1 APSO-HSL

步 1: 对 N 个粒子初始化位置向量 X_i 和速度向量 V_i, 初始化最大评估次数 MaxFEs, 设置评估次数 $\text{fes} = 0$, 初始化参数 $c_{11}, c_{12}, c_{21}, c_{22}$.

步 2: 利用式 (12.1) 划分种群, 并根据粒子自身的适应度函数划分粒子角色, 利用式 (12.2) 更新每个粒子的惯性权重系数, 并按照不同的角色分别根据式

(12.4), (12.7), (12.8) 更新速度向量 V_i, 利用 $X_{i+1} = X_i + V_i$. 如果 fes $\leqslant$ MaxFEs, 则重复步 2; 否则, 转向步 3.

步 3: 输出历史最优值以及最优粒子的位置.

12.4　数值性能测试

在本节中, 我们将测试算法 (APSO-HSL) 的数值性能, 与文献中可用的 PSO 算法的一些变体和其他最先进的进化算法进行比较. 要进行的测试包括三组数值实验: 在实验一中, 我们展示了 12.3 节中所提出的算法 12.1 的学习策略的优势. 在实验二中, 使用 CEC 2014 (Liang et al., 2013) 和 CEC 2017 (Wu et al., 2017) 测试套件来评估算法的性能, 以进一步测试 APSO-HSL 的有效性. 在实验三中, 除了与 PSO 变体进行比较外, 通过求解来自 CEC 2014 测试集和 CEC 2017 测试集的测试问题, 将 APSO-HSL 与其他更先进的进化算法进行比较, 分析了 APSO-HSL 的鲁棒性. 正如 (Liang et al., 2006b) 中所建议的, 我们使用 CEC 2017 和 CEC 2014 测试套件中的测试函数, 而不是基本的基准问题, 因为其在测试算法时会有明显的缺陷 (Ma et al., 2023; Liang et al., 2006a).

为了确保比较的公平性, 所有 PSO 变体都配置为使用相同的种群大小 20, 这是所有 PSO 变体 (Zhan et al., 2009) 之间的通用设置. 此外, 还为每个基准函数 (Suganthan et al., 2005) 指定了 $D \times 10^5$ 函数评估 (FE). 对每个算法进行 30 次独立运行, 以获得其平均数值性能. 所使用的度量数值性能的指标与每个算法的均值、最佳适应度函数值的标准差和平均最优解的排名 (Rank) 相关联. 为了使结果更有说服力, 我们进行了非参数统计分析, 即双尾 t 检验和显著性水平为 $\alpha = 0.05$ 的 Friedman 秩检验, 以验证所获得的数值结果之间是否存在显著差异. 所有算法都在一台 CPU 2.30 GHz, RAM 16 GB 的个人计算机上实现, 运行在 MATLAB 2022a 的软件平台上, 其最大运算精度为 $1\mathrm{e} - 323$, 这意味着当一个值小于 $1\mathrm{e} - 323$ 时, 它被视为等于零.

比较的 PSO 变体有 PSO-LDIW (Shi and Eberhart, 1998), FIPS (Mendes et al., 2004), CLPSO (Liang et al., 2006b), DNLPSO (Nasir et al., 2012), SL-PSO (Cheng and Jin, 2015), HCLPSO (Lynn and Suganthan, 2015), EPSO (Lynn and Suganthan, 2017) 和 XPSO (Xia et al., 2020). PSO-LDIW 是一种在单峰问题上具有快速收敛的典型 PSO. 因此, 我们可以通过比较 APSO-HSL 与 PSO-LDIW 来评估所提出算法的收敛速度. PSO-LDIW 基于时变惯性权值更新策略, 自适应权值更新策略在 APSO-HSL 中的有效性可以通过与 PSO-LDIW 对比来研究. FIPS 和 SL-PSO 是基于不同社会学习机制的两种算法, 将它们与 APSO-HSL 进行比较, 可以让我们探索我们算法中所采用的人类社会学习智慧的效果.

在 CLPSO 中, 分配给不同粒子的不同学习概率导致种群具有不同水平的探索和利用能力. 同样, 在我们的算法中, 不同的角色也被给定不同的学习策略. 因此, 可以通过这种比较来探索这些学习策略的性能. DNLPSO 和 HCLPSO 也都使用了多子群策略, 因此 APSO-HSL 与它们进行比较可以验证基于适应度函数的子群划分策略的优越性. EPSO 是各种用于求解复杂测试问题的 PSO 算法的集合, APSO-HSL 与该算法进行比较, 可以验证求解复杂测试问题的性能.

在表 12.1 中, 参考原论文, 我们给出了 9 种算法中参数的取值, 如 (Osaba et al., 2021) 所示. 由于 APSO-HSL 中出现了新的算法参数, 我们在预实验中通过网格搜索的方法选取了这些参数的值, 我们实验中参数的最优设置如表 12.1 所示.

表 12.1 对比算法的参数设置

算法	年份	参数设置
PSO-LDIW	1998	$\omega : 0.9 - 0.4, c_1 = c_2 = 2$
FIPS	2004	$\chi = 0.729, \sum c_i = 4.1$
CLPSO	2006	$\omega : 0.9 - 0.4, c = 2, m = 7$
DNLPSO	2012	$\chi = 0.7298, c_1 = c_2 = 1.49445, m = 4, R = 10$
SL-PSO	2012	$\omega : 0.9 - 0.4, \eta = 1.496, \gamma = 0.01$
HCLPSO	2015	$\omega : 0.99 - 0.2, c_1 : 2.5 - 0.5, c_2 : 0.5 - 2.5, c : 3 - 1.5$
EPSO	2017	$\omega : 0.9 - 0.4, c_1 = c_2 = 2.0$
XPSO	2020	$\eta = 0.2, \text{Stage}_{\max} = 5, p = 0.5$
APSO-HSL	2023	$c_{11} = c_{22} = 2, c_{21} = c_{12} = 1, c_{13} = c_{23} = 1.5$

12.4.1 实验一: 验证所提出的学习策略的优势

为了展示本章提出的学习策略的优势, 我们首先将 APSO-HSL 与那些将 APSO-HSL 中使用的学习策略替换为现有学习策略的 PSO 变体进行了比较. 数值测试通过求解 CEC 2017 测试集中的复杂 30 维函数进行. 为了简化表达方式, 我们将 APSO-HSL-S 表示为不完全变体, 将 APSO-HSL-S1 表示为线性减少惯性加权策略, 而不是式 (12.2) 中的自适应惯性加权策略, 将 APSO-HSL-S2 表示为没有基于人类社会学习智慧的学习机制的 APSO-HSL, 将 APSO-HSL-S3 表示为基于位置的多子群技术, 而不是本章中提出的基于适应度的策略. 不完全变体的参数设置与 APSO-HSL 的参数设置相同. 这四种算法都用来求解来自 CEC 2017 测试集中的测试问题 f_1 至 f_{15}, 数值结果展示在表 12.2 中, 加粗的黑字体代表最优性能.

从表 12.2 的对比结果可以很容易地看出:

(1) 在所有的 15 个测试问题中, APSO-HSL 在 12 个问题上获得了最好的均值或标准差结果. 对于部分测试问题, 如 f_1, f_4, f_9, f_{15}, APSO-HSL 的优越性更为显著.

(2) APSO-HSL 中基于适应度的多子群技术优于基于位置的多子群技术 (详

见 APSO-HSL 与 APSO-HSL-S3 的结果的显著差异).

表 12.2　和不完全变体的对比结果

		APSO-HSL-S1	APSO-HSL-S2	APSO-HSL-S3	APSO-HSL
f_1	均值	2.91e+08	6.38e+07	6.67e+03	**1.01e+02**
	标准差	5.88e+07	3.49e+08	6.63e+03	**1.15e+02**
f_2	均值	5.19e+17	1.22e+12	**2.18e−04**	1.01e+02
	标准差	1.33e+20	5.88e+12	**1.18e−04**	3.72e+03
f_3	均值	3.44e+03	1.91e+02	**0.00e+00**	2.67e+02
	标准差	1.38e+03	3.96e+02	**0.00e+00**	3.48e+02
f_4	均值	1.34e+02	1.19e+02	3.37e+01	**3.66e+00**
	标准差	1.70e+01	2.38e+01	3.07e+01	**7.94e+00**
f_5	均值	1.59e+02	2.35e+02	1.37e+04	**3.82e+01**
	标准差	1.19e+01	1.79e+02	4.51e+01	**2.82e+01**
f_6	均值	8.61e+00	1.45e+01	3.24e−01	**0.00e+00**
	标准差	1.62e+00	1.85e+02	6.03e−01	**0.00e+00**
f_7	均值	1.93e+02	1.59e+02	1.42e+02	**5.69e+01**
	标准差	1.26e+ 01	1.15e+02	4.15e+01	**1.03e+01**
f_8	均值	1.63e+02	2.16e+02	1.39e+02	**4.70e+01**
	标准差	1.11e+01	1.39e+01	3.67e+01	**2.25e+01**
f_9	均值	1.07e+02	1.86e+02	4.64e+01	**7.62e−01**
	标准差	2.80e+01	8.40e+01	1.04e+02	**1.92e+00**
f_{10}	均值	5.56e+03	5.68e+03	3.20e+03	**2.09e+03**
	标准差	**3.67e+02**	3.97e+02	5.41e+02	4.99e+02
f_{11}	均值	2.02e+02	1.72e+02	**1.07e+02**	4.26e+02
	标准差	3.07e+01	2.33e+01	4.60e+01	**4.29e+01**
f_{12}	均值	1.22e+07	1.50e+06	**2.58e+04**	5.59e+05
	标准差	4.65e+06	5.24e+05	**1.04e+04**	3.93e+05
f_{13}	均值	7.02e+03	8.08e+03	1.70e+04	**5.63e+03**
	标准差	9.36e+03	2.13e+02	**1.73e+04**	6.48e+04
f_{14}	均值	4.96e+03	**7.85e+02**	3.46e+03	8.54e+03
	标准差	7.37e+03	4.84e+03	4.13e+03	**3.92e+03**
f_{15}	均值	2.80e+05	2.75e+03	8.06e+03	**5.20e+02**
	标准差	9.63e+05	9.92e+05	**8.94e+03**	1.94e+04

　　综上所述, 本章提出的学习策略对于增强 PSO 算法的性能具有显著的作用.

12.4.2　实验二: 与其他先进的粒子群算法变体比较

　　我们现在来展示 APSO-HSL 的优势, 通过在 CEC 2017 和 CEC 2014 测试套件中实现所有比较的 9 种算法来求解 30 维的优化问题, 这是两个最近的基准测试套件. 搜索范围为 $[-100, 100]^{30}$. 在这个测试中, 算法参数与前文中的实验相同.

　　1. 求解精度和鲁棒性的比较

　　当我们实现 APSO-HSL 来求解来自 CEC 2017 测试集中的测试问题时, 我们首先在表 12.3 中给出求解精度和鲁棒性方面的实验结果.

表 12.3　在 CEC 2017 测试集上和其他 PSO 变体比较结果

		LDIWPSO	FIPS	CLPSO	DNLPSO	SL-PSO	HCLPSO	EPSO	XPSO	APSO-HSL
f_1	均值	1.03e+09	5.00e+03	1.14e+02	1.69e+04	4.94e+03	1.17e+02	2.84e+03	3.78e+03	**1.01e+02**
	标准差	8.81e+08	4.50e+02	1.81e+02	2.04e+04	5.12e-03	3.27e+02	3.47e+03	4.91e+03	**1.15e+02**
f_2	均值	5.84e+08	2.76e+13	9.15e+11	2.77e+10	**8.31e-05**	2.85e+02	5.13e+05	2.17e+12	1.01e+02
	标准差	3.42e+35	9.62e+13	1.97e+12	1.11e+11	**1.08e-04**	1.41e+03	2.77e+06	4.74e+12	3.72e+03
f_3	均值	1.52e+00	1.96e+02	2.12e+03	1.52e+01	8.53e+03	4.76e+02	5.65e+03	**1.16e-01**	2.67e+02
	标准差	8.15e+03	1.39e+02	8.74e+02	5.86e+01	3.78e+03	5.06e+02	4.97e+03	**6.04e-01**	3.48e+02
f_4	均值	6.41e+01	1.25e+02	6.52e+01	3.60e+01	7.86e+01	5.46e+01	8.33e+01	1.15e+02	**3.66e+00**
	标准差	5.01e+01	2.38e+01	2.46e+01	2.66e+01	1.24e+01	2.89e+01	2.94e+01	3.42e+01	**7.94e+00**
f_5	均值	1.97e+02	1.31e+02	5.21e+01	1.47e+02	**2.49e+01**	4.70e+01	1.56e+02	5.03e+01	3.82e+01
	标准差	2.73e+01	1.79e+01	8.23e+00	3.67e+01	2.63e+01	9.42e+00	4.08e+01	1.42e+01	2.82e+01
f_6	均值	5.31e+01	**0.00e+00**	**0.00e+00**	1.93e-01	1.59e-06	3.64e-08	3.01e+01	1.83e-01	**0.00e+00**
	标准差	9.17e+00	**0.00e+00**	**0.00e+00**	3.65e-01	2.76e-06	1.99e-07	9.96e+00	1.73e-01	**0.00e+00**
f_7	均值	1.37e+02	1.90e+02	1.16e+02	2.55e+02	1.86e+02	7.75e+01	2.36e+02	9.39e+01	**5.69e+01**
	标准差	4.53e+01	1.15e+01	1.28e+01	6.88e+01	1.35e+01	**8.87e+00**	5.81e+01	1.93e+01	1.03e+01
f_8	均值	1.49e+02	1.33e+02	5.41e+01	1.53e+02	**1.97e+01**	5.08e+01	1.39e+02	5.04e+01	4.70e+01
	标准差	1.93e+01	1.39e+01	9.73e+00	3.23e+01	1.28e+01	**7.85e+00**	3.94e+01	1.59e+01	2.25e+01
f_9	均值	3.94e+03	**1.81e-02**	9.62e+00	2.09e+03	6.93e-02	7.11e+01	2.85e+03	2.15e+01	7.62e-01
	标准差	1.33e+03	**8.40e-02**	1.02e+01	9.61e+02	1.48e-01	5.40e+01	1.43e+03	1.90e+01	1.92e+00
f_{10}	均值	3.04e+03	6.14e+03	2.53e+03	4.27e+03	**1.03e+03**	2.02e+03	3.98e+03	2.83e+03	2.09e+03
	标准差	7.21e+02	3.97e+02	**3.02e+02**	5.16e+02	6.07e+02	3.21e+02	6.66e+02	5.21e+02	4.99e+02
f_{11}	均值	1.20e+02	8.02e+01	2.97e+01	1.19e+02	**2.43e+01**	5.81e+01	1.50e+02	1.01e+02	4.26e+01
	标准差	4.43e+01	2.73e+01	**1.03e+01**	6.83e+01	2.63e+01	3.00e+01	5.45e+01	3.94e+01	4.29e+01
f_{12}	均值	4.44e+06	6.54e+05	5.18e+05	7.24e+04	**4.67e+04**	3.12e+05	1.38e+05	3.59e+05	5.59e+05
	标准差	3.64e+07	5.04e+05	3.40e+05	6.63e+04	**2.66e+04**	2.64e+05	1.41e+05	7.45e+05	3.93e+05
f_{13}	均值	8.32e+03	1.81e+04	1.05e+03	5.44e+04	9.19e+03	**3.82e+02**	1.85e+04	1.28e+04	5.63e+03
	标准差	9.36e+03	2.54e+04	9.20e+02	7.81e+04	8.72e+03	**5.96e+02**	1.97e+04	1.18e+04	6.48e+04
f_{14}	均值	**4.46e+02**	8.35e+04	1.88e+04	7.77e+03	2.12e+04	1.28e+04	1.99e+04	3.33e+03	8.54e+02
	标准差	6.48e+04	7.02e+03	1.90e+04	1.28e+04	2.21e+04	1.16e+04	1.69e+04	5.25e+03	**3.92e+03**
f_{15}	均值	5.19e+02	1.32e+02	3.10e+02	3.47e+04	1.94e+03	**2.49e+02**	9.41e+03	6.76e+03	5.20e+02
	标准差	1.15e+04	1.20e+04	3.55e+02	5.04e+04	2.96e+03	**3.21e+02**	1.08e+04	8.82e+03	1.94e+04

续表

		LDIWPSO	FIPS	CLPSO	DNLPSO	SL-PSO	HCLPSO	EPSO	XPSO	APSO-HSL
f_{16}	均值	8.47e+02	8.59e+02	5.63e+02	9.18e+02	**2.54e+02**	5.82e+02	1.16e+03	5.56e+02	3.37e+02
	标准差	2.44e+02	3.08e+02	**1.41e+02**	3.59e+02	2.21e+02	1.70e+02	3.19e+02	2.42e+02	3.06e+02
f_{17}	均值	9.42e+02	1.43e+02	1.38e+02	7.78e+02	**6.56e+01**	1.73e+02	6.17e+02	1.76e+02	9.67e+01
	标准差	2.78e+02	**4.66e+01**	7.04e+01	3.02e+02	6.11e+01	9.99e+01	2.40e+02	1.10e+02	2.13e+02
f_{18}	均值	1.33e+05	5.04e+05	1.69e+05	5.19e+05	9.68e+04	1.42e+05	1.30e+05	1.10e+05	**5.62e+04**
	标准差	3.63e+04	4.01e+05	1.55e+05	8.56e+05	4.58e+04	7.50e+04	1.06e+05	6.44e+04	**3.61e+04**
f_{19}	均值	3.20e+03	1.42e+04	2.97e+02	1.20e+04	4.23e+03	**2.26e+02**	4.97e+03	7.76e+03	3.41e+02
	标准差	5.92e+03	1.43e+04	4.25e+02	1.81e+04	4.75e+03	**2.58e+02**	4.71e+03	1.11e+04	1.09e+04
f_{20}	均值	7.46e+02	1.69e+02	1.75e+02	2.85e+02	1.06e+02	1.89e+02	6.99e+02	2.36e+02	**8.40e+01**
	标准差	1.80e+02	8.27e+01	8.33e+01	1.63e+02	9.21e+01	1.00e+02	2.06e+02	6.63e+01	**7.88e+01**
f_{21}	均值	4.14e+02	3.31e+02	2.38e+02	3.61e+02	**2.20e+02**	2.42e+02	3.43e+02	2.46e+02	2.44e+02
	标准差	4.64e+01	1.73e+01	5.00e+01	4.58e+01	**4.74e+00**	3.75e+01	3.98e+01	1.10e+01	3.28e+01
f_{22}	均值	4.59e+03	1.12e+03	6.50e+02	6.09e+03	1.48e+02	**1.01e+02**	3.46e+03	3.63e+02	1.09e+02
	标准差	2.42e+03	2.33e+03	1.04e+03	1.70e+03	2.63e+02	**1.14e+00**	1.84e+03	8.14e+02	1.24e+03
f_{23}	均值	6.48e+02	4.50e+02	3.95e+02	7.65e+02	**3.72e+02**	4.04e+02	5.94e+02	4.01e+02	3.92e+02
	标准差	1.18e+02	3.49e+01	2.77e+01	7.60e+01	**7.30e+00**	1.47e+01	8.63e+01	1.74e+01	5.19e+01
f_{24}	均值	6.32e+02	5.45e+02	4.85e+02	6.81e+02	**4.50e+02**	4.89e+02	6.45e+02	4.83e+02	4.59e+02
	标准差	1.92e+02	3.20e+01	5.10e+01	7.03e+01	**9.88e+00**	1.52e+01	7.66e+01	4.11e+01	5.84e+01
f_{25}	均值	3.87e+02	3.93e+02	3.86e+02	**3.81e+02**	3.88e+02	3.86e+02	3.98e+02	4.02e+02	3.87e+02
	标准差	3.59e+01	8.50e+00	1.05e+00	7.70e+00	**9.83e-01**	1.43e+00	1.75e+01	1.62e+01	1.94e+01
f_{26}	均值	4.95e+03	1.74e+02	8.28e+02	2.71e+03	1.17e+03	3.92e+03	2.69e+03	1.07e+03	**2.24e+02**
	标准差	1.96e+03	4.92e+02	5.63e+02	8.49e+02	**8.54e+01**	4.46e+02	1.41e+03	6.47e+02	1.06e+02
f_{27}	均值	8.08e+02	5.43e+02	5.09e+02	**5.00e+02**	5.16e+02	5.15e+02	5.99e+02	5.36e+02	5.08e+02
	标准差	8.26e+01	1.23e+01	4.96e+00	**2.48e-04**	1.24e+01	6.15e+00	4.78e+01	1.64e+01	3.45e+01
f_{28}	均值	4.61e+02	3.95e+02	4.05e+02	4.43e+02	**3.52e+02**	3.91e+02	3.96e+02	3.74e+02	3.92e+02
	标准差	2.83e+01	4.57e+01	**3.72e+00**	7.94e+01	6.26e+01	3.03e+01	4.25e+01	7.09e+01	2.94e+01
f_{29}	均值	1.56e+03	7.42e+02	5.72e+02	1.21e+03	5.60e+02	**5.51e+02**	1.05e+03	6.03e+02	5.64e+02
	标准差	2.52e+02	1.05e+02	**8.51e+01**	3.12e+02	1.37e+02	8.92e+01	2.46e+02	8.83e+01	2.10e+02
f_{30}	均值	7.99e+03	3.47e+04	5.20e+03	4.59e+03	4.28e+03	**3.94e+03**	5.66e+03	1.03e+04	4.10e+03
	标准差	2.19e+04	3.27e+04	1.09e+03	4.61e+03	1.74e+03	**6.35e+02**	2.85e+03	4.66e+03	2.15e+03
最佳/次佳/最差		1/0/12	2/0/4	1/6/0	2/3/9	12/3/2	6/4/0	0/0/2	1/1/1	7/11/0

从表 12.3 中的结果可以看出: 用数值结果中的均值作为算法性能的评估标准, SL-PSO 在 30 个测试问题中, 有 12 个获得 "最佳" 结果, 其次是 APSO-HSL, 获得 7 个 "最佳" 结果. 虽然 APSO-HSL 得到的 "最佳" 结果比 SL-PSO 少, 但它得到的 "次佳" 结果比 SL-PSO 多得多. 值得注意的是, APSO-HSL 在所有测试问题中没有得到 "最差" 的结果, 而 SL-PSO 在求解 f_{13} 和 f_{24} 问题时得到 "最差" 的结果. 由于 APSO-HSL 的平均排名为 2.5, 在所有算法中排名第一, 因此 APSO-HSL 在求解来自 CEC 2017 测试集的问题时更加具有鲁棒性.

为了进一步验证我们的算法 (APSO-HSL) 有前景的数值性能, 我们接下来使用 APSO-HSL 来求解来自 CEC 2014 测试套件的测试问题. 表 12.4 中的实验结果展示了所有进行对比的 9 种算法的排名.

表 12.4　在 CEC 2014 测试集上和其他 PSO 变体比较结果

	LDIWPSO	FIPS	CLPSO	DNLPSO	SL-PSO	HCLPSO	EPSO	XPSO	APSO-HSL
平均排位	6.47	3.87	2.77	5.17	4.77	5.03	6.47	7.73	2.33
最终排位	6	3	2	6	4	5	7	9	1
最佳/次佳/最差	0/1/6	1/2/0	5/12/0	3/1/1	3/2/2	9/1/4	0/0/2	0/0/15	11/9/0

表 12.4 的数值结果可以看出:

(1) APSO-HSL 在 30 个测试问题中, 获得了 11 个 "最佳" 结果, 其次是 HCLPSO, 获得了 9 个 "最佳" 结果. 此外, APSO-HSL 的平均排名为 2.33, 在所有比较的 9 种算法中排名第一.

(2) APSO-HSL 在求解 CEC 2014 测试套件中的所有测试问题时, 不仅具有最多的 "最佳" 结果, 而且没有 "最差" 结果. 也就是说, 对于这个测试套件, APSO-HSL 的数值性能比 CEC 2017 测试套件更高效, 更鲁棒.

通过上述对比分析, 我们得出 APSO-HSL 在鲁棒性和找到最优解的能力方面优于其他 PSO 变体.

2. 统计显著性检验

我们接下来对所有比较算法的数值结果进行统计分析, 当它们被应用于求解来自 CEC 2014 和 CEC 2017 测试套件的测试问题时. 结果如表 12.5 和表 12.6 所示.

表 12.5　t 检验结果

APSO-HSL 与其他算法性能对比	LDIWPSO	FIPS	CLPSO	DNLPSO	SL-PSO	HCLPSO	EPSO	XPSO
+	52	53	40	53	32	29	57	48
=	5	4	15	3	18	20	2	8
−	3	3	5	4	10	11	1	4

表 12.5 的 t 检验结果表明, APSO-HSL 显著优于同行算法, 显著性水平 $\alpha = 0.05$. 对于所有的对等算法, APSO-HSL 至少得到 29 个 "+", 这意味着 APSO-HSL 至少在 29 个测试问题上取得了显著更好的结果. 而且, APSO-HSL 在其他 8 个算法上获得的 "+" 比 "−" 多, 这说明 APSO-HSL 在统计显著性上优于其他算法.

表 12.6 中的 Friedman 检验结果进一步表明, 在所有 9 个对等算法中, APSO-HSL 排名第一, 这表明 APSO-HSL 在被用于求解 CEC 2014 和 CEC 2017 测试套件中的 60 个测试问题时, 其表现明显优于其他对等算法 (p 值 $= 0.000$).

表 12.6　Friedman 检验结果

	LDIWPSO	FIPS	CLPSO	DNLPSO	SL-PSO	HCLPSO	EPSO	XPSO	APSO-HSL	统计量	p 值
平均排位	7.24	5.05	3.42	5.95	4.02	4.20	6.72	6.35	2.42	56.146	0.000
最终排位	9	5	2	6	3	4	8	7	1		

3. 种群多样性的比较

众所周知, 保持群体多样性是 PSO 算法中学习策略的一个重要优势, 我们只对 APSO-HSL 和 SL-PSO 进行了比较研究, 因为后者在求解 CEC 2017 测试集的测试问题时, 在实验二中获得了最多的 "最佳" 结果. 特别是, 我们将展示它们在搜索全局优化器过程中的探索和利用能力是如何变化的. 与 (Lynn and Suganthan, 2015) 中所做的一样, 我们采用 (Osaba et al., 2021) 中的多样性指数, 定义为

$$\text{diversity}(M) = \frac{1}{M} \sum_{i=1}^{M} \sqrt{\sum_{d=1}^{D} \left(x_i^d - \overline{x^d} \right)^2},$$

其中 M, D 和 x 分别表示总体大小, 搜索空间的维数和位置的均值, $\text{diversity}(*)$ 表示群体多样性程度.

为了说明 APSO-HSL 和 SL-PSO 的总体多样性, 从该测试套件中的四个不同组中选取了 CEC 2017 测试套件优化问题的四个代表问题, f_1, f_4, f_{18} 和 f_{21}. 特别是, f_1 是单峰函数的代表, 由于不可分离, 很难找到最优解. f_4, f_{18} 和 f_{21} 多模态函数或由多模态函数杂交的所有代表. 它们都有很多局部最小值, 使得它们很难找到全局最小值. 因此, PSO 算法的种群多样性在求解这类优化问题中起着至关重要的作用. 这也是我们选择这类问题进行总体多样性分析的原因. 当用 APSO-HSL 和 SL-PSO 求解它们时, 得到的种群多样性方面的结果如图 12.2 所示.

图 12.2 的结果表明:

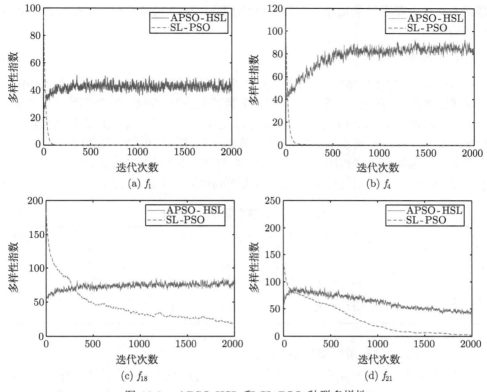

图 12.2 APSO-HSL 和 SL-PSO 种群多样性

(1) 对于单峰问题, 由于只有一个最优值存在, 通过快速降低多样性 (Al-Betar et al., 2015) 有助于优化算法细化当前解. 从图 12.2(a) 可以看出, APSO-HSL 的多样性曲线在搜索早期下降非常快. 这说明 APSO-HSL 凭借其增强的前期寻找更好解的探索能力, 可以快速收敛.

(2) 对于多模态问题, 如果失去种群多样性, 优化算法可能会失去全局搜索能力, 特别是在搜索的后期. 从图 12.2(b), 图 12.2(c) 和图 12.2(d) 的结果可以看出, APSO-HSL 的多样性曲线在整个搜索过程中波动, 在后期迭代中变化较大. 这一观察结果表明, 由于提出的学习策略增强了种群多样性, 与 SL-PSO 相比, APSO-HSL 算法不太容易在搜索过程后期陷入局部最优, 即增强了其利用能力.

(3) 虽然前期 APSO-HSL 的多样性曲线低于 SL-PSO, 但在搜索过程的后期, APSO-HSL 的多样性高于 SL-PSO. 这一观察结果说明 APSO-HSL 的学习策略有利于其在算法后期有效逃离局部最优.

综上所述, 所提出的 APSO-HSL 算法显示了具有较高多样性保存的特征. 此外, 从 APSO-HSL 在求解单模态和多模态问题时表现出的良好性能来看, 由于其基于人类社会学习智慧的学习策略, APSO-HSL 可以在探索和开发能力之间实现更好的平衡.

4. 计算复杂度

根据 IEEE CEC 2017 发布的使用指南, 智能算法的复杂性可以使用该指南的建议评估指标, 当它应用于求解 CEC 2017 测试套件中的问题时. 我们使用本指南中定义的相同指标 T_0, T_1 和 T_2. 具体来说, T_0 是 CEC 2017 中给出的指定测试程序的计算时间. T_1 是计算函数 f_{18} 的 2×10^5 次评估的计算时间. T_2 是利用算法 2×10^5 次评估求解函数最优值的时间. $\hat{T}_2$ 是 T_2 的均值. 算法的复杂度通过 $(\hat{T}_2 - T_1)/T_0$ 来计算. 对于所有比较算法, 计算复杂度方面的数值结果如表 12.7 所示.

表 12.7　计算复杂度对比结果

	LDIWPSO	FIPS	CLPSO	DNLPSO	SL-PSO	HCLPSO	EPSO	XPSO	APSO-HSL
T_0	0.09	0.09	0.09	0.09	0.09	0.09	0.09	0.09	0.09
T_1	0.82	0.82	0.82	0.82	0.82	0.82	0.82	0.82	0.82
$\hat{T}_2$	4.66	11.05	9.59	2.61	4.00	13.27	8.58	11.41	9.21
$\dfrac{\hat{T}_2 - T_1}{T_0}$	42.72	113.67	97.40	19.86	35.37	138.28	86.17	117.62	93.21

从表 12.7 的结果可以清楚地看出:

(1) DNLPSO 的复杂度在 9 个算法中最低, 这可能是有益于其单群学习策略. 相反, 由于使用了耗时的学习模型, HCLPSO 和 XPSO 的计算复杂度都高于其他同行算法.

(2) APSO-HSL 在求解精度和收敛速度方面表现出竞争特征, 但在计算复杂度方面表现得中规中矩. 这一结果是由于其具有更大的种群多样性的特性, 以及在基于适应度的群体划分过程中使用了耗时的排序操作造成的. 的确, DNLPSO 是一种不使用多子群技术的算法, 因此与 APSO-HSL 不同的是, 它不需要任何耗时的排序操作.

5. 算法参数的敏感性分析

如式 (12.1) 所示, 算法参数 α_k, 其中 $k = 1, 2, 3$, 决定了所有子群的适应度函数的上下界, 因此在划分群时起着重要的作用. 为了探究我们算法的数值性能是否受到其值选择的影响, 我们现在通过改变 α_k, $k = 1, 2, 3$ 的值, 步长设为 0.025 来进行灵敏度分析. 当我们对三个参数中的一个进行灵敏度分析时, 其余两个参数固定为上文中相同的值. 然后, 我们实现由 α_k 的每个值定义的算法 APSO-HSL, 以找到每个测试问题的最优解. 为了衡量其鲁棒性, 我们计算了目标函数中找到的最优值的相对波动, 由下式定义

$$\sigma = \frac{F_{\max} - F_{\min}}{F_{\max}}, \tag{12.9}$$

式中, $F_{\max}$ 和 $F_{\min}$ 分别表示 APSO-HSL 在不同 α_k 值下找到的目标函数的最大值和最小值. 结果如表 12.8 所示.

表 12.8 算法参数的灵敏度分析

	(f_1 f_2 $\cdots$ f_{30})	平均
α_1	(0.23 <u>0.00</u> 0.43 0.98 0.18 0.66 <u>0.01</u> 0.12 0.87 0.17 0.24 0.33 0.36 <u>0.05</u> 0.19 0.61 0.26 0.30 0.16 0.29 0.13 <u>0.03</u> <u>0.05</u> 0.10 <u>0.09</u> 0.24 <u>0.02</u> 0.16 <u>0.05</u> 0.49)	0.26
α_2	(0.28 <u>0.00</u> 0.18 0.98 0.29 0.39 <u>0.02</u> 0.13 0.87 0.41 0.33 0.22 0.39 <u>0.06</u> 0.14 0.36 0.23 0.43 0.12 0.19 0.10 <u>0.03</u> <u>0.02</u> 0.10 <u>0.01</u> 0.15 <u>0.02</u> 0.17 <u>0.04</u> 0.40)	0.24
α_3	(0.22 <u>0.00</u> 0.45 0.96 0.14 0.37 <u>0.04</u> 0.11 0.91 0.14 0.46 0.21 0.30 <u>0.04</u> 0.19 0.41 0.16 0.36 0.12 0.30 0.13 <u>0.03</u> <u>0.02</u> 0.11 <u>0.01</u> 0.19 <u>0.03</u> 0.19 <u>0.03</u> 0.47)	0.24

从表 12.8 的结果可以看出:

(1) 对于任意 $\alpha_k, k = 1, 2, 3$, APSO-HSL 相对于所有 30 个测试问题的平均相对波动均不大于 0.26. 也就是说, 算法参数 $\alpha_k, k = 1, 2, 3$ 的变化, 对 APSO-HSL 寻找最优解的性能只有轻微的影响.

(2) 在总共 30 个测试问题中, 有 8 个测试问题的相对波动小于 0.1(见表 12.8 中划线的结果), 从而表明我们的算法对所有参数 $\alpha_k, k = 1, 2, 3$ 的变化非常不敏感, 即就其找到最优解的能力而言, 显示出非常好的鲁棒性.

(3) 对于一小部分测试问题 (f_4 和 f_9), 算法的相对波动比较大. 在少数实际情况下, 这些算法参数可能需要谨慎选择和优化.

12.4.3 实验三: 与其他最先进的进化算法的比较

为了进一步展示这项研究的价值, 我们现在将 APSO-HSL 与其他类型的最先进的进化算法进行比较: iCSPM2 (Abed-alguni and Paul, 2022), RW-GWO (Gupta and Deep, 2019), HBBOS (Zhang et al., 2019b), GI-MQHOA (Jin and Wang, 2021) 和 iL-SHADE (Brest et al., 2016). 通过实现这六种算法来求解 CEC 2014 和 CEC 2017 测试套件中的所有问题, 对所有六种算法进行了测试.

1. 在 CEC 2014 测试集上的比较

使用 CEC 2014 测试套件中的复杂优化问题测试所有算法, 所得平均误差值的结果如表 12.9 所示.

表 12.9 的结果表明:

(1) iCSPM2, RW-GWO, HBBOS, GI-MQHOA, iL-SHADE 和 APSO-HSL 算法, 排名第一的次数分别为 13, 0, 0, 5, 16 和 8 次. HBBOS 获得排名第二

的次数为 6 次. APSO-HSL 的平均排名为 2.80, 排名第三, 仅次于 iCSPM2 和 iL-SHADE.

(2) 虽然 iCSPM2 和 iL-SHADE 得到的 "最佳" 和 "次佳" 结果比 APSO-HSL 多, 但在比较的六种算法中, 只有 APSO-HSL 没有 "最差" 结果. 因此可以认为, APSO-HSL 的鲁棒性优于其他进化算法.

表 12.9　在 CEC 2014 测试集上和其他进化算法比较结果

	iCSPM2	RW-GWO	HBBOS	GI-MQHOA	iL-SHADE	APSO-HSL
f_1	1.92e−15	8.02e+06	2.23e+04	**0.00e+00**	**0.00e+00**	**0.00e+00**
f_2	1.45e−20	2.23e+05	3.71e−11	**0.00e+00**	**0.00e+00**	**0.00e+00**
f_3	1.88e−17	3.16e+02	1.02e−09	**0.00e+00**	**0.00e+00**	**0.00e+00**
f_4	1.73e−10	3.41e+01	2.11e−01	2.44e−04	**0.00e+00**	**0.00e+00**
f_5	**4.67e+00**	2.05e+01	2.03e+01	2.00e+01	2.01e+01	2.00e+01
f_6	7.15e−16	9.84e+00	1.03e+00	**0.00e+00**	**0.00e+00**	**0.00e+00**
f_7	8.55e−17	4.38e+01	1.95e−01	1.16e+01	**0.00e+00**	**0.00e+00**
f_8	1.49e+02	1.33e+02	5.41e+01	1.53e+02	**1.97e+01**	5.08e+01
f_9	**1.03e+00**	6.33e+01	3.17e+01	9.75e+00	6.91e+00	1.06e+00
f_{10}	**1.08e−03**	9.61e+02	3.77e+00	1.98e+03	1.10e−02	1.64e+03
f_{11}	**1.20e+02**	2.68e+03	2.06e+03	3.09e+03	1.17e+03	1.97e+03
f_{12}	**6.29e−02**	5.45e−01	1.59e−01	7.78e−01	1.48e−01	4.00e−01
f_{13}	3.14e−01	2.80e−01	1.99e−01	1.13e−01	**9.50e−02**	3.00e−01
f_{14}	2.01e−01	4.23e−01	2.42e−01	2.37e−01	**1.98e−01**	2.00e−01
f_{15}	**1.69e+00**	8.81e+00	3.12e+00	2.15e+00	1.84e+00	1.78e+00
f_{16}	9.20e+00	1.03e+01	9.02e+00	9.26e+00	**8.02e+00**	8.05e+00
f_{17}	**3.55e+00**	5.71e+05	2.49e+03	1.43e+03	1.31e+02	2.18e+05
f_{18}	3.96e+00	6.52e+03	3.91e+02	1.19e+02	**3.78e+00**	4.10e+00
f_{19}	5.61e+00	1.14e+01	2.51e+00	9.22e+00	**2.29e+00**	3.70e+00
f_{20}	4.19e+00	6.27e+02	8.28e+01	4.99e+02	**2.41e+00**	5.29e+02
f_{21}	2.82e+02	2.58e+05	1.44e+03	9.99e+02	**5.07e+01**	4.38e+04
f_{22}	1.32e+02	2.08e+02	9.70e+01	4.21e+02	**2.90e+01**	1.97e+02
f_{23}	**3.68e+01**	3.15e+02	3.15e+02	1.14e+02	3.15e+02	1.21e+02
f_{24}	1.94e+02	2.00e+02	2.25e+02	2.11e+02	2.20e+02	**2.07e+01**
f_{25}	**2.01e+02**	2.04e+02	2.04e+02	2.01e+02	2.03e+02	**2.01e+02**
f_{26}	**8.90e+01**	1.00e+02	1.00e+02	2.00e+02	1.00e+02	1.00e+02
f_{27}	**1.26e+02**	4.09e+02	3.42e+02	5.58e+02	3.01e+02	4.09e+02
f_{28}	**3.71e+02**	4.34e+02	8.18e+02	7.67e+02	8.44e+02	3.82e+02
f_{29}	2.30e+02	2.14e+02	6.02e+02	**1.08e+02**	7.16e+02	3.01e+02
f_{30}	**2.91e+00**	6.69e+02	1.43e+03	1.56e+02	1.20e+03	1.40e+03
平均排位	2.37	5.00	4.27	3.63	2.27	2.80
最终排位	2	6	5	4	1	3
最佳/次佳/最差	13/4/1	0/2/16	0/2/2	5/3/7	15/4/2	8/6/0

2. 在 CEC 2017 测试集上的比较

为了进一步全面地比较 APSO-HSL 与其他最先进的算法, 我们也使用 CEC 2017 测试套件对其进行了测试. 所得平均误差值的结果如表 12.10 所示.

表 12.10 在 CEC 2017 测试集上和其他进化算法比较结果

	iCSPM2	RW-GWO	HBBOS	GI-MQHOA	iL-SHADE	APSO-HSL
f_1	3.50e+03	1.04e+04	2.31e−10	6.67e+03	**1.70e−14**	1.01e+02
f_2	8.50e+16	1.91e+04	6.48e+02	**2.18e−04**	8.82e−01	1.01e+02
f_3	3.00e+03	5.26e+00	1.14e−11	**0.00e+00**	1.56e−13	2.67e+02
f_4	9.00e+01	8.74e+01	1.21e+01	3.37e+01	4.62e+01	**3.66e+00**
f_5	4.00e+01	9.28e+01	3.09e+01	1.37e+04	**2.91e+01**	3.82e+01
f_6	4.90e−01	4.61e+00	5.37e−09	3.24e−01	3.11e−07	**0.00e+00**
f_7	1.40e+02	8.60e+01	6.43e+01	1.42e+02	7.83e+01	**5.69e+01**
f_8	3.70e+01	8.53e+01	3.25e+01	1.39e+02	**2.90e+01**	4.70e+01
f_9	3.40e+01	1.91e+02	3.19e−02	4.64e+01	**6.24e−14**	7.62e−01
f_{10}	6.70e+03	3.35e+03	2.40e+03	3.20e+03	2.98e+03	**2.09e+03**
f_{11}	8.20e+01	1.58e+02	**1.93e+01**	1.07e+02	2.72e+01	4.26e+01
f_{12}	5.70e+04	3.83e+06	7.67e+03	2.58e+04	**1.30e+03**	5.59e+05
f_{13}	2.00e+04	7.87e+04	1.07e+02	1.70e+04	**4.26e+01**	5.63e+03
f_{14}	7.10e+03	1.46e+04	1.21e+02	3.46e+03	**2.72e+01**	8.54e+02
f_{15}	2.20e+04	4.78e+04	**1.15e−02**	8.06e+03	2.38e+01	5.20e+02
f_{16}	4.90e+02	7.73e+02	**3.28e+02**	1.31e+03	3.34e+02	3.37e+02
f_{17}	1.40e+02	2.65e+02	**4.90e+01**	3.25e+02	2.43e+02	9.67e+01
f_{18}	3.70e+05	2.05e+05	3.99e+03	6.41e+04	**2.46e+01**	5.62e+04
f_{19}	1.10e+04	1.55e+05	3.15e+01	8.94e+03	**1.65e+01**	3.41e+02
f_{20}	2.20e+02	3.62e+02	8.55e+01	4.58e+02	1.23e+02	**8.40e+01**
f_{21}	2.30e+02	2.86e+02	2.33e+02	3.23e+02	**2.28e+02**	2.44e+02
f_{22}	**1.00e+02**	2.28e+03	**1.00e+02**	1.01e+02	1.23e+03	1.09e+02
f_{23}	4.00e+02	4.55e+02	**3.80e+02**	4.68e+02	4.43e+02	3.92e+02
f_{24}	4.70e+02	5.32e+02	**4.57e+02**	5.33e+02	5.14e+02	4.59e+02
f_{25}	4.00e+02	3.91e+02	3.87e+02	3.99e+02	4.81e+02	**3.87e+02**
f_{26}	1.40e+03	2.17e+03	1.28e+03	2.28e+03	1.27e+03	**2.24e+02**
f_{27}	5.30e+02	5.41e+02	5.09e+02	5.58e+02	5.30e+02	**5.08e+02**
f_{28}	4.30e+02	4.02e+02	**3.30e+02**	3.41e+02	4.62e+02	3.92e+02
f_{29}	6.20e+02	9.04e+02	4.67e+02	9.36e+02	**3.44e+02**	5.64e+02
f_{30}	2.60e+04	1.45e+06	**2.60e+03**	6.62e+03	6.60e+05	4.10e+03
平均排位	4.27	5.20	1.87	4.50	2.53	2.57
最终排位	4	6	1	5	2	3
最佳/次佳/最差	1/1/6	0/0/6	9/16/0	2/1/12	11/6/ 2	8/4/0

表 12.10 的结果表明:

(1) iCSPM2, RW-GWO, HBBOS, GI-MQHOA, iL-SHADE 和 APSO-HSL 算法, 排名第一的次数分别为 1, 0, 9, 2, 11 和 8 次. APSO-HSL 的平均排名为 2.57, 排名第三, 仅次于 HBBOS 和 iL-SHADE.

(2) 虽然 HBBOS 和 iL-SHADE 比 APSO-HSL 获得更多的 "最佳" 和 "次佳" 结果, 但在比较的六种算法中, 只有 APSO-HSL 没有 "最差" 结果, 这可以从使用 CEC 2014 测试套件的测试结果中看到.

(3) 从同时使用 CEC 2014 和 CEC 2017 测试套件的测试结果来看, 在这六种算法中, 只有我们的算法 (APSO-HSL) 和 iL-SHADE 在其数值性能列表上排名前三.

通过上述对比分析, 本章所提出的算法与其他先进的进化算法相比具有良好的竞争力和鲁棒性.

总　　结

在本章中, 我们开发了一种基于人类社会学习智慧的新型自适应群智能算法. 开发该算法的主要贡献包括设计了新的群划分策略、自适应确定子群的大小、自适应更新惯性权重, 以及考虑个体的不同作用动态更新学习系数. 与现有的 PSO 型算法不同, 本研究中提出的所有学习策略都受到人类社会学习智慧的启发. APSO-HSL 算法的性能已经通过 3 组不同的实验进行了测试. 根据得到的数值结果, 有以下结论:

(1) 本研究中提出的所有学习策略在提高所开发的 PSO 算法的性能方面都发挥了各自的关键作用.

(2) 在大多数测试问题上, 所开发的 PSO 算法在全局搜索能力、求解精度和收敛速度方面优于其他 PSO 变体.

(3) 从统计检验显著性上验证了所开发的群智能算法的优越性.

综上所述, 本章提出的学习策略能够增强种群多样性, 能够在探索和开发能力之间实现更好的平衡, 为提高 PSO 算法寻找全局最优解的能力提供了新的模式. 然而, 正是由于其增强种群多样性的特性, 我们的算法在求解一些单模态优化问题时可能表现不佳, 使用基于适应度的多子群技术可能会增加其计算成本. 此外, 在我们的算法开发过程中, 所使用的人类社会学习智慧的特征主要是基于学习心理学的理论或直接由我们的观察总结出来的. 虽然这些特征的真实性不是本研究的重点, 但其真实性还需进一步论证.

在未来的研究中, 可以进一步开展如下研究:

(1) 人类社会学习智慧中真实的, 更多的特征是什么? 以及如何结合这些特征来开发更多新的群智能算法?

(2) 我们已经在知名的基准测试问题集上进行了算法测试, 但是当我们的算法应用于科学和工程领域的实际问题中产生的更复杂的约束优化模型的求解时, 其性能如何? 如何修改本章开发的算法, 使其适用于解决实践中出现的那些复杂问题? 更详细地, 针对逻辑控制器设计问题、旅行商问题、选择性拆卸问题、大规模搜索中的离散和组合优化问题等, 如何处理优化模型中复杂的约束条件? 如何处理模型中的整数决策变量?

(3) 已有研究表明, 基于人类社会学习智慧的学习策略可以提高 PSO 算法的性能, 如何将这些策略推广到其他新型进化算法的开发中, 如灰狼优化算法和蚁群优化算法?

第二部分

工程与管理应用

在本书的第二部分，我们打算结合具体的工程和管理案例，展示如何在工程和管理实践中做到"最优化". 这个过程既涉及怎样把实际工程和管理问题变成优化模型，也涉及所得到的优化模型如何求解. 我们的研究心得是：

(1) 为解决实际问题所构造的优化模型常常不是已有优化理论方法已研究过的问题，也不能随便通过假设去简化需要求解的模型；

(2) 除了理论上使所建立的模型尽量贴近需要解决的实际问题，开发求解这类模型的专门算法是一件非常有价值的学术研究工作，它需要在以充分认识模型的结构和解析性质的基础上，将复杂的优化模型转化成一系列容易求解的子问题进行求解；

(3) 只有同时具备成功的模型和成功的算法，才能使"最优化"成为一门有用的学科.

我们团队近年来对一系列典型工程和管理问题开展了广泛深入的研究，其中包括供应链管理问题、逆向物流优化问题、多产品报童问题、机械传动设计问题等许多实际决策问题. 我们不仅阐述了如何在复杂的实际环境下将这些实际优化问题转化成数学问题，还将通过模型的性质分析开发面向问题的专门求解算法，并通过数值仿真、场景分析、灵敏度分析方法揭示所构建的模型和开发的算法在解决实际问题中的价值.

第 13 章　基于现有销售网络再利用构建废旧手机回收优化模型与算法

设计一个可持续废旧手机 (UMP) 回收系统是绿色生产的重要理念. 在本章中, 我们将通过重新利用现有发达的手机销售网络, 以提高 UMP 回收系统的可持续性, 并通过提高回收价格和回收网络的便利性以提高客户参与回收的意愿. 因此, 我们将建立一个综合优化模型, 该模型通过选择最优回收价格、最优收集点和最优运送路线来实现 UMP 回收系统的总利润最大化. 值得注意的是, 在该模型构建中, UMP 的回收量是一个与回收价格和现有实体销售网络中收集点的选择有关的函数. 因为综合优化模型的复杂性, 我们将通过交替求解三个子问题来开发有效的算法, 以获得最优策略. 数值模拟将表明: (1) 通过对销售网络的再利用和提升顾客回收意愿, 本章的研究成果可以帮助设计出最优的回收网络; (2) 销售网络的再利用可以极大地提高 UMP 回收系统的可持续性; (3) 最大回收利润与 UMP 的实际价值密切相关, 我们的模型和算法可以提供一个阈值来保证一个利润丰厚的回收系统; (4) 选择最佳收集点主要取决于它们对客户的影响力.

13.1　引　　言

13.1.1　研究背景

电子技术的快速发展和对人们对高品质生活的追求, 直接导致了用户频繁更换手机. 根据中华人民共和国无线电管理局 2019 年《年度报告》, 中国的手机用户数量超过 16 亿, 而据中华人民共和国工业和信息化部估计, 其中报废的手机量达 4.99 亿. 在巴西, 据手机制造商估计 (Santana et al., 2021), 大约 15% 的废旧手机可以不经翻新而返回市场, 70% 的手机在翻新后可以返回市场, 15% 的手机可以用来回收可用的零件和部件. 即使是严重损坏的手机, 许多贵金属也可以通过酸浸工艺进行回收 (Ha et al., 2014; Gu et al., 2019), 而使用成熟的湿法冶金技术, 贵金属的回收效率甚至高于 90% (Liu et al., 2020a). 在意大利有报道称 (Paiano et al., 2013), 2007 年至 2012 年期间, 由废旧手机产生的电子废物超过 11000 吨.

从经济和社会可持续发展、环境保护要求的角度看, 废旧物品的再利用是循环经济的主要特征, 资源节约和再利用是可持续发展的基本保证 (Wang et al.,

主要结果发表于 Journal of Cleaner Production, 2022, 350: 131349.

2018b; Lahlou et al., 2021). 在电子废弃物中回收有价值的部分可以减少对不可再生资源的开采, 有利于自然生态系统和环境保护 (Song et al., 2012). 由于 UMP 中包含许多可再生部件和大量的金属资源, 它们是最有价值的可回收电子产品 (Ongondo and Williams, 2011; Xu et al., 2016; He et al., 2020a). 所以设计一个高效的 UMP 回收系统, 有利于发展循环经济. 然而, 处理一个 UMP 以获得其所有潜在利用价值通常是很费时的. 例如, 在二次销售中, 更换 UMP 的外部屏幕通常需要一个熟练工人的几个小时的专业劳动. 因此, 回收 UMP 部门需要具备专业注册资质.

除了有价值的成分, UMP 也含有许多有害元素, 它们会污染土壤和水源, 如铅、镉、锑、汞和溴化阻燃剂 (Cui and Forssberg, 2021). 因此, 采取有效措施妥善处理 UMP 可以为建设环境友好型社会做出贡献. 此外, 如果 UMP 处置不当, 可能导致存储在 UMP 中的个人隐私受到侵犯 (Debnath et al., 2020), 但 UMP 回收注册机构有责任通过适当技术保护隐私, 其中包括恢复出厂重置, 或直接删除内存和 SIM 卡.

我们本章打算通过重新利用现有的高度发达的手机前向销售网络来设计一个高效废旧手机 (UMP) 回收系统. 因为它不需要建立新的回收设施, 所以该系统具备潜在的、能够有效提高可持续性发展水平的特点.

13.1.2　相关工作及不足

在实践中, 早在 2009 年 2 月 25 日, 中国就颁布了《废弃电器电子产品回收处理管理条例》, 这是中国政府制定的第一部有关废弃电子产品的法规 (Li et al., 2011). 通信运营商作为手机产业链的重要成员也纷纷推出回收计划. 例如, 中国移动、摩托罗拉和诺基亚在 2005 年 12 月联合推出了 "绿箱子环保计划", 专门用于收集 UMP 和配件, 其他手机制造商, 如 LG、NEC、松下和联想也在 2006 年 4 月参与了回收计划 (Tanskanen, 2013).

尽管理论上已经认识到回收 UMP 的意义, 但在过去二十年里, 回收 UMP 的实际效果并不理想. 例如, 由于 "绿箱子" 主要放置于中国移动在中国 40 个主要城市营业厅、销售中心和制造商维修服务中心, 这一环保项目的执行有很多限制. 2014 年相关记录显示, 只有 28.1% 未使用/包装手机被回收, 其中 6.5% 的手机是通过中国 "绿箱子计划" 回收. 相反, 市面上存在大量非正式电子废物回收系统, 他们采用不环保的做法 (如露天焚烧) 从 UMP 中提取有价值的部件 (Orlins and Guan, 2016). 也有不正规维修人员将 UMP 转换成未经严格测试翻新手机, 然后直接卖给客户 (Xu et al., 2016), 严重损害了消费者利益.

除了上述线下回收模式外, 最近 UMP 在线回收模式也被手机制造商或专业废旧电子产品回收平台采用, 如中国爱回收电商平台 (https://www.aihuishou.

com/). 早在 2013 年, 华为就推出了名为 "绿色行动" 在线回收项目; 法国也首先在国内推出了废旧手机更换服务, 并于 2014 年推广到中国. 就像爱回收电商平台一样, UMP 在线回收首先由废旧手机客户通过在线扫描二维码, 然后平台将根据手机的品牌、型号、生产日期和直接磨损情况估算出废旧手机回购价格. 再后, 废旧手机客户需要在线提交线下回收 UMP 服务订单. 不过, 废旧手机的实际回收价格要经过线下专业质检才能确定, 而且往往低于线上估算价格. 例如, 在爱回收平台上, 一部 2 年红米 10X(5G) 手机, 如果手机屏幕有磨损, 实际回购价格估计在 200 元左右, 但网上标注最高回购价格是 700 元. 诚然, 在线回收对大多数 UMP 客户来说便利性很强, 但由于其还需要租用实体回收店面或者提供上门回收服务, 所以其实际运营成本往往较高, 其支付的回收价格一般不能令废旧手机客户满意. 换句话说, 要想支付满意的 UMP 回购价格, 就需要更好的降低运营成本的措施.

总而言之, 由于低回购价格以及参与 UMP 回收的不便性 (John et al., 2018; He et al., 2018), 目前在实践中采用的线下和线上回收模式都不能充分激励 UMP 客户的回收意愿 (John et al., 2018; Ahmadi and Amin, 2019).

由于实践中缺乏有效的回收激励机制, 许多学者对 UMP 回收问题的理论研究给予了极大的关注. 有研究成果提出 (Ongondo and Williams, 2011), 只有通过强制性措施或者 UMP 持有人的自愿行动, 城市中的 UMP 回收才能成功. 还有学者提到, 回收价格、便利性、收集机构资质和废旧手机质量认证是优化回收策略最重要要素 (Qu et al., 2019; Jenkins et al., 2003); 消费者环保意识和态度也影响他们的回收行为 (Schultz and Oskamp, 1996). 此外, Banar 等 (2014) 采用多标准决策 (MCDM) 方法以优化收集地点来回收电子设备, 使总回收成本最小, 其中人口、土地成本、是否存在其他收集点、是否存在电子设备生产商、是否存在废弃管理系统、是否存在电动废弃管理系统以及环境补助金等等, 都被视为选择回收点的标准 (Queiruga et al., 2008). Fan (2009) 应用聚类算法寻找合适废弃产品收集点, 使站点建设成本和交付成本之和最小. 遗憾的是, 这些成果构建的优化模型中, 没有任何一个将 UMP 持有人的回收意愿加入到其中.

对于一个可再利用包装回收系统, Coelho 等 (2020) 提出, 逆向物流优化是分析和确保回收系统设计具有可持续性的重要方法. Dat 等 (2012) 通过选择最佳收集点、收集中心、再制造厂和垃圾处理厂, 设计了一个逆向物流网络, 以同时最大化经济和社会效益. Queiruga 等 (2008) 重点研究了西班牙 UMP 处理厂的选择, 并提出处理厂合理位置可以有效实现成本最小化. John 等 (2018) 建立了一个整数线性规划 (ILP) 模型, 通过考虑再制造、翻新和直接回收等不同再循环利用方案, 以设计一个多产品、多车位逆向物流网络. 该网络能够为回收废旧手机和数码相机提供最佳数量的再制造设施和设施位置. Ahmadi 和 Amin (2019) 也提出了一个 ILP 模型优化回收设施位置选择. Pati 等 (2008) 建立了一个混合整数线性

规划模型 (MILP) 来确定不同类型可回收资源设施位置、路线和流量, 其目标函数是回收系统的总利润. Shih (2001) 也构建了一个 MILP 模型, 以优化旧手机回收问题的收集点位置和运输方案. 然而, 在所有这些优化模型中, 没有把废旧物品的回收价格作为模型的决策变量, 其废旧物回收量不依赖于回收价格, 而是假设为常数, 因而所构建的优化模型都是线性模型.

最近, Bo 等 (2019) 建立了混合整数非线性优化模型对废弃电子电气设备 (WEEE) 回收进行了研究. 该模型除了优化收集中心、转运站、处理中心、焚烧厂、填埋场等回收设施位置, 以及运输方式外, 回收价格、运输模式都是模型内生决策变量. Bo 等 (2019) 证实: 回收价格对提高废弃电子电器产品收集数量起着关键作用, 运输模式选择也可能严重影响回收系统的总利润. Wan 等 (2019) 提出了一个非线性优化模型来解决废弃车辆回收管理问题, 其中回收价格也被视为该模型的内生决策变量, 且回收量函数与回收价格和公众环保意识密切相关. 上述两项研究成果都充分考虑了废旧物回购价格对增加回收量发挥的基础性关键作用. 本章研究的 UMP 回收系统优化模型不仅考虑回购价格的激励作用, 其 UMP 回收量还依赖于回收企业提供的客户便利性.

此外, 同已有回收网络优化方法不同, 本章提出的 UMP 回收网络不需要租用线下回收店面或建立新在线回收平台, 而是充分再利用高度发达的前向手机销售网络. 因此, 同已有文献中回收网络优化模型不同, 我们将建立一个新的非线性优化模型来刻画 UMP 回收问题, 其中 UMP 回收量不仅与回收价格有关, 取决于客户参与 UMP 回收的便利性. 与 "爱回收" 公司需要建立或租用新实体回收店面相比, 本章的回收网络通过充分利用前向手机销售网络以增强回收系统的可持续性特性. 我们把已有研究成果存在的不足总结如下:

(1) 尽管在以前研究中, 客户参与回收的意愿被认为是影响 UMP 回收的一个重要因素, 但没有提出任何优化模型通过优化策略来促进客户参与回收的意愿.

(2) 在现有文献的回收网络中, 没有一个是通过重新利用发达的新手机销售网络而设计.

(3) 对于回收 UMP 复杂非线性优化模型, 目前还没有针对这些模型的解析性质或结构性质提出有效的求解算法. 相反, 这些模型通常非常简单, 可以用现成的软件来求解, 或者复杂到需要通过开发一种启发式算法来求解.

为弥补上述不足, 我们再归纳本章要设计新的回收系统的思想:

(1) UMP 回收量与客户意愿直接相关, UMP 的最佳回收价格和参与回收 UMP 便利性提高了客户意愿.

(2) 为了提高这个回收系统可持续性, 现有的手机销售网络被用来重建一个利润丰厚的回收网络, 以节省基础设施建设成本 (资源).

(3) 通过建立一个具有实际约束条件的综合优化模型, 提供一个更有效的回收系统, 其中系统总利润是目标函数, 而回收价格、收集地点和运送路线是模型内生决策变量.

(4) 由于本章所建模型复杂性, 现有的优化算法不能直接有效地求解它. 作为我们研究的另一个重点, 我们将开发基于所建模型属性的分析算法, 以有效求解复杂模型并提高其适用性.

13.2　新的回收 UMP 优化模型

13.2.1　问题描述和基本假设

本章要解决的问题是在一个给定城市区域内, 通过考虑 UMP 持有人的利益和环境保护意识优化回收策略. 该回收网络直观地由图 13.1 表示. 具体来说, 与文献中所有现有的回收网络不同, 图 13.1 中网络首先从给定城市地区现有销售网络实体店中选择所需数量的收集点, 以便每个 UMP 持有人可以方便地将他们不需要的手机就近送到一个可用收集点. 然后, 由回收企业将 UMP 送到回收中心进行进一步处理. 详细来说, 考虑到回收价格和实体销售店可到达性, UMP 持有人将废旧手机卖给就近的收集点. 然后, 处理中心根据实体店收集的数量和运送成本, 优化路线, 定期从实体店收集数量足够多的 UMP.

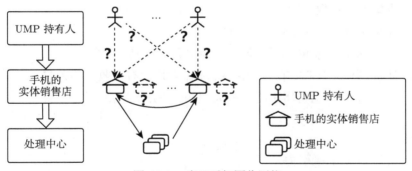

图 13.1　废旧手机回收网络

为了设计这样一个回收网络, 我们需要解决以下三个问题: (1) 在考虑回收潜力的条件下, 如何从现有实体店中确定一个最佳收集点数量和位置? (2) 与所设计的回收网络相对应, 如何优化运送路线, 使收集的手机能以最小运送成本运送到处理中心? (3) 在利润最大化前提下, 最佳回收价格是多少?

接下来我们将建立一个新的综合优化模型及其求解算法来回答这些问题. 我们假设: (1) 所有实体销售店位置都已给出. (2) 所有 UMP 都有相同的实际回收价值.

13.2.2　符号说明

在建立回收问题优化模型之前, 我们首先介绍本章中使用的符号.

指标量

　　k : 实体店指标.

　　kc : 收集点指标.

　　m : 单元区域指标.

参数

　　d_{ij} : 收集点 i 到 j 之间的距离.

　　a : 客户对回购价格和回收 UMP 便利性的敏感性参数, 称为参与意愿系数.

　　d : 回购价格为零时客户的固定参与系数, 反映了公众的环境保护意识, 称为环保意识系数.

　　w_1 : 单元区域的单位广告成本 (元).

　　w_2 : 每个收集点的固定建设成本.

　　h_0 : 每千米单位运输成本 (元).

　　n : 可用实体收集点的总数.

　　nc : 收集点的总数.

　　p_0 : 每部废旧手机的实际价值 (元).

　　R_k : 实体店 k 控制的单元区域到自身的最远距离 (千米).

　　R_s : 距离阈值 (千米). 在该距离阈值内, 客户没有回收行为差异.

　　SA : 受某个实体销售店影响的最大面积 (平方千米).

中间变量

　　F_k : 实体店 k 的吸引力.

　　CI_k : 收集点 k 的投资 (元).

　　I_k : 受实体销售商店 k 影响的面积 (平方千米).

　　y_m : 可在单元区域 m 中回收的 UMP 的数量.

决策变量

　　p : UMP 的回购价格 (元).

　　t_{ij} : 如果配送车辆直接从实体店 i 前往实体店 j, "$t_{ij} = 1$"; 否则, "$t_{ij} = 0$".

　　x_k : 如果选择可用收集点 k 作为收集点, "$x_k = 1$"; 否则, "$x_k = 0$".

13.2.3 新模型的建立

有了以上准备, 我们现在建立一个混合整数规划模型来求解 UMP 的回收问题. 以回收价格、回收点选择和配送路线作为决策变量, 模型的目标函数是整个回收系统赚取的利润.

从图 13.1 的回收网络中可以看出, 回收系统的总回收成本包括从用户手中购买 UMP 的成本、与实体店合作的合作成本、回收站的建设成本, 以及将 UMP 从收集点运送到处理中心的成本. 这个回收系统的总收益是 UMP 经过进一步处理后的总的潜在价值.

我们首先计算总收益, 由下式给出

$$P_0 = \sum_{m=1}^{M} p_0 y_m, \tag{13.1}$$

其中, M 是给定区域内所有单元区域 (UR) 的数量, p_0 是回收一部单位手机产生的实际价值, y_m 是单元区域内回收的 UMP 数量 $m \in \{1, 2, \cdots, M\}$. 所有的 UR 都是通过将城市区域划分为多个足够小的区域生成的, 从而对于该地区的所有客户来说, 该单元区域与任何收集点都可以认为是相同的 (见图 13.2). 在本章中, 每个 UR 的面积等于 0.2 平方千米.

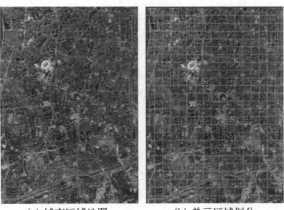

(a) 城市区域地图   (b) 单元区域划分

图 13.2   城市区域实例及其单元区域划分

在式 (13.1) 中, 单元区域 m 中 UMP 的回收量由下式给出

$$y_m = \begin{cases} \dfrac{ap}{r_m^2} + d, & r_m > R_s, \\[2mm] \dfrac{ap}{R_s^2} + d, & r_m \leqslant R_s, \end{cases} \tag{13.2}$$

其中, d 是回购价格为零时客户固定的回收活动参与系数, R_s 是一个距离的阈值, 在这个阈值内客户对距离的敏感度不存在差异, r_m 表示从第 m 个 UR 到最近收集点的修正距离, a 是客户对回购价格 p 和回收便利性水平 (r_m) 的敏感度参数. 根据定义, 式 (13.2) 中的 r_m 与从第 m 个 UR 到所有采集点的距离相关. 设 $d(m, v_k)$ 是从第 m 个 UR 到实体店 v_k 的最短路径.

记 F_k 为实体店 v_k 的吸引力参数, 它由下式定义:

$$F_k = \frac{f_k}{\sum_{k=1}^{n} x_k f_k}, \tag{13.3}$$

其中, f_k 是每单位时间访问实体店 k 的平均客户数, x_k 是 0-1 决策变量: 如果没有选择实体店 v_k 作为收集点, 则 $x_k = 0$; 否则, $x_k = 1$. 设 r_{mk} 是第 m 个 UR 到实体店 v_k 之间的修改距离, 则

$$r_{mk} = \begin{cases} \dfrac{d(m, v_k)}{F_k}, & x_k = 1, \\ +\infty, & x_k = 0, \end{cases} \tag{13.4}$$

显然, 式 (13.4) 中使用了实体店 v_k 的吸引力 F_k 修改实际距离 $d(m, v_k)$. 因此, 从第 m 个 UR 到最近的采集点 r_m 的距离定义为

$$r_m = \min \{r_{m1}, r_{m2}, \cdots, r_{mn}\}. \tag{13.5}$$

注 13.1 在实践中, 回收价格和单元区域到收集点的距离会影响客户参与回收的意愿. 在式 (13.2)—(13.5) 中, 我们首次提出了一个新的模型来刻画客户对回收价格的敏感度和参与回收 UMP 的便利性水平. 这一想法类似于 (Yin et al., 2014) 中分析顾客意愿的 "零售商吸引力定律", 只不过我们的模型还考虑了实体店的吸引力. 显然, 我们由式 (13.2)—(13.5) 中定义的模型更适用于计算实际 UMP 的回收量. 从式 (13.2) 中 y_m 的定义可以得出, 修正距离越远, 回收的 UMP 数量越少. 较低的回购价格可能会导致回收的 UMP 数量较少.

利用式 (13.2) 中的 y_m, 我们还可以计算购买 UMP 的总成本:

$$C = \sum_{m=1}^{M} p y_m. \tag{13.6}$$

由于本章提出的模式是通过与现有的手机实体销售店合作来回收 UMP, 因此需要考虑如下合作成本:

$$G = \sum_{k=1}^{n} C I_k x_k, \tag{13.7}$$

其中 CI_k 是单个实体商店 k 的合作成本, 并且假设在 $x_k = 1$ 时线性地依赖于其受影响的 UR 的面积 (数量). 也就是说

$$CI_k = w_1 I_k + w_2, \tag{13.8}$$

其中 w_1 代表每个 UR 的单位广告成本, w_2 代表每个 UR 的固定建设成本, I_k 是收集点 k 的受影响 UR. 更具体地说, 对于每个收集点, 所谓的受影响的 UR 指的是该收集点周围的所有 UR, 居住在那里的客户会将他们的 UMP 出售给该收集点, 而不是其他收集点. 简而言之, I_k 是受所选收集点 k 影响的所有 UR 的集合. 假设有选择与之合作的实体销售商店 M. 然后

$$I_k = \left\{ \mathrm{UR}_m : x_k = 1, \hat{d}(m, v_k) = \min_{x_{i_\nu}=1, p \in \{1,2,\cdots,M\}} \hat{d}(m, v_{i_\nu}) \right\}, \tag{13.9}$$

其中 $\hat{d}(m, v_k)$ 是通过使用式 (13.3) 中定义的吸引力修改实际距离 $d(m, v_{i_\nu})$ 来获得的, 即

$$\hat{d}(m, v_{i_\nu}) = \left(1 - \frac{F_{i_\nu}}{\sum\limits_{i_\nu=1}^{M} F_{i_\nu}} \right) d(m, v_{i_\nu}).$$

如果 UR 属于收集点 s 的受影响区域, 则只将该 UR 的 $1/s$ 区域添加到所有相关收集点的受影响区域.

注 13.2 根据 I_k 的定义, 我们知道对于给定的实体销售商店选择, 每个收集点的受影响 UR 是唯一确定的. 然而, 即使对于相同的收集点, 不同的收集点选择也可能产生不同的影响区域.

最后, 我们研究了 UMP 从收集点到处理中心的总配送成本 D. 显然, 这一成本与给定收集点的送货路线直接相关. 总配送成本写为

$$D = h_0 \sum_{i=1}^{nc+1} \sum_{j=1}^{nc+1} d_{ij} t_{ij}, \tag{13.10}$$

其中, nc 是收货点的数量, h_0 是单位运输成本, d_{ij} 是收集点 V_i 到 V_j 之间的实际距离, t_{ij} 是我们模型中的决策变量: 如果实体店 V_i 到 V_j 之间的路径位于配送路线中, 则 $t_{ij} = 1$; 否则, $t_{ij} = 0$. 我们将 $nc + 1$ 表示为所有相关回收网络节点的数目. 显然, 如果 $i = j$, 那么 $d_{ij} = 0$.

根据上述分析, 我们得到回收系统的总利润:

$$TP = P_0 - C - G - D \tag{13.11}$$

且当式 (13.11) 定义的利润函数最大化时, 我们还需要考虑如下实际约束条件.

第一种类型的约束来自 UMP 的固定潜在社会存量.

$$0 \leqslant y_m \leqslant y_{\max}, \tag{13.12}$$

其中, $y_{\max}$ 是每个 UR 中 UMP 的最大潜在社会存量. 第二种类型的约束来自所选实体商店的有限影响能力:

$$0 \leqslant I_m \leqslant SA, \tag{13.13}$$

其中, SA 是受选择作为收集点的每个实体店影响的最大区域. 第三类约束与配送路线有关. 显然, 可行的配送路线是一个以处理中心为起点和终点的循环, 并遍历所有选定的收集点. 因此, 回收网络中的路径 t_{ij} 应满足

$$\begin{cases} t_{ij} \in \begin{cases} \{0,1\}, & x_i x_j = 1, \\ \varnothing, & x_i x_j = 0. \end{cases} \\ t_{ij} = 0, \quad i = j, \\ \displaystyle\sum_{i \neq j} t_{ij} = 1, \quad i = 1, 2, \cdots, nc + 1, \\ \displaystyle\sum_{j \neq i} t_{ij} = 1, \quad j = 1, 2, \cdots, nc + 1. \end{cases} \tag{13.14}$$

我们将 T 表示为路径选择矩阵, 即 $T = (t_{ij})_{(nc+1) \times (nc+1)}$. 显然, 约束 (13.14) 能够确保运输线路的连通性和单一闭环性. 为了进一步不允许得到的回收环路包含两个或多个彼此不连接的回路, 或者多次通过同一收集点, 我们增加如下模型约束:

$$\sum_{i \in S} \sum_{j \in S} t_{ij} \leqslant |S| - 1, \quad \forall S \subset N, 2 \leqslant |S| \leqslant n - 1. \tag{13.15}$$

第四类限制是对回收价格的界约束:

$$0 \leqslant p \leqslant p_0. \tag{13.16}$$

最后一类约束是关于 0-1 决策变量 x_i 的:

$$x_i \in \{0, 1\}, \quad i = 1, 2, \cdots, n. \tag{13.17}$$

通过上述分析, 我们得到如下 UMP 回收系统优化模型:

$$\begin{aligned} \min \quad & -TP(x, p, T) \\ \text{s.t.} \quad & (13.12)\text{---}(13.17). \end{aligned} \tag{13.18}$$

注 13.3 本章构建的模型 (13.18) 是一个复杂的混合整数非线性规划问题. 该模型的主要优点概括如下:

(1) 提供了一种计算实体手机销售店的影响区域的方法. 它对模型优化收集点选择发挥着重要作用.

(2) 模型 (13.18) 中的 UMP 回收量增加要靠激励废旧手机持有人回收意愿实现, 其中回收价格和回收便利性是模型的内生变量, 用于激发废旧手机持有人回收意愿, 以同时提高该回收系统的经济效益和生态效益.

(3) 通过再利用高度发达的前向手机销售网络 (模型 (13.18) 中的决策变量 x), 避免重新建设新的回收基础设施, 进一步减少碳排放和增强回收系统的可持续性.

注 13.4 由于 UMP 客户的便利性是决定回收数量的决策变量, 因此持有 UMP 的客户到收集点的平均距离最多应为 1 小时的步行距离. 为此, 我们建议本章所建立的模型应用于城市居民小区. 此外, 处理 UMP 的耗时特点和二次销售的简便性也决定了将本模型应用于居民小区的必要性和价值. 在我们的案例研究中, 模型 (13.18) 中的回收网络节点数约为 20.

13.3 模型性质分析与算法开发

我们接下来分析模型 (13.18)的性质, 以开发求解该模型的高效算法.

我们首先分析了如何从给定的收集点中选择一条最优的回收路线. 设 $\bar{x}$ 表示给定的收集点选择. $\bar{p}$ 代表给定的回收价格. 如果 $\bar{x}$ 和 $\bar{p}$ 满足所有相关约束, 则模型 (13.18) 可以改写为

$$
\min \quad h_0 \sum_{i=1}^{nc+1} \sum_{j=1}^{nc+1} d_{ij} t_{ij} + G(\bar{x}) + C(\bar{p}, \bar{x}) - P_0(\bar{p}, \bar{x}) \tag{13.19}
$$
$$
\text{s.t.} \quad (13.13) \text{---} (13.15).
$$

从 (13.1), (13.6) 和 (13.7) 中, 我们知道模型 (13.19) 的目标函数中的 $G(\bar{x}) + C(\bar{p}, \bar{x}) - P_0(\bar{p}, \bar{x})$ 是常数. 因此, (13.19) 是仅与 0-1 决策变量 t_{ij}, $i, j = 1, 2, \cdots$, $nc + 1$ 相关的整数规划问题. 换言之, 对于给定的收集点和回收价格的选择, 可以通过求解优化问题 (13.19) 来获得与该选择相对应的最优路径. 以下算法可用来寻找收集路线.

算法 13.1 寻找最优收集路线

步 0 (初始化): 选择起始和结束位置 V_a 和 V_b, 使得 $d_{a,n+1} \leqslant d_{b,n+1} \leqslant \min\{d_{ij}\}$. 令 $S_p := \{V_a\}$. 让 S_a 是一个包含所有站点的集合. 令 $r_1 \leftarrow a$.

步 1 (寻找最短路径): 选择变量 r_2, 使得 $c_{r_1,r_2} = \min\{c_{i,j}\}$, $t_{r_1,r_2} = 1$. 更新 $S_p := \{V_{r_2}\} \cup S_p$. 如果 $r_2 = b$, 转向步 2; 否则, 令 $r_1 \leftarrow r_2$ 并重复步 1.

步 2 (路线的扩展): 去一个站点满足 $V_o \in S_o = S_a - S_p$. 如果满足下列条件 $d(o, r_1) = \min_{V_r \in S_a}\{d(o, r)\}$, $d(o, r_2) = \min_{V_r \in S_a - \{V_{r_1}\}}\{d(o, r)\}$, $t_{o,r_1} = t_{o,r_2} = 1$ 并且对于 $V_{r_1}, V_{r_2} \in S_p$, 有 $t_{r_1,r_2} = 0$, 更新 $S_p := \{V_o\} \cup S_p$ 和 $S_o := S_o - \{V_o\}$. 如果 $S_o = \varnothing$, 转向步 3; 否则, 重复步 2.

步 3 (最优配送路线): 自起始位置 S_p 选择一条闭环配送路线 R^*, 使其满足模型 (13.19) 的约束条件并且能够最小化配送成本 (目标函数值).

本质上, 算法 13.1 通过寻找给定收集点网络的最小加权生成树的方法来寻找最短的闭环配送路线, 其中距离 d_{ij} 是弧 (V_i, V_j) 的权重. 算法 13.1 基本上是一种改进的 Kruskal 算法, 用于寻找最小生成树. 算法 13.1 和经典的 Kruskal 算法之间的关键区别可表述如下.

(1) 由于处理中心 V_{nc+1} 是固定的, 算法 13.1 总是选择该地点作为最短闭环配送路线的节点.

(2) 在算法 13.1 中, 我们选择离加工中心最近的两个实体店 (V_a 和 V_b) 作为这条路径的起点和终点, 以求得到最短的闭环配送路径. 具体地说, 当 $d_{a,n+1} \leqslant d_{b,n+1} \leqslant \min\{d_{ij}\}$ 时, 我们分别选择收集站点 V_a 和 V_b 作为除处理中心之外的起始节点和最后访问节点. 从数学上讲, 这样做会在求解模型 (13.19) 时添加约束 $t_{ab} = 0$ 和 $t_{a,n+1} = t_{b,n+1} = 1$.

显然, 上述策略有助于通过模型 (13.19) 找到所需的闭环配送路线. 对于任意一组给定的收集地点 x, 记 $D(x)$ 为由算法 13.1 给出的收集路线的运输成本.

下面我们开发一个算法来优化回收价格和从实体店选择收集地点. 我们首先对给定的收集地点选择推导出一个最优回收价格.

根据式 (13.4) 和 (13.5) 中的定义, 得出当 $\bar{x} = (\bar{x}_1, \bar{x}_2, \cdots, \bar{x}_n)^{\mathrm{T}}$ 确定时, r_m 也被确定, 记为 $\bar{r}_m$. 因此, 模型 (13.18) 被简化为

$$\min \quad TG_0 + \sum_{m=1}^{M}(p - p_0)\left(\frac{ap}{\bar{r}_m^2} + d\right), \tag{13.20}$$
$$\text{s.t.} \quad 0 \leqslant p \leqslant p_0.$$

从约束 (13.12) 和 (13.16), 我们得到 p 的可行域:

$$p \in \begin{cases} [0, p_0], & p_0 \geqslant \dfrac{(1-d)\bar{r}_m^2}{a}, \\ \left[0, \dfrac{(1-d)\bar{r}_m^2}{a}\right], & p_0 < \dfrac{(1-d)\bar{r}_m^2}{a}. \end{cases} \tag{13.21}$$

注意, (13.20) 中的 TP 是 p 中的一元二次函数, 我们根据以下结果得到最优回收价格.

定理 13.1 令

$$p_h = \frac{\sum\limits_{m=1}^{M} \left(\frac{a p_0}{\bar{r}_m^2} - d \right)}{2 \sum\limits_{m=1}^{M} \left(\frac{a}{\bar{r}_m^2} \right)}, \quad p_{\max} = \min \left\{ p_0, \frac{(1-d)\bar{r}_m^2}{a} \right\}.$$

则有如下结论: 当 $p_h \leqslant p_{\max}$ 时, 最优回收价格 $p^*(x) = p_h$; 当 $p_h > p_{\max}$ 时, $p^* = p_{\max}$.

证明   显然, 模型 (13.20) 中的 TP 是关于 p 的二次函数, 其可行域为 $[0, p_{\max}]$. 因此, 很容易得到 TP 的唯一驻点:

$$p_h = \frac{\sum\limits_{m=1}^{M} \left(\frac{a p_0}{\bar{r}_m^2} - d \right)}{2 \sum\limits_{m=1}^{M} \frac{a}{\bar{r}_m^2}}.$$

如果 $p_h \leqslant p_{\max}$, 那么 $TP(p_h) = \min_p\{TP(p)\}$. 如果 $p_h > p_{\max}$, 纳闷 $TP(p_{\max}) = \min_p\{TP(p)\}$. 证明完毕. □

最后, 如果回收价格是固定的 $(p = \bar{p})$, 我们研究如何从实体销售商店中选择最佳的收集地点. 在这种情况下, 模型 (13.18) 简化为

$$\begin{aligned} \min \quad & G(x) + D(x) + C(\bar{p}) - P_0(\bar{p}) \\ \text{s.t.} \quad & (13.13), (13.17). \end{aligned} \quad (13.22)$$

显然, 模型 (13.22) 是一个仅含有决策变量 x 的整数非线性规划问题. 考虑到其不连续性, 我们开发一种基于受影响区域比较的算法来求解 (13.22). 从式 (13.2) 可以看出, 对于相同的回收价格, 收集点的受影响区域越大, 回收的 UMP 数量就越大. 另一方面, 从 (13.7) 和 (13.10) 中可以看出, 当收集站点的数量增加时, 运输成本 $D(x)$ 和合作成本 $G(x)$ 也在增加. 基于这些观察, 我们可以搜索受影响区域较大的实体销售商店, 看看总利润如何随着我们的选择而变化, 直到即使添加了新的收集点, 总利润也不再增加, 搜索才终止. 具体来说, 我们首先选择一家受影响面积最大的实体销售店, 然后按照受影响面积的降序排列, 从剩余的销售店中选择一家作为收集点. 根据所选的收集点, 我们计算模型 (13.22) 中的总利润 TP. 通过将这个新添加的站点替换为另一个受影响面积较小的站点, 我们计算赚取的利润和总利润的差额. 如果即使添加了新的采集点, 总利润也没有增加, 则此选择过程停止. 这可以写成如下算法:

算法 13.2　寻找最优的收集场所

步 1 (受影响面积): 通过 (13.9), 计算每个实体销售商店的受影响区域的面积, 得到按面积降序排列的实体销售商店阵列, 记为 $SN = \{V_{S_1}, V_{S_2}, \cdots, V_{S_n}\}$. 令 $nc := 1$.

步 2 (增加收集站点): 以 $x_{S_1} = \cdots = x_{S_{nc}} = 1$ 作为 X_1 的实验选择, $x_{S_{nc+1}} = \cdots = x_{S_n} = 0$. 通过算法 13.1 计算 $TP_1 = G(X_1) + D(X_1) + C(\bar{p}) - P_0(\bar{p})$ 来求解给定回收价格 $p = \bar{p}$ 的模型 (13.19). 然后, 增加实体店 $V_{S_{nc+1}}$ 到收集站点集合中, 使得 X_1 被 X_2 替换, 其中 $x_{S_1} = \cdots = x_{S_{nc+1}} = 1$, $x_{S_{nc+2}} = \cdots = x_{S_n} = 0$, 计算 $TP_2 = G(X_2) + D(X_2) + C(\bar{p}) - P_0(\bar{p})$. 如果 $TP_1 < TP_2$, 令 $nc \leftarrow nc + 1$, $X_1 \leftarrow X_2$, 重复步 2; 否则, 转向步 3.

步 3 (替换收集站点): 用 $\bar{X}_2$ 替换 X_1 使得 $\bar{x}_{S_1} = \cdots = \bar{x}_{S_{nc-1}} = \bar{x}_{S_{nc+1}} = 1$, $\bar{x}_{S_{nc}} = \bar{x}_{S_{nc+2}} = \cdots = x_{S_n} = 0$, 计算 $\bar{T}P_2 = G(\bar{X}_2) + D(\bar{X}_2) + C(\bar{p}) - P_0(\bar{p})$. 如果 $TP_1 < \bar{T}P_2$, 令 $nc \leftarrow nc + 1$, $X_1 \leftarrow \bar{X}_2$, 转向步 2. 否则, 输出最优收集站点集合, 记为 $\bar{x}$.

有了算法 13.1 和算法 13.2, 我们可以开发一个集成算法求解原模型 (13.18).

算法 13.3　回收 UMP 的优化系统设计

步 1: 选择一个初始回收价格 $p^{(0)}$, 使其满足条件 $0 \leqslant p \leqslant p_0$. 选择一个足够小的正常数 ϵ.

步 2 (收集站点的选择): 通过算法 13.2 求解模型 (13.22), 令 $(x^{(0)}, R^{(0)})$ 和 TP_a 分别为其最优解和相应的目标函数值.

步 3 (更新回收价格): 通过定理 13.1 的结论, 对于步 2 给定的 $x^{(0)}$ 计算一个新的回收价格 $p^{(1)}$. 通过算法 13.2 求解问题 (13.22), 令 $(x^{(1)}, R^{(1)})$ 和 TP_b 分别为其最优解和相应的目标函数值.

步 4 (终止条件): 如果 $|TP_a - TP_b| \geqslant \epsilon$, 令 $p^{(0)} := p^{(1)}$ 并转向步 2. 否则, 输出最优解 $x^* = x^{(0)}$, $p^* = p^{(0)}$, $R^* = R^{(0)}$.

注 13.5　本质上, 算法 13.3 是通过交替求解从原模型 (13.18) 导出的三个子问题 (13.19), (13.20) 和 (13.22) 的思想开发的. 这个想法得益于对复杂模型 (13.18) 的性质分析. 由于考虑到客户参与 UMP 回收的便利程度, 根据中国长沙市居民街道的数据, 模型 (13.18) 中回收网络的节点数一般不超过 20. 因此, 在随后的 13.4 节和 13.5 节进行的数值模拟中, 算法 13.3 通常在 200 秒内就能求解模型 (13.18).

注 13.6　虽然算法 13.3 的计算成本对于求解本章中的模型 (13.18) 来说不是一个关键问题, 但考虑到模型的规模, 将所提出的算法推广到更大规模的实际问题也是具有实际应用价值的.

13.4 案 例 研 究

在本节中, 我们利用在 13.2 节和 13.3 节中开发的模型和算法进行案例研究.

由于回收的便利程度取决于居民到收集点的距离, 我们考虑中国长沙城市中心的一个典型街道. 通过实时免费在线百度地图, 我们使用中文关键词 "手机商店" 在长沙市繁华的市中心, 找出一个 15 平方千米的矩形区域内包含的所有手机销售实体店. 图 13.3 展示了该区域 20 家实体店 (黑点) 和一个处理 UMP 的回收中心 (方框) 的位置 (地图比例尺为 1:500). 显然, 该区域的所有 UMP 客户步行不超过 1.5 千米即可将 UMP 提交到最近的收集点, 这与我们建模时关心的废旧手机客户服务便利性是一致的.

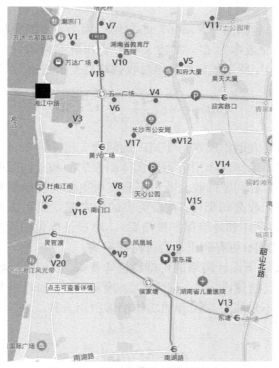

图 13.3   新手机实体销售门店分布

通过百度地图, 我们还可以直接得到模型 (13.18) 中需要的参数值, 如 d_{ij}, 即 20 家实体店和回收中心中任意两个回收点之间的实际距离. 由于没有现场的可参考文献, 我们通过专家咨询、典型调查和横断面研究等方法收集了模型求解需要的其他参数值:

$$p_0 = 300, \quad a = 1 \times 10^{-4}, \quad d = 0.2, \quad R_s = 0.2, h_0 = 200,$$
$$w_1 = 1500, \quad w_2 = 3000, \quad SA = 4, \quad f_1 = 172, \quad f_2 = 156, \quad f_3 = 251,$$
$$f_4 = f_{18} = 267, \quad f_5 = 291, \quad f_6 = f_7 = 269, \quad f_8 = 161,$$
$$f_9 = f_{14} = 283, \quad f_{10} = 298, \quad f_{11} = 257, \quad f_{12} = 299, \quad f_{13} = 181,$$
$$f_{15} = 297, \quad f_{16} = 184, \quad f_{17} = 110, \quad f_{19} = 213, \quad f_{20} = 223.$$

案例研究中, 所有算法的计算机代码都是在 MATLAB 2020b 平台上编写和实现的. 在给定的模型参数条件下, 算法 13.3 输出的最优回购价格 $p^* = 203$ (元); 模型和算法从在 20 家实体销售门店中选取 16 家作为最优回收站; 最优运输路线为

$$V_0 \to V_3 \to V_4 \to V_{12} \to V_8 \to V_{16} \to V_2 \to V_{20} \to V_{19}$$
$$\to V_{13} \to V_{15} \to V_{14} \to V_5 \to V_{11} \to V_7 \to V_{10} \to V_1 \to V_0.$$

UMP 回收系统的总利润为 $TP = 2.7299 \times 10^5$. 因为系统的总收益为 $P_0 = 1.06 \times 10^6$, 回购 UMP 的总成本为 $C = 7.12 \times 10^5$, 合作成本为 $G = 7.11 \times 10^4$, 运输成本为 $D = 3.91 \times 10^3$, 所以很容易算出总收益与总支出之比为

$$\text{Ratio} = \frac{P_0}{C + G + D} \approx 1.347.$$

此外, 该回收系统最大运作成本是 UMP 的回收支出 (图 13.4), 而不是像目前已有回收企业, 其主要运作成本用于租用实体回收店面和上门回收服务费. 换句话说, 本章提出的模型有利于回收企业更愿意支付更多的钱给消费者来回收废旧手机, 而不是像现有回收公司那样, 花费更多的钱来建立或租赁收集站点或者运输费. 因此, 从资源再利用和环境保护视角看, 本章设计优化的废旧手机回收的系统能够回收更多的 UMP, 更有利于社会可持续发展.

为了进一步展示所设计网络的可持续性等优势, 我们将回收网络中的合作成本 G 替换为收集点的建设成本, 记为 G'. 换句话说, 回收企业必须通过租赁模式重建回收点, 而不是通过与现有的实体销售门店合作. 在这种情况下, 建设成本记为

$$G' = \sum_{k=1}^{n} BI_k x_k, \tag{13.23}$$

其中 BI_k 建设一个收集站点的总费用. 如果自建收集站的成本是 λ 乘以合作成本, 则

$$BI_k = \begin{cases} w_1 A_k + \lambda w_2, & k = 1, 2, \cdots, n, \quad x_k = 1, \\ 0, & x_k = 0. \end{cases} \tag{13.24}$$

我们现在取 $\lambda = 1, 2, 6$ 三个不同收集站点建设费用水平求解模型 (13.18), 其中 $\lambda = 1$ 表示本章采用的回收策略. 相关数值结果如表 13.1 所示.

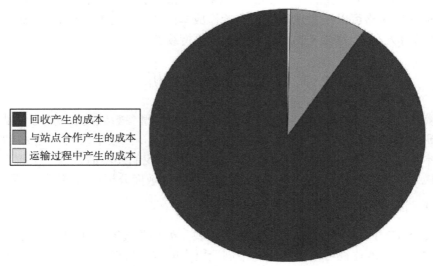

图 13.4　费用分布比例

表 13.1　不同建设成本下的回收策略和利润

λ	回购价格	总利润	选址数	总回收量
1	203	2.73×10^5	16	3.52×10^3
2	214	2.25×10^5	14	2.32×10^3
6	260	1.46×10^4	3	1.11×10^3

从表 13.1 所示的结果可以明显看出, 随着收集站建设成本的增加, 回购价格、租赁的收集站数量、UMP 总回收量和系统总利润都大大降低. 这些结果表明, 本章设计的回收网络可以极大地提高系统的可持续性.

以上所进行的案例研究表明:

● 并非所有的实体店都需要被选择为收集点. 本章提出的模型和算法可以帮助相关企业从高度发达的前向销售网络中选择一个最佳回收点数量和位置, 保证其总利润最大化.

● 基于本章提出的模型和算法得到最优回购价格 $p^* = 203(元)$ 远高于京东等线上平台的实际回购价格 (往往低于 100 元). 主要原因在于: 现有平台确定回收价格主要是根据生产日期和产品款式来估计的, 根本没有考虑到废旧手机持有人的回收意愿, 因此达不到应有的回收总量.

● 虽然本案例研究只是基于长沙市的数据和部分估算的模型参数值进行的,

但它并不妨碍在更实际的场景中使用所开发的模型和算法, 并提供相关最优回收策略.

● 从回收系统得到的回收数量、资源节约和成本结构三个视角看, 前向销售网络再利用策略可以极大地降低企业运作成本, 改变其运作成本结构, 充分关注 UMP 持有人利益, 增强 UMP 回收系统的可持续性.

13.5　灵敏度分析

算法 13.3 的计算效率, 有利于我们进一步对模型参数做灵敏度分析. 从上述案例研究中可以看出, 每一部废旧手机的实际价值 p_0, 回收率系数 a 和 d, 以及合作成本系数 w_1 和 w_2 对利润最大化非常重要. 但我们还不清楚这些系数变化究竟对最优策略和总利润的影响有多大. 接下来的灵敏度分析将回答这类问题.

13.5.1　废旧手机实际价值的影响

每个 UMP 的实际价值一定程度上反映了处理收集到的 UMP 的技术水平. 先进的处理技术往往可以从 UMP 中创造更大的实际价值, 并且与回收系统的总利润直接相关. 我们现在定量地分析模型 (13.18) 采用低、中、高三种不同技术水平 (对应不同的实际价值 p_0) 对回收策略的影响. 特别地, 对于不同水平的 p_0, 我们将基于本章提出的模型和算法得到哪些有价值的实践启示.

我们分别用 200, 250, 400 来指定三个层次技术水平的基准真实值. 三个层次的波动范围分别为 $[180, 220]$, $[230, 270]$ 和 $[380, 420]$, 步长均为 5 (元). 对于每一个 p_0 值, 我们用算法 13.3 求解模型 (13.18). 图 13.5 直观展示了三个层次技术水平对应的总利润的变化情况.

由图 13.5 可知:

(1) 当 UMP 的实际价值较低时, 总利润始终为负, 且对实际价值的增加不敏感 (图 13.5(a)). 换句话说, 由于先进的加工技术可以创造更大的 UMP 实际价值, 因此对于回收企业设计一个利润丰厚的 UMP 回收系统起着至关重要的作用.

(2) 当 UMP 的实际价值为中等时, 只有当 UMP 的实际价值达到临界点时, 回收系统才能获得正利润 (图 13.5(b)). 这种临界价值可以由本章提出的模型和算法找到.

(3) 当 UMP 的实际价值较高时, 最大利润随着真实价值的增加呈现稳定的线性增长 (图 13.5(c)). 在足够大的中等实际价值条件下, 最大利润变化也是如此.

综上所述, 由于 UMP 的实际价值与先进加工技术的发展密切相关, 因此在欠发达国家或发展中国家 (地区) 建立一个有利可图的 UMP 回收系统并非易事. 因此, 在加工技术欠发达国家或发展中国家 (地区), 适当的政府补贴可能是促进 UMP 回收活动开展更有效和必要的措施 (Liu et al., 2020b; Wan et al., 2020).

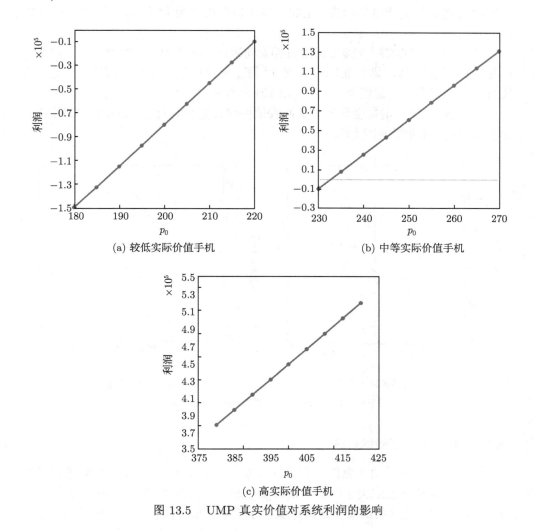

(a) 较低实际价值手机

(b) 中等实际价值手机

(c) 高实际价值手机

图 13.5 UMP 真实价值对系统利润的影响

由于在实际价值较低的情况下只有很少的利润, 我们接下来只讨论中、高实际价值如何影响最优回购价格 (决策变量). 通过上述相同的方式改变实际价值, 图 13.6 展示了 UMP 的最优回购价格与实际价值之间的关系.

由图 13.6 可知:

(1) 当 UMP 的实际价值较小时 (图 13.6(a)), 在达到阈值之前, 需要支付的最佳回收价格会偏高 (同实际价值大的 UMP 相比), 但是, 对于较小的实际价值, 如

图 13.5(b) 所示, 利润为负. 也就是说, 只有当 UMP 的实际价值足够高时, 提出的模型 (13.18) 对回收企业来说是切实可行的. 否则, 我们需要在模型 (13.18) 中对回收价格增加更严格的约束, 比如以单位运营成本为上界, 而不是简单的约束 $0 \leqslant p \leqslant p_0$.

(2) 对于较高的实际价值, 回收企业愿意向客户支付较高的回收价格 (图 13.5(b)). 但是, 在达到阈值后, 即使实际价值继续增长, 最优回收价格也不再增加. 这一事实背后的原因在于所建模型中约束 (13.12) 的存在.

(3) 实际价值的增加会导致最优回收价格增长更快 (见图 13.6 中的曲线斜率), 企业获得的总利润也随之增加.

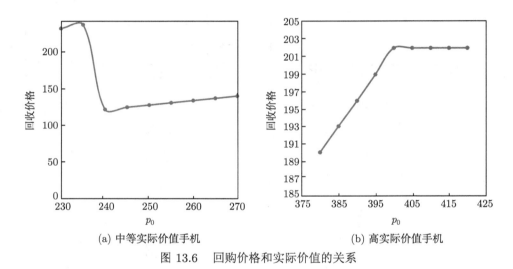

(a) 中等实际价值手机　　　　　　　　(b) 高实际价值手机

图 13.6　回购价格和实际价值的关系

13.5.2　回收意愿系数的影响

客户参与回收活动的意愿对提高回收总利润具有重要作用. 在构建的模型 (13.18) 中, 这种意愿取决于回收价格和参与回收活动的便利性 (即废旧手机客户与所选择的回收点之间的修正距离). 我们下面研究最优回收价格如何受到公众环保意识的影响 (Wan et al., 2020), 即 (13.2) 中的回收便利性敏感系数 a 和 d 对最优回收价格的影响.

我们首先固定了描述客户对回收活动有意识支持的参数 d 的值, 并以步长为 2×10^{-5} 改变参数 a 的值. 运行算法 13.3 求解模型 (13.18), 得到的数值模拟结果如图 13.7 所示.

图 13.7 的数值结果表明:

(1) 回收价格和便利性敏感系数 a 值不断增大, 总利润呈线性增长. 这反映了客户对回收价格变化和参与便利性的敏感性 (图 13.7(a)). 因此, 除了提高回收价格外, 提高客户的敏感性可能是提高利润的有效策略. 换句话说, 研究如何增加投入提高客户敏感性是有价值的. 比如企业可以加大宣传力度, 或者优先选择交通更便利的城市进行废旧物回收活动.

(2) 对回收价格和便利性的敏感度越高, 意味着回收价格越高 (图 13.7(b)), 但回收价格增长较慢, 且增速越来越小 (图 13.7(b) 的曲线斜率).

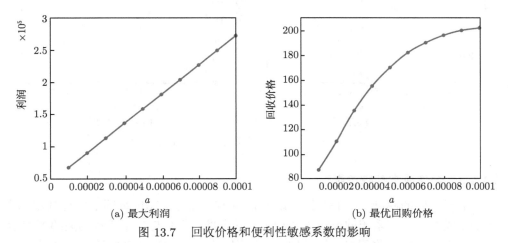

(a) 最大利润 (b) 最优回购价格

图 13.7 回收价格和便利性敏感系数的影响

注意到 Wan 等 (2020) 提出, 公众环保意识越强 (即本章模型中 d 值越大), 往往对应着较小的回购价格和便利性敏感系数 (a 值越小). 因此, 实践中回收企业从最大化回收系统利润的角度, 往往很难处理好如何才能在适当地提高公众环保意识的同时, 又提高客户对回购价格和服务便利性的敏感程度. 本章所建立的模型 (13.18) 提供最优回收点选择和最优回收价格, 能够帮助回收企业处理好这种复杂局面.

接下来, 我们固定回收价格和便利性的敏感系数 a, 以步长 25 改变 d 的值 (不同程度的公众环保意识), 以探讨公众环保意识如何影响最优回收策略. 对给定的每一 d 值, 运行算法 13.3 求解模型 (13.18), 得到的数值模拟结果如图 13.8 所示.

从图 13.8 不难看出:

(1) 随着公众环保意识的增加, 最大利润也随之增加 (图 13.8(a)). 这一结果与常识相吻合, 并进一步验证了提高公众环保意识对于设计一个利润丰厚的 UMP 回收系统的现实重要性.

(2) 当环境意识参数 d 变大时, 图 13.8(b) 解释了利润的增加主要是由于最优回收价格降低所致, 从而减少了回收企业的运作成本. 如果更多的客户环境意识更强, 他们获得更高回收价格的要求往往较弱, 在这种情况下, 回收企业可以轻松节省回购成本, 获得更大的利润.

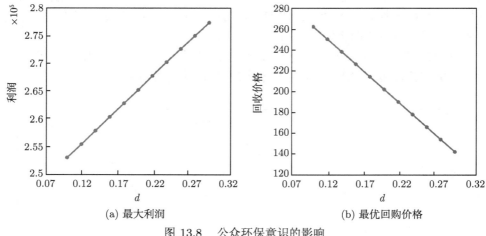

(a) 最大利润　　　　　　　　　　(b) 最优回购价格

图 13.8　　公众环保意识的影响

13.5.3　合作成本参数的影响

由于我们的模型 (13.18) 的关键创新在于对现有实体销售网络的再利用, 因此合作成本与回收系统的设计密切相关. 下面我们研究与合作成本相关的模型参数如何影响最优回收策略. 特别地, 我们将回答最大利润和最优政策是如何受到单位面积广告成本和单位回收点建设成本的影响, 即模型 (13.18) 中的合作参数 w_1 和 w_2 如何影响系统的最优策略.

在不同城市区域, 废旧手机回收商和新手机销售商店之间具有不同的合作参数 w_1 和 w_2. 为了分析方便, 我们先固定 w_2, 取 w_1 的不同值, 步长增量为 60. 对每一组给定参数值, 运行算法 13.3 求解模型 (13.18), 得到了由图 13.9 所示最大利润和最优回购价格的变化. 然后, 我们固定 w_1, 改变 w_2, 步长增量为 100, 运行算法 13.3 求解模型 (13.18), 得到了由图 13.10 所示的数值结果.

从图 13.9 和 13.10 可以得出:

(1) 与直观判断一致, 任何一种类型的合作成本增加时, 最大利润都会减少 (图 13.9(a) 和 13.10(a)). 但是, 从两条曲线的斜率来看, 单位广告成本在利润最大化方面比单位建设成本发挥更重要的作用, 也就是说, 销售商店的受欢迎程度是是否选择它作为废旧手机收集点的关键指标. 这是因为城市实体销售店的知名度越高, 产生的广告成本就越低, 从而降低了回收系统的运作成本.

(2) 与直观判断不同, 两类单位合作成本虽然增加, 但最优回购价格基本稳定, 也就是说, 最优回购价格几乎不受合作成本参数的影响. 这是因为: 与现有的废旧手机回收实践不同, 本章设计的回收系统中总的运作成本是支付给手机持有人的

回购成本, 而不是昂贵的回收基础设施建设成本, 其结果是回收企业愿意支付的
最优单位回收价格对合作参数不敏感.

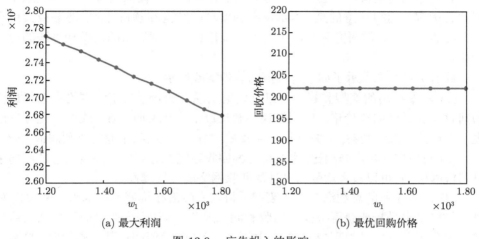

(a) 最大利润　　　　　　　　　　　　　(b) 最优回购价格

图 13.9　广告投入的影响

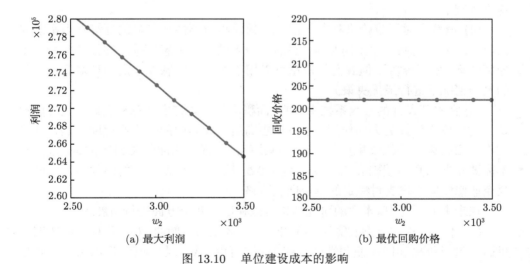

(a) 最大利润　　　　　　　　　　　　　(b) 最优回购价格

图 13.10　单位建设成本的影响

总　　结

本章中, 我们提出了一个优化模型解决可持续区域二手手机回收系统设计优
化问题. 与现有的所有结果不同的是, 回收网络是充分利用现有的手机销售网络

构建的. 回购价格、实体销售店收集点的选择和送货路线是该模型的决策变量, 它可以有效地促进客户参与回收活动的意愿, 并实现系统的总利润最大化.

通过把构建的模型分解为三个子问题, 开发了一种高效的算法来寻找原始模型的最优解. 值得注意的是, 本章推导的模型的结构和解析性质, 能够极大地提高算法的效率. 案例研究和数值仿真进一步论证了本章提出的模型和算法的应用价值.

数值仿真结果揭示了如下有价值的管理实践启示:

(1) 本章提出的模型和算法可以有效地从现有的新手机销售网络中选择最优的回收点和最优回购价格. 应用该模型解决废旧手机回收问题, 既可以充分考虑废旧手机持有人的利益, 大幅度提高回收量, 也能实现回收企业的总利润最大化.

(2) 与现有回收措施相比, 本章设计的回收系统充分利用了高度发达的前向手机销售网络, 它可以极大增强所设计的回收网络的可持续性.

(3) 回收企业的总利润与开采废旧手机的实际潜在价值的技术水平密切相关. 较低的技术水平只能获得很少的回收利润. 因此, 本章提出的废旧手机回收系统主要适合于具有先进处理技术的公司使用. 当实际价值超过某一阈值时, 总利润随着实际价值的增加呈现稳定的线性增长, 而且本章的模型能够为回收企业提供这样的阈值.

(4) 消费者对回收价格和参与便利性的较高敏感性和较强的环境意识都能对回收系统的总利润产生正向影响. 虽然消费者的价格敏感性越高往往意味着一个地区的环境意识越弱, 但我们的模型可以用于在价格敏感性较高和环境意识较强的复杂情况下进行最优决策.

(5) 在本章设计的回收系统中, 单位面积广告成本在实现总利润最大化方面比单位建设成本发挥更大的作用. 手机销售商店在顾客中的受欢迎程度是是否选择它作为回收废旧手机收集点的一个关键指标. 与现有的回收 UMP 网络不同, 在不需要花费昂贵的基础设施建设成本的情况下, 我们模型设计的回收系统中的回收企业愿意向客户支付稳定的单位回收价格.

在未来的研究中, 本章的研究结果可以在以下几个方面进行拓展:

(1) 本章提出的模型和算法离不开一些基本假设. 例如, 对本章构建的废旧手机回收量对价格和回收便利性的依赖关系, 可以作更多的探索, 提出新的回收量函数. 这样, 这个回收系统的优化模型和求解难度都会发生改变. 更重要的是, 运用新模型和算法解决废旧手机回收问题, 目前还不清楚本章所获得的结果是否还会成立.

(2) 本章提出的模型中的参数值, 需要基于现实数据作统计分析估计, 以保证数值结果具有更强的针对性.

(3) 顾客参与回收活动的意愿往往受到不确定因素的影响. 因此, 研究不确定环境下废旧手机回收问题需要研究新的不确定数学规划理论知识和方法.

(4) 为了更好地理解和评估废旧手机回收对社会和经济可持续性的潜在影响, 还需要在本章研究的基础上做更深入的探讨. 比如, (a) 除了回购价格和便利性水平外, 废旧手机回收的信息安全如何影响客户的可回收量? (b) 虽然废旧手机回收再利用和报废处理行为普遍认为会影响回收量, 但目前还没有学者从手机整个生命周期的角度构建涉及手机制造、销售、回收、再利用等全过程的优化模型.

第 14 章 异质药品可持续回收网络设计的双层规划方法

逆向物流可以促进可持续生产, 并在环境保护和节约资源方面发挥重要作用. 本章将研究药品逆向供应链的管理问题, 即生产商、第三方物流公司和政府共同开展闲置药品 (unwanted medicines, UMs) 回收行动, 以在经济、环境和社会效益之间寻求更好的平衡. 与现有模型不同, 本章将提出一个 UMs 管理问题, 其中生产商是领导者, 第三方物流公司是追随者, 政府鼓励捐赠药品并提供补贴和税收减免政策, 该问题最终模型化为一个非线性双层规划模型. 在该模型中, 回收量取决于第三方物流公司提供的激励措施和服务水平, 而作为领导者的生产商通过考虑 UMs 的异质性向第三方物流支付回收费. 为了求解这个复杂的模型, 首先将下层优化模型转换为参数互补约束, 然后通过局部光滑化方法将原始模型进一步转换为一系列标准光滑问题, 并开发一种高效的算法来寻找非线性双层规划模型的均衡解. 案例研究和敏感性分析将表明, 本章提出的模型和算法可以有效地为复杂的药品回收系统提供最优策略, 并揭示以下重要的管理启示: (1) 药品的单位销售价格、第三方物流的回收能力和政府的税收减免会对剩余药品的最优回收量和回收系统的利润产生不同的影响; (2) 药品的分类回收对逆向供应链的科学管理具有重要意义; (3) 所开发的模型和算法能有效地提高药品回收系统的可持续性.

14.1 引 言

14.1.1 背景

建设可持续的物流网络需要考虑经济、环境和社会效益之间的平衡. 研究表明, 逆向物流能促进可持续生产, 具有资源节约和环境友好的特点 (Millet, 2011).

为了满足对生命健康的紧急需求, 许多居民习惯于在家中储存一些药品 (Weraikat et al., 2016b). 在中国, 约 78.6% 的家庭拥有自己的小药箱, 由于仅有 30% 至 40% 的药品的保质期大于三年, 且超过 80% 的家庭没有定期清理药箱的习惯, 导致每年产生约 1.5 万吨过期药品 (Ma and Ma, 2006). 对于医院和药店来说, 药品短缺也会造成经济损失, 因此储存足够的药品是常用策略 (Uthayakumar and Priyan, 2013). 所以, 医院和药店不能按时出售的药品也必须得到合适的

主要结果发表于 Journal of Cleaner Production, 249: 119324, 2020.

处理. 更重要的是, 除了经济损失外, 药品的不恰当处理也会造成巨大的资源浪费和环境风险 (Paut Kusturica et al., 2017; Kusturica et al., 2016; Law et al., 2015; Tong et al., 2011; Patwary et al., 2011). 因此, 根据可持续生产的要求, 研究如何设计一个高效的逆向物流网络来回收这些闲置药品是有价值的.

事实上, 美国和欧盟已经颁布了法律法规来规范 UMs 的回收工作 (Beamon, 1999; Glassmeyer et al., 2009). 然而, 在中国等发展中国家, 其采取的废弃产品回收措施距离真正建立高效的回收体系还长路漫漫 (Bo et al., 2019; Wu and Wan, 2018; Zhang et al., 2019b).

14.1.2　药品逆向物流研究综述

考虑到 UMs 回收问题极具现实意义, 通过检索主要的学术数据库, 我们可以查阅到许多关于医药逆向供应链 (pharmaceutical reverse supply chain, PRSC) 管理问题的文章. 考虑到与本章研究的相关性, 本章只综述了涉及 PRSC 数学建模及算法开发的文献.

Liao (2018) 提出了一种混合整数非线性规划模型和混合遗传算法, 用于设计产品回收和再制造网络. Shih 和 Lin (2003) 提出了一种多准则优化方法, 以最大限度地降低危险废物收集的成本. Li 和 Hamblin (2016) 分析了清洁生产的影响因素, 并通过真实案例研究了这些因素的具体影响. Hua 等 (2016) 构建了一个针对公共卫生服务管理问题的集中式决策模型, 将家庭中的闲置药物分为两类. 然而, 由于生产商和第三方物流 (third-party logistic, 3PL) 在实践中往往只追求各自的利益, 分散式决策模式将更具实践价值.

Huang 等 (2015a) 建立了一个三层规划模型并开发了一种混合遗传模拟退火算法以求解该模型, 该模型中政府可以通过适当的补贴来优化过期药品回收的物流网络. 然而, Huang 等 (2015a) 假设药品的回收量为固定值, 为模型的外生参数. 在实践中, 能收集到的药物的数量往往取决于所采取的回收策略, 例如有吸引力的回收价格和提供的服务水平.

考虑到 UMs 的回收量与 3PL 公司提供的激励之间的关系, Hua 等 (2017) 针对两级 PRSC 的管理问题构建了一个分散式决策模型, 其中 UMs 回收量同时受广告和回收价格的影响, 但 Hua 等 (2017) 仅仅在简单约束条件下考虑了一个处理者和收集者的情形. Hua 等 (2019) 进一步提出了四个不同的涉及广告和积分交换激励的博弈模型: 一个非合作博弈, 两个分别对应制造商或零售商作为领导者的斯塔克尔伯格 (Stackelberg) 博弈, 以及一个集中式博弈. 然而, 这些模型没有研究 3PL 公司提供的服务水平的影响, 也没有考虑对 UMs 进行分类回收管理. 值得注意, Nematollahi 等 (2018) 针对药品供应链 (pharmaceutical supply chain, PSC) 管理问题构建了一个带服务水平的分散式决策模型, 并证明了多目标协作模型可使 PSC 参与者受益并提高服务水平.

14.1.3　可持续的 PSC 或 PRSC 网络研究综述

由于 UMs 的不当处理会给环境保护和资源节约造成威胁, 因此高效管理 PRSC 对于建立资源节约型、环境保护型社会具有重要作用 (Xie and Breen, 2014).

一些文章研究了如何重复利用 UMs. 例如, Yousef 等 (2018) 提出了一种方法, 通过使用化学和物理的技术来回收废弃药物泡罩包装中的金属部分和非金属成分, 从而将废弃药物中的各层分离. 在 (Wang et al., 2015a) 中, 采用湿法冶金方法回收废弃的药物泡囊, 并通过经济分析证实了药物泡囊的再利用是环保的. 其他文献调查了 UMs 回收对可持续发展的影响. 针对一个通用的可回收废物的回收系统, Ramos 等 (2014) 提出了一个多站点周期性车辆路径问题的多目标规划模型, 其同时考虑了经济、环境和社会目标, 并通过折中解法得到了近似的帕累托 (Pareto) 前沿. 由于 PSC 中的参与者 (分销商和零售商) 倾向于最大化自身利益, 较高水平的回收服务往往难以实现. Nematollahi 等 (2018) 研究了如何通过多目标协同决策模型协调 PSC 与服务水平, 该 PSC 在随机需求下仅考虑了一家药品分销商和一家药品零售商, 以在分散和集中式决策场景下在整个 PSC 的利润和服务水平之间进行权衡. Xie 和 Breen (2012) 制定了一个综合的绿色社区药物供应链模型, 以减少英国的可预防的药物废物的产生, 同时安全处理那些不可避免的药物废物. Xie 和 Breen (2012) 建议专业机构和政府参考这种方法, 为现实中药物废物的管理方法制定法规和说明. 综述文章 (Chaturvedi et al., 2017) 讨论了制药公司如何在考虑环境因素、社会经济和社会福利的同时实现可持续性, 并指出制药机构可以通过采取各种做法来实现可持续性.

由于 PRSC 通常不仅由一家公司所有, 许多文章研究了 PRSC 的参与者之间的协调方法. 面对环境法规, Weraikat 等 (2016a) 提出了一个分散式谈判模型, 以协调客户区域不需要的药物的收集, 并通过拉格朗日松弛法求解该模型, 最后根据每个实体的投资给出奖金分享方案. 为了促进药物回收并真正提高 PRSC 的可持续性, Weraikat 等 (2016b) 还探讨了为客户提供激励的作用, 证明了药物生产商和 3PL 公司之间适当的协调方法可以保证药物的完全回收. Hu 等 (2016) 提出了五个经典契约来协调分散式的逆向供应链和消费者的战略回收行为. 研究表明, 二手产品的回收量随着批发价格或对收集者的直接激励而增加. 然而, Hu 等 (2016) 的模型没有考虑任何约束条件. 值得指出的是, 在现有结果中, 鲜有人研究如何根据 UMs 的异质性而提供最优回收费或政府补贴.

参考 PSC 和 PRSC 的管理问题的现有结果, 本章将进一步采用严谨的数学建模和科学计算方法解决以下问题:

(1) 如何开发一个综合模型来制定关于 UMs 回收的 PRSC 管理问题, 以弥补多目标决策模型的不足? 特别是, 从可持续发展的角度出发, 所开发的回收模式如何体现生产商、3PL 公司和政府的各自目标及关系?

(2) 通过斯塔克尔伯格博弈的决策模式, 3PL 公司的激励和服务水平如何作为内生变量并被同时纳入一个集成的双层规划模型当中?

(3) UMs 的异质性对可持续 UMs 回收网络的设计有什么影响?

14.1.4 研究目标

基于上述综述, 特别是现有研究中的不足, 我们认为有必要构建一个全新的非线性双层规划 (NBLP) 模型, 以设计出更具效率的 UMs 回收网络并增强回收网络的可持续性. 本章打算通过以下深入研究来提高药品回收网络的效率、可应用性和可持续性:

● 本章将设计一个新的回收系统, 并建立一个集成的优化模型来刻画 UMs 回收管理问题, 其中生产商是斯塔克尔伯格博弈的领导者, 而 3PL 公司是追随者. 每类 UMs 的回收量都同时取决于 3PL 公司提供的激励和服务水平, UMs 转售价格与转售数量有关.

● 将基于 UMs 的异质性来制定和优化 UMs 的分类回收策略. 具体而言, UMs 按照剩余保质期长短分为三类进行管理, 生产商对于不同类别的 UMs 向 3PL 公司支付不同的回收费用, 且政府为这三类药品的回收提供不同的补贴.

● 所建立的优化模型通过最大化生产商和 3PL 公司的利润, 转售所收集到的 UMs, 提供最佳的政府补贴以及鼓励制药商向欠发达地区捐赠药物 (强化社会责任) 等不同途径, 以增强 PRSC 的可持续性. 换句话说, 在本章的研究中, 所有经济、环境和社会效益均被整合到一个双层规划模型中, 而不是采用现有文献中的多目标优化方法 (它们只能提供折中解决方案或帕累托前沿).

由于此 NBLP 模型的复杂性, 我们难以求得模型的解析解. 与现有文献中启发式算法不同, 本章试图开发一种更高效的算法来求解该模型, 它充分利用目标函数和约束函数中的梯度信息, 以帮助寻找更准确的数值解. 具体来说, 为了求解此 NBLP 模型, 本章将基于模型重构和光滑化方法 (MRSM), 首先将原始模型转换为单层光滑模型 (El-Sobky and Abo-Elnaga, 2018). 然后基于对模型的性质分析, 开发一种高效算法以找到模型的数值解. 此外, 为了验证所建立的模型的实践价值并揭示一些具有现实意义的管理见解, 我们将开展相关案例研究和敏感性分析.

14.2 药品回收的新 NBLP 模型

在本节中, 我们将构建一个全新的关于 UMs 回收问题的 NBLP 模型, 该模型考虑了 3PL 公司的激励和服务水平. 在这个模型中, 制药商是上层决策者, 3PL 公司是下层决策者.

14.2.1　药物回收问题描述

考虑到中国的实际情况, 我们假设制药商在药品回收网络中只选择与一个 3PL 公司进行合作. 其次, 与高科技二手产品不同的是, 民众通常认为药品成分的分离或提取不能用于重复使用或转售. 然而, 从经济效益、资源节约和社会福利的角度来看, 剩余药品的不同处理方法主要取决于其保质期和药品类型. 图 14.1 直观地描述了药品回收网络. 在图 14.1 中, 可以看到该网络中的物质和资金流动.

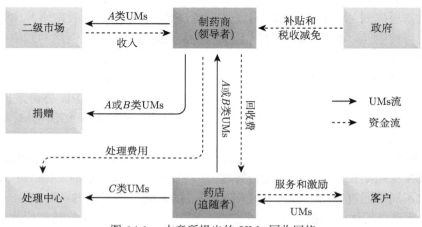

图 14.1　本章所提出的 UMs 回收网络

具体而言, 为了鼓励制药商回收药品进而实现既定回收目标, 政府首先会制定关于不同类别的药品的回收补贴政策. 然后, 制药商与 3PL 公司合作开展 UMs 的回收、运输及处置, 其中制药商需要向 3PL 公司支付回收费. 与已有文献中的回收系统不同, 本章中制药商按照所建立回收网络中不同类别药物的价格提供不同比例的回收费.

3PL 公司在获得制药商支付的回收费后, 需要优化在回收过程中为客户提供的激励和服务水平, 以实现其利润最大化. 为了回收 UMs, 3PL 公司必须依照药物的不同类型和剩余保质期对收集到的 UMs 进行分类. 类似于 (Weraikat et al., 2016a), 对于种类 i 的 UMs, $i \in I$, 3PL 公司还需要进一步将其分为三类进行处置: A 类, B 类和 C 类. 具体而言, 这三类药物的定义如下:

第 A 类　剩余保质期大于或等于两年的 UMs. 生产商可以选择在二级市场以低于药品销售价格的转售价格去转售这些 UMs, 或者将其捐赠给欠发达地区.

第 B 类　剩余保质期在两年以下且一年以上的 UMs. 生产商可以将这些 UMs 捐赠给欠发达地区, 以从政府的税收减免中受益.

第 C 类　过期药品或保质期小于或等于一年的 UMs. 这些 UMs 必须在政

府许可的处置场所进行安全处置.

将 UMs 分类后, 3PL 公司将 A 类和 B 类 UMs 运输给制药商, 并将 C 类 UMs 运输到处置场所. 对于运送到处置场所的 UMs, 制药商需要向处置场所支付处置费用. 为了体现企业社会责任, 制药商希望将全部的 B 类 UMs 和部分 A 类 UMs 捐赠给一些欠发达地区. 作为激励政策, 政府对生产商实行税收减免. 生产商还可以将 A 类 UMs 部分转售到二级市场, 以获得更多经济收入. 显然, 在 UMs 回收网络中, 制药商、3PL 公司和政府以博弈的方式追求各自的经济、环境和社会效益.

14.2.2 假设和符号说明

为了开发一个更具适用性的, 可求解的优化模型, 我们给出以下假设:

(1) 3PL 公司为不同地区的客户提供相同的服务水平.

(2) UMs 的收集量取决于 3PL 公司提供的激励和服务水平.

(3) 制药商与 3PL 公司以斯塔克尔伯格博弈的形式进行回收, 制药商是领导者, 3PL 公司是追随者.

(4) 从环境保护、资源节约和社会福利的角度来看, 政府对于 UMs 的回收发挥重要作用. 特别是, 在回收成本较高的情况下, 为了刺激更大的 UMs 回收量, 政府将向制药商提供适当的回收补贴. 另一方面, 为了鼓励制药商将药品捐赠给欠发达地区, 政府对制药商实行税收减免政策.

本章使用的符号如下.

指标集

i : 药品型号指标, $i \in I$.

j : 药品的种类指标, $j \in J$.

k : 客户区指标, $k \in K$.

I : 药品的型号集合, $I = \{1, 2, \cdots, n\}$.

J : 药品种类的集合, $J = \{m, d, s\}$.

K : 客户区的集合.

政府参数

A_i : 政府给予制药商的补贴 (就其在客户区回收 A 类 i 型 UMs)(元).

B_i : 政府给予制药商的补贴 (就其在客户区回收 B 类 i 型 UMs)(元).

C_i : 政府给予制药商的补贴 (就其在客户区回收 C 类 i 型 UMs)(元).

σ : 政府的税收减免率.

制药商参数

TX_i：制药商捐赠一个单位 i 型 UMs 时所获得的税收减免 (元)，$TX_i = \sigma p_i$.

DF_i：在处置场处置一个单位的 i 型 UMs 的处置费 (元).

TS_i：将一单位 i 型 UMs 运输到二级市场的运输成本 (元).

TD_i：将一单位 i 型 UMs 运输到欠发达地区的运输成本 (元).

PA_i：制药商对一单位 i 型 UMs 的分拣成本 (元).

p_i：每单位 i 型 UMs 的销售价 (元).

3PL 公司参数

TDS_i：从 3PL 公司到处置场的 i 型 UMs 的单位运输成本 (元).

TP_i：从 3PL 公司到制药商的 i 型 UMs 的单位运输成本 (元).

S_i：3PL 公司为一单位的 i 型 UMs 产生的收集和分拣成本 (元).

D：3PL 公司的库存能力.

AM_{ik}：客户区域 k 的 A 类 i 型 UMs 的可获得数量.

AD_{ik}：客户区域 k 的 B 类 i 型 UMs 的可获得数量.

AS_{ik}：客户区域 k 的 C 类 i 型 UMs 的可获得数量.

决策变量和中间变量

α：单位 A 类 UMs 的回收费与销售价格的比.

β：单位 B 类 UMs 的回收费与销售价格的比.

γ：单位 C 类 UMs 的回收费与销售价格的比.

ξ：A 类药品用于捐赠的比例.

d_i^m：3PL 公司向客户提供的单位退回 A 类 i 型 UMs 的激励措施 (元).

d_i^d：3PL 公司向客户提供的单位退回 B 类 i 型 UMs 的激励措施 (元).

d_i^s：3PL 公司向客户提供的单位退回 C 类 i 型 UMs 的激励措施 (元).

SC：3PL 公司为客户提供的服务水平 (元).

Q_{ik}^m：3PL 公司在客户区域 k 收集的 A 类 i 型 UMs 的数量，与 d_i^m 和 SC 有关.

Q_{ik}^d：由 3PL 公司在客户区域 k 收集的 B 类 i 型 UMs 的数量.

Q_{ik}^s：3PL 公司在客户区域 k 收集的 C 类 i 型 UMs 的数量.

P_i：每单位 i 型 UMs 在二级市场的转售价格 (元).

14.2.3 制药商优化模型

作为药 UMs 回收网络的领导者, 制药商与 3PL 公司合作对 PRSC 中的 UMs 进行收集、分拣和分类处理. 3PL 公司的决策将遵循制药商给出的回收政策.

制药商向 3PL 公司支付回收费, 其中回收费与药品销售价格成比例. 换而言之, 制药商向 3PL 公司支付费用 αp_i, βp_i 和 γp_i, 以分别回收一单位的 A 类, B 类和 C 类的 i 型 UMs. 因此, 制药商向 3PL 公司支付的总费用为

$$PCL(\alpha, \beta, \gamma; d_i^m, d_i^d, d_i^s, SC) = \alpha \sum_{i \in I} p_i \sum_{k \in K} Q_{ik}^m$$
$$+ \beta \sum_{i \in I} p_i \sum_{k \in K} Q_{ik}^d + \gamma \sum_{i \in I} p_i \sum_{k \in K} Q_{ik}^s. \quad (14.1)$$

当 3PL 公司将 C 类 UMs 交付给处置场时, 制药商还需向处置场支付处置成本. 如果单位处置费用为 DF_i, 则制药商的所需支付的总处置成本为

$$PDC(d_i^s, SC) = \sum_{i \in I} DF_i \sum_{k \in K} Q_{ik}^s. \quad (14.2)$$

由于 A 类 UMs 不仅可以在转售价格低于销售价格的二级市场转售, 还可以用于捐赠给欠发达地区, 因此我们将制药商捐赠给欠发达地区的 A 类 UMs 的比例表示为 ξ. 那么在二级市场转售的 UMs 数量为

$$(1 - \xi) \sum_{i \in I} \sum_{k \in K} Q_{ik}^m.$$

由于 B 类 UMs 的保质期不如 A 类 UMs, 因此所有 B 类的 UMs 都只能用于捐赠. 捐赠的总量为

$$\sum_{i \in I} \sum_{k \in K} (\xi Q_{ik}^m + Q_{ik}^d).$$

设 TS_i 和 TD_i 分别表示从制药商到二级市场和欠发达地区的单位运输成本. 那么, 制药商的总运输成本为

$$PTC(\xi; d_i^m, d_i^d, SC) = (1 - \xi) \sum_{i \in I} TS_i \sum_{k \in K} Q_{ik}^m + \sum_{i \in I} TD_i \sum_{k \in K} (\xi Q_{ik}^m + Q_{ik}^d). \quad (14.3)$$

对于 UMs 的捐赠和转售, 制药商必须承担分拣成本. 用 PA_i 表示 UMs 的单位分拣成本. 那么, 制药商的总分拣成本为

$$PSC(d_i^m, d_i^d, SC) = \sum_{i \in I} PA_i \sum_{k \in K} (Q_{ik}^m + Q_{ik}^d). \quad (14.4)$$

通过以上分析, 可以将制药商的总回收成本表示为

$$POC(\alpha, \beta, \gamma, \xi; d_i^m, d_i^d, d_i^s, SC) = PCL + PDC + PTC + PSC. \tag{14.5}$$

对于 A 类的 UMs, 制药商可以决策将其转售还是捐赠其中的一部分, 这两种选择可以为制药商带来经济收入. 令 P_i 代表 UMs 的单位转售价格, 则制药商在二级市场转售 A 类 UMs 可获得的收入为

$$PRS(\xi; d_i^m, SC) = (1 - \xi) \sum_{i \in I} P_i \sum_{k \in K} Q_{ik}^m. \tag{14.6}$$

另一方面, 若制药商捐赠 UMs, 就可以从政府给予的税收减免中受益. 捐赠的 UMs 总量表示为

$$\sum_{i \in I} \sum_{k \in K} \left(\xi Q_{ik}^m + Q_{ik}^d \right),$$

进而制药商的税收减免总额为

$$PTD(\xi; d_i^m, d_i^d, SC) = \sum_{i \in I} TX_i \sum_{k \in K} (\xi Q_{ik}^m + Q_{ik}^d), \tag{14.7}$$

其中 TX_i 指单位税收减免额.

由于环境保护和资源节约的迫切需要, 政府合理干预废物回收是必要且关键的 (Bo et al., 2019; Wu and Wan, 2018; Wan et al., 2020). 特别是在回收成本较高时, 政府的补贴政策可以刺激企业积极开展废旧产品回收活动.

在本章的研究中, 政府还将给予制药商回收补贴, 以鼓励其尽可能多地回收药品. 设 A_i, B_i 和 C_i 分别为回收每单位 A 类, B 类和 C 类的 i 型 UMs 时政府所提供的回收补贴额. 那么, 回收补贴总额为

$$POS(d_i^m, d_i^d, d_i^s, SC) = \sum_{i \in I} A_i \sum_{k \in K} Q_{ik}^m + \sum_{i \in I} B_i \sum_{k \in K} Q_{ik}^d + \sum_{i \in I} C_i \sum_{k \in K} Q_{ik}^s. \tag{14.8}$$

因此, 制药商的总收入为

$$POR(\xi; d_i^m, d_i^d, d_i^s, SC) = PRS + PTD + POS. \tag{14.9}$$

显然, 制药商的利润等于其总收入 (14.9) 和总成本 (14.5) 之差, 因此将上层优化模型表述为

$$
\begin{aligned}
\max \quad & \pi_p(\alpha, \beta, \gamma, \xi; d_i^m, d_i^d, d_i^s, SC) = POR - POC \\
\text{s.t.} \quad & 0 \leqslant \alpha \leqslant 1, \ 0 \leqslant \beta \leqslant 1, \ 0 \leqslant \gamma \leqslant 1, \ 0 \leqslant \xi \leqslant 1.
\end{aligned} \tag{14.10}
$$

14.2.4　3PL 公司的优化模型

作为斯塔克尔伯格博弈中的追随者, 3PL 公司能够从领导者 (制药商) 支付的回收费中受益. 因此, 3PL 公司的总收入为

$$LOR(d_i^m, d_i^d, d_i^s, SC; \alpha, \beta, \gamma) = \alpha \sum_{i \in I} p_i \sum_{k \in K} Q_{ik}^m$$
$$+ \beta \sum_{i \in I} p_i \sum_{k \in K} Q_{ik}^d + \gamma \sum_{i \in I} p_i \sum_{k \in K} Q_{ik}^s. \quad (14.11)$$

为了在考虑回收成本的前提下, 最大限度地提高 A 类, B 类和 C 类 UMs 的回收量并增加收入, 3PL 公司需要为客户提供适当的激励措施和服务水平.

设 d_i^m, d_i^d 和 d_i^s 分别代表 3PL 公司为这三类 UMs 提供的客户激励, SC 表示单位服务成本, 则 3PL 公司支付给客户的总回收成本为

$$LCC(d_i^m, d_i^d, d_i^s, SC) = \sum_{i \in I} d_i^m \sum_{k \in K} Q_{ik}^m + \sum_{i \in I} d_i^d \sum_{k \in K} Q_{ik}^d$$
$$+ \sum_{i \in I} d_i^s \sum_{k \in K} Q_{ik}^s + SC \sum_{i \in I} \sum_{k \in K} (Q_{ik}^m + Q_{ik}^d + Q_{ik}^s).$$
$$(14.12)$$

3PL 公司在完成对于 UMs 的收集、分拣和分类后, 将其运送到制药商或处置场所. 特别是, 将 A 类和 B 类 UMs 运输到制药商地点的单位运输成本为 TP_i, 将 C 类 UMs 运输至处置场所的单位运输成本为 TDS_i. 因此, 3PL 的总运输成本为

$$LTC(d_i^m, d_i^d, d_i^s, SC) = \sum_{i \in I} TP_i \sum_{k \in K} (Q_{ik}^m + Q_{ik}^d) + \sum_{i \in I} TDS_i \sum_{k \in K} Q_{ik}^s. \quad (14.13)$$

为了回收药品, 3PL 公司必须承担对于 UMs 的收集和分拣成本. 设 S_i 为单位收集和分拣成本, 3PL 的总收集和分拣成本为

$$LSC(d_i^m, d_i^d, d_i^s, SC) = \sum_{i \in I} S_i \sum_{k \in K} (Q_{ik}^m + Q_{ik}^d + Q_{ik}^s). \quad (14.14)$$

因此, 3PL 公司的总成本

$$LOC(d_i^m, d_i^d, d_i^s, SC; \alpha, \beta, \gamma) = LCC + LTC + LSC. \quad (14.15)$$

显然, 3PL 公司的利润等于总收入 (14.11) 和总成本 (14.15) 之差, 表示为

$$\pi_{3\text{PL}}(d_i^m, d_i^d, d_i^s, SC; \alpha, \beta, \gamma) = LOR - LOC.$$

接下来, 给出该回收网络的一些限制条件. 首先, 现实中 3PL 公司的回收能力是有限的, 记 D 为 3PL 的最大容量, 则有回收量约束

$$\sum_{i \in I} \sum_{k \in K} (Q_{ik}^m + Q_{ik}^d + Q_{ik}^s) \leqslant D, \tag{14.16}$$

其次, 由于 UMs 的社会存量有限, 每一类 UMs 的回收量有约束

$$Q_{ik}^m \leqslant AM_{ik}, \quad Q_{ik}^d \leqslant AD_{ik}, \quad Q_{ik}^s \leqslant AS_{ik}, \quad \forall i \in I, \quad \forall k \in K. \tag{14.17}$$

综合上述分析, 得到 3PL 公司的优化模型:

$$\begin{aligned}
\max \quad & \pi_{3\mathrm{PL}}(d_i^m, d_i^d, d_i^s, SC; \alpha, \beta, \gamma) = LOR - LOC \\
\mathrm{s.t.} \quad & (14.16), (14.17), \\
& d_i^m \geqslant 0, \ d_i^d \geqslant 0, \ d_i^s \geqslant 0, \ SC \geqslant 0, \quad \forall i \in I.
\end{aligned} \tag{14.18}$$

在模型 (14.18) 中, 除了约束 (14.16) 和 (14.17) 之外, 其他约束都是 3PL 公司的决策变量约束.

14.2.5　关于药品回收的新 NBLP 模型

为了便于后续计算, 首先记

$$\begin{cases}
D' = D - \displaystyle\sum_{i \in I} \sum_{k \in K} (Q_{ik}^m + Q_{ik}^d + Q_{ik}^s), & m_{ik}' = AM_{ik} - Q_{ik}^m, \\
d_{ik}' = AD_{ik} - Q_{ik}^d, & s_{ik}' = AS_{ik} - Q_{ik}^s.
\end{cases} \tag{14.19}$$

则模型 (14.18) 中的约束被简化为

$$\begin{aligned}
& D' \geqslant 0, \quad m_{ik}' \geqslant 0, \quad d_{ik}' \geqslant 0, \quad s_{ik}' \geqslant 0, \quad \forall i \in I, \quad \forall k \in K, \\
& SC \geqslant 0, \quad d_i^m \geqslant 0, \quad d_i^d \geqslant 0, \quad d_i^s \geqslant 0, \quad \forall i \in I.
\end{aligned} \tag{14.20}$$

基于所建立的模型 (14.10) 和模型 (14.18), 我们得到一个全新的用于 UMs 回收的 NBLP 模型

$$\begin{aligned}
\min \quad & -\pi_p(\alpha, \beta, \gamma, \xi; d_i^m, d_i^d, d_i^s, SC) = POC - POR \\
\mathrm{s.t.} \quad & 0 \leqslant \alpha \leqslant 1, \ 0 \leqslant \beta \leqslant 1, \ 0 \leqslant \gamma \leqslant 1, \ 0 \leqslant \xi \leqslant 1, \\
& (d_i^m, d_i^d, d_i^s, SC) \text{ 为下层优化问题的解:} \\
& \quad \min \quad -\pi_{3\mathrm{PL}}(d_i^m, d_i^d, d_i^s, SC; \alpha, \beta, \gamma) = LOC - LOR \\
& \quad \quad \mathrm{s.t.} \ (14.20).
\end{aligned} \tag{14.21}$$

注 14.1 在本章所建立的 NBLP 模型 (14.21) 中, 由于制药商优化模型中包含 ξ 的项与 3PL 公司的决策变量 d_i^m 和 SC 相关联, 因此制药商如何优化 ξ 取决于 3PL 给出的回收政策.

注 14.2 与现有文献中的结果相比, 本章所构建的模型 (14.21) 的可应用性得到了很大提升. 例如, (1) 与 Hua 等 (2016) 不同, 模型 (14.21) 考虑了制药商和 3PL 公司之间的协调, 以促进他们回收更多的药品. (2) 根据 UMs 的不同剩余保质期, 即 UMs 异质性, 将其分为三类, 这显著改善了许多类似模型, 比如 (Weraikat et al., 2016b). (3) 在本章的模型中, 由于激励政策和服务水平都是模型的内生变量, 故与现有模型相比 (Weraikat et al., 2016b), 3PL 公司在更大的决策空间中同时优化它们. (4) 对于剩余保质期较长的 UMs, 转售或捐赠更符合实际情况. 总之, 模型 (14.21) 能够同时满足经济效益、环境保护、资源节约和社会责任的实际需要.

14.3 NBLP 模型的性质分析

在实践中, UMs 回收量取决于 3PL 公司为回收提供的激励和服务水平, 且 UMs 的转售价格与转售药品的数量有关. 简单起见, 本章假设 UMs 转售价格线性依赖于转售量. 此外, UMs 回收量不仅与激励和服务水平的直接影响有关, 还与激励和服务之间的交叉作用有关. 在数学上表述为

$$
\begin{aligned}
Q_{ik}^m(d_i^m, SC) &= a_{ik}^m d_i^m \cdot SC + b_{ik}^m d_i^m + c_{ik}^m SC + e_{ik}^m, \\
Q_{ik}^d(d_i^d, SC) &= a_{ik}^d d_i^d \cdot SC + b_{ik}^d d_i^d + c_{ik}^d SC + e_{ik}^d, \\
Q_{ik}^s(d_i^s, SC) &= a_{ik}^s d_i^s \cdot SC + b_{ik}^s d_i^s + c_{ik}^s SC + e_{ik}^s, \\
P_i(Q_{ik}^m) &= -a_i(1-\xi) \sum_{k \in K} Q_{ik}^m + e_i,
\end{aligned}
\tag{14.22}
$$

其中 $a_{ik}^m, b_{ik}^m, c_{ik}^m, e_{ik}^m, a_{ik}^d, b_{ik}^d, c_{ik}^d, e_{ik}^d, a_{ik}^s, b_{ik}^s, c_{ik}^s, e_{ik}^s, a_i, e_i \geqslant 0$ 为给定常数.

NBLP 模型 (14.21) 由上层和下层优化模型组成, 其中上层优化模型仅包含线性约束, 且上层优化模型的目标函数为二次函数. 此外, 值得注意的是, 在模型 (14.21) 中只有一个二次项, 如下所示:

$$
\sum_{i \in I} \sum_{k \in K} \xi^2 (Q_{ik}^m)^2.
$$

换句话说, 如果制药商模型与下层优化模型的解无关, 那么它将是一个凸二次规划模型.

显然, 下层优化问题是一个三次规划问题, 如下所示:

$$\min \quad -\pi_{3\mathrm{PL}}(d_i^m, d_i^d, d_i^s, SC; \alpha, \beta, \gamma)$$
$$\text{s.t.} \quad (14.20). \tag{14.23}$$

如果 UMs 回收量较少受到激励和服务水平之间相互作用的影响, 即 Q_{ik}^m, Q_{ik}^d, Q_{ik}^s 分别较少受到 $d_i^m \cdot SC$, $d_i^d \cdot SC$ 和 $d_i^s \cdot SC$ 的影响, 那么可认为系数 a_{ik}^m, a_{ik}^d 和 a_{ik}^d 均为零. 在这种情况下, 下层优化模型 (14.23) 可以被简化为二次规划问题. 具体而言, 无论常数项如何, 模型 (14.23) 都可以被改写为

$$\min \quad z = \frac{1}{2}x^{\mathrm{T}}Qx + q^{\mathrm{T}}x$$
$$\text{s.t.} \quad (14.20), \tag{14.24}$$

其中 $x = \left(d_1^m, \cdots, d_n^m, d_1^d, \cdots, d_n^d, d_1^s, \cdots, d_n^s, SC \right)^{\mathrm{T}}$, Q 是目标函数的 Hessian 矩阵. 通过计算得到

$$Q = \begin{pmatrix} Q_{m1} & & & Q_{m2} \\ & Q_{d1} & & Q_{d2} \\ & & Q_{s1} & Q_{s2} \\ Q_{m2}^{\mathrm{T}} & Q_{d2}^{\mathrm{T}} & Q_{s2}^{\mathrm{T}} & Q_{3n+1} \end{pmatrix},$$

$$Q_{j1} = \begin{pmatrix} 2\sum_{k \in K} b_{1k}^j & & \\ & \ddots & \\ & & 2\sum_{k \in K} b_{nk}^j \end{pmatrix}_{n \times n}, \quad \forall j \in J = \{m, d, s\},$$

$$Q_{j2} = \left(\sum_{k \in K}(c_{1k}^j + b_{1k}^j) \quad \cdots \quad \sum_{k \in K}(c_{nk}^j + b_{nk}^j) \right)_{n \times 1}^{\mathrm{T}}, \quad \forall j \in J,$$
$$Q_{3n+1} = 2\sum_{j \in J}\sum_{i \in I}\sum_{k \in K} c_{ik}^j.$$

可以证明如下结果:

定理 14.1　Hessian 矩阵 Q 是半正定的, 当且仅当满足以下条件:

$$\sum_{k \in K} c_{ik}^j = \sum_{k \in K} b_{ik}^j, \quad \forall j \in J, \ i \in I. \tag{14.25}$$

证明 如果 $b_{ik}^j = 0$, 则 Hessian 矩阵 Q 很容易通过初等变换转换为上三角矩阵, 使得对角元素是非负的.

再考虑情况: $b_{ik}^j > 0$, $\forall i \in I$, $\forall k \in K$, $\forall j \in J$.

($\Leftarrow$) 定义一个可逆矩阵:

$$\hat{C} = \begin{pmatrix} \hat{C}_{m1} & & & \hat{C}_{m2} \\ & \hat{C}_{d1} & & \hat{C}_{d2} \\ & & \hat{C}_{s1} & \hat{C}_{s2} \\ & & & 1 \end{pmatrix}, \tag{14.26}$$

其中

$$\hat{C}_{j1} = \begin{pmatrix} \dfrac{1}{\sqrt{2\sum\limits_{k \in K} b_{1k}^j}} & & \\ & \ddots & \\ & & \dfrac{1}{\sqrt{2\sum\limits_{k \in K} b_{nk}^j}} \end{pmatrix}_{n \times n}, \quad \forall j \in J = \{m, d, s\},$$

$$\hat{C}_{j2} = \begin{pmatrix} -\dfrac{\sum\limits_{k \in K}\left(c_{1k}^j + b_{1k}^j\right)}{2\sum\limits_{k \in K} b_{1k}^j} & \cdots & -\dfrac{\sum\limits_{k \in K}\left(c_{nk}^j + b_{nk}^j\right)}{2\sum\limits_{k \in K} b_{nk}^j} \end{pmatrix}_{n \times 1}^{\mathrm{T}}, \quad \forall j \in J.$$

则

$$\hat{C}^{\mathrm{T}} Q \hat{C} = \tilde{E} = \begin{pmatrix} E_{3n \times 3n} & \\ & 0 \end{pmatrix}.$$

($\Rightarrow$) 由于 Q 是半正定的, 因此存在可逆矩阵 $\tilde{C}$, 使得以下方程成立:

$$\tilde{C}^{\mathrm{T}} Q \tilde{C} = \begin{pmatrix} E_r & \\ & 0 \end{pmatrix}, \quad \text{或} \quad \tilde{C}^{\mathrm{T}} Q \tilde{C} = E.$$

在不失一般性的情况下, 我们设置 $\tilde{C} = \hat{C}$. 然后有

$$\hat{C}^{\mathrm{T}} Q \hat{C} = \begin{pmatrix} E_{3n \times 3n} & \\ & \hat{C}_{3n+1} \end{pmatrix},$$

其中 $\hat{C}_{3n+1} \geqslant 0$.

因此对任意的 $c_{ik}^j \geqslant 0$ 和 $b_{ik}^j > 0$ $(\forall j \in J, \forall i \in I)$, 有

$$
\hat{C}_{3n+1} = 2 \sum_{j \in J} \sum_{i \in I} \sum_{k \in K} c_{ik}^j - \sum_{j \in J} \sum_{i \in I} \frac{\left(\sum_{k \in K} \left(c_{ik}^j + b_{ik}^j \right) \right)^2}{2 \sum_{k \in K} b_{ik}^j},
$$

$$
\sum_{j \in J} \sum_{i \in I} \frac{\left(\sum_{k \in K} \left(c_{ik}^j + b_{ik}^j \right) \right)^2}{2 \sum_{k \in K} b_{ik}^j} = \sum_{j \in J} \sum_{i \in I} \left(\frac{\left(\sum_{k \in K} c_{ik}^j \right)^2}{2 \sum_{k \in K} b_{ik}^j} + \frac{\sum_{k \in K} b_{ik}^j}{2} + \sum_{k \in K} c_{ik}^j \right)
$$

$$
\geqslant 2 \sum_{j \in J} \sum_{i \in I} \sum_{k \in K} c_{ik}^j,
$$

其中第一个等式成立当且仅当 (14.25) 成立. 也就是说, $\hat{C}_{3n+1} = 0$ 当且仅当 (14.25) 成立. $\qquad\square$

定理 14.2　若 (14.25) 成立, 则 Hessian 矩阵 Q 是奇异的.

证明　如果 (14.25) 成立, 则 $|Q| = 0$, 因此 Q 是一个奇异矩阵. $\qquad\square$

定理 14.3　问题 (14.23) 的任何局部最优解都是其全局最优解, 当且仅当 (14.25) 成立.

证明　由于 (14.23) 的凸性, 结果显然成立. $\qquad\square$

在系数 a_{ik}^m, a_{ik}^d, a_{ik}^s 都不为零时, (14.23) 中的目标函数是三次的, Hessian 矩阵由下式给出:

$$
H = \begin{pmatrix} H_{m1} & & & H_{m2} \\ & H_{d1} & & H_{d2} \\ & & H_{s1} & H_{s2} \\ H_{m2}^{\mathrm{T}} & H_{d2}^{\mathrm{T}} & H_{s2}^{\mathrm{T}} & H_{3n+1} \end{pmatrix},
$$

其中

$$
H_{j1} = \begin{pmatrix} 2 \sum_{k \in K} (a_{1k}^j SC + b_{1k}^j) & & \\ & \ddots & \\ & & 2 \sum_{k \in K} (a_{nk}^j SC + b_{nk}^j) \end{pmatrix}_{n \times n}, \quad \forall j \in J = \{m, d, s\},
$$

$$
H_{j2} = \begin{pmatrix} l_{j1} + h_{j1} & \cdots & l_{jn} + h_{jn} \end{pmatrix}_{1 \times n}^{\mathrm{T}}, \quad \forall j \in J = \{m, d, s\},
$$

$$
H_{3n+1} = 2 \sum_{k \in K} \sum_{i \in I} \left(a_{ik}^m d_i^m + a_{ik}^d d_i^d + a_{ik}^s d_i^s \right) + 2 \sum_{k \in K} \sum_{i \in I} \left(c_{ik}^m + c_{ik}^d + c_{ik}^s \right),
$$

$$l_{mi} = \sum_{k \in K} \left(-\alpha p_i a_{ik}^m + T P_i a_{ik}^m + 2 a_{ik}^m d_i^m \right), \quad \forall i \in I,$$

$$l_{di} = \sum_{k \in K} \left(-\beta p_i a_{ik}^d + T P_i a_{ik}^d + 2 a_{ik}^d d_i^d \right), \quad \forall i \in I,$$

$$l_{si} = \sum_{k \in K} \left(-\gamma p_i a_{ik}^s + T D S_i a_{ik}^s + 2 a_{ik}^s d_i^s \right), \quad \forall i \in I,$$

$$h_{ji} = \sum_{k \in K} \left(c_{ik}^j + b_{ik}^j + S_i a_{ik}^j + 2 a_{ik}^j SC \right), \quad \forall j \in J, \quad \forall i \in I.$$

在一般情况下, 即 $a_{ik}^j \neq 0$ 时, 3PL 的优化模型 (14.23) 是一个约束三次多项式优化问题. 尽管无法求得此模型的解析解, 但可以证明以下结果:

定理 14.4 Hessian 矩阵 H 是半正定的, 当且仅当满足以下条件:

$$H_{3n+1} - \sum_{i \in I} \sum_{j \in J} \frac{H_{j2}^i}{H_{j1}^i} \geqslant 0, \tag{14.27}$$

其中

$$H_{j1}^i = 2 \sum_{k \in K} (a_{ik}^j SC + b_{ik}^j), \quad H_{j2}^i = l_{ji} + h_{ji}, \quad \forall i \in I, \quad \forall j \in J.$$

证明 此结果的证明类似于定理 14.1 的证明. □

14.4 求解 NBLP 模型的算法

在本节中, 通过将下层优化模型转换为参数互补约束, 我们首先将 NBLP 模型 (14.21) 转换为带互补约束的数学规划问题, 然后开发局部光滑化算法来寻找原始 NBLP 模型 (14.21) 的均衡解.

14.4.1 NBLP 模型的重构

在模型 (14.18) 中, 设 λ, μ_{ik}^m, μ_{ik}^d, μ_{ik}^s, ζ_i^m, ζ_i^d, ζ_i^s, δ 分别为与约束相对应的拉格朗日乘子. 那么, 对应于 (14.18) 的拉格朗日函数为

$$L(d_i^m, d_i^d, d_i^s, SC, \lambda, \mu_{ik}^m, \mu_{ik}^d, \mu_{ik}^s, \zeta_i^m, \zeta_i^d, \zeta_i^s, \delta)$$

$$= -\pi_{3\mathrm{PL}}(d_i^m, d_i^d, d_i^s, SC; \alpha, \beta, \gamma, \xi) - \lambda D' - \sum_{i \in I} \sum_{k \in K} \mu_{ik}^m m_{ik}' - \sum_{i \in I} \sum_{k \in K} \mu_{ik}^d d_{ik}'$$

$$- \sum_{i \in I} \sum_{k \in K} \mu_{ik}^s s_{ik}' - \sum_{i \in I} \zeta_i^m d_i^m - \sum_{i \in I} \zeta_i^d d_i^d - \sum_{i \in I} \zeta_i^s d_i^s - \delta SC. \tag{14.28}$$

记

$$z_{ik}^j = a_{ik}^j SC + b_{ik}^j, \quad j \in J, \quad i \in I, k \in K,$$
$$v_{ik}^j = S_i z_{ik}^j + SC z_{ik}^j + \lambda z_{ik}^j, \quad j \in J, \quad i \in I, k \in K,$$
$$w_{ik}^j = a_{ik}^j d_i^j + c_{ik}^j, \quad j \in J, \quad i \in I, k \in K,$$
$$pw_{ik} = \alpha p_i w_{ik}^m + \beta p_i w_{ik}^d + \gamma p_i w_{ik}^s, \quad i \in I, k \in K,$$
$$Tw_{ik} = TDS_i w_{ik}^s + TP_i (w_{ik}^m + w_{ik}^d), \quad i \in I, k \in K,$$
$$\lambda w_{ik} = \lambda (w_{ik}^m + w_{ik}^d w_{ik}^s), \quad i \in I, k \in K,$$
$$Sw_{ik} = (S_i + SC)(w_{ik}^m + w_{ik}^d + w_{ik}^s), \quad i \in I, k \in K,$$
$$dw_{ik} = d_i^m w_{ik}^m + d_i^d w_{ik}^d + d_i^s w_{ik}^s, \quad i \in I, k \in K,$$
$$\mu w_{ik} = \mu_{ik}^m w_{ik}^m + \mu_{ik}^d w_{ik}^d + \mu_{ik}^s w_{ik}^s, \quad i \in I, k \in K,$$
$$Q_{ik} = Q_{ik}^m + Q_{ik}^d + Q_{ik}^s, \quad i \in I, k \in K.$$

则由一阶最优性条件可得

$$\sum_{k \in K} (-\alpha p_i z_{ik}^m + TP_i z_{ik}^m + v_{ik}^m + Q_{ik}^m + d_i^m z_{ik}^m + \mu_{ik}^m z_{ik}^m) - \zeta_i^m = 0, \quad i \in I,$$
$$\sum_{k \in K} (-\beta p_i z_{ik}^d + TP_i z_{ik}^d + v_{ik}^d + Q_{ik}^d + d_i^d z_{ik}^d + \mu_{ik}^d z_{ik}^d) - \zeta_i^d = 0, \quad i \in I,$$
$$\sum_{k \in K} (-\gamma p_i z_{ik}^s + TDS_i z_{ik}^s + v_{ik}^m + Q_{ik}^s + d_i^s z_{ik}^s + \mu_{ik}^s z_{ik}^s) - \zeta_i^s = 0, \quad i \in I,$$
$$\sum_{i \in I} \sum_{k \in K} (-pw_{ik} + Tw_{ik} + \lambda w_{ik} + Sw_{ik} + dw_{ik} + \mu w_{ik} + Q_{ik}) - \delta = 0.$$

$$(14.29)$$

换句话说, 在适当的约束条件下, 模型 (14.23) 的解满足方程 (14.29) 和以下互补约束:

$$\lambda \geqslant 0, \quad D' \geqslant 0, \quad \lambda D' = 0,$$
$$\mu_{ik}^m \geqslant 0, \quad m_{ik}' \geqslant 0, \quad \mu_{ik}^m m_{ik}' = 0, \quad i \in I, k \in K,$$
$$\mu_{ik}^d \geqslant 0, \quad d_{ik}' \geqslant 0, \quad \mu_{ik}^d d_{ik}' = 0, \quad i \in I, k \in K,$$
$$\mu_{ik}^s \geqslant 0, \quad s_{ik}' \geqslant 0, \quad \mu_{ik}^s s_{ik}' = 0, \quad i \in I, k \in K,$$
$$\zeta_i^m \geqslant 0, \quad d_i^m \geqslant 0, \quad \zeta_i^m d_i^m = 0, \quad i \in I,$$
$$\zeta_i^d \geqslant 0, \quad d_i^d \geqslant 0, \quad \zeta_i^d d_i^d = 0, \quad i \in I,$$
$$\zeta_i^s \geqslant 0, \quad d_i^s \geqslant 0, \quad \zeta_i^s d_i^s = 0, \quad i \in I,$$
$$\delta \geqslant 0, \quad SC \geqslant 0, \quad \delta SC = 0.$$

$$(14.30)$$

从 (14.29) 中可以看出, ζ_i^m, ζ_i^d, ζ_i^s 和 δ 能够用 λ, μ_{ik}^m, μ_{ik}^d, μ_{ik}^s, d_i^m, d_i^d, d_i^s 和 SC 表示, 即

$$\zeta_i^m = \sum_{k \in K}(-\alpha p_i z_{ik}^m + TP_i z_{ik}^m + v_{ik}^m + Q_{ik}^m + d_i^m z_{ik}^m + \mu_{ik}^m z_{ik}^m), \quad i \in I,$$

$$\zeta_i^d = \sum_{k \in K}(-\beta p_i z_{ik}^d + TP_i z_{ik}^d + v_{ik}^d + Q_{ik}^d + d_i^d z_{ik}^d + \mu_{ik}^d z_{ik}^d), \quad i \in I,$$

$$\zeta_i^s = \sum_{k \in K}(-\gamma p_i z_{ik}^s + TDS_i z_{ik}^s + v_{ik}^m + Q_{ik}^s + d_i^s z_{ik}^s + \mu_{ik}^s z_{ik}^s), \quad i \in I, \tag{14.31}$$

$$\delta = \sum_{i \in I}\sum_{k \in K}(-p w_{ik} + T w_{ik} + \lambda w_{ik} + S w_{ik} + d w_{ik} + \mu w_{ik} + Q_{ik}).$$

记

$$\begin{cases} Y = \left(\lambda, \mu_{ik}^m, \mu_{ik}^d, \mu_{ik}^s, d_i^m, d_i^d, d_i^s, SC \right)^{\mathrm{T}}, \\ F(Y) = \left(D^{'}, m_{ik}^{'}, d_{ik}^{'}, s_{ik}^{'}, \zeta_i^m, \zeta_i^d, \zeta_i^s, \delta \right)^{\mathrm{T}}. \end{cases} \tag{14.32}$$

这样, 互补条件 (14.30) 可改写为如下参数互补问题:

$$Y \geqslant 0, \quad F(Y) \geqslant 0, \quad Y^{\mathrm{T}} F(Y) = 0, \tag{14.33}$$

且该参数互补问题的解涉及未知的上层决策变量.

14.4.2 光滑化方法和求解算法

由于互补约束 (14.33) 是非光滑的, 许多强大的经典优化算法不能直接用于求解模型 (14.21). 因此, 本章使用 Chen 和 Wan (2015) 提出的一种局部光滑化方法, 用如下光滑不等式约束来近似上述互补约束:

$$Y \geqslant 0, \quad F(Y) \geqslant 0, \quad \Phi_\varepsilon^{ik}(Y) \leqslant 0, \tag{14.34}$$

其中

$$\Phi_\varepsilon^{ik}(Y) = \left(\phi_{\varepsilon,1}(Y), \phi_{\varepsilon,2}^{ik}(Y), \phi_{\varepsilon,3}^{ik}(Y), \phi_{\varepsilon,4}^{ik}(Y), \phi_{\varepsilon,5}^{i}(Y), \phi_{\varepsilon,6}^{i}(Y), \phi_{\varepsilon,7}^{i}(Y), \phi_{\varepsilon,8}(Y) \right)^{\mathrm{T}}, \tag{14.35}$$

$$\phi_{\varepsilon,1}(Y) = \frac{1}{2}\left(\lambda + D^{'} - \psi_\varepsilon(\lambda - D^{'}) \right), \quad \phi_{\varepsilon,2}^{ik}(Y) = \frac{1}{2}\left(\mu_{ik}^m + m_{ik}^{'} - \psi_\varepsilon(\mu_{ik}^m - m_{ik}^{'}) \right),$$

$$\phi_{\varepsilon,3}^{ik}(Y) = \frac{1}{2}\left(\mu_{ik}^d + d_{ik}^{'} - \psi_\varepsilon(\mu_{ik}^d - d_{ik}^{'}) \right), \quad \phi_{\varepsilon,4}^{ik}(Y) = \frac{1}{2}\left(\mu_{ik}^s + s_{ik}^{'} - \psi_\varepsilon(\mu_{ik}^s - s_{ik}^{'}) \right),$$

$$\phi_{\varepsilon,5}^{i}(Y) = \frac{1}{2}\left(d_i^m + \zeta_i^m - \psi_\varepsilon(d_i^m - \zeta_i^m) \right), \quad \phi_{\varepsilon,6}^{i}(Y) = \frac{1}{2}\left(d_i^d + \zeta_i^d - \psi_\varepsilon(d_i^d - \zeta_i^d) \right),$$

$$\phi_{\varepsilon,7}^{i}(Y) = \frac{1}{2}\left(d_i^s + \zeta_i^s - \psi_\varepsilon(d_i^s - \zeta_i^s)\right), \quad \phi_{\varepsilon,8}(Y) = \frac{1}{2}\left(SC + \delta - \psi_\varepsilon(SC - \delta)\right),$$

$$\psi_\varepsilon(t) = \frac{2t}{\pi}\arctan\left(\frac{t}{\varepsilon}\right), \quad i \in I, k \in K. \tag{14.36}$$

因此, 原始的 NBLP 模型 (14.21) 被重构为一个标准的光滑优化问题:

$$\begin{aligned}
\max \quad & G(x) \\
\text{s.t.} \quad & 0 \leqslant \alpha \leqslant 1, \ 0 \leqslant \beta \leqslant 1, \ 0 \leqslant \gamma \leqslant 1, \ 0 \leqslant \xi \leqslant 1, \\
& Y \geqslant 0, \ F(Y) \geqslant 0, \ \Phi_\varepsilon^{ik}(Y) \leqslant 0, \quad i \in I, k \in K,
\end{aligned} \tag{14.37}$$

其中 ε 是光滑化参数, $x = (\alpha, \beta, \gamma, \xi, d_i^m, d_i^d, d_i^s, SC, \lambda, \mu_{ik}^m, \mu_{ik}^d, \mu_{ik}^s)$, $G(x) = POR - POC$.

通过上述准备, 现可以开发一种算法, 即通过求解由 (14.37) 定义的一系列近似的光滑问题来找到原始 NBLP 模型 (14.21) 的均衡解.

算法 14.1　MRSM 算法

步 1: 给定初始点 x_1. 取足够小的 $\varepsilon_1 > 0$ 和 $\epsilon_{\text{stop}} > 0$, 取 $\beta \in (0,1)$. 令 $l := 1$.

步 2: 令 ε_l 为当前参数. 求解当 $\varepsilon = \varepsilon_l$ 时的光滑非线性规划子问题 (14.37). 记当前最优解为 $\bar{x}_l$, 目标函数对应的最优值为 $G(\bar{x}_l)$.

步 3: 如果当前步骤的最优解 x_l 满足终止条件 $\|\min\{Y, F(Y)\}\| \leqslant \epsilon_{\text{stop}}$, 令 $x_l := \bar{x}_l$. 输出最优解 $x^{(l)}$, 以及制药商和药店的最优利润: $\pi_p(x_l)$, $\pi_{\text{3PL}}(x_l)$, 算法终止. 否则, 令 $\varepsilon_{l+1} := \beta\varepsilon_l$, $x_{l+1} := \bar{x}_l$, $l := l + 1$, 返回步 2.

注 14.3　考虑到若 3PL 公司不能在回收系统中受益就会退出合作, 在使用 MRSM 算法求解模型 (14.18) 时, 应该保证 3PL 公司的目标函数的最优值是非负的.

此外, 由于该算法的开发是基于对原始 NBLP 模型 (14.21) 的重构和光滑化处理, 因此将该算法称为 MRSM 算法.

注 14.4　Chen 和 Wan (2015) 证明了当 MRSM 算法的步 3 中的终止条件 $\|\min\{Y, F(Y)\}\| \leqslant \epsilon_{\text{stop}}$ 满足时, 算法所生成的序列 $\{x_l\}$ 将较弱条件下全局收敛到模型 (14.21) 的稳定点.

14.5　案　例　研　究

在本节中, 为了验证所开发的 UMs 回收模型 (14.21) 和 MRSM 算法的实用性和可计算性, 现将它们应用于求解一个实际的 PRSC 问题. 为了证明 MRSM

算法的有效性, 我们将所建立的模型和算法与 Sadigh 等 (2012) 所开发的模型和算法进行了比较, 分别应用它们来解决不同情景下的实际 UMs 回收问题. 这是因为, Sadigh 等 (2012) 也提出了一个双层规划模型和算法 (MICA 算法) 来协调制造商-零售商供应链.

当 $a_{ik}^j = 0$ 时, 由于条件 (14.25) 成立, 下层优化模型 (14.23) 是一个二次凸规划问题. 如果 $a_{ik}^j \neq 0$, 则下层模型 (14.23) 是一个约束三次多项式优化问题. 为了模拟可能的实际情景, 我们根据 a_{ik}^j 的不同取值设置如下 3 种不同情景.

情景 1 $a_{ik}^j = 0$ 和 (14.25) 成立.

情景 2 $a_{ik}^j = 0.05$ 和 (14.27) 成立.

情景 3 $a_{ik}^m = 0.04$, $a_{ik}^d = 0.06$, $a_{ik}^s = 0.05$ 和 (14.27) 成立.

显然, 上述三种情景在实践中的含义为:

(1) 在情景 1 中, 激励和服务水平对 UMs 回收没有交叉影响. 也就是说, 可以假设回收量线性地依赖于激励和服务水平. 因此, 下层优化模型是一个凸二次规划问题.

(2) 在情景 2 和情景 3 中, 激励和服务水平会对回收量产生交叉影响. 在情景 2 中, 对于三类不同的 UMs, 这种影响是相同的. 而在情景 3 中, 对于三类不同的 UMs, 交叉影响是不同的.

随后的数值实验将基于这三种情景进行. 各情景下, 其他模型参数的取值如下:

$$\left\{ \begin{array}{l} i=1, \quad k=1, \quad A_i=50, \quad B_i=100, \quad C_i=500, \quad \sigma=0.15, \quad D=80000, \\ TD_i=10, \quad DF_i=12, \quad p_i=5000, \quad PA_i=5, \quad AM_{ik}=10000, \quad TS_i=5, \\ S_i=6, \quad TP_i=12, \quad TDS_i=12, \quad AD_{ik}=30000, \quad AS_{ik}=50000, \\ a_i=0.15, \quad b_{ik}^m=60, \quad b_{ik}^d=100, \quad b_{ik}^s=260, \quad c_{ik}^m=60, \quad c_{ik}^d=100, \\ c_{ik}^s=260, \quad e_{ik}^m=100, \quad e_{ik}^d=3000, \quad e_{ik}^s=10000, \quad e_i=3000. \end{array} \right.$$

$$(14.38)$$

所有算法的计算代码采用 MATLAB 软件编写, 并在 Windows 10 操作系统及个人计算机 2.0 GHZ CPU 和 4.00 GB RAM 配置下运行. 数值结果展示在表 14.1—表 14.3 中.

表 14.1 不同算法下的制药商的最优回收方案对比

情景	方法	α	β	γ	ξ	π_p	CPU 时间/s
1	MICA	0.0699	0.0823	0.0468	0.2483	3.0198e+07	508.7656
	MRSM	0.0699	4.2364e−14	1.2709e−14	0.2483	2.0213e+07	6.7884
2	MICA	0.0624	0.0645	0.0471	0.1327	3.1780e+07	1.3539e+03
	MRSM	0.0669	0.0837	0.0470	0.2483	3.0676e+07	3.8062
3	MICA	0.0639	0.0769	0.0458	0.2026	3.1933e+07	1.8106e+03
	MRSM	0.0674	0.0840	0.0470	0.2483	3.0706e+07	5.5859

表 14.2　不同算法下的 3PL 公司的最优回收方案对比

情景	方法	d_i^m	d_i^d	d_i^s	SC	π_{3PL}
1	MICA	126.7038	143.4540	50.3577	38.2962	1.0352e+07
	MRSM	165	1.0453e−11	1.1786e−11	1.3874e−11	1.4327e+06
2	MICA	83.9723	74.8645	26.2273	63.8018	8.4468e+06
	MRSM	82.8065	110.3933	13.2852	76.8878	1.0544e+07
3	MICA	79.5228	98.3419	14.8843	72.0555	9.4729e+06
	MRSM	82.1271	109.9525	11.6413	78.5711	1.0615e+07

表 14.3　不同算法下的 UMs 最优回收量对比

情景	方法	Q_{ik}^m	Q_{ik}^d	Q_{ik}^s
1	MICA	10000	2.1175e+04	3.3050e+04
	MRSM	10000	30000	10000
2	MICA	9.2343e+03	1.7105e+04	3.3491e+04
	MRSM	10000	2.2153e+04	3.3496e+04
3	MICA	9.4239e+03	2.0465e+04	3.2658e+04
	MRSM	10000	2.2371e+04	3.3501e+04

在表 14.1—表 14.3 中, 前两列分别标注了不同的情景和求解方法. 表 14.1 和表 14.2 中的第 3 列至第 6 列分别表示制药商和 3PL 公司的最优决策, 第 7 列代表制药商或 3PL 的最优目标函数值. 在表 14.1 中, 第 8 列表示算法完成一次计算所耗费的 CPU 时间. 在表 14.3 中, 第 3 列至第 5 列分别表示 A 类, B 类和 C 类 UMs 的最优回收量. 根据表 14.1—表 14.3 中结果, 可以得知:

(1) 制药商通过使用 MRSM 和 MICA 可以获得相似的利润 (表 14.1). 特别是, 当激励和服务水平的交叉效应对 UMs 回收没有影响时, 使用 MRSM 算法求解时领导者 (制药商) 的利润更大. 与 MICA 相比, MRSM 可以花费更少的 CPU 时间来找到复杂 NBLP 模型的平衡解, 这表明本章提出的重构和光滑化方法更有效. 当激励和服务水平之间的交叉效应对回收量产生影响时, 使用 MRSM 比 MICA 可以令 3PL 获得更大的利润 (表 14.2). 因此, 将激励和服务水平同时纳入模型会在很大程度上影响 3PL 公司的盈利性, 特别是当涉及激励和服务之间的交叉影响时.

(2) 在这三种情景下, 本章提出的 MRSM 算法相比 MICA 算法能实现更多 UMs 的回收量 (表 14.3). 事实上, 在情景 1 中, A 类和 C 类的 UMs 通过使用 MRSM 算法可以被完全回收. 由于 A 类 UMs 可以用于转售或捐赠, 药品的利用率得到了提高, 因此我们得到的最优设计方案有利于环境保护和资源节约. 对于这些即将或已经过期的 C 类 UMs, 需要施以专业的无害化处理, 以避免其流入环境从而造成生态环境污染.

(3) 3PL 公司为提交 C 类 UMs 提供的激励要低于 A 类和 B 类 (表 14.2).

这与 C 类 UMs 的回收价值较低, 需要支付额外的无害化处理费用的事实相一致. 然而, 与 MICA 算法相比, 本章提出的模型可以鼓励制药商向欠发达地区捐赠更多 A 类 UMs (见表 14.1中 ξ 的最优值). 换而言之, 模型 (14.21) 可以为制药商在经济效益和社会责任之间提供更好的权衡方案.

14.6 模型参数灵敏度分析

在本节中, 我们进一步分析一些关键模型参数的敏感性, 以及激励和服务水平之间的交叉影响, 以揭示它们对回收系统最优决策的影响. 特别地, 本节将回答以下问题:

(1) 在不同情景下, 药物单位销售价格对系统利润和最优回收量有什么影响?

(2) 在不同情景下, 3PL 公司的回收能力对系统利润和最优回收量有什么影响?

(3) 政府政策 (税收减免) 对制药商和 3PL 公司的最优决策有什么影响?

14.6.1 销售价格灵敏度分析

首先研究药品销售价 p_i 的影响. 为此, 我们将 p_i 的值从 4975 以步长 5 逐渐增加为 5025, 使用 MRSM 算法来求解与 p_i 不同值所对应的所有模型 (14.21). 对于激励和服务水平之间的每种交叉影响类型 (情景 1, 2 和 3), 在图 14.2 中展示了相关数值结果, 其中包括 p_i 对利润和对第 A 类, B 类和 C 类 UMs 的最优回收量的影响. 图 14.2 中的结果表明:

(1) 无论单位销售价格如何变化, A 类 UMs 在任何情况下都能被完全回收. 制药商和 3PL 公司的利润与 B 类 UMs 的回收密切相关 (图 14.2(a), 图 14.2(b), 图 14.2(d)).

(2) 在情景 1 中, 除了 A 类 UMs 的回收量外, 单位销售价格的变化可能会导致利润和回收量的较大波动.

(3) 在情景 2 中, 制药商和 3PL 公司利润都受到 B 类 UMs 回收量的影响 (图 14.2(a) 和图 14.2(d)).

(4) 在情景 3(激励和服务水平对不同类别的 UMs 回收量产生不同的交叉影响) 中, B 类 UMs 的回收量和制药商的利润恒大于其他两种情况 (图 14.2(a) 和图 14.2(d)), 制药商和 3PL 公司的利润随着单位销售价格的增加而增加 (图 14.2(a) 和图 14.2(b)). 在情景 2 和情景 3 中, 即使单位销售价格上升, C 类 UMs 的回收量也几乎不受影响 (图 14.2(e)).

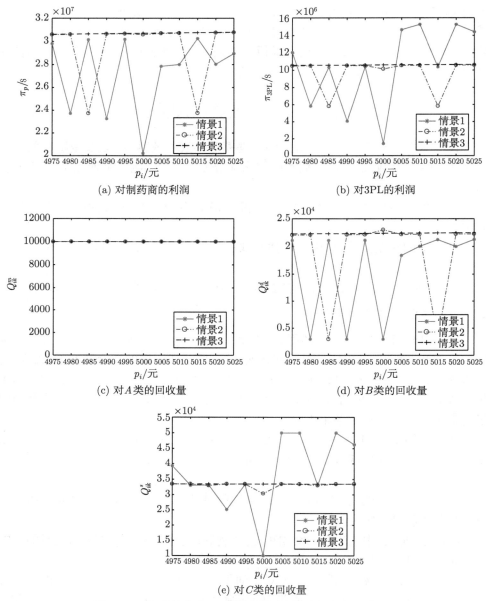

图 14.2　药品销售价 (p_i) 的影响 (彩图请扫封底二维码)

14.6.2　3PL 容量能力灵敏度分析

接下来研究 3PL 公司最大回收能力的影响. 现将 3PL 公司的最大容量 D 的值从 79500 以步长 100 逐渐增加到 80500, 数值结果如图 14.3 所示. 图 14.3 中的

结果表明:

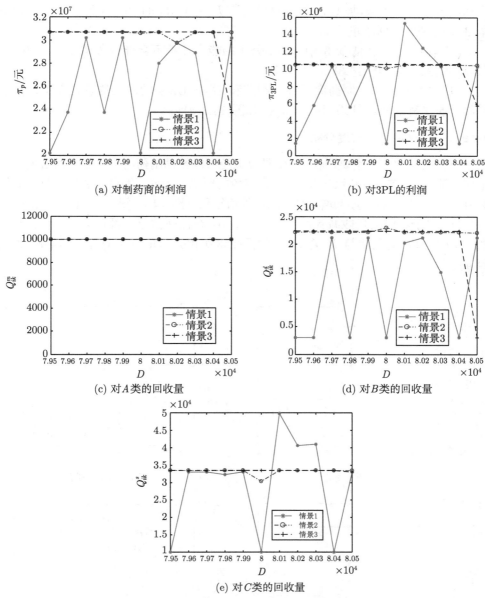

图 14.3　3PL 的容量 (D) 的影响 (彩图请扫封底二维码)

(1) 无论 3PL 的回收能力如何, A 类 UMs 在任何情景下都能被完全回收. 制药商和 3PL 公司的最优利润与 B 类 UMs 的回收效率密切相关 (图 14.3(a), 图 14.3(b) 和图 14.3(d)).

(2) 在情景 1 中, 除了 A 类 UMs 的回收量外, 3PL 公司能力的变化会导致利润和回收量的较大波动, 即制药商的利润和 B 类 UMs 的回收量低于情景 2 和情景 3 中的利润和回收量.

(3) 在情景 2 和情景 3 中, 3PL 公司的能力几乎不会导致各类 UMs 的回收量和利润的变化 (图 14.3).

(4) 在情景 3 中, 制药商的最优利润和 B 类 UMs 的回收量总是大于在情景 1 和情景 2 种的相应结果 (图 14.3(a) 和图 14.3(d)).

14.6.3　税收减免灵敏度分析

作为政府的一项重要回收政策, 税收减免可以鼓励制药商将药品捐赠给欠发达地区, 因此在本节的最后我们研究税收减免的影响. 为此, 我们将税收减免率的值从 0.14 以步长 0.002 逐渐增加到 0.16. 数值结果见图 14.4. 图 14.4 中的结果表明:

(1) 对于不同的税收减免政策, A 类 UMs 在任何情景下都可以被收回. 制药商和 3PL 公司的利润与 B 类 UMs 的回收密切相关 (图 14.4(a), 图 14.4(b) 和图 14.4(d)).

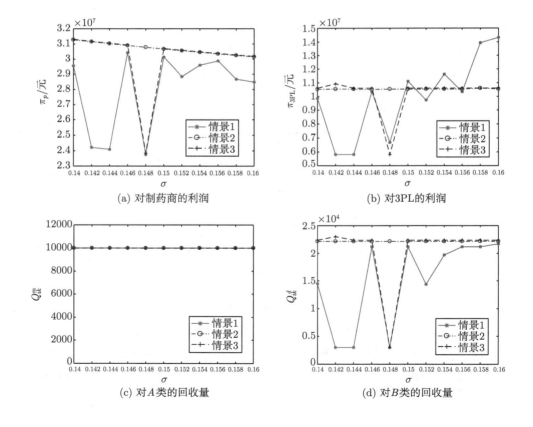

(a) 对制药商的利润　　　　　　　　　(b) 对3PL的利润

(c) 对A类的回收量　　　　　　　　　(d) 对B类的回收量

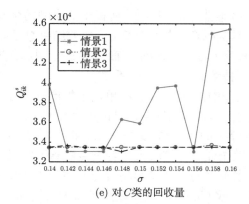

(e) 对 C 类的回收量

图 14.4　税收减免率 (σ) 的影响 (彩图请扫封底二维码)

(2) 在情景 1 中, C 类 UMs 的回收量远大于情景 2 和情景 3. 在该情景下, 税收减免政策的变化可能会导致利润和回收量的较大波动, 但 A 类 UMs 的回收量不受影响. 此外, 情景 1 中制药商的利润和 B 类 UMs 的回收量要低于情景 2 和情景 3.

(3) 在情景 2 和情景 3 中, 随着税收减免率的上升, 制药商的利润由于 UMs 捐赠量的增加而缓慢下降, 但这并没改变 3PL 公司的利润. 在这两种情景下, 对于不同的税收减免政策, 所有三类 UMs 的回收量几乎不受影响 (图 14.4(c)—图 14.4(e)).

(4) 在情景 2 和情景 3 中, 任何税收减免下制药商的利润和回收量几乎是相同的 (见图 14.4).

总之, 由图 14.2—图 14.4 中的结果可知, 激励和服务水平之间的交叉影响极大地影响了 UMs 回收系统中的最优决策. 政府的税收减免政策可以显著增加 C 类 UMs 的回收量, 这显然有利于环境保护.

总　结

本章开发了一个集成的双层规划模型, 以刻画具有 3PL 公司提供的激励和服务水平的异质 UMs 回收管理问题. 在该模型中, 虽然制药商是领导者, 3PL 公司是追随者, 但政府在促进 UMs 回收的可持续性方面发挥着关键作用. 不同于现有模型, 该模型考虑了 UMs 的异质性、回收量对激励和服务水平的依赖性, 以及激励与服务水平之间的交叉影响. 它们极大地提高了模型的可应用性.

由于所建立的双层规划模型的复杂性, 本章提出了模型重构和光滑化方法, 将原始双层规划模型转化为一系列标准的光滑化优化问题, 进而开发了一个高效算法来求得原始双层规划模型的均衡解.

通过案例研究和敏感性分析, 验证了所提出的模型的合理性和算法的有效性, 并由此揭示了一些极具实际意义的管理启示. 主要结果总结如下.

(1) 所开发的模型和算法可以为制药商、3PL 公司和政府提供最优的回收策略, 能用于设计一个可持续的 UMs 回收系统.

(2) 在所建立的模型中, 即使 UMs 的单位销售价格、3PL 的回收能力和政府的税收减免政策发生变化, A 类 UMs 也可以被完全回收.

(3) 制药商 (领导者) 的利润与 B 类 UMs 的回收密切相关. 因此, 如何处理 B 类 UMs 对增加相关企业的经济收入起着至关重要的作用.

(4) 激励和服务水平之间的交叉影响可能会在很大程度上改变 UMs 的回收管理问题的最优决策. 政府的税收减免政策可以大大增加 C 类 UMs 的回收量, 这对环境保护十分有利.

在未来的研究中, 仍有许多值得拓展的地方:

(1) 由于 UMs 回收量与 3PL 公司的回收策略密切相关, 因此考虑 UMs 回收的具体激励策略将更具战略指导意义.

(2) 本章开发集成 (制药商、3PL 公司和政府) NBLP 模型和高效算法的想法可以推广到解决其他行业的更广泛的二手产品回收问题. 但需注意的是, 本章所研究的 UMs 回收网络与其他行业的回收网络存在许多差异. 例如, 为了回收二手车, 应该考虑引入拆卸中心、分解中心、回收设施以及收集中心. 但 UMs 的回收网络中通常没有诸如拆卸中心或分解中心的这类节点.

(3) 若采用更科学的规则对回收到的 UMs 进行分类, 并规定每一类 UMs 的不同回收和处置方法, 则需要进一步研究新的 UMs 回收网络. 例如, 如果回收到的未过期的 C 类 UMs 可以捐赠给消费率更高的地方, 那么所形成的回收网络将与本章研究的网络不同.

(4) 由于实践中存在不确定性因素, 本章提出的方法可以推广到不确定的双层规划模型中.

第 15 章 多方协同可持续废旧药物回收系统优化模型与算法

为了避免不需要药物的不当处理现象, 本章旨在从可持续发展的角度设计一个高效的不需要药物的回收系统. 综合考虑 UMs 的异质性、交叉销售效应、政府的回收补贴和税收减免政策以及 UMs 持有人的参与意愿, 本章将建立一个全新的双层规划模型, 它能够用于设计在斯塔克尔伯格博弈框架下反映制药商、药店、客户和政府的可持续协同作用的回收系统. 在该模型中, UMs 回收量为内生变量, 并取决于参与回收的药店比例、积分交换激励和广告投资. 通过模型重构方法, 本章还将开发一种高效算法来求解所构建的复杂模型. 通过情景分析, 我们将进一步验证所提出的回收模型的合理性, 并充分展示其在盈利性和可持续性方面优于文献中的类似模型. 在本章开展的情景分析中, 我们将发现, 本章设计的回收系统平均可以获得 24.7% 的净利润率和超过 50% 的回收率. 主要研究结论包括: UMs 异质性会主导制药商和药店的最优回收政策; 政府的回收补贴和税收减免政策对促进 UMs 的回收发挥关键作用; 所采用的实体药店再利用策略, 以及制药商和药店之间的合作模式, 不仅可以大大降低配送成本和提高客户剩余, 还可以显著提高回收系统的盈利能力和可持续性.

15.1 引 言

15.1.1 背景

随着社会老龄化进程的加速和制药行业的蓬勃发展, 药物的使用和浪费都在急剧增加 (Vogler and de Rooij, 2018; Patel et al., 2022). 由于种种原因, 如药物副作用和症状改善, 民众家庭中积累了大量的闲置药物 (unwanted medicines, UMs)(Vollmer, 2010; Lima et al., 2020), 其中相当一部分的药物得不到环境友好型处理, 诸如被直接丢弃到水槽、厕所或垃圾箱中 (Tong et al., 2011). 在美国, 国家药监局主办了时间窗为 4 小时的 "全国处方药回收日" 活动, 鼓励公众退回 UMs (2014 年收集到 309 吨), 但由于回收期较短, UMs 的回收量十分有限 (Yang et al., 2015). 在英国, 皇家医学会开展了 "正确处置药物" 行动, 尽管近 34% 的民众自愿将 UMs 退回药店, 但每年 UMs 的浪费仍造成经济损失 3 亿美

主要结果发表于 Journal of Cleaner Production, 2022, 350: 134304.

元 (Sullivan and George, 1996; Trueman et al., 2010). 实际上, 美国和英国现有回收行动的回收率可能分别低至 22.9% (Seehusen and Edwards, 2006) 和 21.8% (Bound and Voulvoulis, 2005). 在中国, 由于近 78.6% 的中国家庭习惯储存药品, 报道称每年会产生超过 15 000 吨的过期药品 (Ma and Ma, 2006). 在 2021 年, 广州医药集团有限公司在中国 27 个主要城市开展了为期一周的 "家庭过期药品回收" 活动, 但由于回收范围小, UMs 无法被完全回收 (GPHL, 2021). 在其他国家, 如德国、立陶宛和新西兰, UMs 的回收成效也不尽如人意 (Götz and Keil, 2007; Tong et al., 2011). 不难注意到, 在已有的这些回收实践中, 回收对象仅为过期 UMs, 而且 UMs 持有人和药店没有获得任何有效的经济激励策略. 因此, 它们很难大幅度提高 UMs 的回收率, 尤其是难于大量回收那些剩余保质期较长的UMs(Subramanian et al., 2014).

de Oliveira Souza 等 (2021) 和 Mauro 等 (2021) 明确指出世界范围内的许多生态系统中均检测到药物残留物. 而事实证明, 排放到水生环境中的药物会对生活在其中的生物造成致命危害 (Daughton, 2007). 环境中的药物沉积物会严重污染生态环境并威胁动物和人类的健康 (Kumar et al., 2009; Ligon et al., 2008). 例如, Kümmerer (2009) 报道了双氯芬酸对秃鹫的影响以及雌激素 (常见的药物残留物) 会诱导鱼类生化反应. 除了环境污染外, 在保质期内丢弃 UMs 也是巨大的资源浪费. 专家建议, 这些 UMs 应由特定的机构或组织收集, 以便重新用于治疗药物匮乏地区的患者 (Glassmeyer et al., 2009; Vellinga et al., 2014).

依据可持续发展目标的核心原则 (Seuring and Müller, 2008), UMs 的回收和再利用有助于实现变废为宝, 从而控制因 UMs 处置不当而造成的环境污染 (Chartier, 2014; Viegas et al., 2019). 此外, 资源再利用也是循环经济的基本原则 (Korhonen et al., 2018). 正如 de Oliveira Souza 等 (2021) 所述, 有效的药物管理策略对于减少药物污染和实现可持续发展至关重要. Tat 等 (2020, 2021) 建议转售和捐赠未过期的 UMs, 以加强相关回收企业的人道主义和社会责任 (见世界卫生组织 (WHO) 的指导方针 (Hogerzeil et al., 1997)). 总之, 设计一个高效的 UMs 回收再利用系统是可持续发展和循环经济的迫切现实需求 (Agrawal et al., 2015).

然而, 现有研究中的回收模式和实践中采用的回收策略无法满足可持续发展和循环经济的需求 (Millet, 2011; Xie and Breen, 2012), 其根本原因在于, 它们还没有从理论上解决以下四个关键问题:

(1) 如何设计一个合适的 UM 回收系统, 以保证政府、制药商、药店和公众的持久参与, 并发挥他们的协同效应, 以更好地满足 UMs 回收的需求? 特别是, 为了更好地促进可持续发展, 除了制药商在回收 UMs 方面的主导作用外, 还必须充分发挥药店和政府的不可替代的作用 (Fang et al., 2021b; Wan and Yu, 2022; Xiang et al., 2022).

(2) 如何让更多客户愿意主动将 UMs 退回到指定的回收站点? 特别是, 如何考虑客户提交 UMs 的便利性和具有吸引力的激励措施等关键因素, 以进一步增加 UMs 的回收量.

(3) 针对所设计的回收 UMs 系统, 如何开发一个集成数学模型, 为该回收系统的决策者提供最优回收策略? 不仅如此, 该模型要能被高效求解; UMs 回收量在满足最低回收要求的基础上尽可能多; 使相关回收企业具备高盈利性; 等等.

(4) 如何保证所开发回收系统的可持续性? 即如何在收集和递交 UMs 的过程中减少运输、能源和建筑材料的消耗?

在本章中, 在回顾文献中的相关工作和研究空白后, 我们将基于数学建模和算法开发技术为上述四个问题提供解答. 值得注意的是, 不同于建造新回收设施, 本章所设计的回收系统是通过充分再利用现有发达的新药销售网络以提高系统的可持续性.

15.1.2　相关文献和讨论

针对上述关键问题, 许多学者已经进行了广泛的研究. 然而, 要设计一个能够综合考虑协调政府、制药商、药店和公众参与度的可持续 UMs 回收系统并非易事.

Xu 和 Zhu (2021) 使用斯塔克尔伯格博弈来构建制药行业中的成员关系, 并认为与下游零售商相比, 制药商主导了药品的定价权, 因而被看成是斯塔克尔伯格博弈中的领导者. Kumar 等 (2009) 分析了带药物回收的药物供应链 (PSC), 提出了一个 "界定–度量–分析–改进–控制" 策略并明确了 PSC 中相关成员的义务. Viegas 等 (2019) 回顾了医药逆向供应链 (PRSC) 的研究进展, 指出了该领域研究的局限性及未来研究的建议, 强调了现有研究主要集中于 "使用终止 (EOU)" 或 "生命终止 (EOL)" 药物的不同回收路径, 分析了前向供应链网络和运作策略对逆向物流的影响. Smale 等 (2021) 回顾了文献中预防药物浪费的一些定性的废弃量最小化措施, 建议 PSC 中的制造商、分销商、药剂师、患者和卫生当局对 UMs 回收要共同承担责任.

相较于上述定性研究, 研究 UMs 的正向、逆向, 或闭环供应链的数学建模和数值计算方法对科学指导当前的 UMs 回收实践更为重要. Tat 等 (2020) 将 EOL 药物回收的管理问题刻画成一个包含供应商和零售商的双层 PRSC 优化模型, 设计了一个包含回购策略和短缺风险分担契约的混合机制, 以鼓励供应链成员的协同参与, 进而最大化回收系统的利润. 基于可持续发展的核心原则, Tat 和 Heydari (2021) 提出了一种协调策略来协调两级 PSC 以防止医药废物破坏生态环境, 构建了一个双层优化模型刻画包含一个药品供应商 (领导者) 和一个药品零售商 (追随者) 的 PSC 管理问题. 此外, Tat 和 Heydari (2021) 还通过采用捐赠策略以增强 PSC 的社会、环境和经济效益. 为了便于安全地处置家庭中储存的

UMs, Hua 等 (2016) 建立了一个 PRSC 模型, 该模型考虑了异质 UMs、回收率, 以及制药商、回收商、零售商、客户和政府在药物回收系统中所扮演的不同角色. Sazvar 等 (2021) 研究了针对 EOL 药品的闭环 PSC 系统, 建立了该系统的基于情景的多目标混合整数线性规划模型, 并将过期药品分为三类: 必须丢弃处理、可再制造、可回收. 然后基于启发式算法求解所构建的复杂模型. 为了提高 PSC 的可持续性并优化库存系统, Weraikat 等 (2019) 构建了一个混合整数非线性规划模型, 目标是最大限度地减少医院的过期药物数量. 然后, 采用线性化方法求解该模型, 通过蒙特卡罗仿真试验, 测试了在不确定需求下模型的鲁棒性. 不过, 这些研究结果都没有关注怎样优化吸引客户的策略.

为了设计对 UMs 持有人具有吸引力的回收策略, Hua 等 (2017) 考虑了广告和回收药物定价策略, 并基于不同渠道结构分别提出了包含一个处理者和一个收集者的单一或联合的双层 PRSC 模型. 证明了在联合模型的非合作博弈中, "领导者-追随者" 结构优于其他结构. Xu 等 (2019b) 研究了价格折扣和以旧换新策略对替代性购买可能性的影响, 证明了在一定情景下以旧换新比价格折扣更为有效. 为了提高 UMs 回收量, Hua 等 (2019) 设计了一个由制药商和零售商组成的逆向物流系统, 并研究了积分交换激励策略和广告投资策略对回收系统的影响.

为了促进 UMs 回收, Weraikat 等 (2016a) 提出了一种制药商和第三方物流 (3PL) 公司之间的协调策略, 其中 3PL 通过向客户提供合适的回收服务以回收 UMs. Weraikat 等 (2016b) 提出了一个关于 PRSC 的分散式谈判方法以协调 UMs 的回收, 其中 3PL 公司与零售商签订合同后负责在客户区域收集 UMs. 此外, Weraikat 等 (2016b) 还设计了一个基于成员投资额的奖金分享机制, 并使用拉格朗日松弛法求解模型. 在生产商和 3PL 公司进行斯塔克尔伯格博弈框架下, Liu 等 (2020b) 将 UMs 回收的管理问题刻画为一个非线性双层规划 (NBLP) 模型, 其中 UMs 回收量取决于由 3PL 公司提供给客户的激励和服务水平, 并基于对模型的分析和重构提出了一种高效求解算法. 不过, 这些研究成果都忽略了如何充分利用发达的实体药店网络来提高回收系统的可持续性.

尽管通过线上回收二手产品越来越流行, 但许多研究表明, 作为一种特殊 "废物", UMs 更适合通过线下渠道回收. Huang 等 (2015a) 认为实体药店应该积极承担回收 UMs 的责任, 强调政府合理选择回收站和处理站对于优化回收网络以及降低系统总成本而言至关重要. 基于这点, Huang 等 (2015a) 设计了一个三层规划模型, 并开发了一个混合遗传模拟退火算法以求解该模型. Ouyang 等 (2020) 还证实, 与线上交易相比, 线下交易可以为药品零售商带来交叉销售机会, 并有利于线下回收门店的利润增长. 众多文献对 UMs 的实体回收模式持同样的赞成态度 (Kacen et al., 2013; Hua et al., 2016, 2019; Tat et al., 2020; Tat and Heydari, 2021).

无论采用何种回收模式或策略, 在建立优化模型时, 系统的盈利能力和可持续性都应该是最重要的关注点. 除了尽可能多地回收 UMs 外, UMs 回收系统的可持续性还与创造可持续的客户 (UMs 持有者) 源和平衡所有相关的供应链成员之间的利益有关 (Moshood et al., 2021). 特别是, 提高客户的便利性在创造可持续客户源方面发挥着根本作用. 例如, 能否确保客户提交 UMs 只需要五分钟的步行路程? 不幸的是, 现有文献中的所有方法都没有将这种客户便利性纳入回收UMs 的优化模型中.

通过以上文献综述, 不难看出现有研究成果距离 UMs 回收问题的完美解决仍有较大差距, 至少包括以下三点:

• 没有一个 UMs 回收网络是通过从所有现有药店网络中选择一个最优比例来建立的. 然而这种再利用策略显然可以充分发挥已有发达销售网络的优势. 事实上, 由于追求利润等因素, 已有销售药店往往是按照特定地区的人口密度较均匀分布的. 因此, 若基于现有的药店分布特征来建立 UMs 回收模型, 并将参与回收的药店比例作为决策变量, 那么所建立的模型就不会像大多数文献中所研究的那样与选址问题相关联, 从而可以避免求解一个 NP-难题.

• 对于客户来说, 作为回收系统中最重要的角色, 设计具有吸引力的激励措施和增强客户提交 UMs 的便利性并没有被同时纳入回收量函数中. 从可持续发展的角度来看, 同时优化药店的收集点和药店的回收激励策略, 显然有利于提高回收便利性并增加回收 UMs 的数量.

• 对于复杂的 UMs 回收模型, 没有开发基于模型性质的高效的求解算法. 相反, 已有成果要么通过严格的假设来简化模型, 失去了模型的可应用性, 要么通过开发智能算法求解模型. 一般来说, 除了缺少用于调整算法参数的确定性规则外, 智能算法的随机性往往也给分析其理论收敛性带来困难, 并导致较差的鲁棒性.

15.1.3　研究目标

为了填补上述研究空白, 本章将在斯塔克尔伯格博弈框架下, 提出一个基于制药商和药店合作的新回收系统. UMs 异质性、交叉销售效应、政府的回收补贴和税收减免政策、客户激励措施、退回 UMs 的便利性以及现有药店网络的分布特征都将被纳入该系统的数学建模中. 这样, UMs 回收管理问题将模型化为一个不包含任何整数决策变量的双层规划模型. 最值得注意的是, 由于该回收系统充分再利用了发达药物销售网络, 它不仅能够减少建造和装饰回收店面的材料消耗, 而且能够提高客户递交 UMs 的便利性, 从而可以大大增强回收系统的可持续性. 概括地说, 与现有结果不同, 本章的研究内容具有以下创新之处.

• UMs 的回收量同时依赖于制药商和药店提供给客户的便利程度和其他回收激励策略, 而不是一个固定常数. 此外, 药店和制药商的决策与 UMs 的异质性以及 UMs 回收产生的交叉销售效益均有关.

●政府发挥着不可替代的作用, 诸如设定 UMs 回收量的最低标准, 依据 UMs 异质性为相关企业提供回收补贴和税收减免政策等. 目的是保证模型能够更好地体现可持续发展目标.

●再利用前向发达药物销售网络策略不仅仅能够提高 UMs 持有人的便利性和回收系统的可持续性, 而且这种策略使得所建立的优化模型只涉及连续决策变量, 避免了求解混合非线性整数规划模型. 从而保证了模型求解的数值效率.

●由于所建模型的复杂性, 在分析模型性质的基础上, 本章提出了一种高效的求解算法, 而不是随机型智能算法 (Wan et al., 2013; Watada et al., 2020). 这种算法在实践中更适用于在复杂的决策环境中提供最优策略和管理见解.

15.2　构建一个新的 UMs 回收模型

15.2.1　问题描述

考虑到 UMs 极具回收和再利用价值, 而其不当处理还会造成的环境风险, 政府往往会通过立法或财政激励等手段来倡议或强制制药商去回收 UMs 持有人 (下文简称 "客户") 手中的 UMs. 本章将构建一个斯塔克尔伯格博弈框架, 在给定的政府的税收减免政策和回收补贴政策的激励下, 设计一个由一家制药商和多家线下实体药店组成 UMs 回收系统. 首先, 我们将 UMs 进行异质化处理, 根据世界卫生组织的建议和已有文献中的做法, 此处将 UMs 分为以下三类进行回收和进一步处置:

第 1 类 UMs　剩余保质期超过规定保质期的 70% 的 UMs;

第 2 类 UMs　剩余保质期超过规定保质期的 30% 但小于 70% 的 UMs;

第 3 类 UMs　剩余保质期低于规定保质期的 30% 或已经过期的 UMs.

制药商作为斯塔克尔伯格博弈的领导者, 将首先在该地区的药店网络中选择一定比例的药店作为 UMs 回收站点, 并依照实际回收量向药店支付最优回收费. 所有候选药店被认为是按居民密度均匀分布的. 在 UMs 从客户到药店再到制药商的过程中, 制药商需要优化其对于 UMs 的回收及处置策略. 特别地, 对于第 1 类 UMs, 制药商可以灵活地选择将其在二级市场转售或者捐赠给急需药物的群体, 其中捐赠行为能使制药商享受政府给予的税收减免. 在本章的模型中, 依照 (World Health Organization et al., 1999; Liu et al., 2020b) 中的建议, 考虑将收集到的第 2 类 UMs 全部用于捐赠. 而对于第 3 类的 UMs, 制药商将其从药店收集后直接运送到处理中心, 并承担其无害化处理的费用. 按照回收到的 UMs 的类别和数量, 制药商可以获得政府提供的回收补贴.

药店作为斯塔克尔伯格博弈中的追随者, 须为客户提供具有吸引力的激励方案, 以鼓励客户积极地递交 UMs, 如此药店就可以从制药商处获得更多依赖于回收量的回收费用, 并同时受益于线下回收活动中产生的更加显著的交叉销售. 在本章中, 我们考虑药店采取两种激励措施: 广告策略和积分交换策略. 对于药店来说, 增加广告投资或提高积分交换的比例可以产生更大的 UMs 收集量. 对客户来说, 所提交的 UMs 的质量 (类别) 越高, 或数量越多, 就能获得更多的积分 (商品抵用券), 这些积分可以用于在药店里换购商品 (药品或日用品), 其中积分交换比例的大小由药店决定.

直观地说, 上述设计的回收系统如图 15.1 所示, 其中实线和虚线分别表示该系统中的物质和资金流.

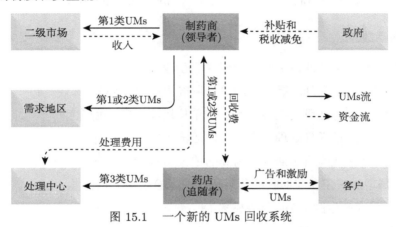

图 15.1 一个新的 UMs 回收系统

不同于现有文献中的 UMs 回收系统, 本章提出的回收系统通过充分利用已有的发达的药店网络来收集 UMs, 且回收量取决于药店提供给客户的便利性 (参与回收的药店比例) 和激励政策 (广告策略和积分交换激励). 换而言之, 该系统无需新建回收设施, 是一个资源节约型回收网络. 领导者和追随者的决策同时影响 UMs 回收量, 这体现了合作的重要性. 通过设计该回收系统, 本章希望基于最优化理论与方法回答以下问题:

(1) 作为斯塔克尔伯格博弈的领导者, 制药商如何确定与其合作的药店的最优比例, 以实现自身利润最大化? 制药商如何针对这三类 UMs 分别向药店支付最优回收费用? 制药商如何确定第 1 类 UMs 的最优捐赠比例?

(2) 作为斯塔克尔伯格博弈的追随者, 药店如何确定最优的广告投资, 并为客户提供多大的积分兑换比例才能实现尽可能多地回收 UMs 且达到利润最大化?

(3) 模型中的各种外生参数, 比如药物价格、UMs 转售价格、政府政策等会如何影响 UMs 回收系统的最优回收策略、系统利润或 UMs 的回收量?

15.2.2 符号说明

考虑到可读性, 我们首先给出本章中将使用到的记号:

指标

i: UMs 类别指标, $i \in I = \{1, 2, 3\}$.

政府的参数

s_i: 政府为制药商收集到第 i 类的 UMs 而给予其的补贴 (元/盒);

σ: 政府制定的税收减免比例;

m_i: 政府要求制药商收集到第 i 类 UMs 的最低数量 (盒).

制药商的参数

e: 制药商支付给处理中心的处理费 (元/盒);

t^s: 将 UMs 运送到二级市场的单位运输成本 (元/盒);

t^u: 将 UMs 运送到药物需求地区的单位运输成本 (元/盒);

t^d: 将 UMs 运送到处理中心的单位运输成本 (元/盒);

t_i^p: 将 UMs 从药店运回到制药商的单位运费 (元/盒);

Δt: 每增加一家参与回收的药店所增加运输成本 (元);

c_1: 制药商产生的 UMs 分拣成本 (元/盒);

p_0: 新药的批发价格 (元/盒);

p_1: 新药的销售价格 (元/盒);

p_2: UMs 的转售价格 (元/盒);

η_0: 受委托进行 UMs 回收的连锁药店的最低比例.

药店的参数

N: 该地区药店总数;

c_0: 每个药店参与回收的固定成本 (元);

c_2: 药店的单位 UMs 分拣费用 (元/盒);

I_i: 药店中第 i 类 UMs 的最大储存容量 (盒);

p_3: 可交换商品的批发价格 (元);

p_4: 可交换商品的零售价格 (元);

ψ_0: 广告投资的金额上限 (元);

β: 交叉销售利润率 (元/盒).

客户的参数

a: 回收量对广告投资额的敏感系数 (盒/元);

b: 回收量对积分交换比的敏感系数 (盒/(元/盒));

d_i: 客户自愿退回的第 i 类 UMs 的潜在总量 (盒);

M_i: 该地区可收集到的第 i 类 UMs 的最大数量 (盒);

α: 愿意参与回收的客户占比.

决策变量和中间变量

η: 参与回收的药店占比, 由制药商决策;

λ_i: 支付给药店的第 i 类 UMs 的回收费与药物销售价格的比例, 由制药商决策;

ξ: 第 1 类 UMs 的捐赠比例, 由制药商决策;

ψ: 广告投资额, 由药店决定 (元);

ϕ_i: 为第 i 类 UMs 提供的积分兑换比率, 由药店决定 (元/盒);

Q_i: 第 i 类 UMs 的回收量, 与 ψ, ϕ_i, η 有关 (盒);

Q_d: 交换给客户的商品的数量, 与 ψ, ϕ_i, η 有关 (件).

15.2.3 一种新的回收 UMs 的双层规划模型

1. 与回收策略相关联的 UMs 的回收量

在实际运作中, 如果客户对 UMs 回收活动不知情, 或得不到满意的激励, 或参与活动很不方便, 那么要达到高的回收成效就难上加难. 基于此, 我们考虑 UMs 回收量会同时受到广告投资、积分激励策略、便利性的影响. 在数学上, UMs 的回收量可以表示为

$$Q_i(\psi, \phi_i, \eta) = (d_i + a\psi + b\phi_i)\eta, \quad \forall i \in I. \tag{15.1}$$

在式 (15.1) 中, d_i 表示当客户自愿递交第 i 类 UMs 的量, ψ 表示药店的广告投资额, ϕ_i 表示提供给客户的对于第 i 类 UMs 的积分兑换比例, η 为该地区参与回收的药店比例. 显然, 回收量分别关于 ψ, ϕ_i, η 递增. 此外, a, b 为非负常数, 分别代表回收量对广告投资和积分交换比例的敏感系数.

注 15.1 一些研究视 UMs 回收量为固定常数, 也有一些研究考虑了影响回收量的内生因素. Huang 等 (2015a) 和 Weraikat 等 (2016b) 研究了由政府或制药商提供的激励措施对 UMs 回收量的影响. Liu 等 (2020b) 认为由 3PL 公司提供给客户的激励和服务水平会影响 UMs 回收量. Hua 等 (2016) 认为消费者退回 UMs 的意愿依赖于政府的宣传投入, 但 Hua 等 (2019) 认为回收量同时受广告和积分交换激励的影响. 相比之下, 式 (15.1) 定义的回收量公式更具实践意义, 它突出了制药商和药店在回收中的协同作用, 体现了合作的价值.

2. 制药商优化模型

在本章中, 使用斯塔克尔伯格博弈框架来制定医药逆向供应链中制药商和药店的相互关系, 并基于此博弈框架建立了双层规划模型, 其中制药商为上层领导者而药店为下层追随者. 为了制定上层模型的目标函数, 即制药商的利润函数, 我们将先后考虑制药商的总成本和总收入. 首先, 制药商的总成本如下

$$TC_1(\lambda_i, \eta, \xi) = c_0 N\eta + p_1 \sum_{i=1}^{3} \lambda_i Q_i + \sum_{i=1}^{3} t_i^p Q_i + \Delta t N\eta + c_1 \sum_{i=1}^{3} Q_i$$
$$+ t^s(1-\xi)Q_1 + t^u(\xi Q_1 + Q_2) + t^d Q_3 + eQ_3. \tag{15.2}$$

在式 (15.2) 中, 第 1 项是制药商需承担的药店在回收中的固定成本. 第 2 项是支付给药店的回收费用. 第 3, 4 项之和是指将收集到的 UMs 从药店运回制药商地点的运输成本, 该成本同时受到 UMs 回收量和所选药店的数量的影响. 第 5 项是制药商分拣 UMs 所产生的成本. 第 6, 7, 8 项分别是将 1, 2, 3 类 UMs 从制药商地点运送到二级市场, 药物需求地区和处理中心的运输成本. 第 9 项是支付给处理中心的无害化处理费用.

接下来考虑制药商的总收入, 由下式定义

$$TI_1(\xi) = \sum_{i=1}^{3} s_i Q_i + p_2(1-\xi)Q_1 + \sigma p_1(\xi Q_1 + Q_2). \tag{15.3}$$

在式 (15.3) 中, 第 1 项是政府为了激励制药商参与回收而提供的回收补贴. 第 2 项是制药商在二级市场转售 UMs 的获利. 第 3 项表示制药商捐赠 UMs 给药物需求地区时政府给予的税收减免. 此外, 考虑 η_0 作为确保回收活动正常进行的最小药店参与比例, 我们将上层优化模型制定为

$$\begin{aligned} \min \quad & -\pi_1(\lambda_i, \eta, \xi) = TC_1 - TI_1 \\ \text{s.t.} \quad & 0 \leqslant \lambda_i \leqslant 1, \eta_0 \leqslant \eta \leqslant 1, 0 \leqslant \xi \leqslant 1, \quad \forall i \in I, \end{aligned} \tag{15.4}$$

注 15.2　不同于已有文献中的模型, 模型 (15.4) 同时考虑了广告、激励、便利性的影响, 制药商和药店可以通过优化广告投资、激励策略以及选择合适的药店比例来实现最大的盈利性. 模型 (15.4) 对实体药店网络进行再利用, 避免了新建回收设施的耗材, 提高了回收系统的可持续性和客户便利性. 此外, 通过利用现有药店网络的分布规律, 该模型不涉及药店选址问题, 即不需要去求解一个复杂的混合整数规划问题 (NP-难题).

3. 药店优化模型

药店相较制药商而言通常在医药供应链中处于弱势地位, 故考虑药店作为该斯塔克尔伯格博弈中的追随者. 参与回收的药店的决策模式见图 15.2.

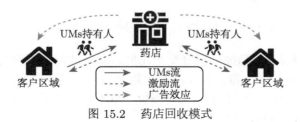

UMs持有人 药店 UMs持有人
客户区域 客户区域
→ UMs流
⇢ 激励流
⇢ 广告效应

图 15.2 药店回收模式

在回收过程中, 为了尽可能多地吸引客户来药店提交 UMs 以最大化自身总利润, 药店将选择一个最优的广告投资额 (ψ) 以及最优的积分交换比例 ($\phi_i, \forall i \in I$). 首先, 药店的总成本可以表述为

$$TC_2(\phi_i, \psi) = c_2 \sum_{i=1}^{3} Q_i + \psi + p_3 Q_d, \tag{15.5}$$

其中第 1 项是药店分拣 UMs 所产生的成本, 第 2 项是药店的广告投资额, 第 3 项是药店为客户提供积分交换激励所造成的成本, 其中项 Q_d 由下式确定:

$$Q_d = \frac{1}{p_4} \sum_{i=1}^{3} \phi_i Q_i. \tag{15.6}$$

在式 (15.6) 中, $\sum_{i=1}^{3} \phi_i Q_i$ 表示药店向客户发放的积分总额, p_4 表示药店提供的用于换购的商品的零售价格. 因此, Q_d 是当所有发放的积分都被使用时交换给客户的商品数量. 因此, 令 p_3 是供积分交换的商品的平均批发价格, 那么式 (15.5) 中项 $p_3 Q_d$ 定义了积分交换激励策略的总成本. 所以, 连锁药店的总收入为

$$TI_2(\phi_i, \psi) = p_1 \sum_{i=1}^{3} \lambda_i Q_i + \beta \sum_{i=1}^{3} Q_i, \tag{15.7}$$

其中, 第 1 项是制药商提供给药店的回收费用, 可理解为 UMs 的总转移价格. 第 2 项是药店从开展回收活动所引发的交叉销售中获得的额外利润. 因此, 药店的利润函数为

$$\pi_2(\phi_i, \psi) = TI_2 - TC_2.$$

在实际的回收策略优化过程中, 药店必须考虑以下约束条件:

$$
\begin{cases}
0 \leqslant \phi_i \leqslant p_0, & \forall i \in I, \\
0 \leqslant \psi \leqslant \psi_0, \\
m_i \leqslant (d_i + a\psi + b\phi_i)\eta \leqslant \min\{I_i N\eta, \alpha M_i\}, & \forall i \in I,
\end{cases}
\tag{15.8}
$$

其中, 第 1 组约束表明 UMs 的积分交换比例以新药批发价格为上限. 第 2 个约束表明广告投资具有一个上限. 第 3 组约束指出, UMs 的回收量必须超过政府规定的最低标准, 但不超过药店的最大库存能力, 也不超过 UMs 的社会最大存量. 因此, 我们得到以下层优化模型:

$$
\begin{aligned}
\min \quad & -\pi_2\left(\phi_i, \psi\right) \\
\text{s.t.} \quad & (15.8).
\end{aligned}
\tag{15.9}
$$

注 15.3　在许多国家, 由于药店出售的商品种类丰富 (不限于药品), 客户到药店参与回收时, 有可能会额外消费, 即出现交叉销售现象. 不同于文献中的模型, 模型 (15.9) 考虑了药店的交叉销售获益. 由于进入药店的客户量正比于交叉销售现象发生的概率, 故认为交叉销售额依赖于 UMs 回收量.

4. UMs 回收的非线性双层规划模型

基于上述对上层模型和下层模型的构建, 现提出了一个非线性双层规划模型 (NBLP 模型) 来完整阐述 UMs 线下回收问题:

$$
\begin{aligned}
\min \quad & -\pi_1\left(\lambda_i, \eta, \xi; \phi_i, \psi\right) = TC_1 - TI_1 \\
\text{s.t.} \quad & 0 \leqslant \lambda_i \leqslant 1, \eta_0 \leqslant \eta \leqslant 1, 0 \leqslant \xi \leqslant 1, \forall i \in I, \\
& \left(\phi_i, \psi\right) \text{ 是如下优化问题的解:} \\
\min \quad & -\pi_2\left(\phi_i, \psi; \lambda_i, \eta, \xi\right) = TC_2 - TI_2 \\
\text{s.t.} \quad & (15.8).
\end{aligned}
\tag{15.10}
$$

注 15.4　在 NBLP 模型 (15.10) 中, 由于制药商优化模型中包含 ξ 和 λ_i 的项与药店的决策变量 ψ 和 ϕ_i 相关, 因此制药商如何优化 ξ 和 λ_i 的取值取决于药店的策略. 模型 (15.10) 作为一个 NBLP 模型, 其求解非常复杂. 在下一节中, 将对模型 (15.10) 进行模型性质分析和重构, 并开发一种高效的求解算法.

注 15.5　与文献中的 UMs 回收模型相比, 模型 (15.10) 更具适用性. 不同于 Hua 等 (2019) 的模型, 模型 (15.10) 考虑了 UMs 异质性, 并对 3 类不同的

UMs 采取了针对性的处置方案. 不同于 Liu 等 (2020b) 的模型, 模型 (15.10) 合理利用完善的药店网络回收 UMs, 而非通过 3PL 回收或建设新回收设施或店面进行回收. 不同于 (Weraikat et al., 2016b) 的模型, 模型 (15.10) 不仅考虑对客户采取激励措施, 还研究了具体的激励策略, 即积分交换激励策略. 客户用积分换购商品, 有助于增加药店的销售额并清理库存. 此外, 文献中没有任何模型考虑回收活动中的交叉销售现象, 然而这是药店在实际回收过程中的重要收益之一.

15.3　模型性质和求解算法

15.3.1　模型性质分析

为了开发高效的算法以求解模型 (15.10), 首先给出并证明下层优化模型 (15.9) 的如下性质:

定理 15.1　设 H 为下层模型 (15.9) 中药店目标函数的 Hessian 矩阵, 则 H 不是正定的.

证明　设 H 为模型 (15.9) 中药店 (下层) 目标函数的 Hessian 矩阵, 即

$$H = \begin{pmatrix} \dfrac{-\partial^2 \pi_2}{\partial \phi_1^2} & \dfrac{-\partial^2 \pi_2}{\partial \phi_1 \partial \phi_2} & \dfrac{-\partial^2 \pi_2}{\partial \phi_1 \partial \phi_3} & \dfrac{-\partial^2 \pi_2}{\partial \phi_1 \partial \psi} \\[2mm] \dfrac{-\partial^2 \pi_2}{\partial \phi_2 \partial \phi_1} & \dfrac{-\partial^2 \pi_2}{\partial \phi_2^2} & \dfrac{-\partial^2 \pi_2}{\partial \phi_2 \partial \phi_3} & \dfrac{-\partial^2 \pi_2}{\partial \phi_2 \partial \psi} \\[2mm] \dfrac{-\partial^2 \pi_2}{\partial \phi_3 \partial \phi_1} & \dfrac{-\partial^2 \pi_2}{\partial \phi_3 \partial \phi_2} & \dfrac{-\partial^2 \pi_2}{\partial \phi_3^2} & \dfrac{-\partial^2 \pi_2}{\partial \phi_3 \partial \psi} \\[2mm] \dfrac{-\partial^2 \pi_2}{\partial \psi \partial \phi_1} & \dfrac{-\partial^2 \pi_2}{\partial \psi \partial \phi_2} & \dfrac{-\partial^2 \pi_2}{\partial \psi \partial \phi_3} & \dfrac{-\partial^2 \pi_2}{\partial \psi^2} \end{pmatrix},$$

通过直接计算, 我们得到

$$H = \begin{pmatrix} \dfrac{2bp_3\eta}{p_4} & 0 & 0 & \dfrac{ap_3\eta}{p_4} \\[2mm] 0 & \dfrac{2bp_3\eta}{p_4} & 0 & \dfrac{ap_3\eta}{p_4} \\[2mm] 0 & 0 & \dfrac{2bp_3\eta}{p_4} & \dfrac{ap_3\eta}{p_4} \\[2mm] \dfrac{ap_3\eta}{p_4} & \dfrac{ap_3\eta}{p_4} & \dfrac{ap_3\eta}{p_4} & 0 \end{pmatrix}, \tag{15.11}$$

由于

$$
\begin{cases}
D_1 = \dfrac{2bp_3\eta}{p_4} > 0, \\[2mm]
D_2 = \left(\dfrac{2bp_3\eta}{p_4}\right)^2 > 0, \\[2mm]
D_3 = \left(\dfrac{2bp_3\eta}{p_4}\right)^3 > 0, \\[2mm]
D_4 = -12\left(\dfrac{\sqrt{ab}p_3\eta}{p_4}\right)^4 < 0,
\end{cases}
\tag{15.12}
$$

其中 D_i 表示矩阵 H 的第 i 阶顺序主子式, 则显然 H 不是正定的.　　□

注 15.6　定理 15.1 证明了模型 (15.9) 中的目标函数是非凸的. 这一结论的实际意义为: 对于制药商给出的某一个策略, 药店的最优反应策略并不唯一. 因此, 双层规划模型 (15.10) 不能简单地使用逆向归纳法求解或者直接转化为单层优化问题.

虽然模型 (15.9) 中的目标函数具有多个局部最小值, 但是由约束条件 (15.8) 决定的可行域对于药店的任何给定决策都是非空有界闭集, 故该模型的最优解一定存在. 进一步, 有如下结果成立.

定理 15.2　若给定 η 和 λ_i 的取值, 设 $\bar{y}$ 为模型 (15.9) 的一个局部最小值或全局最小值, 那么 $\bar{y}$ 满足 KKT 条件.

证明　当 η 和 λ_i 值给定时, 模型 (15.9) 中的约束条件 (15.8) 均与药店的决策变量线性相关. 因此, 在包括最小值 $\bar{y}$ 在内的任意可行点上, 线性化可行方向的集合等于序列可行方向的集合. 根据标准光滑优化问题的一阶最优性理论, $\bar{y}$ 点满足 KKT 条件.　　□

为了表达简单, 记

$$
\begin{cases}
A_i = I_i N\eta - Q_i, & \forall i \in I, \\
B_i = \alpha M_i - Q_i, & \forall i \in I, \\
C_i = Q_i - m_i, & \forall i \in I, \\
D_i = p_0 - \phi_i, & \forall i \in I, \\
E = \psi_0 - \psi.
\end{cases}
\tag{15.13}
$$

然后, 模型 (15.9) 中的约束条件可以简化为

$$
A_i \geqslant 0, \quad B_i \geqslant 0, \quad C_i \geqslant 0, \quad D_i \geqslant 0, \quad \phi_i \geqslant 0, \quad E \geqslant 0, \quad \psi \geqslant 0, \quad \forall i \in I.
\tag{15.14}
$$

以下结果给出了药店的任何最优策略都能满足的 KKT 条件.

定理 15.3 给定 η 和 λ_i 的值, 若 $\bar{y}$ 为模型 (15.9) 的一个局部或全局最小值, 那么 $\bar{y}$ 满足以下条件:

$$
\begin{cases}
\eta\left(b(c_2 - p_1\lambda_1 - \beta + \zeta_1^1 + \zeta_1^2 - \zeta_1^3) + \dfrac{p_3(d_1 + a\psi + 2b\phi_1)}{p_4}\right) + \zeta_1^4 - \zeta_1^5 = 0, \\[3mm]
\eta\left(b(c_2 - p_1\lambda_2 - \beta + \zeta_2^1 + \zeta_2^2 - \zeta_2^3) + \dfrac{p_3(d_2 + a\psi + 2b\phi_2)}{p_4}\right) + \zeta_2^4 - \zeta_2^5 = 0, \\[3mm]
\eta\left(b(c_2 - p_1\lambda_3 - \beta + \zeta_3^1 + \zeta_3^2 - \zeta_3^3) + \dfrac{p_3(d_3 + a\psi + 2b\phi_3)}{p_4}\right) + \zeta_3^4 - \zeta_3^5 = 0, \\[3mm]
a\eta\left(3(c_2 - \beta) + \displaystyle\sum_{i=1}^{3}\left(\zeta_i^1 + \zeta_i^2 - \zeta_i^3 + \dfrac{p_3\phi_i}{p_4} - p_1\lambda_i\right)\right) + \zeta^6 - \zeta^7 + 1 = 0, \\[3mm]
\zeta_i^1 \geqslant 0, \quad A_i \geqslant 0, \quad \zeta_i^1 A_i = 0, \quad \forall i \in I, \\[2mm]
\zeta_i^2 \geqslant 0, \quad B_i \geqslant 0, \quad \zeta_i^2 B_i = 0, \quad \forall i \in I, \\[2mm]
\zeta_i^3 \geqslant 0, \quad C_i \geqslant 0, \quad \zeta_i^3 C_i = 0, \quad \forall i \in I, \\[2mm]
\zeta_i^4 \geqslant 0, \quad D_i \geqslant 0, \quad \zeta_i^4 D_i = 0, \quad \forall i \in I, \\[2mm]
\zeta_i^5 \geqslant 0, \quad \phi_i \geqslant 0, \quad \zeta_i^5 \phi_i = 0, \quad \forall i \in I, \\[2mm]
\zeta^6 \geqslant 0, \quad E \geqslant 0, \quad \zeta^6 E = 0, \\[2mm]
\zeta^7 \geqslant 0, \quad \psi \geqslant 0, \quad \zeta^7 \psi = 0.
\end{cases}
$$
$$(15.15)$$

其中 $(\zeta_i^1, \zeta_i^2, \zeta_i^3, \zeta_i^4, \zeta_i^5, \zeta^6, \zeta^7)$ 为模型 (15.9) 中约束条件所对应的拉格朗日乘子.

证明 令 $(\zeta_i^1, \zeta_i^2, \zeta_i^3, \zeta_i^4, \zeta_i^5, \zeta^6, \zeta^7)$ 为对应模型 (15.9) 中约束条件的拉格朗日乘子, 则约束优化问题 (15.9) 的拉格朗日函数为

$$
L(\phi_1, \phi_2, \phi_3, \psi, \zeta_i^1, \zeta_i^2, \zeta_i^3, \zeta_i^4, \zeta_i^5, \zeta^6, \zeta^7)
$$
$$
= -\pi_2 - \sum_{i=1}^{3}(\zeta_i^1 A_i + \zeta_i^2 B_i + \zeta_i^3 C_i + \zeta_i^4 D_i + \zeta_i^5 \phi_i) - \zeta^6 E - \zeta^7 \psi. \tag{15.16}
$$

通过一阶最优条件得知 $\bar{y}$ 满足条件

$$
\frac{\partial L}{\partial \phi_1} = \frac{\partial L}{\partial \phi_2} = \frac{\partial L}{\partial \phi_3} = \frac{\partial L}{\partial \psi} = 0 \tag{15.17}
$$

和互补条件:

$$
\begin{cases}
\zeta_i^1 \geqslant 0, & A_i \geqslant 0, & \zeta_i^1 A_i = 0, & \forall i \in I, \\
\zeta_i^2 \geqslant 0, & B_i \geqslant 0, & \zeta_i^2 B_i = 0, & \forall i \in I, \\
\zeta_i^3 \geqslant 0, & C_i \geqslant 0, & \zeta_i^3 C_i = 0, & \forall i \in I, \\
\zeta_i^4 \geqslant 0, & D_i \geqslant 0, & \zeta_i^4 D_i = 0, & \forall i \in I, \\
\zeta_i^5 \geqslant 0, & \phi_i \geqslant 0, & \zeta_i^5 \phi_i = 0, & \forall i \in I, \\
\zeta^6 \geqslant 0, & E \geqslant 0, & \zeta^6 E = 0, & \\
\zeta^7 \geqslant 0, & \psi \geqslant 0, & \zeta^7 \psi = 0. &
\end{cases}
\tag{15.18}
$$

通过计算, 我们得到

$$
\frac{\partial L}{\partial \phi_1} = \eta \left(b(c_2 - p_1 \lambda_1 - \beta + \zeta_1^1 + \zeta_1^2 - \zeta_1^3) + \frac{p_3(d_1 + a\psi + 2b\phi_1)}{p_4} \right) + \zeta_1^4 - \zeta_1^5,
$$

$$
\frac{\partial L}{\partial \phi_2} = \eta \left(b(c_2 - p_1 \lambda_2 - \beta + \zeta_2^1 + \zeta_2^2 - \zeta_2^3) + \frac{p_3(d_2 + a\psi + 2b\phi_2)}{p_4} \right) + \zeta_2^4 - \zeta_2^5,
$$

$$
\frac{\partial L}{\partial \phi_3} = \eta \left(b(c_2 - p_1 \lambda_3 - \beta + \zeta_3^1 + \zeta_3^2 - \zeta_3^3) + \frac{p_3(d_3 + a\psi + 2b\phi_3)}{p_4} \right) + \zeta_3^4 - \zeta_3^5,
$$

$$
\frac{\partial L}{\partial \psi} = a\eta \left(3(c_2 - \beta) + \sum_{i=1}^{3} \left(\zeta_i^1 + \zeta_i^2 - \zeta_i^3 + \frac{p_3 \phi_i}{p_4} - p_1 \lambda_i \right) \right) + \zeta^6 - \zeta^7 + 1.
$$

至此, 证明完毕. □

推论 15.1   拉格朗日乘子 ζ^7 和 $\zeta_i^5 (i \in I)$ 可以用模型中其他变量和参数表出, 即

$$
\zeta_1^5 = \eta \left(b \left(c_2 - p_1 \lambda_1 - \beta + \zeta_1^1 + \zeta_1^2 - \zeta_1^3 \right) + \frac{p_3(d_1 + a\psi + 2b\phi_1)}{p_4} \right) + \zeta_1^4,
$$

$$
\zeta_2^5 = \eta \left(b(c_2 - p_1 \lambda_2 - \beta + \zeta_2^1 + \zeta_2^2 - \zeta_2^3) + \frac{p_3(d_2 + a\psi + 2b\phi_2)}{p_4} \right) + \zeta_2^4,
$$

$$
\zeta_2^5 = \eta \left(b(c_2 - p_1 \lambda_3 - \beta + \zeta_3^1 + \zeta_3^2 - \zeta_3^3) + \frac{p_3(d_3 + a\psi + 2b\phi_3)}{p_4} \right) + \zeta_3^4,
$$

$$
\zeta^7 = a\eta \left(3(c_2 - \beta) + \sum_{i=1}^{3} \left(\zeta_i^1 + \zeta_i^2 - \zeta_i^3 + \frac{p_3 \phi_i}{p_4} - p_1 \lambda_i \right) \right) + \zeta^6 + 1.
$$

$$
\tag{15.19}
$$

证明   从 (15.15) 可以直接推导出, 式 (15.19) 中的等式都成立.   □

为了表达简便, 记

$$
Y = \left(\zeta_i^1, \zeta_i^2, \zeta_i^3, \zeta_i^4, \zeta^6, \phi_i, \psi \right), \quad F(Y) = \left(A_i, B_i, C_i, D_i, E, \zeta_i^5, \zeta^7 \right).
$$

因此, 互补条件 (15.18) 可以表述为如下参数互补问题:

$$
Y \geqslant 0, \quad F(Y) \geqslant 0, \quad Y^{\mathrm{T}} F(Y) = 0.
\tag{15.20}
$$

由定理 15.2 和定理 15.3 得知, 我们需要解决一个混合非线性互补问题. 接下来, 将原始 NBLP 模型(15.10)重构为一个标准光滑优化问题, 进而设计一个算法以解决该问题.

15.3.2 模型重构和算法设计

然而, 由于互补约束 (15.20) 具有非光滑性, 许多强大的优化算法都不能直接用于求解 NBLP 模型 (15.10). 在本章中, 我们使用 Chen 和 Wan (2015) 提出的局部光滑化方法, 通过以下光滑不等式约束来近似不光滑的互补约束:

$$Y \geqslant 0, \quad F(Y) \geqslant 0, \quad \Phi_\varepsilon^i(Y) \leqslant 0, \tag{15.21}$$

其中

$$
\begin{cases}
\Phi_\varepsilon^i(Y) = \left(\varphi_{\varepsilon,1}^i(Y), \varphi_{\varepsilon,2}^i(Y), \varphi_{\varepsilon,3}^i(Y), \varphi_{\varepsilon,4}^i(Y), \varphi_{\varepsilon,5}^i(Y),\right. \\
\qquad\qquad \left. \varphi_{\varepsilon,6}(Y), \varphi_{\varepsilon,7}(Y)\right), \\
\varphi_{\varepsilon,1}^i(Y) = \dfrac{1}{2}\left(\zeta_i^1 + A_i - \psi_\varepsilon\left(\zeta_i^1 - A_i\right)\right), \\
\varphi_{\varepsilon,2}^i(Y) = \dfrac{1}{2}\left(\zeta_i^2 + B_i - \psi_\varepsilon\left(\zeta_i^2 - B_i\right)\right), \\
\varphi_{\varepsilon,3}^i(Y) = \dfrac{1}{2}\left(\zeta_i^3 + C_i - \psi_\varepsilon\left(\zeta_i^3 - C_i\right)\right), \\
\varphi_{\varepsilon,4}^i(Y) = \dfrac{1}{2}\left(\zeta_i^4 + D_i - \psi_\varepsilon\left(\zeta_i^4 - D_i\right)\right), \\
\varphi_{\varepsilon,5}^i(Y) = \dfrac{1}{2}\left(\zeta_i^5 + \phi_i - \psi_\varepsilon\left(\zeta_i^5 - \phi_i\right)\right), \\
\varphi_{\varepsilon,6}(Y) = \dfrac{1}{2}\left(\zeta^6 + E - \psi_\varepsilon\left(\zeta^6 - E\right)\right), \\
\varphi_{\varepsilon,7}(Y) = \dfrac{1}{2}\left(\zeta^7 + \psi - \psi_\varepsilon\left(\zeta^7 - \psi\right)\right), \\
\psi_\varepsilon(t) = \dfrac{2t}{\pi}\arctan\left(\dfrac{t}{\varepsilon}\right), \quad \forall i \in I.
\end{cases}
\tag{15.22}
$$

因此, 原始的 NBLP 模型 (15.10) 被重构为如下的标准光滑优化问题:

$$
\begin{aligned}
\min \quad & P(x) = -\pi_1(x) \\
\text{s.t.} \quad & 0 \leqslant \lambda_i \leqslant 1,\ 0 \leqslant \xi \leqslant 1,\ \eta_0 \leqslant \eta \leqslant 1, \\
& Y \geqslant 0,\ F(Y) \geqslant 0,\ \Phi_\varepsilon^i(Y) \leqslant 0,\ \forall i \in I,
\end{aligned}
\tag{15.23}
$$

其中 $x = (\lambda_i, \xi, \eta, \phi_i, \psi, \zeta_i^1, \zeta_i^2, \zeta_i^3, \zeta_i^4, \zeta_i^5, \zeta^6, \zeta^7)^{\mathrm{T}}$ 表示决策变量, ε 表光滑参数.

算法 15.1　MRSM 算法

步 1: 给定一个初始点 $\bar{x}^{(0)}$. 取 $\varepsilon_0 > 0$ 和足够小的 $\varepsilon_{\mathrm{stop}} > 0$. 取 $\gamma \in (0,1)$. 取 $l := 1$.

步 2: 设 ε_l 为当前参数. 求解当 $\varepsilon = \varepsilon_l$ 时光滑非线性规划子问题 (15.23). 记当前最优解为 $\bar{x}^{(l)}$, 目标函数对应的最优值为 $P\left(\bar{x}^{(l)}\right)$.

步 3: 如果当前步的最优解 $\bar{x}^{(l)}$ 满足终止条件 $\|\min\{Y, F(Y)\}\| \leqslant \varepsilon_{\mathrm{stop}}$, 令 $x^{(l)} := \bar{x}^{(l)}$. 输出最优解 $x^{(l)}$, 以及制药商和药店的最优利润: $\pi_1(x^{(l)})$, $\pi_2(x^{(l)})$, 算法终止. 否则, 令 $\varepsilon_{l+1} := \gamma \varepsilon_l$, $x^{(l+1)} := \bar{x}^{(l)}$, $l := l+1$, 返回步 2.

注 15.7　Chen 和 Wan (2015) 证明了, 在 MRSM 算法中, 若步 3 的终止条件 $\|\min\{Y, F(Y)\}\| \leqslant \varepsilon_{\mathrm{stop}}$ 满足, 那么由 MRSM 算法所生成的解的序列 $\{x^{(l)}\}$ 在一定条件下将全局收敛到模型 (15.10) 的一个平稳点.

15.4　案 例 研 究

在本节中, 我们通过情景分析来验证所构建的模型的合理性以及所开发算法的效率, 并分析和揭示有实践价值的管理启示.

我们希望模型 (15.10) 适用于不同实际情景下的回收系统, 特别是想探讨回收系统的类型将如何影响最优回收策略和系统效率这一有趣的问题. 我们还想探讨模型是否具有鲁棒性. 为此, 针对不同水平的销售价格和转售价格, 我们设置了四种不同情景:

情景 A(高销售价和高转售价)　代表昂贵、保值的药物. 新药批发价格为 $p_0 = 9$, 新药销售价为 $p_1 = 20$, UMs 转售价为 $p_2 = 20$. 此时, UMs 在二级市场上的转售价等于新药销售价. 为了回收此类 UMs, 固定回收成本和税收减免也更高, 即取 $c_0 = 1200$, $s_1 = 3$, $s_2 = 4$, $s_3 = 8$.

情景 B(高销售价和低转售价)　代表昂贵、贬值的药物. 除了转售价降低至 $p_2 = 4$, 其他参数设置与情景 A 一致, 代表了其在二级市场上具有较低的需求.

情景 C(低销售价和高转售价)　代表便宜、保值的药物. 新药批发价 $p_0 = 2$, 新药销售价 $p_1 = 10$, UMs 转售价 $p_2 = 10$. 其他参数取 $c_0 = 908$, $s_1 = 1.5$, $s_2 = 3$, $s_3 = 5$, 都要小情景 A 中的取值.

情景 D(低销售价和低转售价)　代表便宜, 贬值的药物. UMs 转售价降低至 $p_2 = 1$, 其他参数设置与情景 C 相同.

显然, 上述的情景设置有助于探索 UMs 的类型对最优回收策略的影响. 然而, 目前的社会回收实践或文献中没有直接数据可以给定其他模型参数取值, 因此我们通过专家咨询和网上搜索的方式收集这些信息, 它们基本上符合中国湖南省长沙市的实际情况. 通过使用百度地图软件进行搜索, 我们首先知道了长沙市岳麓区有 100 家左右的连锁药店可以作为备选的 UMs 收集点. 我们还了解到, UMs 在二级市场上的转售价都不高于新药销售价, 但一般也不低于新药批发价, 即模型参数设置满足 $p_0 \leqslant p_2 \leqslant p_1$. 由于政府对环保的追求, 故其愿意为第 3 类 UMs("废物") 提供更多的回收补贴, 即取值 $s_1 < s_2 < s_3$. 考虑到 UMs 的回收成本, 捐赠可获得的减税比例取 $\sigma = 0.2$ 较为适合. 模型 (15.10) 在上述四种情景中的所有其他参数取值如下:

$$
\begin{cases}
N = 100, \quad I_1 = 1000, \quad I_2 = 1000, \quad I_3 = 1000, \quad c_0 = 908, \quad M_1 = 10000, \\
M_2 = 10000, \quad M_3 = 10000, \quad p_0 = 2, \quad \psi_0 = 1000, \quad \eta_0 = 0.1, \quad p_1 = 10, \\
p_2 = 6, \quad p_3 = 50, \quad p_4 = 100, \quad t^u = 0.1, \quad t^s = 0.1, \quad t^d = 0.1, \quad a = 0.5, \\
b = 3000, \quad e = 0.1, \quad t_1^p = 0.1, \quad t_2^p = 0.1, \quad t_3^p = 0.1, \quad c_1 = 0.1, \quad c_2 = 0.1, \\
s_1 = 1.5, \quad s_2 = 3, \quad s_3 = 5, \quad \sigma = 0.2, \quad d_1 = 1000, \quad d_2 = 2000, \quad d_3 = 3000, \\
\Delta t = 100, \quad m_1 = 1000, \quad m_2 = 2000, \quad m_3 = 3000, \quad \alpha = 0.8, \quad \beta = 1.1.
\end{cases}
$$
$$(15.24)$$

基于以上准备, 我们在 MATLAB R2021b_Windows 平台上编写了 MRSM 算法的计算代码, 并运行求解模型 (15.10). 表 15.1 和表 15.2 给出了四种情景下分别求解模型得到的最优回收策略和系统最优利润.

表 15.1　制药商对于不同种类的 UMs 的最优回收策略及最优利润

情景	λ_1	λ_2	λ_3	η	ξ	Q	π_1
A	0.1083	0.2667	0.4250	0.10	0	6×10^3	9.57×10^3
B	0.1083	0.2667	0.4250	0.10	1	6×10^3	-6.43×10^3
C	0.1167	0.1333	0.1500	0.33	0	8×10^3	8.09×10^3
D	0.1167	0.1333	0.1500	0.33	1	8×10^3	-1.06×10^4

表 15.2　药店对于不同种类的 UMs 的最优回收策略及最优利润

情景	ψ	ϕ_1/p_1	ϕ_2/p_1	ϕ_3/p_1	π_2	$\pi = \pi_1 + \pi_2$
A	0	0.15	0.30	0.45	2.33×10^4	3.29×10^4
B	0	0.15	0.30	0.45	2.33×10^4	1.69×10^4
C	0	0.20	0.20	0.20	1.08×10^4	1.89×10^4
D	0	0.20	0.20	0.20	1.08×10^4	0.19×10^3

表 15.1 和表 15.2 中的计算结果揭示了以下管理启示:

(1) 拟回收的 UMs 的类型 (不同销售价或转售价) 会对回收系统产生影响, 体现在制药商和药店的最优回收策略和系统最优利润上. 例如, 由于情景 A 和情景 B 中 UMs 转售价不同, 制药商会从盈利的角度考虑处置第 1 类 UMs 的最佳方式

(见表 15.1 中 ξ 的值). 与斯塔克尔伯格博弈中的药店相比, 高转售价为制药商带来更大利润 (分别见表 15.1 和表 15.2 中 π_1 和 π_2 的值).

(2) 高销售价有利于制药商、药店和系统的利润 (见表 15.1 和表 15.2 中情景 A 和情景 C 中的 π_1, π_2 和 π 的值). 此外, 从情景 A 到情景 C, UMs 回收率从 10% 上升到 33%, 这表明便宜的药物更容易被回收, 其内在原因是更多药店被指定为回收点以便利回收 (见表 15.1 中 η 和 Q 的值). 现有文献 (Hua et al., 2016, 2019; Weraikat et al., 2016b; Tat et al., 2020) 中的模型要么只考虑一家药店, 要么将药店数量设置为固定值, 而本研究表明: 通过优化药店参与回收的比例可显著降低 UMs 回收系统的运营成本.

(3) 回收便宜且贬值的药物使制药商和药店都难以获益, 但此回收系统可增加回收到的这类 UMs 用于捐赠的比例 (见表 15.1 和表 15.2 情景 A 和情景 D 中 ξ, Q, π_1, π_2 的值). 从这个角度来看, 该回收系统有利于相关企业履行环保和社会责任.

(4) 当所回收的药物贬值时, 这些 UMs 都被用于捐赠而不是转售. 此时, 虽然药店利润不受影响, 但制药商和系统的最优利润降低了. 值得注意的是, 在 UMs 转售价格较低时, 制药商参与回收的主要原因是能获得政府提供的回收补贴和税收减免 (见表 15.1 和表 15.2 中情景 B 和情景 D 中 ξ, π_2, π 的值).

(5) 在这四种情景中, 积分交换激励相较于广告策略更能吸引客户. 在我们考虑的情景中, 药店没有进行广告投资 (见表 15.2 中 ψ 的值). 我们还注意到对情景 C 和情景 D 中有 $\dfrac{\phi_i}{p_1} > \lambda_i, \forall i \in I$, 这表明对于回收的 UMs, 药店为客户提供的奖励甚至大于其从制药商处获得的回收费 (见表 15.1 和表 15.2 中 λ_i 和 $\dfrac{\phi_i}{p_1}$ 的值). 但是, 交叉销售产生的利润增量使得药店仍可以从回收活动中受益. 这意味着此线下回收系统可以实现极大的客户剩余.

接下来, 本章进一步开展成本效益结构分析, 以进一步研究所提出的回收系统的性能. 对应我们在图 15.3 中给出了上述四种情景下每个系统的成本–收益结构图.

图 15.3 中的结果表明:

(1) 情景 A, B, C, D 下系统的收入成本比分别为 43.9%, 22.2%, 32.6% 和 0%, 其中第一个系统的盈利能力最强, 最后一个系统最差. 即使算上最坏的情景, 系统平均收益率也达到 24.7%. 因此, 从盈利能力来看, 该线下回收系统适用于除情景 D 外的所有情景, 且药物的转售价或销售价越高, 回收系统的利润率越高.

(2) 为了设计一个高效的 UMs 回收系统, 有必要考虑 UMs 的异质性和政府的激励策略, 政府的介入能使得回收系统愿意去回收一些便宜或贬值的药物.

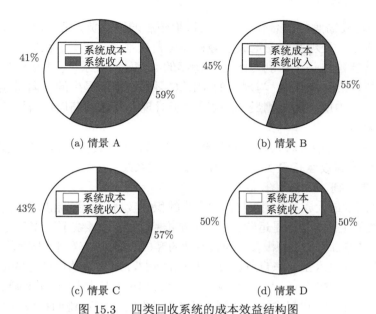

图 15.3 四类回收系统的成本效益结构图

在本节的最后, 我们研究采用斯塔克尔伯格博弈模式设计该 UMs 线下回收系统时, 制药商和药店的成本收益构成的差异. 为简单起见, 在图 15.4 中, 我们只在一个固定情景 (情景 A) 中展示计算结果.

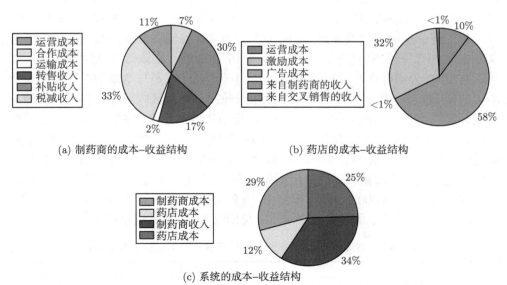

图 15.4 情景 A 下系统的成本收益结构 (彩图请扫封底二维码)

由图 15.4 的结果可知:

(1) 制药商需承担的合作成本 (支付给药店的回收费) 是其最大的成本开支, 大于分拣成本、处理费和固定成本等相关运营成本. 这证实了在斯塔克尔伯格博弈框架下若要建立一个有利可图且可持续的 UMs 回收系统, 供应链成员之间的合作的重要性. 除此以外, 与现有的 PRSC 不同, 本章提出的逆向供应链的运输成本在总成本中所占的比例最小, 这得益于对现有发达的药店销售网络的合理的重新利用策略.

(2) 制药商的最大收入来自回收补贴和税收减免, 其次才是转售收入, 因此政府对回收系统高效运行至关重要. 使用该回收系统 (在情景 A 下), 制药商的成本-收入比能达到 17.4% (图 15.4(a)).

(3) 药店的最大成本是用于提供给客户的积分激励, 而运营和广告成本不到 1%, 因此该系统的主要成本不是运营成本. 不难推断, 当采取该线下回收系统回收 UMs 时, 最大的受益方回到了积极参与回收活动的客户身上, 即有利于创造可持续客户.

(4) 药店的收入主要来自制药商支付的回收费, 但交叉销售产生的额外收益也不可忽视. 因此, 在 UMs 回收模型中考虑交叉销售效应是构建贴近实际模型所必需的. 此外, 药店的利润成本比达到 112.5% (图 15.4(b)), 说明积极参与 UMs 回收活动是其增长利润的绝佳商机.

(5) 制药商、药店、系统的利润分别为 9.57×10^3, 2.33×10^4, 3.29×10^4, 相应的利润成本比分别为 17.4%, 112.5%, 43.9% (图 15.4(c)). 也就是说, 情景 A 下系统的盈利性好, 且对药店和客户更有利. 因此, 本章所提出的 UMs 线下回收框架可以提高回收系统的可持续性, 有利于创造可持续的客户源, 并平衡所有参与者的利益.

为了进一步证明该线下药店回收模式的优势, 我们将建立的线下回收模型与文献中的 3PL 回收模型进行对比 (Liu et al., 2020b). 在该 3PL 回收模型中, 制药商与 3PL 公司合作回收药物, 而非与线下药店合作, 是与本章的线下模型完全不同的回收渠道. 我们将这两个模型应用于长沙市芙蓉区内回收客户不需要的头孢克肟颗粒情景. 头孢克肟颗粒是一种广泛销售的抗生素, 在长沙市益丰连锁药店内某品牌的头孢克肟颗粒售价约为 5.48(元/盒). 由于 3PL 公司上门回收更麻烦耗时, 在 Liu 等 (2020b) 的模型中取 $TDS_i = TP_i = 1$(元/盒), 代表 3PL 公司上门回收所造成的收集和运输费用更高. 另外, 假设 3PL 公司送货车上门提货的最大容量为 $D = 10000$. 在线下模型中, 参数的值与情景 A 中的相同. 在表 15.3 中, 给出了两种模型下的客户盈余, UMs 总回收量, 以及系统总利润.

表 15.3 回收系统性能对比: 3PL 回收与线下回收 (情景 A)

模型	客户剩余	回收量	系统利润
Liu 等 (2020b)	3708	8708	34391
本研究	24000	12000	50164

* 客户剩余: 由交换给客户的商品的总价值计算得到.

表 15.3 表明, 本章提出的线下回收模型在客户剩余、回收量、盈利性能等方面优于 (Liu et al., 2020b) 中的 3PL 线上回收模型. 这证明了, 通过再利用现有的药品销售网络来回收 UMs 相比 3PL 公司上门收取的方式具有更高的效率.

接下来, 我们分析在此线下回收模型中, 最优参与回收的药店比例的重要性, 即为什么需要优化变量 η. 我们比较了三种情况: 在上述真实情景中利用现有药店网络的不同方案. 在情景 (一) 下, 只开放一个药店进行回收, 即取 $\eta = 1/49, \eta N = 1$, 它类似于 Hua 等 (2019) 的模型. 在情景 (二) 下, 开放所有药店进行回收, 即取 $\eta = 1, \eta N = 49$, 这类似于 Yang 等 (2015) 的做法. 在情景 (三) 下, 采取本章所提出的模型中的方法, 即选择所有现有药店的一个最优比例 (η^*). 表 15.4 总结了各系统的客户剩余、回收量和系统利润值. 图 15.5 给出了各系统的成本效益结构.

表 15.4　药店网络不同再利用方法的比较

情景	η	客户剩余	回收量	系统利润
(一)	0.02	980	489	2048
(二)	1.00	0	6000	-17128
(三)	0.50	24000	12000	50164

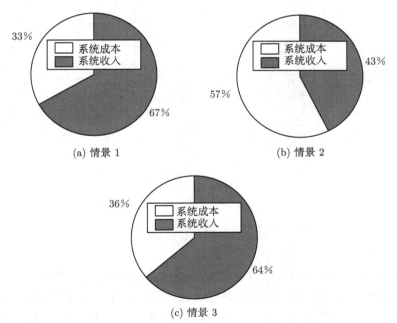

(a) 情景 1 (b) 情景 2 (c) 情景 3

图 15.5　不同情景下的系统成本效益结构比较

表 15.4 和图 15.5 表明, 单一药店回收模式严重限制了 UMs 回收量, 而且由于极低的储存容量的较差的便利性, 系统的盈利性也大打折扣. 然而, 全药店回收

模式的成本为三种情况中最高, 且客户剩余几乎为零. 只有第三种情况, 即本章提出的优化药店参与比例的回收框架, 具备更优的系统性能.

总的来说, 通过以上情景分析, 可以得到以下几点重要的管理启示:

● 针对不同实际情景, 本章建立的模型和算法可以为制药商和药店提供最优回收策略, 并能回答这些相关问题: 制药商和药店如何合作回收 UMs? 如何激发客户的参与热情? 政府能发挥什么作用?

● 考虑交叉销售效应能使药店愿意为客户提供更大的盈余, 进而增加 UMs 回收量, 建立更可持续的回收系统.

● 所进行的情景分析充分验证了所提出的线下回收模式的有效性, 并证明该模型优于文献中的 3PL 回收模型. 特别地, 我们展示了合理利用现有药店网络策略的优势, 也证明了优化合适比例的药店对于回收 UMs 的重要性.

图 15.6 总结了数值实验中的主要论点和结论, 其中部分结论由 15.5 节中的灵敏度分析得到.

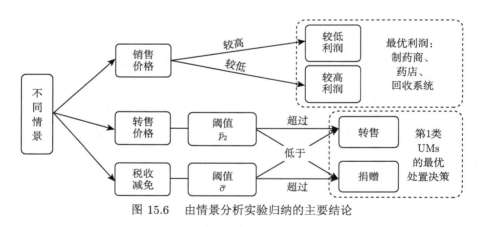

图 15.6   由情景分析实验归纳的主要结论

15.5   灵敏度分析

本节中对部分模型参数进行灵敏度分析, 以揭示关键模型参数对最优回收策略和回收系统性能的影响. MRSM 算法的高计算效率保障了模拟参数变化的可行性. 具体来说, 通过使用 (15.24) 中的参数设置, 我们将尝试回答以下问题:

(1) 新药的单位销售价 (p_1) 的变化如何影响制药商和药店的最优利润?

(2) UMs 的单位转售价 (p_2) 的变化如何影响系统最优利润和最优捐赠比例?

(3) 政府的税收减免政策 (σ) 的变化如何影响最优回收量和最优捐赠比例?

15.5.1 药物销售价的影响

首先, 研究药物的销售价格 (p_1) 的影响. 现考虑三个具有不同的销售价格的情景:

情景 1-1(低销售价) $p_1 = 2; p_0 = 0.6, p_2 = 2, c_0 = 200, s_1 = 1.3, s_2 = 1.7, s_3 = 1.9$;

情景 1-2(中销售价) $p_1 = 10; p_0 = 2, p_2 = 6, c_0 = 908, s_1 = 1.5, s_2 = 3, s_3 = 5$;

情景 1-3(高销售价) $p_1 = 20; p_0 = 9, p_2 = 11, c_0 = 1200, s_1 = 3, s_2 = 4, s_3 = 8$.

在这三个情景中, 我们都以 1% 的步长逐渐增加 p_1 的值, 并用 MRSM 算法来求解相应的模型 (15.10). 图 15.7 揭示了 p_1 的变化对最优利润的影响.

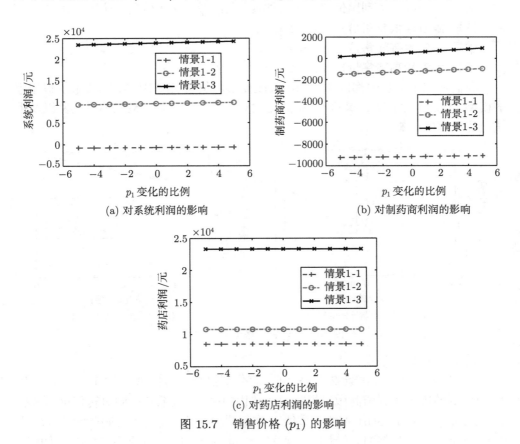

(a) 对系统利润的影响

(b) 对制药商利润的影响

(c) 对药店利润的影响

图 15.7   销售价格 (p_1) 的影响

从图 15.7 的数值结果可以看出:

(1) 系统最优利润正向依赖销售价格. 销售价增加 10% 分别导致了情景 1-1, 情景 1-2 和情景 1-3 中系统利润增加了 152, 533 和 800, 且系统利润对高销售价更加敏感 (图 15.7(a)). 值得注意的是, 系统和制药商的利润增长相等, 即回收高销售价的药物使制药商更受益 (图 15.7(b)).

(2) 回收昂贵药物给制药商和药店带来更高的利润 (图 15.7(b) 和 15.7(c) 中, 叉实线恒高于圈虚线, 圈虚线恒高于十虚线). 然而, 在所有三种情况下, 10% 的销售价变化不会影响药店的利润, 即药店利润对销售价的微弱波动不敏感 (图 15.7(c)).

(3) 在这三种情况下, 药店的利润都要高于制药商, 且药店利润恒大于零, 但选择合适销售价格的药品可以降低制药商的利润损失风险.

15.5.2　UMs 转售价的影响

本节研究 UMs 转售价格 (p_2) 的影响. 转售价格代表了在二级市场 UMs 的需求水平, 是 UMs 再利用价值的客观体现. 我们考虑转售价的三个不同水平:

情景 2-1(较低转售价)　$p_2 = 1 < p_0$;

情景 2-2(中等转售价)　$p_2 = 2 = p_0$;

情景 2-3(较高转售价)　$p_2 = 3 > p_0$.

我们在三个情景中都以 1% 的步长改变 p_2 的值, 用 MRSM 算法来求解相应的模型 (15.10). 图 15.8 揭示了 p_2 的变化对于第 1 类 UMs 最优捐赠比例以及系统最优利润的影响.

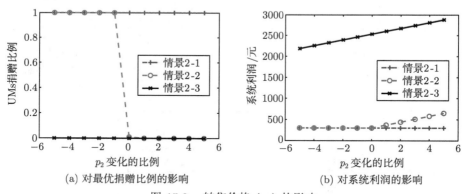

(a) 对最优捐赠比例的影响　　　　(b) 对系统利润的影响

图 15.8　转售价格 (p_2) 的影响

图 15.8 的结果表明:

(1) 在情景 2-1 和情景 2-3 中, 制药商分别捐赠和转售第 1 类 UMs. 在情景 2-1 中, 低转售价使制药商做出捐赠而非转售的决策, 且系统利润对转售价不敏感 (见图 15.8(a) 和 15.8(b) 中的十虚线). 在情景 2-3 中, 高转售价刺激制药商转售而非捐赠 UMs, 且转售价波动会影响系统利润 (见图 15.8(a) 和图 15.8(b) 中的叉实线).

(2) 在情景 2-2 中, 当转售价格大于一个阈值 ($\bar{p}_2 = p_0$), 转售价格的变化可以完全改变制药商对 UMs 的最优处置决策 (见图 15.8(a) 中的圈虚线). 对于制药商来说, 若这个阈值没达到, 捐赠是最佳选择; 否则, 转售是最佳选择.

(3) 当转售价格阈值未达到时, 系统利润对转售价不敏感, 当转售价格增加至超过相应阈值时, 系统利润逐步上升. 与此结论一致, 已有文献 (Liu et al., 2020b; Tat et al., 2020) 也表明, 转售具有剩余价值的 UMs 有利于改善 PRSC 的利润率.

15.5.3 政府税收减免政策的影响

本节研究政府税收减免政策 (σ) 的影响, 现设定三个不同的税收减免水平:

情景 3-1(低税减率) $\sigma = 0.1$;

情景 3-2(中税减率) $\sigma = 0.6$;

情景 3-3(高税减率) $\sigma = 0.9$.

在三个情景中都以 1% 的步长改变 σ 的值, 并用 MRSM 算法来求解相应的模型 (15.10). 图 15.9 揭示了 σ 对第 1 类 UMs 的最优捐赠比和最优回收总量的影响.

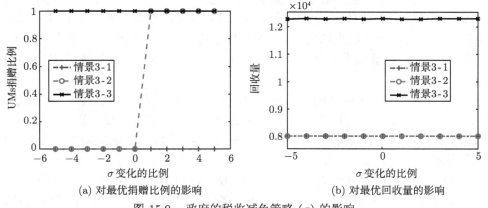

(a) 对最优捐赠比例的影响   (b) 对最优回收量的影响

图 15.9 政府的税收减免策略 (σ) 的影响

从图 15.9中的结果可以清楚地看出:

(1) 在情景 3-1 和情景 3-3 中, 制药商分别选择转售和捐赠第 1 类 UMs. 在情景 3-1 中, 低税减率刺激制药商转售而非捐赠 UMs, 而回收量对税减率波动不敏感 (见图 15.9(a), 图 15.9(b) 中的十虚线). 相反, 在情景 3-3 中, 高税减率鼓励制药商捐赠而非转售 UMs, 且高税减率使回收量稳定在较高的水平 (见图 15.9(a), 图 15.9(b) 中的叉实线).

(2) 在情景 3-2 中, 当税减 σ 达到一个阈值时, 其波动可能会完全改变制药商的最优决策. 特别是, 该实验中 σ 的阈值约 0.6 (见图 15.9(a) 中的圈虚线). 若阈值未达到, 制药商选择转售 UMs; 否则, 捐赠是其最佳选择.

(3) 情景 3-1 和情景 3-2 中回收量为 8×10^3, 占 UMs 社会总量 2.4×10^4 的 33.3%(见图 15.9(b) 中的十虚线和圈虚线). 有趣的是, 最佳回收量对税减的阈值不敏感. 而情景 3-3 表明, 在高税减水平的刺激下, UMs 的回收率可超过 50%(见图 15.9(b) 中的叉实线), 这已经高于大多数国家在实践中的回收率 (Tong et al., 2011). 也就是说, 政府的税收减免政策对于增加 UMs 回收量来说至关重要 (Liu 等, 2020b).

15.5.4　主要的管理启示和政策建议

通过以上进行的灵敏度分析, 我们可以总结出本章中所构建模型的主要管理含义和政策建议.

(1) 本章所提出的回收系统可达到 24.7% 的平均收益率. 不同于文献中的 PRSC 模型, 对发达药店网络的高效再利用策略使得该线下系统的建设、收集、运输的成本极低. 如此设计的系统可显著减少回收进程中的碳排放, 这不仅有助于构建更清洁的 PRSC, 也有利于提高 PRSC 的回收量和利润.

(2) 该系统不考虑 3PL 公司参与, 而是选药店网络的一部分为回收点, 为客户提供更有吸引力的激励. 如此设计的系统可显著减少建筑或装潢的资源消耗, 避免租用或建造新回收点的成本. 因此, 与制药商-3PL 公司合作模式相比, 在不丧失 3PL 公司能够提供的便利服务的基础上, 我们提供了更可持续的 UMs 回收模式.

(3) 药店在回收中存在的交叉销售效应不可忽视, 其收益可超过线下回收系统总收入的七分之一. 此外, 药店能将更多的资金投入到客户激励, 增加了 UMs 回收量并提高了客户剩余, 进而形成了一个良性循环. 因此, 考虑交叉销售效应有利于更好地评估系统的可持续性.

(4) 考虑 UMs 异质性对于优化药物回收、再利用和处理等决策至关重要, 除了应该考虑 UMs 剩余寿命的异质性, 还要考虑药物销售价和 UMs 转售价的异质性. 通过考虑 UMs 的异质性, 提出了针对 3 类 UMs 需要采用的差异化管理策略. 通过对于销售价和转售价异质的 UMs 回收进行案例分析, 我们发现:

● 回收昂贵或保值的 UMs 可以增强制药商和药店的利润, 但系统的盈利性能对这类 UMs 更加敏感, 即回收系统也会面临更大的风险.

● 廉价或贬值的 UMs 的成功回收离不开政府的支持, 政府介入有利于激发制药商和药店的主观能动性, 进而提高 UMs 回收量. 我们证实政府提供的税收减免可以促使更大比例的实体药店网络被指定为回收点, 并能提高廉价 UMs 的回收率. 此外, 政府适当程度的税减和补贴可以说服制药商投入慈善行为 (捐赠更多 UMs), 这体现了企业的人道主义和社会责任. 换而言之, 为保证回收系统高效运行, 政府应该在有限的财政资源中寻求最大化投资收益.

总　　结

在本章中, 提出了一个综合的 NBLP 模型. 它考虑了客户参与的便利性、现有销售网络的再利用、交叉销售效应、UMs 的异质性、积分交换激励和广告投资, 为 UMs 回收管理问题提供了更好地实现清洁生产和可持续发展目标的新途径.

我们在分析模型性质的基础上, 将原始模型重新转换为一系列标准的光滑优化模型, 并开发了一种高效的算法来求解这个复杂模型. 对所建立模型性质分析结果为高效求解所构建的双层规划模型和在实践中进行高效数值模拟提供了良好的理论基础.

情景分析和灵敏度分析表明, 由于政府、制药商、药店和客户在该系统中发挥了协同作用, 所建立的模型在保证所设计的回收系统的盈利能力、可持续性和清洁生产方面是有价值的. 特别是, 本章开发的模型和算法, 可以在不同的复杂情景下提供了最优回收策略, 包括不同类型 UMs 的最优回购价格、UMs 的最佳捐赠、从现有药店回收站点的最优选择以及药店的最优激励政策. 例如, 在数值模拟中, 本章建立的系统的平均回收率可以高于 50%, UMs 总回收率可以达到 24.7%. 我们还通过将所提出的框架与文献中的现有结果进行比较, 在真实情景中对其进行了评估. 数值结果充分显示了本章提出的策略的实践优势: 充分再利用现有的药店网络, 优化适当比例的药店进行 UMs 回收, 有利于构建更低碳高效可持续的回收系统. 灵敏度分析进一步验证了模型和所开发算法的适用性, 并揭示了一些有价值的管理见解.

在未来的研究中, 本章中的结果可以通过以下方式进行改进:

(1) 本章中的模型只考虑回收一种 UMs 产品. 当回收系统需要同时回收多种 UMs 时, 由于问题的规模更大以及各种类 UMs 之间的关系更复杂, 所构建的数学模型也将变得更为复杂. 此外, 如果多个制药商竞争回收 UMs, 则采用的斯塔克尔伯格博弈框架不再适用, 所建立的模型需要在寡头博弈框架下进行拓展.

(2) 在本章设计的回收系统中, 为了发挥制药商和药店在 UMs 回收中的主观能动性, 制药商和药店作为决策者, 而政府的激励政策外生于决策系统. 但是, 若将环境保护或社会福祉作为回收系统的首要目标, 那么政府将发挥主导作用. 在这种情况下, 也可以将政府视为医药回收的斯塔克尔伯格博弈框架中的领导者.

(3) 除决策变量外, 本章提出的回收量函数还与客户自愿退回的 UMs 数量、客户对广告和积分兑换比的敏感系数等模型参数有关. 现实中, 这些模型参数在时间和空间上往往是变化的. 因此, 为了进一步增强模型的适用性, 将本章所提出的模型拓展到带不确定性参数的模型是有价值的, 可采用随机不确定性或模糊不确定性等方法以构建模型.

(4) 回收系统的可持续性涉及社会效益、环境保护和经济效益等多方面的问题. 多目标优化方法可应用于设计更可持续的 UMs 回收系统, 但如何开发有效的算法来求解其帕累托解是一个不小的挑战. 此外, 要有效解决 UMs 回收问题进而实现医药产业的可持续发展目标还长路漫漫, 这与政府政策的不完善、公众意识的缺乏以及药物的安全性等因素有关.

第 16 章 区块链赋能冷冻食品供应链优化 模型与算法

为了探索区块链技术用于食品溯源后供应链是否有利可图, 本章将研究区块链赋能的三级电商平台冷链食品分销系统的管理策略优化问题, 构建该管理问题的非凸混合整数非线性约束优化模型, 特别是考虑其前端分销中心异构带来的同步周期补货策略. 基于模型性质分析, 我们将原复杂模型转化为一系列光滑线性约束优化问题求解, 并开发一类交替更新算法. 通过数值模拟和灵敏度分析, 我们将论证所提出的模型和算法的价值, 揭示一系列有价值的管理学见解. 我们将证实: (1) 本章提出的方法能够为不同的情景的三级电商平台冷链食品分销系统提供最优零售价格、补货策略和区块链使用水平; (2) 系统的盈利能力取决于冷冻食品的种类, 使用区块链可以显著提高奢侈冷冻食品的系统利润和效益成本比, 而廉价冷冻食品的最优区块链使用水平几乎为零; (3) 区块链使用水平的提高会导致零售价格的升高, 但需求仍然大幅增加. 因此, 对于部分适合的商品, 使用区块链技术是一种十分有用的营销策略.

16.1 引 言

近年来, 随着交通运输方式的发展和人们生活水平的提高, 冷冻食品供应链行业通过与亚马逊、阿里巴巴、京东等电商平台的整合迅速发展 (Yang et al., 2021; Choi, 2021). 为了提高冷链的可追溯性, 与现有的基于二维码或条形码的 RFID 可追溯性技术相比, 区块链技术是一个潜在的理想选择 (Bosona and Gebresenbet, 2013; Gurtu and Johny, 2019; Helo and Hao, 2019; Erol et al., 2021). 然而, 在实践中, 如何从数学上求解这一技术的应用程度以及探讨它是否有利于促进一个利润丰厚的供应链系统, 仍然是一个挑战: 一方面, 由于采用区块链技术有助于提供公开、透明、真实、可靠的追溯信息, 能够满足消费者对可信可追溯性信息的需求, 以致极大地推动消费者的需求 (da Silva and Moro, 2021; Gavin et al., 2020; George et al., 2019; Dutta et al., 2020). 另一方面, 由于这种策略要求更专业的系统管理和维护, 往往会产生更高的系统运行成本 (Choi et al., 2020). 因此, 研究如何应用区块链技术来提升冷冻食品的可追溯性, 以及阐明其在盈利能力、提高消费者剩余和改进其他运营策略 (如定价和补货政策) 等方面发挥的作用, 具有重要

的理论和应用价值 (Khan et al., 2022; Erol et al., 2021; Gurtu and Johny, 2019).

面对上述挑战, 本章拟开展如下创新性研究:

(1) 为阐述带异质分销中心的三级冷链食品分销系统的区块链溯源问题, 本章研究中将充分权衡区块链记载的信息量对冷链食品供应链的影响, 并构建该冷链食品分销系统的优化模型. 从盈利角度优化运营策略, 其中包括区块链使用水平、在线定价策略, 以及同步周期补货策略等.

(2) 因为所构建的模型包含同步周期补货策略, 必然导致该模型是一类混合整数规划问题. 为高效求解这样的复杂模型, 我们需要研究所提出模型的结构和性质, 并在此基础上开发一种确定性高效算法, 以确保其具有较好的数值性能.

(3) 我们需要验证所建立模型和所开发算法的实用价值. 具体来说, 我们的研究在实践中是否适用? 我们的算法是否比其他方法有更好的数值性能? 从这个模型和求解中可以得到什么管理见解? 使用区块链前后不同种类冷冻食品的供应链有什么不同? 对于具有异构前端配送中心的区块链赋能的三级冷链食品分销系统, 影响区块链使用的关键因素是什么?

16.2　国内外研究现状及不足

16.2.1　冷链管理问题的模型和算法

冷链是指冷冻、冷鲜和冷藏商品的供应链, 它可以在整个供应链中为这些商品提供特定的冷环境, 以防止其因暴露在不适当的环境中而变质或退化 (Bishara, 2006). 由于其实际价值, 冷链管理问题在协调机制、产品定价、采购和补充政策、库存分配和食品保存的策略等方面被深入研究. 关于最近的研究进展, 可以参考综述论文 (Bremer, 2018; Chaudhuri et al., 2018; Nha Trang et al., 2022; Shashi et al., 2018). 在此, 我们仅对与本研究密切相关的现有成果及其不足进行总结.

Yu 和 Xiao (2017) 建立了斯塔克尔伯格博弈模型, 研究了由供应商、零售商和第三方物流组成的生鲜农产品供应链中定价和冷链服务水平的决策问题, 但研究的供应链相对简单, 没有考虑到多个零售商之间的协调, 也没有考虑到大型零售商的内部结构. 在建立该模型时, 只考虑了零售商的采购成本. 此外, 该文的模型除部分实际中关键约束外, 目标函数中未考虑存储成本和销售成本.

Shamayleh 等 (2019) 构建了一个成本最小化模型, 并基于动态规划方法开发了精确求解算法, 以寻找零售商的最优补货策略. 该模型考虑了冷产品的时变需求和运输和储存过程中的碳排放, 但只考虑了单个零售商的补货需求, 不能满足实践中多个零售商之间协调的需要.

Zheng 等 (2019) 研究了由一个供应商和多个零售商组成的生鲜农产品供应链, 建立了考虑零售商独立采购和联合采购两种模式对最优定价决策以及零售商最优采购决策的影响的博弈模型. 然而, (Zheng et al., 2019) 中的需求假设为常数.

Al Theeb 等 (2020) 建立了基于成本最小化的混合整数优化模型来解决冷供应链中的库存分配和车辆路径问题, 并提出了一种基于贪婪随机搜索的多阶段求解方法.

Chen 等 (2022) 建立了成本最小化模型来研究具有单一供应商和多个零售商的冷链补货问题. 该模型考虑了多个零售商的同步周期补货计划, 同时采用 GSI 方法测量产品退化, 并分析了储存温度、GSI 方案和生产速度对产量的影响. 然而, (Chen et al., 2022) 中仅在需求不变且零售商没有任何容量约束的前提下考虑供应链的补货问题.

16.2.2 区块链赋能的供应链模型和算法

最近, 由于区块链技术的潜在优势, 部分制造商或零售商试图通过采用该技术来提高其可追溯系统和冷冻食品销售的运营效率, 如沃尔玛 (全球连锁超市) 和京东. 淘宝、苏宁、盒马鲜生等众多线上线下冷链零售商也在顺应潮流部署了区块链技术 (Buell and Choi, 2019).

由于冷链食品零售商缺乏有保证的产品可追溯性而导致在盈利能力和消费者信用方面表现不佳 (Srivastava et al., 2015), 因此有人认为, 区块链技术的公开、透明和不可篡改的特性可以应用于确保食品供应链中的可追溯性 (Chod et al., 2020; Khare and Mittal, 2019; Behnke and Janssen, 2020; Bamakan et al., 2021). 另一方面, 由于该技术的局限性和成本的不可知, 区块链技术在供应链管理中的实际应用也面临着挑战 (Dutta et al., 2020).

考虑到已有研究成果与本研究的相关性, 我们接下来只文献中关于区块链赋能的供应链模型及其算法的最新结果.

Yang 等 (2021) 为了研究区块链的采用对食品供应链中供应商和平台的影响, 建立了基于利润最大化的斯塔克尔伯格博弈模型, 得出区块链的加入虽然会增加系统需求, 但也会增加系统成本和批发零售价格. 价格敏感度和区块链运营成本对区块链的采用起着重要作用. 但是, 他们研究的供应链结构比较简单, 只涉及一个供应商和一个平台, 并且没有考虑实际操作中的一些关键成本, 如库存成本、售后服务成本、运输成本.

Liu 等 (2021) 研究了由供应商、电子平台和传统零售商组成的多渠道供应链中基于区块链的电子商务生鲜销售的销售模式选择问题, 构建了几个不同的博弈模型, 通过简化实际情景得到了解析解. 例如, 这些模型没有考虑区块链的使用成本. 结果表明, 对于批发价格较低的生鲜产品, 转售是最优选择.

Zhang 等 (2023) 建立博弈模型来研究由一个制造商和一个电子商务平台组成的双渠道供应链的区块链采用决策, 其中制造商可以通过直接销售渠道和零售渠道销售产品. 研究发现, 供应链成员是否使用区块链取决于单位区块链的运营成本, 直接销售成本和需求波动. 区块链的单位成本越低, 对供应链的效益就越突出. 然而, 在 (Zhang et al., 2023) 中, 作者没有考虑如何优化区块链技术的使用水平以及使用区块链降低售后服务成本的收益.

Liu 等 (2022b) 假设生产商的生产成本和零售商的销售成本均为零, 研究了在由生产商和零售商组成的生鲜供应链中采用区块链技术的价值, 并在不考虑库存成本和售后服务成本的情况下, 通过建立斯塔克尔伯格博弈模型, 得到了最优定价决策. 他们发现, 采用区块链技术提高了零售价格, 只有当消费者更关心进口生鲜食品的安全时, 才更有可能帮助零售商提高利润.

在这些已有的研究成果中, 不难看出存在以下研究空白:

● 目前关于区块链赋能的食品冷链的研究中, 很少有学者考虑到复杂的实际情况. 例如, 在现有的研究结果中, 只考虑需求对区块链的依赖关系, 几乎没有考虑需求对区块链技术使用水平的依赖关系, 以及区块链技术对不同类型产品的不同影响.

● 在几乎所有现有的研究成果中, 没有一个区块链赋能的供应链考虑了零售商或电商平台内部的异质性及其对大型电子商务平台中区块链采用的影响. 更重要的是, 由于零售商的异质性, 我们显然需要解决如何获得最优的同步周期补货策略, 以提高供应链的效率.

● 现有研究结果中所研究的区块链赋能的供应链均因其易于建模和求解而被简化, 甚至不涉及运输和存储成本或一些实际限制, 如容量约束.

16.2.3　本章的研究意图

在文献综述和所述研究空白的基础上, 我们将研究一个区块链赋能的三级冷链食品分销系统, 该系统由一家电子商务公司拥有, 包含一个中心分销中心 (CDC)、多个异构前端分销中心 (FDC) 和众多消费者. 直观地, 这样的系统如图 16.1 所示.

具体而言, 该系统的运营策略与区块链使用水平, 在线零售价格和由于异构前端分销中心而产生的同步周期补货策略有关. 在数学上, 将该系统的管理问题表述为一个利润最大化的混合整数非线性约束规划模型, 分析区块链接入水平对产品需求、售后服务和利润的影响.

因此, 与以往的研究相比, 本研究更加真实, 所要建立的模型也更加复杂. 针对复杂的混合整数非线性约束规划问题, 我们在分析模型的性质的基础上, 将其转化为一系列线性光滑约束优化问题, 并开发一种交替更新算法求解原复杂模型. 通过案例分析和敏感性分析, 说明了所建立的模型和算法的价值.

具体说来, 借助本章所建立的模型和算法, 我们可以回答以下问题:

● 是否将区块链作为一项新技术引入到电商平台的冷链中, 如何评估区块链需要记载多少信息?

- 如何通过数学建模找到与销售、库存、交货和区块链采用相关的最优策略?
- 如何通过分析模型性质, 设计出求解复杂优化问题的确定性方法?
- 区块链技术如何影响所研究供应链的绩效? 限制区块链在供应链中使用的关键因素是什么?
- 与文献中相似的结果相比, 本章提出的方法所揭示的管理学启示有什么异同之处?

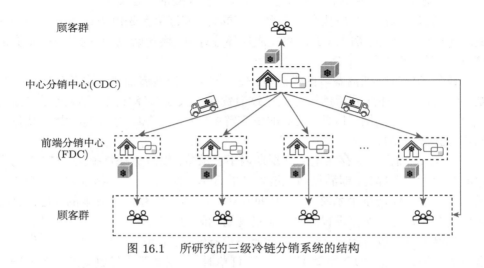

图 16.1 所研究的三级冷链分销系统的结构

16.3 问题描述和建立

16.3.1 问题描述

如图 16.1 所示, 本章所考虑的是区块链赋能的三级分销系统, 其中包含一个中心分销中心 (CDC) 和多个异构的前端分销中心 (FDC). 在每个规划期开始时, CDC 从外部供应商获得货物, 并决定在固定的时间间隔内为 FDC 组织补货. 但是, 每个 FDC 并不在每次组织补货时都补货, 而是可以选择自己的补货周期, 作为 CDC 补货周期的倍数. 规划期设置为每个 FDC 补货周期的公倍数. 此外, FDC 的补货周期系数是一个正整数, 同时是规划周期系数的一个因子.

本章所考虑的区块链是某电子商务公司借助于电商平台, 进行可溯源商品销售的私有链. 当补货发生时, 无论货物何时流向 CDC 和 FDC, 都根据决策的区块链中记录的信息量进行输入. 由于使用区块链记录信息需要聘请专业技术人员进行操作、录入和管理, 使用区块链无疑会产生成本. 我们注意到, 本章所考虑的产品使用区块链的成本与区块链上记录的信息量有关, 并包含在库存成本中.

区块链中可以被记载的信息主要包括:

- 食品防控: 检验检疫报告, 消毒证书.
- 流通路径: 生产地、加工地、运输地、冷藏地、车辆、司机、物流轨迹.
- 存放环境: 温度、湿度、开门、关门.
- 人员: 执行每一步人员的健康状况.
- 企业资质: 营业执照、备案登记证、检验检疫证、报关单.

当销售完成时, 客户从在线平台下订单后, 该订单首先由当地的分销中心完成. 当本地 FDC 断货时, CDC 将完成这部分订单. 换句话说, 有两种方式来完成订单: 本地 FDC 和 CDC.

缺货不仅会降低消费者的满意度, 还可能导致消费者流失. 目前的网购平台是多元化的, 一件商品断货就可能导致消费者永久地选择其他的网购平台, 这是一个非常致命的问题. 因此, 我们的供应链中, 为了避免缺货, CDC 帮助缺货的FDC 完成他们的订单.

CDC 应确保其库存在整个规划期内不会缺货, 以避免缺货损失. CDC 的库存消耗分为三个部分, 即满足当地消费者的订单、供应 FDC、帮助缺货 FDC 完成订单. 为了保证整个系统在规划期间不断货, 基于库存持有成本的考虑, CDC在规划期开始时的库存设置为刚好满足规划期间的所有需求.

多渠道订单执行确保在计划期间始终没有缺货, 避免了缺货损失. 然而, 这不是免费的午餐. 当 CDC 帮助 FDC 履行订单时, 不仅需要支付更高的订单履行成本, 而且还需要承担从 CDC 到 FDC 所在城市的额外邮费.

综上所述, 分销系统中各部件的功能说明如下.

关于 CDC:

- 从外部供应商接收货物, 并根据同步周期补货策略将货物交付给 FDC.
- 完成当地客户下的订单.
- 当 FDC 断货时, 完成来自无货 FDC 地点的订单.
- 根据决策的信息量, 在区块链上输入信息.

关于 FDC:

- 接收 CDC 送来的货物.
- 完成本地的订单.
- 根据决策的信息量, 在区块链上输入信息.

16.3.2　符号说明

在构建模型之前, 我们首先介绍所涉及的参数和决策变量.

参数

α_i: 第 i 个分销中心所在地的市场潜力, $i = 0, \cdots, n$.

β_i: 第 i 个分销中心所在地消费者的价格敏感度, $i = 0, \cdots, n$.

η_i: 第 i 个分销中心所在地消费者对区块链记载信息量的敏感度, $i = 0, \cdots, n$.

N: 规划周期长度的系数.

h_i: 第 i 个分销中心单位时间单位产品的持有成本, $i = 0, \cdots, n$.

l_i: 从 CDC 到第 i 个 FDC 的距离, $i = 1, \cdots, n$.

f_0: CDC 的单位订单履行成本.

f_F: FDC 的单位订单履行成本.

c_p: 每单位距离单位产品的邮费.

θ_i: 第 i 个分销中心的消费者在售后服务方面对于区块链记载信息量的敏感性, $i = 0, \cdots, n$.

c: 单位产品的进货价格.

λ: 区块链使用成本函数的系数.

a: 区块链使用成本函数的幂次方.

c_b: 单位产品的区块链应用成本.

c_{tf}: 组织一次送货行为的固定成本.

c_t: 每单位距离单位产品的运输成本.

θ: 消费者在售后服务方面对于区块链记载信息量的敏感性.

c_a: 引入区块链技术之前的单位售后服务费用.

决策变量和中间变量

p: 单位产品的在线零售价.

q: 区块链技术记载的信息量.

T: CDC 组织补货的最短周期.

Q_i: 第 i 个 FDC 的补货量, $i = 1, \cdots, n$.

t_i: 第 i 个 FDC 卖光补货所需的时间, $i = 1, \cdots, n$.

n_i: 第 i 个 FDC 补货间隔的系数, $i = 1, \cdots, n$.

16.3.3 需求函数

为了构建系统的利润函数, 我们假设第 i 个配送中心的单位时间产品需求是关于产品价格和区块链所记载的信息量的函数, 记为 D_i, 需求函数 D_i 被设为

$$D_i = \alpha_i - \beta_i p + \eta_i q, \quad i = 0, \cdots, n, \tag{16.1}$$

其中 p 是在线零售价, $0 \leqslant q \leqslant 1$ 是区块链中记载的信息量. 它反映了区块链上可以记录的信息从重要到不重要的排序程度, 且记录其中占 q 比例的信息. $\beta_i \geqslant 0$ 被称为第 i 个分销中心所在地消费者的价格敏感性因子, $\eta_i \geqslant 0$ 是消费者对区块链中记载的信息量的敏感性因子, $\alpha_i \geqslant 0$ 是第 i 个分销中心所在地的市场潜力.

根据上述需求的定义, 我们将构建整个区块链赋能的三级分销系统的利润函数.

16.3.4 模型的目标函数

现在, 我们以集中决策的方式构建系统的目标函数. 目标是使三级分销系统单位时间内的总利润最大化. 它与销售收入 (SR)、采购成本 (PC)、库存管理成本 (IMC)、运输成本 (TC)、订单履行成本 (OFC)、售后服务成本 (ASC) 和附加邮寄成本 (APC) 有关. 因此, 单位时间的利润函数可以写成:

$$\pi(Q_i, p, q, T, n_i) = \frac{\text{SR} - \text{PC} - \text{IMC} - \text{TC} - \text{OFC} - \text{APC} - \text{ASC}}{NT}. \tag{16.2}$$

下面, 我们分别构建模型 (16.2) 的每个部分. 首先, 我们引入 t_i, 表示第 i 个 FDC 中的库存完全清空所需要的时间, 即 $Q_i = D_i t_i$. 因此, 我们可以将决策变量 Q_i 转换为 t_i. 然后, 我们得到总销售收入 (SR) 为

$$\text{SR} = pNT \sum_{i=0}^{n} D_i. \tag{16.3}$$

购买成本 (PC) 为

$$\text{PC} = cNT \sum_{i=0}^{n} D_i. \tag{16.4}$$

库存管理成本 IMC 分为两部分: 一部分是持有成本 HC, 另一部分是区块链应用成本 BC. 数学上,

$$\text{HC}_F = \sum_{i=1}^{n} \frac{h_i N D_i t_i^2}{2n_i}, \tag{16.5}$$

其中 $h_i > 0$ 且 $h_i \geqslant h_0$ 是指第 i 个 FDC 的单位产品单位时间的持有成本.

由于 CDC 需要完成两种订单, 所以我们分别计算了这两部分的持有成本. 用于完成本地订单的库存的持有成本为

$$hc_0^1 = \frac{h_0 D_0 N^2 T^2}{2}, \tag{16.6}$$

而为完成缺货 FDC 订单而支付的持有成本为

$$hc_0^2 = h_0 \sum_{i=1}^{n} \left(\frac{ND_i(n_iT - t_i)^2}{2n_i} + D_i(n_iT - t_i) \sum_{j=0}^{\frac{N}{n_i}-1} (t_i + jn_iT) \right), \qquad (16.7)$$

其中 $h_0 > 0$ 为 CDC 单位产品单位时间的持有成本. 因此, CDC 的总持有成本为

$$\mathrm{HC}_0 = \frac{h_0 D_0 N^2 T^2}{2} + h_0 \sum_{i=1}^{n} \left(\frac{ND_i(n_iT - t_i)^2}{2n_i} + D_i(n_iT - t_i) \sum_{j=0}^{\frac{N}{n_i}-1} (t_i + jn_iT) \right), \qquad (16.8)$$

所以, 三级分销系统的持有成本为

$$\mathrm{HC} = NT \left(\frac{h_0 NT}{2} \sum_{i=0}^{n} D_i + h_0 \sum_{i=1}^{n} \left(\frac{D_i t_i}{2} - \frac{ND_i t_i}{2n_i} \right) + \sum_{i=1}^{n} \frac{(h_i - h_0)D_i t_i^2}{2n_i T} \right). \qquad (16.9)$$

区块链使用成本为

$$\mathrm{BC} = c_b NT \sum_{i=0}^{n} D_i, \qquad (16.10)$$

其中 c_b 是区块链技术的单位应用成本, 与区块链技术论证的信息量 q 有关, 写为

$$c_b = \lambda q^2, \qquad (16.11)$$

而此处 $\lambda > 0$ 是一个给定常数. 显然, 根据 (16.11) 中的定义, 我们知道区块链中记录的信息越多, 其应用成本就越高 (Shi et al., 2022). 的确, 区块链的实现也会产生一定的固定成本, 但一般被认为是沉没成本, 并不影响模型的最优解 (Choi et al., 2020). 因此, 我们在模型中不考虑这个固定成本.

因此, 单位库存管理成本是

$$\mathrm{IMC}$$

$$= NT \left(c_b \sum_{i=0}^{n} D_i + \frac{h_0 NT}{2} \sum_{i=0}^{n} D_i + h_0 \sum_{i=1}^{n} \left(\frac{D_i t_i}{2} - \frac{ND_i t_i}{2n_i} \right) \right.$$

$$\left. + \sum_{i=1}^{n} \frac{(h_i - h_0)D_i t_i^2}{2n_i T} \right). \qquad (16.12)$$

运输成本 TC 是

$$\mathrm{TC} = \sum_{i=1}^{n} \frac{N c_{tf}}{n_i} + \sum_{i=1}^{n} \frac{D_i t_i l_i c_t N}{n_i}, \tag{16.13}$$

其中 c_t 是每单位产品单位距离的运输成本, l_i 是从 DC 到第 i 个 FDC 的距离, c_{tf} 是 CDC 组织一次补货的固定成本. 也就是说, (16.13) 中的第一项代表组织每次补货的固定费用, (16.13) 中的第二项代表运输成本.

订单履行成本为

$$\mathrm{OFC} = f_0 \left(\sum_{i=0}^{n} D_i N T - \sum_{i=1}^{n} D_i t_i \frac{N}{n_i} \right) + f_F \sum_{i=1}^{n} D_i t_i \frac{N}{n_i}, \tag{16.14}$$

其中 f_0 为 CDC 完成的每单位订单的成本, f_F 为 FDC 完成的每单位订单的成本.

FDC 断货所产生的额外邮费为

$$\mathrm{APC} = \sum_{i=1}^{n} \frac{N}{n_i} (n_i T - t_i) D_i l_i c_p, \tag{16.15}$$

其中 c_p 为每单位产品每单位距离的额外邮资且 $c_p > c_t$.

售后服务费用 ASC 为

$$\mathrm{ASC} = \sum_{i=0}^{n} c_a (1 - \theta_i q) D_i N T, \tag{16.16}$$

其中 θ_i 是一个敏感性参数, 表示第 i 个分销中心的消费者在售后服务方面对区块链记载信息量的敏感性, c_a 是每单售后服务成本, 后面跟着 $1 - \theta_i q$, 表示使用区块链降低了售后服务成本, 而减少的程度与区块链技术论证中的信息量有关. 假设 θ_i 与 η_i 成比例, 即由 $\theta_i = b * \eta_i$ 指定.

通过以上分析, 我们得到单位时间的利润函数如下所示.

$$\begin{aligned}
&\pi(p, q, T, t_i, n_i) \\
&= \sum_{i=0}^{n} \left(p - c - \lambda q^a - f_0 - \frac{h_0 N T}{2} \right) (\alpha_i - \beta_i p + \eta_i q) \\
&\quad - \sum_{i=0}^{n} c_a (1 - \theta_i q)(\alpha_i - \beta_i p + \eta_i q) \\
&\quad - \sum_{i=1}^{n} l_i c_p (\alpha_i - \beta_i p + \eta_i q)
\end{aligned}$$

$$- \sum_{i=1}^{n} \left(\frac{(c_t - c_p)l_i + f_F - f_0}{n_i T} + \frac{h_0}{2} - \frac{h_0 N}{2n_i} \right) (\alpha_i - \beta_i p + \eta_i q) t_i$$

$$- \sum_{i=1}^{n} \frac{(h_i - h_0)}{2n_i T} (\alpha_i - \beta_i p + \eta_i q) t_i^2 - \sum_{i=1}^{n} \frac{c_{tf}}{T n_i}. \tag{16.17}$$

注 16.1 显然, (16.17) 中的 π 是一个复杂的混合整数非线性目标函数, 涉及许多整数和连续决策变量. 与 (Liu et al., 2021, 2022b; Zhang et al., 2023) 中的模型相比, 我们的利润函数除了反映区块链固定的使用成本和区块链对需求的影响外, 还反映了区块链对售后服务成本的收益和随记录信息量变化的单位区块链使用成本.

16.3.5 模型的约束条件

接下来, 我们考虑实际决策中的关键约束条件. 由于每个配送中心都有容量限制, 存储或运输额外的货物都会对利润产生负面影响, 因此我们的系统要求第 i 个前端配送中心在一个补货周期内的补货量小于其需求. 数学上,

$$n_i T \geqslant t_i, \quad \forall i \in \{1, \cdots, n\}. \tag{16.18}$$

第二类约束是容量约束:

$$D_i t_i \leqslant I_i, \quad \forall i \in \{1, \cdots, n\}. \tag{16.19}$$

第三类约束关于零售价:

$$p_{\text{low}} \leqslant p \leqslant p_{\text{up}}, \tag{16.20}$$

这就是说, 商品的销售价格足够高, 使系统利润丰厚, 但低于维持良好企业形象的上限.

第四个约束关于区块链记录的信息量:

$$0 \leqslant q \leqslant 1. \tag{16.21}$$

第五个约束是关于单位交付周期:

$$T_{\min} \leqslant T \leqslant T_{\max}. \tag{16.22}$$

事实上, 根据经典的库存理论, 过短或过长的交付周期对分销中心都没有好处. 因此, 我们需要设置单位最优交付周期 T 的上界和下界.

第六个约束是关于补货间隔的系数. 由于这一系数是规划期系数的一个因子, 我们要求:

$$1 \leqslant n \leqslant n_{\max}, \quad \forall i \in \{0, \cdots, n\}. \tag{16.23}$$

例如, 当计划周期因子 $N = 12$ 时, (16.23) 中的 $n_{\max} = 4$.

第七个约束是针对整数变量的:

$$n_i \in I_+, \quad \forall i \in \{1, \cdots, n\}, \tag{16.24}$$

其中 I_+ 是非负整数的集合.

最后一个约束条件是连续变量的非负性:

$$t_i \geqslant 0, \quad \forall i \in \{0, \cdots, n\}. \tag{16.25}$$

因此, 我们得到了一个混合整数非线性优化模型, 以用于解决区块链赋能的三级冷链食品分销系统的管理问题:

$$
\begin{aligned}
\min \quad & -\pi(p, q, T, t_i, n_i) \\
\text{s.t.} \quad & t_i - n_i T \leqslant 0, \quad \forall i \in \{1, \cdots, n\}, \\
& (\alpha_i - \beta_i p + \eta_i q) t_i - I_i \leqslant 0, \quad \forall i \in \{1, \cdots, n\}, \\
& p_{\text{low}} - p \leqslant 0, p - p_{\text{up}} \leqslant 0, \\
& -q \leqslant 0, q - 1 \leqslant 0, \\
& T_{\min} - T \leqslant 0, T - T_{\max} \leqslant 0, \\
& -t_i \leqslant 0, \quad \forall i \in \{1, \cdots, n\}, \\
& 1 - n_i \leqslant 0, n_i - n_{\max} \leqslant 0, \quad \forall i \in \{1, \cdots, n\}, \\
& n_i \in I_+, \quad \forall i \in \{1, \cdots, n\}.
\end{aligned}
\tag{16.26}
$$

注 16.2　显然, 模型 (16.26) 是一个复杂的混合整数非线性约束规划问题 (MINLP), 它通常是 NP-难问题 (Burer and Letchford, 2012), 很难用一些流行的商业求解器 (例如 Baron (Sahinidis, 2017)) 求解. 在下一节中, 我们将在分析模型 (16.26) 性质的基础上, 开发一种高效求解模型的算法.

16.4　一类交替更新算法

本节中我们将对该模型进行分析, 探讨该模型的解析和结构特性以设计适应的求解方法对其进行求解.

为了设计一个求解模型 (16.26) 的高效算法, 我们首先分析它的特性. 我们首先松弛模型 (16.26) 的约束条件, 如下式所示:

$$
\begin{cases}
t_i - n_i T \leqslant 0, \quad \forall i \in \{1, \cdots, n\}, \\
(\alpha_i - \beta_i p + \eta_i q)t_i - I_i \leqslant 0, \quad \forall i \in \{1, \cdots, n\}, \\
p_{\text{low}} - p \leqslant 0, \quad p - p_{\text{up}} \leqslant 0, \\
-q \leqslant 0, \quad q - 1 \leqslant 0, \\
T_{\min} - T \leqslant 0, \quad T - T_{\max} \leqslant 0, \\
-t_i \leqslant 0, \quad \forall i \in \{1, \cdots, n\}, \\
1 - n_i \leqslant 0, \quad n_i - n_{\max} \leqslant 0, \quad \forall i \in \{1, \cdots, n\}.
\end{cases}
\tag{16.27}
$$

这样, 我们就得到如下松弛问题

$$
\begin{aligned}
\min \quad & -\pi(p, q, T, t_i, n_i) \\
\text{s.t.} \quad & (16.27).
\end{aligned}
\tag{16.28}
$$

让我们分析一下模型 (16.28) 和 (16.26) 的特性. 为表述简明, 我们首先引进如下记号:

$$
\begin{cases}
p^{\min} = \max \left\{ p_{\text{low}}, \dfrac{t_i(\alpha_i + \eta_i q) - I_i}{\beta_i t_i} \right\}, \\[2mm]
p^{\max} = p_{\text{up}}, \\[2mm]
t_i^h = \dfrac{2(f_0 - f_F) + 2l_i(c_p - c_t) + h_0 T(N - n_i)}{2(h_i - h_0)}, \\[2mm]
t_i^{\max} = \min \left\{ n_i T, \dfrac{I_i}{D_i} \right\}, \\[2mm]
n_i^{\min} = \max \left\{ 1, \left\lceil \dfrac{t_i}{T} \right\rceil \right\}, \\[2mm]
A = \displaystyle\sum_{i=0}^{n} \beta_i, \\[2mm]
B = -\displaystyle\sum_{i=0}^{n} \left(\left(c + \lambda q^a + f_0 + \dfrac{h_0 N T}{2} \right) \beta_i + (\alpha_i + \eta_i q) \right) - \displaystyle\sum_{i=0}^{n} \beta_i c_a (1 - \theta_i q) \\[2mm]
\quad - \displaystyle\sum_{i=1}^{n} l_i c_p \beta_i - \displaystyle\sum_{i=1}^{n} \beta_i t_i \left(\dfrac{(c_t - c_p) l_i + f_F - f_0}{n_i T} + \dfrac{h_0}{2} - \dfrac{h_0 N}{2 n_i} \right) \\[2mm]
\quad - \displaystyle\sum_{i=1}^{n} \beta_i t_i^2 \dfrac{(h_i - h_0)}{2 n_i T}, \\[2mm]
p^h = -\dfrac{B}{2A}.
\end{cases}
$$

下面, 我们将用这些符号来说明我们的结果.

命题 16.1　当其他决策变量的值给定时, 模型 (16.28) 中的目标函数 $-\pi$ 相对于决策变量 n_i 是单调的.

证明　通过直接计算, 很容易得到

$$\frac{\partial(-\pi)}{\partial n_i} = -\frac{[2(C_t - C_p)l_i + 2(f_f - f_0) - h_0 NT]D_i t_i + (h_i - h_0)D_i t_i^2 + 2C_{tf}}{2Tn_i^2}.$$

(16.29)

由于 $n_i \geqslant 1$ 并且所有其他参数都是固定的, 所以, 当 (16.29) 右边的分子为非负 (或非正) 时, 我们有

$$\frac{\partial(-\pi)}{\partial n_i} \geqslant 0 (\leqslant 0),$$

就是说, 当其他决策变量给定时, 模型 (16.28) 中的目标函数 $-\pi$ 相对于决策变量 n_i 是单调的. □

由命题 16.1, 我们能证明以下结论.

命题 16.2　当模型 (16.26) 中其他决策变量的值给定时, 第 i 个前端配送中心的最优补货间隔的系数满足

$$n_i^* = \begin{cases} n_i^{\min}, & -\pi(n_i^{\min}) < -\pi(n_{\max}), \\ n_{\max}, & -\pi(n_i^{\min}) \geqslant -\pi(n_{\max}). \end{cases}$$

(16.30)

证明　当模型 (16.26) 中其他决策变量的值给定时, 从命题 16.1 可以得出如果 $-\pi(n_i^{\min}) < -\pi(n_{\max})$,

$$n_i^{\min} = \arg\min_{n_i}\{-\pi(n_i)\};$$

否则

$$n_{\max} = \arg\min_{n_i}\{-\pi(n_i)\}. \quad □$$

注 16.3　命题 16.2 表示当给定其他变量时, 第 i 个 FDC 此时只选择最长或最短的补货间隔. 即, 如果将货物存储在第 i 个 FDC 并减少交付次数对系统利润更有利, 则选择最大交付间隔, 否则选择最小交付间隔. 例如, 当固定交付成本很高, 而 FDC 和 CDC 的存储成本差别不大时, 会选择最长的交付间隔, 以减少固定交付成本的发生; 当 FDC 的存储成本远高于 CDC 时, 最好在 CDC 中存储更多的货物, 所以选择最小的补货间隔.

命题 16.3　如果 $(p^*, q^*, T^*, t_i^*, n_i^*)$ 是 (16.28) 的最优解. 那么, $(p^*, q^*, T^*, t_i^*, \lceil n_i^* \rceil)$ 是模型 (16.26) 的可行解, 其中 $\lceil n_i^* \rceil$ 表示大于 n_i 的最小整数.

证明   为了证明上述命题, 我们仅仅需要证明 $(p^*, q^*, T^*, t_i^*, \lceil n_i^* \rceil)$ 满足模型 (16.26) 的约束条件. 因为所有其他的决策变量都保持不变, 并且 (16.27) 中的所有约束都成立, 我们仅需要证明 $(p^*, q^*, T^*, t_i^*, \lceil n_i^* \rceil)$ 满足模型 (16.26) 中关于 n_i 的约束条件

$$
\begin{cases}
t_i - n_i T \leqslant 0, & \forall i \in \{1, \cdots, n\}, \\
1 - n_i \leqslant 0, \quad n_i - n_{\max} \leqslant 0, & \forall i \in \{1, \cdots, n\}, \\
n_i \in I_+, & \forall i \in \{1, \cdots, n\}.
\end{cases}
$$

首先, $\lceil n_i^* \rceil \in I_+$, $\forall i \in \{1, \cdots, n\}$.

其次, 因为 $n_i^* \geqslant 1$ 并且 $t_i^* - n_i^* T^* \leqslant 0$, $\forall i \in \{1, \cdots, n\}$, 又因为 $\lceil n_i^* \rceil \geqslant n_i^*$, 所以不等式 $t_i^* - \lceil n_i^* \rceil T^* \leqslant 0$, $\forall i \in \{1, \cdots, n\}$ 成立.

再次, 因为 $n_i^* - n_{\max} \leqslant 0$, $\forall i \in \{1, \cdots, n\}$, 我们在两种情况下继续讨论. 当 $n_i^* = n_{\max}$ 时, 因为 $n_{\max}$ 是个整数, 所以 $\lceil n_i^* \rceil = n_i^* = n_{\max}$. 因此, 很明显 $\lceil n_i^* \rceil - n_{\max} \leqslant 0$. 当 $n_i^* < n_{\max}$ 时, $\lceil n_i^* \rceil \leqslant n_{\max}$, 即 $\lceil n_i^* \rceil - n_{\max} \leqslant 0$.

总之, $(p^*, q^*, T^*, t_i^*, \lceil n_i^* \rceil)$ 满足模型 (16.26) 的所有约束, 因此是模型 (16.26) 的可行解. $\qquad\square$

命题 16.4   当其他决策变量的值给定时, 模型 (16.26) 中的最优零售价 p^* 满足

$$
p^* = \begin{cases}
p^h, & p^{\min} < p^h < p^{\max}, \\
p^{\max}, & p^h \geqslant p^{\max}, \\
p^{\min}, & p^h \leqslant p^{\min}.
\end{cases} \tag{16.31}
$$

证明   当模型 (16.26) 中其他决策变量的值给定时, 目标函数在区间 $p \in [p^{\min}, p^{\max}]$ 内为二次函数. 因此, 很容易证明想要的结果. $\qquad\square$

类似地, 下列结果成立.

命题 16.5   当模型 (16.26) 中其他决策变量的值给定时, 第 i 个前端配送中心将补货全部售罄所需时间满足

$$
t_i^* = \begin{cases}
t_i^h, & t_i^h < t_i^{\max}, \\
t_i^{\max}, & t_i^h \geqslant t_i^{\max}.
\end{cases} \tag{16.32}
$$

命题 16.6   当整数决策变量固定时, 模型 (16.26) 中的目标函数是非凸的.

证明   设 H 表示当整数决策变量给定时, 模型 (16.26) 中目标函数的 Hessian 矩阵. 我们现在证明 H 不是正定的.

不失一般性, 为了简化计算我们在 $i = 1$ 的情况下证明所提出的命题. 通过直接计算, 我们得到了目标函数关于决策变量 p, q, T, t_1 的二阶导数如下:

$$
\begin{cases}
\dfrac{\partial^2(-\pi)}{\partial p^2} = 2(\beta_0 + \beta_1) > 0, \\[2mm]
\dfrac{\partial^2(-\pi)}{\partial q^2} = -2c_a(\eta_0\theta_0 + \eta_1\theta_1) + (a-1)a\lambda q^{a-2}(\alpha_0 + \alpha_1 - p(\beta_0 + \beta_1)) \\[2mm]
\qquad\qquad + a(a+1)\lambda q^{a-1}(\eta_0 + \eta_1), \\[2mm]
\dfrac{\partial^2(-\pi)}{\partial T^2} = \dfrac{2c_{tf} - t_1(2f_0 - 2f_F + 2c_pl_1 - 2c_tl_1 + h_0t_1 - h_1t_1)(\alpha_1 - \beta_1 p + \eta_1 q)}{n_1 T^3}, \\[2mm]
\dfrac{\partial^2(-\pi)}{\partial t_1^2} = \dfrac{(h_1 - h_0)(\alpha_1 - \beta_1 p + \eta_1 q)}{n_1 T} > 0.
\end{cases}
$$

因为

$$
\begin{aligned}
\frac{\partial^2(-\pi)}{\partial T^2} &= \frac{2c_{tf} - t_1(2f_0 - 2f_F + 2c_pl_1 - 2c_tl_1 + h_0t_1 - h_1t_1)(\alpha_1 - \beta_1 p + \eta_1 q)}{n_1 T^3} \\
&= \frac{2c_{tf} + t_1^2 D_1(h_1 - h_0) - t_1[2(f_0 - f_F) + 2l_1(c_p - 2c_t)]D_1}{n_1 T^3},
\end{aligned}
$$

它的符号取决于分子的符号. 实际上, 当 $c_{tf} = 100$, $t_1 = 5$, $D_1 = 1000$, $h_1 = h_0 = 1.5$, $f_0 = 2$, $f_F = 1.75$, $l_1 = 100$, $c_p = 1$ 和 $c_t = 0.08$ 时, $2c_{tf} + t_1^2 D_1(h_1 - h_0) - t_1[2(f_0 - f_F) + 2l_1(c_p - 2c_t)]D_1 = -22300 < 0$, 这意味着根据参数和决策变量的不同, 它可以是负的, 即 H 的对角线元素可以是负的, 因此 H 不是一个正定矩阵. 当整数决策变量固定时, 模型 (16.26) 中的目标函数是非凸的. □

注 16.4　命题 16.6 表明当整数决策变量固定时, 模型 (16.26) 中的目标函数是非凸的. 由于存在多个局部极小点, 任何局部优化算法都不一定是全局最优解. 为了提高原始模型 (16.26) 找到解的稳定性, 本章将提出一种求解模型 (16.26) 的交替更新算法.

根据上述得到的模型 (16.26) 的性质, 我们将开发的交替算法的基本思想如下: 对于给定的整数变量和连续变量 p 和 t_i, 我们首先寻找模型 (16.26) 仅与连续变量 q 和 T 相关的更好的近似解. 然后, 通过命题 16.4 中的 (16.31), 利用得到的 q 与 T 的值和给定的变量, 找到 p 的最优值. 然后, 利用所有得到的值和给定的整数变量, 通过命题 16.5 中的 (16.32) 找到 t_i 的最优值. 最后, 通过命题 16.2 中的 (16.30), 利用得到的所有值求解模型 (16.26) 中整数变量的最优值. 综上所述, 我们算法的上述计算过程显然是以交替更新的方式求解复杂的原始模型 (16.26).

现在我们来阐述一个求解整型变量和部分连续型变量 (p 和 t_i) 的值为固定时, 模型 (16.26) 的高效算法. 具体来说, 对于给定的 n_i, p 和 t_i, $i \in \{1, \cdots, n\}$,

模型 (16.26) 简化为

$$
\begin{aligned}
\min \quad & -\pi(q, T) \\
\text{s.t.} \quad & t_i - n_i T \leqslant 0, \quad \forall i \in \{1, \cdots, n\}, \\
& (\alpha_i - \beta_i p + \eta_i q) t_i - I_i \leqslant 0, \quad \forall i \in \{1, \cdots, n\}, \\
& -q \leqslant 0, q - 1 \leqslant 0, \\
& T_{\min} - T \leqslant 0, T - T_{\max} \leqslant 0.
\end{aligned} \tag{16.33}
$$

注意到模型 (16.33) 是一个只包含线性约束的非线性优化问题, 我们现在改进经典的 Frank-Wolfe 算法, 使之能够在其他决策变量值给定的情况下求解该模型.

算法 16.1   改进的 Frank-Wolfe 可行方向法

步 1: 记模型 (16.33) 的可行域为 D_L. 给定 D_L 中的初始点 $\bar{x}^{(0)} \in D_L$. 选择一个足够小的正常数 ϵ, 设定 $k := 0$.

步 2: 求解以下线性规划问题, 并记 $d^{(k)} = y^{(k)} - x^{(k)}$,

$$
\min_{y \in D_L} \nabla f\left(x^{(k)}\right)^{\mathrm{T}} \left(y - x^{(k)}\right).
$$

步 3: 如果 $\left|\nabla f\left(x^k\right)^{\mathrm{T}} d^k\right| \leqslant \epsilon$, 设定 $x^* := x^{(k)}$. 输出结果 x^*. 算法终止. 否则, 转到步 4.

步 4: 进行线搜索

$$
\min_{0 \leqslant \lambda \leqslant 1} f\left(x^{(k)} + \lambda d^{(k)}\right) = f\left(x^{(k)} + \lambda_k d^{(k)}\right),
$$

记 λ_k, 并置 $x^{(k+1)} := x^{(k)} + \lambda_k d^{(k)}$, $k := k + 1$, 转到步 2.

有了上面的准备, 我们下面叙述一个交替更新算法来求解原始模型 (16.26).

算法 16.2   基于 Frank-Wolfe 的交替更新算法

步 1: 选择一个足够小的正的常数 ϵ. 置 $k := 1$.

步 2(初始值的生成): 求解松弛问题模型 (16.28). 记 $p^{(0)} = p^*_{\text{songchi}}$, $t_i^{(0)} = t^*_{i-\text{songchi}}$, $q^{(0)} = q^*_{\text{songchi}}$, $T^{(0)} = T^*_{\text{songchi}}$ 并且 $n_i^{(0)} = \lceil n^*_{i-\text{songchi}} \rceil$.

步 3(q 和 T 的更新): 通过实现算法 16.1 求解子问题 (16.33), 并用 $(q^{(k)}, T^{(k)})$ 表示其最优解, 并将 π_a 表示为目标函数的对应值.

步 4(p 的更新): 使用 (16.31), 利用给定的变量 $q^{(k)}, T^{(k)}, t_i^{(k-1)}$ 和 $n_i^{(k-1)}$ 更新决策变量 p 的值, 记为 $p^{(k)}$.

步 5(t_i 的更新): 使用 (16.32), 利用给定的变量 $q^{(k)}, T^{(k)}, p^{(k)}$ 和 $n_i^{(k-1)}$ 更新决策变量 t_i 的值, 记为 $t_i^{(k)}$.

步 6(n_i 的更新): 使用 (16.30), 利用给定的变量 $q^{(k)}$, $T^{(k)}$, $p^{(k)}$ 和 $t_i^{(k)}$ 更新决策变量 n_i 的值, 记为 $n_i^{(k)}$. 然后, 运行算法 16.1 求解子问题 (16.33), 并记 $(q^{(k+1)}, T^{(k+1)})$ 和 π_b 分别为其解和目标函数值.

步 7 (终止): 如果 $|\pi_a - \pi_b| \geqslant \epsilon$, 置 $k := k + 1$ 并转步 3. 否则, 输出优化结果 $q^* = q^{(k)}$, $T^* = T^{(k)}$, $p^* = p^{(k)}$, $t_i^* = t_i^{(k)}$ 和 $n_i^* = n_i^{(k)}$.

注 16.5　对于复杂的混合整数非线性约束规划问题模型 (16.26), 算法 16.2 借助已证明的模型 (16.26) 的解析性质, 将其转化为一系列线性光滑的约束优化问题 (16.33), 以解决此问题. 由于模型 (16.33) 的可行域是有界的, 因此算法 16.1 对于其他决策变量的更新值是收敛的 (Jaggi, 2013). 事实上, 我们可以证明, 算法 16.2 提供的模型 (16.26) 的近似解序列的目标函数值是单调递减的. 因为原始模型 (16.26) 中的目标函数在可行域内有下界的. 所以, 算法 16.2 是收敛的.

定理 16.1　假设 $\{p^{(k)}, q^{(k)}, T^{(k)}, t_i^{(k)}, n_i^{(k)}\}$ 为算法 16.2 生成的近似解序列. 那么,

(1) 原始模型 (16.26) 中的目标函数是有下界的.

(2) 序列 $\{-\pi(p^{(k)}, q^{(k)}, T^{(k)}, t_i^{(k)}, n_i^{(k)})\}$ 是单调递减的.

(3) 当 $(q^{(k)}, T^{(k)})$ 是模型 (16.33) 的全局最优解时, 算法 16.2 在给定容差 ϵ 的情况下有限步终止.

证明　(1) 我们首先证明松弛模型 (16.28) 在定义域内是有界的.

因为 $p_{\text{low}} \leqslant p \leqslant p_{\text{up}}$, $0 \leqslant q \leqslant 1$, $T_{\text{low}} \leqslant T \leqslant T_{\text{max}}$ 并且 $1 \leqslant n \leqslant n_{\text{max}}$, 最后得出的松弛模型 (16.28) 的可行点 (p, q, T, n_i) 是有界的.

对于 t_i, 因为有如下约束

$$0 \leqslant t_i \leqslant \frac{I_i}{\alpha_i - \beta_i p + \eta_i q} \leqslant \frac{I_i}{\alpha_i - \beta_i p_{\text{up}} + \eta_i q_{\text{low}}}$$

所以, t_i 的可行值也是有界的. 因此, 模型 (16.28) 的可行域是有界的.

由于模型 (16.28) 中的目标函数在可行域内是连续可微的, 因此得出目标函数是有界的. 从而很容易知道原始模型 (16.26) 中的目标函数总是有下界的.

(2) 为了证明序列 $\{-\pi(p^{(k)}, q^{(k)}, T^{(k)}, t_i^{(k)}, n_i^{(k)})\}$ 是单调递减的, 我们需要证明以下不等式成立:

$$-\pi(p^{(k)}, q^{(k)}, T^{(k)}, t_i^{(k)}, n_i^{(k)}) \geqslant -\pi(p^{(k+1)}, q^{(k+1)}, T^{(k+1)}, t_i^{(k+1)}, n_i^{(k+1)}), \quad \forall k. \tag{16.34}$$

从算法 16.2 的步 3 和注 16.5 , 我们知道

$$-\pi(p^{(k)}, q^{(k)}, T^{(k)}, t_i^{(k)}, n_i^{(k)}) \geqslant -\pi(p^{(k)}, q^{(k+1)}, T^{(k+1)}, t_i^{(k)}, n_i^{(k)}).$$

从算法 16.2的步 4 和命题 16.5 可以得出

$$-\pi(p^{(k)}, q^{(k+1)}, T^{(k+1)}, t_i^{(k)}, n_i^{(k)}) \geqslant -\pi(p^{(k+1)}, q^{(k+1)}, T^{(k+1)}, t_i^{(k)}, n_i^{(k)}).$$

从算法 16.2 的步 5 和步 6 和命题 16.6 和命题 16.2, 可知

$$\begin{cases} -\pi\left(p^{(k+1)}, q^{(k+1)}, T^{(k+1)}, t_i^{(k)}, n_i^{(k)}\right) \\ \geqslant -\pi\left(p^{(k+1)}, q^{(k+1)}, T^{(k+1)}, t_i^{(k+1)}, n_i^{(k)}\right), \\ -\pi\left(p^{(k+1)}, q^{(k+1)}, T^{(k+1)}, t_i^{(k+1)}, n_i^{(k)}\right) \\ \geqslant -\pi\left(p^{(k+1)}, q^{(k+1)}, T^{(k+1)}, t_i^{(k+1)}, n_i^{(k+1)}\right). \end{cases}$$

因而, 结论 (2) 得证.

(3) 由结果 (1) 和 (2) 可知, 算法 16.2 生成的序列 $\left\{-\pi\left(p^{(k)}, q^{(k)}, T^{(k)}, t_i^{(k)}, n_i^{(k)}\right)\right\}$ 是全局收敛的. 因此, 通过算法 16.2 的步 7 中的终止条件, 我们知道对于给定的容差 ϵ, 该算法在有限步终止. □

16.5 案例研究

在本节中, 通过案例研究, 我们试图验证所开发的模型的合理性和算法的高效性, 并由数值结果揭示有价值的管理见解.

具体而言, 我们应用我们的模型和算法来解决一个 CDC 位于长沙, 9 个 FDC 位于中国湖南省的其他不同城市的冷冻食品分销系统的管理问题. 我们在图 16.2 中展示了这个分销系统. 除了验证我们的模型和算法能否为分销系统提供最优策略外, 本案例研究的另一个目的是研究冷冻食品的类型如何影响最优策略. 为了实现我们的研究意图, 我们在三个不同的场景中进行了案例研究:

场景 A (购买成本和区块链敏感性较高, 价格敏感性和市场潜力较低) 该场景描述了销售奢侈冷冻食品的市场, 如冷冻三文鱼、冷冻和牛等. 购买这类商品的消费者通常价格敏感性较低, 区块链敏感性较高. 因此, 我们取

$$\begin{cases} c = 200, \quad c_a = 10, \quad p_{\text{low}} = 250, \quad p_{\text{up}} = 550, \\ \theta_i = 0.900, 0.774, 0.81, 0.738, 0.792, 0.720, 0.846, 0.882, 0.756, \\ \alpha_i = 6000, 5500, 5600, 5300, 5550, 5200, 5700, 5900, 5800, 5400, \\ \beta_i = 8.0, 9.4, 9.0, 10.8, 9.2, 10.0, 8.8, 8.4, 8.6, 9.6, \\ \eta_i = 2000, 1720, 1800, 1640, 1760, 1600, 1880, 1960, 1920, 1680, \\ I_i = 9000, 10000, 13600, 7000, 9500, 8200, 11000, 13000, 11000. \end{cases} \quad (16.35)$$

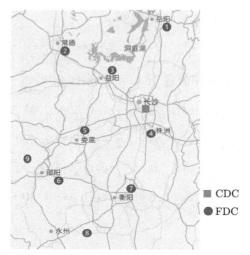

图 16.2　一个在湖南省的冷冻食品三级分销体系

场景 B (购买成本、区块链敏感性、价格敏感性以及市场潜力适中)　该场景代表销售一种普通冷冻食品的市场, 如冷冻普通牛肉、冷冻大虾等. 因此, 我们设

$$
\begin{cases}
c = 80, \quad c_a = 3, \quad p_{\text{low}} = 100, \quad p_{\text{up}} = 200, \\
\theta_i = 0.5, 0.43, 0.45, 0.41, 0.44, 0.40, 0.47, 0.49, 0.48, 0.42, \\
\alpha_i = 30000, 25000, 26000, 23000, 25500, 22000, 27000, 29000, 28000, 24000, \\
\beta_i = 40, 47, 45, 49, 46, 50, 44, 42, 43, 48, \\
\eta_i = 1000, 860, 900, 820, 880, 800, 940, 980, 960, 840, \\
I_i = 95000, 80000, 86000, 70000, 65000, 82000, 100000, 90000, 70000.
\end{cases}
$$

$$(16.36)$$

场景 C (采购成本和区块链敏感性低, 价格敏感性和市场潜力高)　该场景反映了销售一种廉价冷冻食品的市场, 如冷冻饺子、冷冻蔬菜等. 因此, 我们选择模型参数的值如下:

$$
\begin{cases}
c = 10, \quad c_a = 1, \quad p_{\text{low}} = 10, \quad p_{\text{up}} = 70, \\
\theta_i = 0.250, 0.215, 0.225, 0.205, 0.220, 0.200, 0.235, 0.245, 0.240, 0.210, \\
\alpha_i = 60000, 55000, 56000, 53000, 55500, 52000, 57000, 59000, 58000, 54000, \\
\beta_i = 200, 235, 225, 245, 230, 250, 220, 210, 215, 240, \\
\eta_i = 500, 430, 450, 410, 440, 400, 470, 490, 480, 420, \\
I_i = 200000, 150000, 300000, 150000, 220000, 200000, 300000, 200000.
\end{cases}
$$

$$(16.37)$$

模型 (16.26) 中的其他参数设定为

$$
\begin{cases}
f_F = 1.75, \quad f_0 = 2, \quad c_p = 0.1, \quad c_t = 0.08, \quad c_{tf} = 800, \\
h_i = 1.0, 1.5, 1.5, 1.3, 1.4, 1.2, 1.3, 1.4, 1.3, 1.1, \\
l_i = 163, 167, 78, 74, 133, 234, 188, 311, 296, \\
\lambda = 5, \quad a = 2, \quad N = 12, \quad T_{\text{low}} = 5, \quad T_{\text{up}} = 25, \quad n_{\text{low}} = 1, \quad n_{\text{up}} = 4.
\end{cases}
$$
$$(16.38)$$

在上述设置下, 分别在 MATLAB R2021b 平台上编写并运行算法 16.2 的所有计算机代码, 以求解对应于三个不同场景的模型 (16.26). 所有的最优决策、需求、获得的最大利润和运营成本分别罗列在表 16.1—表 16.4 中.

表 16.1　不同类型冷冻食品的最佳策略-1

场景	p	q	T	t_1	t_2	t_3	t_4	t_5	t_6	t_7	t_8
A	530	1	5	4.015	3.797	5	2.872	5	2.809	3.225	4.107
B	200	0.53	5	5	4.577	5	4.1746	5	4.385	4.7346	4.5202
C	70	0.055	5	5	3.7244	5	5	4.3451	5	4.5119	5

表 16.2　不同类型冷冻食品的最佳策略-2

场景	t_9	n_1	n_2	n_3	n_4	n_5	n_6	n_7	n_8	n_9
A	5	1	1	1	1	1	1	1	1	1
B	4.7148	1	1	1	1	1	1	1	1	1
C	5	1	1	1	1	1	1	1	1	1

表 16.3　不同情况下最优策略下的运营成本

场景	SR	PC	TC	HC	BC	OFC	APC	ASC
A	1.37×10^7	5.16×10^6	2.63×10^5	3.21×10^5	1.29×10^5	4.74×10^4	9.58×10^4	4.54×10^4
B	3.47×10^7	1.39×10^7	2.11×10^6	1.45×10^6	2.45×10^5	3.12×10^5	2.05×10^5	3.95×10^5
C	2.81×10^7	4.01×10^6	5.01×10^6	3.06×10^6	6.07×10^3	7.18×10^5	3.13×10^5	3.96×10^5

表 16.4　不同类型冷冻食品最优策略下的利润和需求

场景	π	D_0	D_1	D_2	D_3	D_4	D_5	D_6	D_7	D_8	D_9
A	7.61×10^6	3763	2242	2634	1750	2438	1504	2919	3411	3165	1996
B	1.61×10^7	22532	16057	17479	13636	16768	12426	18700	21121	19911	14847
C	1.45×10^7	46028	38574	40275	35873	39424	34522	41626	44327	42976	37223

我们在场景 A 中对表 16.1—表 16.4 中的数值结果进行解释: 优化策略为设定最优零售价 500 元, 选择使用区块链记录所有相关信息, 设定最优单位交货周

期为 5 天, 分别向 FDC 交付 9000, 10000, 8749, 7000, 7520, 8200, 11000, 13000 以及 9979 件货物. 此时, 系统利润为 7.61×10^6 元, 销售收入为 1.37×10^7 元, 采购成本为 5.16×10^6 元, 运输成本为 2.63×10^5 元, 持有成本为 3.21×10^5 元, 区块链使用成本为 1.29×10^5 元, 订单履行成本为 4.74×10^4 元, 附加邮费为 9.58×10^4 元, 售后服务成本为 4.54×10^4 元, CDC 和 FDC 的单位需求分别为 2579, 1480, 1751, 1109, 1615, 923, 1936, 2307, 2122 和 1294.

从表 16.1—表 16.4 中显示的结果可以清楚地看出:

(1) 针对实践中不同的场景, 验证了本章提出的模型和求解方法能够可靠地为三级分销系统提供销售、库存、配送和区块链使用的最优策略.

(2) 对比三种场景, 我们可以看到, 奢侈冷冻食品倾向于用区块链记载全部信息, 普通冷冻食品倾向于记载一半左右的信息, 而廉价冷冻食品倾向于记载很少的信息, 只有 0.055. 这表明不同类型的商品对区块链的接受度有很大的差异, 在所有类型冷冻产品中使用区块链并不总是有益的.

(3) 从表 16.1 和表 16.2 可以看出, 在三种情况下, 最优的补货间隔系数 n_i 都是 1, 最优的最小补货周期 T 都是 5, 都是可行域的最小值. 这主要是因为在所研究的三级分销系统中, CDC 的持有成本低于所有 FDC 同时组织补货的固定成本不高. 在这种情况下最佳策略是货物尽可能长时间地存储在 CDC, 即选择最小的补货间隔.

(4) 根据最优决策, CDC 每隔 5 天组织向所有 FDC 补货, 但在我们最优决策中, FDC 的补货量并不总是覆盖这 5 天的所有订单, 这主要是由于仓库容量的限制造成的. 在我们的三级分销系统中, 由于 FDC 的订单履行成本低于 CDC 以及 CDC 为帮助供货而产生的额外邮费抵消了 CDC 持有成本低的好处, 因此更倾向于由 FDC 自己完成尽可能多的订单, 这在现实中也更有利于提升用户满意度. 但是由于每个 FDC 的容量限制, 并不是每个仓库都能存储 5 天的货物. 这也表明了在模拟实际情况时考虑仓库容量的重要性.

(5) 从最优结果可以看出, 在这三种场景下, 许多 FDC 的仓库已经满了, 如场景 A 的第 1 个和第 2 个 FDC, 场景 B 的第 2 个 FDC 等. 如果这些仓库的容量提升, 对系统利润有利. 相反, 对于有闲置产能的仓库, 减少产能或将产能让给其他产品, 有助于防止资源浪费.

接下来, 我们进一步分析了系统的收入和成本结构. 通过直接计算, 系统的收益和各种成本如图 16.3 所示.

图 16.3 的结果表明:

(1) 场景 A, 场景 B 和场景 C 三种系统的效益成本比分别为 125.7%, 86.5%, 107.7%, 其中场景 A 盈利能力最高, 场景 B 最差.

(2) 对于三种冷冻食品, 占比较高的三种成本是采购成本、运输成本和持有成本. 从场景 A 到场景 C, 采购成本占比逐渐降低, 而运输成本和库存持有成本占比逐渐增加, 这反映了不同类产品的不同特点. 因此将讨论分为三类是非常重要的.

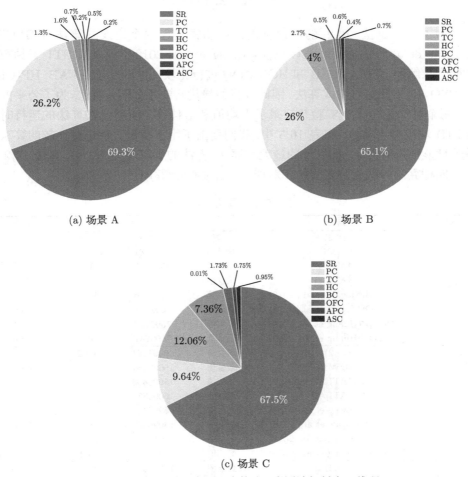

图 16.3　供应链系统收入成本构成 (彩图请扫封底二维码)

从图 16.3 中, 我们可以知道:

(1) 场景 A, 场景 B 和场景 C 三种系统的效益成本比分别为 125.7%, 86.5%, 107.7%. 这表示, 当区块链技术是优化冷冻食品供应链的一种选择时, 冷冻食品供应链是有利可图的.

(2) 对于三种冷冻食品, 占比较大的三种成本都是购买成本、运输成本和保存成本. 但从场景 A 到 C, 采购成本占比逐渐降低, 运输成本和库存持有成本占比逐渐增加. 换句话说, 为了确保系统的盈利能力, 降低运营成本的策略随着冷冻食品的类型不同有所区别.

16.6　算法的优点

为了验证算法 16.2 的数值性能, 我们将其与两个启发式算法 (HP-CRO (Mogale et al., 2018) 和 PSO-SQP(Huang et al., 2019)) 以及 OPTI 工具箱中的两个求解器 (GMATLAB 和 BONMIN) 进行比较. 由于 GMATLAB, HP-CRO 和 PSO-SQP 都是启发式算法, 因此寻找的最优解并不稳定. 因此, 为了公平的比较, 每个算法进行十个实验并记录了平均值和最佳值. 所有比较算法的运行时间 (CPU) 均以秒为单位. 在表 16.5 中, 我们列出了用于衡量五种进行比较的算法的数值性能的所有结果, 如系统的最大利润 π, 算法的运行时间 RT(s), 算法 16.2 与其他四种算法的最优解之间的相对误差, 记为 Gap(%).

表 16.5　算法比较结果

场景	算法		π	RT(s)	Gap(%)
A	(16.2)	最佳值	7609781	0.98	——
	BONMIN	最佳值	7609781	1.83	0.00
	GMATLAB	平均值	7589937	3.02	——
	GMATLAB	最佳值	7607742	3.72	0.02
	HP-CRO(Mogale et al., 2018)	平均值	7596846	18.43	——
	HP-CRO(Mogale et al., 2018)	最佳值	7609781	17.96	0.00
	PSO-SQP(Huang et al., 2019)	平均值	7600137	19.63	——
	PSO-SQP(Huang et al., 2019)	最佳值	7609781	20.06	0.00
B	(16.2)	最佳值	16097181	0.92	——
	BONMIN	最佳值	16097181	1.39	0.00
	GMATLAB	平均值	15922438	2.58	——
	GMATLAB	最佳值	16095374	3.25	0.01
	HP-CRO(Mogale et al., 2018)	平均值	15998417	16.98	——
	HP-CRO(Mogale et al., 2018)	最佳值	16096057	18.02	0.01
	PSO-SQP(Huang et al., 2019)	平均值	16016725	21.96	——
	PSO-SQP(Huang et al., 2019)	最佳值	16097181	20.27	0.00
C	(16.2)	最佳值	14546691	0.97	——
	BONMIN	平均值	14546691	1.24	0.00
	GMATLAB	平均值	14203469	3.06	——
	GMATLAB	最佳值	14537738	3.40	0.06
	HP-CRO(Mogale et al., 2018)	平均值	14315630	19.02	——
	HP-CRO(Mogale et al., 2018)	最佳值	14539461	18.79	0.04
	PSO-SQP(Huang et al., 2019)	平均值	14337962	21.12	——
	PSO-SQP(Huang et al., 2019)	最佳值	14543029	21.76	0.02

通过分析表 16.5, 可以发现:

(1) 从运行时间 RT(s) 来看, 算法 16.2 的求解效率高于其他算法, 尤其远高于 HP-CRO 和 PSO-SQP.

(2) 在稳定性方面, 算法 16.2 明显强于三种启发式算法. 当应用于相同的实验案例时, 算法 16.2 的最优解总是相同的, 但三种启发式算法不能做到这一点.

(3) 从求解精度来看, 算法 16.2 和 BONMIN 总能找到最优解, 而三种启发式算法只在偶尔几次实验时能找到与算法 16.2 相同的解, 如场景 A 中的 HP-CRO 和 PSO-SQP, 场景 B 中的 PSO-SQP.

16.7 是否使用区块链的场景对比

为了了解使用区块链技术对整个供应链的影响, 我们在上述三种场景下寻找不使用区块链的分销系统的最优决策, 从而了解使用区块链和不使用区块链的模型之间的差异. 首先, 在不使用区块链时, 将优化模型 (16.26) 改写如下.

$$
\begin{aligned}
\min \quad & -\pi(p, T, t_i, n_i; q = 0) \\
\text{s.t.} \quad & t_i - n_i T \leqslant 0, \quad \forall i \in \{1, \cdots, n\}, \\
& (\alpha_i - \beta_i p + \eta_i q)t_i - I_i \leqslant 0, \quad \forall i \in \{1, \cdots, n\}, \\
& p_{\text{low}} - p \leqslant 0, p - p_{\text{up}} \leqslant 0, \\
& T_{\min} - T \leqslant 0, T - T_{\max} \leqslant 0, \\
& -t_i \leqslant 0, \quad \forall i \in \{1, \cdots, n\}, \\
& 1 - n_i \leqslant 0, n_i - n_{\max} \leqslant 0, \quad \forall i \in \{1, \cdots, n\}, \\
& n_i \in I_+, \quad \forall i \in \{1, \cdots, n\}.
\end{aligned}
\tag{16.39}
$$

显然, 模型 (16.39) 也可以通过算法 16.2 求解. 当模型 (16.26) 和模型 (16.39) 中所有相关参数均取相同值时, 最优决策、需求、系统利润和运营成本分别列举在表 16.6—表 16.9 中.

表 16.6 不同类型冷冻食品的最佳策略-1

场景	p	T	t_1	t_2	t_3	t_4	t_5	t_6	t_7	t_8
A	428	5	5	5	5	4.33	5	4.23	4.77	5
B	200	5	5	4.7059	5	4.2945	5	4.5055	4.8544	4.6392
C	70	5	5	3.7267	5	5	4.3478	5	4.5147	5

表 16.7 不同类型冷冻食品的最佳策略-2

场景	t_9	n_1	n_2	n_3	n_4	n_5	n_6	n_7	n_8	n_9
A	5	1	1	1	1	1	1	1	1	1
B	4.8611	1	1	1	1	1	1	1	1	1
C	5	1	1	1	1	1	1	1	1	1

表 16.8　不同情况下最优策略下的运营成本

场景	SR	PC	TC	HC	OFC	APC	ASC
A	7.32×10^6	3.42×10^6	2.16×10^5	1.42×10^5	3.08×10^4	1.05×10^4	1.71×10^5
B	3.37×10^7	1.35×10^7	2.10×10^6	1.35×10^6	3.03×10^5	1.43×10^5	5.06×10^5
C	2.80×10^7	4.01×10^6	5.01×10^6	3.05×10^6	7.17×10^5	3.12×10^5	4.01×10^5

表 16.9　不同类型冷冻食品最优策略下的利润和需求

场景	π	D_0	D_1	D_2	D_3	D_4	D_5	D_6	D_7	D_8	D_9
A	3.33×10^6	2579	1480	1751	1109	1615	923	1936	2307	2122	1294
B	1.58×10^7	22000	15600	17000	13200	16300	12000	18200	20600	19400	14400
C	1.45×10^7	46000	38550	40250	35850	39400	34500	41600	44300	42950	37200

在图 16.4 中, 我们进一步直观地绘制了是否使用区块链时最优决策之间的差异.

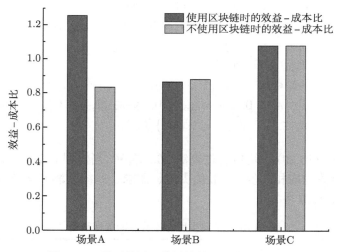

图 16.4　是否使用区块链的效益成本比的不同

从图 16.4 中, 很容易揭示以下管理见解:

(1) 在不同场景下, 区块链的使用对效益成本比的影响显著不同. 实际上, 在场景 A 中, 系统的效益成本比从 0.83 上升到 1.26, 而在场景 B 中, 系统的效益成本比从 0.88 下降到 0.87. 在场景 C 中, 这个比率保持不变.

(2) 这一差异反映了区块链在三种类型的冷冻食品中的不同作用. 对于奢侈冷冻食品, 区块链的加入使得系统成本大幅增加 (52%, 2.07×10^6 元)(Yang et al., 2021), 但同时利润也大幅增加 (128.80%, 4.28×10^6 元). 而对于普通冷冻食品,

虽然利润也增加了 (1.57%, 2.49×10^5 元), 但是成本增加更多 (3.95%, 3.95×10^5 元), 因此效益成本比降低了. 对于廉价冷冻食品, 由于几乎没有采用区块链技术, 因此在利润和效益成本比上没有明显的提高.

(3) 如果不使用区块链技术, 奢侈冷冻食品的效益成本比最低, 普通冷冻食品的效益成本比略高, 而廉价冷冻食品的效益成本比最高. 而当使用区块链时, 奢侈冷冻食品的效益成本比从最低升最高, 这足以说明使用区块链对奢侈冷冻食品的重要作用. 对于普通冷冻食品, 如果仅从增加利润的角度考虑, 采用区块链技术是最优决策, 但从效益成本比来看则不是.

接下来, 我们分析是否使用区块链对零售价格 (p) 的影响, 如图 16.5 所示.

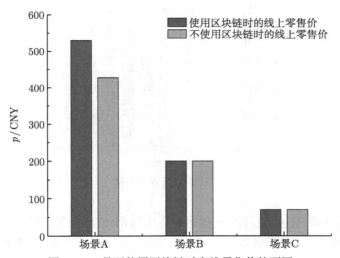

图 16.5　是否使用区块链时在线零售价的不同

图 16.5 的结果表明:

(1) 在场景 A 中, 使用区块链提高了最优零售价格 (Yang et al., 2021; Liu et al., 2022b). 这是因为区块链的加入满足了消费者对有保证追溯信息的需求, 他们愿意接受更高的价格.

(2) 场景 B 和场景 C 中无论是否使用区块链, 在线零售价一致, 这主要是供应商限价造成的. 在这两种情况下, 在使用区块链之前, 最优零售价格已经达到零售价格的上限, 没有增加的空间. 这也说明电商平台需要将区块链作为营销工具, 将适合使用区块链的销售的商品与供应商进行谈判, 从而提高零售价格的上限, 以获得更高的利润.

图 16.6 进一步展示了是否使用区块链对分销中心需求的影响.

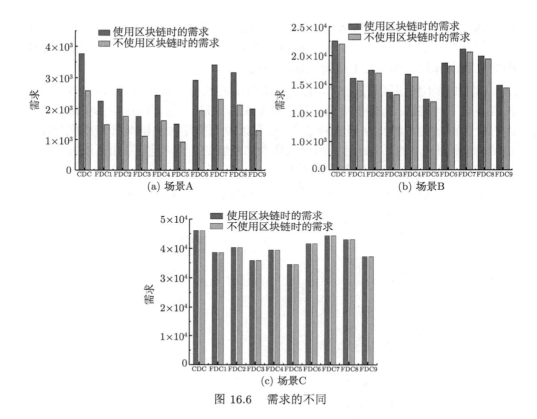

图 16.6　需求的不同

(1) 使用区块链时, 三种冷冻食品的需求量都增加了, 但增加的程度不同. 增量最大的是场景 A, 总需求增加了 8705 (51%), 而对于普通冷冻食品, 总需求增加了 4777 (2.8%), 而对于廉价冷冻食品, 增量甚至小于 248 (0.1%). 这种不同主要是由于三种情况下的最优区块链记载的信息量不同导致的, 同时也一定程度上反映了区块链对不同产品的适用程度.

(2) 需求的差异主要是由区块链记录的最优信息量不同造成的. 购买奢侈冷冻食品的人往往对区块链中记录的信息更敏感, 因此区块链的引入可以进一步增加需求, 从而导致利润和成本的更大增长.

(3) 结合场景 A 中对在线零售价的分析, 可以看出, 即使区块链推出后零售价格上涨, 消费者的购买热情并未降低, 需求仍大幅增加, 这表明区块链技术对于适当类型冷冻食品来说是很好的营销工具.

接下来我们分析售后服务成本的变化情况, 如图 16.7 所示.

图 16.7 的结果表明:

(1) 三种场景应用区块链后, 售后服务成本均有所下降, 而且比需求的下降幅度更大. 在场景 A 中, 引入区块链后, 售后服务成本大幅下降, 降幅为 $1.25 \times 10^5, 73.5\%$. 在场景 B 中, 下降了 $1.12 \times 10^5, 22.0\%$, 而在场景 C 中下降最少, 仅为 $4740, 1.2\%$.

(2) 区块链的使用对降低售后服务成本起到了关键作用. 事实上, 即使需求显著增加, 售后服务成本仍然显著下降 (见场景 A 中的结果). 与场景 C 中区块链的引入仅带来 0.1 % 的利润和需求增长相比, 区块链在降低售后服务成本方面的效果更为明显, 达到 1.2 %.

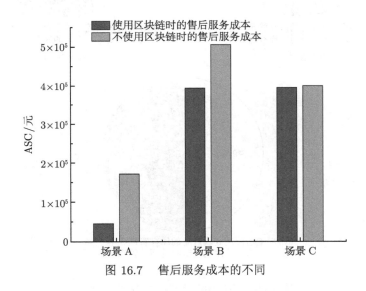

图 16.7 售后服务成本的不同

最后, 我们分析使用区块链对库存管理成本 (IMC=BC+HC) 的影响, 如图 16.8 所示.

从图 16.8 所示的数值结果中, 我们可以发现以下有实际价值的见解:

(1) 使用区块链增加了库存管理成本, 但不同情况下增加的幅度不同. 实际上, 在场景 A 中, 库存管理成本大幅增加, 在场景 B 中, 库存管理成本略有增加, 而在场景 C 中, 库存管理成本几乎保持不变.

(2) 对于奢侈冷冻食品和廉价冷冻食品, 同一操作员在同一仓库记录的相同数量的信息所产生的区块链使用成本是相同的. 这也限制了区块链在廉价冷冻食品上的使用, 因为同样的成本对于奢侈冷冻食品来说微不足道, 但对于廉价冷冻食品来说却是致命的. 这也是区块链技术不能很好地应用于廉价冷冻食品的原因之一.

作为场景分析的结尾, 我们来研究系统在成本构成方面的差异. 由于采购成本在运营成本中所占份额最大, 且只与需求和零售价格相关, 因此我们在这里不展示它的结果, 同时为了简化表述, 我们只在图 16.9 中展示场景 A 的结果.

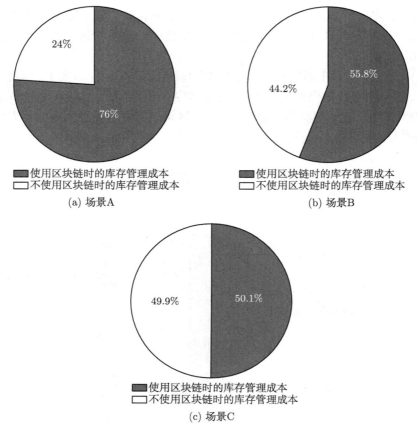

(a) 场景A　　　　　　　　　　　　(b) 场景B

(c) 场景C

图 16.8　系统库存管理成本 IMC 的不同

从图 16.9 的结果中, 我们发现了以下有实际价值的见解:

(1) 不使用区块链时, 系统中除采购成本外, 排在前三位的成本为库存管理成本、售后服务成本和运输成本, 合计占 93%, 而使用区块链时, 排在前三位的成本为库存管理成本、附加邮寄成本和运输成本, 合计占 90%.

(2) 不使用区块链时, 售后服务成本占比为 30%, 排名第二, 而使用区块链时, 售后服务成本占比降至最低, 仅占 5%.

(3) 无论是否使用区块链, 储存和运输的成本都非常高. 这说明了冷冻食品不同于其他商品, 需要特定的环境来储存, 产生更多的运营成本. 只有这些方面再减少, 利润才会明显上升.

(4) 运输成本和附加邮费是运输产品的成本. 使用区块链时, 运输成本所占比例下降, 而额外邮费所占比例明显增加, 这可能是由于使用区块链导致需求增加, 但仓库并没有为此扩大容量, 因此大部分货物存放在 CDC 并通过邮寄方式销售给消费者, 这也说明了在我们的模型中引入仓库容量限制的重要性. 建议在使用区块链的同时, 应扩大货物的仓库容量, 以获得更大的利润.

(5) 在使用区块链时, 使用区块链的成本增加大大增加了库存管理的成本. 同时, 其使用成本占比也很高, 达到 14%. 显然, 如果在实践中能够降低在区块链中记录信息的单位成本, 肯定会使利润更高.

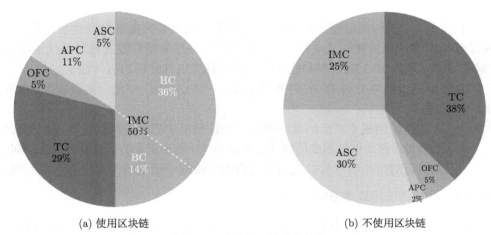

(a) 使用区块链　　　　　　　　　　　　　　(b) 不使用区块链

图 16.9　场景 A 的成本结构

综上所述, 通过以上对比分析, 我们得到以下有价值的管理启示:

(1) 本章提出的模型 (16.26) 和算法 16.2 能够应用于分析不同类型冷冻食品的分销系统, 并为这些系统提供最优策略. 特别地, 它们能用于回答以下所有问题: 使用区块链是否对利润有影响? 区块链对不同类型的冷冻食品是否同样有效? 区块链的使用如何改变运营成本结构? 在需求和各种类型的运营成本方面, 使用区块链的具体影响是什么?

(2) 虽然使用区块链对三种冷冻食品都能不同程度地提高系统总利润, 但其对效益成本比的影响是明显不同的. 对于奢侈冷冻食品, 区块链可以显著提高利润和效益成本比, 而对于普通冷冻食品, 效益成本比略有下降. 对于便宜的冷冻食品, 它保持不变, 因为它建议用区块链记录很少的信息.

(3) 区块链的作用对于不同类型的冷冻食品是不同的. 应该首先考虑区块链在奢侈冷冻食品上的使用, 而它在廉价冷冻食品上可能并不必要, 尤其是考虑大量初始投资之后. 对于普通冷冻食品, 则是从更多方面进行综合评价.

(4) 即使区块链推出后零售价格上涨, 消费者的购买热情并未降低, 需求仍大幅增加. 这表明区块链技术对于合适类型的商品是一个很好的营销工具.

(5) 使用区块链在降低售后服务成本方面的好处, 在每种冷冻食品产品中都很明显.

(6) 虽然本章只分析了三种场景, 并且在这些场景中参数值的设置只是出于本章的研究意图, 但这并不妨碍所提出的模型和算法在更多实际场景中的应用, 以期为相关决策者揭示更多有价值的管理见解.

16.8　灵敏度分析

在本节中, 进行灵敏度分析以挖掘本章所构建模型的更多潜在管理见解, 尤其是分析影响区块链使用的关键因素, 以及探讨关键模型参数变化对最佳策略的影响. 显然, 算法 16.2 的效率和稳定性保证了开展这种分析的可行性.

在随后的灵敏度分析中, 我们使用 (16.35) 和 (16.38) 中相同的设置, 旨在解决以下问题:

(1) 区块链使用成本系数的波动如何影响区块链中记录的信息量和系统利润?

(2) 消费者对区块链敏感度的波动如何影响区块链中记录的信息量和系统利润?

(3) 消费者对价格敏感度的波动如何影响区块链中记录的信息量和系统利润?

16.8.1　区块链使用成本系数的影响

我们首先研究单位区块链使用成本 (c_b) 的影响. 因为 c_b 是一个与区块链中记录的信息量相关的变量, 所以这里我们研究区块链使用成本函数的系数 λ. 为了模拟真实情况, 我们考虑三个不同的情况, 具体为:

场景 1-1　较低的区块链使用成本系数, 取 $\lambda = 2$.

场景 1-2　中等的区块链使用成本系数, 取 $\lambda = 5$.

场景 1-3　较高的区块链使用成本系数, 取 $\lambda = 8$.

在上述场景中, 我们使 λ 的值以 2% 的步长分别增大 10% 或减小 10%, 并运行算法 16.2 来求解模型 (16.26). λ 的变化对系统的关键因素的影响如图 16.10 所示.

图 16.10 的结果表明:

(1) 区块链单位使用成本系数与系统利润成负相关. 在这三种情况下, 成本系数每改变 2%, 系统利润分别减少 1.68×10^5, 4.96×10^4 和 1.94×10^4. 特别是, 系统利润对较低的成本系数更为敏感 (见图 16.10(a) 中的线条). 此外, 区块链单位使用成本对系统利润的影响显著, 这是因为图 16.10(a) 中的圈虚线始终在叉实线和十虚线之上, 圈虚线与十虚线之间的距离比十虚线与叉实线之间的距离要大得多.

(2) 从图 16.10(b) 可以看出, 区块链单位使用成本系数是影响区块链使用的重要因素 (Niu et al., 2021; Yang et al., 2021). 区块链中记录的信息量大多数时候与区块链单位使用成本因子成反比, 但当区块链单位使用成本因子小到一定程度后, 此时将使用区块链记录全部信息量. 区块链的单位成本越低, 对供应链的好

处就越突出 (Zhang et al., 2023). 此外, 区块链中记录的信息量对较低的区块链单位使用成本系数也更为敏感.

(3) 从图 16.10(c) 可以看出, 当区块链成本系数很低时, 区块链的使用率与其成正相关. 当它超过阈值时, 区块链的使用成本与其负相关. 第一部分的增加主要是因为区块链中记录的信息量始终为 1, 而需求保持不变, 这将导致区块链的使用成本增加. 后一部分的负相关主要是因为超过阈值后, 区块链中记录的信息量下降, 需求也下降, 即使使用区块链的单位成本增加, 仍然会导致区块链使用成本的下降.

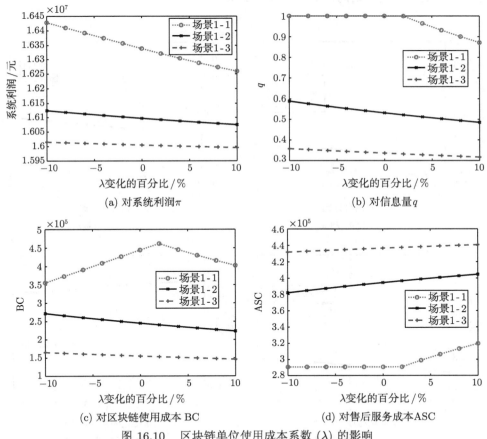

图 16.10　区块链单位使用成本系数 (λ) 的影响

16.8.2　区块链敏感性因子的影响

接下来我们研究区块链敏感性因子 (η_i) 的影响. 为了更贴近实际情形, 我们考虑三个不同级别的区块链敏感性 (η_i), 如下所示:

场景 2-1　较低的对区块链包含信息的敏感度, 取 $\eta_i = 500, 430, 450, 410,$ 440, 400, 470, 490, 480, 420.

场景 2-2　中等的对区块链包含信息的敏感度, 取 $\eta_i = 1000, 860, 900, 820,$ 880, 800, 940, 980, 960, 840.

场景 2-3　较高的对区块链包含信息的敏感度, 取 $\eta_i = 2000, 1720, 1800,$ 1640, 1760, 1600, 1880, 1960, 1920, 1680.

在上述场景中, 我们使 η_i 的值以 2% 的步长分别增大 10% 和减小 10%, 因为 θ_i 和 η_i 是成比例的, 所以也会一起变化. 运行算法 16.2 来求解模型 (16.26). η 的变化对系统的关键因素的影响如图 16.11 所示.

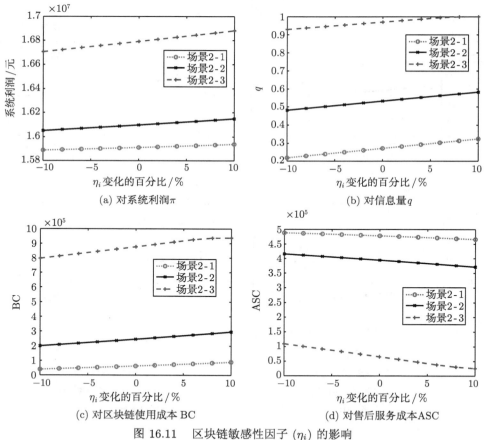

(a) 对系统利润 π

(b) 对信息量 q

(c) 对区块链使用成本 BC

(d) 对售后服务成本 ASC

图 16.11　区块链敏感性因子 (η_i) 的影响

如图 16.11 所示的数值结果, 我们发现了以下实际的见解:

(1) 系统最大利润与区块链敏感度正相关 (图 16.11(a)). 特别是场景 2-3 对区

块链灵敏度波动比其他两种情况更敏感. 这表明, 在一个高敏感的邻域, 想办法提高灵敏度并非毫无意义. 此时, 利润仍然会增加, 甚至比在低敏感性邻域进行相同水平的改进还要多.

(2) 区块链记录的最佳信息量与区块链的敏感度成正相关 (图 16.11(b)). 其中, 场景 2-1 对区块链灵敏度的波动比其他两种情况更敏感. 这意味着对于非敏感地区的人来说, 敏感度的提高将导致区块链的使用量显著增加. 特别是在场景 2-3 中, 当区块链的敏感度上升到一定水平时, 区块链记录的信息量是最高的, 但利润仍在增长, 它主要是因为需求上升所致.

(3) 相比之下, BC 和 ASC 随敏感性因子增加呈现相反的趋势 (见图 16.11(c) 和图 16.11(d)). 实际上, BC 具有正相关性, ASC 具有负相关性, 但它们也有相似之处, 即当灵敏度高于阈值时, 区块链中记录的信息量虽然不再增加, 但 BC 和 ASC 仍然随着灵敏度的增加而变化, 只是变化变慢了. 其中, BC 的增加主要是由于区块链灵敏度增加导致的需求增加, 而 ASC 的减少则是由于 θ_i 的增加所致.

16.8.3 价格敏感性因子的影响

接下来我们研究价格敏感性因子 (β_i) 的影响. 为了模拟实际情形, 我们考虑以下三个不同级别的价格敏感度:

场景 3-1 较低的价格敏感性因子, 取 $\beta_i = 40, 47, 45, 49, 46, 50, 44, 42, 43, 48$.

场景 3-2 中等的价格敏感性因子, 取 $\beta_i = 56, 66, 63, 69, 64, 70, 62, 59, 60, 67$.

场景 3-3 较高的价格敏感性因子, 取 $\beta_i = 80, 94, 90, 98, 92, 100, 88, 84, 86, 96$.

在上述场景中, 我们使 β_i 的值以 2% 的步长分别增大 10% 和减小 10%, 并运行算法 16.2 来求解模型 (16.26). β_i 的变化对系统的关键因素的影响如图 16.12 所示.

由图 16.12 所示的数值结果可知:

(1) 价格敏感性因子与系统的单位利润成反比 (图 16.12(a)), 这主要是由于价格敏感性的增加使得需求减少, 从而系统的总利润会减少.

(2) 价格敏感性因子也是影响区块链使用程度的重要因素, 如 (Yang et al., 2021) 所述 (图 16.12(b)). 区块链中记录的信息量最初与价格敏感性成正比, 当达到一定阈值时, 区块链中记录的信息量也达到最大值. 这主要是因为价格敏感性会导致需求减少. 此时, 由于区块链可以拉动需求, 系统会倾向于在区块链中记录更多的信息, 从而在一定程度上减缓了系统利润的快速下降.

(3) 如果电商平台打算将区块链技术应用于冷冻食品分销系统, 可以先应用于价格敏感性因子较高类型的冷冻食品.

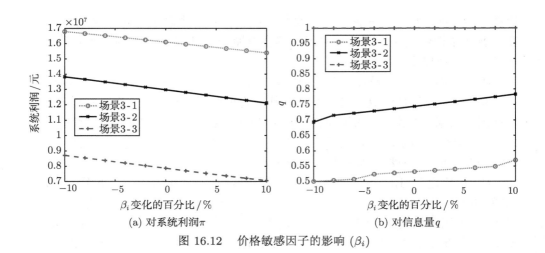

图 16.12　价格敏感因子的影响 (β_i)

总　　结

本章以区块链赋能的三级冷链食品分销系统为研究对象, 并将该系统构建为利润最大化的约束混合整数规划模型, 分析了区块链接入水平对产品需求、售后服务和利润的影响, 给出了其最优运营策略. 值得注意的是, 该模型考虑了前端分销中心异构时的同步周期补货策略.

为了求解这一复杂模型, 我们分析了模型性质, 将其转化为一系列线性光滑约束优化问题, 并提出了交替更新算法. 通过案例研究和敏感性分析, 对所建立的模型和算法进行了验证, 并揭示了其实际管理价值, 主要结论如下:

(1) 本章提出的模型能够可靠地为该分销系统提供最优策略, 包括最优在线零售价格、最优配送计划、最优库存以及区块链中记录的最优信息量.

(2) 区块链赋能的冷冻食品分销系统的盈利能力取决于所供应的冷冻食品的类型. 对于奢侈冷冻食品, 使用区块链是一个合适的选择, 它可以显著提高该系统的最大利润和效益–成本比, 而对于普通冷冻食品, 效益-成本比略有下降. 对于廉价的冷冻食品, 使用区块链的最佳水平几乎等于零.

(3) 区块链使用水平的提高往往会推高最优零售价格, 但消费者的购买热情并没有降低, 需求仍然大幅增加. 因此, 在适当选择销售的冷冻食品时, 使用区块链是一个有用的营销工具.

(4) 对于任何类型的冷冻食品, 在所研究的冷冻食品分销系统中, 使用区块链有利于显著降低售后服务成本.

(5) 在整个区块链赋能的冷冻食品分销系统中, 较高的库存管理成本和运输成本是利润增长的主要障碍. 因此, 使用先进的加工技术和高科技设备来储存和运输冷冻食品可以大大降低该系统的总运营成本.

(6) 使用区块链的单位成本对确定冷冻食品分销系统的最佳策略和保证其盈利能力起着至关重要的作用. 消费者对区块链技术的敏感性也是影响该技术使用的关键因素. 对于低敏感度地区的消费者来说, 敏感度越高, 区块链的使用水平越高, 而对于高敏感度地区的消费者来说, 区块链的使用水平越高, 敏感度不显著提高, 但利润显著增加.

(7) 价格敏感性影响区块链的最佳使用水平. 价格敏感性较高的冷冻食品倾向于使用区块链记录更多的信息来驱动需求.

在今后的研究中, 本章所得研究成果可以在以下几个方面进行改进和推广:

(1) 本章的研究仅针对单一产品, 但实际一般存在多个冷冻产品, 可以在未来的研究中通过增加产品间的交互作用, 建立更复杂的模型进行研究.

(2) 本章研究的需求不涉及不确定因素. 当考虑不确定性时, 需要基于不确定性优化技术以找到新的 "最优" 策略.

(3) 在现实中, 如果分销中心和各个 FDC 不属于同一家公司, 而是彼此之间存在代理关系, 那么它们之间就会存在利益博弈. 在这种情况下, 我们需要在博弈论的框架下建立新的模型, 而不是本章提出的集中式决策模型.

(4) 本章的研究只考虑了区块链对提高产品可追溯性的作用. 当需要考虑更多的功能时, 产品的需求函数不同, 也更复杂. 因此, 需要研究新的优化模型.

(5) 在温室效应日益加剧的今天, 研究低碳排放在冷冻食品供应系统具有重要意义. 在这种情况下, 多目标优化可能是开展相关研究的 "最优" 工具.

第 17 章 不确定环境下全球供应链管理优化模型与算法

供应链管理优化技术是现代企业的核心竞争力, 也是目前运筹学和管理科学研究的热点之一. 伴随着经济全球化加速和经济可持续发展的迫切需要, 研究供应链管理优化理论具有重要的理论意义和实践意义 (Carter and Easton, 2011; Sato, 2012).

事实上, 随着近年来国际贸易环境进一步宽松, 许多跨国公司在工资、生产成本较低的国家构建生产网络, 各种产品、资本、技术、运输和知识的转移等越来越密集, 这要求参与全球竞争的企业必须实行全球供应链管理 (Clausing, 2003; Gjerdrum et al., 2001). 然而, 由于各国经济政策及人文历史环境不同, 贸易环境也差异明显, 这使得全球供应链管理显得非常复杂与困难 (Hegji, 2003; Nagurney et al., 2003). 如何站在全球角度实现供应链优化管理已成为当前诸多跨国公司管理者和研究者关注的热点 (Sato, 2012).

随着经济全球化的深入, 资源消耗随之加剧并导致环境污染不断恶化, 由此衍生出的环境问题已经成为影响企业和社会发展的重要因素 (Carter and Rogers, 2008; Seuring and Müller, 2008). 20 世纪中后期, 在综合考虑经济效益和环境因素的基础上, 可持续供应链管理应运而生, 并吸引诸多研究者和企业管理者的关注 (Linton et al., 2007; Seuring, 2013). 因此, 如何站在全球化的角度推进可持续供应链的优化管理, 也有着重要的理论意义和应用价值 (Seuring, 2013).

本章将构建一个全球供应链管理优化问题的数学模型, 通过借鉴供应链库存管理中经典的报童问题的研究成果, 我们在构建该模型时将综合考虑需求的不确定性、转移价格下调率的界限、缺货损失和税率等因素, 并根据模型的特点提出一种高效的算法来求解模型. 此外, 我们还将通过案例分析和数值实验说明所构建模型和方法的科学性、合理性及可行性, 并根据实验结果提出对管理学实践具有指导意义的建议和结论.

主要结果发表于 Applied Mathematical Modelling,40(23-24):10105-10130, 2016; Operational Research,18: 389-420,2018.

17.1　引　言

在全球供应链管理优化中, 定价和订货策略涉及制造商的转移价格、零售商的零售价格和订货量. 定价和订货策略不仅直接决定公司总部能否实现税后利润的最大化, 而且还决定了利润如何在制造商和零售商之间进行分配 (Cheng et al., 2014). 一般来说, 全球供应链管理中的转移价格不由交易双方按市场供求关系变化和独立竞争原则确定, 而是根据跨国公司或集团公司的战略目标和整体利益最大化的内在需求, 由总公司上层决策者人为确定的, 它也直接影响到不同子公司之间的利润分配. 因此, 不同于一般的供应链, 转移定价通常被认为是在全球供应链中, 实现公司总部税后利润最大化的一种最基本、最有效的策略 (Hiemann and Reichelstein, 2012).

近年来, 随着企业生产和销售的快速全球化, 如何实现全球供应链的最优化受到了运筹学、应用数学和管理科学等领域越来越多学者的关注, 研究成果也颇为丰硕. 全球供应链研究逐步发展成为一个具有多方面扩展模型且十分具有活力的研究领域. 近年来, 众多研究者都对全球供应链问题做了较全面深入的研究 (Bashiri et al., 2012; Saha et al., 2015). Arntzen 等 (1995) 提出了一个多时期、多商品的混合整数规划模型来优化一家数字设备公司的全球供应链. 该模型通过优化生产成本、库存成本和运输成本, 来实现总成本的最小化, 但这个模型并没有考虑到产品的转移价格因素. 通过查找和参阅过去的二十年的相关文献, 我们发现这些文献中, 很多优化模型都没有通过将转移价格作为决策变量来实现全球供应链税后利润的最大化. Nieckels (1976) 通过对一个跨国纺织公司的研究, 提出了一个非线性的优化模型. 该模型通过优化转移价格和资源配置来实现税后收益最大化. 作者通过研究发现, 转移价格的较小变化都会对整个公司的税后利润产生很大影响. 然而该文中, 模型的市场需求是确定的, 运输成本并没有在产品供应商和目的地子公司之间进行合理分摊, 这都不符合跨国公司全球供应链管理的实际情况. Abdallah (1989) 通过研究, 也发现转移定价对一个跨国公司产品销售、生产、运输和融资决策都产生着重要影响. 但是作者并没有通过具体的实际例子或者数值实验来对研究结论进行验证. Cohen 等 (1989) 在对转移定价问题进行深入研究的基础上, 先后建立了一个动态的非线性的混合整数规划模型以实现企业税后总收益最大化. 然而与之前的很多研究一样, 依赖于转移产品价值的关税被视作运输成本的一部分, 这完全不符合全球供应链管理的实际情况.

Canel 和 Khumawala (1997) 构建了一个单产品的全球供应链的优化模型, 但在模型的分析过程中, 他们只对转移定价的上下界进行约束, 并没有讨论转移价格的具体变化对模型结果的影响. 除此之外, 该模型也没有讨论产品供应商和零售商之间产品运输费用分摊的问题. 最近, 从条件风险价值的角度出发, Xu 等 (2013) 提出了一个三层的全球供应链优化模型 (原料供应商、产品制造商和零售商). Hammami 和 Frein (2014a, 2014b) 采用利润分割转让定价法, 先后提出了两个全球供应链优化模型, 其中, 文献 (Hammami and Frein, 2014a) 中的模型十分适合产品离岸外包的情况. 然而, 这些模型都没有考虑库存因素和缺货损失对整个供应链管理决策的影响.

通过文献的对比, 我们发现: 市场需求的不确定性往往对整个供应链利润产生显著影响. 正如 Meixell 和 Gargeya (2011) 指出的那样: 在市场需求是随机的情况下, 当前全球供应链管理研究领域中, 缺少求解模型的高效算法 (区别于进化类算法). 由于在实际中目标函数和相关约束受到很多不确定因素的影响, 因此我们采用带有随机变量的需求函数来刻画这一问题. 在这种情况下, 计算目标函数的期望值时, 就不可避免地涉及含参变量积分计算. 因此, 随机需求下的全球供应链管理的优化问题并不是一个标准的数学规划问题, 它很难直接应用现有的高效算法或者应用软件 (如 MATLAB, CPLEX 和 LINGO 等) 求解. 如何构建高效算法, 而非进化类算法, 求解这一类优化模型仍然是当前这一研究领域的挑战性问题.

实际上, 为了求解带有约束的全球供应链管理模型 (Yue, 2010; Zhang and Ren, 2016), 当前大多数文献都是使用一些软件包和各种不同的启发式算法. 考虑到所有启发式算法的迭代点都是通过随机方法产生, 它们往往都存在共性缺点: 计算成本大 (Niederhoff, 2007; Tan and Matta, 2008), 缺失收敛性理论 (Abdel-Malek et al., 2004; Soleimani and Kannan, 2015).

基于上述分析和讨论, 本章将构建了一个全球供应链管理优化问题的数学模型, 以实现全球供应链中跨国公司税后利润最大化, 其中产品的转移价格、零售价格和订货量是模型的决策变量. 通过借鉴供应链库存管理中经典的报童问题的研究方法, 我们在模型构建时, 综合考虑了需求的不确定性、转移价格下调率的界限、缺货损失和税率等因素. 由于模型的复杂性, 我们根据模型的特点提出了一种高效的算法求解该模型. 与现有文献中的启发式算法相比, 我们的算法是在分析模型的性质基础上寻求模型的最优解, 它有效利用了模型中目标函数和约束函数的梯度信息, 算法的每一步都能产生更好的模型近似解. 此外, 我们还将通过案例分析和数值实验, 论证所构建模型和研究方法的科学性、合理性及可行性, 并依据数值结果提出对管理学实践具有指导意义的建议和结论.

总之, 借助于本章提出的模型和算法, 我们试图回答以下问题:

(1) 在带有随机需求的全球供应链管理模型中, 如何有效地去确定最优的零售价、转移价格和订货量?

(2) 在不同的税率水平下, 作为外生变量的转移价格下调率是如何影响零售价、转移价格、订货量和税后利润的?

(3) 需求中的不确定性对税后最大利润和最优订货量的影响是怎样的?

(4) 缺货损失和库存成本对最优的订货量和税后利润的影响是怎样的?

17.2 全球供应链管理优化的随机非线性模型

本节中, 我们将详细介绍带有随机需求的全球供应链管理优化问题的数学模型. 在引入模型前, 我们作如下假设:

(1) 本章研究的全球供应链模型包含多个制造商和零售商 (分销中心), 受一个共同公司总部的领导.

(2) 该全球供应链管理优化问题的数学模型只研究一种产品生产和销售的情况.

(3) 同一个制造商给不同零售商的转移价格是一样的.

(4) 关税由购货方承担. 简单起见, 我们假设零售商所在国家的关税以到岸价格 CIF(成本加保险费、运费) 核算征收 (参阅文献 (Perron et al., 2010; Vidal and Goetschalckx, 2001)). 同时我们不考虑出口税率的影响.

(5) 零售商根据产品可能存在的缺货状况从不同的制造商购买产品.

(6) 零售商对其零售策略进行优化, 这一策略可能受库存成本或缺货损失的影响.

(7) 产品的市场需求是随机的, 并且是价格的函数.

17.2.1 符号说明

i: 生产商.

j: 零售商.

l: 区域/国家.

m: 制造商的数目.

n: 零售商数目.

r: 区域/国家数目.

C_i^M: 第 i 个制造商生产一单位产品的生产成本.

w_{ij}: 第 i 个制造商销售给第 j 个零售商的单位产品的转移价格.

W: 转移价格向量组合, $W = (w_{11}, \cdots, w_{1n}, w_{21}, \cdots, w_{2n}, \cdots, w_{m1}, \cdots, w_{mn})$.

q_{ij}: 第 j 个零售商向第 i 个制造商的订货量.

Q: 订货量的向量组合, $Q = (q_{11}, \cdots, q_{1n}, q_{21}, \cdots, q_{2n}, \cdots, q_{m1}, \cdots, q_{mn})$.

f_i^M: 制造商 i 的固定成本.

p_j: 零售商 j 的零售价格.

P: 零售价格的向量组, $P = (p_1, p_2, \cdots, p_n)$.

C_j^R: 零售商 j 的单位产品的营销成本.

ρ_{ij}: 从制造商 i 向零售商 j 出售终端产品的关税税率.

t_{ij}: 从制造商 i 向零售商 j 出售单位产品单位距离的运输成本 (不含关税).

D_j: 零售商 j 所在市场对产品的随机需求.

f_j^R: 零售商 j 的固定成本.

β_l: 区域/国家 l 的实际税率.

h_j: 零售商 j 的单位产品缺货损失.

s_j: 单位未出售产品的库存成本 j.

Π_i^M: 制造商 i 的税前利润.

Π_j^R: 零售商 j 的税前利润.

Π_l: 区域/国家 l 的利润.

Π: 公司总部的税后总利润.

ϕ_{ij}: 产品从制造商 i 向零售商 j 的运输费用中零售商 j 承担的费用比例.

v_l^+: 该公司在该区域/国家 l 的税前利润.

v_l^-: 该公司在该区域/国家 l 的税前损失.

$VL+$: 该公司在该区域/国家税前利润向量组, $VL+ = (vl_1^+, vl_2^+, \cdots, vl_r^+)$.

$VL-$: 该公司在该区域/国家的税前损失向量组, $VL- = (vl_1^-, vl_2^-, \cdots, vl_r^-)$.

17.2.2　模型构建

本节我们重点研究全球供应链管理优化问题的数学模型和相关实际约束条件.

首先, 我们讨论制造商的情况, 制造商 i 的全部收入来自零售商订货时支付的金额, 具体表达式为

$$\sum_{j=1}^{n} w_{ij} q_{ij}. \tag{17.1}$$

制造商 i 从生产产品到销售产品给零售商整个过程产生的总成本如下:

$$C_i^M \sum_{j=1}^{n} q_{ij} + \sum_{j=1}^{n} (1 - \phi_{ij}) q_{ij} t_{ij} + f_i^M. \tag{17.2}$$

在式 (17.2) 中, 第一部分是制造商 i 的生产成本, 第二部分是总运输成本中制造商承担的部分, 第三部分是制造商 i 的固定成本. 因此, 制造商 i 的税前净利润为

$$\Pi_i^M(W, Q) = \sum_{j=1}^{n} \left(w_{ij} - C_i^M - (1 - \phi_{ij}) t_{ij} \right) q_{ij} - f_i^M. \tag{17.3}$$

接下来, 我们来构建零售商的利润函数.

对零售商 j 来说, 总收益为产品的销售收入. 在零售商 j 的利润函数中, 决策变量为零售价格 p_j 和从制造商 i 的订货量 q_{ij}, $i = 1, 2, \cdots, m$. 因此, 零售商 j 的税前利润为

$$\Pi_j^R(W, Q, P)$$

$$= (p_j - C_j^R) \min \left\{ D_j, \sum_{i=1}^m q_{ij} \right\} - \sum_{i=1}^m \left((w_{ij} + \rho_{ij}(w_{ij} + t_{ij})) q_{ij} + \phi_{ij} t_{ij} q_{ij} \right)$$

$$- h_j \left(D_j - \sum_{i=1}^m q_{ij} \right)^+ - s_j \left(\sum_{i=1}^m q_{ij} - D_j \right)^+ - f_j^R. \qquad (17.4)$$

在式 (17.4) 中, 第一部分是销售收入, 第二部分是零售商购买商品的采购成本, 第三部分是缺货损失, 第四部分是库存成本, 最后一部分是零售商 j 的固定成本. 由于缺货损失并不体现在实际的利润中, 在计算税后利润时, 不应考虑缺货损失. 因此实际上零售商 j 的利润函数为

$$\widetilde{\Pi_j^R}(W, Q, P) = \Pi_j^R(W, Q, P) + h_j \left(D_j - \sum_{i=1}^m q_{ij} \right)^+. \qquad (17.5)$$

注 17.1　从模型 (17.5) 我们可以看出: 每一个零售商 j 都有 m 个订货源, 即每一个零售商可以从任何一个生产商那里订货. 因此, 对每一个零售商来说, 如何从众多制造商中制定最优的订货策略是很必要的. 实际上, 不同制造商的生产成本和所在国家的税率差别都会影响到零售商的订货策略. 在 17.4 节中, 我们通过实例分析, 研究了零售商如何在两个具有不同成本和税率的制造商之间确定订货量.

下面来分析总公司的利润, 令 $\varphi_{il} = 1$ 表示制造商 i 位于区域/国家 l 内. 反之, $\varphi_{il} = 0$. 类似地, 若 $\varphi_{jl} = 1$, 则表示零售商 j 位于区域/国家 l 内; 若 $\varphi_{jl} = 0$, 则表示零售商 j 不在区域/国家 l 内. 因此, 由 (17.3) 和 (17.5) 可以得到公司总部在区域/国家 l 内的税前总利润为

$$\Pi_l(W, Q, P) = \sum_{i=1}^m \Pi_i^M(W, Q) \varphi_{il} + \sum_{j=1}^n \widetilde{\Pi_j^R}(W, Q, P) \varphi_{jl}. \qquad (17.6)$$

此外, 记

$$\Pi_l(W, Q, P) = v_l^+ - v_l^-.$$

假设区域/国家 l 的税率为 β_l, 令 Π 表示公司总部的税后总利润, 则该公司总部的

税后总利润如下:

$$\Pi(W, Q, P, VL+, VL-)$$

$$= \sum_{l=1}^{r} \left((1 - \beta_l) v_l^+ - v_l^- \right) - \sum_{j=1}^{n} h_j \left(D_j - \sum_{i=1}^{m} q_{ij} \right)^+. \tag{17.7}$$

式 (17.7) 中的第一部分为公司总部的在全球各地区的税后总利润, 第二部分为总的缺货损失.

若一个区域/国家仅有一个生产商或零售商, 则 $\Pi_l = \Pi_i^M$ 或 $\Pi_l = \tilde{\Pi}_j^R(W, Q, P)$. 在这种情况下, 等式 (17.7)和文献 (Perron et al., 2010; Vidal and Goetschalckx, 2001) 中的目标函数相似.

从 v_l^+ 和 v_l^- 的定义可以看出: 在 Π 取任何最优的值的时候, v_l^+ 和 v_l^- 都不能同时为正. 因此, 我们可以从 (17.7) 中消去 v_l^-, 此时 (17.7) 可写为

$$\Pi(W, Q, P, VL+)$$

$$= \sum_{l=1}^{r} \left(\Pi_l - \beta_l v_l^+ \right) - \sum_{j=1}^{n} h_j \left(D_j - \sum_{i=1}^{m} q_{ij} \right)^+. \tag{17.8}$$

下面, 我们来讨论实际决策时存在的约束条件.

第一个约束是对生产商生产能力的约束. 设制造商 i 的最大生产能力为 Q_i. 则决策变量 q_{ij} 应满足以下条件:

$$\sum_{j=1}^{n} q_{ij} \leqslant Q_i, \quad i = 1, 2, \cdots, m. \tag{17.9}$$

第二个约束是转移价格 w_{ij} 的最大上界和最小下界约束. 另外, 制造商的转移价格不能小于其产品的生产成本. 这些约束的表达式为

$$\begin{cases} \eta_{ij}^1 \leqslant \dfrac{w_{ij}}{p_j} \leqslant \eta_{ij}^2, \quad i = 1, 2, \cdots, m, j = 1, 2, \cdots, n, \\ C_i^M \leqslant w_{ij}, \quad i = 1, 2, \cdots, m, j = 1, 2, \cdots, n, \end{cases} \tag{17.10}$$

其中, η_{ij}^1 和 η_{ij}^2 分别是制造商转移价格下调率的下界和上界. 制造商转移价格下调率定义如下:

$$MR_{ij} = \frac{w_{ij}}{p_j}. \tag{17.11}$$

一般地, $0 \leqslant \eta_{ij}^1 \leqslant \eta_{ij}^2 \leqslant 1$. 若 $\eta_{ij}^1 = \eta_{ij}^2$, 约束 (17.10) 则变为非市场定价情况下最经典的转售价格法 (Huh and Park, 2013). 若某一地区 $\varphi_{il} = \varphi_{jl} = 1$, 则表示制造商 i 和零售商 j 处在同一个区域/国家. 此时, 制造商 i 和零售商 j 之间不存在转移价格, 因此 $\eta_{ij}^1 = \eta_{ij}^2 = 1$.

最后一类约束是决策变量的界约束:

$$
\begin{cases}
q_{ij} \geqslant 0, \quad 0 \leqslant p_j \leqslant p_j^u, \quad i = 1, 2, \cdots, m, \quad j = 1, 2, \cdots, n, \\
0 \leqslant v_l^+ \leqslant v_l^u, \quad v_l^- = v_l^+ - \Pi_l \geqslant 0, \quad l = 1, 2, \cdots, r,
\end{cases} \tag{17.12}
$$

由此, 我们得到了随机需求下的带有复杂约束的全球供应链管理优化问题的数学模型.

$$
\begin{aligned}
\max \quad &\Pi(W, Q, P, VL+) \\
\text{s.t.} \quad &(17.9)\text{—}(17.12).
\end{aligned} \tag{17.13}
$$

由于模型 (17.13) 中存在随机变量, 我们采用期望方法把模型 (17.13) 转变为确定形式. 为了方便起见, 设

$$
\begin{aligned}
z_j &= \frac{\sum\limits_{i=1}^{m} q_{ij}}{y_j(p_j)}, \quad j = 1, 2, \cdots, n, \\
I_a &= \int_0^{+\infty} \xi_j f_j(\xi_j) d\xi_j, \\
I_b &= \int_0^{+\infty} f_j(\xi_j) d\xi_j.
\end{aligned} \tag{17.14}
$$

若 $z_j > 0$, $j = 1, 2, \cdots, n$, 则定义

$$
G_i^M = E(\Pi_i^M) = \sum_{j=1}^{n} \left(w_{ij} - C_i^M - (1 - \phi_{ij}) t_{ij} \right) q_{ij} - f_i^M,
$$

$$
\begin{aligned}
G_j^R &= E\left(\widetilde{\Pi_j^R} \right) \\
&= E\left\{ (p_j - C_j^R) \min \left\{ D_j, \sum_{i=1}^{m} q_{ij} \right\} - \sum_{i=1}^{m} \left((w_{ij} + \rho_{ij}(w_{ij} + t_{ij})) q_{ij} + \phi_{ij} t_{ij} q_{ij} \right) \right. \\
&\quad \left. - s_j \left(\sum_{i=1}^{m} q_{ij} - D_j \right)^+ - f_j^R \right\},
\end{aligned}
$$

$$= (p_j - C_j^R) \int_0^{z_j} D_j f(\xi_j) d\xi_j + (p_j - C_j^R) \int_{z_j}^{+\infty} \sum_{i=1}^m q_{ij} f(\xi_j) d\xi_j$$

$$- s_j \int_0^{z_j} \left(\sum_{i=1}^m q_{ij} - D_j \right) f(\xi_j) d\xi_j$$

$$- \sum_{i=1}^m \left((w_{ij} + \rho_{ij}(w_{ij} + t_{ij})) q_{ij} + \phi_{ij} t_{ij} q_{ij} \right) - f_j^R,$$

$$= (p_j + s_j - C_j^R) \int_0^{z_j} D_j f(\xi_j) d\xi_j + (p_j + s_j - C_j^R) \sum_{i=1}^m q_{ij} \int_{z_j}^{+\infty} f(\xi_j) d\xi_j$$

$$- s_j I_b \sum_{i=1}^m q_{ij} - \sum_{i=1}^m \left((w_{ij} + \rho_{ij}(w_{ij} + t_{ij})) q_{ij} + \phi_{ij} t_{ij} q_{ij} \right) - f_j^R. \tag{17.15}$$

因此,

$$G_l = E(\Pi_l) = \sum_{i=1}^m E(\Pi_i^M) \varphi_{il} + \sum_{j=1}^n E(\widetilde{\Pi_j^R}) \varphi_{jl}$$

$$= \sum_{i=1}^m G_i^M \varphi_{il} + \sum_{j=1}^n G_j^R \varphi_{jl}. \tag{17.16}$$

通过对模型 (17.13) 求期望, 可以得到以下确定形式:

$$\min_x \quad F_e(x)$$

$$\text{s.t.} \quad \sum_{j=1}^n q_{ij} \leqslant Q_i, \quad i = 1, 2, \cdots, m,$$

$$C_i^M - w_{ij} \leqslant 0, \quad \eta_{ij}^1 p_j - w_{ij} \leqslant 0, \quad w_{ij} - \eta_{ij}^2 p_j \leqslant 0,$$

$$-q_{ij} \leqslant 0, \quad -p_j \leqslant 0, \quad p_j \leqslant p_j^u, \quad i = 1, 2, \cdots, m, \quad j = 1, 2, \cdots, n,$$

$$-v_l^+ \leqslant 0, \quad v_l^+ \leqslant v_l^u, \quad G_l - v_l^+ \leqslant 0, l = 1, 2, \cdots, r,$$

$$\tag{17.17}$$

其中

$$x = (W, Q, P, VL+),$$

$$F_e(x) = -E(\Pi) = -\sum_{l=1}^r \left(G_l - \beta_l v_l^+ \right)$$

$$+ \sum_{j=1}^n \left\{ h_j \int_{z_j}^{+\infty} D_j f(\xi_j) d\xi_j - h_j \sum_{i=1}^m q_{ij} \int_{z_j}^{+\infty} f(\xi_j) d\xi_j \right\}. \tag{17.18}$$

很显然, 由式 (17.18) 中可以看出: 模型 (17.17) 对不同的需求函数有着不同的表达形式, 需求函数不同, 具体的表达式也不同. 当需求为加性随机需求函数 (17.19) 和 (17.20) 时, 模型中的 z_j, $F_e(x)$ 和 G_j^R 由 (17.22) 和 (17.23) 定义; 当需求为乘性随机需求函数 (17.32) 和 (17.33) 时, 模型中的 z_j, $F_e(x)$ 和 G_j^R 由 (17.35) 和 (17.36) 定义. G_i^M 的表达式见 (17.15).

因此, 在全球供应链管理中, 需求假设对模型构建及问题规划起着重要作用. 原则上, 我们可以在所有需求假设下对模型 (17.17) 进行研究, 但在本章中我们仅在需求函数为加性随机需求函数 ((17.19) 和 (17.20)) 和乘性随机需求函数 ((17.32) 和 (17.33)) 的情况下对模型进行研究.

注 17.2　尽管模型 (17.17) 是一个光滑的非线性优化问题, 但由于在需求函数中使用了连续的随机变量来反映需求的不确定信息, 因此, 用期望方法将随机模型目标函数转化得到的确定目标函数中, 决策变量会出现在积分上限和被积函数里. 现存的软件, 如 MATLAB, CPLEX, LINGO 等, 都不能直接用来求解模型 (17.17). 如果用启发式算法求解模型 (17.17), 则因需要随机搜索迭代点必将花费很大的计算成本. 此外, 用启发式算法很难建立算法的收敛性理论. 由此可见, 模型 (17.17) 是一个很难的非线性优化问题, 通过构建模型 (17.17) 的线性近似模型, 我们提出了一个高效算法来计算模型 (17.17). 特别地, 对于给定的模型 (17.17) 的近似解, 我们将通过求解一个线性近似子问题, 来求得算法在该点的搜索方向.

17.3　加性随机需求下全球供应链管理优化模型及数值仿真

在不确定需求中, 加性随机需求函数是一种重要的需求函数, 首先由 Mills (1959) 提出, 它由一个确定性的需求函数和随机扰动项的和组成. 由于加性随机需求函数中需求的变化不受确定性价格部分影响 (见文献 (Yin, 2008; Petruzzi and Dada, 1999)), 这一较好的特性使其在经济学和管理科学中得到了广泛的应用. 一般来说, 需求的不确定性对全球供应链的管理决策和利润起着至关重要的作用, 例如, 由于需求的不确定性, 公司的利润是关于决策变量的一个随机函数. 因此, 这就需要通过对不同需求函数的研究来确定需求函数对供应链管理决策的影响, 并制定不同市场需求下全球供应链管理的最优策略 (Meixell and Gargeya, 2011).

在 17.2 节工作基础上, 本节我们主要研究加性随机需求下的全球供应链管理优化模型. 在分析模型性质的基础上, 我们设计了求解模型的高效算法. 并通过一个例子研究了模型和算法在全球供应链管理中的具体应用价值.

17.3.1   加性随机需求函数

假设零售商 j 所在市场对产品的需求函数为 $D_j = d_j(p_j)$. 为了表示需求的不确定性, 我们假设需求函数 D_j 中存在一个随机扰动项 ξ_j, 因此加性随机需求函数 D_j 具体形式如下:

$$D_j = y(p_j) + \xi_j, \tag{17.19}$$

其中

$$y(p_j) = a_j - b_j p_j,$$

$$\xi_j \backsim f_j(\xi_j). \tag{17.20}$$

在式 (17.20) 中, $a_j > 0$ 和 $b_j > 0$ 是给定的常数, a_j 表示零售商 j 所在市场对产品的潜在固定需求, b_j 是该产品市场需求函数的价格敏感系数. p_j 是产品的零售价格. ξ_j 是一个随机扰动项, 通常情况下, 用随机变量 ξ_j 表示需求的不确定性, 它在区间 $[0, +\infty)$ 的密度函数为 f_j, 一般假定 f_j 为标准正态分布.

一般地, 当 $\xi_j \sim N(\mu_j, \sigma_j^2)$, $j = 1, 2, \cdots, n$ 时, ξ_j 的累积分布函数 F_j 具体的表达式如下:

$$\begin{aligned} F_j(x) = F_j(x; \mu_j, \sigma_j) \quad &= \int_{-\infty}^{x} f_j(\xi_j) d\xi_j \\ &= \int_{-\infty}^{x} \frac{1}{\sqrt{2\pi}\sigma_j} e^{-\frac{(\xi_j - \mu_j)^2}{2\sigma_j^2}} \, d\xi_j, \quad j = 1, 2, \cdots, n. \end{aligned}$$

从加性随机需求函数的表达式可以看出: 产品的需求量随着产品价格的增长而下降. 结合随机扰动项 ξ_j, 需求函数的期望值为 $E[D_j(P)] = a_j - b_j p_j + \mu_j$, 该期望值在求解利润函数最优值时非常重要. 一般情况下, $\mu_j = 0$.

17.3.2   模型构建

当需求函数为加性随机需求 (17.19) 和 (17.20) 时, 该模型可写为

$$\begin{aligned} \min_{x} \quad & F_e(x) \\ \text{s.t.} \quad & \sum_{j=1}^{n} q_{ij} \leqslant Q_i, \quad i = 1, 2, \cdots, m, \\ & C_i^M - w_{ij} \leqslant 0, \quad \eta_{ij}^1 p_j - w_{ij} \leqslant 0, \quad w_{ij} - \eta_{ij}^2 p_j \leqslant 0, \\ & -q_{ij} \leqslant 0, \quad -p_j \leqslant 0, \quad p_j \leqslant p_j^u, \quad i = 1, 2, \cdots, m, \quad j = 1, 2, \cdots, n, \\ & -v_l^+ \leqslant 0, \quad v_l^+ \leqslant v_l^u, \quad G_l - v_l^+ \leqslant 0, l = 1, 2, \cdots, r, \end{aligned}$$

$$\tag{17.21}$$

其中, G_i^M 的表达式见 (17.15),

$$z_j = \sum_{i=1}^{m} q_{ij} - (a_j - b_j p_j), \quad j = 1, 2, \cdots, n, \quad G_l = \sum_{i=1}^{m} G_i^M \varphi_{il} + \sum_{j=1}^{n} G_j^R \varphi_{jl},$$

$$G_j^R = (p_j + s_j - C_j^R)(a_j - b_j p_j) I_j^b + (p_j + s_j - C_j^R) \int_{-a_j}^{z_j} \xi_j' f(\xi_j') d\xi_j'$$

$$+ (p_j + s_j - C_j^R) \left(\sum_{i=1}^{m} q_{ij} - (a_j - b_j p_j) \right) \int_{z_j}^{+\infty} f(\xi_j') d\xi_j'$$

$$- s_j I_j^b \sum_{i=1}^{m} q_{ij} - \sum_{i=1}^{m} \left((w_{ij} + \rho_{ij}(w_{ij} + t_{ij})) q_{ij} + \phi_{ij} t_{ij} q_{ij} \right) - f_j^R, \quad (17.22)$$

$$F_e(x) = - \sum_{l=1}^{r} \left(G_l - \beta_l v_l^+ \right)$$

$$+ \sum_{j=1}^{n} \left\{ h_j \int_{z_j}^{+\infty} (a_j - b_j p_j + \xi_j') f(\xi_j') d\xi_j' - h_j \sum_{i=1}^{m} q_{ij} \int_{z_j}^{+\infty} f(\xi_j') d\xi_j' \right\}.$$

$$(17.23)$$

在全球供应链管理中, 需求假设对模型构建及问题规划起着重要作用. 原则上, 我们可以在所有需求假设下对模型 (17.17) 进行研究, 但在本节中, 我们仅在需求函数为 (17.19) 和 (17.20) 的情况下研究全球供应链管理优化模型.

17.3.3 模型性质和算法开发

从模型 (17.21) 中可以看出, 目标函数的计算过程中伴随着复杂积分的计算. 因此, 现有的求解经典优化模型的现成软件包都不能用来直接求解模型 (17.21). 本节主要研究了加性随机需求下的全球供应链管理优化模型的性质, 并给出一个高效的算法来求解模型 (17.21).

接下来, 我们首先分析目标函数 (17.23) 的梯度信息. 通过直接计算, 我们给出了下列结论.

命题 17.1 令 G_i^M 和 G_j^R 分别由 (17.15) 和 (17.22) 定义. 则当 $i = i'$ 时

$$\frac{\partial G_{i'}^M}{\partial p_j} = 0, \quad \frac{\partial G_{i'}^M}{\partial q_{ij}} = w_{ij} - C_i^M - (1 - \phi_{ij}) t_{ij}, \quad \frac{\partial G_{i'}^M}{\partial w_{ij}} = q_{ij}, \quad \frac{\partial G_{i'}^M}{\partial v_l^+} = 0;$$

$$(17.24)$$

当 $j = j'$ 时,

$$\frac{\partial G_{j'}^R}{\partial p_j} = (a_j - b_j p_j) \int_{-a_j}^{z_j} f(\xi_j) d\xi_j - (p_j + s_j - C_j^R) b_j \int_{-a_j}^{z_j} f(\xi_j) d\xi_j$$

$$+ \int_{-a_j}^{z_j} \xi_j f(\xi_j) d\xi_j + \int_{z_j}^{+\infty} \sum_{i=1}^{m} q_{ij} f(\xi_j) d\xi_j,$$

$$\frac{\partial G_{j'}^R}{\partial q_{ij}} = (p_j + s_j - C_j^R) \int_{z_j}^{+\infty} f(\xi_j) d\xi_j - s_j I_b - [(w_{ij} + \rho_{ij}(w_{ij} + t_{ij})) + \phi_{ij} t_{ij}],$$

$$\frac{\partial G_{j'}^R}{\partial w_{ij}} = -(1 + \rho_{ij}) q_{ij}, \quad \frac{\partial G_{j'}^R}{\partial v_l^+} = 0; \tag{17.25}$$

当 $i \neq i'$ 时,

$$\frac{\partial G_{i'}^M}{\partial p_j} = 0, \quad \frac{\partial G_{i'}^M}{\partial q_{ij}} = 0, \quad \frac{\partial G_{i'}^M}{\partial w_{ij}} = 0, \quad \frac{\partial G_{i'}^M}{\partial v_l^+} = 0; \tag{17.26}$$

当 $j \neq j'$ 时,

$$\frac{\partial G_{j'}^R}{\partial p_j} = 0, \quad \frac{\partial G_{j'}^R}{\partial q_{ij}} = 0, \quad \frac{\partial G_{j'}^R}{\partial w_{ij}} = 0, \quad \frac{\partial G_{j'}^R}{\partial v_l^+} = 0. \tag{17.27}$$

命题 17.2　令 $F_e(x)$ 由 (17.23) 定义, 则

$$\frac{\partial F_e(x)}{\partial p_j} = -\sum_{l=1}^{r} \varphi_{jl} \frac{\partial G_j^R}{\partial p_j} - h_j b_j \int_{z_j}^{+\infty} f(\xi_j) d\xi_j,$$

$$\frac{\partial F_e(x)}{\partial q_{ij}} = -\sum_{l=1}^{r} \left(\frac{\partial G_i^M}{\partial q_{ij}} \varphi_{il} + \frac{\partial G_j^R}{\partial q_{ij}} \varphi_{jl} \right) - h_j \int_{z_j}^{+\infty} f(\xi_j) d\xi_j, \tag{17.28}$$

$$\frac{\partial F_e(x)}{\partial w_{ij}} = -\sum_{l=1}^{r} \left(\frac{\partial G_i^M}{\partial w_{ij}} \varphi_{il} + \frac{\partial G_j^R}{\partial w_{ij}} \varphi_{jl} \right), \quad \frac{\partial F_e(x)}{\partial v_l^+} = \beta_l.$$

注 17.3　对于一个给定的点 x_k, 命题 17.1 分别计算了 G_i^M 和 G_j^R 的梯度 ∇G_i^M 和 ∇G_j^R, 这些梯度信息在构造算法时非常有用. 而且, G_l 的梯度 ∇G_l 也能得到. 因此在任何一个给定的点 x_k 处, 目标函数 (17.23) 的梯度很容易得到.

根据以上梯度信息, 我们就可以在给定的点 x_k 处, 构造模型 (17.21) 的一个线性近似模型. 特别地, 令 $d = x - x_k$, 则通过求解一个线性规划问题, 我们可以得到模型 (17.21) 在点 x_k 处的可行下降方向 (见文献 (Topkis and Veinott, 1967)):

$$\min \quad z$$

$$\text{s.t.} \quad \nabla F_e(x_k)^{\mathrm{T}} d - z \leqslant 0,$$

$$\sum_{i=1}^{m}(q_{ij}^k + d_{q_{ij}}) - z \leqslant Q_i, \quad C_i^M - (w_{ij}^k + d_{w_{ij}}) - z \leqslant 0,$$

$$\eta_{ij}^1(p_j^k + d_{p_j}) - (w_{ij}^k + d_{w_{ij}}) - z \leqslant 0, \quad (w_{ij}^k + d_{w_{ij}})$$

$(DF_+(x))$

$$-\eta_{ij}^2(p_j^k + d_{p_j}) - z \leqslant 0,$$

$$-(q_{ij}^k + d_{q_{ij}}) - z \leqslant 0, \quad -(p_j^k + d_{p_j}) - z \leqslant 0,$$

$$(p_j^k + d_{p_j}) - z \leqslant p_j^u, \quad i = 1, 2, \cdots, m, \quad j = 1, 2, \cdots, n,$$

$$G_l(x_k) + \nabla G_l(x_k)^{\mathrm{T}} d - (v_l^{k+} + d_{v_l^+}) - z \leqslant 0,$$

$$-(v_l^{k+} + d_{v_l^+}) - z \leqslant 0, \quad (v_l^{k+} + d_{v_l^+}) - z \leqslant v_l^u, \quad l = 1, 2, \cdots, r,$$

$$\|d\|_\infty \leqslant 1,$$

$$(17.29)$$

其中, $d_{p_j}, d_{q_{ij}}, d_{w_{ij}}, d_{v_l^+}$ 分别是可行下降方向 d 对应决策变量 p_j, q_{ij}, w_{ij} 和 v_l^+ 的分量. 模型 (17.29) 是模型 (17.21) 的线性化子问题, 它是求解模型 (17.21) 算法的一个关键步骤.

17.3.4　求解模型的 Topkis-Veinott 算法

算法 17.1　改进的 Topkis-Veinott 算法

步 0: 在模型 (17.21) 的可行域 D 内选取一个初始点 x_0, z_0 足够大. $\epsilon_1 > 0$ 是一个给定的常数. 设 $k := 0$.

步 1: 若 $|z_k| < \epsilon_1$, 终止计算. 否则, 转到步 2.

步 2: 对一个给定的 x_k, 求解子问题 (17.29), 其解为 d_k.

步 3: 根据 d_k, 计算 $\alpha_k^{\max} = \max\{\alpha | x_k + \alpha d_k \in D\}$. 然后, 通过解决下列单变量优化模型寻找一个最优步长.

$$\min_{0 \leqslant \alpha \leqslant \alpha_k^{\max}} F_e(x_k + \alpha d_k). \tag{17.30}$$

α_k 为 (17.30) 的最优解.

步 4: 设 $x_{k+1} := x_k + \alpha_k d_k$. 令 $k := k + 1$. 转到步 1.

注 17.4　由于在算法 17.1的步 3 中计算最优步长 α_k 常常比较困难. 因此, 我们通过让 $\alpha_k = \eta^i \alpha_k^{\max}$ 满足下列不等式来代替求解问题 (17.30).

$$F_e(x_k + \alpha_k d_k) \leqslant F_e(x_k) + \delta \alpha_k \nabla F_e(x_k)^{\mathrm{T}} d_k,$$

其中, i 是使上述不等式成立的最小整数, $0 < \eta < 1$ 和 $0 < \delta < 1$ 是给定的常数.

17.3.5 模型的数值仿真

本节中, 我们将根据高效算法的计算结果, 通过数值实验来揭示加性随机需求的全球供应链管理优化模型在供应链实际管理中的一些应用价值. 本节我们只考虑供应链中包含有一个制造商和一个零售商的情况, 其中, 制造商和零售商不在一个区域/国家. 模型 (17.17) 中参数的取值来自文献 (Perron et al., 2010), 具体如下:

$$
\begin{cases}
m = 1, \quad n = 1, \quad l = 2, \quad C_1^M = 3, \quad f_1^M = 100, \quad f_1^R = 50, \quad Q_1 = 5000, \\
C_1^R = 2, \quad \beta_1 = 0.35, \quad \beta_2 = 0.24, \quad \mu_1 = 0, \quad \sigma_1 = 1, \quad \eta_{11}^2 = 1, \\
t_{11} = 1, \quad \rho_{11} = 0.1, \quad a_1 = 100, \quad b_1 = 1, \quad h_1 = 2, \quad s_1 = 1, \quad \phi_{11} = 0.5.
\end{cases}
\tag{17.31}
$$

在 (17.31) 中, β_1 是制造商所在区域/国家 1 的税率, β_2 是零售商所在区域/国家 2 的税率.

我们主要围绕以下三个关注的问题来讨论:

(1) 在不同税率情况下, 作为外生变量的转移价格下调率下界对零售价、转移价格、零售商订货量及税后利润的影响.

(2) 需求的不确定性对税后利润和订货量的影响.

(3) 由于模型中考虑到缺货损失和库存成本因素, 我们在模型的结论中也揭示了缺货损失和库存成本对订货量和税后利润的影响.

为了反映不同区域/国家税率差异的实际情况, 我们将制造商所在区域/国家税率 β 和零售商所在区域/国家税率 γ 分别设置为如下三种情形:

(a) $\beta_1 = \beta_2 = 0.2$;

(b) $\beta_1 = 0.35, \beta_2 = 0.24$;

(c) $\beta_1 = 0.24, \beta_2 = 0.35$.

情形 (a) 说明在全球供应链中两个区域/国家没有税率差异. 情形 (b) 表示制造商所在区域/国家税率高于和零售商所在区域/国家的税率. 情形 (c) 与情形 (b) 相反.

1. 对最优零售价和转移价格的影响

在以上三种税率情况下, 我们具体研究当转移价格下调率上界 $\eta_{11}^2 = 1$ 的情况下, 转移价格下调率下界 η_{11}^1 对零售价格的影响, 见图 17.1. 同时, 我们还在需求函数随机变量的不同标准差下来研究需求不确定性对模型结论的影响. 图

17.1(a)—图 17.1(c) 对应的标准差值分别为 $\sigma = 750, 800, 850$. 从图 17.1 所示数值结果可以看出:

(1) 在三种税率情况下, 最优的零售价格总是随着转移价格下调率下界的增长而下降.

(2) 在三种税率情况下, 当转移价格下调率下界给定时, 若需求的不确定性越小 (对应较小的标准差), 其对应的零售价格越大.

(3) 若制造商所在区域/国家税率较高 (情形 (b)), 零售价格受需求的不确定性影响较大 (相对情形 (a) 和情形 (c)); 而在情形 (a) 和情形 (c) 中, 零售价格受需求的不确定性影响较小.

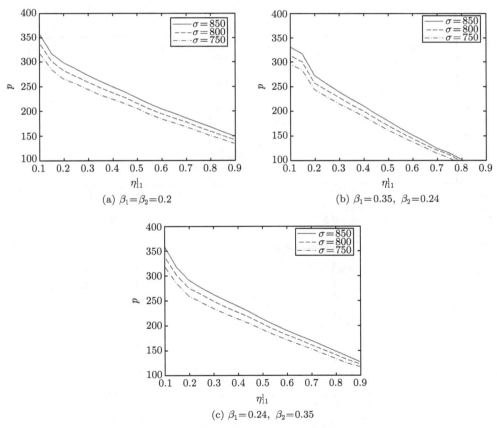

图 17.1　转移价格下调率下界对最优零售价格的影响

图 17.2 给出了 η_{11}^1 变化对制造商转移价格的影响.

图 17.2 所示的数值结果可以发现:

(1) 与上述零售价格的情况不同, 当转移价格下调率下界并不很大时, 转移价格随着其下调率下界的增长而单调递增 (情形 (a) 和情形 (c) 中 $\eta_{11}^1 \in [0.1, 0.8]$, 情形 (b) 中 $\eta_{11}^1 \in [0.1, 0.6]$). 在情形 (a) 和情形 (c) 中, 当 $\eta_{11}^1 \geqslant 0.8$, 转移价格随着其下调率下界的增长而略有下降. 然而, 在情形 (b) 中, 当 $\eta_{11}^1 \geqslant 0.6$, 转移价格随着其下调率下界的增加而显著下降.

(2) 转移价格对需求的不确定性都非常灵敏. 当转移价格下调率下界给定时, 标准差 σ 的值越大, 其对应的转移价格越高.

(3) 当转移价格下调率下界足够大时 ($\eta_{11}^1 \geqslant 0.4$), 在制造商所在区域/国家税率较高 (情形 (b)) 的区域/国家, 零售商获得最优的转移价格 w^* 相对较低. 然而, 在情形 (a) 和情形 (c) 中, 税率的变化对转移价格的变化影响并不明显.

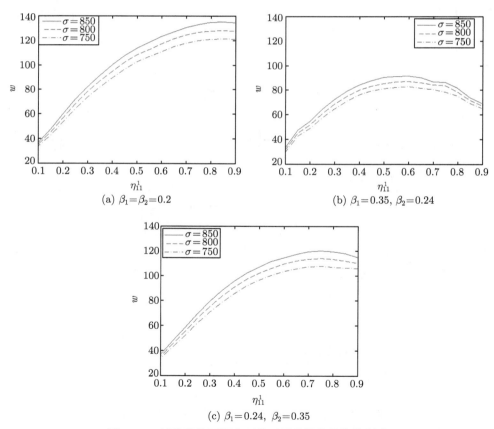

图 17.2　转移价格下调率下界对最优转移价格的影响

2. 最优订货量

图 17.3 展示了在需求不确定和税率不同的条件下转移价格下调率下界对最优订货量的影响, 其中, $\eta_{11}^1 \in [0.1, 0.9]$. 该图的数值结果表明:

(1) 在任何一种税率情况下 (情形 (a)—情形 (c)), 最优订货量和转移价格下调率下界之间的函数关系是相似的, 最优的订货量都随着转移价格下调率下界的增长而下降.

(2) 当转移价格下调率下界给定时, 较大的标准差对应较大的最优订货量. 对于给定的转移价格下调率下界, 当零售商所在区域/国家的税率比制造商所在区域/国家低时 (情形 (b)), 最优的订货量比在其他两种情形下 (情形 (a) 和情形 (c)) 小. 在情形 (a) 和情形 (c) 中, 需求的随机性对最优订货量的影响相似.

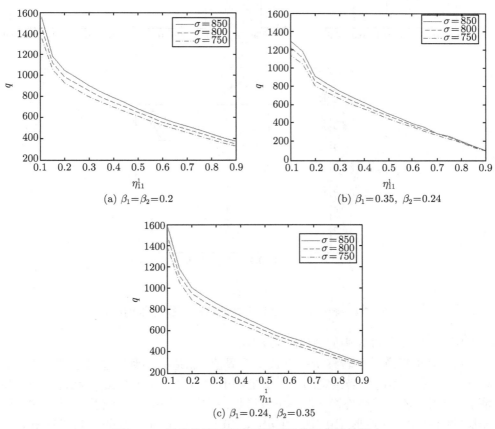

(a) $\beta_1 = \beta_2 = 0.2$

(b) $\beta_1 = 0.35,\ \beta_2 = 0.24$

(c) $\beta_1 = 0.24,\ \beta_2 = 0.35$

图 17.3　转移价格下调率下界对最优订货量的影响

3. 利润的灵敏度分析

在图 17.4 和图 17.5 中，我们分别展示了转移价格下调率下界对制造商和零售商税后利润的影响. 和图 17.3 中的做法一样，我们分别取 $\sigma = 750, 800, 850$ 作为不同的需求不确定性程度.

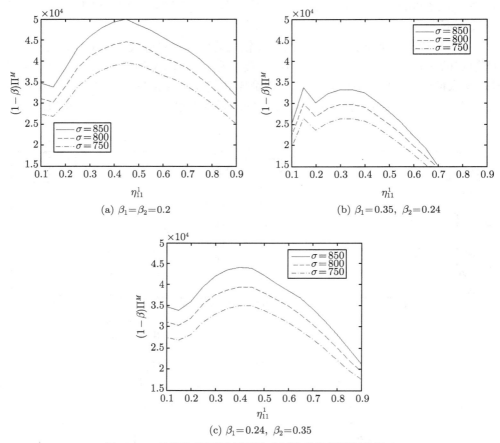

(a) $\beta_1 = \beta_2 = 0.2$

(b) $\beta_1 = 0.35$, $\beta_2 = 0.24$

(c) $\beta_1 = 0.24$, $\beta_2 = 0.35$

图 17.4　转移价格下调率下界对制造商税后利润的影响

图 17.4 和图 17.5 中的数值结果表明：

(1) 对于任意一个转移价格下调率下界值，制造商的利润总是正的 (参见图 17.4(a)—图 17.4(c)). 当给定的 η_{11}^1 值足够小时 ($\eta_{11}^1 \in (0.1, 0.15)$)，在情形 (a) 和情形 (c) 中，随着转移价格下调率下界增加，制造商获得的税后利润不断下降，但相反的结果发生在情形 (b) 中；当 $\eta_{11}^1 \in (0.15, 0.45)$，制造商的利润随着 η_{11}^1 的增长而增加；当 $\eta_{11}^1 \in (0.45, 0.9)$，制造商的利润则急剧下降. 在情形 (b) 中，当 $\eta_{11}^1 \in (0.15, 0.2)$，制造商的税后利润随着转移价格下调率下界的增加而缓慢增长；

而当 $\eta_{11}^1 \in (0.35, 0.9)$ 时, 制造商的税后利润则呈明显的单调下降趋势. 对制造商来说, 其利润受需求的不确定性影响一直很明显.

(2) 随着 η_{11}^1 ($\eta_{11}^1 \in (0.1, 0.55)$) 增长, 零售商获得的税后利润不断降低, 而当 $\eta_{11}^1 \in (0.55, 0.9)$ 时, 零售商的利润变化与之前相反 (参见图 17.5(a)—图 17.5(c)). 在三种税率情况下, 当转移价格下调率下界的值较小时, 零售商的利润总是正的; 当 η_{11}^1 在较大的范围内变动时 ($\eta_{11}^1 \in (0.15, 0.9)$), 零售商的税后利润为负. 在情形 (a) 和情形 (c) 中, 当 η_{11}^1 的值足够小时, 需求的不确定性对零售商的利润影响很小. 然而, 当 η_{11}^1 的值足够大时, 零售商的利润受需求的不确定性影响非常强烈. 在情形 (b) 中, 需求的不确定性对零售商利润影响一直非常显著.

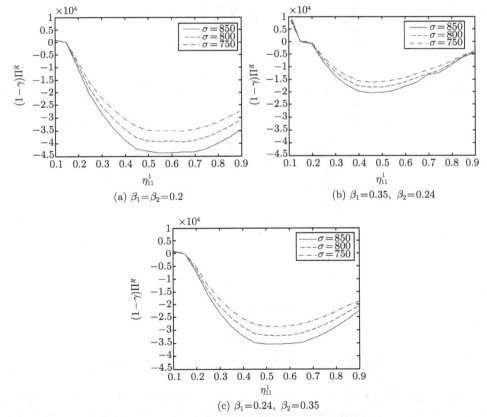

图 17.5 转移价格下调率下界对零售商税后利润的影响

在图 17.6 中, 我们进一步分析了公司总部的税后利润和转移价格下调率下界的关系.

图 17.6 所示结果表明:

(1) 在三种不同的税率情况下, 在需求的不确定性 (σ) 给定的情况下, 公司总部的税后利润随着转移价格下调率下界的增加而单调递减.

(2) 需求的不确定性总是对公司总部的税后利润显著影响. 当 η_{11}^1 给定时, 需求的不确定性 σ 越大, 公司总部的税后利润越高.

(3) 税率的变化对公司总部税后利润影响并不明显.

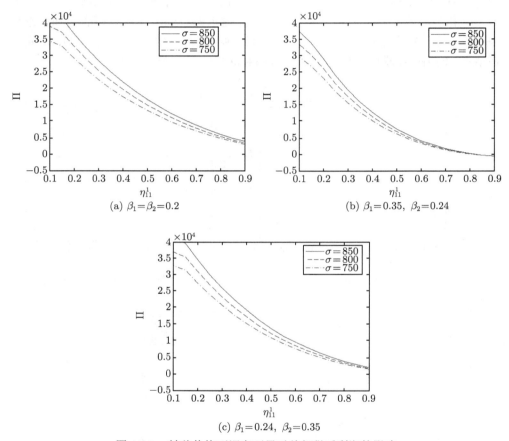

图 17.6   转移价格下调率下界对总部税后利润的影响

最后, 在转移价格下调率下界值给定和需求不确定性不变 ($\sigma = 1$) 的条件下, 我们通过图 17.7(a) 和图 17.7(b) 分别展示了库存成本和缺货损失在三种不同税率情形 (情形 (a)—情形 (c)) 下对公司总部单位订货量税后利润的影响.

图 17.7 所示结果表明:

(1) 公司总部的单位产品订货量利润 (Π/q) 随着缺货损失 (h) 的增加呈近似线性下降的趋势.

(2) 当缺货损失给定时, 公司总部在较低的税率时 (见情形 (a) 对应的图), 单位产品订货量利润 (Π/q) 较多. 此外, 当制造商所在地区/国家的税率比零售商所在地区/国家的税率低时 (情形 (c)), 公司总部的单位产品订货量利润 (Π/q) 比在相反的情况下 (情形 (b)) 高.

(3) 公司总部的单位产品订货量利润 (Π/q) 随着库存成本的增加而略有下降. 与缺货损失对单位产品订货量利润影响相似, 当制造商所在地区/国家的税率比零售商所在地区/国家的税率低时 (情形 (c)), 公司总部的单位产品订货量利润 (Π/q) 比在相反的情况下 (情形 (b)) 高.

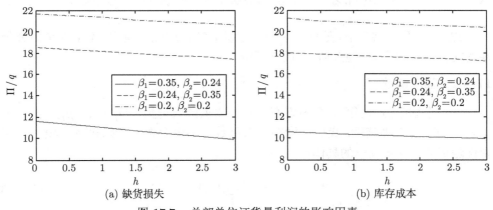

图 17.7　总部单位订货量利润的影响因素

4. 带加性需求优化模型的应用价值及实践启示

至此, 我们已构建了一个加性随机需求的全球供应链管理优化模型描述全球供应链管理问题. 该模型在提供全球供应链最优定价策略和订货策略时, 综合考虑了利润的分配、缺货损失、税率的差异、转移价格下调率的界和需求的不确定性等因素对决策的影响. 开发了高效算法寻求全球供应链管理问题的最优转移价格, 零售价格和订货量.

通过数值仿真和灵敏度分析, 我们得到如下管理实践启示:

(1) 全球供应链企业应重视政府对转移价格下调率界限的限制. 转移价格下调率的界限常常对全球供应链企业的最优零售价、转移价格、订货量、税后利润和利润分配有着重要影响. 例如: 若转移价格下调率下界足够大, 制造商和零售商的利润朝相反的方向变动. 较大的转移价格下调率下界为制造商带来更高的利润分配份额.

(2) 给定适中的转移价格下调率下界值, 需求的不确定性对最优的转移价格和零售价格影响较大. 针对不同的需求模型, 本节提出的随机需求下的优化模型和求解算法能为全球供应链企业寻找不同市场需求下模型的最优解决方案提供一个有力的工具.

(3) 税率、生产成本和缺货损失是全球供应链企业最优决策中的三个重要因素. 我们发现: 公司总部的单位产品利润与单位产品的缺货损失及库存成本呈近似线性变化关系, 而且公司总部的单位产品利润随着缺货损失 (库存成本) 的增加而降低; 一个较低的税率环境会提升公司总部单位产品利润; 制造商生产成本的差异会影响到零售商在不同制造商间的订货量分配决策.

17.4　乘性随机需求下全球供应链管理优化模型及数值仿真

17.3 节研究了带加性随机需求的全球供应链管理优化模型, 本节继续研究带乘性随机需求的全球供应链管理优化模型.

17.4.1　需求函数

设一个国家/地区第 j 个零售商产品的需求函数记为: $D_j = d_j(p_j)$. 同时为了表示需求的不确定性, 我们假设在需求函数 D_j 中存在一个随机扰动项 ξ_j. 则乘性随机需求函数 D_j 的具体形式如下:

$$D_j(p_j, \xi_j) = y_j(p_j)\xi_j, \tag{17.32}$$

其中

$$\begin{aligned} y_j(p_j) &= a_j p_j^{-b_j}, \\ \xi_j &\sim f_j(\xi_j). \end{aligned} \tag{17.33}$$

在式 (17.33) 中, $a_j > 0$ 和 $b_j > 0$ 是给定的常数. a_j 表示零售商 j 所在市场对产品的潜在固定需求, b_j 是该产品市场需求函数的价格敏感系数, 若 $b_j > 1$, 代表需求富有价格弹性; 若 $b_j < 1$, 说明需求缺乏价格弹性. p_j 是产品的零售价格. ξ_j 是一个随机扰动项, 通常情况下, 用 ξ_j 表示需求的不确定性, 它在区间 $[0, +\infty)$ 的密度函数 f_j, 一般假定服从标准正态分布.

当 $\xi_j \sim N(\mu_j, \sigma_j^2)$, $j = 1, 2, \cdots, n$ 时, ξ_j 的累积分布函数 F_j 的具体表达式如下:

$$\begin{aligned} F_j(\vartheta) = F_j(\vartheta; \mu_j, \sigma_j) &= \int_{-\infty}^{\vartheta} f_j(\xi_j) d\xi_j \\ &= \int_{-\infty}^{\vartheta} \frac{1}{\sqrt{2\pi}\sigma_j} e^{-\frac{(\xi_j - \mu_j)^2}{2\sigma_j^2}} d\xi_j, \quad j = 1, 2, \cdots, n. \end{aligned}$$

从需求函数的表达式我们可以看出: 产品的需求量随着产品价格的增长而下降. 结合随机扰动项 ξ_j, 需求函数的期望值为 $E[D_j(P)] = a_j p_j^{-b_j} \mu_j$, 该期望值在求解利润函数的最优值时非常重要. 一般情况下, $\mu_j = 1$. 相对 17.3 节的加性需求函数 ((17.19) 和(17.20)) 来说, 用 (17.32) 和 (17.33) 来定义的乘性需求函数存在自己独有的性质: 需求的方差随着期望值的增加而增加 (参见文献 (Petruzzi and Dada, 1999)).

本节中, 我们主要研究带乘性随机需求的全球供应链管理优化模型及模型求解算法. 以此为基础, 我们进一步通过数值仿真研究模型和算法在实际全球供应链管理优化问题中的应用价值.

17.4.2 模型构建

当需求函数为 (17.32) 和 (17.33) 定义的乘性需求函数时, 全球供应链管理优化模型是

$$
\begin{aligned}
\min_x \quad & F_e(x) \\
\text{s.t.} \quad & \sum_{j=1}^n q_{ij} \leqslant Q_i, \quad i = 1, 2, \cdots, m, \\
& C_i^M - w_{ij} \leqslant 0, \quad \eta_{ij}^1 p_j - w_{ij} \leqslant 0, \quad w_{ij} - \eta_{ij}^2 p_j \leqslant 0, \\
& -q_{ij} \leqslant 0, \quad -p_j \leqslant 0, \quad p_j \leqslant p_j^u, \quad i = 1, 2, \cdots, m, \quad j = 1, 2, \cdots, n, \\
& -v_l^+ \leqslant 0, \quad v_l^+ \leqslant v_l^u, \quad G_l - v_l^+ \leqslant 0, l = 1, 2, \cdots, r,
\end{aligned}
\tag{17.34}
$$

其中, G_i^M 的表达式见 (17.15),

$$
z_j = \frac{\sum_{i=1}^m q_{ij}}{a_j p_j^{-b_j}}, \quad j = 1, 2, \cdots, n, \quad G_l = \sum_{i=1}^m G_i^M \varphi_{il} + \sum_{j=1}^n G_j^R \varphi_{jl},
$$

$$
G_j^R = (p_j + s_j - C_j^R) a_j p_j^{-b_j} \int_0^{z_j} \xi_j f(\xi_j) d\xi_j + (p_j + s_j - C_j^R) \sum_{i=1}^m q_{ij} \int_{z_j}^{+\infty} f(\xi_j) d\xi_j
$$

$$
- s_j I_b \sum_{i=1}^m q_{ij} - \sum_{i=1}^m \left((w_{ij} + \rho_{ij}(w_{ij} + t_{ij})) q_{ij} + \phi_{ij} t_{ij} q_{ij} \right) - f_j^R, \tag{17.35}
$$

而目标函数

$$
F_e(x) = -\sum_{l=1}^r \left(G_l - \beta_l v_l^+ \right)
$$

$$+ \sum_{j=1}^{n} \left\{ h_j \int_{z_j}^{+\infty} a_j p_j^{-b_j} \xi_j f(\xi_j) d\xi_j - h_j \sum_{i=1}^{m} q_{ij} \int_{z_j}^{+\infty} f(\xi_j) d\xi_j \right\}. \quad (17.36)$$

17.4.3　模型性质和算法开发

和模型 (17.21) 一样, 模型 (17.34) 的目标函数和约束条件中, 也需要计算复杂的积分表达式, 现有的求解经典优化模型的软件和算法不能直接用来求解模型 (17.17). 下面, 我们在分析该模型性质的基础上, 提出求解模型 (17.34) 的高效算法.

我们首先分析目标函数 (17.36) 的梯度信息. 通过直接计算, 我们得到下列结论.

命题 17.3　令 G_i^M 和 G_j^R 分别由 (17.15) 和 (17.35) 定义. 则当 $i = i'$ 时

$$\frac{\partial G_{i'}^M}{\partial p_j} = 0, \quad \frac{\partial G_{i'}^M}{\partial q_{ij}} = w_{ij} - C_i^M - (1 - \phi_{ij}) t_{ij}, \quad \frac{\partial G_{i'}^M}{\partial w_{ij}} = q_{ij}, \quad \frac{\partial G_{i'}^M}{\partial v_l^+} = 0. \quad (17.37)$$

当 $j = j'$ 时,

$$\frac{\partial G_{j'}^R}{\partial p_j} = (p_j - (p_j + s_j - C_j^R) b_j) a_j p_j^{-b_j - 1} \int_0^{z_j} \xi_j f(\xi_j) d\xi_j + \sum_{i=1}^{m} q_{ij} \int_{z_j}^{+\infty} f(\xi_j) d\xi_j,$$

$$\frac{\partial G_{j'}^R}{\partial q_{ij}} = (p_j + s_j - C_j^R) \int_{z_j}^{+\infty} f(\xi_j) d\xi_j - s_j I_b - (w_{ij} + \rho_{ij}(w_{ij} + t_{ij}) + \phi_{ij} t_{ij}),$$

$$\frac{\partial G_{j'}^R}{\partial w_{ij}} = -(1 + \rho_{ij}) q_{ij}, \quad \frac{\partial G_j^R}{\partial v_l^+} = 0. \quad (17.38)$$

当 $i \neq i'$ 时,

$$\frac{\partial G_{i'}^M}{\partial p_j} = 0, \quad \frac{\partial G_{i'}^M}{\partial q_{ij}} = 0, \quad \frac{\partial G_{i'}^M}{\partial w_{ij}} = 0, \quad \frac{\partial G_{i'}^M}{\partial v_l^+} = 0. \quad (17.39)$$

当 $j \neq j'$ 时,

$$\frac{\partial G_{j'}^R}{\partial p_j} = 0, \quad \frac{\partial G_{j'}^R}{\partial q_{ij}} = 0, \quad \frac{\partial G_{j'}^R}{\partial w_{ij}} = 0, \quad \frac{\partial G_{j'}^R}{\partial v_l^+} = 0. \quad (17.40)$$

命题 17.4　$F_e(x)$ 由式 (17.36) 定义. 则

$$\frac{\partial F_e(x)}{\partial p_j} = - \sum_{l=1}^{r} \sum_{j'=1}^{n} \left(\frac{\partial G_{j'}^R}{\partial p_j} \varphi_{j'l} \right) + h_j a_j b_j p_j^{-b_j - 1} \left(\int_0^{z_j} \xi_j f(\xi_j) d\xi_j - I_a \right),$$

$$\frac{\partial F_e(x)}{\partial q_{ij}} = -\sum_{l=1}^{r}\left(\sum_{i'=1}^{m}\left(\frac{\partial G_{i'}^M}{\partial q_{ij}}\varphi_{i'l}\right) + \sum_{j'=1}^{n}\left(\frac{\partial G_{j'}^R}{\partial q_{ij}}\varphi_{j'l}\right)\right) - h_j\int_{z_j}^{+\infty} f(\xi_j)d\xi_j,$$

$$\frac{\partial F_e(x)}{\partial w_{ij}} = -\sum_{l=1}^{r}\left(\sum_{i'=1}^{m}\left(\frac{\partial G_{i'}^M}{\partial w_{ij}}\varphi_{i'l}\right) + \sum_{j'=1}^{n}\left(\frac{\partial G_{j'}^R}{\partial w_{ij}}\varphi_{j'l}\right)\right), \quad \frac{\partial F_e(x)}{\partial v_l^+} = \beta_l.$$

$$(17.41)$$

注 17.5　对于一个给定的点 x_k, 命题 17.3 可以得到梯度 ∇G^M 和 ∇G^R, 进而可以得到梯度 ∇G_l. 因此在任何一个给定的点 x_k, 目标函数和约束的梯度都可以计算.

根据模型的梯度信息, 我们能在给定的点 x_k 处, 构造模型 (17.36) 的一个线性近似模型. 具体说来, 令 $d = x - x_k$, 则下面的线性规划问题决定了模型 (17.36) 在点 x_k 处的一个可行下降方向 (参阅 (Topkis and Veinott, 1967)):

$$
\begin{aligned}
&\min \quad z\\
&\text{s.t.} \quad \nabla F_e(x_k)^{\mathrm{T}}d - z \leqslant 0,\\
&\qquad \sum_{i=1}^{m}(q_{ij}^k + d_{q_{ij}}) - z \leqslant Q_i, \quad C_i^M - (w_{ij}^k + d_{w_{ij}}) - z \leqslant 0,\\
&\qquad \eta_{ij}^1(p_j^k + d_{p_j}) - (w_{ij}^k + d_{w_{ij}}) - z \leqslant 0,\\
(DF_*(x)) \quad &\qquad (w_{ij}^k + d_{w_{ij}}) - \eta_{ij}^2(p_j^k + d_{p_j}) - z \leqslant 0,\\
&\qquad -(q_{ij}^k + d_{q_{ij}}) - z \leqslant 0, \quad -(p_j^k + d_{p_j}) - z \leqslant 0,\\
&\qquad (p_j^k + d_{p_j}) - z \leqslant p_j^u, \quad i = 1,2,\cdots,m, \quad j = 1,2,\cdots,n,\\
&\qquad G_l(x_k) + \nabla G_l(x_k)^{\mathrm{T}}d - (v_l^{k+} + d_{v_l^+}) - z \leqslant 0,\\
&\qquad -(v_l^{k+} + d_{v_l^+}) - z \leqslant 0, \quad (v_l^{k+} + d_{v_l^+}) - z \leqslant v_l^u, \quad l = 1,2,\cdots,r,\\
&\qquad \|d\|_{\infty} \leqslant 1,
\end{aligned}
$$

$$(17.42)$$

其中, $d_{p_j}, d_{q_{ij}}, d_{w_{ij}}, d_{v_l^+}$ 分别是可行下降方向 d 对应着这决策变量 p_j, q_{ij}, w_{ij} 和 v_l^+ 的分量. 模型 (17.42) 是模型 (17.36) 的线性化子问题, 它是求解模型 (17.36) 算法的一个关键步骤.

17.4.4　基于梯度信息求解乘性需求下 GSCM 模型的算法

基于模型梯度信息, 下面我们给出求解模型 (17.36) 的高效算法.

算法 17.2　改进的 Topkis-Veinott 算法

步 0: 在模型 (17.36) 的可行域 D 内选取一个初始点 x_0, z_0 足够大. $\epsilon_1 > 0$ 是一个给定的常数. 设 $k := 0$.

步 1: 若 $|z_k| < \epsilon_1$, 终止计算. 否则, 转到步 2.

步 2: 对一个给定的 x_k, 求解子问题 (17.42), 其解为 d_k.

步 3: 根据 d_k, 计算 $\alpha_k^{\max} = \max\{\alpha | x_k + \alpha d_k \in D\}$. 然后, 通过解决下列单变量优化模型寻找一个最优步长.

$$\min_{0 \leqslant \alpha \leqslant \alpha_k^{\max}} F_e(x_k + \alpha d_k). \tag{17.43}$$

α_k 为 (17.43) 的最优解.

步 4: 设 $x_{k+1} := x_k + \alpha_k d_k$. 令 $k := k + 1$. 转到步 1.

注 17.6　和算法 17.1一样, 在算法 17.2 的步 3 中, 我们通过确定步长 $\alpha_k = \eta^i \alpha_k^{\max}$, 使之满足下列不等式来代替求解问题 (17.43).

$$F_e(x_k + \alpha_k d_k) \leqslant F_e(x_k) + \delta \alpha_k \nabla F_e(x_k)^{\mathrm{T}} d_k,$$

其中, i 是使上述不等式成立的最小整数, $0 < \eta < 1$ 和 $0 < \delta < 1$ 是给定的常数.

17.4.5　模型的数值仿真

本节中, 我们将根据高效算法的计算结果, 通过数值实验来揭示带乘性随机需求的全球供应链管理优化模型在供应链实际管理中的一些应用价值. 为简单起见, 我们只考虑供应链中包含一个制造商和一个零售商的情况, 其中, 制造商和零售商不在一个区域/国家. 为方便比较, 除了参数 $\mu_1 = 1$, $\sigma_1 = 1$ 外, 模型的其他参数取值和 (17.31) 中相同, 模型具体需求函数为 (17.32) 和 (17.33). 我们主要围绕以下三个关注的问题来讨论:

(1) 在不同税率情况下, 作为外生变量的转移价格下调率下界对零售价、转移价格、零售商订货量及税后利润的影响.

(2) 需求的不确定性对税后利润和订货量的影响.

(3) 由于模型中考虑到缺货损失和库存成本因素, 我们在模型的结论中也揭示了缺货损失和库存成本对订货量和税后利润的影响.

为了反映不同区域/国家税率差异的实际情况, 我们将制造商所在区域/国家税率 β 和零售商所在区域/国家税率 γ 分别设置为如下三种情形:

(a) $\beta = \gamma = 0.2$;

(b) $\beta = 0.35$, $\gamma = 0.24$;

(c) $\beta = 0.24$, $\gamma = 0.35$.

情形 (a) 表示在全球供应链中两个区域/国家间没有税率差异. 情形 (b) 说明制造商所在区域/国家税率高于零售商所在区域/国家税率. 情形 (c) 与情形 (b) 相反.

其次, 我们还研究了存在两个制造商 (其生产成本和所在区域/国家税率不同) 的情况下, 最优的订货量如何在两者之间进行分配.

最后, 作为不同需求函数假设下的对比研究, 我们揭示了不同随机需求函数对模型结论的影响.

1. 对最优零售价和转移价格的影响

在以上三种税率情况下, 我们探讨当转移价格下调率上界 $\eta_{11}^2 = 1$ 不变的情况下, 转移价格下调率下界 η_{11}^1 对零售价格的影响. 数值结果如图 17.8 所示. 同时, 我们还通过设置需求函数中不同随机变量的标准差来研究需求不确定性对模型结论的影响. 图 17.8(a)—图 17.8(c) 分别对应着三个不同的标准差取值: $\sigma = 1, 2, 3$.

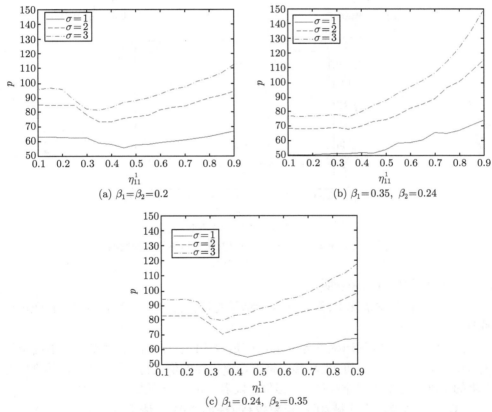

(a) $\beta_1 = \beta_2 = 0.2$

(b) $\beta_1 = 0.35,\ \beta_2 = 0.24$

(c) $\beta_1 = 0.24,\ \beta_2 = 0.35$

图 17.8　转移价格下调率下界对最优零售价格的影响

图 17.8 的数值结果表明: 在三种税率情况下, 若需求的不确定性较小 (对应较小的标准差), 零售价格对转移价格下调率下界灵敏度较弱. 若需求的不确定性较大 (对应较大的标准差), 则零售价格对转移价格下调率下界灵敏度较强.

图 17.9 进一步展示了转移价格下调率下界 η_{11}^1 对制造商转移价格的影响.

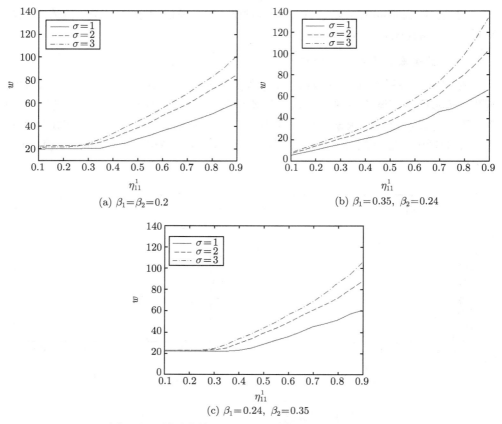

图 17.9　转移价格下调率下界对最优转移价格的影响

图 17.9 的数值结果表明:

(1) 在三种税率情况下, 最优转移价格随着转移价格下调率下界的增长而单调递增.

(2) 当转移价格下调率下界的给定值足够小时, 转移价格对需求的不确定性 (标准差) 并不灵敏. 然而, 当转移价格下调率下界的值变得足够大时, 转移价格对需求的不确定性变得非常灵敏. 转移价格随着标准差 σ 的增长而增加.

(3) 在制造商所在区域/国家税率较高 (情形 (b)) 的情况下: 当转移价格下调率下界值足够小时 ($\eta_{11}^1 \leqslant 0.3$), 制造商给零售商的最优的转移价格 w^* 较低. 当转移价格下调率下界的值足够大时, 制造商给零售商的最优的转移价格 w^* 较高. 然而, 在情形 (a) 和情形 (c) 中, 税率的变化对转移价格的变化影响并不明显.

(4) 相对转移价格来说, 对于任意一个给定的 η_{11}^1, 零售价格始终受需求不确定性影响较大.

(5) 在情形 (a) 和情形 (c) 中, 当 $\eta_{11}^1 \in [0, 0.35]$, 转移价格下调率下界的增加对最优的转移价格几乎没有影响, 而零售价格随着转移价格下调率下界的增加而下降. 这一结果与在文献 Huh 和 Park (2013) 中得到的结论有明显的不同. 然而, 当转移价格下调率下界的值在较大区间 ($\eta_{11}^1 > 0.4$) 内时, 所得到的结论又与文献 (Huh and Park, 2013) 中的结论相似.

图 17.10 进一步分析了转移价格下调率下界对最优转移价格和零售价的比值影响. 图 17.10 的数值结果表明:

(1) 当转移价格下调率下界足够大时, 最优的转移价格 w^* 近似等于产品的转移价格下调率与最优零售价的乘积, 即: $w^* \approx \eta_1 \times p^*$.

(2) 若制造商所在区域/国家税率较高 (情形 (b)), 最优的零售价格总是随着转移价格的增加而增加. 然而, 另外两种情况下 (情形 (a) 和情形 (c)), 当转移价格足够小时, 最优的零售价格随着转移价格的增加而降低.

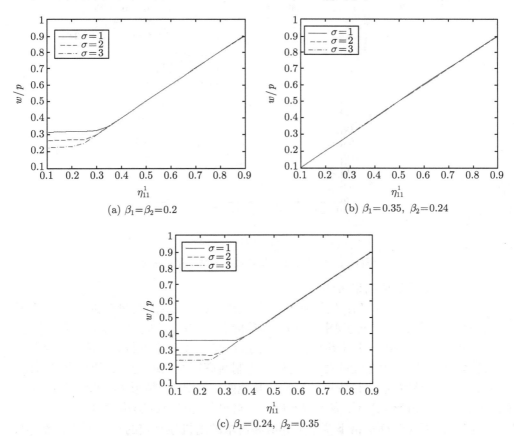

(a) $\beta_1 = \beta_2 = 0.2$ 　　　　　　　(b) $\beta_1 = 0.35$, $\beta_2 = 0.24$

(c) $\beta_1 = 0.24$, $\beta_2 = 0.35$

图 17.10　转移价格下调率下界对最优转移价格和零售价的比值影响

2. 最优订货量

接下来, 我们将在不确定需求和不同税率条件下研究最优订货量和最优转移价格之间的关系. 图 17.11 描述了最优订货量和最优转移价格的关系, 其中, $\eta_{11}^1 \in [0.1, 0.9]$, 变化步长为 0.01.

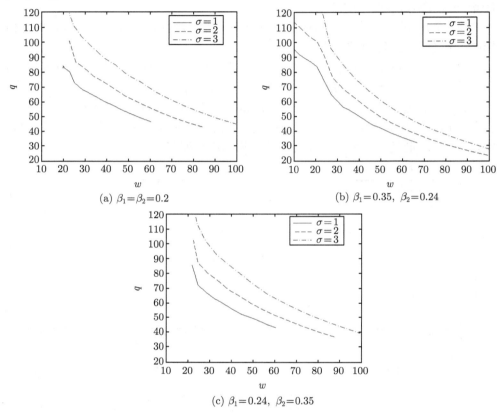

(a) $\beta_1 = \beta_2 = 0.2$　　　　　　　(b) $\beta_1 = 0.35$, $\beta_2 = 0.24$

(c) $\beta_1 = 0.24$, $\beta_2 = 0.35$

图 17.11　最优订货量和最优转移价格的关系

图 17.11 的数值结果表明:

(1) 在任何一种税率情况下 (情形 (a)—情形 (c)), 最优订货量都随着最优转移价格的增长而下降. 在不同的税率情况下, 转移价格和订货量之间的函数关系是相似的.

(2) 当转移价格和其下调率下界值给定时, 需求不确定性越大对应的最优订货量较多. 当零售商所在区域/国家的税率比制造商所在区域/国家低时 (情形 (b)), 需求的不确定性对最优订货量的影响比其他两种情况下 (情形 (a) 和情形 (c)) 小. 在情形 (a) 和情形 (c) 下, 需求的不确定性对最优订货量的影响相似.

我们接着在转移价格下调率下界值和需求的随机性确定的条件下研究库存成本和缺货损失对最优订货量的影响. 设 $\sigma = 1$, $\eta_{11}^1 = 0.1$. 最优的订货量和缺货损失关系见图 17.12(a). 图 17.12(b) 反映了最优订货量和库存成本的关系.

从图 17.12(a) 可以看出: 最优的订货量与缺货损失呈近似线性正相关关系, 即随着缺货损失的增加, 订货量呈近似线性增长. 从图 17.12(a) 中我们还可以看出: 当零售商所在地区/国家税率低于制造商所在地区/国家税率时, 低税率会刺激零售商做更多的订货量. 然而, 在情形 (a) 和情形 (c) 中, 对于给定的缺货损失, 在不同税率情况下订货量几乎没有差别.

图 17.12(b) 的数值结果表明: 库存成本与订货量呈线性关系, 订货量随着库存成本的增加而降低. 对于给定的库存成本, 在情形 (b) 中, 零售商更愿意做出更多的订货量. 相对情形 (a) 和情形 (c), 这种差别更明显.

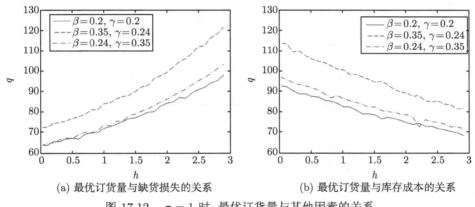

(a) 最优订货量与缺货损失的关系   (b) 最优订货量与库存成本的关系

图 17.12 $\sigma = 1$ 时, 最优订货量与其他因素的关系

3. 利润的灵敏度分析

我们下面研究模型参数的变化对制造商和零售商利润的影响.

和图 17.8(a)—图 17.9(c) 中的做法相似, 我们分别取 $\sigma = 1, 2, 3$ 来表示需求的不确定性, 用图 17.13 和图 17.14 分别刻画转移价格下调率下界值对制造商和零售商税后利润的影响.

从图 17.13 和图 17.14 中的数值结果可以看出:

(1) 当转移价格下调率下界足够大时, 制造商与零售商的利润呈相反的方向变动: 随着 η_{11}^1 增长, 零售商获得较低的税后利润, 而在图 17.13 中制造商利润与图 17.14 中零售商税后利润变化相反. 在情形 (a) 和情形 (c) 中, 当 η_{11}^1 在较小的范围内变动时 ($\eta_{11}^1 \in (0.1, 0.32)$), 零售商的利润随着 η_{11}^1 的增大变化并不明显, 制造商的利润随着 η_{11}^1 的增大而呈近似线性增长. 然而, 当 η_{11}^1 在较大的范围内变动时 $\eta_{11}^1 \in (0.32, 0.9)$, 零售商的利润随着 η_{11}^1 的增大而快速下降, 制造商的利润随着 η_{11}^1 的增大快速增加. 在情形 (b) 中, 当 $\eta_{11}^1 \in (0.1, 0.7)$, 利润函数呈现出明显的单调性. 对于任意一个转移价格下调率下界值, 制造商的利润总是正的.

(2) 当 η_{11}^1 的给定值足够小时, 需求的不确定性对零售商的利润影响很小. 然而, 当给定的 η_{11}^1 值足够大时, 零售商的利润受需求不确定性影响非常强烈: 需求的不确定性越大, 零售商的利润越小 (图 17.14). 与之相反, 制造商的利润受需求的不确定性影响一直很明显 (图 17.13).

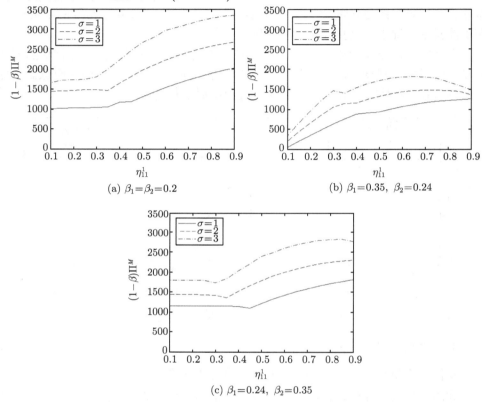

(a) $\beta_1=\beta_2=0.2$　　　　　　　　(b) $\beta_1=0.35,\ \beta_2=0.24$

(c) $\beta_1=0.24,\ \beta_2=0.35$

图 17.13　转移价格下调率下界对制造商税后利润的影响

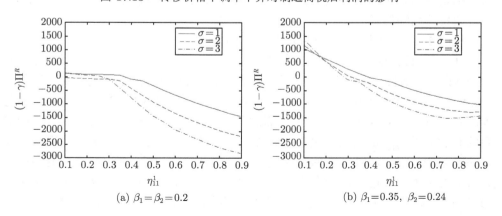

(a) $\beta_1=\beta_2=0.2$　　　　　　　　(b) $\beta_1=0.35,\ \beta_2=0.24$

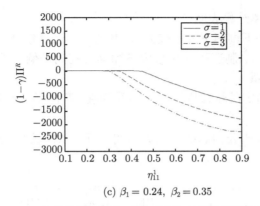

(c) $\beta_1 = 0.24$, $\beta_2 = 0.35$

图 17.14　转移价格下调率下界对零售商税后利润的影响

我们接着进一步研究带乘性随机需求的全球供应链管理优化模型中转移定价和制造商利润份额之间的关系.

当需求的不确定性给定时, 最优转移定价和制造商利润份额之间的关系见图 17.15.

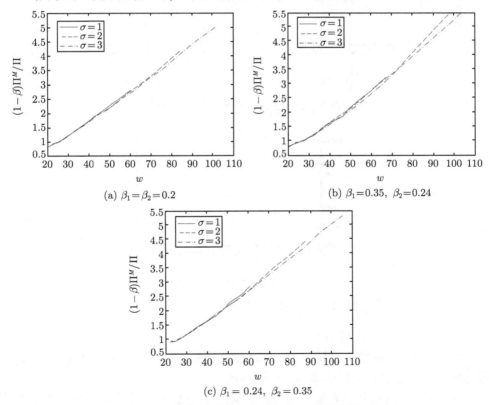

(a) $\beta_1 = \beta_2 = 0.2$

(b) $\beta_1 = 0.35$, $\beta_2 = 0.24$

(c) $\beta_1 = 0.24$, $\beta_2 = 0.35$

图 17.15　最优转移价格对制造商利润份额的影响

图 17.15 的数值结果表明:

(1) 当转移价格下调率下界值较大时, 制造商会选择较高的转移价格和享受较高的利润份额. 而且, 制造商的转移价格和享受利润份额在不同需求不确定情况下都呈近似线性关系.

(2) 对于任意给定的转移价格下调率下界值, 需求的不确定性 (σ) 对制造商利润份额影响不大.

接下来, 我们分析公司总部的税后利润和订货量的关系, 数值结果如图 17.16 所示.

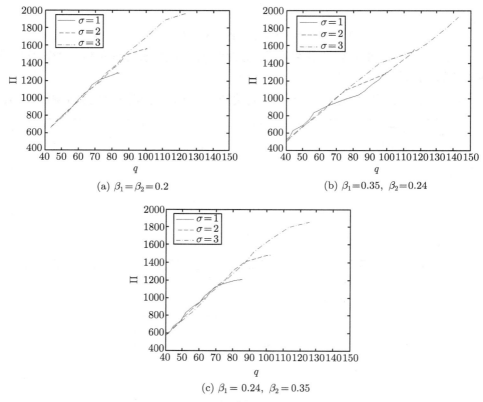

(a) $\beta_1 = \beta_2 = 0.2$

(b) $\beta_1 = 0.35$, $\beta_2 = 0.24$

(c) $\beta_1 = 0.24$, $\beta_2 = 0.35$

图 17.16　总部的税后利润和订货量的关系

从图 17.16 中可以看出:

(1) 在三种不同的税率情况下, 在需求的不确定性 (σ) 给定的情况下, 公司总部的税后利润随着订货量的增加而单调递增.

(2) 当给定的订货量足够小时 ($q \leqslant 65$), 公司总部的税后利润对需求的不确定性灵敏性较差. 然而, 当订货量充分大时, 需求的不确定性对公司总部的税后利润变化产生着重要影响: 需求的不确定性 σ 越大, 公司总部的税后利润增长速度越快.

(3) 税率的变化并不会对公司总部税后利润产生显著影响.

最后, 在转移价格下调率下界值和需求不确定性给定的条件下, 我们通过图 17.17 分析三种不同税率情形 (情形 (a)—情形 (c)) 下库存成本和缺货损失对公司总部税后利润的影响.

图 17.17 的数值结果表明:

(1) 公司总部的单位产品订货量利润 (Π/q) 随着缺货损失 (h) 的增加呈近似线性下降的趋势.

(2) 当缺货损失给定时, 公司总部在较低的税率情况下 (见情形 (a) 对应的图) 获得更多的单位产品订货量利润 (Π/q). 除此之外, 当制造商所在地区/国家的税率比零售商所在地区/国家的税率低时 (情形 (c)), 公司总部的单位产品订货量利润 (Π/q) 比在相反的情况下 (情形 (b)) 高.

(3) 公司总部的单位产品订货量利润 (Π/q) 随着库存成本的增加而增加. 其原因可能在于高库存成本会抑制不适当的订货. 因此, 这对提升单位产品订货量利润是有益的. 与缺货损失对单位产品订货量利润影响相似, 当制造商所在地区/国家的税率比零售商所在地区/国家的税率低时 (情形 (c)), 公司总部的单位产品订货量利润 (Π/q) 比在相反的情况下 (情形 (b)) 高.

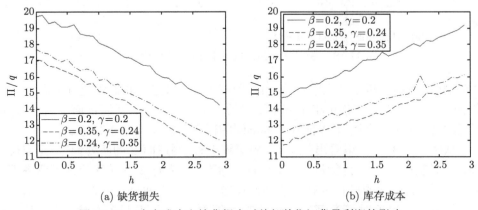

(a) 缺货损失　　　　　　　(b) 库存成本

图 17.17　库存成本和缺货损失对总部单位订货量利润的影响

4. 两个制造商的情况

我们最后讨论存在两个制造商的情况, 其中, 两个制造商和零售商分别处在不同的区域/国家.

图 17.18 的数值结果反映了转移价格下调率下界对最优订货量的影响. 我们设定制造商 1 的生产成本 $C_1 = 3$ 和转移价格下调率下限值 $\eta_{11}^1 = 0.6$. 制造商 2 的转移价格下调率下限值 η_{21}^1 是变化的, 制造商 2 的三个不同的生产成本分别为 $C_2 = 2.5, 3, 3.5$.

在图 17.18(a) 和图 17.18(b) 中, q_{11} 和 q_{21} 分别表示零售商从制造商 1 和 2 处的订货量.

图 17.18(a) 中数值结果表明: 当 $\eta_{11}^1 \leqslant 0.6$ 时, 无论制造商 2 的生产成本怎么变化, 零售商从制造商 1 处的订货量都没有变化. 然而, 当制造商 2 的转移价格下调率下界值足够大时 $(\eta_{11}^1 \geqslant 0.6)$, 制造商 1 的订货量有一个跳跃式增长. 另一方面, 图 17.18(b) 说明制造商 2 的生产成本对自身的订货量影响非常明显. 生产成本越高, 订货量越小.

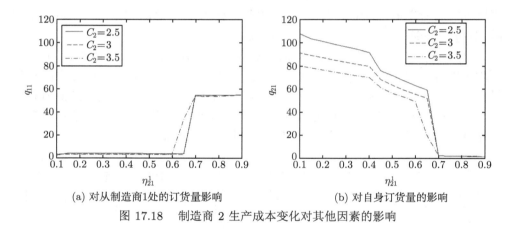

(a) 对从制造商1处的订货量影响　　　　　　　(b) 对自身订货量的影响

图 17.18　制造商 2 生产成本变化对其他因素的影响

最后, 我们分析不同税率对最优订货量的影响. 为此, 我们固定制造商 1 的税率 $\beta_1^M = 0.35$ 以及转移价格下调率下界的值 $(\eta_{11}^1 = 0.6)$. 对制造商 2, 我们选取不同的转移价格下调率下界值和三种不同的税率 $\beta_2^M = (0.3, 0.35, 0.4)$.

从图 17.19(a) 可以看出: 当 η_{21}^1 的值较小时, 制造商 2 的所处地区/国家税率的变化对制造商 1 的订货量并没有影响. 然而, 制造商 2 的转移价格下调率下界足够大时, 制造商的订货量有一个跳跃式增长. 另一方面, 图 17.19(b) 表明转移价格下调率下界值对零售商在不同制造商的订货量分配有显著影响. 当转移价格下调率下界较小时, 制造商 2 的税率越高, 订货量越大. 然而, 当转移价格下调率下界较大时, 制造商 2 的税率越高, 其订货量越少. 事实上, 从图 17.19(c) 中我们看出, 随着税率的提高, 制造商 2 的转移价格 (w_{21}) 也相应变大, 其订货量也随之降低.

通过上述讨论我们可以得到: 生产成本、税率和转移价格下调率下界都对零售商在不同制造商的最优订货量有很显著的影响 (参阅注 17.1).

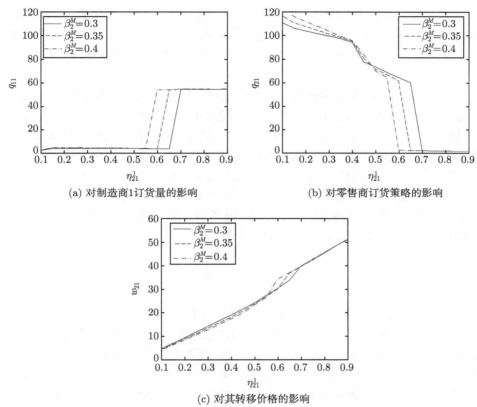

(a) 对制造商1订货量的影响   (b) 对零售商订货策略的影响

(c) 对其转移价格的影响

图 17.19 制造商 2 转移价格下调率下界对其他因素的影响

5. 带乘性需求优化模型的应用价值和实践启示

本节中, 我们构建了一个带乘性随机需求的全球供应链管理优化模型来确切地描述全球供应链管理问题. 该模型提供全球供应链的最优定价策略和订货策略时, 综合考虑了利润的分配、缺货损失、税率的差异、下调率的界限和需求的不确定性等因素. 我们开发的高效算法能够为管理实际寻求最优的转移价格、零售价格和订货量.

通过模型参数的灵敏度性分析, 我们得到如下重要的管理实践启示.

(1) 全球供应链企业应重视政府对转移价格下调率界限的限制. 转移价格下调率的界限常常对全球供应链企业的最优零售价、转移价格、订货量、税后利润和利润分配产生重要影响. 例如: 若转移价格下调率下界足够大, 制造商和零售商的利润朝相反的方向变动. 较大的转移价格下调率下界为制造商带来更高的利润分配份额.

(2) 给定适中的转移价格下调率下界, 需求的不确定性对最优的转移价格和零售价格产生较大影响. 当转移价格和其下调率下界给定时, 较大的需求不确定性会导致较大的最优订货量. 然而, 需求不确定性对制造商的获得的利润分配份额影响很微弱.

(3) 税率、生产成本和缺货损失是全球供应链企业最优决策中的三个重要考虑因素. 我们发现公司总部的单位产品利润与单位产品的缺货损失及库存成本呈近似线性变化关系. 公司总部的单位产品利润随着缺货损失的增加而降低, 随着库存成本的增加而上升. 一个较低的税率环境会提升公司总部单位产品利润. 制造商不同的生产成本会影响零售商在不同制造商间的订货量分配决策.

(4) 市场需求对全球供应链企业的决策起着至关重要的作用. 针对不同的随机需求模型, 本节提出的优化模型方法和求解算法能为全球供应链企业寻找不同市场需求下模型的最优解决方案提供一个强大的工具.

总　　结

供应链管理优化技术是现代企业的核心竞争力, 是目前运筹学和管理科学研究的热点之一. 一方面, 伴随着经济全球化加速和经济可持续发展的迫切需要, 研究全球供应链管理优化理论和可持续供应链管理优化理论具有重要的实践意义. 另一方面, 实际供应链管理中常常存在各类复杂的不确定因素. 正是基于这种认识, 本章在不确定环境下对全球供应链和可持续供应链管理优化问题的数学模型与算法开展了广泛和深入的研究. 主要研究成果概括如下:

(1) 在随机市场需求的情形下, 我们以跨国公司总部的税后利润最大化为目标, 构建了一个全球供应链管理优化问题的一般数学模型. 同已有文献中的结果不同, 本章所建立的模型将产品的转移价格、零售价格和订货量均作为模型的内生变量 (决策变量).

(2) 在不同需求函数的假设前提下, 对全球供应链管理优化问题的一般数学模型进行了细致研究: 分别推导了随机加性和乘性需求函数条件下的全球供应链管理优化模型的具体形式和它们的解析性质. 通过场景分析方法和数值仿真进一步证实了不同的市场需求在实际全球供应链管理决策中的重要性.

(3) 通过场景分析和数值模拟方法, 本章揭示了在管理实践具有指导意义的建议和结论, 主要有以下几点:

● 转移价格下调率的界限常常对全球供应链企业的最优零售价、转移价格、订货量、税后利润和利润分配产生重要影响. 全球供应链企业应重视政府对转移价格下调率界限的限制.

● 给定适中的转移价格下调率下界, 需求的不确定性对最优的转移价格和零售价格影响较大. 针对不同的需求模型, 本章提出的优化模型和求解算法为全球供应链企业寻找不同市场需求下模型的最优解决方案提供了一个有力的工具.

● 税率、生产成本和缺货损失是全球供应链企业最优决策中三个重要考虑因素. 公司总部单位产品利润与单位产品的缺货损失及库存成本呈近似线性变化关系. 一个较低的税率环境会提升公司总部单位产品利润. 制造商不同的生产成本会影响零售商在不同制造商间订货量的分配策略.

● 在大多数情况下, 无论是加性还是乘性需求, 需求的不确定性越大, 零售价格越高. 换句话说, 即使需求的假设不同, 也能得到一些类似的结论. 如: 若 MRLB 足够大, 制造商和零售商的利润朝相反的方向变动. 较大的 MRLB 为制造商带来更高的利润分配份额.

本章虽然在不确定环境下对供应链管理优化模型与算法的研究取得了部分研究成果, 但还有很多工作需得到改进:

(1) 在可持续供应链管理优化模型中, 我们假定市场的需求是已知的确定参数. 实际中需求往往具有不确定性, 因此该模型可以推广到随机需求下的多态不确定性优化模型.

(2) 由于供应链管理中涉及多个决策主体, 因此, 不同于本章的集中决策模式, 研究不确定性供应链管理均衡模型也具有重要的实践价值.

(3) 闭环供应链管理是当前供应链管理研究的一个热点. 如何用不确定方法和均衡理论更好地处理闭环供应链管理中遇到的各类问题也是未来研究的一个方向.

第 18 章 基于随机优化模型的中国机场 出租车司机决策研究

出租车司机在机场的最优决策对于机场服务质量有着重要影响. 本章旨在通过新建一个随机 0-1 整数规划模型, 研究出租车司机在机场的优化决策问题. 该模型将综合考虑市区出租车司机服务单位时间净收益的不确定性和司机总利润的下行风险, 并基于模型性质分析推导出一些关键的决策阈值. 例如与单位时间净收益相对差相关的时间阈值, 当该阈值大于乘客所需的实际等待时间时, 出租车司机在机场继续等待乘客是最优选择. 本章还将给出所开发的决策模型是冒险型还是风险规避型的适当条件, 通过期望方法证明新建的期望利润最大化和风险最小化模型是风险中性的. 我们的研究结果表明: 所提供的阈值易于出租车司机获得最大利润, 而且随机决策模型相较于确定性决策模型更具适用性; 机场出租车司机的最优策略取决于服务时间段、高速公路上行驶时间、高速公路和城区中服务单位时间净收益的相对差异, 以及机场固定出租车服务中心已排队等候的数量阈值; 本研究建立的模型还可以提供不同服务时间段的最佳决策. 本章研究还发现, 除了较早的两个时间段以外, 缩短机场乘客平均登车时间会极大地吸引出租车司机留在机场等候乘客.

18.1 引 言

18.1.1 研究背景

在许多国家, 机场乘客通常选择乘坐出租车到达目的地, 然而, 出租车司机在机场的决策直接影响到乘客能否便捷地获得出租车服务. 具体而言, 出租车司机在将乘客送到机场后, 需要做出如下决定: 要么在机场排队等候搭载新乘客 (用方案 A 表示), 要么空车直接返回城区 (以方案 B 表示). 由于司机在城区服务的潜在收益以及机场固定出租车服务中心排队等候的出租车和乘客数量的不确定性, 很难确定方案 A 和方案 B 中哪一个选择对司机更有利. 事实上, 对于方案 A, 出租车司机花费的等候时间可能会导致潜在的城区服务净收益损失 (Wong et al., 2003), 它与城区服务的单位时间净收益以及在机场排队等候的出租车和乘客数量密切相关. 对于方案 B, 出租车虽然可以快速地返回城区载客, 但必须承担空车行

主要结果发表于 Journal of Industrial and Management Optimization, 2022: 1-30, 2022.

驶所产生的成本. 因此, 当考虑到城区服务净收益不确定所带来的风险时, 出租车司机要迅速从方案 A 或方案 B 中做出最佳选择, 以实现总利润最大化, 这确实是一个挑战. 本研究旨在通过建立一个新的随机优化模型来分析并解决该决策问题. 新建的模型为出租车司机在机场做出最优决策提供了理论依据, 并为优化机场出租车服务提供了参考.

18.1.2　文献综述

尽管出租车司机决策问题受到许多学者的关注, 但是很少有人研究机场出租车司机如何在不确定环境下做最优决策以最大限度地提高总利润. 现有文献中, 一部分侧重于研究确定或不确定环境下市区出租车司机的最佳乘客寻找策略; 一部分研究则通过统计分析方法探究出租车司机的决策与其相关因素 (如天气状况) 之间的关系; 此外, 另一部分研究了随机环境下出租车司机的排队决策问题.

关于出租车司机的最优乘客搜索策略问题, Tran 等 (2022) 在确定性决策环境下提出使司机潜在利益最大化且供需失衡程度最小化的多目标优化模型. Wong 等 (2014b) 采用序贯 logit 方法对空载出租车司机的乘客搜索问题进行双层决策建模. 第一层决策是关于司机在乘客下车后是否前往最近的出租车站, 第二层决策是关于司机到达最近的出租车站后是否会排队等候新乘客, 但是该研究未提供优化策略. (Zheng et al., 2021) 开展了不确定条件下出租车司机搜索乘客的多种策略研究, 包括随机搜索、最大预期载客概率搜索和最大预期收益搜索, 其中概率与决策可能结果的相关收益加权之和成比例. (Lu et al., 2018) 提出了不确定需求下的两阶段随机整数规划模型和分支切割算法, 以优化共享系统的战略性停车规划和出租车布局. (Situ et al., 2017) 基于区域分解, 应用蚁群优化算法获得出租车和乘客的最优匹配. 此外, k-均值聚类法被用于研究基于相关数据的城区接送乘客模式和出租车出行分布类型 (Lee et al., 2008; Tang et al., 2018). 显然, 与城区司机不同, 机场出租车司机不需要这些乘客搜索策略, 因为机场乘客的分布位置是固定的. 相反, 市区的司机净收益不确定性是决定机场出租车司机去或留需要考虑的一个关键指标. 一般来说, 现有文献中提出的城区乘客搜索的优化模型并不能为机场出租车司机提供最优策略. 据我们所知, 极少有文献专注于建立优化模型以优化机场出租车司机的决策策略. 尽管 Zhai 等 (2020) 提出了计算司机空载离开或留下等候的单位时间净收益的方法, 但是该方法没有针对任何决策变量进行优化以实现司机收入最大化.

关于影响出租车司机决策的因素研究方面, Wong 等 (2014a) 通过对 258 名市区出租车司机进行的偏好调查, 揭示了当司机载乘客在搜索区域下车后, 影响司机决定前往最近的出租车站的重要因素, 包括从乘客下车地点到指定出租车站的行驶距离、行驶途中的拥挤程度, 以及前往出租车站的偏好. 逻辑回归模型为司机提供"机场接送"或"市区巡航"的二元决策, Yazici 等 (2013) 研究了 JFK 机场影响二元决策的因素, 包括一天的时间、每周的天数、天气情况、期望净收益等. 通过基于出租车全球定位系统 (GPS) 数据集的 logit 回归分析, Yazici 等 (2016) 对纽约市 (NYC) 出租车司机在每次行程结束后的"机场接送"或"市区巡航"的二元决策进行分析, 并对潜在相关参数的影响进行量化. 但这些结果与出租车司机的任何决策优化没有直接关联. 根据香港市区 460 辆出租车的 GPS 数据, Wong 等 (2014b) 提出基于单元的模型来预测本地空载出租车的乘客搜索, 结论认为市区出租车司机的搜索决策受到沿搜索路线成功接到乘客 (累积) 概率的显著影响, 并且司机不会根据随机游走原则搜索新乘客. 同样基于香港市区 460 辆出租车的 GPS 数据, Szeto 等 (2013) 指出市区出租车司机的搜索决策与每日乘客的需求状况密切相关, 其中单位时间利润 (回报率) 是影响空载出租车司机搜索乘客策略的重要因素.

另外, 一些学者研究影响司机决策的关键因素, 如单位时间净收益 (de Dios Ortúzar and Willumsen, 2011)、家庭收入增长 (Williams, 1981)、人口密度、私家车拥有率、机场客运量 (Schaller, 2005)、乘客等待时间 (Costa, 2009)、出租车上座率 (Kamga et al., 2013) 和劳动力供给 (Camerer et al., 1997; Chou, 2002). 对机场出租车司机而言, 单位时间净收益与很多复杂因素有关, 如机场服务时段、排队等候时间、服务时间是否接近工作结束 (Crawford and Meng, 2011)、机场和市区之间收费高速公路的距离. 最重要的是, 出租车司机在机场等待新乘客时所消耗的时间, 以及在市区可能获得单位时间净收益, 它们在实践中往往是不确定的.

为了获得出租车司机等候时间的统计特征, Jia 等 (2022) 利用排队理论开发了 $M/M/1/\infty/N$ 模型以获得司机的决策. 并通过济南遥墙国际机场实证分析了模型的有效性. 然而, 该模型没有考虑出租车司机离开机场去寻找新乘客时不确定性净收益所带来的风险. Ding 等 (2022) 研究了航班数量与机场固定出租车服务中心内出租车数量之间的关系, 基于 $M/M/S$ 排队模型, 建立了机场客运站布局优化模型, 其目标是使乘客等待造成的损失和乘客登车点的建设以及维护费用之和最小, 决策变量是航站楼的出租车数量. 尽管排队模型与出租车司机在机场的等待成本有关, 但没有模型考虑到市区服务净收益的影响和利润目标函数中的下行风险的影响.

显然, 与统计分析和排队模型所得到的结果相比, 建立有效的优化模型去直接反映机场出租车司机的关注点 (有下行风险的利润), 并为司机提供最优策略显然更有价值. 不难看出, 现有文献存在如下研究空白:

(1) 在不确定环境下, 没有为机场出租车司机提供最优策略的优化模型. 文献中的优化模型主要关注城区的司机服务, 这与机场的服务完全不同. 例如, 在大多数人口众多的国家, 如中国, 机场往往有固定的乘客候车点. 因此, 机场出租车司机不需要像在城区那样搜索乘客. 每个司机必须为候车点候车的乘客提供服务, 而不是自主选择乘客. 总而言之, 任何关于城区的出租车司机决策优化模型都不适用于机场的出租车司机.

(2) 尽管城区司机的净收益在文献中也常常认为是不确定的, 但没有司机决策的优化模型考虑了总收益下行风险. 由于城区的净收益是决定机场司机是否空车返回市区的关键因素之一, 当该净收益随机时, 建立一个新型优化模型来最小化利润的下行风险是很有价值的.

(3) 当构建更符合实际情况的复杂模型时, 没有向机场出租车司机提供适用的决策判断标准, 以通过便捷地使用该标准实现存在下行风险情况下利润最大化.

18.1.3 研究目的

为了填补上述文献研究空白, 本章提出一个考虑了城区单位时间净收益不确定的机场出租车司机新型决策模型. 由于不同国家的机场出租车服务存在异质性, 我们只考虑中国的情况. 特别地, 本章新颖之处在于, 机场出租车服务的以下所有特征将被纳入新型优化模型中:

(1) 当机场出租车司机决定空车返城还是继续留在机场等候乘客时, 潜在的城区单位时间不确定净收益是一个关键因素, 假设其是服从正态分布的随机变量.

(2) 在不确定环境下, 出租车司机决策随机优化模型的目标函数中总利润与其下行风险相关.

(3) 通过对新建模型的理论分析, 为出租车司机决策提供了大量有价值的关键阈值, 以便出租车司机可以在实践中通过使用关键阈值以赚取最大利润.

(4) 如前面文献综述所述, 由于出租车司机的决策受到许多因素的影响, 我们研究影响机场出租车司机最佳策略的关键模型外生参数同样具有理论与实践价值, 它们包括机场固定出租车服务中心的出租车数量、乘客数量、乘客平均登车时间和航班的情况. 为此, 我们通过案例研究和灵敏度分析验证本章建立的模型的意义, 以揭示有价值的管理启示.

18.2　确定性优化模型

18.2.1 问题描述

如 18.1.3 节所述, 由于不同国家的机场出租车服务存在异质性, 本章将开发一种新的优化方法来解决中国机场出租车司机的最优决策问题. 具体地, 当出租车司机完成了送乘客到机场的服务之后, 模型可以帮助司机在两种选择之间做出最优决策: 一种是到机场固定的出租车服务中心排队等候, 以接载想要返回城区的新乘客; 另一种是直接空载返回城区. 在本研究中, 假设所有在机场固定出租车服务中心等待出租车服务的乘客都想返回城区. 毋庸置疑, 对于出租车司机来说, 最优决策意味着该决策能带来更高的利润. 特别地, 在排队等候的情况下, 出租车司机需要考虑若等候期间在城区服务的可能潜在损失; 而直接空载返城的情况下, 他必须考虑机场和城区之间高速公路的行驶成本. 由于城区单位时间净收益往往是不确定的, 因此制定上述决策问题需要对不同两种选择对应的利润进行建模. 为了更清晰地描述, 图 18.1 描绘了与出租车司机决策相关的时间参数.

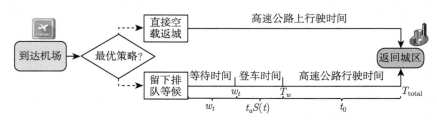

图 18.1　与出租车司机决策相关的时间参数

18.2.2　符号说明

在构建模型之前, 首先引入以下符号:

t: 第 t 个时间段, $t \in \{t_1, t_2, \cdots, t_s\}$, 假设每个时间段长度为两个小时.

$S(t)$: 第 t 个时间段在机场固定出租车服务中心排队等候乘客的出租车数量.

$SC(t)$: 时间段 t 内出租车司机决策的数量阈值.

$C(t)$: 时间段 t 内有载客机会的出租车数量.

t_a: 每辆出租车的乘客平均登车时间.

w_t: 时间段 t 内出租车司机在机场固定出租车服务中心接载乘客的平均等待时间.

t_0: 出租车从机场到市区的高速公路平均行驶时间.

T_w: 出租车司机在机场等待乘客所需的实际时间.

TT_w: 时间段 t 内出租车司机决策的时间阈值.

p_h: 出租车在高速公路上载客的单位时间净收益.

$p_c(t)$: 时间段 t 内出租车在市区载客的单位时间净收益 (元/分钟).

$\tilde{p}_c(t)$: 时间段 t 内出租车在市区载客的单位时间随机净收益 (元/分钟).

$f(\hat{p}_c(t))$: 随机变量 $\tilde{p}_c(t)$ 的概率密度函数.

$Q(t)$: 时间段 t 内抵达机场的所有乘客人数.

$\rho(t)$: 时间段 t 内抵达机场的所有乘客中需要出租车服务的比例.

$q(t)$: 时间段 t 内每辆出租车的平均载客量.

Π_w: 出租车司机选择在机场等待乘客时的利润.

Π_r: 出租车司机选择空载直接返回城区时的利润.

18.2.3　0-1 整数规划模型

首先考虑出租车司机在机场等候乘客时的利润. 值得注意的是, 这里的利润主要包括两部分: 净利润和机会成本 (Pan and Li, 2005), 其中, 净利润指不含油耗等固定成本的收入, 机会成本是指方案 A 的等待时间成本和方案 B 的空载行驶成本. 因此, 司机的利润函数为

$$\Pi = 净利润 - 机会成本$$

$$= 总利润 - 固定成本 - 机会成本. \tag{18.1}$$

由于每个司机的利润不仅取决于他在高速公路上驾驶时的收益和成本, 而且还与他在城区服务时的潜在收益和成本有关, 因此出租车司机在机场等候乘客时的利润由下式给出

$$\Pi_w = p_h t_0 - p_c(t)(t_a S(t) + w_t). \tag{18.2}$$

出租车司机空载直接返回城区时的利润为

$$\Pi_r = p_c(t)(t_a S(t) + w_t) - p_c(t)t_0. \tag{18.3}$$

因此, 在 $S(t) \leqslant C(t)$ 即排队等候的出租车数量少于有载客机会的出租车数量情况下, 出租车司机的决策问题可表述为

$$\begin{aligned} \max \quad & \Pi(x) = x\Pi_w + (1-x)\Pi_r \\ \text{s.t.} \quad & x \in \{0,1\}, \end{aligned} \tag{18.4}$$

其中, x 是二元决策变量: 如果司机选择方案 A, 则 $x = 1$; 否则, $x = 0$. 如果 $S(t) > C(t)$, 则出租车司机应在第 t 个时间段直接空载返回城区.

注 18.1　对于固定时间段, 由于条件 $S(t) > C(t)$ 意味着出租车司机没有机会在固定出租车服务中心接载到新乘客, 则方案 B 是最优策略. 因此, 本章仅考虑条件 $S(t) \leqslant C(t)$ 成立的情况下, 应用模型 (18.4) 来优化出租车司机的策略.

接下来分析出租车司机如何使用模型 (18.4) 做最佳决策. 如图 18.1 所示, 对于出租车司机来说, 在机场接载到乘客所需的实际时间为

$$T_w = t_a S(t) + w_t. \tag{18.5}$$

定义符号

$$\Delta p = \frac{p_h - p_c(t)}{p_c(t)}, \tag{18.6}$$

表示在高速公路和城区中行驶司机所获得的净收益相对差. 对于给定的 Δp, 定义

$$TT_w = t_0 \left(1 + \frac{1}{2}\Delta p \right), \tag{18.7}$$

称之为与净收益相对差相关的时间阈值. 利用 TT_w 可以证明以下结论, 该结论可以帮助出租车司机做出最佳决策.

定理 18.1　在时间段 t 内, 以下结论成立.

(1) 如果 $T_w \leqslant TT_w$, 则 $x^* = 1$. 换言之, 当司机在机场等待乘客所需的实际时间小于等于与净收益相对差相关的时间阈值时, 司机留在机场等待乘客是最佳选择.

(2) 如果 $T_w > TT_w$, 则 $x^* = 0$, 即当司机在机场等待乘客所需的实际时间大于与净收益相对差相关的时间阈值时, 司机空载返回城区是最佳选择.

证明　(1) 在 $T_w \leqslant t_0$ 情况下. 因为 $p_c(t) \leqslant p_h$, 则当 $t_0 - T_w \geqslant 0$ 时, 下述不等式成立

$$\Pi_w = p_h t_0 - T_w p_c(t) \geqslant 0,$$
$$\Pi_r = (T_w - t_0) p_c(t) \leqslant 0.$$

为此, $\Pi_w - \Pi_r \geqslant 0$. 即出租车司机在机场排队等候乘客是最佳决策.

在 $t_0 < T_w \leqslant TT_w$ 情况下, 由

$$T_w \leqslant t_0 \left(1 + \frac{1}{2}\Delta p \right) = t_0 \left(\frac{p_h + p_c(t)}{2p_c(t)} \right),$$

可得 $2T_w p_c(t) \leqslant t_0(p_h + p_c(t))$. 又因为

$$\Pi_w - \Pi_r = t_0 p_h - T_w p_c(t) - (T_w p_c(t) - t_0 p_c(t))$$

$$= t_0(p_h + p_c(t)) - 2T_w p_c(t) \geqslant 0.$$

因此, $x^* = 1$ (出租车司机在机场排队等候) 是模型 (18.4) 的最优解.

(2) 类似于 (1) 的证明, 可以得到在 $T_w > t_0 \left(1 + \frac{1}{2}\Delta p \right)$ 情况下, $\Pi_w < \Pi_r$ 成立.

因此, $x^* = 0$ 是模型 (18.4) 的最优解, 即司机直接空载返回市区是最优决策.　□

　　(18.5) 式中的 T_w 与时间段 t 内在机场固定出租车服务中心排队的出租车数量 $S(t)$ 有关. 下面的内容将研究机场出租车司机如何使用 $S(t)$ 来做出最佳决策.

　　应用 (18.7) 式的时间阈值 TT_w, 定义

$$CS(t) = \frac{TT_w - w_t}{t_a}. \tag{18.8}$$

并且使用以下整数:

$$SC(t) = \lfloor CS(t) \rfloor, \tag{18.9}$$

其中 $\lfloor \cdot \rfloor$ 是向下取整. $SC(t)$ 表示在机场固定出租车服务中心排队的出租车的临界数量, 是与排队出租车数量相关的决策阈值, 称之为排队出租车数量阈值. 事实上, 可以证明以下结果成立.

　　定理 18.2　在时间段 t, 令 $SC(t)$ 由 (18.9) 式定义. 则

　　(1) 当 $S(t) \leqslant SC(t)$ 时, $x^* = 1$ 是模型 (18.4) 的最优解, 即司机选择留在机场等候乘客, 相应的最大利润为 $\Pi^* = p_h t_0 - p_c(t)(t_a S(t) + w_t)$.

　　(2) 当 $S(t) > SC(t)$ 时, $x^* = 0$ 是模型 (18.4) 的最优解, 即司机选择空载直接返城, 此时相应的最大利润为 $\Pi^* = p_c(t)(t_a S(t) + w_t) - p_c(t)t_0$.

　　证明　两个方案的净利润之差为

$$\Pi_w - \Pi_r = t_0 p_h - (t_a S(t) + w_t)p_c(t) - (t_a S(t) + w_t)p_c(t) + t_0 p_c(t)$$

$$= -2p_c(t)t_a S(t) + t_0 p_h + p_c(t)(t_0 - 2w_t). \tag{18.10}$$

由条件 $S(t) \leqslant SC(t)$, 以及 (18.8) 式和 (18.9) 式中 $CS(t)$ 和 $SC(t)$ 的定义, 易知 $\Pi_w \geqslant \Pi_r$. 因此, 模型 (18.4) 的最优解是 $x^* = 1$. 即当机场固定出租车服务中心在排队的出租车数量低于数量阈值时, 司机将愿意在机场排队等候乘客.

　　另一方面, 当 $S(t) > SC(t)$ 时, 有 $\Pi_w < \Pi_r$ 成立. 因此, 模型 (18.4) 的最优解是 $x^* = 0$. 换言之, 当机场固定出租车服务中心在排队的出租车数量超过数量阈值时, 司机最好选择空载直接返回城区.

　　通过上述分析, 最优决策对应的最大利润可通过模型 (18.4) 中的目标函数直接计算.

　　至此, 定理所有结果得以证明.　　　　　　　　　　　　　　　　　　　□

　　可以应用定理 18.2 来计算最大利润的上下界.

　　定理 18.3　在时间段 t, 令 $SC(t)$ 由 (18.9)式定义. 则有下面结果成立.

　　(1) 如果司机的最佳决策是在机场等待乘客, 则最大利润上界为 $p_h t_0 - p_c(t)w_t$, 对应着此时机场固定出租车服务中心没有出租车在排队的情况 $(S(t) = 0)$; 最大

利润下界为 $p_h t_0 - p_c(t) \left(t_a SC(t) + w_t \right)$, 对应着在机场固定出租车服务中心排队等待的出租车数量为 $S(t) = SC(t)$.

(2) 如果司机的最佳决策是空载直接返城, 则最大利润的下界为 $p_c(t)(t_a(SC(t)+1) + w_t) - p_c(t)t_0$, 此时 $S(t) = SC(t)+1$. 最大利润的上界为 $p_c(t)\left(t_a C(t) + w_t\right) - p_c(t)t_0$.

证明　由定理 18.2 可以直接证明.　　　　　　　　　　　　　　　　　□

接下来证明 $SC(t)$ 的性质.

定理 18.4　令 $SC(t)$ 由 (18.9) 式定义, 则 $SC(t)$ 满足如下不等式

$$\left\lfloor \frac{t_0 - w_t}{t_a} \right\rfloor \leqslant SC(t) \leqslant \left\lfloor \frac{TT_w}{t_a} \right\rfloor . \tag{18.11}$$

证明　由定义可知

$$
\begin{aligned}
SC(t) &= \left\lfloor \frac{TT_w - w_t}{t_a} \right\rfloor \\
&= \left\lfloor \frac{t_0(p_c(t) + p_h - p_c(t)) + p_c(t)(t_0 - 2w_t)}{2t_a p_c(t)} \right\rfloor \\
&= \left\lfloor \frac{t_0 p_c(t) + p_c(t)(t_0 - 2w_t)}{2t_a p_c(t)} + t_0 \frac{p_h - p_c(t)}{2t_a p_c(t)} \right\rfloor \\
&= \left\lfloor \frac{1}{t_a} \left((t_0 - w_t) + \frac{1}{2} t_0 \Delta p \right) \right\rfloor .
\end{aligned}
\tag{18.12}
$$

由 (18.12) 式第一个不等式, 当 $w_t = 0$ 时可得 $SC(t)$ 的上界为

$$\overline{SC(t)} = \left\lfloor \frac{TT_w}{t_a} \right\rfloor . \tag{18.13}$$

由 (18.12) 式第四个不等式, 当 $\Delta p = 0$, 即 $p_c(t) = p_h$ 时可得 $SC(t)$ 的下界为

$$\underline{SC(t)} = \left\lfloor \frac{t_0 - w_t}{t_a} \right\rfloor . \tag{18.14}$$

□

利用定理 18.4 中 $SC(t)$ 的性质, 可以得到以下结论.

命题 18.1　令 $\overline{SC(t)}$ 和 $\underline{SC(t)}$ 分别由 (18.13) 式和 (18.14) 式给出. 则当 $S(t) \leqslant \underline{SC(t)}$ 时, 司机的最优决策是在机场排队等候新乘客; 当 $S(t) > \overline{SC(t)}$ 时, 司机的最优决策是直接空载回城.

注 18.2 由 (18.12) 式最后一个等式可知 $SC(t)$ 与 t_a 成反比, 与 t_0 成正比. 因此, 对于机场管理来说, 采取有效的措施以减少 t_a 有助于吸引更多的司机在机场等候乘客, 进而提高机场对乘客的服务水平. 此外, Δp 与 t 时间段内出租车司机在市区的净收益 $p_c(t)$ 有关. 在实践中, $p_c(t)$ 往往是不确定的. 因此, 进一步研究当该净收益为模型的随机参数时出租车司机如何做出最优决策是有价值的.

18.3 具有最小风险的改进随机优化模型

考虑到城区出租车司机服务净收益具有不确定性, 本节提出一个新型随机优化模型以提高模型 (18.4) 的可应用性.

与 18.2 节中的讨论不同, 由于在实践中市区司机的单位时间净收益经常受到时变交通状况等因素的影响, 因此我们假设它是一个具有给定分布的随机变量, 用符号 $\tilde{p}_c(t)$ 表示. 则模型 (18.4) 目标函数中的出租车司机利润是具有 0-1 决策变量的随机函数. 具体表示为

$$\begin{cases} \tilde{\Pi}_w = p_h t_0 - \tilde{p}_c(t)\left(t_a S(t) + w_t\right), \\ \tilde{\Pi}_r = \tilde{p}_c(t)\left(t_a S(t) + w_t\right) - \tilde{p}_c(t)t_0. \end{cases} \tag{18.15}$$

进一步地, 当考虑期望利润下偏离时, 也称为随机变量的下行风险 (Steinbach, 2001), 新建如下随机目标函数

$$\tilde{\Pi}(x; \tilde{p}_c(t)) = x\left((1-\lambda)\tilde{\Pi}_w - \lambda \max\{E(\tilde{\Pi}_w) - \tilde{\Pi}_w, 0\}\right)$$
$$+ (1-x)\left((1-\lambda)\tilde{\Pi}_r - \lambda \max\{E(\tilde{\Pi}_r) - \tilde{\Pi}_r, 0\}\right), \tag{18.16}$$

其中, 利润的下行风险由半偏离 $\max\{E(\tilde{\Pi}_w) - \tilde{\Pi}_w, 0\}$ 或者 $\max\{E(\tilde{\Pi}_r) - \tilde{\Pi}_r, 0\}$ 定义, $1 - \lambda$ 和 λ 分别是利润和下行风险的权重. 显然, 由于利润具有随机性, 经典优化方法无法在集合 $x \in \{0,1\}$ 中确定最大 $\tilde{\Pi}$. 本研究旨在探讨出租车司机在这种不确定的环境下如何做出最佳决策.

18.3.1 随机模型的性质

首先证明了在一定条件下, 下面的随机决策模型是冒险型模型:

$$\max \tilde{\Pi}(x; \tilde{p}_c(t)), \quad x \in \{0,1\}. \tag{18.17}$$

命题 18.2 对任意 $\lambda \in (0,1)$, 下面结论成立.

(1) 如果司机在机场等待乘客所需的实际时间超过高速公路上平均驾驶时间的一半, 即 $\frac{t_0}{2} \leqslant T_w$, 那么出租车司机更倾向于空载直接回城区. 换言之, 在 $\frac{t_0}{2} \leqslant T_w$ 情况下, 模型 (18.17) 是冒险型模型.

(2) 如果 $0 \leqslant T_w < \dfrac{t_0}{2}$, 那么司机更倾向于留在机场等待乘客. 即在 $0 \leqslant T_w < \dfrac{t_0}{2}$ 情况下, 模型 (18.17) 是风险规避型模型.

证明 为了证明模型 (18.17) 是冒险型的, 我们证明以下效用函数

$$U(x; \tilde{p}_c(t)) = \tilde{\Pi}_r(\tilde{p}_c(t)) - \tilde{\Pi}_w(\tilde{p}_c(t))$$

相对于随机变量 $\tilde{p}_c(t)$ 是严格凸的 (Neumann and Morgenstern, 1972; Friedman and Savage, 1948).

通过直接计算, 得到

$$\begin{cases} E(\tilde{\Pi}_w) = p_h t_0 - E(\tilde{p}_c(t))(t_a S(t) + w_t) = p_h t_0 - T_w E(\tilde{p}_c(t)), \\ E(\tilde{\Pi}_r) = (t_a S(t) + w_t) E(\tilde{p}_c(t)) - E(\tilde{p}_c(t)) t_0 = (T_w - t_0) E(\tilde{p}_c(t)) \end{cases} \tag{18.18}$$

和

$$\begin{aligned}
& \max\{E(\tilde{\Pi}_w) - \tilde{\Pi}_w, 0\} \\
={}& \max\{(\tilde{p}_c(t) - E(\tilde{p}_c(t)))(t_a S(t) + w_t), 0\} \\
={}& \max\{T_w(\tilde{p}_c(t) - E(\tilde{p}_c(t))), 0\} \\
={}& T_w[\tilde{p}_c(t) - E(\tilde{p}_c(t))]^+, \\
& \max\{E(\tilde{\Pi}_r) - \tilde{\Pi}_r, 0\} \\
={}& \max\{E(\tilde{p}_c(t))(t_a S(t) + w_t - t_0) - \tilde{p}_c(t)(t_a S(t) + w_t - t_0), 0\} \\
={}& \max\{(E(\tilde{p}_c(t)) - \tilde{p}_c(t))(T_w - t_0), 0\} \\
={}& [(E(\tilde{p}_c(t)) - \tilde{p}_c(t))(T_w - t_0)]^+ \\
={}& \begin{cases} (T_w - t_0)[E(\tilde{p}_c(t)) - \tilde{p}_c(t)]^+, & T_w - t_0 \geqslant 0, \\ -(T_w - t_0)[\tilde{p}_c(t) - E(\tilde{p}_c(t))]^+, & T_w - t_0 < 0. \end{cases}
\end{aligned} \tag{18.19}$$

因此, 模型 (18.17) 可以被重构为

$$\begin{aligned}
\max \tilde{\Pi}(x; \tilde{p}_c(t)) = {}& x\left((1 - \lambda)(p_h t_0 - T_w \tilde{p}(t)) - \lambda T_w[\tilde{p}(t) - E(\tilde{p}(t))]^+\right) \\
& + (1 - x)\Big((1 - \lambda)(T_w - t_0)\tilde{p}(t) - \lambda[(E(\tilde{p}(t)) \\
& - \tilde{p}(t))(T_w - t_0)]^+\Big)
\end{aligned} \tag{18.20}$$

s.t. $x \in \{0, 1\}$.

情形 (I) $T_w - \dfrac{t_0}{2} \geqslant 0$.

分两种不同的情况 (a) $\dfrac{t_0}{2} \leqslant T_w < t_0$ 和 (b) $t_0 \leqslant T_w$ 进一步讨论.

(a) $\dfrac{t_0}{2} \leqslant T_w < t_0$, 由 (18.19) 式最后一个等式, 可得

$$
\begin{aligned}
& U(x; \tilde{p}_c) \\
&= (1 - \lambda)(T_w - t_0)\tilde{p}_c(t) + \lambda\,(T_w - t_0)\max\left(\tilde{p}_c(t) - E(\tilde{p}_c(t)), 0\right) \\
&\quad - \left((1 - \lambda)\,(p_h t_0 - T_w \tilde{p}_c(t)) - \lambda T_w \max\left(\tilde{p}_c(t) - E(\tilde{p}_c(t)), 0\right)\right) \\
&= (1 - \lambda)\left((2T_w - t_0)\tilde{p}_c(t) - p_h t_0\right) \\
&\quad + \lambda(2T_w - t_0)\max(\tilde{p}_c(t) - E(\tilde{p}_c(t)), 0).
\end{aligned} \tag{18.21}
$$

因为 $\max\left(\tilde{p}_c(t) - E(\tilde{p}_c(t)), 0\right)$ 是严格凸的, 并且 $(2T_w - t_0)\tilde{p}_c(t) - p_h t_0$ 关于 $\tilde{p}_c(t)$ 是凸的, 因此出租车司机的效用函数 $U(x; \tilde{p}_c)$ 当 $\dfrac{t_0}{2} \leqslant T_w < t_0$ 时是严格凸的.

(b) 因为 $t_0 \leqslant T_w$, 根据 (18.19) 式可知

$$
\begin{aligned}
& U(x; \tilde{p}_c) \\
&= (1 - \lambda)\left((2T_w - t_0)\tilde{p}_c(t) - p_h t_0\right) - \lambda\,(T_w - t_0)\max(E(\tilde{p}_c(t)) - \tilde{p}_c(t), 0) \\
&\quad + \lambda T_w \max\left(\tilde{p}_c(t) - E(\tilde{p}_c(t)), 0\right) \\
&= (1 - \lambda)\left((2T_w - t_0)\tilde{p}_c(t) - p_h t_0\right) + \lambda t_0 \max\left(E(\tilde{p}_c(t)) - \tilde{p}_c(t), 0\right) \\
&\quad + \lambda T_w\left(\tilde{p}_c(t) - E(\tilde{p}_c(t))\right) \\
&= (2T_w - \lambda T_w + \lambda t_0 - t_0)\tilde{p}_c(t) - (1 - \lambda)p_h t_0 - \lambda T_w E(\tilde{p}_c(t)) \\
&\quad + \lambda t_0 \max\left(E(\tilde{p}_c(t)) - \tilde{p}_c(t), 0\right).
\end{aligned} \tag{18.22}
$$

显然, $\max\left(E(\tilde{p}_c(t)) - \tilde{p}_c(t), 0\right)$ 关于 $\tilde{p}_c(t)$ 是严格凸的, 又由于 $\lambda t_0 > 0$ 和 $(2T_w - \lambda T_w + \lambda t_0 - t_0) > 0$, 则 $U(x; \tilde{p}_c(t))$ 是严格凸的. 为此我们已证明对于情形 (I) 模型 (18.17) 是冒险型的.

情形 (II) $T_w - \dfrac{t_0}{2} < 0$.

由 (18.21) 式的最后一个等式可知

$$
\begin{aligned}
& U(x; \tilde{p}_c) \\
&= \begin{cases}
(1 - \lambda)\left((2T_w - t_0)\tilde{p}_c(t) - p_h t_0\right), & \tilde{p}_c(t) \leqslant E(\tilde{p}_c(t)), \\
(2T_w - t_0)\tilde{p}_c(t) + (\lambda - 1)p_h t_0 - \lambda(2T_w - t_0)E(\tilde{p}_c(t)), & \tilde{p}_c(t) > E(\tilde{p}_c(t)).
\end{cases}
\end{aligned}
$$

因为 $0 < 1 - \lambda < 1$ 和 $2T_w - t_0 < 0$, 则 $2T_w - t_0 < (1 - \lambda)(2T_w - t_0) < 0$. 因此, 分段线性效用函数 $U(x; \tilde{p}_c)$ 关于 $\tilde{p}_c$ 是严格凹的, 即模型 (18.17) 是风险规避的. $\qquad\square$

注 18.3　命题 18.2 的结果表明, 权重 λ 的取值不会改变模型 (18.17) 的风险倾向类型. 因此, 在后面的分析中我们将目标函数 (18.16) 简化为

$$\tilde{\Pi}(x; \tilde{p}_c(t)) = x \left(\tilde{\Pi}_w - \max\{E(\tilde{\Pi}_w) - \tilde{\Pi}_w, 0\} \right)$$
$$+ (1 - x) \left(\tilde{\Pi}_r - \max\{E(\tilde{\Pi}_r) - \tilde{\Pi}_r, 0\} \right), \tag{18.23}$$

相当于取了相同的权重, 即 $\lambda = 1 - \lambda = 1/2$.

18.3.2　随机环境下的最优策略

为了从经典优化理论的角度确定随机模型 (18.17) 的最优解, 我们应用期望方法来处理该模型中的随机性. 即研究目标是求解以下确定性优化问题的最优决策 x^*:

$$\max \bar{\Pi}(x) = E(\tilde{\Pi}(x; \tilde{p}_c(t))), \quad \text{s.t. } x \in \{0, 1\}, \tag{18.24}$$

其中

$$\bar{\Pi}(x) = x \left(p_h t_0 - T_w E(\tilde{p}_c(t)) - T_w E \left([\tilde{p}_c(t) - E(\tilde{p}_c(t))]^+ \right) \right)$$
$$+ (1 - x) \left((T_w - t_0) E(\tilde{p}_c(t)) - E \left([(E(\tilde{p}_c(t)) - \tilde{p}_c(t))(T_w - t_0)]^+ \right) \right). \tag{18.25}$$

定义符号

$$\text{UMD} = E \left([\tilde{p}_c(t) - E(\tilde{p}_c(t))]^+ \right),$$
$$\text{DMD} = E \left([E(\tilde{p}_c(t)) - \tilde{p}_c(t)]^+ \right), \tag{18.26}$$

分别表示单位时间净收益的平均上偏离和下偏离. 则

$$\text{UMD} - \text{DMD} = \int_{E(\tilde{p}_c(t))}^{+\infty} (\hat{p}_c(t) - E(\tilde{p}_c(t))) f(\hat{p}_c(t)) d\hat{p}_c(t)$$
$$- \int_{-\infty}^{E(\tilde{p}_c(t))} (E(\tilde{p}_c(t)) - \hat{p}_c(t)) f(\hat{p}_c(t)) d\hat{p}_c(t) = 0, \tag{18.27}$$

即 $\text{UMD} = \text{DMD}$. 因此, 模型 (18.24) 变换为

$$\max \quad \bar{\Pi}(x) = x (p_h t_0 - T_w E(\tilde{p}_c(t)) - T_w \text{UMD})$$
$$+ (1 - x) ((T_w - t_0) E(\tilde{p}_c(t)) - |T_w - t_0| \text{UMD}) \tag{18.28}$$
$$\text{s.t.} \quad x \in \{0, 1\}.$$

显然, 模型 (18.28) 的任何解都为出租车司机提供了考虑期望利润及其下行风险的最优策略.

注 18.4 模型 (18.28) 不仅最大化期望利润, 而且最小化期望利润的下行风险. 因此, 将此模型称为期望利润最大化和风险最小化模型. 与原随机模型 (18.17) 不同, 可以证明模型 (18.28) 关于时变变量 UMD 是风险中性决策模型.

命题 18.3 令 UMD 由 (18.26) 式定义. 则模型 (18.28) 关于时变变量 UMD 是风险中性的.

证明 由定义可得

$$\bar{\Pi}_r - \bar{\Pi}_w = (T_w - t_0)E(\tilde{p}_c(t)) - |T_w - t_0|\,\mathrm{UMD} - (p_h t_0 - T_w E(\tilde{p}_c(t))) + T_w \mathrm{UMD}$$

$$= (2T_w - t_0)E(\tilde{p}_c(t)) - p_h t_0 + (T_w - |T_w - t_0|)\mathrm{UMD}. \tag{18.29}$$

即出租车司机的效用 $\bar{\Pi}_r - \bar{\Pi}_w$ 是关于 UMD 的线性函数. 因此, 模型 (18.28) 是风险中性的. □

由性质 18.3 的证明, 可以进一步得到以下结论.

命题 18.4 令 UMD 和 DMD 由 (18.26) 式定义. 则当 $T_w > \dfrac{t_0}{2}$ 时, 司机直接空载回城的效用函数关于 UMD 是线性递增的. 当 $T_w < \dfrac{t_0}{2}$ 时, 司机在机场等待乘客的效用函数关于 DMD 是线性递增的.

证明 当 $T_w > \dfrac{t_0}{2}$ 时, 通过将其分为两种情况来进一步讨论.

如果 $t_0 > T_w > \dfrac{t_0}{2}$, 则由 (18.29) 式最后一个等式可得

$$\bar{\Pi}_r - \bar{\Pi}_w = 2T_w E(\tilde{p}_c(t)) - t_0 E(\tilde{p}_c(t)) - p_h t_0 + (2T_w - t_0)\mathrm{UMD}$$

$$= -p_h t_0 + (2T_w - t_0)(E(\tilde{p}_c(t)) + \mathrm{UMD}), \tag{18.30}$$

即司机直接空载回城的效用函数 $\bar{\Pi}_r - \bar{\Pi}_w$ 关于 UMD 是线性递增的. 如果 $T_w > t_0$, 则由 (18.29) 式最后一个等式得到

$$\bar{\Pi}_r - \bar{\Pi}_w = 2T_w E(\tilde{p}_c(t)) - t_0 E(\tilde{p}_c(t)) - p_h t_0 + t_0 \mathrm{UMD}, \tag{18.31}$$

这也表明司机直接空载回城的效用函数关于 UMD 是线性递增的. 将 (18.30) 式中的 UMD 替换为 DMD, 容易得到, 当 $0 < T_w < \dfrac{t_0}{2}$ 时司机在机场等待乘客的效用函数 $\bar{\Pi}_w - \bar{\Pi}_r$ 关于 DMD 是线性递增的. □

注 18.5 尽管已经证明模型 (18.28) 关于时变变量 UMD 或 DMD 是风险中性的, 但命题中的结论也表明净收益的平均上偏离 (或下偏离) 越大则效用越大. 这与中国谚语 "明知山有虎 (UMD 或 DMD), 偏向虎山行" 相一致, 而参照严格凸性的性质, 模型 (18.28) 也可以被视为冒险型 (Li et al., 2000).

显然, 模型 (18.28) 的解取决于随机参数 $\tilde{p}_c(t)$ 的分布. 类似于对确定性模型 (18.4) 的分析, 进一步探讨出租车司机如何通过模型 (18.28) 做出最优决策.

定义符号

$$\widetilde{\Delta p} = \frac{p_h - (E(\tilde{p}_c(t)) + \text{UMD})}{E(\tilde{p}_c(t))}, \tag{18.32}$$

称之为随机环境下司机在高速公路和市区服务所获得的单位时间净收益相对差. 在实践中, 出租车服务所获的净收益通常满足 $p_h > E(\tilde{p}_c(t)) + \text{UMD}$, 即司机在高速公路上所获得的单位时间净收益高于在市区的单位时间净收益. 因此, $\widetilde{\Delta p}$ 是非负的. 应用 $\widetilde{\Delta p}$ 可以定义一个新时间阈值:

$$\widetilde{TT_w} := t_0 \left(1 + \frac{1}{2}\widetilde{\Delta p}\right), \tag{18.33}$$

称之为修正的与单位时间净收益相对差相关的时间阈值. 显然, 当 $\widetilde{\Delta p} \geqslant 0$ 时 $\widetilde{TT_w} \geqslant t_0$. 使用这个时间阈值可以得到以下结果.

定理 18.5   假设 $\widetilde{\Delta p} \geqslant 0$. 那么, 以下结论成立.

(1) 当 $T_w \leqslant \widetilde{TT_w}$ 时, 模型 (18.28) 的最优解为 $x^* = 1$. 换言之, 在时间段 t, 如果出租车司机在机场等待乘客所需的实际时间小于等于修改后的时间阈值 $\widetilde{TT_w}$, 那么留在机场等候乘客是出租车司机的最优选择.

(2) 当 $T_w > \widetilde{TT_w}$ 时, 模型 (18.28) 的最优解为 $x^* = 0$. 即如果出租车司机在机场等待乘客所需的实际时间大于修改后的时间阈值, 那么直接空载回城是出租车司机的最优选择.

证明   当 $T_w \leqslant \widetilde{TT_w}$ 时, 结合 (18.32) 式, 有

$$\begin{aligned}
T_w &\leqslant t_0 \left(1 + \frac{1}{2}\widetilde{\Delta p}\right) \\
&= t_0 \left(1 + \frac{p_h - E(\tilde{p}_c(t)) - \text{UMD}}{2E(\tilde{p}_c(t))}\right) \\
&= t_0 \left(\frac{p_h + E(\tilde{p}_c(t)) - \text{UMD}}{2E(\tilde{p}_c(t))}\right).
\end{aligned} \tag{18.34}$$

化简为

$$2T_w E(\tilde{p}_c(t)) - t_0 E(\tilde{p}_c(t)) - p_h t_0 + t_0 \text{UMD} \leqslant 0. \tag{18.35}$$

由 (18.30) 式和 (18.31) 式, 可得

$$\bar{\Pi}_r - \bar{\Pi}_w$$

$$= \begin{cases} 2T_w E(\tilde{p}_c(t)) - t_0 E(\tilde{p}_c(t)) - p_h t_0 + t_0 \mathrm{UMD}, & T_w \geqslant t_0, \\ ((2T_w - t_0)E(\tilde{p}_c(t)) - p_h t_0 + t_0 \mathrm{UMD}) + 2(T_w - t_0)\mathrm{UMD}, & T_w < t_0. \end{cases}$$

因此, 结合 (18.35) 式中的不等式, 可以得到 $\bar{\Pi}_r - \bar{\Pi}_w \leqslant 0$, 即模型 (18.28) 的最优解是 $x^* = 1$.

与上述论证类似, 我们可以证明当 $T_w > \widetilde{TT}_w$ 时模型 (18.28) 的最优解是 $x^* = 0$. $\qquad\square$

注 18.6 如果定理 18.5 中的条件 $\widetilde{\Delta p} \geqslant 0$ 在实践中不成立, 即 $\widetilde{\Delta p} < 0$, 那么通过下述公式分别替换 $\widetilde{\Delta p}$ 和 $\widetilde{TT}_w$

$$\widetilde{\Delta p}' = \frac{p_h - (E(\tilde{p}_c(t)) + \mathrm{UMD})}{E(\tilde{p}_c(t)) + \mathrm{UMD}}$$

和

$$\widetilde{TT}'_w := t_0 \left(1 + \frac{1}{2}\widetilde{\Delta p}'\right),$$

可以得到类似的结果.

定理 18.6 假设 $\widetilde{\Delta p} < 0$. 则下述结论成立.

(1) 当 $T_w \leqslant \widetilde{TT}'_w$ 时, 留在机场排队等待乘客是出租车司机的最优策略, 即模型 (18.28) 的最优解是 $x^* = 1$.

(2) 当 $T_w > \widetilde{TT}'_w$ 时, 直接空载返回城区是出租车司机的最优策略, 即模型 (18.28) 的最优解为 $x^* = 0$.

证明 类似于定理 18.5 的证明, 可以证明上述结果. $\qquad\square$

注 18.7 与确定性模型 (18.4) (见定理 18.1) 相比, 因为 $TT_w \geqslant \widetilde{TT}_w$ 和 $TT_w \geqslant \widetilde{TT}'_w$, 定理 18.5 和定理 18.6 为排队等候的出租车司机提供了一个较小的时间判断阈值上限 (或者说较窄的时间阈值区间). 换句话说, 当考虑出租车司机在市区的单位时间净收益存在不确定性时, 司机不愿意在机场排队等候乘客. 重要的是, 这个研究结果不仅符合常理, 而且给出了一个可以准确地判定司机是空载回城还是留在机场等候乘客的数学公式.

注 18.8 如果模型 (18.28) 中随机参数 $\tilde{p}_c(t)$ 的分布已知, 则本章获得的所有决策阈值都可以直接计算. 例如, 假设在时间段 t 随机变量 $\tilde{p}_c(t)$ 服从正态分布, 即 $\tilde{p}_c(t) \sim N(\mu_t, \sigma_t^2)$, 那么相关阈值可以通过以下方式计算:

$$
\begin{cases}
\widetilde{\Delta p} = \dfrac{p_h - \left(\mu_t + \dfrac{\sigma_t}{\sqrt{2\pi}} \right)}{\mu_t}, \\[4mm]
\widetilde{\Delta p}\,' = \dfrac{p_h - \left(\mu_t + \dfrac{\sigma_t}{\sqrt{2\pi}} \right)}{\mu_t + \dfrac{\sigma_t}{\sqrt{2\pi}}}, \\[4mm]
\widetilde{TT}_w := t_0 \left(1 + \dfrac{1}{2} \widetilde{\Delta p} \right), \\[4mm]
\widetilde{TT}_w' := t_0 \left(1 + \dfrac{1}{2} \widetilde{\Delta p}\,' \right).
\end{cases}
\tag{18.36}
$$

当 $x^* = 1$ 时的最大利润为

$$
\bar{\Pi}_w = p_h t_0 - \left(\mu_t + \frac{1}{\sqrt{2\pi}} \sigma_t \right) T_w.
$$

当 $x^* = 0$ 时的最大利润为

$$
\bar{\Pi}_r = \mu_t \left(T_w - t_0 \right) - \frac{1}{\sqrt{2\pi}} \sigma_t \left| T_w - t_0 \right|.
$$

基于定理 18.5 中的结果, 下面探索在 $\widetilde{\Delta p} \geqslant 0$ 的情况下, 机场固定出租车服务中心排队等候的出租车数量阈值, 以及出租车司机如何使用数量阈值来做出最优决策.

利用 $\widetilde{TT}_w$, 定义

$$
\widetilde{CS}(t) = \frac{\widetilde{TT}_w - w_t}{t_a}
\tag{18.37}
$$

和

$$
\widetilde{SC}(t) = \lfloor \widetilde{CS}(t) \rfloor,
\tag{18.38}
$$

其中 $\lfloor \cdot \rfloor$ 是向下取整函数. 称 $\widetilde{SC}(t)$ 为随机环境中机场固定出租车服务中心排队的出租车数量阈值. 可以证明这个阈值具有以下性质.

定理 18.7　令 $\widetilde{SC}(t)$ 由 (18.38) 式定义. 则

$$
\left\lfloor \frac{t_0 - w_t}{t_a} \right\rfloor \leqslant \widetilde{SC}(t) \leqslant \left\lfloor \frac{\widetilde{TT}_w}{t_a} \right\rfloor.
\tag{18.39}
$$

证明　由 (18.37) 式和 (18.38) 式可知

$$
\widetilde{SC}(t) = \left\lfloor \frac{\widetilde{TT}_w - w_t}{t_a} \right\rfloor = \left\lfloor \frac{1}{t_a} \left(t_0 \left(1 + \frac{1}{2} \widetilde{\Delta p} \right) - w_t \right) \right\rfloor.
\tag{18.40}
$$

再由 (18.40) 式中第一个等式, 通过令 $w_t = 0$ 可以得到 $\widetilde{SC}(t)$ 的上界, 并记为如下形式:

$$\overline{\widetilde{SC}(t)} = \left\lfloor \frac{\widetilde{TT}_w}{t_a} \right\rfloor. \tag{18.41}$$

类似地, 由 (18.40) 式的第二个等式, 通过令 $\widetilde{\Delta p} = 0$ 可以得到 $\widetilde{SC}(t)$ 的下界, 记为如下形式:

$$\underline{\widetilde{SC}(t)} = \left\lfloor \frac{t_0 - w_t}{t_a} \right\rfloor. \tag{18.42}$$

因此 (18.39) 式成立. □

定理 18.8 假设 $\widetilde{\Delta p} \geqslant 0$. 令 $\widetilde{SC}(t)$ 由 (18.38) 式定义. 假设在时间段 t, 随机变量 $\tilde{p}_c(t)$ 服从正态分布, 即 $\tilde{p}_c(t) \sim N(\mu_t, \sigma_t^2)$. 则下面结论成立.

(1) $\widetilde{SC}(t)$ 关于 μ_t 线性递减. 其管理上启示是, 如果市区服务单位时间净收益均值 (μ_t) 较低, 出租车司机更倾向于选择留在机场等候乘客.

(2) $\widetilde{SC}(t)$ 关于 $\frac{\sigma_t}{\mu_t}$ 线性递减. 其管理上启迪是, 市区服务的单位时间净收益的波动越大, 机场出租车司机直接空载回城的意愿越强.

(3) $\widetilde{SC}(t)$ 关于 w_t 线性递减. 其管理上见解是, 当出租车司机在机场接到乘客的平均等待时间越长, 出租车司机往往会越愿意直接空载返回城区.

(4) $\widetilde{SC}(t)$ 关于 t_a 线性递减, 这与如果提高机场固定出租车服务中心的运营水平, 将可以吸引更多的出租车司机在机场等待乘客的事实相吻合.

(5) $\widetilde{SC}(t)$ 关于 t_0 线性递增, 这与在高速公路上行驶的时间越长, 出租车司机就越愿意在机场等候乘客的事实不谋而合.

证明 将 (18.40) 式的第二个等式重构为

$$\widetilde{SC}(t) = \left\lfloor \frac{1}{t_a} \left(t_0 \left(1 + \frac{p_h - \mu_t - \frac{1}{\sqrt{2\pi}}\sigma_t}{2\mu_t} \right) - w_t \right) \right\rfloor$$

$$= \left\lfloor \frac{t_0 p_h - 2\mu_t w_t + \mu_t t_0 - t_0 \frac{1}{\sqrt{2\pi}}\sigma_t}{2\mu_t t_a} \right\rfloor$$

$$= \left\lfloor \frac{t_0 - 2w_t}{2t_a} + \frac{t_0 \left(p_h - \frac{1}{\sqrt{2\pi}}\sigma_t \right)}{2t_a} \frac{1}{\mu_t} \right\rfloor$$

$$= \left\lfloor \frac{1}{2t_a} \left((t_0 - 2w_t) + \left(p_h - \frac{1}{\sqrt{2\pi}} \sigma_t \right) \frac{t_0}{\mu_t} \right) \right\rfloor$$

$$= \left\lfloor \frac{t_0}{2t_a} \left(1 + \frac{p_h}{\mu_t} - \frac{\sigma_t}{\sqrt{2\pi}\mu_t} \right) - \frac{w_t}{t_a} \right\rfloor. \tag{18.43}$$

则定理中的五个结论都可以直接从 (18.43) 式中的第三、第四和第五个方程得到. $\qquad\square$

注 18.9 定理 18.8 中的结论表明数量阈值 $\widetilde{SC}(t)$ 与随机环境中的许多模型参数有关, 特别是实践中市区服务单位时间净收益的随机性. 事实上, 这个决策阈值在随机环境中为出租车司机做出最优决策方面发挥着重要作用 (见定理 18.9).

定理 18.9 假设 $\widetilde{\Delta p} \geqslant 0$. 则以下结论成立.

(1) 如果 $S(t) \leqslant \widetilde{SC}(t)$, 则模型 (18.28) 的最优解是 $x^* = 1$. 换言之, 在时间段 t 当机场排队的出租车数量低于或等于数量阈值 $\widetilde{SC}(t)$ 时, 出租车司机的最佳决策是留在机场等候乘客. 相应的最大利润为

$$\bar{\Pi}^* = p_h t_0 - \left(\mu_t + \frac{1}{\sqrt{2\pi}} \sigma_t \right) (t_a S(t) + w_t).$$

(2) 如果 $\widetilde{SC}(t) < S(t)$, 则模型 (18.28) 的最优解是 $x^* = 0$. 即在时间段 t 当机场排队的出租车数量高于数量阈值 $\widetilde{SC}(t)$ 时, 出租车司机的最优决策是直接空载返城区. 相应的最大利润为

$$\bar{\Pi}^* = \left(\mu_t - \frac{1}{\sqrt{2\pi}} \sigma_t \right) (t_a S(t) + w_t - t_0).$$

证明 可以直接由定理 18.5 得到. $\qquad\square$

由 $\overline{SC}(t)$ 和 $\underline{SC}(t)$ 的定义, 直接依据定理 18.9 的结果得到如下推论.

推论 18.1 在时间段 t, 令 $\overline{SC}(t)$ 和 $\underline{SC}(t)$ 分别由 (18.41) 式和 (18.42) 式定义. 则当 $S(t) \leqslant \underline{SC}(t)$ 时, 司机的最优决策是继续留在机场排队等候乘客. 当 $S(t) > \overline{SC}(t)$ 时, 司机的最优决策是直接空载返回城区.

推论 18.2 假设 $\widetilde{\Delta p} \geqslant 0$. 令 $\widetilde{SC}(t)$ 由 (18.38) 式定义. 则

(1) 司机最优决策是留在机场等候乘客时的最大利润上界为

$$p_h t_0 - \left(\mu_t + \frac{1}{\sqrt{2\pi}} \sigma_t \right) w_t.$$

最大利润下界为

$$p_h t_0 - \left(\mu_t + \frac{1}{\sqrt{2\pi}} \sigma_t \right) \left(t_a \widetilde{SC}(t) + w_t \right),$$

此时 $S(t) = \widetilde{SC}(t)$.

(2) 司机最优决策是直接空载返回市区时的最大利润下界为

$$\left(\mu_t - \frac{1}{\sqrt{2\pi}}\sigma_t\right)\left(t_a(\widetilde{SC}(t) + 1) + w_t - t_0\right),$$

其中 $S(t) = \widetilde{SC}(t) + 1$. 最大利润上界为

$$\left(\mu_t - \frac{1}{\sqrt{2\pi}}\sigma_t\right)(t_a C(t) + w_t - t_0).$$

本节最后对模型 (18.4) 和模型 (18.28) 中获得的决策阈值进行比较.

定理 18.10 令时间阈值 TT_w 和 $\widetilde{TT_w}$ 分别由 (18.7) 式和 (18.33) 式定义, 数量阈值 SC 和 $\widetilde{SC}$ 分别由 (18.9) 式和 (18.38) 式定义. 则下述结论成立.

(1) $TT_w - \widetilde{TT_w} = \dfrac{t_0 \sigma_t}{2\sqrt{2\pi}\mu_t} > 0$, 即时间阈值的差与出租车司机市区服务单位时间净收益的变异系数 (σ_t/μ_t) 线性相关.

(2) $SC(t) - \widetilde{SC}(t) = \dfrac{TT_w - \widetilde{TT_w}}{t_a} > 0$, 即数量阈值的差与出租车司机市区服务单位时间净收益的变异系数 (σ_t/μ_t) 也线性相关.

证明 根据定义易证上述结果. □

注 18.10 根据定理 18.10 中的第二个结果可知: 任何通过提高固定出租车服务中心运营水平来减少乘客平均登车时间 t_a 的政策都可以对冲模型 (18.28) 中随机性的影响.

注 18.11 如果标准差 σ_t 足够小, 使得 $\dfrac{1}{\sqrt{2\pi}}\sigma_t \ll p_h$, 则 $SC(t) \approx \widetilde{SC}(t)$.

因为在这种情况下有

$$\begin{aligned}
\widetilde{SC}(t) &\approx \left\lfloor \frac{1}{2t_a}\left((t_0 - 2w_t) + \frac{p_h t_0}{\mu_t}\right) \right\rfloor \\
&= \left\lfloor \frac{t_0 - w_t}{t_a} + \frac{t_0}{t_a}\frac{p_h - \mu_t}{2\mu_t} \right\rfloor \\
&= \left\lfloor \frac{t_0\left(1 + \frac{1}{2}\Delta p\right) - w_t}{t_a} \right\rfloor \\
&= SC(t). \tag{18.44}
\end{aligned}$$

18.4　基于黄花国际机场的案例分析

本节将基于长沙黄花机场实际数据开展案例分析以验证本章提出的模型和方法.

为了消除 COVID-19 疫情对正常情况下实际运营数据的影响, 分别从滴滴出行在线平台、长沙黄花国际机场的航班信息以及下列网站中收集了此次疫情之前的相关数据:

https://flights.ctrip.com/actualtime/depart-csx/,

https://zh.flightaware.com,

https://wenku.baidu.com/view/6332c1a3856a561252d36f5a.html.

依据收集的相关数据, 估计了模型参数: $t_0 = 20.00$, $p_h = 2.00$, $t_a = 0.25$. 在随机环境中, 假设参数 $\tilde{p}_c(t)$ 是一个服从正态分布的连续随机变量, 即 $\tilde{p}_c(t) \sim N(\mu_t, \sigma_t^2)$, 其中 μ_t 是均值, σ_t 是标准差. 对于确定性模型 (18.4), 取值 $p_c(t) = \mu_t$.

18.4.1　参数的设定和最优策略算法

如 18.2 节和 18.3 节所示, 机场出租车司机在服务时间段 t 内可以根据相应的关键参数 $S(t)$ 和 $C(t)$ 做出最优策略. 根据机场规则, 由于中国在凌晨 3:00 到 5:00 之间没有航班, 因此只考虑除此时段之外的 11 个时段, 并用符号 t_i, $i = 1, \cdots, 11$ 表示, 其中每个时间段包含两个小时 (La Croix et al., 1986). 详见表 18.1 所示.

表 18.1　时间段的划分

时间段	t_1	t_2	t_3	t_4	t_5	t_6
时间区间	5:00—7:00	7:00—9:00	9:00—11:00	11:00—13:00	13:00—15:00	15:00—17:00
时间段	t_7	t_8	t_9	t_{10}	t_{11}	
时间区间	17:00—19:00	19:00—21:00	21:00—23:00	23:00—1:00	1:00—3:00	

与表 18.1 中的每个时间段相对应, 我们收集了在时间段 t_i 内抵达机场的乘客人数 ($Q(t)$)、这些乘客选择出租车服务的比例 ($\rho(t)$) 以及每辆出租车的平均载客人数 ($q(t)$) 等数据, 如表 18.2 所示. 表中关键模型参数 $C(t)$ 利用如下公式

$$C(t) = \left\lceil \frac{Q(t)\rho(t)}{q(t)} \right\rceil \tag{18.45}$$

计算得出, $C(t)$ 表示有机会在机场固定出租车服务中心接载到乘客的出租车数量.

基于上述的准备, 为机场的出租车司机开发一种最优决策算法, 如下所示.

算法 18.1　出租车司机最优决策算法

步 1: 如果 $S(t) \leqslant C(t)$, 则进入步 2. 否则最优解为 $x^* = 0$.

步 2: 如果 $S(t) > \left\lfloor \dfrac{t_0 - w_t}{t_a} \right\rfloor$, 则进入步 3. 否则最优解为 $x^* = 1$.

步 3: 如果 $S(t) \leqslant \overline{\widetilde{SC}(t)}$ (或 $S(t) \leqslant \overline{SC(t)}$), 则进入步 4. 否则最优解为 $x^* = 0$.

步 4: 计算关键阈值: $\widetilde{SC}(t)$ (或 $SC(t)$).

步 5: 由定理 18.9 (或定理 18.2), 得到模型 (18.28) (或模型 (18.4)) 的最优解 x^*. 即当 $S(t) \leqslant \widetilde{SC}(t)$ (或 $S(t) \leqslant SC(t)$) 时, 最优解为 $x^* = 1$. 否则最优解为 $x^* = 0$.

表 18.2　有机会接载乘客的最大出租车数量和相关数据

时间段 参数	t_1	t_2	t_3	t_4	t_5	t_6	t_7	t_8	t_9	t_{10}	t_{11}
μ_t	0.49	1.39	0.78	1.11	0.81	0.68	0.78	1.31	1.18	0.87	0.55
w_t	39.27	37.62	0.24	0.00	2.59	4.26	3.32	3.49	0.00	0.65	4.24
$Q(t)$	378	428	9198	6207	7866	6921	10016	5493	8214	8609	3685
$\rho(t)$	0.10	0.10	0.15	0.20	0.15	0.10	0.10	0.10	0.15	0.25	0.30
$q(t)$	1.30	1.50	1.80	2.00	2.50	2.00	2.80	2.40	2.00	2.50	1.20
$C(t)$	30	29	767	621	472	347	358	229	617	861	922

算法 18.1 的流程图如图 18.2 所示.

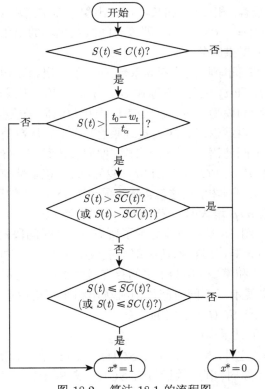

图 18.2　算法 18.1 的流程图

18.4.2　不同时间段的决策阈值和最优策略

模型 (18.4) (或模型 (18.28)) 可以通过算法 18.1 来实现, 从而获得机场出租车司机的最优策略. 表 18.3 展示利用本章构建的模型所获得的所有 11 个时间段的数量阈值, 这些数量阈值有利于在实践中为机场出租车司机做出最优决策.

表 18.3 中的数值结果表明:

表 18.3　所有时间段内模型 (18.4) 和模型 (18.28) 的决策阈值

阈值 ＼ 时间段	t_1	t_2	t_3	t_4	t_5	t_6	t_7	t_8	t_9	t_{10}	t_{11}
$SC(t)$	30	0	141	112	128	140	129	87	107	129	168
$\widetilde{SC}_{\sigma/\mu=0.01}(t)$	30	0	141	111	128	140	129	86	107	129	168
$\widetilde{SC}_{\sigma/\mu=0.1}(t)$	30	0	140	110	126	139	127	85	106	127	166
$\widetilde{SC}_{\sigma/\mu=0.2}(t)$	30	0	138	108	125	137	126	83	104	126	165
$\widetilde{SC}_{\sigma/\mu=0.3}(t)$	30	0	136	107	123	135	124	82	103	124	163

(1) 不同的时间段有不同的机场出租车排队数量决策阈值. 相较而言, 在时间段 t_3, t_6 和 t_{11} 内的数量阈值较大, 这意味着机场出租车司机在这些时间段更愿意留在机场等待接载乘客. 相反地, 在长沙市区出租车需求高峰期 t_2 (上午 7:00—上午 9:00), 此时 $SC(t) = \widetilde{SC}(t) = 0$, 即该时间段在机场的出租车司机最佳选择是直接空载返回城区去提供服务.

(2) 市区内单位时间净收益的变异系数 (σ/μ) 对出租车司机的决策阈值有显著影响. 除时间段 t_1 和 t_2 之外, 不等式 $\widetilde{SC}(t) \leqslant SC(t)$ 恒成立. 换言之, 对于考虑了利润的下行风险的模型 (18.28), 当市区单位时间净收益波动较大时, 机场出租车司机更倾向于空载返回城区去接载乘客, 这正好从数值上验证了出租车司机的决策模式符合中国谚语 " 明知山有虎, 偏向虎山行". 只有当变异系数较小时 (例如 $\sigma/\mu = 0.01$), 满足 $\widetilde{SC}(t) \approx SC(t)$. 这意味着, 确定性模型 (18.4) 和随机模型 (18.28) 的最优策略基本相同, 这与实际情况和注 18.11 中的理论分析结果一致.

(3) 当变异系数 σ/μ 增大时, 模型 (18.4) 和模型 (18.28) 的决策差距 $SC(t) - \widetilde{SC}(t)$ 也随之增大. 图 18.3 直观地显示了所有 11 个时间段的决策差距. 在实践中, 诸如节假日和雨天等许多特殊情况都会造成市区的单位时间净收益波动较大, 从而导致模型 (18.4) 和模型 (18.28) 之间存在较大的决策差距.

图 18.4 进一步展示了不同时间段内机场出租车司机决策的关键参数 ($C(t)$) 和数量阈值 ($SC(t)$ 或 $\widetilde{SC}(t)$) 之间的关系.

图 18.4 中的数值结果表明:

(1) 除时间段 t_1 之外, 恒有不等式 $SC(t) < C(t)$ 和 $\widetilde{SC}(t) < C(t)$ 成立. 当取变异系数 $\sigma/\mu = 0.3$ 时, 利用数量阈值 $SC(t)$ 或 $\widetilde{SC}(t)$ 可以得到出租车司机在 11 个不同时间段的最优策略, 如图 18.5 所示.

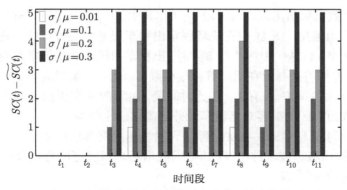

图 18.3 模型 (18.4) 和模型 (18.28) 的决策差距

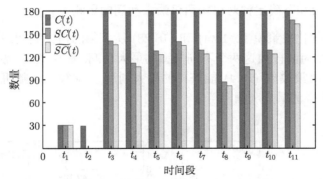

图 18.4 不同时间段的关键参数和数量阈值关系图

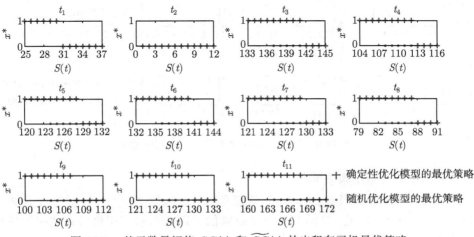

图 18.5 基于数量阈值 $SC(t)$ 和 $\widetilde{SC}(t)$ 的出租车司机最优策略

(2) 最大数量阈值出现在时间段 t_{11} 内, 其中 $SC(t) = 168$ 和 $\widetilde{SC}(t) = 163$. 在此期间, 只有当模型 (18.4) 中在机场固定出租车服务中心等待的出租车数量超过 168 辆 (或模型 (18.28) 中的 163 辆) 时, 出租车司机才会选择空载返回城区提供服务. 否则, 他们将选择留在机场等待接载乘客. 这一结果可能与 t_{11} (1:00—3:00) 是一天中非常晚的时间段有关, 在此时间段, 机场的乘客更愿意选择乘坐出租车离开, 另一方面市区的乘客对出租车服务的需求也比较少.

(3) 在时间段 t_2 (7:00—9:00), 除了到达机场的乘客数量 $C(t)$ 较少以外, 该时间段还是市区出租车需求的早高峰期, 因此出租车司机更愿意直接空载返回市区, 而不是在机场等候乘客.

(4) 除了时间段 t_1 以外, 影响出租车司机最优决策的是在机场固定出租车服务中心排队的出租车数量阈值 $SC(t)$ (或 $\widetilde{SC}(t)$), 而不是机场乘客的数量.

18.4.3　时间段和不确定性对机场司机最大利润的影响

为了比较优化决策模型 (18.4) 和 (18.28) 所获得的最大利润, 在图 18.6 中对比绘制了 11 个时间段内这两个不同模型的最大利润. 图中的 + 实线标记符号表示确定性优化决策模型 (18.4) 能获得的最大利润, · 虚线表示随机优化决策模型 (18.28) 可以获得的最大利润.

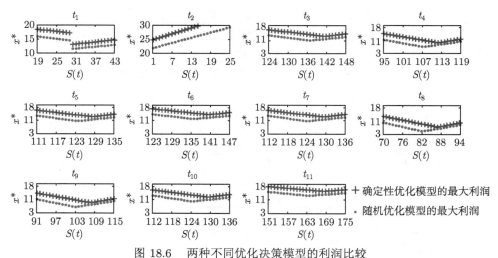

图 18.6　两种不同优化决策模型的利润比较

图 18.6 的数值结果表明:

(1) 在时间段 t_3 到 t_{11} 期间, 本章定义的数量阈值 $SC(t)$ ($\widetilde{SC}(t)$) 是最大利润曲线上的拐点. 因此, 这两个关键数量阈值可以为出租车司机做最优决策提供一个便捷可靠的判断指标.

(2) 值得注意的是, 模型 (18.28) 获得的最大利润总是低于模型 (18.4) 的最大利润. 这表明, 市区内单位时间净收益的不确定性对机场出租车司机的决策建模至关重要.

(3) 如表 18.4 所示, 模型 (18.4) 和模型 (18.28) 获得的最大利润之差一般小于 10.42. 在两个特殊时间段 t_6 (15:00—17:00) 和 t_{11} (1:00—3:00) (表 18.2), 由于市区内单位时间净收益的均值较小, 并且出租车司机在机场固定出租车服务中心接载乘客的平均等待时间较长, 因此两个决策模型的利润差的上界最小.

(4) 模型 (18.4) 或模型 (18.28) 在时间段 t_2 (7:00—9:00) 内获得的最大利润大于其他 10 个时间段的最大利润. 因此, 在时间段 t_2 出租车司机送乘客前往机场是最经济划算的. 在时间段 t_2 到 t_{11} 期间, 当机场固定出租车服务中心等待的出租车数量等于定义的数量阈值时, 这两个模型所获得的利润均为最小. 这进一步验证了我们的模型所提出的决策阈值是有价值的, 是衡量最大利润的关键指标.

综上所述, 出租车司机所获的最大利润对市区内单位时间净收益的不确定性非常敏感.

表 18.4　两种不同优化决策模型所获利润之差的上界和下界

$\Delta\Pi^*$　时间段	t_1	t_2	t_3	t_4	t_5	t_6	t_7	t_8	t_9	t_{10}	t_{11}
上界	3.77	10.42	3.20	3.55	3.23	3.09	3.20	4.47	3.64	3.30	2.96
下界	1.57	2.97	0.05	0.03	0.28	0.37	0.33	0.59	0.04	0.09	0.30

18.5　灵敏度分析

为了研究模型参数变化对最优决策的影响, 本节对模型的两个关键参数进行敏感性分析, 以便从模型 (18.4) 和模型 (18.28) 中揭示有价值的管理启示.

18.5.1　城区单位时间净收益的影响

由于出租车司机在城区的单位时间净收益对利润会产生极大影响, 现在进一步研究它对机场出租车司机的最优决策的影响.

出于上述目的, 本节以 0.05 的步长改变城区单位时间净收益的均值 μ_t, 从而得到所有 11 个时间段内均值 μ_t 与数量阈值之间的关系, 如图 18.7 所示.

图 18.7 中的研究结果表明:

(1) 当参数 μ_t 递增时, 决策阈值 $SC(T)$ 和 $\widetilde{SC}(t)$ 都减小, 具有显著的非线性负相关关系, 这意味着随着城区单位时间净收益的增加, 司机留在机场等待接载乘客的意愿降低. 这个研究结果非常符合常理.

(2) 在较早的两个时间段 t_1 和 t_2 内决策阈值相对较低, 这主要是由机场乘客需求不足造成的 (表 18.3). 另一方面, t_2 正是市区上班通勤的高峰时段, 此时 μ_2

一般较大, 因此司机不愿意留在机场排队等候乘客, 即最优策略为 $x^* = 0$. 该结果也可如图 18.5 所示.

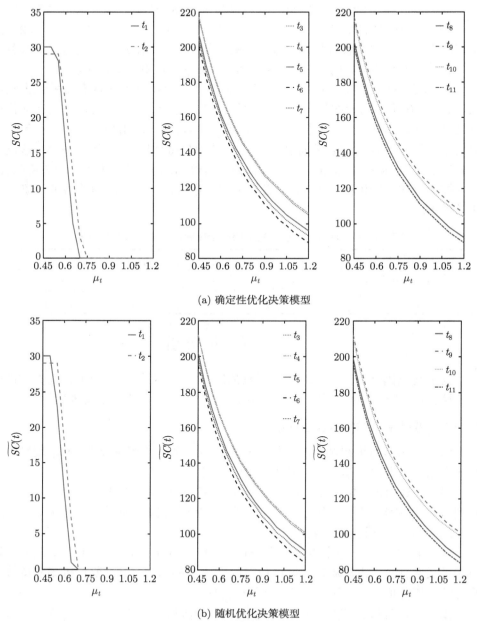

(a) 确定性优化决策模型

(b) 随机优化决策模型

图 18.7　城区单位时间净收益对数量决策阈值的影响 (彩图请扫封底二维码)

(3) 相较而言, 在时间段 t_3, t_4, t_9 和 t_{10} 期间的决策阈值略高, 这与司机在机场固定出租车服务中心接载乘客的平均等待时间较短以及这些时段内较高的出租车起步价有关.

18.5.2 乘客平均登车时间的影响

如同 18.2 节和 18.3 节, 机场乘客平均登车时间 t_a 会对决策阈值和最优策略产生显著影响. 本节通过数值模拟研究其对出租车司机最优策略的影响, 从而为改善机场出租车服务提供建设性建议.

为了实现研究目标, 在区间 $(0, 0.5)$ 内以 0.1 的步长改变 t_a 的取值, 以探索 t_a 如何影响数量阈值 $SC(t)$ 和 $\widetilde{SC}(t)$. 图 18.8 展示了它们之间的依赖关系.

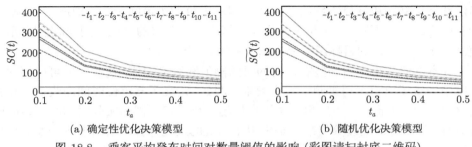

(a) 确定性优化决策模型   (b) 随机优化决策模型

图 18.8 乘客平均登车时间对数量阈值的影响 (彩图请扫封底二维码)

图 18.8 中的结果表明:

(1) 与其他时间段相比, 在 t_1 和 t_2 两个时间段, 数量阈值 $SC(t)$ 和 $\widetilde{SC}(t)$ 受到 t_a 的影响较小. 这一结果是由于在这些时间段内机场需要出租车服务的乘客数量较少造成的. 换言之, 在一天中凌晨 5:00 到上午 9:00 较早的两个时间段, 机场出租车司机的最优策略对乘客平均登车时间不敏感.

(2) 除时间段 t_1 和 t_2 之外, 缩短机场乘客平均登车时间 (t_a) 会导致 $SC(t)$ 或 $\widetilde{SC}(t)$ 的增加, 这意味着更多的出租车司机选择留在机场等待接载乘客.

(3) 对于相同的 t_a, 恒有不等式 $\widetilde{SC}(t) \leqslant SC(t)$ 成立, 这表明城区服务单位时间净收益的随机性不利于吸引出租车司机在机场等候乘客. 这一结果也与注 18.5 中的分析一致. 换言之, 与确定性环境相比, 当考虑到城区服务单位时间净收益不确定性时, 减少乘客平均登车时间对改善机场出租车服务起着更重要的作用.

(4) 随着 t_a 的减小, 所有 11 个时间段的阈值曲线的斜率逐渐减小. 特别地, 当 $t_a < 0.3$ 时, 曲线更陡峭, 这表明机场乘客平均登车时间越短, 越可以极大地吸引出租车司机留在机场等待接载乘客. 为此, 如文献 (Passos et al., 2011; Rahaman

et al., 2017) 所述, 完善的机场交通基础设施可以为机场提供高质量的出租车服务提供基本保障.

(5) 由于对机场固定出租车服务中心的有效运营管理可以减少乘客平均登车时间, 所以加强对机场固定出租车服务中心的运营管理对改善机场的整体出租车服务起到至关重要的作用. 例如, 为了减少 t_a 可采取如下改进措施: (a) 提供更多的乘客登车点; (b) 允许更多的出租车同时搭载乘客.

总　　结

深入研究机场出租车司机的复杂决策机制, 对提高机场整体服务质量具有重要作用. 本研究基于中国机场的实际情况, 构建了两个新型优化决策模型, 分别在确定性环境和随机环境下解决了机场出租车司机的决策问题. 特别地, 与文献中所有可用的模型不同, 当出租车司机在城区服务所获得的单位时间净收益随机时, 随机优化决策模型的目标函数中考虑了利润的下行风险.

本章的研究得到了一些有价值的时间阈值和数量阈值, 这些阈值可以很便捷地应用于机场出租车司机制定最优策略. 例如, 定义了与单位时间净收益差相关的时间阈值, 并证明了当出租车司机在机场等待乘客所需的实际时间小于该时间阈值时, 留在机场继续等待乘客是出租车司机的最佳选择. 给出了所开发的随机优化决策模型是冒险型还是风险规避型的适当条件. 用期望方法证明了推导出的期望利润最大化和风险最小化模型是风险中性的.

通过案例分析和灵敏度分析进一步验证了模型的理论与实践价值, 并揭示了许多有价值的管理启示:

(1) 随机优化决策模型在实践中比确定性优化决策模型更适用. 城区服务单位时间净收益的波动极大地影响了机场出租车司机的最优策略, 当考虑利润的下行风险时, 机场的出租车司机更倾向于直接空载返回城区去服务乘客.

(2) 出租车司机在机场的最优决策与服务时间段、在高速公路上行驶所需要的时间、在高速公路和市区内服务所获得的单位时间净收益相对差以及在机场固定出租车服务中心排队的出租车临界数量密切相关. 特别是随着城区服务的单位时间净收益的增加, 司机留在机场等待乘客的意愿下降.

(3) 除了较早的两个时间段 (上午 5:00 到 9:00) 以外, 缩短乘客平均登车时间可以极大地吸引出租车司机留在机场等待接载乘客. 在这两个服务时间段内, 由于机场的乘客对出租车服务需求不足以及正处于城区上班通勤高峰, 因此司机们不愿意留在机场排队等候乘客. 总之, 这两个服务时间段内出租车司机的最佳策略对乘客平均登车时间不敏感. 相比之下, 案例分析表明在凌晨 1 点至 3 点这段时间内, 出租车司机更愿意留在机场等待接载乘客, 因为这个时间段内的机场乘客更多地选择乘坐出租车, 而同时城区对出租车服务的需求较少.

(4) 存在出租车司机将乘客送往机场的最经济合算时间段. 基于长沙黄花国际机场的实证结果显示这个时间段是上午 7:00 到 9:00.

(5) 机场完善的交通基础设施和固定出租车服务中心的高效运营管理, 对于减少乘客平均登车时间, 从而改善机场的出租车服务起着重要作用. 建议采取诸如提供更多的乘客上车点、允许更多的出租车同时搭载乘客等改进措施来缩短乘客平均登车时间.

综上所述, 本章的主要研究结果包括:

(1) 所推导出的关键时间阈值和数量阈值便于机场出租车司机做最优决策并且能够实现利润最大化, 而随机优化决策模型在实践中更加适用.

(2) 机场出租车司机的最佳策略取决于服务时间段、在高速公路上行的驶所需要的时间、在高速公路和城区服务所获得的单位时间净收益相对差, 以及机场固定出租车服务中心在排队的出租车临界数量.

(3) 新建的模型可以在特定的时间段, 为机场出租车司机应该继续留在机场等待接载乘客还是直接空载返城的最优决策提供一个便捷可靠的判断指标.

(4) 机场交通基础设施和高效的运营管理在提高机场出租车服务质量方面发挥着重要作用.

在未来的研究中, 首先, 新建模型可以推广到更多实际应用中. 特别是当出租车司机可以从先进的智能设备或互联网上收集更多的交通和乘客信息时, 他们如何做出最优决策? 事实上, 当使用导航系统时, 可以基于实际交通状况和乘客需求等有用实时数据建立新的优化模型来提供优化策略. 其次, 本章假设如果在机场固定出租车服务中心排队的出租车供给量大于机场乘客的需求量, 那么司机的最优策略是直接空载返回城区. 然而如果出租车司机在实践中无法收集到这些乘客需求的信息, 那么在去除上述假设的情况下, 建立新的模型来为出租车司机提供最优策略是必要的. 最后, 当机场乘客的目的地存在异质性或者不确定性时, 除了通过高速公路驶往城区中心以外, 如何建立新模型使其目标函数和约束条件能够反映多样化需求的影响? 值得注意的是, 本研究假设随机变量市区单位时间净收益的分布给定, 然而在实践中分布通常很难准确地确定. 因此, 在复杂的不确定性环境下, 进一步研究机场出租车司机优化决策的新型数据驱动方法是非常有价值的.

不同时间段机场司机的决策也与其他客运方式有关, 如公交车或网约车. 在这些情况下, 如何建立新的模型来刻画不同运输方式之间的竞争?

此外, 机场出租车司机的决策问题可能与他们的不同行为模式 (有限理性或者完全理性) 密切相关. 因此, 当考虑出租车司机的行为模式时, 通过建模和开发算法进一步探索机场出租车服务的机制是很有意义的. 其次, 如果研究的主要问题是在机场等待乘客的出租车数量 (供给量), 而不是机场出租车司机的利润最大化, 那么在确保出租车司机获得适当利润的约束下, 需要建立新的模型来优化机场的出租车服务.

第 19 章　V 带承载能力多态不确定规划方法

本章将提出一种多态不确定非线性规划 (PUNP) 方法来求解具有不确定性参数的 V 带承载能力最大化问题. 所构建的优化模型由一个非线性目标函数和一些非线性约束组成, 这些约束含有一些不确定性的参数, 它们包括区间参数、随机区间参数、模糊参数或模糊区间参数. 为了找到问题的鲁棒解, 本章将建立多态不确定非线性规划模型的确定性等价式 (DEF), 或称为确定性等效式. 值得注意的是, 对于给定的满意水平, 该 DEF 是一个仅涉及区间参数的非线性规划. 为此, 我们将提出基于抽样的交互式算法求解 DEF, 以获得具有多态不确定性的原始模型的鲁棒解. 将所提出的方法应用于 V 带承载的实际设计中, 结果表明, PUNP 方法和所开发的算法都适用于具有多态不确定性的优化问题.

19.1　引　言

V 带传动系统设计问题经常受到各种不确定性的影响. 例如, 弯曲弹性模量 E_b、等效摩擦系数 μ_v 和小带轮的转速 n_1 经常受到各种因素的不确定性的影响, 如原材料、制造技术和环境条件. 计算 V 型带额定功率所需的实验常数 C 是从大量实验中估计的, 但所获得的值的分布不具有统计特性. 此外, 一些决策变量和约束的边界是时变的, 因此在 V 型带承载系统的建模中, 它们的值不应该是固定的. 显然, 对于这样的问题, 确定性数学模型不太可能给出令人满意的问题设计方案. 一种适当的方法是将不确定性纳入模型中.

在过去的几十年里, 人们提出了一些不确定优化方法来处理不确定问题. 对于不确定问题, 可以通过建立确定型等效式得到鲁棒解. 区间优化 (Jiang et al., 2008; Li and Tian, 2008; Zhou et al., 2009)、随机优化 (Ariyawansa and Zhu, 2007; Chen et al., 2009; Lin and Fukushima, 2010; Wang and Ali, 2010)、模糊优化 (Chanas and Zieliński, 2000; Inuiguchi and Sakawa, 1998; Kumar et al., 2011; Lotfi et al., 2009)、灰色优化 (Gálvez et al., 2008; Huang et al., 1993; Karmakar and Mujumdar, 2007; Hsu, 2009) 是比较常用的方法. 但此前研究的模型只考虑了一类不确定参数. 如文献 (Bellman and Zadeh, 1970; Chanas and Zieliński, 2000; Chang and Wang, 1997; Inuiguchi and Sakawa, 1998) 等只研究模糊规划

主要结果发表于 Optimization and Engineering, 15(1): 267-292, 2014.

模型及其求解方法. Huang 等 (1992, 1993) 只研究灰色规划方法及其应用. 文献 (Ariyawansa and Zhu, 2007; Abdelaziz and Masri, 2005; Chen et al., 2009; Lin, 2009; Lin and Fukushima, 2010; Lu et al., 2009; Wang and Ali, 2010) 只考虑了随机规划模型及其求解方法.

此前研究成果的另一个缺点是, 对于大多数复杂的问题, 只考虑线性模型 (即假设目标函数和约束是线性的), 如 (Huang et al., 1993, 2001; Karmakar and Mujumdar, 2007; Li et al., 2010; Lu et al., 2009; Nie et al., 2007) 只研究了单一或集成不确定参数的线性模型. 对于具有多态不确定性的一般非线性模型, 尚未见相关研究回答如何找到原问题的鲁棒解.

众所周知, V 带传动广泛应用于机械元件之间的动力传递. 尽管 V 带的形状和用途很简单, 但由于负载条件和安装环境复杂, 准确评估 V 带传动设计是很困难的. 已有研究建立了一些确定性模型来研究 V 带传动设计. 例如, Shieh 和 Chen (2002) 用有限元法研究了角速度对 V 带承载能力的影响. 该方法在 (Shim and Kim, 2009) 中也被用于从随机角度优化车辆部件的疲劳寿命. Čepon 等 (2010) 基于实验数据构建了一个确定性模型来识别皮带与皮带轮之间的接触参数. 张少军等 (2011) 构建了一个确定性模型, 以最大化 V 带承载的能力, 然后, 该文提出了一种全局优化算法, 称为最优线段算法, 以寻找所构建模型的全局最大化解. 文献 (张少军等, 2011) 中的研究表明, 在某些案例研究中, 所提出的优化方法得到的解可以提高 V 带承载的能力. 然而, 利用多态不确定性优化方法解决 V 带承载优化设计问题的论文还很少.

Wan 等 (2011b) 引入了多态不确定系统的新概念, 提出了一种预测方法, 称为分段推理算法, 用于估计具有多态不确定性的参数. 结果表明, 该方法可用于铝烧结过程中碱组分的预测. 最近, Wan 等 (2012b) 提出了一种基于两步抽样的方法来寻找多态不确定环境中 V 带承载能力最大化的区间最优解. 实例分析表明了该模型和算法的有效性和意义. 基于以上论述, 本章将提出具有推广价值的、能用来处理具有多态不确定性的通用优化方法. 特别地, 我们首先将 V 带承载能力最大化问题表述为一个 PUNP 模型. 为了寻找多态不确定模型的鲁棒解, 我们提出该 PUNP 模型的确定性等价式 (DEF). 在此基础上, 提出了一种基于抽样的交互算法, 求解了以 V 带承载能力最大化为目标的约束优化问题. 与 (Wan et al., 2012b) 的结果不同, 我们的结果不是通过区间解给出不确定模型最优解的范围, 而是通过交互式算法寻找确定性最优解, 直接为工程实践提供不确定条件下 V 带承载能力的鲁棒优化设计方案.

19.2 多态不确定性的概念与多态不确定性优化一般模型

在本节中, 我们将提出一个具有多态不确定性的一般优化模型. 在此之前, 我们首先介绍一些基本概念, 这些概念将在本章的后面部分中用到.

19.2.1 基本概念

定义 19.1 (模糊子集) 非空集 X 上的模糊子集 $\tilde{A}$ 是函数 $\mu_{\tilde{A}}: X \to [0,1]$, 其中 $\mu_{\tilde{A}}$ 被称为隶属函数.

如果 $\mu_{\tilde{A}}$ 是凸的, 那么 $\tilde{A}$ 被称为凸模糊子集. 在本章中, 所有提到的模糊子集都被假设为凸的.

定义 19.2 (α-截集) 设 $\tilde{A}$ 是非空集 X 上的模糊子集. $\mu_{\tilde{A}}$ 是隶属函数. 对于给定的 $\alpha \in (0,1]$, 精确集 $\tilde{A}_\alpha = \{x \in X \,|\, \mu_{\tilde{A}}(x) \geqslant \alpha\}$ 被称为 $\tilde{A}$ 的一个 α-截集.

定义 19.3 (支持集) 设 $\tilde{A}$ 是 X 的模糊子集. $\mu_{\tilde{A}}$ 是隶属函数. 精确集 $\mathrm{supp}(\tilde{A}) = \{x \in X \,|\, \mu_{\tilde{A}}(x) > 0\}$ 被称为 $\tilde{A}$ 的支持集.

显然,

$$\mathrm{supp}(\tilde{A}) = \bigcup_{\alpha \in (0,1]} \tilde{A}_\alpha,$$

并且如果 $\alpha = 0$, $\tilde{A}_\alpha$ 就是支持集 $\mathrm{supp}(\tilde{A})$ 的闭包.

定义 19.4 (正模糊子集) 设 $\tilde{A}$ 是 X 的模糊子集. 如果对于任意 $x \in \mathrm{supp}(\tilde{A})$, $x > 0$ 成立, 则称 $\tilde{A}$ 是正的.

一类特殊的模糊子集是其支持集是凸集且隶属函数是拟凹的. 在本章中, 所有涉及的模糊子集都被假设为以下 L-R 型模糊数, 其隶属函数由下式给出:

$$\mu_{\tilde{A}}(x) = \begin{cases} L\left(\dfrac{x-a}{b-a}\right), & x \in [a, b), \\ 1, & x \in [b, c], \\ R\left(\dfrac{d-x}{d-c}\right), & x \in (c, d], \\ 0, & \text{其他}, \end{cases}$$

其中 $L, R: [0,1] \to [0,1]$ 是两个非递减可逆形状函数, 使得 $R(0) = L(0) = 0$, $R(1) = L(1) = 1$. 在这种情况下, 对于任意 $\alpha \in (0,1]$, $\tilde{A}_\alpha = [\tilde{A}_\alpha^-, \tilde{A}_\alpha^+]$, 其中 $\tilde{A}_\alpha^- = a + (b-a)L^-(\alpha)$, $\tilde{A}_\alpha^+ = d - (d-c)R^-(\alpha)$. 任意实数 a_0 都可以被视为 L-R 型的模糊子集, 其中 $a = b = c = d = a_0$.

19.2.2　多态不确定性优化问题的一般模型

下面给出了多态不确定函数的定义.

定义 19.5 (多态不确定函数)　设 $C(i)$, $i = 1, 2, \cdots, N$ 是不确定参数, 其中 $C(i) \in \mathcal{R}^{n_i}$, $\mathcal{R}^{n_i}$ 是一个 n_i 维不确定测量空间. 设 $f : R^n \to R$ 是一个连续可微函数, 其中 R^n 表示 n 维欧氏空间, 若 f 含有不确定参数 $C(i)$ $(i = 1, 2, \cdots, N)$, 则称 f 为一个多态不确定函数.

注 19.1　显然, 若对所有 i, $\mathcal{R}^{n_i}$ 都是 n_i 维概率测度空间, 则 $C(i)$, $i = 1, 2, \cdots, N$ 是随机向量值参数, f 则是一个随机函数. 对于任意 i, 如果 $\mathcal{R}^{n_i}$ 是一个由模糊向量组成的 n_i 维隶属函数空间, 则 $C(i)$, $i = 1, 2, \cdots, N$ 为模糊向量值参数, f 则为模糊函数. 如果对于任意 i, $\mathcal{R}^{n_i}$ 是一个由区间数组成的 n_i 维区间算术空间, 则 $C(i)$, $i = 1, 2, \cdots, N$ 为区间向量值参数, f 则为区间函数. 而对于不同的 i, $\mathcal{R}^{n_i}$ 是不同类型的不确定测量空间时, 则对于给定的 $x \in R^n$, f 的 "值" 就呈现复杂的多态不确定性, 目前还没有任何研究这类函数的相关数学理论.

下面利用多态不确定函数概念, 给出多态不确定性优化问题的一般模型.

定义 19.6 (多态不确定性优化问题一般模型)　假设 $C(i)$, $i = 1, 2, \cdots, N$ 为不确定参数, 其中 $C(i) \in \mathcal{R}^{n_i}$. 设 $f : R^n \to R$ 和 $g_j : R^n \to R$, $j = 1, 2, \cdots, s$ 为多态不确定函数, $h_k : R^n \to R$ (其中 $k = 1, 2, \cdots, t$) 为确定性函数, 那么, 以下问题称为多态不确定性优化问题的一般模型:

$$
\begin{aligned}
\min \quad & f(x; C(1), C(2), \cdots, C(N)) \\
\text{s.t.} \quad & g_j(x; C(1), C(2), \cdots, C(N)) \leqslant 0, j = 1, 2, \cdots, s, \\
& h_k(x) \leqslant 0, k = 1, 2, \cdots, t,
\end{aligned}
\tag{19.1}
$$

特别地, 如果 f, g_j (其中 $j = 1, 2, \cdots, s$) 和 h_k (其中 $k = 1, 2, \cdots, t$) 在 $x \in R^n$ 中是线性的, 则问题 (19.1) 称为多态不确定线性规划 (PULP). 否则, (19.1) 称为多态不确定非线性规划 (PUNP).

注 19.2　问题 (19.1) 描述了一个具有多态不确定性的一般优化模型. 目前文献中的许多不确定优化问题都是问题 (19.1) 的特例. 例如, Wan 等 (2009) 将烧结铝生产过程中出现的最优混合浆问题表述为只有等式约束但包含区间系数和随机系数的线性规划模型. Nie 等 (2007) 构造了区间参数模糊规划模型来描述成本最小的固体废物管理问题.

注 19.3　像确定性优化模型一样, 可采用数学关系符号 "$\leqslant$" 来表示与某些不确定参数相关的约束. 然而, 由符号 "$\leqslant$", "$\geqslant$", "$>$" 和 "$<$" 定义的约束, 并不像比较两个实数的顺序那样表示唯一的确定性顺序关系. 即使对于以下只涉及两个区间参数的简单线性约束:

$$
a^{\pm} x \leqslant b^{\pm},
\tag{19.2}
$$

也存在不同的定义. 比如以下任何一种定义都可以刻画关系 (19.2):

(i) $\dfrac{a^- + a^+}{2} x \leqslant \dfrac{b^- + b^+}{2}$;

(ii) $\dfrac{a^- + a^+}{2} x \leqslant \dfrac{b^- + b^+}{2}$ 且 $(a^+ - a^-)x \leqslant b^+ - b^-$;

(iii) $a^- x \leqslant b^-$ 且 $a^+ x \leqslant b^+$;

(iv) $\dfrac{1}{2} \left(\dfrac{b^- - a^+ x}{(a^+ - a^-)x} + \dfrac{b^+ - a^+ x}{(b^+ - b^-)} \right) \geqslant \alpha$, 其中 $\alpha \in (0,1)$, $b^- \geqslant a^- x$ 和 $b^+ \geqslant$

$a^+ x$.

　　因此, 在构建优化模型时, 如何定义合适的确定性顺序关系来处理问题 (19.1)
中的不确定性约束仍是一个挑战 (见模型 (19.16)).

　　注 19.4　对于 PUNP (19.1), 由于不确定不等式约束和目标函数的存在, 从
经典优化的角度来看, 不存在能够满足所有约束并使目标函数最大化的解. 为此,
Wan 等 (2009) 引入了满意度的概念来描述不确定数学规划问题在近似最优解时
约束的违反程度. 在一定的满意水平下, 我们将构造一个原模型的 DEF 来近似 V
带承载优化设计问题的 PUNP. 将得到的 DEF 解称为原不确定问题的鲁棒解. 显
然, PUNP 的鲁棒解对实践中的最优决策是有用的.

19.3　V 带承载能力优化的 PUNP 模型

　　本节中, 我们将构建一个 V 带优化设计问题的模型.

19.3.1　基本优化模型

　　设 x_1, x_2 和 x_3 分别表示 V 带长度、小皮带轮直径和 V 带在小皮带轮上的
包角, 并写成 $x = (x_1, x_2, x_3)^{\mathrm{T}}$. 则单根 V 带所能传输的功率为 (张少军等, 2011):

$$P(x) = \left[C_1 x_1^{\frac{1}{11.1}} x_2^{\frac{10.1}{11.1}} - C_2 - C_3 x_2^3 \right] C_4 \left[1 - e^{-C_5 x_3} \right], \tag{19.3}$$

式中的 C_1, C_2, C_3, C_4, C_5 的意义见表 19.1.

　　给定某种规格型号的 V 带, 其参数 E_b, y_0, ρ_l, A, t, n_1, K_i 和 i(传动比) 是固
定的. 在这种情况下, 我们有

$$x_3 = C(x_1, x_2) = \pi - \frac{8(i-1)x_2}{2x_1 - \pi(i+1)x_2 + \sqrt{[2x_1 - \pi(i+1)x_2]^2 - 8(i-1)^2 x_2^2}}. \tag{19.4}$$

由于

$$V = \frac{\pi d_1 n_1}{1000 \times 60}$$

式中 n_1 (r/min) 为主动轮 (小带轮) 的角速度, 则 $P(x)$ 可表示为

$$P(x_1, x_2) = \left[C_1 x_1^{\frac{1}{11.1}} x_2^{\frac{10.1}{11.1}} - C_2 - C_3 x_2^3 \right] C_4 \left[1 - e^{-C_5 C(x_1, x_2)} \right]. \tag{19.5}$$

在 V 带传动系统设计中, 必须满足下述实际约束条件 (张少军等, 2011).

(1) 中心距设计约束:

$$\begin{cases} g_1(x) = C_6(i+1)x_2 - \dfrac{2x_1 - \pi(i+1)x_2 + \sqrt{[2x_1 - \pi(i+1)x_2]^2 - 8(i-1)^2 x_2^2}}{8} \\ \qquad \leqslant 0, \\ g_2(x) = \dfrac{2x_1 - \pi(i+1)x_2 + \sqrt{[2x_1 - \pi(i+1)x_2]^2 - 8(i-1)^2 x_2^2}}{8} - C_7(i+1)x_2 \\ \qquad \leqslant 0. \end{cases} \tag{19.6}$$

(2) V 带的带速限制:

$$\begin{cases} g_3(x) = C_8 - \dfrac{\pi n_1 x_2}{6 \times 10^4} \leqslant 0, \\ g_4(x) = \dfrac{\pi n_1 x_2}{6 \times 10^4} - C_9 \leqslant 0. \end{cases} \tag{19.7}$$

(3) V 带每秒绕转次数限制:

$$g_5(x) = \dfrac{n_1 x_2}{19.1 x_1} - C_{10} \leqslant 0. \tag{19.8}$$

(4) 小带轮直径设计约束:

$$\begin{cases} g_6(x) = C_{12} C_{11} - x_2 \leqslant 0, \\ g_7(x) = x_2 - C_{13} C_{11} \leqslant 0. \end{cases} \tag{19.9}$$

(5) V 带节线长设计约束:

$$\begin{cases} g_8(x) = C_{14} - x_1 \leqslant 0, \\ g_9(x) = x_1 - C_{15} \leqslant 0. \end{cases} \tag{19.10}$$

(6) 小带轮包角设计约束:

$$\begin{cases} g_{10}(x) = \dfrac{\pi C_{16}}{180} - C(x_1, x_2) \leqslant 0, \\ g_{11}(x) = C(x_1, x_2) - \dfrac{\pi C_{17}}{180} \leqslant 0. \end{cases} \tag{19.11}$$

在 (19.6)—(19.11) 中, C_6, C_7, $\cdots$, C_{17} 为约束条件中的常系数, 具体数值见表 19.1.

表 19.1   V 带承载能力确定性优化模型中的系数列表

参数	计算式	备注
C_1	$C_1 = \left(\dfrac{C}{7.2 \times 10^3 t}\right)^{\frac{1}{11.1}} \left(\dfrac{\pi n_1}{6 \times 10^4}\right)^{\frac{10.1}{11.1}}$	C 为实验常数, n_1 为小带轮转速 (r/min), t 为对应于 $10^8 - 10^9$ 次循环应力的传动带寿命 (h)
C_2	$C_2 = \dfrac{\pi E_b y_0 n_1}{3 \times 10^4 K_i}$	E_b 为 V 带弯曲弹性模量 (MPa), y_0 为 V 带外层至中性层距离 (mm), K_i 为传动比系数
C_3	$C_3 = \dfrac{\rho_l}{A} \left(\dfrac{\pi n_1}{6 \times 10^4}\right)^3$	ρ_l 为 V 带线质量 (kg/m), A 为 V 带横截面积 (mm^2)
C_4	$C_4 = \dfrac{A}{1000}$	
C_5	$C_5 = \mu_v$	μ_v 为 V 带与带轮槽间的当量摩擦系数
C_6	0.7	最小中心距系数
C_7	2	最大中心距系数
C_8	10	V 带最小带速 (m/s)
C_9	25	V 带最大带速 (m/s)
C_{10}	20	V 带每秒绕转的最大次数
C_{11}	$C_{11} = d_{1\,\min}$	$d_{1\,\min}$ 为某种型号 V 带小带轮最小许用直径 (mm)
C_{12}	1	小带轮最小直径系数
C_{13}	1.1	小带轮最大直径系数
C_{14}	$C_{14} = L_{\min}$	$L_{\min}$ 为某种型号 V 带的节长规格最小值 (mm)
C_{15}	$C_{15} = L_{\max}$	$L_{\max}$ 为某种型号 V 带的节长规格最大值 (mm)
C_{16}	120	小带轮许用包角最小值
C_{17}	180	小带轮许用包角最大值

我们现在可以将 V 带传动系统确定性优化设计问题表述为如下的非线性规划模型 (张少军等, 2011):

$$\min \quad -P(x) = -\left[C_1 x_1^{\frac{1}{11.1}} x_2^{\frac{10.1}{11.1}} - C_2 - C_3 x_2^3 \right] C_4 \left[1 - e^{-C_5 x_3} \right] \tag{19.12}$$
$$\text{s.t.} \quad (19.6)\text{—}(19.11).$$

值得注意的是, 张少军等 (2011) 开发了一种全局优化算法, 称为最优线段算法, 用于寻找问题 (19.12) 的解. 结果表明, 所得解的性能优于文献中已有的解.

19.3.2   多态不确定性优化模型

在现实中, 以下参数具有不确定性, 在 V 带承载能力优化设计时, 需要将这些参数的不确定性纳入模型 (19.12).

(1) 弯曲弹性模量、当量摩擦系数和小带轮转速应视为相互独立的随机参数. 分别用 E_b, μ_v 和 n_1 表示. 本章假设这三个参数为服从正态分布的随机参数. 并

分别表示为

$$E_b \sim N(\overline{E_b}, \sigma_{E_b}^2), \quad \mu_v \sim N(\overline{\mu_v}, \sigma_{\mu_v}^2), \quad n_1 \sim N(\overline{n_1}, \sigma_{n_1}^2).$$

(2) 实验常数 C 受多种因素的影响, 在实践中往往通过大量实验而获得, 成本较高. 根据已有的实验数据, 估计 C 的值为区间数 $C^{\pm}$. 一般期望疲劳寿命 t(小时) 为区间数 $t^{\pm}$, 如 $t^{\pm} = [10^5, 10^6]$. 此外, 在 V 带承载的优化设计模型中, 一般假定传动比 i 为固定值. 然而, 很明显, 在 V 带传动系统实际运行过程中, 传动比在一定范围内是变化的. 因此, 很难检测到它的确切值. 因此, 本章将 i 视为区间参数, 如 $i^{\pm} = [3.63, 3.67]$.

(3) 参数 $C_6, C_7, C_8, C_9, C_{10}, C_{11}, C_{12}, C_{13}, C_{14}, C_{15}$ 和 C_{16} 与尺寸和性能界限相关. 它们的值通常以经验值形式给出. 因此, 它们的值应该在模型中固定. 本章用模糊子集分别表示为: $\widetilde{C_6}, \widetilde{C_7}, \widetilde{C_8}, \widetilde{C_9}, \widetilde{C_{10}}, \widetilde{C_{11}}, \widetilde{C_{12}}, \widetilde{C_{13}}, \widetilde{C_{14}}, \widetilde{C_{15}}, \widetilde{C_{16}}$. 假设这些参数由以下两种隶属函数量化. 对于 $i = 6, 8, 12, 14, 16$, 分别指定隶属函数为

$$\mu_{\widetilde{C_i}}(t) = \begin{cases} 1 - \dfrac{C_i^u - t}{\alpha_{c_i}}, & C_i^u \geqslant t \geqslant C_i^u - \alpha_{c_i}, \\ 0, & \text{其他.} \end{cases} \tag{19.13}$$

对于 $i = 7, 9, 10, 13, 15$, 对应的隶属函数分别定义为

$$\mu_{\widetilde{C_i}}(t) = \begin{cases} 1 - \dfrac{t - C_i^l}{\alpha_{c_i}}, & C_i^l \leqslant t \leqslant C_i^l + \alpha_{c_i}, \\ 0, & \text{其他.} \end{cases} \tag{19.14}$$

在我们构建 PUNP 模型之前, 先叙述以下结论和概念.

引理 19.1　若 $f : [x_1, x_2] \to R$ 是在区间 $[x_1, x_2]$ 内的单调递增或递减函数, 那么对于任何 $a, b \in [x_1, x_2]$, $a \leqslant b$, 下式成立:

$$f([a, b]) = [\min\{f(a), f(b)\}, \max\{f(a), f(b)\}]. \tag{19.15}$$

特别地, 对于一个偶数 $n \in N$, 当 $x_1 \geqslant 0$ 时, $[x_1, x_2]^n = [(x_1)^n, (x_2)^n]$; 当 $x_2 \leqslant 0$ 时, $[x_1, x_2]^n = [x_2^n, x_1^n]$; 否则, $[x_1, x_2]^n = [0, \max\{x_1^n, x_2^n\}]$.

引理 19.1 给出了一个计算区间函数值的方法.

定义 19.7 (区间数的平方根)　设 $a^{\pm}$ 为正区间数. 若 $(b^{\pm})^2 = a^{\pm}$, 则 $b^{\pm}$ 为 $a^{\pm}$ 的正平方根.

实际上, 由引理 19.1, 我们得到 $b^{\pm} = [\sqrt{a^-}, \sqrt{a^+}]$.

定义 19.8 (区间数与随机变量的乘积)　设 $a^{\pm}$ 为一个区间数. 设 b 是一个随机变量. 如果 $c^{\pm}$ 是一个可定义为 $tb, t \in [a^-, a^+]$ 的特殊随机过程的话, 则称 $c^{\pm} = a^{\pm} b$ 是 $a^{\pm}$ 和 b 的乘积.

由定义 19.8 知, 如果 $b \sim N(\mu, \sigma^2)$, 则 $E(a^{\pm}b) = \mu a^{\pm}$ 成立, 其中 $E(r(t))$ 表示随机过程 $\mathbf{r}(t)$ 的期望.

通过以上的准备工作, 我们可以构造一个多态不确定非线性规划模型进行 V 带承载能力最大化设计.

$$
\min \quad -P(x) = -\left[C_1^{\pm} x_1^{\frac{1}{11.1}} x_2^{\frac{10.1}{11.1}} - C_2 - C_3 x_2^3 \right] C_4 \left[1 - e^{-C_5 x_3} \right]
$$

$$
\text{s.t.} \quad 8\widetilde{C_6}(i^{\pm}+1)x_2 - \left(2x_1 - \pi(i^{\pm}+1)x_2 + \sqrt{[2x_1 - \pi(i^{\pm}+1)x_2]^2 - 8(i^{\pm}-1)^2 x_2^2} \right)
$$
$$
\leqslant 0,
$$
$$
\left(2x_1 - \pi(i^{\pm}+1)x_2 + \sqrt{[2x_1 - \pi(i^{\pm}+1)x_2]^2 - 8(i^{\pm}-1)^2 x_2^2} \right) - 8\widetilde{C_7}(i^{\pm}+1)x_2
$$
$$
\leqslant 0,
$$
$$
(x_3 - \pi)\left(2x_1 - \pi(i^{\pm}+1)x_2 + \sqrt{[2x_1 - \pi(i^{\pm}+1)x_2]^2 - 8(i^{\pm}-1)^2 x_2^2} \right)
$$
$$
+ 8(i^{\pm}-1)x_2 = 0,
$$
$$
6 \times 10^4 \times \widetilde{C_8} \leqslant \pi n_1 x_2 \leqslant 6 \times 10^4 \times \widetilde{C_9},
$$
$$
n_1 x_2 - 19.1\widetilde{C_{10}}x_1 \leqslant 0,
$$
$$
\widetilde{C_{14}} \leqslant x_1 \leqslant \widetilde{C_{15}},
$$
$$
\widetilde{C_{12}}\widetilde{C_{11}} \leqslant x_2 \leqslant \widetilde{C_{13}}\widetilde{C_{11}},
$$
$$
\frac{\pi\widetilde{C_{16}}}{180} \leqslant x_3 \leqslant \frac{\pi\widetilde{C_{17}}}{180},
$$
$$
x \geqslant 0,
$$

$$(19.16)$$

其中 $C_1^{\pm}$ 是一个随机区间参数 (参见定义 19.8), 定义为

$$
C_1^{\pm} = \left(\frac{C^{\pm}}{7.2 \times 10^3 t^{\pm}} \right)^{\frac{1}{11.1}} \left(\frac{\pi n_1}{6 \times 10^4} \right)^{\frac{10.1}{11.1}},
$$

C_2, C_3 和 C_5 是随机数, 分别定义为

$$
C_2(E_b, n_1) = \frac{\pi y_0 E_b n_1}{3 \times 10^4 K_i}, \quad C_3(n_1) = \frac{\rho_l}{A} \left(\frac{\pi n_1}{6 \times 10^4} \right)^3, \quad C_5(\mu_v) = \mu_v,
$$

其他不确定参数 $\widetilde{C_i}$, $i = 6, 7$ 是正的模糊区间数, 可表示为

$$
\widetilde{C_6}^{\pm} = 8\widetilde{C_6}I_1^{\pm}, \quad \widetilde{C_7}^{\pm} = 8\widetilde{C_7}I_1^{\pm}, \tag{19.17}
$$

其中

$$
I_1^{\pm} = i^{\pm} + 1, \quad I_2^{\pm} = i^{\pm} - 1, \quad I^{\pm} = (I_2^{\pm})^2,
$$

因此, 模型 (19.16) 可以重新写为

$$
\begin{aligned}
\min \quad & -P(x) = -\left[C_1^{\pm} x_1^{\frac{1}{11.1}} x_2^{\frac{10.1}{11.1}} - C_2 - C_3 x_2^3\right] C_4 \left[1 - e^{-C_5 x_3}\right] \\
\text{s.t.} \quad & \widetilde{C_6}^{\pm} x_2 - \left(2x_1 - \pi I_1^{\pm} x_2 + \sqrt{[2x_1 - \pi I_1^{\pm} x_2]^2 - 8I^{\pm} x_2^2}\right) \leqslant 0, \\
& \left(2x_1 - \pi I_1^{\pm} x_2 + \sqrt{[2x_1 - \pi I_1^{\pm} x_2]^2 - 8I^{\pm} x_2^2}\right) - \widetilde{C_7}^{\pm} x_2 \leqslant 0, \\
& (x_3 - \pi)\left(2x_1 - \pi I_1^{\pm} x_2 + \sqrt{[2x_1 - \pi I_1^{\pm} x_2]^2 - 8I^{\pm} x_2^2}\right) + 8I_2^{\pm} x_2 = 0, \\
& 6 \times 10^4 \times \widetilde{C_8} \leqslant \pi n_1 x_2 \leqslant 6 \times 10^4 \times \widetilde{C_9}, \\
& n_1 x_2 - 19.1\widetilde{C_{10}} x_1 \leqslant 0, \\
& \widetilde{C_{14}} \leqslant x_1 \leqslant \widetilde{C_{15}}, \\
& \widetilde{C_{12}}\widetilde{C_{11}} \leqslant x_2 \leqslant \widetilde{C_{13}}\widetilde{C_{11}}, \\
& \frac{\pi\widetilde{C_{16}}}{180} \leqslant x_3 \leqslant \frac{\pi\widetilde{C_{17}}}{180}, \\
& x \geqslant 0.
\end{aligned}
$$

$$(19.18)$$

需要注意的是, 模型 (19.16) 和 (19.18) 都是多态不确定非线性规划模型.

19.4　PUNP 的等价区间非线性规划模型

在本节中, 我们将建立一个等价的只涉及区间参数的多态不确定非线性规划模型.

我们首先叙述以下引理.

从随机变量的相互独立性, 很容易得到以下引理.

引理 19.2　设 ξ, ζ 是两个相互独立的随机变量. 设 $\varphi: R \to R$ 和 $\phi: R \to R$ 为两个连续函数. 则 $\varphi(\xi)$ 和 $\phi(\zeta)$ 是相互独立的.

下面的定理就是模糊数学中著名的 Nguyen 定理.

定理 19.1 (Nguyen 定理)　设 $f: X \times X \to X$ 为连续函数, 设 $\tilde{A}$ 和 $\tilde{B}$ 为两个 L-R 型模糊数. 则

$$[f(\tilde{A}, \tilde{B})]_\alpha = f(\tilde{A}_\alpha, \tilde{B}_\alpha),$$

其中

$$f(\tilde{A}_\alpha, \tilde{B}_\alpha) = \{f(x_1, x_2) | x_1 \in \tilde{A}_\alpha, x_2 \in \tilde{B}_\alpha\},$$

并且 $f(\tilde{A}, \tilde{B}) \in X$ 是由隶属函数 $\mu_{f(\tilde{A}, \tilde{B})} : X \to X$ 量化的模糊子集

$$\mu_{f(\tilde{A}, \tilde{B})}(z) = \begin{cases} \sup\limits_{(x,y) \in f^{-1}(z)} \{\min\{\mu_{\tilde{A}}(x), \mu_{\tilde{B}}(y)\}\}, & \text{如果 } f^{-1}(z) \neq \varnothing, \\ 0, & \text{其他}, \end{cases}$$

其中 $f^{-1}(z) = \{(x,y) \in X \times X | f(x,y) = z\}$.

定理 19.1 给出了给定满意水平 α 下模糊向量函数的 α-截集的计算方法. 下面的引理直接来自定理 19.1 的推导.

引理 19.3 设 $\tilde{A}$ 和 $\tilde{B}$ 是两个模糊数, 对于给定 $\alpha \in (0,1]$, 假设 $\tilde{A}_\alpha = [a_1(\alpha), a_2(\alpha)]$, $\tilde{B}_\alpha = [b_1(\alpha), b_2(\alpha)]$. 则

$$[\tilde{A}\tilde{B}]_\alpha = [\min\{a_1(\alpha)b_1(\alpha), a_1(\alpha)b_2(\alpha), a_2(\alpha)b_1(\alpha), a_2(\alpha)b_2(\alpha)\},$$
$$\max\{a_1(\alpha)b_1(\alpha), a_1(\alpha)b_2(\alpha), a_2(\alpha)b_1(\alpha), a_2(\alpha)b_2(\alpha)\}]. \tag{19.19}$$

特别地, 如果 $\tilde{A}$ 和 $\tilde{B}$ 是两个正模糊数, 则有

$$[\tilde{A}\tilde{B}]_\alpha = [a_1(\alpha)b_1(\alpha), a_2(\alpha)b_2(\alpha)]. \tag{19.20}$$

引理 19.3 可用于处理模型 (19.16) 或模型 (19.18) 中的第七个约束.

从比较区间序的满意度的定义 (Molai and Khorram, 2008) 可以很容易地证明以下引理.

引理 19.4 设 $a^\pm$ 和 $b^\pm$ 是两个区间数. 则对于一个给定的值 $\alpha \in (0,1]$, 区间不等式 $a^\pm \leqslant b^\pm$ 的满意度 $S(a^\pm \leqslant b^\pm) \geqslant \alpha$ 当且仅当以下四个不等式组之一成立.

(I)

$$\begin{cases} a^- \leqslant b^-, \\ a^+ \leqslant b^+. \end{cases} \tag{19.21}$$

(II)

$$\begin{cases} a^- \leqslant b^-, \\ a^+ \geqslant b^+ + \epsilon_1, \\ (b^- - a^-) + 2(b^+ - b^-) \geqslant \alpha((a^+ - a^-) + (b^+ - b^-)), \end{cases} \tag{19.22}$$

其中 ϵ_1 是任意的一个足够小的正数.

(III)

$$\begin{cases} a^+ \geqslant b^+ + \epsilon_2, \\ b^+ \geqslant a^-, \\ a^- \geqslant b^- + \epsilon_3, \\ 2(b^+ - a^-) \geqslant \alpha((a^+ - a^-) + (b^+ - b^-)), \end{cases} \tag{19.23}$$

其中 ϵ_2 和 ϵ_3 是任意两个足够小的正数.

(IV)

$$\begin{cases} a^+ \leqslant b^+, \\ a^- \geqslant b^- + \epsilon_4, \\ (b^+ - a^+) + 2(a^+ - a^-) \geqslant \alpha((a^+ - a^-) + (b^+ - b^-)), \end{cases} \tag{19.24}$$

其中 ϵ_4 是任意的一个足够小的正数.

利用引理 19.2, 我们可以证明以下定理.

定理 19.2　设 μ_v, n_1 和 E_b 为相互独立的随机变量. 则对于任意实数 λ, 有

$$E\left(\left[\lambda \left(\frac{\pi n_1}{6 \times 10^4} \right)^{\frac{10.1}{11.1}} x_1^{\frac{1}{11.1}} x_2^{\frac{10.1}{11.1}} - C_2(E_b, n_1) - C_3(n_1) x_2^3 \right] \left[1 - e^{-C_5(\mu_v) x_3} \right] \right)$$

$$= \left[\lambda E \left(\left(\frac{\pi n_1}{6 \times 10^4} \right)^{\frac{10.1}{11.1}} \right) x_1^{\frac{1}{11.1}} x_2^{\frac{10.1}{11.1}} - E\left(C_2(E_b, n_1) \right) - E(C_3(n_1)) x_2^3 \right]$$

$$\cdot \left[1 - E(e^{-C_5(\mu_v) x_3}) \right], \tag{19.25}$$

其中, $E(\xi)$ 表示随机变量 ξ 的期望.

若

$$C_2(E_b, n_1) = \frac{\pi y_0 E_b n_1}{3 \times 10^4 K_i}, \quad C_3(n_1) = \frac{\rho_l}{A} \left(\frac{\pi n_1}{6 \times 10^4} \right)^3, \quad C_5(\mu_v) = \mu_v,$$

其中 y_0, K_i, ρ_l 和 A 是给定的常数, 则有

$$E\left(C_2(E_b, n_1) \right) = \frac{\pi y_0}{3 \times 10^4 K_i} E(E_b) E(n_1),$$

$$E(C_3(n_1)) = \frac{\rho_l \pi^3}{216 \times 10^{12} A} E(n_1{}^3),$$

$$E(e^{-C_5(\mu_v) x_3}) = E(e^{-\mu_v x_3}).$$

证明　从随机变量的相互独立性和期望的线性可加性出发, 可以得证.　　□

定理 19.2 对于计算随机目标函数的期望很有用. 由区间分析理论, 我们得到以下定理.

定理 19.3 设 $C^{\pm}$ 和 $t^{\pm}$ 是两个正区间参数. 将

$$\left(\frac{C^{\pm}}{7.2 \times 10^3 t^{\pm}}\right)^{\frac{1}{11.1}}$$

表示为 $\lambda^{\pm}$, 则 $\lambda^{\pm}$ 为区间数, 且

$$\lambda^- = (7.2 \times 10^3)^{-\frac{1}{11.1}} \min\left\{\left(\frac{C^-}{t^-}\right)^{\frac{1}{11.1}}, \left(\frac{C^-}{t^+}\right)^{\frac{1}{11.1}}, \left(\frac{C^+}{t^-}\right)^{\frac{1}{11.1}}, \left(\frac{C^+}{t^+}\right)^{\frac{1}{11.1}}\right\},$$

$$\lambda^+ = (7.2 \times 10^3)^{-\frac{1}{11.1}} \max\left\{\left(\frac{C^-}{t^-}\right)^{\frac{1}{11.1}}, \left(\frac{C^-}{t^+}\right)^{\frac{1}{11.1}}, \left(\frac{C^+}{t^-}\right)^{\frac{1}{11.1}}, \left(\frac{C^+}{t^+}\right)^{\frac{1}{11.1}}\right\}.$$

证明 由区间数的除法定义, 得到

$$\frac{C^{\pm}}{t^{\pm}} = \left[\min\left\{\frac{C^-}{t^-}, \frac{C^-}{t^+}, \frac{C^+}{t^-}, \frac{C^+}{t^+}\right\}, \max\left\{\frac{C^-}{t^-}, \frac{C^-}{t^+}, \frac{C^+}{t^-}, \frac{C^+}{t^+}\right\}\right].$$

定义函数 $\rho : R_+ \to R$,

$$\rho(x) = x^{\frac{1}{11.1}}.$$

则容易看出 ρ 在 $x \in (0, +\infty)$ 中单调递增. 根据引理 19.1, 得证此定理. $\square$

定理 19.3 表明, 模型 (19.16) 或 (19.18) 中的 $C_1^{\pm}$ 是一个特殊的随机区间参数. 对于目标函数中有区间参数的优化问题, 我们有以下定理:

定理 19.4 给定 $\lambda \in [\lambda^-, \lambda^+]$. 设 $x^*(\lambda) = (x_1^*(\lambda), x_2^*(\lambda), x_3^*(\lambda))^{\mathrm{T}}$ 是下列问题的解:

$$\begin{aligned}
\max \quad & f(x; \lambda) \\
& = E\left(\left[\lambda\left(\frac{\pi n_1}{6 \times 10^4}\right)^{\frac{10.1}{11.1}} x_1^{\frac{1}{11.1}} x_2^{\frac{10.1}{11.1}} - C_2(E_b, n_1) - C_3(n_1)x_3^3\right]\left[1 - e^{-C_5(\mu_v)x_3}\right]\right) \\
\text{s.t.} \quad & x = (x_1, x_2, x_3)^{\mathrm{T}} \in \Omega \subseteq R_+^3.
\end{aligned}$$

(19.26)

则有

$$\min_{x \in \Omega, \lambda \in [\lambda^-, \lambda^+]} f(x; \lambda) = f(x^*(\lambda^-); \lambda^-), \qquad \max_{x \in \Omega, \lambda \in [\lambda^-, \lambda^+]} f(x; \lambda) = f(x^*(\lambda^+); \lambda^+).$$

证明 由定理 19.2 和 f 在 u 中的单调性可证得, 其中, $u = x_1^{\frac{1}{11.1}} x_2^{\frac{10.1}{11.1}} > 0$. $\square$

注 19.5　定理 19.4 的结论在没有目标函数单调性的情况下一般是不成立的.

接下来, 我们将提出一些定理, 用于处理多态不确定约束. 我们首先提出以下两个定义.

定义 19.9　设 $\tilde{A}$ 为非空集合 X 上的模糊子集, 并设 a_0 为给定实数. 如果对于任何 $\beta \in (0,1]$, $\tilde{A}_\beta \geqslant a_0$ 成立, 则 $\tilde{A} \geqslant a_0$ 成立.

根据定义 19.9, 我们可以通过确定一个合适的隶属度来用区间不等式近似等价模糊不等式. 当然, 如果用它的模糊期望代替 $\tilde{A}$, 则模糊不等式转化为普通不等式. 然而, 在本章中, 我们以一种更灵活的方式对待模糊不等式, 就像定义 19.9 一样.

定义 19.10　设 ξ 为随机变量, 设 ξ_0 为给定实数. 若对于任意 $\alpha \in (0,1)$, 有 $P(\xi \leqslant \xi_0) \geqslant \alpha$, 则不等式 $\xi \leqslant \xi_0$ 成立, 其中 $P(\cdot)$ 表示随机事件发生的概率.

根据定义 19.10, 对于给定的置信水平 α, 一个随机不等式可以近似为一个普通不等式.

下面的定理有助于将一个包含随机变量和模糊子集的不等式转化为一个区间不等式.

定理 19.5　设 ξ 是一个具有正态分布的随机变量, $\tilde{A}$ 是一个非空集合 X 上的模糊子集. 则有: 如下不等式

$$\xi x \leqslant \tilde{A}, \quad x > 0 \tag{19.27}$$

成立当且仅当对于任意 $\alpha \in (0,1)$ 和 $\beta \in (0,1]$, 不等式

$$[E(\xi) + D(\xi)\Phi^{-1}(\alpha)] \cdot x \leqslant \tilde{A}_\beta \tag{19.28}$$

成立, 其中 $\Phi^{-1} : [0,1] \to R$ 为标准正态分布随机变量的累积分布函数的反函数, $D(\xi)$ 为随机变量 ξ 的标准差.

证明　首先, 不等式 (19.27) 可改写成

$$\xi \leqslant \frac{\tilde{A}}{x}, \quad x > 0.$$

由定义 19.10 可知: 对于任意 $\alpha \in (0,1)$,

$$P\left(\xi \leqslant \frac{\tilde{A}}{x}\right) \geqslant \alpha.$$

由于 ξ 是一个正态分布的随机变量, 我们有

$$P\left(\xi \leqslant \frac{\tilde{A}}{x}\right) = P\left(\zeta \leqslant \frac{\dfrac{\tilde{A}}{x} - E(\xi)}{D(\xi)}\right)$$

$$= \Phi\left(\frac{\dfrac{\tilde{A}}{x} - E(\xi)}{D(\xi)}\right) \geqslant \alpha,$$

其中 ζ 为标准正态分布的随机变量, $\Phi: R \to [0,1]$ 为 ζ 的累积分布函数. 由 Φ 的单调递增性可知

$$\frac{\dfrac{\tilde{A}}{x} - E(\xi)}{D(\xi)} \geqslant \Phi^{-1}(\alpha).$$

从而有

$$\tilde{A} \geqslant [E(\xi) + D(\xi)\Phi^{-1}(\alpha)] \cdot x. \tag{19.29}$$

根据定义 19.9, 不等式 (19.29) 表示对于任意 $\beta \in (0,1]$,

$$\tilde{A}_\beta \geqslant [E(\xi) + D(\xi)\Phi^{-1}(\alpha)] \cdot x$$

成立. □

同样, 我们可以证明下面的定理.

定理 19.6 设 ξ 为正态分布的随机变量, $\tilde{A}$ 为非空集合 X 上的模糊子集, 则

$$\xi x \geqslant \tilde{A}, \quad x > 0 \tag{19.30}$$

当且仅当对于任意 $\alpha \in (0,1)$ 和 $\beta \in (0,1]$, 以下不等式

$$[E(\xi) + D(\xi)\Phi^{-1}(1-\alpha)] \cdot x \geqslant \tilde{A}_\beta \tag{19.31}$$

成立.

显然, 若 $\tilde{A}$ 是具有如下隶属函数 $\mu_{\tilde{A}}$ 的模糊子集:

$$\mu_{\tilde{A}}(x) = \begin{cases} \dfrac{x-a}{b-a}, & x \in [a,b], \\ 1, & x \in [b,c], \\ \dfrac{d-x}{d-c}, & x \in [c,d], \\ 0, & \text{其他}, \end{cases}$$

则对于任意固定的 $\beta \in (0,1]$, $\tilde{A}_\beta = [a+\beta(b-a), d-\beta(d-c)]$. 设 $\xi \sim N(\mu_0, \sigma_0{}^2)$. 则对于给定的 β 和 $\alpha \in (0,1)$, 不等式 $\xi x \leqslant \tilde{A}$ 可近似为区间不等式:

$$[\mu_0 + \sigma_0 \Phi^{-1}(\alpha)]x \leqslant [a+\beta(b-a), d-\beta(d-c)].$$

一般来说, 定理 19.5 和定理 19.6 可以近似得到模型 (19.18) 中第 4 和第 5 约束条件的确定性区间等价式.

基于定理 19.2, 定理 19.4—定理 19.6 和引理 19.3, 我们可将模型 (19.16) 或 (19.18) 转化为以下仅涉及区间参数的柔性规划模型.

$$\min \quad E(-P(x)) = -\left[\lambda^{\pm}\left(\frac{\pi}{6\times 10^4}\right)^{\frac{10.1}{11.1}} E(n_1^{\frac{10.1}{11.1}}) x_1^{\frac{1}{11.1}} x_2^{\frac{10.1}{11.1}}\right.$$
$$-\frac{\pi y_0}{3\times 10^4 K_i} E(E_b) E(n_1)$$
$$\left.-\frac{\rho_l \pi^3}{216\times 10^{12} A} E(n_1{}^3) x_2^3\right] C_4 \left[1 - E(e^{-\mu_v x_3})\right]$$

s.t. $[\widetilde{C_6}^{\pm}]_\alpha x_2 - \left(2x_1 - \pi I_1^{\pm} x_2 + \sqrt{[2x_1 - \pi I_1^{\pm} x_2]^2 - 8(I_2^{\pm})^2 x_2^2}\right) \leqslant 0,$

$\left(2x_1 - \pi I_1^{\pm} x_2 + \sqrt{[2x_1 - \pi I_1^{\pm} x_2]^2 - 8(I_2^{\pm})^2 x_2^2}\right) - [\widetilde{C_7}^{\pm}]_\alpha x_2 \leqslant 0,$

$(x_3 - \pi)\left(2x_1 - \pi I_1^{\pm} x_2 + \sqrt{[2x_1 - \pi I_1^{\pm} x_2]^2 - 8I^{\pm} x_2^2}\right) + 8I_2^{\pm} x_2 = 0,$

$[\pi E(n_1) + \pi\Phi^{-1}(1-\alpha)D(n_1)]\cdot x_2 \geqslant 6\times 10^4 \times [\widetilde{C_8}]_\alpha,$　　　　(19.32)

$[\pi E(n_1) + \pi\Phi^{-1}(\alpha)D(n_1)]\cdot x_2 \leqslant 6\times 10^4 \times [\widetilde{C_9}]_\alpha,$

$[E(n_1) + \Phi^{-1}(\alpha)D(n_1)]\cdot x_2 \leqslant 19.1[\widetilde{C_{10}}]_\alpha x_1,$

$[\widetilde{C_{14}}]_\alpha \leqslant x_1 \leqslant [\widetilde{C_{15}}]_\alpha,$

$[\widetilde{C_{12}C_{11}}]_\alpha \leqslant x_2 \leqslant [\widetilde{C_{11}C_{13}}]_\alpha,$

$\frac{\pi}{180}[\widetilde{C_{16}}]_\alpha \leqslant x_3 \leqslant \frac{\pi}{180}[\widetilde{C_{17}}]_\alpha,$

$x \geqslant 0,$

$\alpha \in (0,1],$

其中 $[\widetilde{C_6}^{\pm}]_\alpha = [([\widetilde{C_6}^{-}]_\alpha)^-, ([\widetilde{C_6}^{+}]_\alpha)^+]$, $[\widetilde{C_7}^{\pm}]_\alpha = [([\widetilde{C_7}^{-}]_\alpha)^-, ([\widetilde{C_7}^{+}]_\alpha)^+]$.

下面我们以模型 (19.16) 或 (19.18) 为基础, 开发寻求原 PUNP 模型 "最优解" 的有效算法.

19.5　基于抽样的交互算法

由模型 (19.1) 的定义可知, 具有区间参数优化问题 (IPOP) 的一般模型可写成:

$$
\begin{aligned}
\min\quad & f(x; C^{\pm}(0)) \\
\text{s.t.}\quad & g_i(x) \leqslant 0, i = 1, 2, \cdots, m_1, \\
& h_j(x, C^{\pm}(j)) \leqslant 0, j = 1, 2, \cdots, m_2,
\end{aligned}
\tag{19.33}
$$

其中 $C^{\pm}(0) \in [R^{\pm}]^{n_0}$, $C^{\pm}(j) \in [R^{\pm}]^{n_j}$, $R^{\pm}$ 表示区间数的集合, $[R^{\pm}]^{n_j}$ 表示区间数的 n_j 维向量值集合, $f : R^n \to R$ 是与区间参数 $C^{\pm}(0)$ 有关且关于 x 连续可微的目标函数, g_i (其中 $i = 1, 2, \cdots, m_1$) 是与区间参数无关、关于 x 连续可微的普通约束函数. $h_j(j = 1, 2, \cdots, m_2)$ 是与区间参数 $C^{\pm}(j)$ 相关且关于 x 连续可微的约束函数. 一般来说, 寻求问题 (19.33) 的最优解很困难的. 然而, 当 f 和 $h_j(j = 1, 2, \cdots, m_2)$ 关于 x 是单调的, 可以得到一种有效的求解方法. 为了求解模型 (19.32), 我们首先证明了以下结果:

定理 19.7　在模型 (19.12) 中, 目标函数 $-P$ 关于 x_1 和 x_3 在区间 $[0, +\infty)$ 内单调递减. 约束函数 g_1 关于 x_1 在区间 $[0, +\infty)$ 内单调递减, 关于 x_2 在区间 $[0, +\infty)$ 内单调递增. 约束函数 g_2 关于 x_1 在区间 $[0, +\infty)$ 内单调递增, 关于 x_2 在区间 $[0, +\infty)$ 内单调递减.

证明　由式 (19.4) 知 $x_3 = C(x_1, x_2)$ 关于 x_1 在区间 $[0, +\infty)$ 内单调递增. 由于 (19.12) 中的目标函数 $-P$ 关于 x_3 在区间 $[0, +\infty)$ 内是单调递减的, 可以得出 $-P$ 关于 x_1 在区间 $[0, +\infty)$ 内是单调递减的.

其余的结果可以通过类似的方法得到.　　　　　　　　　　　　□

定理 19.8　模型 (19.32) 的第三个约束等价于

$$
\begin{cases}
(x_3 - \pi)\left(2x_1 - \pi I_1^- x_2 + \sqrt{[2x_1 - \pi I_1^- x_2]^2 - 8I^- x_2^2}\right) + 8I_2^- x_2 \leqslant 0, \\
(x_3 - \pi)\left(2x_1 - \pi I_1^+ x_2 + \sqrt{[2x_1 - \pi I_1^+ x_2]^2 - 8I^+ x_2^2}\right) + 8I_2^+ x_2 \geqslant 0.
\end{cases}
\tag{19.34}
$$

证明　定义两个函数 $\varphi_i : R_+^3 \to R$, $i = 1, 2$,

$$
\begin{aligned}
\varphi_1(x_1, x_2, x_3) &= (x_3 - \pi)\left(2x_1 - c_1 x_2 + \sqrt{[2x_1 - c_1 x_2]^2 - c_2 x_2^2}\right), \\
\varphi_2(x_1, x_2, x_3) &= c_3 x_2,
\end{aligned}
$$

其中 $c_i > 0$, $i = 1, 2, 3$. 那么, 很容易看出, 由于 $x_3 - \pi \leqslant 0$, 且 $c_3 > 0$ 时, φ_2 关于 x_2 在区间 $(0, +\infty)$ 内单调递增, 因此, 当 $c_i > 0$ 时, φ_1 关于 x_2 在区间 $(0, +\infty)$

内单调递增. 令

$$c_1 = \pi I_1^{\pm}, \quad c_2 = 8I^{\pm}, \quad c_3 = 8I_2^{\pm},$$

并定义区间值函数 φ 为

$$\varphi(x; I_1^{\pm}, I_2^{\pm}, I^{\pm}) = \varphi_1(x; I_1^{\pm}, I^{\pm}) + \varphi_2(x; I_2^{\pm}).$$

则根据 φ 的单调性和引理 19.1, 可证得结果. □

设 $a^{\pm}$ 和 $b^{\pm}$ 是两个区间数. 定义区间不等式 $a^{\pm} \leqslant b^{\pm}$ 的满意度为 (Tseng and Klein, 1989)

$$S(a^{\pm} \leqslant b^{\pm}) = \begin{cases} 1, & a^- \leqslant b^-, a^+ \leqslant b^+, \\ \dfrac{(b^- - a^-) + 2(b^+ - b^-)}{(a^+ - a^-) + (b^+ - b^-)}, & a^- \leqslant b^-, a^+ > b^+, \\ \dfrac{2(b^+ - a^-)}{(a^+ - a^-) + (b^+ - b^-)}, & a^+ > b^+ \geqslant a^- > b^-, \\ \dfrac{(b^+ - a^+) + 2(a^+ - a^-)}{(a^+ - a^-) + (b^+ - b^-)}, & a^- > b^-, a^+ \leqslant b^+, \\ 0, & a^- > b^+. \end{cases}$$

根据引理 19.4 可以证明如下定理.

定理 19.9 设 $\alpha \in (0, 1]$ 为给定的满意度. 假设任意模糊子集的隶属度和任意随机变量的置信水平都大于 α. 则

(1) 模型 (19.32) 中的第 1 个约束所代表的区间不等式的满意度不小于 α, 当且仅当引理 19.4 中 4 个不等式组之一成立, 其中 $a^{\pm}$ 和 $b^{\pm}$ 由下式给出

$$\begin{aligned} &a^- = ([\widetilde{C_6}^-]_\alpha)^- x_2, \quad a^+ = ([\widetilde{C_6}^+]_\alpha)^+ x_2, \\ &b^- = 2x_1 - \pi I_1^+ x_2 + \sqrt{[2x_1 - \pi I_1^+ x_2]^2 - 8I^+ x_2^2}, \\ &b^+ = 2x_1 - \pi I_1^- x_2 + \sqrt{[2x_1 - \pi I_1^- x_2]^2 - 8I^- x_2^2}. \end{aligned}$$

(2) 模型 (19.32) 中的第 2 个约束所代表的区间不等式的满意度不小于 α, 当且仅当引理 19.4 中 4 个不等式组之一成立, 其中 $a^{\pm}$ 和 $b^{\pm}$ 由下式给出

$$\begin{aligned} &a^- = 2x_1 - \pi I_1^+ x_2 + \sqrt{[2x_1 - \pi I_1^+ x_2]^2 - 8I^+ x_2^2}, \\ &a^+ = 2x_1 - \pi I_1^- x_2 + \sqrt{[2x_1 - \pi I_1^- x_2]^2 - 8I^- x_2^2}, \\ &b^- = ([\widetilde{C_7}^-]_\alpha)^- x_2, \quad b^+ = ([\widetilde{C_7}^+]_\alpha)^+ x_2. \end{aligned}$$

(3) 模型 (19.32) 中的第 4 个约束所代表的区间不等式的满意度不小于 α, 当

且仅当引理 19.4 中 4 个不等式组之一成立, 其中 $a^{\pm}$ 和 $b^{\pm}$ 由下式给出

$$a^- = 6 \times 10^4 \times ([\widetilde{C_8}]_\alpha)^-, \quad a^+ = 6 \times 10^4 \times ([\widetilde{C_8}]_\alpha)^+,$$
$$b^- = b^+ = (\pi E(n_1) + \pi \Phi^{-1}(1-\alpha)D(n_1))x_2.$$

(4) 模型 (19.32) 中的第 5 个约束所代表的区间不等式的满意度不小于 α, 当且仅当引理 19.4 中 4 个不等式组之一成立, 其中 $a^{\pm}$ 和 $b^{\pm}$ 由下式给出

$$a^- = (\pi E(n_1) - \pi \Phi^{-1}(\alpha)D(n_1))x_2,$$
$$a^+ = (\pi E(n_1) + \pi \Phi^{-1}(\alpha)D(n_1))x_2,$$
$$b^- = 6 \times 10^4 \times ([\widetilde{C_9}]_\alpha)^-, \quad b^+ = 6 \times 10^4 \times ([\widetilde{C_9}]_\alpha)^+.$$

(5) 模型 (19.32) 中的第 6 个约束所代表的区间不等式的满意度不小于 α, 当且仅当引理 19.4 中 4 个不等式组之一成立, 其中 $a^{\pm}$ 和 $b^{\pm}$ 由下式给出

$$a^- = (E(n_1) - \Phi^{-1}(\alpha)D(n_1))x_2,$$
$$a^+ = (E(n_1) + \Phi^{-1}(\alpha)D(n_1))x_2,$$
$$b^- = 19.1x_1([\widetilde{C_{10}}]_\alpha)^-, \quad b^+ = 19.1x_1([\widetilde{C_{10}}]_\alpha)^+.$$

证明 与定理 19.8 的证明类似, 前两个结论是根据满意度的定义和 g_1 和 g_2 的单调性得出的.

其他三个结果很容易从满意度的定义中得到. □

根据定理 19.9, 当比较区间序的满意度 $\alpha \in (0,1]$ 足够大时 (这里可以要求 $a^- \leqslant b^-$ 成立), 则模型 (19.32) 中第 1 个约束以不小于 α 的满意度得到满足的表达形式可进一步表示如下:

$$\begin{cases} ([\widetilde{C_6}^-]_\alpha)^- x_2 \leqslant \left(2x_1 - \pi I_1^+ x_2 + \sqrt{[2x_1 - \pi I_1^+ x_2]^2 - 8I^+ x_2^2}\right), \\ \left(2x_1 - \pi I_1^+ x_2 + \sqrt{[2x_1 - \pi I_1^+ x_2]^2 - 8I^+ x_2^2}\right) - ([\widetilde{C_6}^-]_\alpha)^- x_2 \\ \quad + 2w\left(2x_1 - \pi I_1^\pm x_2 + \sqrt{[2x_1 - \pi I_1^\pm x_2]^2 - 8I^\pm x_2^2}\right) \\ \geqslant \alpha\left(w([\widetilde{C_6}^\pm]_\alpha x_2) + w\left(2x_1 - \pi I_1^\pm x_2 + \sqrt{[2x_1 - \pi I_1^\pm x_2]^2 - 8I^\pm x_2^2}\right)\right), \end{cases}$$
$$(19.35)$$

其中

$$w([\widetilde{C_6}^\pm]_\alpha x_2) = \left(([\widetilde{C_6}^+]_\alpha)^+ - ([\widetilde{C_6}^-]_\alpha)^-\right)x_2,$$
$$w\left(2x_1 - \pi I_1^\pm x_2 + \sqrt{[2x_1 - \pi I_1^\pm x_2]^2 - 8I^\pm x_2^2}\right)$$
$$= \pi(I_1^+ - I_1^-)x_2 + \left(\sqrt{[2x_1 - \pi I_1^- x_2]^2 - 8I^- x_2^2} - \sqrt{[2x_1 - \pi I_1^+ x_2]^2 - 8I^+ x_2^2}\right).$$

模型 (19.32) 中第 2 个约束以不小于 α 的满意度得到满足的表达形式可进一步表示如下:

$$
\begin{cases}
2x_1 - \pi I_1^+ x_2 + \sqrt{[2x_1 - \pi I_1^+ x_2]^2 - 8I^+ x_2^2} \leqslant [\widetilde{C_7^-}]_\alpha^- x_2, \\
([\widetilde{C_7^-}]_\alpha)^- x_2 - 2x_1 + \pi I_1^+ x_2 - \sqrt{[2x_1 - \pi I_1^+ x_2]^2 - 8I^+ x_2^2} + 2w([\widetilde{C_7^\pm}]_\alpha)x_2 \\
\geqslant \alpha \left(w\left(2x_1 - \pi I_1^\pm x_2 + \sqrt{[2x_1 - \pi I_1^\pm x_2]^2 - 8I^\pm x_2^2} \right) + w([\widetilde{C_7^\pm}]_\alpha)x_2 \right),
\end{cases}
\tag{19.36}
$$

其中 $w([\widetilde{C_7^\pm}]_\alpha x_2) = \left(([\widetilde{C_7^+}]_\alpha)^+ - ([\widetilde{C_7^-}]_\alpha)^- \right) x_2$.

模型 (19.32) 中第 4 个约束以不小于 α 的满意度得到满足的表达形式可进一步表示如下:

$$
\begin{cases}
6 \times 10^4 \times ([\widetilde{C_8}]_\alpha)^- \leqslant (\pi E(n_1) + \pi \Phi^{-1}(1-\alpha)D(n_1))x_2, \\
(\pi E(n_1) + \pi \Phi^{-1}(1-\alpha)D(n_1))x_2 - 6 \times 10^4 \times ([\widetilde{C_8}]_\alpha)^- \\
\geqslant 6 \times 10^4 \times \left(([\widetilde{C_8}]_\alpha)^+ - ([\widetilde{C_8}]_\alpha)^- \right) \alpha.
\end{cases}
\tag{19.37}
$$

模型 (19.32) 中第 5 个约束以不小于 α 的满意度得到满足的表达形式可进一步表示如下:

$$
\begin{cases}
(\pi E(n_1) + \pi \Phi^{-1}(\alpha)D(n_1))x_2 \leqslant 6 \times 10^4 \times ([\widetilde{C_9}]_\alpha)^-, \\
6 \times 10^4 \times ([\widetilde{C_9}]_\alpha)^- - (\pi E(n_1) + \pi \Phi^{-1}(\alpha)D(n_1))x_2 \\
+12 \times 10^4 \times \left(([\widetilde{C_9}]_\alpha)^+ - ([\widetilde{C_9}]_\alpha)^- \right) \\
\geqslant 6 \times 10^4 \times \left(([\widetilde{C_9}]_\alpha)^+ - ([\widetilde{C_9}]_\alpha)^- \right) \alpha.
\end{cases}
\tag{19.38}
$$

模型 (19.32) 中第 6 个约束以不小于 α 的满意度得到满足的表达形式可进一步表示如下:

$$
\begin{cases}
(E(n_1) + \Phi^{-1}(\alpha)D(n_1))x_2 \leqslant 19.1x_1([\widetilde{C_{10}}]_\alpha)^-, \\
19.1x_1([\widetilde{C_{10}}]_\alpha)^- - (E(n_1) + \Phi^{-1}(\alpha)D(n_1))x_2 + 38.2x_1 \left(([\widetilde{C_{10}}]_\alpha)^+ - ([\widetilde{C_{10}}]_\alpha)^- \right) \\
\geqslant 19.1x_1 \left(([\widetilde{C_{10}}]_\alpha)^+ - ([\widetilde{C_{10}}]_\alpha)^- \right) \alpha.
\end{cases}
\tag{19.39}
$$

模型 (19.32) 中第 7 个约束以不小于 α 的满意度得到满足的表达形式可进一步表示如下:

$$
\begin{cases}
([\widetilde{C_{14}}]_\alpha)^- \leqslant x_1 \leqslant ([\widetilde{C_{15}}]_\alpha)^-, \\
x_1 - ([\widetilde{C_{14}}]_\alpha)^- \geqslant \alpha \left(([\widetilde{C_{14}}]_\alpha)^+ - ([\widetilde{C_{14}}]_\alpha)^- \right), \\
([\widetilde{C_{15}}]_\alpha)^- - x_1 + 2 \left(([\widetilde{C_{15}}]_\alpha)^+ - ([\widetilde{C_{15}}]_\alpha)^- \right) \geqslant \alpha \left(([\widetilde{C_{15}}]_\alpha)^+ - ([\widetilde{C_{15}}]_\alpha)^- \right).
\end{cases}
\tag{19.40}
$$

模型 (19.32) 中第 8 个约束以不小于 α 的满意度得到满足的表达形式可进一步表示如下:

$$
\begin{cases}
([\widetilde{C_{12}C_{11}}]_\alpha)^- \leqslant x_2 \leqslant ([\widetilde{C_{11}C_{13}}]_\alpha)^-, \\
x_2 - ([\widetilde{C_{12}C_{11}}]_\alpha)^- \geqslant \alpha \left(([\widetilde{C_{12}C_{11}}]_\alpha)^+ - ([\widetilde{C_{12}C_{11}}]_\alpha)^- \right), \\
([\widetilde{C_{11}C_{13}}]_\alpha)^- - x_2 + 2 \left(([\widetilde{C_{11}C_{13}}]_\alpha)^+ - ([\widetilde{C_{11}C_{13}}]_\alpha)^- \right) \\
\geqslant \alpha \left(([\widetilde{C_{11}C_{13}}]_\alpha)^+ - ([\widetilde{C_{11}C_{13}}]_\alpha)^- \right).
\end{cases}
\tag{19.41}
$$

模型 (19.32) 中第 9 个约束以不小于 α 的满意度得到满足的表达形式可进一步表示如下:

$$
\begin{cases}
\dfrac{\pi}{180}([\widetilde{C_{16}}]_\alpha)^- \leqslant x_3 \leqslant \dfrac{\pi}{180}([\widetilde{C_{17}}]_\alpha)^-, \\
x_3 - \dfrac{\pi}{180}([\widetilde{C_{16}}]_\alpha)^- \geqslant \dfrac{\pi}{180}\alpha \left(([\widetilde{C_{16}}]_\alpha)^+ - ([\widetilde{C_{16}}]_\alpha)^- \right), \\
\dfrac{\pi}{180}([\widetilde{C_{17}}]_\alpha)^- - x_3 + \dfrac{\pi}{90} \left(([\widetilde{C_{17}}]_\alpha)^+ - ([\widetilde{C_{17}}]_\alpha)^- \right) \\
\geqslant \dfrac{\pi}{180}\alpha \left(([\widetilde{C_{17}}]_\alpha)^+ - ([\widetilde{C_{17}}]_\alpha)^- \right).
\end{cases}
\tag{19.42}
$$

基于上述结果, 我们可以建立求解原多态不确定性优化问题的一个对应的确定性优化子问题如下.

$$
\begin{aligned}
\min \quad & F(x;\eta) = \eta P_l(x) + (1 - \eta)P_u(x) \\
\text{s.t.} \quad & (19.34)\text{—}(19.42), \\
& x \geqslant 0, \alpha \in (0,1),
\end{aligned}
\tag{19.43}
$$

其中

$$
P_1(x) = - \left[\lambda^+ + \left(\frac{\pi}{6 \times 10^4} \right)^{\frac{10.1}{11.1}} E(n_1^{\frac{10.1}{11.1}}) x_1^{\frac{1}{11.1}} x_2^{\frac{10.1}{11.1}} - \frac{\pi y_0}{3 \times 10^4 K_i} E(E_b)E(n_1) \right.
$$
$$
\left. - \frac{\rho_l \pi^3}{216 \times 10^{12} A} E(n_1{}^3) x_2^3 \right] C_4 \left[1 - E(e^{-\mu_v x_3}) \right],
$$

$$P_u(x) = -\left[\lambda^- \left(\frac{\pi}{6 \times 10^4}\right)^{\frac{10.1}{11.1}} E(n_1^{\frac{10.1}{11.1}}) x_1^{\frac{1}{11.1}} x_2^{\frac{10.1}{11.1}} - \frac{\pi y_0}{3 \times 10^4 K_i} E(E_b) E(n_1)\right.$$

$$\left. - \frac{\rho_l \pi^3}{216 \times 10^{12} A} E(n_1^3) x_2^3\right] C_4 \left[1 - E(e^{-\mu_v x_3})\right]. \tag{19.44}$$

基于抽样的交互算法的具体过程如下:

算法 19.1　基于抽样的交互算法

步 0: 选择 η 和 α, 其中 $0 \leqslant \eta \leqslant 1$, $\alpha_{\min} \leqslant \alpha \leqslant \alpha_{\max}$. 用 $\alpha_{\min}$ 和 $\alpha_{\max}$ 分别表示决策者给出的对于区间不等式的满意度 α 的最小值和最大值. 设 δ_1, δ_2 为两个正常数, 例如, 固定 $\delta_1 = 0.01$ 和 $\delta_2 = 0.05$. 取 $\eta_0 = 0$, $\alpha_0 = \alpha_{\min}$. 设 $h := 0$, $t := 0$ 和 $\Delta \alpha^h = \Delta \eta^t := 0$.

步 1: 采用抽样法, 求解 η 和 α 固定的子问题 (19.43). 具体实现步骤如下.

步 1.1: 根据给定的随机变量 E_b, μ_v 和 n_1 的分布函数, 生成独立同分布的样本. 将它们的实现分别记为 $\hat{E}_b$, $\hat{\mu}_v$ 和 $\hat{n}_1$. 很明显它们都是 N_k 维向量. 设 $k := 0$.

步 1.2: 求解如下问题:

$$\begin{aligned} \min \quad & \eta_0 P_l(x; N_k) + (1 - \eta_0) P_u(x; N_k) \\ \text{s.t.} \quad & (19.34)\text{—}(19.42), \\ & x \geqslant 0, \end{aligned} \tag{19.45}$$

其中 $(\hat{n}_1)_l$, $(\hat{E}_b)_l$ 和 $(\hat{\mu}_v)_l$ 分别表示向量 $\hat{n}_1$, $\hat{E}_b$ 和 $\hat{\mu}_v$ 第 l 个分量, 且

$$P_l(x; N_k)$$

$$= -\left[\lambda^+ \left(\frac{\pi}{6 \times 10^4}\right)^{\frac{10.1}{11.1}} \frac{1}{N_k} \sum_{l=1}^{N_k} (\hat{n}_1)_l^{\frac{10.1}{11.1}} x_1^{\frac{1}{11.1}} x_2^{\frac{10.1}{11.1}} - \frac{\pi y_0}{3 \times 10^4 K_i} \frac{1}{N_k^2} \sum_{l=1}^{N_k} (\hat{E}_b)_l \sum_{l=1}^{N_k} (\hat{n}_1)_l \right.$$

$$\left. - \frac{\rho_l \pi^3}{216 \times 10^{12} A} \frac{1}{N_k} \sum_{l=1}^{N_k} (\hat{n}_1)_l^3 x_2^3\right] C_4 \left[1 - \frac{1}{N_k} \sum_{l=1}^{N_k} (e^{-(\hat{\mu}_v)_l x_3})\right],$$

$$P_u(x; N_k)$$

$$= -\left[\lambda^- \left(\frac{\pi}{6 \times 10^4}\right)^{\frac{10.1}{11.1}} \frac{1}{N_k} \sum_{l=1}^{N_k} (\hat{n}_1)_l^{\frac{10.1}{11.1}} x_1^{\frac{1}{11.1}} x_2^{\frac{10.1}{11.1}} - \frac{\pi y_0}{3 \times 10^4 K_i} \frac{1}{N_k^2} \sum_{l=1}^{N_k} (\hat{E}_b)_l \sum_{l=1}^{N_k} (\hat{n}_1)_l \right.$$

$$\left. - \frac{\rho_l \pi^3}{216 \times 10^{12} A} \frac{1}{N_k} \sum_{l=1}^{N_k} (\hat{n}_1)_l^3 x_2^3\right] C_4 \left[1 - \frac{1}{N_k} \sum_{l=1}^{N_k} (e^{-(\hat{\mu}_v)_l x_3})\right]. \tag{19.46}$$

将解记为 $x_*(N_k)$. 设目标函数的对应值为 $F_*(N_k)$.

步 1.3: 如果满足终止准则, 则得到近似最优解 $x_{\eta\alpha} = x_*(N_k)$ 和目标函数 $F_{\eta\alpha} = F_*(N_k)$. 令 $\Delta\alpha^h = \Delta\alpha^h + \delta_1$, $h = h+1$, 转到步 2. 否则, 设 $k := k+1$, 并选择 $N_{k+1} \geqslant N_k$, 返回步 1.1.

步 2: 如果 $(\alpha_0 + \Delta\alpha^h) > \alpha_{\max}$, 就转步 4. 否则, 转步 3.

步 3: 询问决策者 $x_{\eta\alpha}$ 和 $F_{\eta\alpha}$ 是否令人满意. 如果是, 那么转到步 6; 否则, 询问决策者 $\Delta\alpha^h$ 是否需要改变. 如果不是, 则转步 1. 否则, 要求决策者将 $\Delta\alpha^{h'}$ 更新为 $\Delta\alpha^h$, 执行步 1.

步 4: 设 $\Delta\eta^t = \Delta\eta^t + \delta_2$, $t = t+1$, $\Delta\alpha^h = 0$. 如果 $\eta_0 + \Delta\eta^t > 1$, 则算法终止, $x_{\eta\alpha}$ 和 $F_{\eta\alpha}$ 就是所求的结果. 否则, 转步 5.

步 5: 询问决策者 $\Delta\eta^t$ 是否需要改变. 如果不需要改变, 则转步 1. 否则将 $\Delta\eta^{t'}$ 更新为 $\Delta\eta^t$, 并转步 1.

步 6: $x_{\eta\alpha}$ 和 $F_{\eta\alpha}$ 是所求的结果. 算法终止.

注 19.6 在步 1.1, 如果假设 E_b, μ_v 和 n_1 为正态分布或均匀分布的随机参数, 则在 MATLAB 中很容易通过模拟方法获得它们的样本. 在 19.6 节的数值实验中, 我们将假设 E_b, μ_v 和 n_1 均为正态分布的随机参数.

注 19.7 从算法 19.1 中, 我们看到原来的多态不确定非线性规划问题被转化为一系列普通的确定性光滑优化问题. 因此, 可以采用许多经典优化技术来获得 PUNP 问题的鲁棒解.

19.6 案 例 研 究

在本节中, 我们将把 PUNP 方法和求解方法应用到实际的 V 带承载能力优化设计中. 不确定参数的设置如下:

$$C = [5.32 \times 10^{13}, 5.36 \times 10^{13}], \quad i = [3.63, 3.67], \quad E_b \sim N(55.7, 1^2),$$
$$n_1 \sim N(1460, 20^2), \quad \mu_v \sim N(0.51, 0.01^2), \quad C_6^u = 0.7, \quad a_{C_6} = 0.05, \quad C_8^u = 10,$$
$$a_{C_8} = 1, \quad C_{12}^u = 1, \quad a_{C_{12}} = 0.1, \quad C_{14}^u = 900,$$
$$a_{C_{14}} = 50, \quad C_{16}^u = 120, \quad a_{C_{16}} = 5, \quad C_7^l = 2,$$
$$a_{C_7} = 0.2, \quad C_9^l = 25, \quad a_{C_9} = 1.5, \quad C_{10}^l = 20, \quad a_{C_{10}} = 2,$$
$$C_{13}^l = 1.1, \quad a_{C_{13}} = 0.1, \quad C_{15}^l = 5000, \quad a_{C_{15}} = 500.$$

其他参数的具体意义参照 (张少军等, 2011). 因此, $I_1^{\pm} = [4.63, 4.67]$, $I_2^{\pm} = [2.63, 2.67]$, $I^{\pm} = [6.917, 7.129]$, $\widetilde{C_6}^{\pm} = [37.04, 37.36]\widetilde{C_6}$, $\widetilde{C_7}^{\pm} = [37.04, 37.36]\widetilde{C_7}$, $\lambda^{\pm} = [3.596, 3.598]$. 在选择不同的偏好参数 η 和满意度 α 时, 得到了 V 带承载能力的最优解和最优值. 表 19.2 中, 第一个向量分量为 V 带设计的最优解, 第二个向量分量为对应的 V 带承载能力的最大值 (kW).

表 19.2　不同参数选择下的最优解和 V 带最大承载能力值

(α, η)	0.25	0.5	0.75
0.75	$(3797.4, 154.0, 2.8), 4.2025$	$(3802.1, 154.0, 2.8), 4.2033$	$(3808.5, 154.0, 2.8), 4.2050$
0.80	$(3799.1, 154.0, 2.8), 4.2013$	$(3796.6, 154.0, 2.8), 4.2029$	$(3800.3, 154.0, 2.8), 4.2045$
0.85	$(3797.7, 154.0, 2.8), 4.2012$	$(3799.5, 154.0, 2.8), 4.2031$	$(3797.5, 154.0, 2.8), 4.2040$
0.90	$(3803.7, 154.0, 2.8), 4.2012$	$(3800.7, 154.0, 2.8), 4.2030$	$(3804.3, 154.0, 2.8), 4.2035$
0.95	$(3796.4, 154.0, 2.8), 4.2007$	$(3801.9, 154.0, 2.8), 4.2028$	$(3794.9, 154.0, 2.8), 4.2029$
0.975	$(3798.8, 154.0, 2.8), 4.1994$	$(3801.1, 154.0, 2.8), 4.2026$	$(3799.4, 154.0, 2.8), 4.2031$

结果表明, V 带最大承载能力值随偏好参数 η 的增大而增大, 随满意度 α 的增大而减小. 这个结果展示了该方法和所开发的算法都符合不确定环境下决策的实际过程, 对具有多态不确定性的 V 带承载能力优化设计是有效的.

总　　结

本章将 V 带承载能力最大化问题表述为一个多态不确定非线性规划 (PUNP) 模型, 该模型的目标函数和约束都是非线性的, 并且两者都包含多种形态不确定性的参数.

对于具有不确定性的模型, 得到了只包含区间参数的确定性等价模型. 提出了一种基于抽样的交互式算法, 利用标准光滑优化技术对具有多态不确定性的原始模型进行鲁棒求解. 实例分析表明, 该方法是有效的.

第 20 章　V 带疲劳寿命最大化不确定规划模型及算法

根据实际工程设计条件, 本章将建立 V 带疲劳寿命最大化问题的多态不确定非线性规划 (PUNP) 模型. 该模型首先被转换为等效区间规划, 其中只含有任意给定的隶属度和置信水平条件下的区间参数. 然后, 基于比较两个区间数大小顺序的可能度的概念, 我们将推导原始模型的确定性等价式 (DEF), 并开发一种基于抽样的算法, 以求得原始模型的确定性等价式的鲁棒最优化解, 以实现 V 带的疲劳寿命最大化. 案例分析将验证本章所构建的模型和算法的有效性和实用性.

20.1　引　　言

众所周知, V 带传动被广泛用于在机械元件之间进行动力传递. 最大化疲劳寿命是 V 带传动在长期连续运行环境中的主要实际要求之一, 它有助于降低成本和提高系统的可靠性 (Ren and Glodež, 2002).

先前研究成果建立了一些确定性优化模型, 以实现 V 带传动系统的体积最小化或传动能力最大化 (如 (Yan et al., 2008; Yang, 2009; Zhang et al., 2011)). 不同于其他研究成果, Zhang 等 (2011) 开发了一种全局优化算法, 称为最优线段算法, 能用于寻求 V 带传动承载能力最大化的确定性优化问题的全局最优解. 张少军等 (2011) 构建了 V 带传动疲劳寿命最大化确定性模型, 并推广了 (Zhang et al., 2011) 中提出的算法, 以寻求该模型的全局最优解.

然而, V 带传动系统设计问题经常受到各种不确定性因素影响. 例如, V 带弯曲弹性模量 E_b、小皮带轮的转速 n_1、单个 V 带的承载功率 P 以及用于计算 V 带额定功率的实验常数 C, 经常受到各种不确定性因素的影响, 例如原材料、制造技术和环境条件. 传动比 i 很难精确确定, 因为它主要受弹性滑动率的影响. 因此, 在实践中只给出了 i 的近似值范围. 此外, 决策变量和约束的一些限制存在一些过渡区域, 在该区域内很难判定参数是否绝对合格, 因此, 在设计 V 带传动系统的模型中不适合固定这些值. 很明显, 确定性数学模型不太可能为这样的问题带来

主要结果发表于 Journal of Industrial and Management Optimization, 8(2): 493-505, 2012.

令人满意的设计方案. 实际上, 本章构建的 V 带传动系统的优化设计问题的数学模型, 将是一类具有多态不确定参数的非线性数学规划问题 (Wan et al., 2011b).

虽然之前有很多研究提出了处理含有不确定参数优化模型的方法 (Chen et al., 2009; Hu and Wang, 2006; Jiang et al., 2008; Kumar et al., 2011; Li et al., 2006; Liang and Cheng, 2011; Lin et al., 2009; Qin et al., 2007; Wan et al., 2010, 2009; Wang et al., 2011; Yang, 2009), 但似乎没有一种方法可以直接用于处理不确定环境下 V 带传动系统设计优化问题. Li 等 (2006) 通过模糊随机模拟求解了包含模糊随机参数的多目标线性规划问题. Wan 等 (2009) 研究了一类涉及区间参数和随机参数的配料优化问题的线性规划模型, 并通过该模型找到了最优配料优化方案. Lin 等 (2009) 为区域能源系统规划问题构建了一个含区间、模糊和随机参数的两阶段随机混合整数优化模型. Qin 等 (2007) 通过分段线性化方法求解了包括区间参数和模糊参数的水库水质管理非线性优化模型. 然而, 对于一个具有多态不确定参数的 V 带传动系统疲劳寿命最大化模型, 此前文献中未见任何研究成果.

本章将在文献 (Wan et al., 2011b; Zhang et al., 2011; 张少军等, 2011) 的基础上, 研究传动系统疲劳寿命最大化问题的多态不确定非线性规划 (PUNP) 模型及其求解方法. 处理该类问题的主要困难来自模型参数的多态不确定性和模型目标函数和约束函数的非线性性. 我们总体研究思路如下: 通过给定模糊参数的隶属度和随机参数的置信水平, 首先将 PUNP 模型转化为区间规划问题, 然后基于一种描述区间序的可能度的概念, 推导原始模型的确定型等价式. 最后, 以经典非线性优化算法为基础, 我们将开发一类基于抽样的高效算法, 以寻找原问题的稳健最优解.

20.2　V 带疲劳寿命最大化的确定性模型

在本节中, 我们将提出一个确定性模型, 以最大化 V 带疲劳寿命.

假设给定了小皮带轮的转速 n_1(r/min)、单根 V 带传动系统承载功率 P(kW) 和传动比 i. 我们要去通过选择 V 带的节线长 L(mm) 和小皮带轮的直径 d_1(mm), 使 V 带疲劳寿命最大化.

由文献 (罗善明等, 2006; Spotts and Saunders, 1987) 中的结论可知

$$N\delta_{\max}^m = C, \tag{20.1}$$

其中 $\delta_{\max}$ 表示 V 带的最大应力, N 表示 V 带的总循环次数, C 是受 V 带材料、结构和尺寸影响的实验常数, m 称为曲线指数. 对于给定类型的 V 带, Spotts 和 Saunders (1987) 将 m 视为常数标量. 通常, 在 V 带传动系统中, 根据单个 V 带

的承载力 P 和小皮带轮的转速 n_1 来选择 V 带类型.

从 (20.1) 中可以得出, 单个 V 带传动系统承载功率 $P_0(\text{kW})$ 由以下公式计算 (罗善明等, 2006):

$$P_0 = \left[\sqrt[m]{\frac{CL}{7200TV}} - \frac{2E_b y_0}{K_i d_1} - \frac{\rho_l V^2}{A} \right] \left[1 - \frac{1}{e^{\mu_v \alpha}} \right] \frac{AV}{1000}, \tag{20.2}$$

其中, T 是 V 带传动系统疲劳寿命 (h), V 是 V 带的速度 (m/s), E_b 是弯曲弹性模量 (MPa), y_0 是 V 带外层和中性层之间的距离 (mm), K_i 是传动比系数, ρ_l 是 V 带的线质量 (kg/m), A 是 V 带的横截面积 (mm²), μ_v 是 V 带和 V 带轮凹槽之间的等效摩擦系数, α 是小皮带轮的包角 (rad).

假设 V 带所需的承载力 P 小于 V 带传动系统承载力的有限容量. 由于 V 带初始张力的增加将显著缩短 V 带传动系统疲劳寿命 (见 (刘雍德, 1997)), 因此有必要调整初始张力, 使 P 等于 P_0.

令 $x = (x_1, x_2, x_3)^{\mathrm{T}} = (L, d_1, \alpha)^{\mathrm{T}}$. 根据

$$V = \frac{\pi d_1 n_1}{1000 \times 60},$$

则 (20.2) 转化为

$$T(x) = \frac{B_1 x_1 x_2^{m-1}}{\left(\dfrac{B_2}{1 - \dfrac{1}{e^{\mu_v x_3}}} + B_3 + B_4 x_2^3 \right)^m}, \tag{20.3}$$

其中

$$B_1 = \frac{C}{7200} \left(\frac{\pi n_1}{60000} \right)^{m-1}, \quad B_2 = \frac{1000P}{A},$$

$$B_3 = \frac{E_b y_0 \pi n_1}{30000 K_i}, \quad B_4 = \frac{\rho_l}{A} \left(\frac{\pi n_1}{60000} \right)^3,$$

且

$$x_3 = \pi - \frac{8(i-1)x_2}{2x_1 - \pi(i+1)x_2 + \sqrt{[2x_1 - \pi(i+1)x_2]^2 - 8(i-1)^2 x_2^2}}. \tag{20.4}$$

设 $W = T^{-\frac{1}{m}}$, 即有

$$W(x) = C_1 C^{-\frac{1}{m}} n_1^{-\frac{m-1}{m}} x_1^{-\frac{1}{m}} x_2^{-\frac{m-1}{m}} \left[C_2 P \left(1 - e^{-C_5 x_3} \right)^{-1} + C_3 n_1 E_b + C_4 n_1^3 x_2^3 \right], \tag{20.5}$$

其中

$$C_1 = \left(\frac{1}{7200}\right)^{-\frac{1}{m}} \left(\frac{\pi}{60000}\right)^{-\frac{m-1}{m}}, \quad C_2 = \frac{1000}{A},$$

$$C_3 = \frac{\pi y_0}{30000 K_i}, \quad C_4 = \frac{\rho_l}{A}\left(\frac{\pi}{60000}\right)^3, \quad C_5 = \mu_v.$$

如 Zhang 等 (2011) 和张少军等 (2011) 所述, 为了最大化 V 带传动系统疲劳寿命, 我们考虑了以下约束条件.

(1) 中心距设计约束:

$$\begin{cases} g_1(x) = C_6(i+1)x_2 - \dfrac{2x_1 - \pi(i+1)x_2 + \sqrt{[2x_1 - \pi(i+1)x_2]^2 - 8(i-1)^2 x_2^2}}{8} \\ \qquad \leqslant 0, \\ g_2(x) = \dfrac{2x_1 - \pi(i+1)x_2 + \sqrt{[2x_1 - \pi(i+1)x_2]^2 - 8(i-1)^2 x_2^2}}{8} - C_7(i+1)x_2 \\ \qquad \leqslant 0. \end{cases}$$

$$(20.6)$$

(2) V 带的带速限制:

$$\begin{cases} g_3(x) = C_8 - \dfrac{\pi n_1 x_2}{6 \times 10^4} \leqslant 0, \\ g_4(x) = \dfrac{\pi n_1 x_2}{6 \times 10^4} - C_9 \leqslant 0. \end{cases} \tag{20.7}$$

(3) V 带每秒绕转次数限制:

$$g_5(x) = \frac{n_1 x_2}{19.1 x_1} - C_{10} \leqslant 0. \tag{20.8}$$

(4) 小带轮直径设计约束:

$$\begin{cases} g_6(x) = C_{12} C_{11} - x_2 \leqslant 0, \\ g_7(x) = x_2 - C_{13} C_{11} \leqslant 0. \end{cases} \tag{20.9}$$

(5) V 带节线长设计约束:

$$\begin{cases} g_8(x) = C_{14} - x_1 \leqslant 0, \\ g_9(x) = x_1 - C_{15} \leqslant 0. \end{cases} \tag{20.10}$$

(6) 小带轮包角设计约束:

$$
\begin{cases}
g_{10}(x) = \dfrac{\pi C_{16}}{180} - x_3 \leqslant 0, \\[3mm]
g_{11}(x) = x_3 - \dfrac{\pi C_{17}}{180} \leqslant 0.
\end{cases}
\tag{20.11}
$$

上式 (20.6)—(20.11) 中的参数 C_6, C_7, $\cdots$, C_{17} 的含义如表 20.1 所示. 因此, V 带疲劳寿命最大化的确定性模型如下.

$$
\begin{aligned}
\min \quad & W(x) \\
\text{s.t.} \quad & (20.4), (20.6)—(20.11).
\end{aligned}
\tag{20.12}
$$

表 20.1　V 带传动设计的模型参数

参数	公式	说明
C_6	0.7	最小中心距系数
C_7	2	最大中心距系数
C_8	10	V 带的最小带速 (m/s)
C_9	25	V 带的最大速度 (m/s)
C_{10}	20	V 带每秒绕转的最大次数
C_{11}	$C_{11} = d_{1\min}$	$d_{1\min}$ 为某种型号小带轮的最小许用直径 (mm)
C_{12}	1	小带轮最小直径系数
C_{13}	1.1	小带轮最大直径系数
C_{14}	$C_{14} = L_{\min}$	$L_{\min}$ 为某种型号 V 带的节长规格最小值 (mm)
C_{15}	$C_{15} = L_{\max}$	$L_{\max}$ 为某种型号 V 带的节长规格最大值 (mm)
C_{16}	120	小带轮许用包角最小值 (°)
C_{17}	180	小带轮许用包角最大值 (°)

20.3　V 带疲劳寿命最大化的 PUNP 模型

在本节中, 我们将提出一个多态不确定非线性规划 (PUNP) 模型, 以最大限度地提高 V 带在不确定环境中的疲劳寿命.

首先, 假设模型 (20.12) 中的不确定参数分别受到以下约束.

(1) V 带弯曲弹性模量 E_b、小带轮转速 n_1、单根 V 带传递功率 P 和实验常数 C 被视为具有正态分布的随机参数. 它们分别用 E_b, n_1, P 和 C 表示. 具体来说, 我们有

$$
E_b \sim N(\overline{E_b}, \sigma_{E_b}^2), \quad n_1 \sim N(\overline{n_1}, \sigma_{n_1}^2), \quad P \sim N(\overline{P}, \sigma_P^2), \quad C \sim N(\overline{C}, \sigma_C^2).
$$

(2) 传动比 i 被视为区间数, 并记为 $i^{\pm} = [i^-, i^+]$.

(3) 参数 C_6, C_7, C_8, C_9, C_{10}, C_{11}, C_{12}, C_{13}, C_{14}, C_{15} 和 C_{16} 在约束中被视为模糊参数, 分别由 $\widetilde{C_6}$, $\widetilde{C_7}$, $\widetilde{C_8}$, $\widetilde{C_9}$, $\widetilde{C_{10}}$, $\widetilde{C_{11}}$, $\widetilde{C_{12}}$, $\widetilde{C_{13}}$, $\widetilde{C_{14}}$, $\widetilde{C_{15}}$ 和 $\widetilde{C_{16}}$ 表示. 假设这些参数由以下两种类型的隶属函数量化. 对于 $i = 6, 8, 11, 12, 14, 16$, 记其相应的隶属函数为

$$\mu_{\widetilde{C_i}}(t) = \begin{cases} 1 - \dfrac{C_i^u - t}{\alpha_{c_i}}, & C_i^u - \alpha_{c_i} \leqslant t \leqslant C_i^u, \\ 0, & \text{其他}. \end{cases} \tag{20.13}$$

对于 $i = 7, 9, 10, 13, 15$, 记其相应的隶属函数为

$$\mu_{\widetilde{C_i}}(t) = \begin{cases} 1 - \dfrac{t - C_i^l}{\alpha_{c_i}}, & C_i^l \leqslant t \leqslant C_i^l + \alpha_{c_i}, \\ 0, & \text{其他}. \end{cases} \tag{20.14}$$

以下概念有助于构建用于 V 带传动设计的 PUNP 模型.

定义 20.1 (区间数与模糊子集的乘积)　设 $a^{\pm}$ 为区间数. 设 $\tilde{b}$ 是具有隶属函数 $\mu_{\tilde{b}}$ 的模糊子集. 若记 $\tilde{c}^{\pm}$ 为这样一个模糊区间 $[\tilde{c}^-, \tilde{c}^+]$, 其中 $\tilde{c}^-$ 和 $\tilde{c}^+$ 是两个模糊子集, 其隶属函数分别为 $\mu_{a^-\tilde{b}}$ 和 $\mu_{a^+\tilde{b}}$, 其中 $\mu_{\tilde{b}}(x) = \mu_{a^-\tilde{b}}(a^-x) = \mu_{a^+\tilde{b}}(a^+x)$, 则称 $\tilde{c}^{\pm} = a^{\pm}\tilde{b}$ 为 $a^{\pm}$ 和 $\tilde{b}$ 的乘积.

显然, $a^{\pm}\tilde{b}$ 可以被看作是这样一个特殊的模糊过程 $t\tilde{b}$, 其中 $t \in [a^-, a^+]$. 根据模糊数学的理论, 这一模糊过程可由边界值 $a^-\tilde{b}$ 和 $a^+\tilde{b}$ 决定.

特别地, 对于任意 $\alpha \in (0, 1]$, 我们有

$$\bigcup_{\tilde{c} \in \tilde{c}^{\pm}} \tilde{c}_\alpha = [\tilde{c}_\alpha^-, \tilde{c}_\alpha^+],$$

其中 $\tilde{c}_\alpha^-$ 表示区间的下界 $[a^-\tilde{b}]_\alpha$, $\tilde{c}_\alpha^+$ 表示区间的上界 $[a^+\tilde{b}]_\alpha$.

现在, 我们可构建如下多态不确定非线性规划 (PUNP) 模型, 以最大化 V 带疲劳寿命:

$$\begin{aligned} \min \quad & W(x) = C_1 C^{-\frac{1}{m}} n_1^{-\frac{m-1}{m}} x_1^{-\frac{1}{m}} x_2^{-\frac{m-1}{m}} \Big[C_2 P \left(1 - e^{-C_5 x_3} \right)^{-1} \\ & \qquad\qquad + C_3 n_1 E_b + C_4 n_1^{\ 3} x_2^3 \Big] \\ \text{s.t.} \quad & \widetilde{C_6}^{\pm} x_2 - \left(2x_1 - \pi I_1^{\pm} x_2 + \sqrt{[2x_1 - \pi I_1^{\pm} x_2]^2 - 8I^{\pm} x_2^2} \right) \leqslant 0, \\ & \left(2x_1 - \pi I_1^{\pm} x_2 + \sqrt{[2x_1 - \pi I_1^{\pm} x_2]^2 - 8I^{\pm} x_2^2} \right) - \widetilde{C_7}^{\pm} x_2 \leqslant 0, \end{aligned}$$

$$(x_3 - \pi)\left(2x_1 - \pi I_1^\pm x_2 + \sqrt{[2x_1 - \pi I_1^\pm x_2]^2 - 8I^\pm x_2^2}\right) + 8I_2^\pm x_2 = 0,$$

$$6 \times 10^4 \times \widetilde{C_8} \leqslant \pi n_1 x_2 \leqslant 6 \times 10^4 \times \widetilde{C_9},$$

$$n_1 x_2 - 19.1\widetilde{C_{10}}x_1 \leqslant 0,$$

$$\widetilde{C_{14}} \leqslant x_1 \leqslant \widetilde{C_{15}},$$

$$\widetilde{C_{12}}\widetilde{C_{11}} \leqslant x_2 \leqslant \widetilde{C_{13}}\widetilde{C_{11}},$$

$$\frac{\pi\widetilde{C_{16}}}{180} \leqslant x_3 \leqslant \frac{\pi C_{17}}{180},$$

$$x \geqslant 0, \tag{20.15}$$

其中 $\widetilde{C_6}^\pm$ 和 $\widetilde{C_7}^\pm$ 是两个正模糊区间参数 (见定义 20.1), 表示为

$$\widetilde{C_6}^\pm = 8\widetilde{C_6}I_1^\pm, \quad \widetilde{C_7}^\pm = 8\widetilde{C_7}I_1^\pm, \quad I^\pm = (I_2^\pm)^2 \tag{20.16}$$

和

$$I_1^\pm = i^\pm + 1, \quad I_2^\pm = i^\pm - 1.$$

20.4 等效区间规划模型

在本节中, 我们将展示如何将 PUNP 模型 (20.15) 转换为区间规划问题. 我们首先提出以下有用的引理.

引理 20.1 假设 C, n_1, E_b 和 P 是相互独立的随机变量, 则

$$E(W(x)) = C_1 E(C^{-\frac{1}{m}})E(n_1^{-\frac{m-1}{m}})x_1^{-\frac{1}{m}}x_2^{-\frac{m-1}{m}}\left[C_2 E(P)\left(1 - e^{-C_5 x_3}\right)^{-1}\right.$$

$$\left. + C_3 E(n_1)E(E_b) + C_4 E(n_1^3)x_2^3\right], \tag{20.17}$$

其中 $E(X)$ 是随机变量 X 的期望.

证明 结果直接来自随机参数的相互独立性. □

引理 20.2 假定 a 是服从正态分布的随机变量, $\tilde{a}$ 是一模糊子集. 那么, 下式

$$ax \leqslant \tilde{a}, \quad x > 0$$

成立当且仅当对任何 $\alpha \in [0, 1]$, 下面不等式成立

$$(-\infty, E(a) + \Phi^{-1}(\alpha)D(a)]x \leqslant \tilde{a}_\alpha, \tag{20.18}$$

其中 $\tilde{a}_\alpha$ 是 $\tilde{a}$ 的 α-截集, $\Phi^{-1}(\alpha)$ 是标准正态分布的 α 分位数, $D(X)$ 是随机变量 X 的标准差.

证明　显然, 当 $x > 0$ 时,

$$ax \leqslant \tilde{a}$$

等价于

$$P\left(a \leqslant \frac{\tilde{a}}{x}\right) = 1.$$

由于对任意的 $\alpha \in [0,1]$,

$$P\left(a \leqslant \frac{\tilde{a}}{x}\right) \geqslant \alpha$$

成立等价于对任意 α,

$$(-\infty, E(a) + \Phi^{-1}(\alpha)D(a)]x \leqslant \tilde{a}_\alpha$$

成立, 因此结果可证.　　　　　　　　　　　　　　　　　　　　　　　　　　□

类似地, 有以下引理.

引理 20.3　假设 a 是一服从正态分布的随机变量, $\tilde{a}$ 是一模糊子集. 那么, 下式

$$ax \geqslant \tilde{a}, \quad x > 0$$

成立当且仅当对于任何 $\alpha \in [0,1]$, 下面不等式成立

$$[E(a) + \Phi^{-1}(1-\alpha)D(a), +\infty)x \geqslant \tilde{a}_\alpha. \tag{20.19}$$

注 20.1　根据引理 20.2 和引理 20.3, 可以得到模型 (20.15) 中第 4 和第 5 个约束的等价区间不等式. 为了方便起见, 在服从正态分布的情况下, (20.18) 和 (20.19) 分别在 (20.15) 的重构中将被替换为

$$[E(a) - \Phi^{-1}(\alpha)D(a), E(a) + \Phi^{-1}(\alpha)D(a)]x \leqslant \tilde{a}_\alpha \tag{20.20}$$

和

$$[E(a) + \Phi^{-1}(1-\alpha)D(a), E(a) - \Phi^{-1}(1-\alpha)D(a)]x \geqslant \tilde{a}_\alpha. \tag{20.21}$$

下面的引理直接来自 (Carlsson and Fullér, 2001) 中著名的 Nguyen 定理.

引理 20.4　设 $f : R^2 \to R$ 由 $f(x,y) = xy$ 给出. 假设 $\tilde{A}_\alpha = [a_1(\alpha), a_2(\alpha)]$ 和 $\tilde{B}_\alpha = [b_1(\alpha), b_2(\alpha)]$. 即有

$$[f(\tilde{A}, \tilde{B})]_\alpha = [\tilde{A}\tilde{B}]_\alpha = [\min\{a_1(\alpha)b_1(\alpha), a_1(\alpha)b_2(\alpha), a_2(\alpha)b_1(\alpha), a_2(\alpha)b_2(\alpha)\},$$
$$\max\{a_1(\alpha)b_1(\alpha), a_1(\alpha)b_2(\alpha), a_2(\alpha)b_1(\alpha), a_2(\alpha)b_2(\alpha)\}].$$
$$\tag{20.22}$$

特别地, 如果 $\tilde{A}$ 和 $\tilde{B}$ 是两个正模糊数, 那么

$$[\tilde{A}\tilde{B}]_\alpha = [a_1(\alpha)b_1(\alpha), a_2(\alpha)b_2(\alpha)]. \tag{20.23}$$

引理 20.4 对于处理模型 (20.15) 中的第七个约束非常有用.

由引理 20.1—20.4 可得出结论: 假定已给定满意水平为 α (即对于模糊数取 α-截集, 对随机参数取置信水平不低于 α 的区间), 则模型 (20.15) 可转换为如下非线性区间规划模型.

$$\min \quad E(W(x)) = C_1 E(C^{-\frac{1}{m}}) E(n_1^{-\frac{m-1}{m}}) x_1^{-\frac{1}{m}} x_2^{-\frac{m-1}{m}} [C_2 E(P) \left(1 - e^{-C_5 x_3}\right)^{-1}$$
$$+ C_3 E(n_1) E(E_b) + C_4 E(n_1{}^3) x_2^3]$$

$$\text{s.t.} \quad [\widetilde{C_6}^{\pm}]_\alpha x_2 - \left(2x_1 - \pi I_1^{\pm} x_2 + \sqrt{[2x_1 - \pi I_1^{\pm} x_2]^2 - 8(I_2^{\pm})^2 x_2^2}\right) \leqslant 0,$$

$$\left(2x_1 - \pi I_1^{\pm} x_2 + \sqrt{[2x_1 - \pi I_1^{\pm} x_2]^2 - 8(I_2^{\pm})^2 x_2^2}\right) - [\widetilde{C_7}^{\pm}]_\alpha x_2 \leqslant 0,$$

$$(x_3 - \pi)\left(2x_1 - \pi I_1^{\pm} x_2 + \sqrt{[2x_1 - \pi I_1^{\pm} x_2]^2 - 8 I^{\pm} x_2^2}\right) + 8 I_2^{\pm} x_2 = 0,$$

$$[\pi E(n_1) + \pi \Phi^{-1}(1-\alpha) D(n_1), \pi E(n_1) - \pi \Phi^{-1}(1-\alpha) D(n_1)] x_2$$
$$\geqslant 6 \times 10^4 \times [\widetilde{C_8}]_\alpha,$$

$$[\pi E(n_1) - \pi \Phi^{-1}(\alpha) D(n_1), \pi E(n_1) + \pi \Phi^{-1}(\alpha) D(n_1)] x_2 \leqslant 6 \times 10^4 \times [\widetilde{C_9}]_\alpha,$$

$$[E(n_1) - \Phi^{-1}(\alpha) D(n_1), E(n_1) + \Phi^{-1}(\alpha) D(n_1)] x_2 - 19.1 [\widetilde{C_{10}}]_\alpha x_1 \leqslant 0,$$

$$[\widetilde{C_{14}}]_\alpha \leqslant x_1 \leqslant [\widetilde{C_{15}}]_\alpha,$$

$$[\widetilde{C_{12}C_{11}}]_\alpha \leqslant x_2 \leqslant [\widetilde{C_{11}C_{13}}]_\alpha,$$

$$\frac{\pi}{180} [\widetilde{C_{16}}]_\alpha \leqslant x_3 \leqslant \frac{\pi}{180} C_{17},$$

$$x \geqslant 0,$$

$$\alpha \in [0, 1], \tag{20.24}$$

其中, $[\widetilde{C_6}^{\pm}]_\alpha = [([\widetilde{C_6}^{-}]_\alpha)^{-}, ([\widetilde{C_6}^{+}]_\alpha)^{+}]$, $[\widetilde{C_7}^{\pm}]_\alpha = [([\widetilde{C_7}^{-}]_\alpha)^{-}, ([\widetilde{C_7}^{+}]_\alpha)^{+}]$.

20.5　基于抽样的算法

一般说来, 对含有区间参数的非线性优化模型很难求解. 在本节中, 我们将在分析目标函数和约束条件所具有的特殊性质的基础上, 开发一种有效的算法来求解 (20.24) 的解.

我们首先定义以下概念.

定义 20.2 (一种比较区间序的可能度) 对区间数 $A^\pm = [a^-, a^+]$ 和 $B^\pm = [b^-, b^+]$. 记

$$\text{len}(A^\pm) = a^+ - a^-, \quad \text{len}(B^\pm) = b^+ - b^-.$$

则称

$$P(A^\pm \leqslant B^\pm) = \frac{\max(0, \text{len}(A^\pm) + \text{len}(B^\pm)) - \max(0, \max(a^+ - b^-))}{\text{len}(A^\pm) + \text{len}(B^\pm)}. \quad (20.25)$$

为区间不等式 $A^\pm \leqslant B^\pm$ 的可能度.

注 20.2 上述可能度定义本质上基于以下概率方法. 设 $D^\pm = A^\pm - B^\pm$. 则 $P(A^\pm \leqslant B^\pm) = P(D^\pm \leqslant 0)$. 将区间 $D^\pm$ 视为在该区间内服从均匀分布的随机变量 D, 以概率 $P(D \leqslant 0)$ 来代表可能度 $P(A^\pm \leqslant B^\pm)$ (姜潮, 2008).

以下引理有助于开发一种有效的算法来求解 (20.24).

引理 20.5 设 $f(x, E^\pm)$ 和 $f(x, F^\pm)$ 是两个连续的区间函数 (即只含区间参数这一类不确定参数的连续函数), 其中 $E^\pm$ 和 $F^\pm$ 是两个区间参数

$$f(x, E^\pm) = [f(x, E_*), f(x, E^*)], \quad f(x, F^\pm) = [f(x, F_*), f(x, F^*)],$$

其中 $E_* \in E^\pm, E^* \in E^\pm, F_* \in F^\pm$ 和 $F^* \in F^\pm$. 在可能度不小于 λ 的情况下, 区间函数不等式 $f(x, E^\pm) \leqslant f(x, F^\pm)$ 可转换为以下确定型不等式:

$$(1 - \lambda)f(x, E_*) + \lambda f(x, E^*) \leqslant \lambda f(x, F_*) + (1 - \lambda)f(x, F^*). \quad (20.26)$$

证明 如果 (20.26) 成立, 则由 $\text{len}f(x, E^\pm) = f(x, E^*) - f(x, E_*)$ 和 $\text{len}f(x, F^\pm) = f(x, F^*) - f(x, F_*)$ 知

$$\frac{\text{len}f(x, E^\pm) + \text{len}f(x, F^\pm) - (f(x, E^*) - f(x, F_*))}{\text{len}f(x, E^\pm) + \text{len}f(x, F^\pm)} \geqslant \lambda.$$

根据定义, 得

$$P(f(x, E^\pm) \leqslant f(x, F^\pm)) \geqslant \lambda.$$

若 $f(x, E^*) - f(x, F_*) \geqslant 0$. 此外, 如果 $f(x, E^*) - f(x, F_*) < 0$, 则 $P(f(x, E^\pm) \leqslant f(x, F^\pm)) = 1 \geqslant \lambda$.

另一方面, 如果 $P(f(x, E^\pm) \leqslant f(x, F^\pm)) \geqslant \lambda$, 可类似地证明 (20.26) 成立. □

引理 20.6 设 $f(x, C^{\pm})$ 是一个连续的区间函数. 如果存在 $C^* \in C^{\pm}$ 和 $C_* \in C^{\pm}$ 使得 $f(x, C^{\pm}) = [f(x, C_*), f(x, C^*)]$, 则 $A = B$, 其中

$$A = \{\, x \mid f(x, C^{\pm}) = b^{\pm} \,\} = \{\, x \mid f(x, C) = b, \forall C \in C^{\pm}, b \in b^{\pm} \,\},$$

$$B = \{\, x \mid f(x, C_*) \leqslant b^+, f(x, C^*) \geqslant b^- \,\}.$$

证明 我们首先证明 $A \subseteq B$.

对于任意 $x^* \in A$, 存在 $C_0 \in C^{\pm}$ 和 $b_0 \in b^{\pm}$ 使得 $f(x^*, C_0) = b_0$. 由于 $f(x, C^{\pm}) = [f(x, C_*), f(x, C^*)]$, 我们有 $f(x^*, C_*) \leqslant f(x^*, C_0) = b_0 \leqslant b^+$, $f(x^*, C^*) \geqslant f(x^*, C_0) = b_0 \geqslant b^-$. 故, $x^* \in B$.

接下来我们证明 $B \subseteq A$.

对于任何固定的 $x^* \in B$, 我们定义一个连续函数 g, $g(C) = f(x^*, C), C \in C^{\pm}$. 因此, $g(C^*) = f(x^*, C^*) \triangleq \overline{g} \geqslant b^-$, $g(C_*) = f(x^*, C_*) \triangleq \underline{g} \leqslant b^+$. 根据连续性可知, 对任何 $b \in [\underline{g}, \overline{g}] \subseteq b^{\pm}$, 存在 $C_b \in [\min\{C_*, C^*\}, \max\{C_*, C^*\}] \subseteq C^{\pm}$ 使得 $g(C_b) = f(x^*, C_b) = b$. 因此, $x^* \in A$. □

引理 20.5 和引理 20.6 用于处理模型 (20.24) 中的区间约束.

定理 20.1 模型 (20.24) 中的第三个约束条件等价于

$$\begin{cases} (x_3 - \pi)\left(2x_1 - \pi I_1^- x_2 + \sqrt{[2x_1 - \pi I_1^- x_2]^2 - 8I^- x_2^2}\right) + 8I_2^- x_2 \leqslant 0, \\ (x_3 - \pi)\left(2x_1 - \pi I_1^+ x_2 + \sqrt{[2x_1 - \pi I_1^+ x_2]^2 - 8I^+ x_2^2}\right) + 8I_2^+ x_2 \geqslant 0. \end{cases} \tag{20.27}$$

证明 定义区间值函数 $\varphi : R_+^3 \to R$, 它由下式给出:

$$\varphi(x, C^{\pm}) = (x_3 - \pi)\left(2x_1 - \pi I_1^{\pm} x_2 + \sqrt{[2x_1 - \pi I_1^{\pm} x_2]^2 - 8I^{\pm} x_2^2}\right) + 8I_2^{\pm} x_2,$$

其中 $x = (x_1, x_2, x_3)$, $C^{\pm} = (I_1^{\pm}, I_2^{\pm}, I^{\pm})$. 由于 $x \geqslant 0$ 以及 $x_3 - \pi \leqslant 0$, 我们有

$$\varphi(x, C^{\pm}) = [\varphi(x, C_*), \varphi(x, C^*)]$$
$$= [\varphi(x, C^-),\ \varphi(x, C^+)]$$
$$= [\varphi(x, I_1^-, I_2^-, I^-),\ \varphi(x, I_1^+, I_2^+, I^+)].$$

根据引理 20.6, 我们得到区间值等式 $\varphi(x, C^{\pm}) = 0$ 等价于 (20.27). □

对于任意给定的满意水平 α, 如果区间值不等式的可能度不小于 α, 那么由定理 20.1 和引理 20.5 可得: 模型 (20.24) 具有以下确定型等效式 (DEF).

$$
\begin{aligned}
\min \quad & E(W(\boldsymbol{x})) = C_1 E(C^{-\frac{1}{m}}) E(n_1^{-\frac{m-1}{m}}) x_1^{-\frac{1}{m}} x_2^{-\frac{m-1}{m}} \Big[C_2 E(P) \left(1 - e^{-C_5 x_3}\right)^{-1} \\
& \quad + C_3 E(n_1) E(E_b) + C_4 E(n_1^3) x_2^3 \Big]
\end{aligned}
$$

s.t.
$$
(1-\alpha)([\widetilde{C_6^-}]_\alpha)^- + \alpha([\widetilde{C_6^+}]_\alpha)^+
$$
$$
\leqslant \alpha \left(2x_1 - \pi I_1^+ x_2 + \sqrt{[2x_1 - \pi I_1^+ x_2]^2 - 8(I_2^+)^2 x_2^2} \right)
$$
$$
\quad + (1-\alpha) \left(2x_1 - \pi I_1^- x_2 + \sqrt{[2x_1 - \pi I_1^- x_2]^2 - 8(I_2^-)^2 x_2^2} \right),
$$
$$
(1-\alpha) \left(2x_1 - \pi I_1^+ x_2 + \sqrt{[2x_1 - \pi I_1^+ x_2]^2 - 8(I_2^+)^2 x_2^2} \right)
$$
$$
\quad + \alpha \left(2x_1 - \pi I_1^- x_2 + \sqrt{[2x_1 - \pi I_1^- x_2]^2 - 8(I_2^-)^2 x_2^2} \right)
$$
$$
\leqslant \alpha([\widetilde{C_7^-}]_\alpha)^- + (1-\alpha)([\widetilde{C_7^+}]_\alpha)^+,
$$
$$
(x_3 - \pi) \left(2x_1 - \pi I_1^- x_2 + \sqrt{[2x_1 - \pi I_1^- x_2]^2 - 8I^- x_2^2} \right) + 8I_2^- x_2 \leqslant 0,
$$
$$
-(x_3 - \pi) \left(2x_1 - \pi I_1^+ x_2 + \sqrt{[2x_1 - \pi I_1^+ x_2]^2 - 8I^+ x_2^2} \right) - 8I_2^+ x_2 \leqslant 0,
$$
$$
6 \times 10^4 \times \left[(1-\alpha)([\widetilde{C_8}]_\alpha)^- + \alpha([\widetilde{C_8}]_\alpha)^+ \right]
$$
$$
\leqslant \{ \alpha \pi \left[E(n_1) + \Phi^{-1}(1-\alpha) D(n_1) \right]
$$
$$
\quad + (1-\alpha) \pi \left[E(n_1) - \Phi^{-1}(1-\alpha) D(n_1) \right] \} x_2,
$$
$$
\{ (1-\alpha) \pi \left[E(n_1) - \Phi^{-1}(\alpha) D(n_1) \right] + \alpha \pi \left[E(n_1) + \Phi^{-1}(\alpha) D(n_1) \right] \} x_2
$$
$$
\leqslant 6 \times 10^4 \times \left[\alpha([\widetilde{C_9}]_\alpha)^- + (1-\alpha)([\widetilde{C_9}]_\alpha)^+ \right],
$$
$$
\{ (1-\alpha) \left[E(n_1) - \Phi^{-1}(\alpha) D(n_1) \right] + \alpha \left[E(n_1) + \Phi^{-1}(\alpha) D(n_1) \right] \} x_2
$$
$$
\leqslant 19.1 \left[\alpha([\widetilde{C_{10}}]_\alpha)^- + (1-\alpha)([\widetilde{C_{10}}]_\alpha)^+ \right] x_1,
$$
$$
(1-\alpha)[\widetilde{C_{14}}]_\alpha^- + \alpha[\widetilde{C_{14}}]_\alpha^+ \leqslant x_1 \leqslant \alpha[\widetilde{C_{15}}]_\alpha^- + (1-\alpha)[\widetilde{C_{15}}]_\alpha^+,
$$
$$
(1-\alpha)[\widetilde{C_{12}C_{11}}]_\alpha^- + \alpha[\widetilde{C_{12}C_{11}}]_\alpha^+ \leqslant x_2 \leqslant \alpha[\widetilde{C_{11}C_{13}}]_\alpha^- + (1-\alpha)[\widetilde{C_{11}C_{13}}]_\alpha^+,
$$
$$
\frac{\pi}{180} \left[(1-\alpha)[\widetilde{C_{16}}]_\alpha^- + \alpha[\widetilde{C_{16}}]_\alpha^+ \right] \leqslant x_3 \leqslant \frac{\pi}{180} C_{17},
$$
$$
x \geqslant 0,
$$
$$
\alpha \in [0, 1].
$$

$$(20.28)$$

有了上面的准备工作, 我们现在提出一类基于抽样的算法, 以找到原最优设计问题的稳健优化解.

算法 20.1　基于抽样的算法

步 0: 设定抽样样本容量值 N_k. 设 $k := 0$.

步 1: 根据随机变量 E_b, C, P 和 n_1 的概率分布函数特性, 对其每一个变量独立地随机产生 N_k 个样本值, 分别记它们的实现为 $\hat{E}_b$, $\hat{C}$, $\hat{P}$ 和 $\hat{n_1}$. 显然, 它们

都是 N_k 维向量. $\hat{E}_b$, $\hat{C}$, $\hat{P}$ 和 $\hat{n_1}$ 的第 l 个分量分别表示为 $(\hat{E}_b)_l$, $(\hat{C})_l$, $(\hat{P})_l$ 和 $(\hat{n_1})_l$.

步 2: 求解以下普通优化问题:

$$
\begin{aligned}
\min \quad & C_1 \frac{1}{N_k^2} \sum_{l=1}^{N_k} (\hat{C})_l^{-\frac{1}{m}} \sum_{l=1}^{N_k} (\hat{n_1})_l^{-\frac{m-1}{m}} x_1^{-\frac{1}{m}} x_2^{-\frac{m-1}{m}} \left[C_2 \frac{1}{N_k} \sum_{l=1}^{N_k} (\hat{P})_l \left(1 - e^{-C_5 x_3}\right)^{-1} \right. \\
& \left. + C_3 \frac{1}{N_k^2} \sum_{l=1}^{N_k} (\hat{n_1})_l \sum_{l=1}^{N_k} (\hat{E}_b)_l + C_4 \frac{1}{N_k} \sum_{l=1}^{N_k} (\hat{n_1})_l^3 x_2^3 \right] \\
\text{s.t.} \quad & x \in \mathcal{F},
\end{aligned}
$$

$$(20.29)$$

其中, $\mathcal{F}$ 表示模型 (20.28) 的可行域. 将解记为 $x^*(N_k)$, 目标函数的对应值记为 $f^*(N_k)$.

步 3: 如果满足终止条件, 则输出最优解为 $x^*(N_k)$, 相应的最优值为 $f^*(N_k)$, 算法停止. 否则, 令 $k := k+1$, 选择 $N_k \geqslant N_{k-1}$. 返回步 1.

20.6 案 例 研 究

在本节中, 我们将应用所提出的方法来解决一个实际的设计问题, 最大限度地提高传动 V 带的疲劳寿命. 模型 (20.15) 中不确定参数的设置如下:

$$i^{\pm} = [3.63, 3.67], \quad C \sim N(1.8099 \times 10^{14}, (0.05 \times 10^{14})^2),$$

$$E_b \sim N(55.7, 1^2), \quad n_1 \sim N(1460, 20^2), \quad P \sim N(3.50, 0.10^2),$$

$$C_6^u = 0.7, \quad a_{C_6} = 0.05, \quad C_8^u = 10, \quad a_{C_8} = 1, \quad C_{12}^u = 1, \quad a_{C_{12}} = 0.1,$$

$$C_{14}^u = 900, \quad a_{C_{14}} = 50, \quad C_{16}^u = 120, \quad a_{C_{16}} = 5,$$

$$C_7^l = 2, \quad a_{C_7} = 0.2, \quad C_9^l = 25, \quad a_{C_9} = 1.5, \quad C_{10}^l = 20, \quad a_{C_{10}} = 2,$$

$$C_{13}^l = 1.1, \quad a_{C_{13}} = 0.1, \quad C_{15}^l = 5000, \quad a_{C_{15}} = 500.$$

其他参数与 Zhang 等 (2011) 中的参数相同. 对于满意水平 α 的不同选择, 在所有区间不等式的可能度都不小于 α 的条件下, 我们实施算法 20.1, 得到模型 (20.28) 的最大值和相应的目标函数的最优值. 结果如表 20.2 所示.

表 20.2 中的数值结果表明: 随着满意水平和可能度 α 的增加, W 的最优值变大, T 变小.

表 20.2　对应不同满意水平 α 的最优解

满意水平 α	最优解	最优值 W	最优值 T
0.50	(3900.022, 157.500, 2.837)	0.3617	72164
0.60	(3900.014, 156.240, 2.841)	0.3640	67355
0.70	(3900.008, 155.260, 2.844)	0.3658	63802
0.75	(3900.005, 154.875, 2.845)	0.3665	62450
0.80	(3900.003, 154.560, 2.846)	0.3671	61362
0.85	(3900.002, 154.315, 2.846)	0.3675	60526
0.90	(3900.001, 154.100, 2.847)	0.3678	59935
0.95	(3900.000, 154.035, 2.847)	0.3680	59583
0.975	(3900.000, 154.009, 2.847)	0.3681	59495

总　　结

　　本章提出了一种多态不确定非线性规划方法来求解 V 带疲劳寿命最大化问题. 同时提出了一种新的求解方法, 以找到原始问题的稳健最优设计方案. 数值结果已表明, 所建立的模型和算法对于最大化 V 带疲劳寿命是有效的.

第 21 章　V 带疲劳寿命优化多态不确定模型及其区间解

本章根据实际工程设计条件, 在考虑多态不确定性因素的条件下, 将建立 V 带传动疲劳寿命最大化的非线性规划模型. 对于给定的满意水平和置信水平, 我们将推导该不确定优化模型的只涉及区间参数的等价表达式. 基于描述区间不等式的最大和最小范围不等式的概念, 我们将区间参数模型分解为两个标准的非线性规划问题, 并开发一种算法, 称之为基于两步的抽样平均算法, 旨在寻找原始问题的区间最优解. 实例将验证所构建的模型和算法的有效性和实用性.

21.1　引　　言

众所周知, V 带传动广泛应用于各种机械中. 之前的研究已经建立了一些确定性模型来优化 V 带传动系统的体积或传动能力 (Zhang et al., 2011; Yang, 2009). Shieh 和 Chen (2002) 通过有限元方法研究了角速度对 V 带传动系统性能的影响. Čepon 等 (2010) 基于实验数据构建了一个确定性模型来识别皮带和滑轮之间的接触参数. Zhang 等 (2011) 开发了一种全局优化算法, 称为最优线段算法, 以找到确定性模型的全局最优解, 从而最大化 V 带传动的承载力. 张少军等 (2011) 构建了一个确定性模型来最大化 V 带的疲劳寿命, 并通过 (Zhang et al., 2011) 中开发的算法找到了全局最优解.

然而, V 带传动的设计问题经常受到各种不确定性的影响. 例如, V 带弯曲弹性模量 E_b、单根 V 带的承载能力 P、小带轮的转速 n_1 以及用于计算 V 带额定功率的实验常数 C, 经常受到诸如原材料、制造技术和环境条件等一些独立的不确定因素的共同影响. 传动比 i 主要受弹性滑动率的影响, 很难精确测定, 但可知其大体取值范围. 还有很多尺寸或性能界限参数, 存在一定过渡区域, 在该区域内很难判定参数是否绝对合格. 很明显, 确定性数学模型很难为这样的问题带来令人满意的设计方案. 实际上, 作为本章中构建的模型, V 带传动系统的优化设计问题是一个多态不确定非线性规划 (PUNP) (Wan et al., 2012b).

此前的不确定规划方法, 如随机规划 (Chen et al., 2009)、模糊规划 (Kumar et al., 2011) 和区间规划 (Jiang et al., 2008) 不能直接解决 PUNP 问题. 值得

主要结果发表于 Mathematical Problems in Engineering, 2013: 712825.

注意的是, 有许多研究成果涉及简单多态不确定线性规划 (PULP). 例如, Li 等 (2006) 通过模糊随机模拟解决了包含模糊随机参数的多目标线性规划问题. Wan 等 (2009) 研究了一类涉及区间参数和随机参数的配料优化问题的线性规划模型, 以找到最优解决方案. Lin 等 (2009) 建立了区域能源系统规划的混合两阶段随机优化模型, 该模型涉及区间参数、模糊参数和随机参数. 此前的不确定规划方法也有关于多态不确定性条件下的非线性优化模型的研究. Qin 等 (2007) 通过分段线性化的方法求解了一个包括区间参数和模糊参数的水质管理非线性优化模型. Du 等 (2005) 提供了一种混合随机变量和区间变量的基于可靠性的设计方法, 其中的可靠性是在区间变量组合最差的情况下考虑的. 他们还在 (Du, 2007) 中对上述问题进行了区间灵敏度分析. Jiang 等 (2011, 2012a) 讨论了随机变量和区间变量混合的可靠性分析问题, 在其模型中, 随机分布函数中的一些关键参数要求给定变化区间. 基于可靠性指标法和性能测量法, 建立了两种混合可靠性模型. Wan 等 (2012b) 引入了多态不确定系统的一个新概念, 开发了一种称为分段推理算法的预测方法, 用于估计具有多态不确定性的参数. 结果表明, 该方法可用于铝烧结过程中碱组分的预测. Zhang 和 Wan (2012) 基于比较两个区间数大小排序的可能度概念, 开发了一种鲁棒优化方法来优化具有多态不确定性的 V 带疲劳寿命最大化的非线性问题. 通过 (Zhang and Wan, 2012) 中的方法, 在给定的满意度水平下获得了确定性最优设计方案. 还应注意的是, Wan 等 (2012b) 开发了一种基于两步的抽样方法来解决具有多态不确定性的 V 带传动系统中最大化 V 带承载能力的非线性问题, 并在给定的满意度水平下获得了原始模型的区间解. 很明显, 确定性最优设计方案和区间最优解在工程应用中具有各自的意义.

　　与 (张少军等, 2011; Zhang and Wan, 2012; Wan et al., 2012b) 中已有结果不同, 本章试图构建一个 PUNP 模型来描述具有多态不确定性的 V 带疲劳寿命最大化问题, 该问题被证明是一个非线性不确定规划模型. 通过设定针对模糊参数截集的满意水平和针对随机参数的置信水平, 将获得该不确定优化模型的等效模型, 其中仅涉及区间参数. 基于描述区间不等式的最大和最小范围不等式的概念, 将区间参数模型分解为两个标准的非线性规划问题. 然后, 我们将开发一种算法, 称为基于两步抽样的算法, 以找到原始问题的最优区间解. 通过实例验证了所构建的模型和算法的有效性和实用性.

21.2　V 带疲劳寿命最大化的 PUNP 模型

在本节中, 将在不确定的环境中构建 V 带疲劳寿命最大化问题的 PUNP 模型. 首先, 我们将提出一个确定性模型, 以最大化 V 带疲劳寿命.

设 x_1, x_2 和 x_3 分别为 V 带的长度 (mm)、小带轮的直径 (mm) 和 V 带

在小带轮上的包角 (rad). 令 $x = (x_1, x_2, x_3)^{\mathrm{T}}$. 对于已知类型的 V 带, 如果小皮带轮的转速 n_1(r/min)、单根 V 带的承载功率 P(kW) 和传动比 i 是固定的, 那么最大化 V 带疲劳寿命的确定性模型可以构建如下 (Zhang and Wan, 2012):

$$
\begin{aligned}
\min \quad & W(x) = C_1 C^{-\frac{1}{m}} n_1^{-\frac{m-1}{m}} x_1^{-\frac{1}{m}} x_2^{-\frac{m-1}{m}} \left[C_2 P \left(1 - e^{-C_5 x_3}\right)^{-1} + C_3 n_1 E_b + C_4 n_1^3 x_2^3 \right] \\
\text{s.t.} \quad & 8 C_6 (i+1) x_2 - \left(2x_1 - \pi(i+1)x_2 + \sqrt{[2x_1 - \pi(i+1)x_2]^2 - 8(i-1)^2 x_2^2} \right) \leqslant 0, \\
& \left(2x_1 - \pi(i+1)x_2 + \sqrt{[2x_1 - \pi(i+1)x_2]^2 - 8(i-1)^2 x_2^2} \right) - 8 C_7 (i+1) x_2 \leqslant 0, \\
& x_3 - \pi + \frac{8(i-1)x_2}{2x_1 - \pi(i+1)x_2 + \sqrt{[2x_1 - \pi(i+1)x_2]^2 - 8(i-1)^2 x_2^2}} = 0, \\
& 6 \times 10^4 \times C_8 \leqslant \pi n_1 x_2 \leqslant 6 \times 10^4 \times C_9, \\
& n_1 x_2 - 19.1 C_{10} x_1 \leqslant 0, \\
& C_{14} \leqslant x_1 \leqslant C_{15}, \\
& C_{12} C_{11} \leqslant x_2 \leqslant C_{13} C_{11}, \\
& \frac{\pi C_{16}}{180} \leqslant x_3 \leqslant \frac{\pi C_{17}}{180}, \\
& x \geqslant 0,
\end{aligned}
$$

$$(21.1)$$

其中 $W(x) = (T(x))^{-\frac{1}{m}}$, $T(x)$ 表示给定决策变量 x 的 V 带传动系统疲劳寿命 (h),

$$
C_1 = \left(\frac{1}{7200}\right)^{-\frac{1}{m}} \left(\frac{\pi}{60000}\right)^{-\frac{m-1}{m}}, \quad C_2 = \frac{1000}{A},
$$

$$
C_3 = \frac{\pi y_0}{30000 K_i}, \quad C_4 = \frac{\rho_l}{A} \left(\frac{\pi}{60000}\right)^3, \quad C_5 = \mu_v,
$$

m, A, y_0, K_i, ρ_l, μ_v, C, E_b 和 C_6—C_{17} 是模型的常数, 其含义与 (Zhang and Wan, 2012) 中的相同.

然而, 在实际工程考虑中, 正如引言部分所述, 在最大化 V 带疲劳寿命的优化设计模型中存在许多多态的不确定参数. 假设实验常数 C、弯曲弹性模量 E_b、单根 V 带的承载功率 P 和小带轮的转速 n_1 被视为具有正态分布的随机参数, 传动比 i 被视为区间参数, 由 $i^{\pm} = [i^-, i^+]$ 表示. 约束中的参数 C_6, C_7, C_8, C_9, C_{10}, C_{12}, C_{13}, C_{14}, C_{15} 和 C_{16} 被认为是模糊子集, 分别用 $\widetilde{C_6}$, $\widetilde{C_7}$, $\widetilde{C_8}$, $\widetilde{C_9}$, $\widetilde{C_{10}}$, $\widetilde{C_{12}}$, $\widetilde{C_{13}}$, $\widetilde{C_{14}}$, $\widetilde{C_{15}}$ 和 $\widetilde{C_{16}}$ 表示. 此外, 假设这些参数通过以下两种类型的隶属函数来

量化. 对于 $\widetilde{C_i}$, $i = 6, 8, 12, 14, 16$, 相应的隶属函数被指定为

$$
\mu_{\widetilde{C_i}}(t) = \begin{cases} 1 - \dfrac{C_i^u - t}{\alpha_{c_i}}, & C_i^u \geqslant t \geqslant C_i^u - \alpha_{c_i}, \\ 0, & \text{其他.} \end{cases} \tag{21.2}
$$

对于 $\widetilde{C_i}$, $i = 7, 9, 10, 13, 15$, 相应的隶属函数分别定义为

$$
\mu_{\widetilde{C_i}}(t) = \begin{cases} 1 - \dfrac{t - C_i^l}{\alpha_{c_i}}, & C_i^l \leqslant t \leqslant C_i^l + \alpha_{c_i}, \\ 0, & \text{其他.} \end{cases} \tag{21.3}
$$

这样, Ｖ 带疲劳寿命最大化问题的 PUNP 模型可以写成:

$$
\begin{aligned}
\min \quad & W(x) = C_1 C^{-\frac{1}{m}} n_1^{-\frac{m-1}{m}} x_1^{-\frac{1}{m}} x_2^{-\frac{m-1}{m}} \Big[C_2 P \left(1 - e^{-C_5 x_3} \right)^{-1} + C_3 n_1 E_b \\
& \qquad\qquad + C_4 n_1{}^3 x_2^3 \Big] \\
\text{s.t.} \quad & \widetilde{C_6}^{\pm} x_2 - \left(2x_1 - \pi I_1^{\pm} x_2 + \sqrt{[2x_1 - \pi I_1^{\pm} x_2]^2 - 8 I^{\pm} x_2^2} \right) \leqslant 0, \\
& \left(2x_1 - \pi I_1^{\pm} x_2 + \sqrt{[2x_1 - \pi I_1^{\pm} x_2]^2 - 8 I^{\pm} x_2^2} \right) - \widetilde{C_7}^{\pm} x_2 \leqslant 0, \\
& (x_3 - \pi) \left(2x_1 - \pi I_1^{\pm} x_2 + \sqrt{[2x_1 - \pi I_1^{\pm} x_2]^2 - 8 I^{\pm} x_2^2} \right) + 8 I_2^{\pm} x_2 = 0, \\
& 6 \times 10^4 \times \widetilde{C_8} \leqslant \pi n_1 x_2 \leqslant 6 \times 10^4 \times \widetilde{C_9}, \\
& n_1 x_2 - 19.1 \widetilde{C_{10}} x_1 \leqslant 0, \\
& \widetilde{C_{14}} \leqslant x_1 \leqslant \widetilde{C_{15}}, \\
& \widetilde{C_{12}}\widetilde{C_{11}} \leqslant x_2 \leqslant \widetilde{C_{13}}\widetilde{C_{11}}, \\
& \frac{\pi \widetilde{C_{16}}}{180} \leqslant x_3 \leqslant \frac{\pi C_{17}}{180}, \\
& x \geqslant 0,
\end{aligned}
$$

$$\tag{21.4}$$

其中, $\widetilde{C_6}^{\pm}$ 和 $\widetilde{C_7}^{\pm}$ 是两个正模糊区间参数 (见定义 20.1), 表示为

$$
\widetilde{C_6}^{\pm} = 8 \widetilde{C_6} I_1^{\pm}, \quad \widetilde{C_7}^{\pm} = 8 \widetilde{C_7} I_1^{\pm}, \quad I^{\pm} = (I_2^{\pm})^2 \tag{21.5}
$$

和

$$
I_1^{\pm} = i^{\pm} + 1, \quad I_2^{\pm} = i^{\pm} - 1.
$$

21.3　PUNP 模型的等效模型

在本节中, 将 Ｖ 带疲劳寿命最大化问题的 PUNP 模型 (21.4) 转换为仅含区间参数的等效模型.

我们首先给出以下两个定义.

定义 21.1 设 $\tilde{A}$ 是非空集 X 上的模糊子集, a_0 是给定的实数. 如果对于任意 $\beta \in (0,1]$, $\tilde{A}_\beta \geqslant a_0$ 成立, 则不等式 $\tilde{A} \geqslant a_0$ 成立.

注 21.1 根据定义 21.1, 我们可以通过设定适当的隶属度, 用区间不等式来近似等价于模糊不等式. 当然, 如果 $\tilde{A}$ 被它的模糊期望所取代, 那么模糊不等式就转化为普通不等式. 然而, 在本章中, 我们以更灵活的方式处理模糊不等式, 就像定义 21.1 中一样.

定义 21.2 设 ξ 是一个随机变量, 设 ξ_0 是一个给定的实数. 如果对于任意 $\alpha \in (0,1)$, $P(\xi x \leqslant \xi_0) \geqslant \alpha$, 则不等式 $\xi x \leqslant \xi_0$ 成立, 其中 $P(\cdot)$ 表示随机事件发生的概率.

注 21.2 根据定义 21.2, 对于给定的置信水平 α, 随机不等式可以近似为普通不等式.

接下来, 我们将给出一些定理, 它们将用于处理多态不确定性.

定理 21.1 假设 ξ 是服从正态分布的随机变量, $\tilde{A}$ 是非空集 X 上的模糊子集. 那么有以下不等式

$$\xi x \leqslant \tilde{A}, \quad x > 0 \tag{21.6}$$

成立, 当且仅当对于任意 $\alpha \in (0,1)$, 不等式

$$[E(\xi) + D(\xi)\Phi^{-1}(\alpha)] \cdot x \leqslant \tilde{A}_\beta \tag{21.7}$$

成立, 其中, $\beta \in (0,1]$, $\Phi^{-1} : [0,1] \to R$ 是具有标准正态分布的随机变量的累积分布函数的反函数, $D(\xi)$ 表示随机变量 ξ 的标准偏差.

证明 首先, (21.6) 可以改写为

$$\xi \leqslant \frac{\tilde{A}}{x}, \quad x > 0.$$

由定义 21.2 可知, 对于任意 $\alpha \in (0,1)$,

$$P\left(\xi \leqslant \frac{\tilde{A}}{x}\right) \geqslant \alpha.$$

由于 ξ 是一个正态分布的随机变量, 我们有

$$P\left(\xi \leqslant \frac{\tilde{A}}{x}\right) = P\left(\zeta \leqslant \frac{\dfrac{\tilde{A}}{x} - E(\xi)}{D(\xi)}\right)$$

$$= \Phi\left(\frac{\dfrac{\tilde{A}}{x} - E(\xi)}{D(\xi)}\right) \geqslant \alpha,$$

其中 ζ 为标准正态分布的随机变量, $\Phi : R \to [0,1]$ 是 ζ 的累积分布函数. 从 Φ 的单调递增性可以看出

$$\frac{\dfrac{\tilde{A}}{x} - E(\xi)}{D(\xi)} \geqslant \Phi^{-1}(\alpha).$$

即有

$$\tilde{A} \geqslant [E(\xi) + D(\xi)\Phi^{-1}(\alpha)] \cdot x. \tag{21.8}$$

根据定义 21.1, 不等式 (21.8) 表明, 对于任意 $\beta \in (0,1]$,

$$\tilde{A}_\beta \geqslant [E(\xi) + D(\xi)\Phi^{-1}(\alpha)] \cdot x$$

成立.　　　　　　　　　　　　　　　　　　　　　　　　　　　　　　　　　□

定理 21.2　假设 ξ 是服从正态分布的随机变量, $\tilde{A}$ 是非空集 X 上的模糊子集. 那么

$$\xi x \geqslant \tilde{A}, \quad x > 0 \tag{21.9}$$

当且仅当对于任意 $\alpha \in (0,1)$, 下面不等式

$$[E(\xi) + D(\xi)\Phi^{-1}(1-\alpha)] \cdot x \geqslant \tilde{A}_\beta \tag{21.10}$$

成立, 其中 $\beta \in (0,1]$.

特别地, 如果模糊子集 $\tilde{A}$ 的隶属函数 $\mu_{\tilde{A}}$ 由下式给出

$$\mu_{\tilde{A}}(x) = \begin{cases} \dfrac{x-a}{b-a}, & x \in [a,b), \\ 1, & x \in [b,c), \\ \dfrac{d-x}{d-c}, & x \in [c,d], \\ 0, & \text{其他,} \end{cases}$$

则对于任意给定的 $\beta \in (0,1]$, $\tilde{A}_\beta = [a+\beta(b-a), d-\beta(d-c)]$. 假设 $\xi \sim N(\mu_0, \sigma_0{}^2)$. 那么对于给定的 β 和 $\alpha \in (0,1)$, 不等式 $\xi x \leqslant \tilde{A}$ 可以用区间不等式来近似等价:

$$[\mu_0 + \sigma_0\Phi^{-1}(\alpha)]x \leqslant [a+\beta(b-a), d-\beta(d-c)].$$

通常, 定理 21.1 和定理 21.2 可用于获得确定性区间等价式, 用于近似模型 (21.4) 中的第四和第五约束.

以下引理能用于处理目标函数中的随机参数.

引理 21.1 假设 C, n_1, E_b 和 P 是相互独立的随机变量. 则有

$$E(W(x)) = C_1 E(C^{-\frac{1}{m}}) E(n_1^{-\frac{m-1}{m}}) x_1^{-\frac{1}{m}} x_2^{-\frac{m-1}{m}} \left[C_2 E(P) \left(1 - e^{-C_5 x_3} \right)^{-1} \right.$$
$$\left. + C_3 E(n_1) E(E_b) + C_4 E(n_1^3) x_2^3 \right], \tag{21.11}$$

其中 $E(X)$ 表示对随机变量 X 的期望.

证明 根据随机变量的相互独立性直接证得. □

引理 20.4 能用于处理模型 (21.4) 中的第七个约束. 根据定理 21.1 和定理 21.2, 引理 21.1 和引理 20.4 得出结论, 对于任意给定的满意水平 α (即对于模糊数取 α-截集, 对随机参数取置信水平不低于 α 的区间), 模型 (21.4) 被转换为以下区间规划模型.

$$\min \quad E(W(x)) = C_1 E(C^{-\frac{1}{m}}) E(n_1^{-\frac{m-1}{m}}) x_1^{-\frac{1}{m}} x_2^{-\frac{m-1}{m}} \left[C_2 E(P) \left(1 - e^{-C_5 x_3} \right)^{-1} \right.$$
$$\left. + C_3 E(n_1) E(E_b) + C_4 E(n_1^3) x_2^3 \right]$$

$$\text{s.t.} \quad [\widetilde{C_6}^{\pm}]_\alpha x_2 - \left(2x_1 - \pi I_1^{\pm} x_2 + \sqrt{[2x_1 - \pi I_1^{\pm} x_2]^2 - 8(I_2^{\pm})^2 x_2^2} \right) \leqslant 0,$$
$$\left(2x_1 - \pi I_1^{\pm} x_2 + \sqrt{[2x_1 - \pi I_1^{\pm} x_2]^2 - 8(I_2^{\pm})^2 x_2^2} \right) - [\widetilde{C_7}^{\pm}]_\alpha x_2 \leqslant 0,$$
$$(x_3 - \pi) \left(2x_1 - \pi I_1^{\pm} x_2 + \sqrt{[2x_1 - \pi I_1^{\pm} x_2]^2 - 8I^{\pm} x_2^2} \right) + 8I_2^{\pm} x_2 = 0,$$
$$[\pi E(n_1) + \pi \Phi^{-1}(1 - \alpha) D(n_1)] \cdot x_2 \geqslant 6 \times 10^4 \times [\widetilde{C_8}]_\alpha,$$
$$[\pi E(n_1) + \pi \Phi^{-1}(\alpha) D(n_1)] \cdot x_2 \leqslant 6 \times 10^4 \times [\widetilde{C_9}]_\alpha,$$
$$[E(n_1) + \Phi^{-1}(\alpha) D(n_1)] x_2 - 19.1 [\widetilde{C_{10}}]_\alpha x_1 \leqslant 0,$$
$$[\widetilde{C_{14}}]_\alpha \leqslant x_1 \leqslant [\widetilde{C_{15}}]_\alpha,$$
$$[\widetilde{C_{12} C_{11}}]_\alpha \leqslant x_2 \leqslant [\widetilde{C_{11} C_{13}}]_\alpha,$$
$$\frac{\pi}{180} [\widetilde{C_{16}}]_\alpha \leqslant x_3 \leqslant \frac{\pi}{180} C_{17},$$
$$x \geqslant 0,$$
$$\alpha \in [0, 1],$$

$$\tag{21.12}$$

其中 $[\widetilde{C_6}^{\pm}]_\alpha = [([\widetilde{C_6}^-]_\alpha)^-, ([\widetilde{C_6}^+]_\alpha)^+]$, $[\widetilde{C_7}^{\pm}]_\alpha = [([\widetilde{C_7}^-]_\alpha)^-, ([\widetilde{C_7}^+]_\alpha)^+]$.

注 21.3 在模型 (21.12) 中, 给定的满意水平 α 用于确定模糊数的 α-截集. 对于具有凹隶属度函数的模糊数 $\tilde{A}$, 其 α-截集 $\tilde{A}_\alpha$ 是一个区间, 用 $\tilde{A}_\alpha^{\pm}$ 表示. 通过分解定理, 我们知道

$$\tilde{A} = \bigcup_{\alpha \in [0,1]} \alpha \tilde{A}_\alpha^{\pm}.$$

因此, $\tilde{A}_\alpha$ 是 $\tilde{A}$ 的近似描述. 类似地, 置信水平 α 用于确定一个区间值, 以近似于一个随机数.

　　注 21.4　在实际工程应用中, 满意水平和置信水平的值应该由关于不确定参数的已知信息来确定. 满意水平是描述模糊参数的一个指标, 它可以通过模糊集理论来确定. 例如, 根据设计水平、制造水平和结构重要性等模糊参数的主观信息, 可以通过两级模糊综合评价方法 (Liu et al., 2009) 推断出满意水平的值. 而置信水平是描述随机参数的指标, 其值可以根据相应的客观信息得到. 例如, 我们可以通过大量的实验来获得随机参数的期望值和概率分布, 这有助于推断置信水平. 在本章中, 为了简化计算, 我们假设满意水平和置信水平的值相等.

21.4　基于两步的抽样算法

　　在本节中, 开发了一种基于两步的抽样算法, 以找到原始问题的最优区间解.

　　首先, 将模型 (21.12) 分解为两个经典非线性规划子问题, 以找到最优区间解, 该最优解基于最大和最小范围不等式的概念, 用于描述类似于 (Wan et al., 2012b) 中提出的区间不等式.

　　首先, 通过抽样方法求解以下子问题, 以获得模型 (21.12) 的最优目标值的下界.

$$
\begin{aligned}
\min\quad & E(W(x)) = C_1 E(C^{-\frac{1}{m}}) E(n_1^{-\frac{m-1}{m}}) x_1^{-\frac{1}{m}} x_2^{-\frac{m-1}{m}} \big[C_2 E(P) \big(1 - e^{-C_5 x_3}\big)^{-1} \\
& + C_3 E(n_1) E(E_b) + C_4 E(n_1^3) x_2^3 \big] \\
\text{s.t.}\quad & 2x_1 - \pi I_1^- x_2 + \sqrt{(2x_1 - \pi I_1^- x_2)^2 - 8(I_2^-)^2 x_2^2} - [\widetilde{C_6}^-]_\alpha^- x_2 \geqslant 0, \\
& -\Big(2x_1 - \pi I_1^+ x_2 + \sqrt{(2x_1 - \pi I_1^+ x_2)^2 - 8(I_2^+)^2 x_2^2}\Big) + [\widetilde{C_7}^+]_\alpha^+ x_2 \geqslant 0, \\
& -(x_3 - \pi)\Big(2x_1 - \pi I_1^- x_2 + \sqrt{[2x_1 - \pi I_1^- x_2]^2 - 8I^- x_2^2}\Big) - 8I_2^- x_2 \geqslant 0, \\
& (x_3 - \pi)\Big(2x_1 - \pi I_1^+ x_2 + \sqrt{[2x_1 - \pi I_1^+ x_2]^2 - 8I^+ x_2^2}\Big) + 8I_2^+ x_2 \geqslant 0, \\
& [\pi E(n_1) + \pi \Phi^{-1}(1 - \alpha) D(n_1)] \cdot x_2 \geqslant 6 \times 10^4 \times [\widetilde{C_8}]_\alpha^-, \\
& [\pi E(n_1) + \pi \Phi^{-1}(\alpha) D(n_1)] \cdot x_2 \leqslant 6 \times 10^4 \times [\widetilde{C_9}]_\alpha^+, \\
& -[E(n_1) + \Phi^{-1}(\alpha) D(n_1)] x_2 + 19.1 [\widetilde{C_{10}}]_\alpha^+ x_1 \geqslant 0, \\
& \big([\widetilde{C_{15}}]_\alpha\big)^+ \geqslant x_1 \geqslant \big([\widetilde{C_{14}}]_\alpha\big)^-, \\
& \big([\widetilde{C_{11} C_{13}}]_\alpha\big)^+ \geqslant x_2 \geqslant \big([\widetilde{C_{11} C_{12}}]_\alpha\big)^-, \\
& \frac{\pi}{180} C_{17} \geqslant x_3 \geqslant \Big(\frac{\pi}{180} [\widetilde{C_{16}}]_\alpha\Big)^-, \\
& x \geqslant 0.
\end{aligned}
$$

$$\tag{21.13}$$

所求得的解表示为 $x_*^a = (x_{1*}^a, x_{2*}^a, x_{3*}^a)$, 并用 W_*^- 表示目标函数的相应值.

接下来, 通过抽样方法求解第二个子问题, 得到模型 (21.12) 的最优目标值的上界.

$$
\begin{aligned}
\min \quad & E(W(x)) = C_1 E(C^{-\frac{1}{m}}) E(n_1^{-\frac{m-1}{m}}) x_1^{-\frac{1}{m}} x_2^{-\frac{m-1}{m}} \left[C_2 E(P) \left(1 - e^{-C_5 x_3}\right)^{-1} \right. \\
& \left. + C_3 E(n_1) E(E_b) + C_4 E(n_1^3) x_2^3 \right]
\end{aligned}
$$

$$
\begin{aligned}
\text{s.t.} \quad & 2x_1 - \pi I_1^+ x_2 + \sqrt{(2x_1 - \pi I_1^+ x_2)^2 - 8(I_2^+)^2 x_2^2} - [\widetilde{C_6}^+]_\alpha^+ x_2 \geqslant 0, \\
& -\left(2x_1 - \pi I_1^- x_2 + \sqrt{(2x_1 - \pi I_1^- x_2)^2 - 8(I_2^-)^2 x_2^2}\right) + [\widetilde{C_7}^-]_\alpha^- x_2 \geqslant 0, \\
& -(x_3 - \pi)\left(2x_1 - \pi I_1^- x_2 + \sqrt{[2x_1 - \pi I_1^- x_2]^2 - 8I^- x_2^2}\right) - 8I_2^- x_2 \geqslant 0, \\
& (x_3 - \pi)\left(2x_1 - \pi I_1^+ x_2 + \sqrt{[2x_1 - \pi I_1^+ x_2]^2 - 8I^+ x_2^2}\right) + 8I_2^+ x_2 \geqslant 0, \\
& [\pi E(n_1) + \pi \Phi^{-1}(1-\alpha) D(n_1)] \cdot x_2 \geqslant 6 \times 10^4 \times [\widetilde{C_8}]_\alpha^+, \\
& [\pi E(n_1) + \pi \Phi^{-1}(\alpha) D(n_1)] \cdot x_2 \leqslant 6 \times 10^4 \times [\widetilde{C_9}]_\alpha^-, \\
& -[E(n_1) + \Phi^{-1}(\alpha) D(n_1)] x_2 + 19.1 [\widetilde{C_{10}}]_\alpha^- x_1 \geqslant 0, \\
& \left([\widetilde{C_{15}}]_\alpha\right)^- \geqslant x_1 \geqslant \left([\widetilde{C_{14}}]_\alpha\right)^+, \\
& \left([\widetilde{C_{11}} \widetilde{C_{13}}]_\alpha\right)^- \geqslant x_2 \geqslant \left([\widetilde{C_{11}} \widetilde{C_{12}}]_\alpha\right)^+, \\
& \frac{\pi}{180} C_{17} \geqslant x_3 \geqslant \left(\frac{\pi}{180} [\widetilde{C_{16}}]_\alpha\right)^+, \\
& x \geqslant 0.
\end{aligned}
$$

$$\tag{21.14}$$

所求得的解表示为 $x_*^b = (x_{1*}^b, x_{2*}^b, x_{3*}^b)$, 并用 W^+ 表示目标函数的相应值. 然后, 对于给定的满意水平 α, 区间最优解 (记为 $x_*^\pm$) 由以下区间向量来表示:

$$
\begin{aligned}
& \left([\min\{x_{1*}^a, x_{1*}^b\}, \max\{x_{1*}^a, x_{1*}^b\}], [\min\{x_{2*}^a, x_{2*}^b\}, \right. \\
& \left. \max\{x_{2*}^a, x_{2*}^b\}], [\min\{x_{3*}^a, x_{3*}^b\} \max\{x_{3*}^a, x_{3*}^b\}]\right)^{\mathrm{T}}.
\end{aligned}
$$

目标函数的相应区间最优值为 $W_*^\pm = [W_*^-, W_*^+]$.

基于两步的抽样算法的详细过程如下.

算法 21.1 基于两步抽样的算法

步 0: 设定抽样样本容量值 N_k, 设 $k := 0$.

步 1: 根据给定的随机变量 C, E_b, P 和 n_1 的分布函数特性, 对其每一个变量独立地随机产生 N_k 个样本值, 分别记它们的实现形式为 $\hat{C}$, $\hat{E}_b$, $\hat{P}$ 和 $\hat{n_1}$, 显然, 它们都是 N_k 维向量.

步 2: 求解以下普通优化问题:

$$
\min \quad E(W(x)) = C_1 \frac{1}{N_k^2} \sum_{l=1}^{N_k} (\hat{C})_l^{-\frac{1}{m}} \sum_{l=1}^{N_k} (\hat{n_1})_l^{-\frac{m-1}{m}} x_1^{-\frac{1}{m}} x_2^{-\frac{m-1}{m}}
$$
$$
\cdot \left[C_2 \frac{1}{N_k} \sum_{l=1}^{N_k} (\hat{P})_l \left(1 - e^{-C_5 x_3}\right)^{-1} \right.
$$
$$
\left. + C_3 \frac{1}{N_k^2} \sum_{l=1}^{N_k} (\hat{n_1})_l \sum_{l=1}^{N_k} (\hat{E_b})_l + C_4 \frac{1}{N_k} \sum_{l=1}^{N_k} (\hat{n_1})_l^{3} x_2^3 \right] \tag{21.15}
$$

$$
\text{s.t.} \quad x \in \mathcal{F}_1,
$$

式中 $\mathcal{F}_1$ 表示模型 (21.13) 的可行域. $(\hat{C})_l$, $(\hat{n_1})_l$, $(\hat{E_b})_l$ 和 $(\hat{P})_l$ 分别表示向量 $\hat{C}$, $\hat{n_1}$, $\hat{E_b}$ 和 $\hat{P}$ 的第 l 个分量. 将解表示为 $x_*^a(N_k)$, 相应目标函数的最优值为 $W_*^-(N_k)$, 也即对应最优值 $T_*^+(N_k)$.

步 3: 求解以下普通优化问题:

$$
\min \quad E(W(x)) = C_1 \frac{1}{N_k^2} \sum_{l=1}^{N_k} (\hat{C})_l^{-\frac{1}{m}} \sum_{l=1}^{N_k} (\hat{n_1})_l^{-\frac{m-1}{m}} x_1^{-\frac{1}{m}} x_2^{-\frac{m-1}{m}}
$$
$$
\cdot \left[C_2 \frac{1}{N_k} \sum_{l=1}^{N_k} (\hat{P})_l \left(1 - e^{-C_5 x_3}\right)^{-1} \right.
$$
$$
\left. + C_3 \frac{1}{N_k^2} \sum_{l=1}^{N_k} (\hat{n_1})_l \sum_{l=1}^{N_k} (\hat{E_b})_l + C_4 \frac{1}{N_k} \sum_{l=1}^{N_k} (\hat{n_1})_l^{3} x_2^3 \right] \tag{21.16}
$$

$$
\text{s.t.} \quad x \in \mathcal{F}_2,
$$

式中 $\mathcal{F}_2$ 表示模型 (21.14) 的可行域. 将最优解表示为 $x_*^b(N_k)$, 相应目标函数的最优值为 $W_*^+(N_k)$, 也即对应最优值 $T_*^-(N_k)$.

步 4: 如果满足终止条件, 则输出最优区间解为

$$
x_*^\pm(N_k) = [\min\{x_*^a(N_k), x_*^b(N_k)\}, \max\{x_*^a(N_k), x_*^b(N_k)\}],
$$

以及相应的最优值区间 $W_*^\pm(N_k)$ 和 $T_*^\pm(N_k)$, 算法终止. 否则, 令 $k := k + 1$, 并选择 $N_k \geqslant N_{k-1}$. 返回步骤 1.

注 21.5　事实上, 本章提出的优化方法并不是一种通用的方法, 它主要适用于一种特殊类型的非线性规划, 它具有以下特征: (1) 优化模型的约束条件中所包含的非线性区间不等式和区间等式, 满足 (Wan et al., 2012b) 中的引理 8 和引理 9 的条件; (2) 可以计算目标函数的期望值.

21.5 案 例 研 究

在本节中, 所提出的方法将用于解决最大化 V 带疲劳寿命的实际设计问题.

假设本案例研究中 PUNP 模型 (21.4) 的不确定参数的属性与 (Zhang and Wan, 2012) 的案例研究中的对应参数相同. 选取不同的满意水平 α, 通过所提出的方法获得区间最优解及其相应的最优值, 如表 21.1 所示.

表 21.1 对应不同满意水平 α 的最优区间解与最优值区间

α	x_*^a	x_*^b	W_*^-	W_*^+	T_*^-	T_*^+
0.50	(4366.877, 161.000, 2.874)	(4000.847, 154.000, 2.858)	0.351	0.367	61547	101366
0.60	(4300.629, 159.600, 2.872)	(4000.847, 154.000, 2.858)	0.354	0.367	61547	92186
0.70	(4232.171, 158.200, 2.869)	(4000.847, 154.000, 2.858)	0.357	0.367	61547	83676
0.75	(4200.333, 157.500, 2.868)	(4000.847, 154.000, 2.858)	0.358	0.367	61547	79741
0.80	(4167.163, 156.800, 2.867)	(4000.847, 154.000, 2.858)	0.360	0.367	61547	75935
0.85	(4134.124, 156.100, 2.865)	(4000.847, 154.000, 2.858)	0.362	0.367	61547	72290
0.90	(4101.215, 155.400, 2.864)	(4000.847, 154.000, 2.858)	0.363	0.367	61547	68801
0.95	(4068.438, 154.700, 2.862)	(4000.847, 154.000, 2.858)	0.365	0.367	61547	65461
0.975	(4052.098, 154.350, 2.862)	(4000.847, 154.000, 2.858)	0.366	0.367	61547	63846

从表 21.1 中的数值结果可以得出结论:

(1) 随着满意水平 α 值的提高, 最优区间解的上界即 x_*^a 将逐渐减小, 而最优解区间也将逐渐缩短.

(2) 随着满意水平 α 值的提高, 最优值区间的下界即 W_*^- 将逐渐增大, 相应的 T_*^+ 将逐渐减小.

(3) 最优区间解的下界即 x_*^b, 以及最优值区间的上界即 W_*^+ 与满意水平 α 无关.

之所以出现上面的第 3 种结果, 是因为模型 (21.14) 在求解过程中, 其有效约束总是归结为的第二和第三约束, 而这两个约束与 α 的取值无关.

总 结

在本章中, 我们构建了一个非线性 PUNP 模型, 用于在多态不确定环境下使 V 带设计中的疲劳寿命最大化. 在给定的满意水平和置信水平条件下, 通过开发基于两步抽样的算法, 得到原问题的最优区间解. 案例研究表明, 所构建的模型和算法在解决这类不确定的机械设计问题方面是有效的.

第 22 章　多产品报童问题的数据驱动鲁棒优化方法

报童问题是典型的随机库存管理问题, 在运筹学、管理科学等领域有着非常广泛的应用. 解决该问题最大的挑战是选择合适的方法处理需求的不确定性. 现有的方法大多在假设需求分布已知的基础上利用期望方法解决问题, 该方法可以降低解决问题的难度并得到具有较高理论价值的结果, 但实际上需求的分布可能会随着时间变化, 在某些特殊情况下甚至不是一个随机变量. 本章将鲁棒优化与数据驱动不确定集相结合, 以构建数据驱动型多产品报童问题的鲁棒优化模型. 在单产品情况下, 本章将推导所建鲁棒优化模型的封闭解, 并从理论上分析该模型参数对订货决策以及利润的影响. 考虑到多产品情况的复杂性, 本章将基于磨光技术对模型进行光滑化处理, 并基于模型性质设计高效求解算法以求解一系列光滑子问题. 数值模拟结果将表明, 本章提出的模型可以在保证鲁棒性的基础上, 减轻过保守性.

22.1　引　　言

报童问题最早由 Arrow 等在 1951 年提出 (Arrow et al., 1951), 且在各领域有广泛的应用. 在过去的七十多年中, 在需求分布给定的假设下相关模型的构建得到了非常深入的研究 (Chen and Chen, 2010; Zhang, 2010; Xu et al., 2017; Kyparisis and Koulamas, 2018; Zhang et al., 2020b; Fang et al., 2021a; Jadidi et al., 2021). 基于不确定参数分布假设的期望方法现在仍是求解相关问题的主流方法之一.

需求的不确定性会导致决策风险, 鲁棒优化方法作为规避风险的一种有效方式, 也是解决报童问题的一种常用方法. Scarf (1957) 首先提出了一种极小极大化方法解决随机库存管理问题, 并仅利用需求的均值和标准差得到了该问题的封闭解. Vairaktarakis (2000) 进一步延伸了 Scarf (1957) 中提出的模型, 在假定需求为区间数的基础上利用三种不同的鲁棒优化方法分别构建了模型, 并得到了相应的关于需求区间上下界的封闭解. Carrizosa 等 (2016) 提出了具有 p 阶时间序列需求的报童问题的鲁棒优化模型. Qiu 等 (2021) 构建了带有预算约束的库存优化问题的分布式鲁棒优化模型. 在报童问题的鲁棒优化模型中, 盒不确定集 (Ben-Tal

主要结果发表于 Journal of Industrial and Management Optimization, 19(1): 197-223, 2023.

and Nemirovski, 2002)、椭球不确定集 (Ben-Tal and Nemirovski, 1999) 以及多面体不确定集 (Ben-Tal and Nemirovski, 1999) 等不确定集通常被用于描述需求的不确定性 (Jalilvand-Nejad et al., 2016). Abdel-Aal 和 Selim (2019) 分别基于区间、盒、椭球以及多面体不确定集, 构建了可选择报童问题的鲁棒优化模型, 并设计了多项式算法求解提出的混合整数线性规划模型. Zhang 等 (2021) 在需求和替代率都隶属于盒不确定集的假设下, 构建了可替代多产品报童问题的鲁棒优化模型, 并提出了一个分支定界算法用于求解该模型.

随着数据可用性的增强, 数据驱动方式成为处理报童问题需求不确定性并做出最优决策的一种新兴方法. Sachs 和 Minner (2014) 假定最优库存水平是关于温度和价格的线性函数, 并根据数据估计模型参数, 提出了求解报童问题的数据驱动方法. Levi 等 (2015) 提出了一个基于抽样平均近似方法的数据驱动报童模型, 其中成本函数的期望由一个关于需求历史数据的确定性函数近似. Chen 等 (2018) 通过构建一个基于混合分布的不确定集, 解决了数据驱动的鲁棒机会约束问题. Huber 等 (2019) 提出了基于机器学习方法的数据驱动单产品报童模型, 其中最优订货量和特征之间的关系利用人工神经网络描述. 在此基础上, Punia 等 (2020) 将单产品情况延伸到多产品情况, 并提出了一个基于机器学习方法的分位数回归算法求解模型. Cao 和 Shen (2019) 提出了基于双并联前馈神经网络的分位数自回归方法求解报童问题. Qiu 等 (2020) 提出了基于支持向量聚类方法的需求的数据驱动不确定集, 并在此基础上构建了多产品库存管理问题的鲁棒优化模型, 通过对偶方法将复杂模型转化为线性优化问题, 降低了求解的难度. Xu 等 (2022) 在构建了需求分布的模糊集的基础上, 建立了报童问题的鲁棒优化模型, 并得到了最优订货量的封闭解.

现有研究虽然在报童问题的鲁棒优化模型以及数据驱动模型的构建和求解方法等方面取得了丰富的成果, 但很少将数据驱动方法和鲁棒优化相结合研究报童问题. Ning 和 You (2018) 基于主成分分析和核密度估计方法构建了数据驱动不确定集. 本章将利用该不确定集描述需求的不确定性, 并构建多产品报童问题的数据驱动鲁棒优化模型, 通过分析模型性质设计高效求解算法, 并利用数值模拟揭示有价值的管理学启示.

22.2 问题描述和模型构建

22.2.1 问题描述

多产品报童问题主要研究单一供应商、单一零售商在一个销售阶段下对多种产品的订货决策. 供应商负责给零售商提供不同种类的产品, 而零售商需要在销售季开始之前做出订货决策, 假定零售商销售 n 种产品.

假定供应商有充足的库存且产品的进价固定. 对于零售商而言, 由于需求是不确定的, 做出使得总利润最大的最优订货决策仍是一个很难解决的问题. 实际上, 任意产品的需求都有可能超过或少于其订货量, 即产生盈余成本或缺货成本. 大部分已有文献通常假定随机需求的分布已知 (Chen and Chen, 2010; Zhang, 2010; Xu et al., 2017), 零售商通过最小化成本的期望或者最大化利润的期望得到最优的订货决策. 但在实际的销售过程中, 需求的分布对决策者来说是未知的. 也就是说, 基于需求分布假设的方法得到的最优订货决策虽然有很强的理论意义, 但是很难应用于实际的订货决策中.

零售商在销售的过程中, 通常可以收集到大量的零售数据 (包括需求数据). 如何利用这些数据为零售商提供一个对实际销售更加有价值的订货决策是值得研究的问题. 本章将通过构建一个新的数据驱动鲁棒优化模型解决上述问题.

22.2.2 数据驱动鲁棒优化模型

令 $x = (x_1, x_2, \cdots, x_n)^{\mathrm{T}}$ 表示产品随机需求的向量, $c = (c_1, c_2, \cdots, c_n)^{\mathrm{T}}$ 表示产品单位进价的向量. $v = (v_1, v_2, \cdots, v_n)^{\mathrm{T}}$ 和 $p = (p_1, p_2, \cdots, p_n)^{\mathrm{T}}$ 分别表示产品单位残值的向量以及单位缺货成本的向量. $s = (s_1, s_2, \cdots, s_n)^{\mathrm{T}}$ 表示产品单位销售价格的向量.

定义 $Q = (Q_1, Q_2, \cdots, Q_n)^{\mathrm{T}}$ 为产品订货量的向量, 即多产品报童问题的决策变量的向量. 则零售商的总成本为

$$TC(Q; x) = (c - v)^{\mathrm{T}} \max\{0, Q - x\} + p^{\mathrm{T}} \max\{0, x - Q\} + c^{\mathrm{T}} \min\{Q, x\}, \quad (22.1)$$

其中, 第一部分表示盈余成本, 第二部分表示缺货成本, 最后一部分表示订货成本. 继而, 零售商的利润函数可以构建为

$$R(Q; x) = s^{\mathrm{T}} \min\{Q, x\} - TC(Q; x), \quad (22.2)$$

其中, 产品 i 的利润可以表示为

$$R(Q_i; x_i) = s_i \min\{Q_i, x_i\} + v_i \max\{0, Q_i - x_i\} - p_i \max\{0, x_i - Q_i\} - c_i Q_i.$$

零售商的目标是通过选择最优的订货量 Q, 使其获得的利润 $R(Q; x)$ 最大. 因此, 多产品报童问题可以构建为下列随机规划模型:

$$\max_{Q \geqslant 0} R(Q; x) = s^{\mathrm{T}} \min\{Q, x\} + v^{\mathrm{T}} \max\{0, Q - x\} - p^{\mathrm{T}} \max\{0, x - Q\} - c^{\mathrm{T}} Q.$$
$$(22.3)$$

由于需求具有随机性, 最优的订货决策并不能通过直接求解模型 (22.3) 得到. 之前的研究大多在假定需求分布已知的情况下, 最大化利润 $R(Q; x)$ 的期望得到最

优订货量 (Zhang et al., 2016; Deng et al., 2020). 在不给定需求分布的情况下, 对于求解随机优化问题来说, 基于不确定集的鲁棒优化方法是解决该问题的常用方法 (Vairaktarakis, 2000; Scarf, 1957), 但鲁棒优化存在过度保守的弊端 (Huber et al., 2019). Ning 和 You (2018) 中提出的数据驱动不确定集利用主成分分析解决不同随机参数之间的相关性, 并通过核密度估计技术得到不确定参数的界限. 本章拟利用该不确定集描述多产品报童问题的需求并构建鲁棒优化模型解决问题 (22.3).

具体地, 假定 μ_0 为需求数据 $CX = [x^{(1)}, x^{(2)}, \cdots, x^{(N)}]^{\mathrm{T}}$ 的均值向量:

$$\mu_0 = \frac{1}{N} \sum_{j=1}^{N} x^{(j)}.$$

定义

$$x_0^{(j)} = x^{(j)} - e\mu_0^{\mathrm{T}}, \quad j = 1, \cdots, N.$$

$x_0 = [x_0^{(1)}, x_0^{(2)}, \cdots, x_0^{(N)}]^{\mathrm{T}}.$ 需求数据的协方差矩阵为

$$S = \frac{1}{N-1} x_0^{\mathrm{T}} x_0.$$

对于 S 来说, 令 $P = [p_1, \cdots, p_n] \in R^{n \times n}$ 表示与主成分对应的 n 个特征向量, 即

$$S = PKP^{\mathrm{T}},$$

其中, $K = \operatorname{diag}\{\lambda_1, \cdots, \lambda_n\}$ 是包含所有特征值的对角矩阵, $\lambda_1 \geqslant \lambda_2 \geqslant \cdots \geqslant \lambda_n$. 令 $t_i^{(j)}$ 表示第 j 个需求数据在第 i 个主成分上的投影, 具体地

$$t_i^{(j)} = p_i^{\mathrm{T}} \left(x^{(j)} - \mu_0 \right).$$

令 ξ_i 表示不确定需求 x 在第 i 个主成分上的潜在不确定性. 令 $F_{\mathrm{KDE}}^{(i)}(\xi_i)$ 表示不确定参数 ξ_i 的累积分布函数, 其概率密度函数为

$$f_{\mathrm{KDE}}^{(i)}(\xi_i) = \frac{1}{N} \sum_{j=1}^{N} \frac{1}{\sqrt{2\pi}h} \exp\left(-\frac{\left(\xi_i - t_i^{(j)} \right)^2}{2h^2} \right).$$

对于固定的 α $(0 < \alpha < 0.5)$, 不确定集的置信水平为 $1 - 2\alpha$, 定义:

$$\begin{cases} F_{\mathrm{KDE}}^{(i)^{-1}}(\alpha) = \min\left\{ \xi_i \in R | F_{\mathrm{KDE}}^{(i)}(\xi_i) \geqslant \alpha \right\}, \\ F_{\mathrm{KDE}}^{(i)^{-1}}(1-\alpha) = \min\left\{ \xi_i \in R | F_{\mathrm{KDE}}^{(i)}(\xi_i) \geqslant 1-\alpha \right\}. \end{cases}$$

令 z^- 表示向后偏差向量, z^+ 表示向前偏差向量, e 表示分量全为 1 的向量, B 表示不确定预算. 基于上述的数据分析, 下面将构建不确定集描述多产品报童问题的需求:

$$
\begin{aligned}
&X_{\mathrm{KDE+PCA}} \\
&= \left\{ x \in R^n \;\middle|\;
\begin{array}{l}
x = \mu_0 + P\xi, \xi = \underline{\xi} \circ z^- + \overline{\xi} \circ z^+, \\
0 \leqslant z^-, z^+ \leqslant e, z^- + z^+ \leqslant e, e^{\mathrm{T}}(z^- + z^+) \leqslant B, \\
\underline{\xi} = \left(F_{\mathrm{KDE}}^{(1)^{-1}}(\alpha), F_{\mathrm{KDE}}^{(2)^{-1}}(\alpha), \cdots, F_{\mathrm{KDE}}^{(n)^{-1}}(\alpha) \right)^{\mathrm{T}}, \\
\overline{\xi} = \left(F_{\mathrm{KDE}}^{(1)^{-1}}(1-\alpha), F_{\mathrm{KDE}}^{(2)^{-1}}(1-\alpha), \cdots, F_{\mathrm{KDE}}^{(n)^{-1}}(1-\alpha) \right)^{\mathrm{T}}
\end{array}
\right\}.
\end{aligned}
$$
$$(22.4)$$

基于上述不确定集, 问题 (22.3) 的数据驱动鲁棒优化模型构建为

$$
\begin{aligned}
\max_{Q \geqslant 0} \min_{x \in X_{\mathrm{KDE+PCA}}} R(Q;x) &= s^{\mathrm{T}} \min\{Q, x\} + v^{\mathrm{T}} \max\{0, Q - x\} \\
&\quad - p^{\mathrm{T}} \max\{0, x - Q\} - c^{\mathrm{T}}Q.
\end{aligned}
$$
$$(22.5)$$

22.2.3 数据驱动鲁棒优化模型的性质

命题 22.1 对于模型 (22.5), 定义

$$
f(x) = R(Q;x),
$$

则 (1) f 关于 x 连续; (2) f 在 $x_i = Q_i$ 处不可微; (3) f 是非凸的.

证明 由

$$
\lim_{x_i \to Q_i^+} R(Q_i; x_i) = \lim_{x_i \to Q_i^-} R(Q_i; x_i) = (s_i - c_i)Q_i, \tag{22.6}
$$

可得 $R(Q_i; x_i)$ 在 $x_i = Q_i$ 处连续. 当 $x_i \neq Q_i$ 时, f 的连续性显然. 结果 (1) 得证.

由于

$$
\lim_{x_i \to Q_i^+} \frac{\partial R(Q_i; x_i)}{\partial x_i} = -p_i < 0,
$$

且

$$
\lim_{x_i \to Q_i^-} \frac{\partial R(Q_i; x_i)}{\partial x_i} = s_i - v_i > 0,
$$

可得

$$
\lim_{x_i \to Q_i^+} \frac{\partial R(Q_i; x_i)}{\partial x_i} \neq \lim_{x_i \to Q_i^-} \frac{\partial R(Q_i; x_i)}{\partial x_i}.
$$

即证目标函数 f 关于 x_i 不可微, 即结果 (2) 成立.

对于 $\forall x, y \in X$, $0 < \alpha < 0.5$, 定义 $x = (x_1, x_2, \cdots, x_n)^{\mathrm{T}}$, $y = (y_1, y_2, \cdots, y_n)^{\mathrm{T}}$. 若 $(x_i - Q_i)(y_i - Q_i) \geqslant 0$, $i = 1, 2, \cdots, n$, 易得

$$R(Q_i; \alpha x_i + (1-\alpha)y_i) = \alpha R(Q_i; x_i) + (1-\alpha)R(Q_i; y_i).$$

若 $(x_i - Q_i)(y_i - Q_i) < 0$, 不失一般性, 假定 $x_i < Q_i$, $y_i > Q_i$, 则

$$R(Q_i; \alpha x_i + (1-\alpha)y_i) - \alpha R(Q_i; x_i) - (1-\alpha)R(Q_i; y_i) = \alpha(s_i - v_i + p_i)(Q_i - x_i),$$

若 $\alpha x_i + (1-\alpha)y_i > Q_i$ 成立, 则由 $x_i < Q_i$ 可得

$$R(Q_i; \alpha x_i + (1-\alpha)y_i) > \alpha R(Q_i; x_i) + (1-\alpha)R(Q_i; y_i).$$

若 $\alpha x_i + (1-\alpha)y_i < Q_i$, 则

$$R(Q_i; \alpha x_i + (1-\alpha)y_i) - \alpha R(Q_i; x_i) - (1-\alpha)R(Q_i; y_i) = (1-\alpha)(s_i - v_i + p_i)(y_i - Q_i),$$

由 $y_i > Q_i$, 可得

$$R(Q_i; \alpha x_i + (1-\alpha)y_i) > \alpha R(Q_i; x_i) + (1-\alpha)R(Q_i; y_i).$$

可证得 f 是非凸函数. □

模型 (22.5) 是一个非光滑且非凸的优化模型, 该性质会导致求解存在两个主要的难点. 首先, 目标函数存在不可微点, 很难找到下降方向, 大多数现有高效算法不能直接求解该问题. 其次, (22.5) 的非凸性导致了其在可行域中可能存在多个局部最优解.

22.3 单产品情况下的封闭解

单产品情况是报童问题的最基础的情况. 本节将构建单产品报童问题的数据驱动鲁棒优化模型, 并通过分析模型性质得到其封闭解. 由于单产品情况不需要考虑需求的相关性, 所以下面将基于需求的历史数据, 利用核密度估计方法构建需求的数据驱动不确定集.

假定 $\mathrm{CX} = \{x^{(1)}, \cdots, x^{(N)}\}$ 为零售商收集到样本量为 N 的产品需求数据, 则样本均值为

$$\mu_0 = \frac{1}{N} \sum_{j=1}^{N} x^{(j)},$$

需求数据与均值的偏差为

$$t_j = x^{(j)} - \mu_0, \quad j = 1, \cdots, N.$$

因此, 通过核密度估计方法, 需求与均值的偏差 t_j 的概率密度函数可以构建为

$$f_{\mathrm{KDE}}(\xi) = \frac{1}{N} \sum_{j=1}^{N} \left(\frac{1}{\sqrt{2\pi}h} \right) \exp \left(-\frac{(\xi - t_j)^2}{2h^2} \right),$$

$F_{\mathrm{KDE}}(\xi)$ 表示 $f_{\mathrm{KDE}}(\xi)$ 对应的分布函数, 则需求与均值的偏差的 α 分位数可以表示为

$$F_{\mathrm{KDE}}^{-1}(\alpha) = \min \left\{ \xi \in R | F_{\mathrm{KDE}}(\xi) \geqslant \alpha \right\}, \quad \forall \, 0 \leqslant \alpha \leqslant 0.5,$$

对于给定的置信水平 $1 - 2\alpha$, $\underline{x} = \mu_0 + F_{\mathrm{KDE}}^{-1}(\alpha)$, $\overline{x} = \mu_0 + F_{\mathrm{KDE}}^{-1}(1-\alpha)$ 分别表示不确定需求的下界和上界.

基于此, 不确定需求 x 的数据驱动不确定集可以构建为

$$X_{\mathrm{KDE}} = \left\{ x \,\middle|\, \begin{array}{l} x = \mu_0 + F_{\mathrm{KDE}}^{-1}(\alpha) \cdot z_1 + F_{\mathrm{KDE}}^{-1}(1-\alpha) \cdot z_2, \\ 0 \leqslant z_1 \leqslant 1, 0 \leqslant z_2 \leqslant 1, z_1 + z_2 \leqslant 1 \end{array} \right\}. \tag{22.7}$$

其中, z_1 和 z_2 分别表示向后和向前的偏差. 不难发现, 随着置信水平 $1 - 2\alpha$ 的增大, X_{KDE} 中会包含更多的需求数据, 此时基于 X_{KDE} 构建的鲁棒优化模型得到的解的保守性更强.

对于单产品报童问题来说, 当需求大于订货量时, 会产生由于缺货造成的销售损失以及顾客不满意, 即缺货成本; 相反地, 当需求小于订货量时, 产品存在剩余, 在销售季结束时会以低于进价的价格退回这些产品, 即单位残值. 零售商的利润函数可以构建为

$$R(Q;x) = \begin{cases} (s-c)Q - p(x-Q), & x \geqslant Q, \\ sx - cQ + v(Q-x), & x < Q. \end{cases} \tag{22.8}$$

单产品报童问题的数据驱动鲁棒优化模型构建为

$$\max_{Q \geqslant 0} \min_{x \in X_{\mathrm{KDE}}} R(Q;x). \tag{22.9}$$

显然, 不确定集 X_{KDE} 在保证解的鲁棒性方面起到至关重要的作用. 下面将通过分析模型 (22.9) 的解析性质得到其封闭解. 若不考虑缺货成本和残值, 则 $\underline{x} = \mu_0 + F_{\mathrm{KDE}}^{-1}(\alpha)$ 是模型 (22.9) 的最优解. 反之, 考虑内层优化问题

$$\min_{x \in X_{\mathrm{KDE}}} R(Q;x), \tag{22.10}$$

上述非线性优化模型具有分段线性的目标函数以及线性约束, 所以当 $Q \in X_{\mathrm{KDE}}$ 时, $R(Q;x)$ 可能在 x 取 X_{KDE} 的上界或下界时达到其最小值. 当 $Q > \bar{x}$ 时, $R(Q;x)$ 在 $x = \underline{x}$ 时取得最小值, 当 $Q < \underline{x}$ 时, $x = \bar{x}$ 是 $R(Q;x)$ 的最小值点. 具体地, 可以表示为

$$
\begin{aligned}
&\min_{x \in X_{\mathrm{KDE}}} R(Q;x) \\
&= \begin{cases}
(s-c+p)Q - p\left(\mu_0 + F_{\mathrm{KDE}}^{-1}(1-\alpha)\right), & Q < \underline{x}, \\
\min\left\{ \begin{array}{l} (s-c+p)Q - p\left(\mu_0 + F_{\mathrm{KDE}}^{-1}(1-\alpha)\right), \\ (s-v)(\mu_0 + F_{\mathrm{KDE}}^{-1}(\alpha)) + Q(v-c) \end{array} \right\}, & Q \in X_{\mathrm{KDE}}, \\
(s-v)(\mu_0 + F_{\mathrm{KDE}}^{-1}(\alpha)) + Q(v-c), & Q > \bar{x}.
\end{cases}
\end{aligned}
\tag{22.11}
$$

令

$$
Q_e = \mu_0 + \frac{s-v}{s+p-v} F_{\mathrm{KDE}}^{-1}(\alpha) + \frac{p}{s+p-v} F_{\mathrm{KDE}}^{-1}(1-\alpha).
$$

由于

$$
0 \leqslant \frac{s-v}{s+p-v} \leqslant 1, \quad 0 \leqslant \frac{p}{s+p-v} \leqslant 1, \quad 0 \leqslant \frac{s-v}{s+p-v} + \frac{p}{s+p-v} \leqslant 1,
$$

因为 $z_1 = \dfrac{s-v}{s+p-v}$, $z_2 = \dfrac{p}{s+p-v}$ 满足 X_{KDE} 对 z_1 和 z_2 的约束, 所以 $Q_e \in X_{\mathrm{KDE}}$. 此外, $Q_e \geqslant 0$ 显然成立. 当 $Q = Q_e \in X_{\mathrm{KDE}}$ 时, 易证

$$
(s-c+p)Q - p(\mu_0 + F_{\mathrm{KDE}}^{-1}(1-\alpha)) = (s-v)(\mu_0 + F_{\mathrm{KDE}}^{-1}(\alpha)) + Q(v-c).
$$

因此, 当 $Q \in X_{\mathrm{KDE}}$ 且 $Q \leqslant Q_e$ 时,

$$
\begin{aligned}
&\min\{(s-c+p)Q - p\left(\mu_0 + F_{\mathrm{KDE}}^{-1}(1-\alpha)\right), (s-v)(\mu_0 + F_{\mathrm{KDE}}^{-1}(\alpha)) + Q(v-c)\} \\
&= (s-c+p)Q - p\left(\mu_0 + F_{\mathrm{KDE}}^{-1}(1-\alpha)\right).
\end{aligned}
$$

反之, 当 $Q \in X_{\mathrm{KDE}}$ 且 $Q \geqslant Q_e$ 时, 则有

$$
\begin{aligned}
&\min\{(s-c+p)Q - p\left(\mu_0 + F_{\mathrm{KDE}}^{-1}(1-\alpha)\right), (s-v)(\mu_0 + F_{\mathrm{KDE}}^{-1}(\alpha)) + Q(v-c)\} \\
&= (s-v)(\mu_0 + F_{\mathrm{KDE}}^{-1}(\alpha)) + Q(v-c).
\end{aligned}
$$

基于上述结果, (22.11) 可以简化为

$$
\min_{x \in X_{\mathrm{KDE}}} R(Q;x) = \begin{cases}
(s-c+p)Q - p(\mu_0 + F_{\mathrm{KDE}}^{-1}(1-\alpha)), & Q \leqslant Q_e, \\
(s-v)(\mu_0 + F_{\mathrm{KDE}}^{-1}(\alpha)) + Q(v-c), & Q > Q_e.
\end{cases}
\tag{22.12}
$$

通过分析公式 (22.12) 的性质, 得到模型 (22.9) 的最优解, 同时也是单产品报童问题的鲁棒最优订货量为

$$Q^* = Q_e = \mu_0 + \frac{s-v}{s+p-v}F_{\text{KDE}}^{-1}(\alpha) + \frac{p}{s+p-v}F_{\text{KDE}}^{-1}(1-\alpha). \tag{22.13}$$

对应的最大利润为

$$R^* = (s-c)\mu_0 + \frac{(s-v)(s+p-c)}{s+p-v}F_{\text{KDE}}^{-1}(\alpha) + \frac{p(v-c)}{s+p-v}F_{\text{KDE}}^{-1}(1-\alpha). \tag{22.14}$$

下面探讨模型 (22.9) 中参数的变化对于最优订货量 (22.13) 以及利润 (22.14) 的影响.

命题 22.2　对于任意给定的置信水平 $1-2\alpha$,

(1) 当单位销售价格增加时, 零售商的最优订货量减少, 但所获得的利润增加.

(2) 当单位缺货成本或者单位残值增加时, 零售商的最优订货量增加, 但是利润与单位残值成正比, 与单位缺货损失成反比.

(3) 当单位进价增加时, 利润降低, 但不对最优订货量的决策造成影响.

证明　为了简单起见, 令 Q^* 和 R^* 分别表示公式 (22.13) 和 (22.14), 则有

$$\frac{\partial Q^*}{\partial s} = \frac{p}{(s+p-v)^2}\left(F_{\text{KDE}}^{-1}(\alpha) - F_{\text{KDE}}^{-1}(1-\alpha)\right).$$

根据 $F_{\text{KDE}}^{-1}(\alpha)$ 和 $F_{\text{KDE}}^{-1}(1-\alpha)$ 的定义, 显然有 $F_{\text{KDE}}^{-1}(\alpha) < F_{\text{KDE}}^{-1}(1-\alpha)$. 因此, $\frac{\partial Q^*}{\partial s} < 0$. 也就是说, 单产品报童问题的最优订货量随着销售价格的增加而减少. 另一方面,

$$\frac{\partial R^*}{\partial s} = \frac{(s+p-v)(s-v)}{(s+p-v)^2}\left(\mu_0 + F_{\text{KDE}}^{-1}(\alpha)\right) + \frac{p(s+p-c)}{(s+p-v)^2}\left(\mu_0 + F_{\text{KDE}}^{-1}(\alpha)\right)$$
$$+ \frac{p(c-v)}{(s+p-v)^2}\left(\mu_0 + F_{\text{KDE}}^{-1}(1-\alpha)\right),$$

其中, $\mu_0 + F_{\text{KDE}}^{-1}(\alpha)$ 和 $\mu_0 + F_{\text{KDE}}^{-1}(1-\alpha)$ 分别表示不确定需求的下界和上界, 因此两者均大于零. 此外, 由于 $s > c > v$ 且 $p > 0$, 上述等式中三部分关于 s, c, v 的系数均大于零. 相应地, 有 $\frac{\partial R^*}{\partial s} > 0$. 也就是说, 零售商的利润随着销售价格的增加而增加.

结果 (1) 已证, 类似地可以证明结果 (2) 和 (3).　　　　　　　　　　　□

命题 22.3 对于单产品报童问题来说, 具有以下结论:

(1) 当不确定集的置信水平增加时, 最优订货量变化与否取决于 α 及其他模型参数的取值.

(2) 当不确定集的置信水平增加时, 利润降低.

证明 定义直线

$$l_1 : R = (s - c + p)Q - p(\mu_0 + F_{\text{KDE}}^{-1}(1 - \alpha)),$$

$$l_2 : R = (v - c)Q + (s - v)\left(\mu_0 + F_{\text{KDE}}^{-1}(\alpha)\right).$$

如图 22.1 所示, $b_1(\alpha) = -p(\mu_0 + F_{\text{KDE}}^{-1}(1 - \alpha))$ 和 $b_2(\alpha) = (s - v)(\mu_0 + F_{\text{KDE}}^{-1}(\alpha))$ 分别表示直线 l_1 和 l_2 的截距.

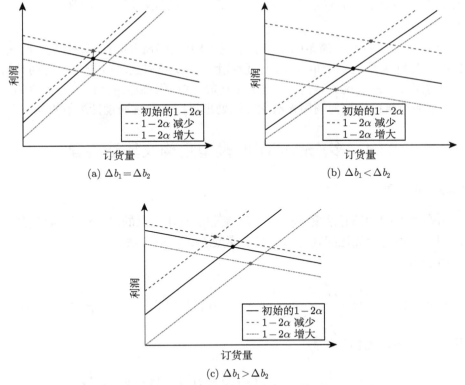

(a) $\Delta b_1 = \Delta b_2$

(b) $\Delta b_1 < \Delta b_2$

(c) $\Delta b_1 > \Delta b_2$

图 22.1 置信水平对最优订货量以及利润的影响

对于任意 $\alpha_1 > \alpha$, 直线 l_1 和 l_2 斜率不变, 截距改变. 定义 $\Delta \alpha = \alpha_1 - \alpha$, 则

两条直线的截距变化量为

$$
\begin{cases}
\Delta b_1 = \left| -p(\mu_0 + F_{\mathrm{KDE}}^{-1}(1-\alpha)) + p(\mu_0 + F_{\mathrm{KDE}}^{-1}(1-\alpha-\Delta\alpha)) \right|, \\
\Delta b_2 = \left| (s-v)(\mu_0 + F_{\mathrm{KDE}}^{-1}(\alpha)) - (s-v)(\mu_0 + F_{\mathrm{KDE}}^{-1}(\alpha+\Delta\alpha)) \right|.
\end{cases}
$$

如图 22.1 所示, 直线 l_1 和 l_2 的交点是模型 (22.9) 的最优解, 其中交点的横坐标表示最优订货量, 纵坐标为对应的最大利润. 因此, 关于置信水平对最优订货量以及利润的影响, 可以得到以下结论:

(1) 在其他模型参数固定的情况下, 当 $\Delta b_1 = \Delta b_2$ 时, 最优订货量保持不变 (图 22.1(a)). 当 $\Delta b_1 < \Delta b_2$ 时, 最优订货量随着不确定集置信水平的增大而减小 (图 22.1(b)), 而当 $\Delta b_1 > \Delta b_2$ 时, 最优订货量随着不确定集置信水平的增加而增加 (图 22.1(c)).

(2) 当不确定集的置信水平增加时, 利润减小 (图 22.1). 该结果与实际的销售过程相符. 不确定集的置信水平增加表示零售商的风险规避性增强, 此时其获得的利润减少.　　　　　　　　　　　　　　　　　　　　　　　　　　　　　□

模型 (22.9) 是在最简单的单产品情况下构建和分析的. 在这种情况下, 模型 (22.9) 的目标函数是一个单变量的分段线性函数, 可以通过分析直接得到其封闭解. 但对于多产品情况而言, 其模型更为复杂, 往往很难通过类似的分析得到最优解. 在下一节将讨论如何利用光滑化方法处理目标函数进而设计求解算法.

22.4　多产品情况的模型重构及算法构建

22.4.1　模型重构

由命题 22.1 可知, 利润函数 (22.2) 是非凸且非光滑的, 因此还需要找到一种可以用一系列光滑优化问题近似非光滑模型 (22.5) 的方法.

由于

$$
\max\{a, b\} = \frac{a+b}{2} + \frac{|a-b|}{2}, \quad \min\{a, b\} = \frac{a+b}{2} - \frac{|a-b|}{2}, \tag{22.15}
$$

模型 (22.5) 可以重构为

$$
\max_{Q \geqslant \mathbf{0}} \min_{x \in X_{\mathrm{KDE+PCA}}} (s+v+p-2c)^{\mathrm{T}} Q + \frac{(s-v-c)^{\mathrm{T}} x}{2} - \frac{(s-v+p)^{\mathrm{T}}|x-Q|}{2}. \tag{22.16}
$$

下列命题提供一种近似模型 (22.16) 目标函数中的绝对值函数的方法.

命题 22.4 对于绝对值函数 $\phi(t) = |t|$, 定义

$$\Phi_\varepsilon(t) = \varepsilon \ln\left(\frac{1}{2}\exp\left(\frac{t}{\varepsilon}\right) + \frac{1}{2}\exp\left(\frac{-t}{\varepsilon}\right)\right), \quad t \in R. \tag{22.17}$$

则 (1) Φ_ε 连续可微, 且

$$\Phi_\varepsilon(0) = 0, \quad \left|\frac{d\Phi_\varepsilon(t)}{dt}\right| < 1.$$

(2) 当 $\varepsilon \to 0_+$ 时, $\Phi_\varepsilon(t) \to \phi(t)$.

(3) 对于任意的足够小的 $\varepsilon > 0$, $0 \leqslant \phi(t) - \Phi_\varepsilon(t) \leqslant \varepsilon \ln 2$.

证明　命题 22.4 的证明见 (Yong, 2018).　　　　　　　　　　□

根据命题 22.4, 式 (22.16) 中的 $|x_i - Q_i|$ 可以由下列函数逼近

$$\Phi_\varepsilon(x_i - Q_i) = \varepsilon \ln\left(\frac{1}{2}\exp\left(\frac{x_i - Q_i}{\varepsilon}\right) + \frac{1}{2}\exp\left(\frac{Q_i - x_i}{\varepsilon}\right)\right).$$

因此, 模型 (22.5) 可以由下列非线性光滑优化问题近似:

$$\max_{Q \geqslant 0} \min_{x \in X_{\text{KDE+PCA}}} R_1(Q; x),$$

其中

$$R_1(Q; x) = \sum_{i=1}^{n} \frac{1}{2}(s_i + v_i + p_i - 2c_i)Q_i + \frac{1}{2}(s_i - v_i - p_i)x_i$$
$$- \frac{1}{2}(s_i - v_i + p_i)\varepsilon \ln\left(\frac{1}{2}\exp\left(\frac{x_i - Q_i}{\varepsilon}\right) + \frac{1}{2}\exp\left(\frac{Q_i - x_i}{\varepsilon}\right)\right). \tag{22.18}$$

若将不确定集 $X_{\text{KDE+PCA}}$ 中的 z^-, z^+ 以及 P 表示成下列形式:

$$\begin{cases} z^- \triangleq a = (a_1, a_2, \cdots, a_n)^{\text{T}}, \\ z^+ \triangleq b = (b_1, b_2, \cdots, b_n)^{\text{T}}, \\ P = (k_{ij})_{n \times n}. \end{cases}$$

则模型 (22.5) 可以重构为

$$
\begin{aligned}
&\max_{Q\geqslant 0}\quad \min_{a,b} R_1(Q;x)\\
&\text{s.t.}\quad x=\begin{pmatrix}
\mu_0^{(1)}+k_{11}(\underline{\xi}^{(1)}a_1+\overline{\xi}^{(1)}b_1)+k_{12}(\underline{\xi}^{(2)}a_2+\overline{\xi}^{(2)}b_2)\\
\qquad\qquad +\cdots+k_{1n}(\underline{\xi}^{(n)}a_n+\overline{\xi}^{(n)}b_n)\\
\mu_0^{(2)}+k_{21}(\underline{\xi}^{(1)}a_1+\overline{\xi}^{(1)}b_1)+k_{22}(\underline{\xi}^{(2)}a_2+\overline{\xi}^{(2)}b_2)\\
\qquad\qquad +\cdots+k_{2n}(\underline{\xi}^{(n)}a_n+\overline{\xi}^{(n)}b_n)\\
\vdots\\
\mu_0^{(n)}+k_{n1}(\underline{\xi}^{(1)}a_1+\overline{\xi}^{(1)}b_1)+k_{n2}(\underline{\xi}^{(2)}a_2+\overline{\xi}^{(2)}b_2)\\
\qquad\qquad +\cdots+k_{nn}(\underline{\xi}^{(n)}a_n+\overline{\xi}^{(n)}b_n)
\end{pmatrix},\\
&\qquad 0\leqslant a_i,b_i\leqslant 1,\quad i=1,2,\cdots,n,\\
&\qquad a_i+b_i\leqslant 1,\quad i=1,2,\cdots,n,\\
&\qquad \sum_{i=1}^{n}a_i+b_i\leqslant B,\\
&\qquad \underline{\xi}^{(i)}=F_{\mathrm{KDE}}^{(i)^{-1}}(\alpha),\ \overline{\xi}^{(i)}=F_{\mathrm{KDE}}^{(i)^{-1}}(1-\alpha),i=1,2,\cdots,n.
\end{aligned}
\tag{22.19}
$$

模型 (22.19) 是具有线性约束的最大最小化问题. 根据其模型性质, 下面将构建求解模型 (22.19) 的高效求解算法. 特别地, 可以将模型 (22.19) 看作为一个两级优化模型, 第一级优化问题解决带有线性约束的非线性优化问题, 第二级优化在第一级优化的决策变量 x 已知的情况下求解下列凸优化问题:

$$
\max_{Q\geqslant 0} R_1(Q;x).
\tag{22.20}
$$

命题 22.5　对于产品 i, $i=1,2,\cdots,n$, 假定 x_i^* 是模型 (22.19) 内层优化问题的解, 则模型 (22.19) 的最优解, 即多产品报童问题的最优订货量 Q_i^* 为

$$
Q_i^* = \frac{\varepsilon\ln\left(\dfrac{s_i+p_i-c_i}{c_i-v_i}\right)}{2}+x_i^*.
$$

证明　假定 x^* 是模型 (22.19) 内层优化问题的最优解, 则该模型的外层优化问题可以重构为

$$
\max_{Q\geqslant 0} R_1(Q;x^*)=\min_{Q\geqslant 0}(-R_1(Q;x^*)).
\tag{22.21}
$$

模型 (22.20) 的拉格朗日函数为

$$
L(Q,\nu)=-R_1(Q;x^*)-\nu^{\mathrm{T}}Q,
$$

其中, $\nu = (\nu_1, \cdots, \nu_n)^{\mathrm{T}} \geqslant 0$ 表示拉格朗日乘子. 模型 (22.20) 目标函数的梯度为

$$\nabla_Q(-R_1(Q; x^*)) = \begin{pmatrix} -\dfrac{\partial R_1(Q; x^*)}{\partial Q_1} \\ -\dfrac{\partial R_1(Q; x^*)}{\partial Q_2} \\ \vdots \\ -\dfrac{\partial R_1(Q; x^*)}{\partial Q_n} \end{pmatrix},$$

对于 $\forall i \in \{1, 2, \cdots, n\}$, 有

$$-\frac{\partial R_1(Q; x^*)}{\partial Q_i} = -\frac{1}{2}(s_i + v_i + p_i - 2c_i)$$

$$+ \frac{1}{2}(s_i - v_i + p_i) \frac{-\exp\left(\dfrac{x_i^* - Q_i}{\varepsilon}\right) + \exp\left(-\dfrac{x_i^* - Q_i}{\varepsilon}\right)}{\exp\left(\dfrac{x_i^* - Q_i}{\varepsilon}\right) + \exp\left(-\dfrac{x_i^* - Q_i}{\varepsilon}\right)}.$$

令 $\nabla_Q(-R_1(Q; x^*)) = 0$, 可得

$$(c_i - v_i) \exp\left(-\frac{x_i^* - Q_i}{\varepsilon}\right) = (s_i + p_i - c_i) \exp\left(\frac{x_i^* - Q_i}{\varepsilon}\right).$$

又由 $s_i > c_i > v_i$, $p_i > 0$,

$$Q_i^* = \frac{\varepsilon \ln\left(\dfrac{s_i + p_i - c_i}{c_i - v_i}\right)}{2} + x_i^*, \quad i = 1, 2, \cdots, n. \tag{22.22}$$

其中 $s_i - c_i$ 表示产品的单位利润, $c_i - v_i$ 表示产品的单位盈余成本, 不失一般性, 通常有 $s_i - c_i > c_i - v_i$ 且 $p_i > 0$. 进而显然有 $\dfrac{s_i + p_i - c_i}{c_i - v_i} > 1$, 也就是说

$$\frac{\varepsilon \ln\left(\dfrac{s_i + p_i - c_i}{c_i - v_i}\right)}{2} > 0,$$

而 $x_i^* \geqslant 0$ 表示内层最小化问题的最优值. 综上有 $Q_i^* > 0$, 说明最优点是其可行域的内点, $Q \geqslant 0$ 是无效约束, 则 $\nu^* = 0$. 令

$$G_{ij} = -\frac{\partial^2 R_1(Q; x^*)}{\partial Q_i \partial Q_j}.$$

则

$$
G_{ij}=\begin{cases}\dfrac{(s_i-v_i+p_i)\left(1+\left(\dfrac{-\exp\left(\dfrac{x_i^*-Q_i}{\varepsilon}\right)+\exp\left(-\dfrac{x_i^*-Q_i}{\varepsilon}\right)}{\exp\left(\dfrac{x_i^*-Q_i}{\varepsilon}\right)+\exp\left(-\dfrac{x_i^*-Q_i}{\varepsilon}\right)}\right)^2\right)}{2\varepsilon}, & i=j,\\[6mm] 0, & i\neq j.\end{cases}
$$

由

$$
\begin{cases}s_i-v_i+p_i>0, & i=1,\cdots n,\\[4mm] 1+\left(\dfrac{-\exp\left(\dfrac{x_i^*-Q_i}{\varepsilon}\right)+\exp\left(-\dfrac{x_i^*-Q_i}{\varepsilon}\right)}{\exp\left(\dfrac{x_i^*-Q_i}{\varepsilon}\right)+\exp\left(-\dfrac{x_i^*-Q_i}{\varepsilon}\right)}\right)^2>1, & i=1,\cdots n,\end{cases}
$$

可得, 对于 $\forall x_i\in R$, $G_{ii}>0$ 成立. 进而, $-R_1(Q;x^*)$ 的 Hessian 矩阵:

$$
\nabla_Q^2(-R_1(Q;x^*))=\begin{pmatrix}G_{11} & 0 & \cdots & 0\\ 0 & G_{22} & \cdots & 0\\ \vdots & \vdots & & \vdots\\ 0 & 0 & \cdots & G_{nn}\end{pmatrix}\tag{22.23}
$$

是正定的, 则模型 (22.19) 的目标函数是凸函数, 且由于约束条件是线性的, 其相应的函数是凹函数. 此外, $\nabla L(Q^*,\nu^*)=\nabla_Q(-R_1(Q^*;x^*))-\nu^{*\mathrm{T}}Q^*=0$, $Q^*>0\geqslant 0$, $\nu^*=0\geqslant 0$ 且 $-\nu^{*\mathrm{T}}Q^*=0$.

根据凸规划问题 KKT 条件的充分性, 模型 (22.19) 的全局最优解为

$$
Q_i^*=\frac{\varepsilon\ln\left(\dfrac{s_i+p_i-c_i}{c_i-v_i}\right)}{2}+x_i^*,\quad i=1,2,\cdots,n.\tag{22.24}
$$

$\square$

22.4.2　求解算法

根据模型 (22.19) 的解析性质, 本节将基于 Frank-Wolfe 算法的思想设计高效算法求解模型. 其中, τ_B 表示在不确定预算为 B 的情况下需求数据落在不确定

集 $X_{\mathrm{KDE+PCA}}$ 中的数量占需求数据总量的比例. 定义模型 (22.19) 内层优化问题的决策变量为 $g = (a_1, \cdots, a_n, b_1, \cdots, b_n)^{\mathrm{T}}$, 其定义域为

$$D = \left\{ g \in R^{2n} \left| \begin{array}{l} 0 \leqslant a_i, b_i \leqslant 1, \quad i = 1, 2, \cdots, n, \\ a_i + b_i \leqslant 1, \quad i = 1, 2, \cdots, n, \\ \sum_{i=1}^{n} a_i + b_i \leqslant B \end{array} \right. \right\}.$$

则显然有

$$\nabla_g (R_1(Q; x)) = \begin{pmatrix} \dfrac{\partial R_1(Q; x)}{\partial x_1} \dfrac{\partial x_1}{\partial a_1} + \cdots + \dfrac{\partial R_1(Q; x)}{\partial x_n} \dfrac{\partial x_n}{\partial a_1} \\ \vdots \\ \dfrac{\partial R_1(Q; x)}{\partial x_1} \dfrac{\partial x_1}{\partial a_n} + \cdots + \dfrac{\partial R_1(Q; x)}{\partial x_n} \dfrac{\partial x_n}{\partial a_n} \\ \dfrac{\partial R_1(Q; x)}{\partial x_1} \dfrac{\partial x_1}{\partial b_1} + \cdots + \dfrac{\partial R_1(Q; x)}{\partial x_n} \dfrac{\partial x_n}{\partial b_1} \\ \vdots \\ \dfrac{\partial R_1(Q; x)}{\partial x_1} \dfrac{\partial x_1}{\partial b_n} + \cdots + \dfrac{\partial R_1(Q; x)}{\partial x_n} \dfrac{\partial x_n}{\partial b_n} \end{pmatrix},$$

其中, 对于 $\forall i \in \{1, 2, \cdots, n\}$,

$$\frac{\partial R_1(Q; x)}{\partial x_i} = \frac{1}{2}(s_i - v_i - p_i) - \frac{1}{2}(s_i - v_i + p_i) \frac{\exp\left(\dfrac{x_i - Q_i}{\varepsilon}\right) - \exp\left(\dfrac{Q_i - x_i}{\varepsilon}\right)}{\exp\left(\dfrac{x_i - Q_i}{\varepsilon}\right) + \exp\left(\dfrac{Q_i - x_i}{\varepsilon}\right)},$$

$$\frac{\partial x_i}{\partial a_j} = k_{ij} \underline{\xi}^{(j)}, \qquad \frac{\partial x_i}{\partial b_j} = k_{ij} \overline{\xi}^{(j)}.$$

基于上述模型性质, 模型 (22.19) 的高效求解算法设计如下:

算法 22.1 改进的 Frank-Wolfe 可行方向法

步 0 (初始化): 给定 η_1, $\eta_2 > 0$, 预测误差 $\delta > 0$, 近似度容许误差 $\vartheta > 0$, 以及覆盖率容许误差 $\gamma > 0$. 设定初始 $\varepsilon > 0$, $B = B_0$. 给定 g 的初始值 $g^{(0)}(= (0, \cdots, 0)^{\mathrm{T}})$, 则

$$Q^{(0)} = \left(\frac{\varepsilon \ln\left(\dfrac{s_1 + p_1 - c_1}{c_1 - v_1}\right)}{2}, \cdots, \frac{\varepsilon \ln\left(\dfrac{s_n + p_n - c_n}{c_n - v_n}\right)}{2} \right).$$

令 $k := 0$.

步 1 (选择不确定预算 B):

$$\tau_B = \frac{X_{\text{KDE+PCA}} \text{中需求数据的数量}}{\text{需求数据的总量}},$$

若 $\|\tau_B - \tau_{B-\eta_1}\| < \gamma$, 则转至步 2; 否则, 令 $B := B + \eta_1$. 转至步 1.

步 2 (优化): 将 $Q^{(k)}$ 代入 $\nabla_g R_1(g^{(k)})$, 求解下列线性规划问题:

$$\min \nabla_g R_1\left(g^{(k)}\right) g, \quad g \in D. \tag{22.25}$$

该问题的最优解记为 $y^{(k)}$.

步 3 (终止条件): 若 $\left|\nabla_g R_1\left(g^{(k)}\right)^{\mathrm{T}}\left(y^{(k)} - g^{(k)}\right)\right| < \delta$ 且 $\|R_1\left(g^{(k)}\right) - R_1\left(g^{(k-1)}\right)\| < \vartheta$, 则算法终止, 输出最优解 $Q^* = Q^{(k)}$; 否则, 转至步 4.

步 4 (线搜索): 以 $g^{(k)}$ 为初始点, 沿着 $d_k = y^{(k)} - g^{(k)}$ 的方向进行线搜索, 计算步长 t_k 使其满足

$$R_1\left(g^{(k)} + t_k d_k\right) = \min_{0 \leqslant t \leqslant 1} R_1\left(g^{(k)} + t d_k\right). \tag{22.26}$$

步 5 (更新): 令

$$\begin{cases} g^{(k+1)} \leftarrow g^{(k)} + t_k d_k, \\ Q^{(k+1)} \leftarrow \left(x(g^{(k)} + t_k d_k)^{(1)} + \dfrac{\varepsilon \ln\left(\dfrac{s_1 + p_1 - c_1}{c_1 - v_1}\right)}{2}, \right. \\ \qquad\qquad \left. \cdots, x(g^{(k)} + t_k d_k)^{(n)} + \dfrac{\varepsilon \ln\left(\dfrac{s_n + p_n - c_n}{c_n - v_n}\right)}{2}\right), \\ \varepsilon \leftarrow \eta_2 \varepsilon, \\ k \leftarrow k + 1. \end{cases}$$

转至步 2.

22.5 数 值 模 拟

下面将通过数值模拟进一步验证本章提出的算法的有效性和实用性. 特别地, 为了简单起见, 下面的数值模拟仅考虑两种产品的情况, 即 $n = 2$.

22.5.1 参照方法

首先将介绍解决报童问题的五种不同的参考方法, 其中四种见文献 (Vairak-tarakis, 2000), 主要包括在需求服从正态分布假设下的期望方法的报童模型以及假定需求为区间数 (上界和下界分别为假定的需求的正态分布的 95% 分位数和 5% 分位数) 情况下的绝对鲁棒优化方法, 偏差鲁棒优化方法以及相对鲁棒优化模型. 此外, 还包括 Levi 等 (2015) 中提出的抽样平均近似方法 (SAA).

(1) 基于需求分布假设的期望方法得到的报童问题的最优订货量为 (Vairak-tarakis, 2000)

$$Q_i^C = F_i^{-1}\left(\frac{s_i - c_i + p_i}{s_i - v_i + p_i}\right), \tag{22.27}$$

其中

$$F_i(x) = \frac{1}{\sqrt{2\pi}\,\sigma_i}\int_{-\infty}^{x} \exp\left(-\frac{(t - \mu_i)^2}{2\sigma_i^2}\right) dt$$

表示产品 i 需求的累积分布函数, $(\mu_1, \mu_2)^{\mathrm{T}}$ 表示两种产品需求数据的均值, $(\sigma_1, \sigma_2)^{\mathrm{T}}$ 表示相应的标准差.

(2) 基于区间需求的绝对鲁棒优化方法对应的最优订货量为 (Vairaktarakis, 2000):

$$Q_i^A = \frac{s_i - v_i}{s_i - v_i + p_i}\underline{x}_i + \frac{p_i}{s_i - v_i + p_i}\overline{x}_i. \tag{22.28}$$

(3) 基于区间需求的鲁棒偏差方法对应的最优订货量为 (Vairaktarakis, 2000):

$$Q_i^D = \frac{c_i - v_i}{s_i - v_i + p_i}\underline{x}_i + \frac{s_i - c_i + p_i}{s_i - v_i + p_i}\overline{x}_i. \tag{22.29}$$

(4) 基于区间需求的相对鲁棒优化方法对应的最优订货量为 (Vairaktarakis, 2000)

$$Q_i^R = \frac{(s_i - v_i + p_i)\underline{x}_i\overline{x}_i}{(s_i - c_i + p_i)\underline{x}_i + (c_i - v_i)\overline{x}_i}. \tag{22.30}$$

(5) 对于基于 SAA 方法的数据驱动方法, 最优订货量通过求解下列模型得到 (Levi et al., 2015)

$$\max \hat{R}_N(Q_1, Q_2) = \max \frac{1}{N}\sum_{k=1}^{N}\sum_{i=1}^{2} s_i \min\left\{Q_i, x_i^k\right\} + v_i \max\left\{0, Q_i - x_i^k\right\}$$
$$- p_i \max\left\{0, x_i^k - Q_i\right\} - c_i Q_i, \tag{22.31}$$

其中, $\{x_1^1, x_1^2, \cdots, x_1^N\}$ 和 $\{x_2^1, x_2^2, \cdots, x_2^N\}$ 表示从产品 A 和产品 B 的需求数据中分别抽取的大小为 N 的独立随机样本.

22.5.2　数值模拟及模型比较

为了进一步验证模型 (22.19) 的鲁棒性, 下面通过数值模拟将本章提出的数据驱动鲁棒优化模型与上一小节中提到的三种鲁棒优化方法进行比较.

令 μ_1 和 μ_2 分别表示产品 A 和产品 B 需求数据的均值. σ_1, σ_2 表示相应的标准差, 利用 Qiu 等 (2020) 中的方法, 基于混合高斯分布随机生成需求样本. 具体地, 产品 A 和产品 B 的 300 个需求数据 ($N = 300$), 从均值向量为 $\overline{X}_1 = (235, 80)$, $\overline{X}_2 = (245, 85)$, 协方差矩阵为

$$\Sigma_1 = \Sigma_2 = \begin{pmatrix} 15 & 7 \\ 7 & 20 \end{pmatrix}$$

的混合高斯分布中随机抽取. 权重向量为: $w = (0.4, 0.6)$. 模型中的其他产品相关参数的取值见表 22.1.

表 22.1　模型参数值

产品	s (元)	v (元)	p (元)	c (元)
A	80	3	6	12
B	97	10	16	32

1. 需求变化对利润的影响

接下来将设计数值模拟研究需求的变化对不同的鲁棒方法求解得到的两产品报童问题的利润的影响. 具体地, 通过改变用于生成需求数据的混合高斯分布的均值和协方差矩阵, 得到九组具有不同特征的需求数据 (见表 22.2 的前两列). 然后, 利用算法 22.1 求解不同需求数据集下模型 (22.19)的最优值, 并计算其他三种鲁棒优化方法 (22.28), (22.29) 以及 (22.30) 对应的最大利润. 通过取定 $\vartheta = 0.01$, $\alpha = 0.05$, $\varepsilon = 0.01$ 以及 $B_0 = 1.35$, 所有四种方法求得的两产品报童问题的最优利润见表 22.2, 其中 R_U, R_A, R_D 和 R_R 分别表示模型 (22.19), (22.28), (22.29) 和 (22.30) 对应的利润. 表 22.2 第二行的需求为初始需求, 需求的变化通过均值和标准差的变化表示, 其中 "+" ("−") 表示当前值比初始值大 (小), "0" 表示与初始值相同.

通过观察表 22.2 可以得到:

(1) 需求均值的增加会导致四种鲁棒优化方法对应利润的增加. 数据驱动鲁棒优化模型对应的利润增长量为 691.21 元, 高于其他三种方法的利润增长量 (约 663 元). 这说明本章中提出的数据驱动鲁棒优化方法, 可以在一定程度上减轻由于鲁棒优化导致的过度保守.

(2) 当需求的标准差增加时, 利润降低. 该结果与鲁棒优化的定义以及实际的销售相吻合. 具体地, 数据驱动鲁棒优化方法对应的利润减少量为 702.95 元, 低

于其他三种鲁棒优化方法求得的利润减少量 (超过 1000 元) (见表 22.2 中第七行的后四列). 由于标准差与数据的波动性成正比, 该结果表明本章提出的数据驱动鲁棒优化方法 (22.19) 相较于其他几种参考的鲁棒优化方法更能应对实际市场中的需求波动导致的决策风险.

表 22.2   不同鲁棒优化方法在不同特征需求下的利润

(μ_1,σ_1)	(μ_2,σ_2)	R_U	R_A	R_D	R_R
$(239.55, 5.80)$	$(82.34, 3.87)$	20824.79	20523.29	20205.75	20214.74
$(+10.82, 0)$	$(0, 0)$	$+767.31$	$+737.58$	$+738.20$	$+738.10$
$(-8.85, 0)$	$(0, 0)$	-625.43	-601.57	-601.61	-601.57
$(0, 0)$	$(+10.20, 0)$	$+691.21$	$+663.47$	$+663.91$	$+662.99$
$(0, 0)$	$(-5.13, 0)$	-350.61	-331.46	-330.69	-330.23
$(0, +9.61)$	$(0, 0)$	-702.95	-1096.27	-1329.40	-1320.59
$(0, -1.42)$	$(0, 0)$	$+101.46$	$+161.14$	$+195.23$	$+194.66$
$(0, 0)$	$(0, +5.55)$	-608.36	-656.60	-910.03	-869.37
$(0, 0)$	$(0, -0.48)$	$+42.60$	$+57.51$	$+79.44$	$+77.63$

2. 需求变化对最优订货量的影响

下面将探讨需求变化对不同方法对应的最优订货量的影响. 通过改变用于随机生成需求数据的混合高斯分布的参数, 可以构建具有不同特征的需求数据集并计算六种方法在不同需求数据集下对应的最优订货. 数值结果见图 22.2.

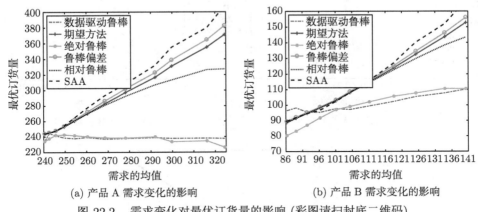

(a) 产品 A 需求变化的影响   (b) 产品 B 需求变化的影响

图 22.2   需求变化对最优订货量的影响 (彩图请扫封底二维码)

由图 22.2 可得, 需求均值增加时不同方法对应的最优订货量均增加, 但是对应的曲线的波动性存在差异, 也就是说, 不同方法得到的订货决策的稳定性不同. 由图 22.2(a), 数据驱动鲁棒优化模型 (22.28) 对应的曲线相较于其他方法对应的曲线更为稳定, 且其对应的订货决策通常高于绝对鲁棒优化方法对应的最优决策. 换言之, 本章提出的数据驱动方法可以在保证鲁棒性的基础上减轻鲁棒优化导致的过度保守问题.

综上所述, 本章中构建的数据驱动模型 (22.19) 在提高零售商经济效益及其订货决策稳定性方面的表现显著优于其他几种方法.

22.6　灵敏度分析

在构建的多产品报童模型中, 模型参数对最优订货决策有很大的影响. 首先, 由于本章构建模型的过程中使用了光滑化方法, 而一致逼近水平参数直接影响了光滑后的模型对原模型的逼近程度. 此外, 对于鲁棒优化模型来说, 不确定集的置信水平直接影响了不确定集的构造, 进而对其决策以及目标函数值产生影响. 本节将通过灵敏度分析探讨模型参数对模型 (22.19) 最优解的影响.

22.6.1　一致逼近水平的影响

下面将模型 (22.19) 中的一致逼近水平参数 ε 以步长 0.01 从 0.01 增加至 0.5. 然后, 利用算法 22.1 求解不同参数对应的模型 (22.19). 数值结果见图 22.3.

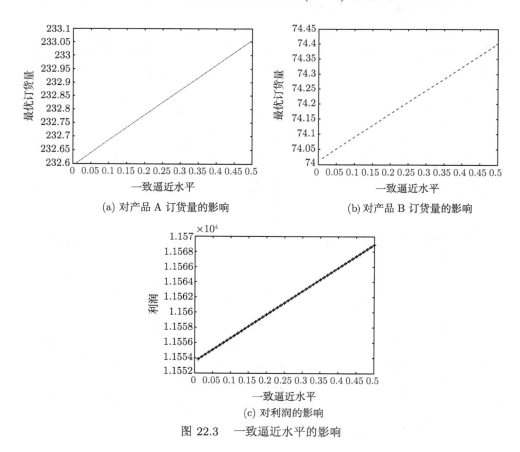

(a) 对产品 A 订货量的影响　　　　　　　(b) 对产品 B 订货量的影响

(c) 对利润的影响

图 22.3　一致逼近水平的影响

由图 22.3 可以观察到:

(1) 一致逼近水平的增大会导致产品 A 和产品 B 的最优订货量的增加, 但是, 增量很小, 均小于 1 (图 22.3(a) 以及图 22.3(b)). 换言之, 由数据驱动的鲁棒优化模型求得的多产品报童问题的最优订货决策对一致逼近水平不敏感.

(2) 一致逼近水平的增加会导致利润的线性增长 (图 22.3(c)). 事实上, 假定一致逼近水平 ε 由 ε_j 变为 ε_k, ΔR 表示相应的利润的变化. 则由模型 (22.19) 以及命题 22.5, 可知

$$\Delta R = \frac{\varepsilon_k - \varepsilon_j}{2} \sum_{i=1}^{2} (s_i + v_i + p_i - 2c_i) \frac{\ln\left(\dfrac{s_i + p_i - c_i}{c_i - v_i}\right)}{2}$$
$$- (s_i - v_i + p_i)\left(\sqrt{\frac{s_i + p_i - c_i}{c_i - v_i}} + \sqrt{\frac{c_i - v_i}{s_i + p_i - c_i}}\right), \tag{22.32}$$

式 (22.32) 解释了图 22.3(c) 中利润与一致逼近水平之间的线性关系.

22.6.2   置信水平的影响

在数据驱动的鲁棒优化模型中, 不确定集的置信水平表示零售商的风险规避程度, 置信水平越大, 零售商的风险规避程度越高. 一般来说, 风险规避程度较低的零售商会选择订购更多的产品以获得更大的利润. 下面将通过分析数值结果探讨置信水平对零售商的最优订货量以及利润的影响. 此外, 由于需求的标准差可以度量零售商的决策风险, 在数值模拟中还考虑了需求标准差的变化对最优解的影响.

在具有不同标准差的需求数据集下, 将数据驱动不确定集的置信水平 $1 - 2\alpha$ 以步长 0.02 由 0 增长至 0.98, 并求解相应的模型 (22.19), 数值结果见图 22.4 和图 22.5.

从图 22.4 中可以观察到:

(1) 置信水平的增大会导致零售商最优订货量的减少. 也就是说, 当零售商的风险规避程度增加时, 其最优订货量减少. 此外, 当置信水平在 [0.9, 0.98] 中时, 最优订货量的下降率增大, 而当其在 [0, 0.1] 中时, 最优订货量的下降率减小. 准确来说, 最优订货量和置信水平之间的关系可以用下列函数表示 (图 22.4(a) 中 $\sigma_1 = 30.30$ 对应曲线):

$$Q^*(\alpha) = 16.73 \exp(-38.12(1 - 2\alpha)) + 227 \exp(-0.15(1 - 2\alpha)), \quad \alpha \in (0, 0.5). \tag{22.33}$$

(2) 当置信水平由 0 变化至 0.1 时, 在标准差为 30.30 的需求数据集下, 最优订货量的减少量为 19.8 是标准差为 10.42 情况下订货量的减少量的 7 倍. 换言

之, 当数据的波动性增加时, 最优订货量的减少程度增大, 表明零售商的最优订货量与决策风险成反比.

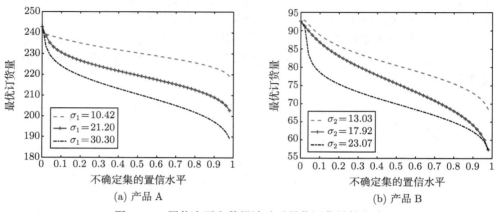

(a) 产品 A　　　　　　　　　　　　(b) 产品 B

图 22.4　置信水平和数据波动对最优订货量的影响

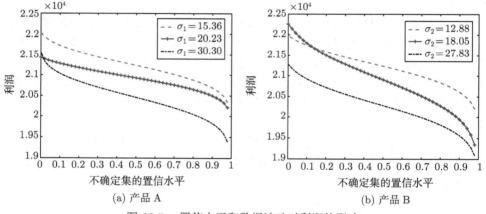

(a) 产品 A　　　　　　　　　　　　(b) 产品 B

图 22.5　置信水平和数据波动对利润的影响

此外, 由图 22.5 可知:

(1) 置信水平的增大会导致零售商的利润的减少. 也就是说, 零售商的风险规避程度增大会导致其利润减少, 该结果也与实际相符. 除此之外, 当置信水平在 [0.9, 0.98] 中时, 利润的下降率增大 (图 22.5(a) 和图 22.5(b)). 风险规避程度越大对利润的影响越大. 从提高零售商获利能力的角度出发, 建议零售商不应过于规避风险.

(2) 随着需求数据波动性的增强, 利润减少 (见图 22.5(a) 和图 22.5(b) 中不同线型的曲线). 更准确地来说, 最大利润与置信水平之间的关系可以用下列非线

性函数表示 (图 22.5(b) 中 $\sigma_2 = 12.88$ 对应的曲线):

$$P^*(\alpha) = -1.41 * 10^{-5} \exp(17.58(1 - 2\alpha))$$

$$+ 2.19 * 10^4 \exp(-0.06(1 - 2\alpha)), \quad \alpha \in (0, 0.5). \tag{22.34}$$

22.6.3　单位进价的影响

最后, 将探讨单位进价变化对多产品报童问题的不同方法对应的订货决策的影响. 将模型 (22.19) 中产品 A 和产品 B 的进价以步长 3 元增长, 为了更符合实际情况, 销售价格也随进价的变化进行了调整. 然后, 分别求解六种方法在不同进价下的最优解. 数值结果见图 22.6.

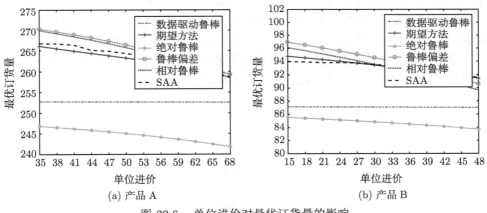

图 22.6　单位进价对最优订货量的影响

通过观察图 22.6 可得:

(1) 对于六种方法而言, 进价的增加都会导致最优订货量的减少, 该结果也与实际情况相符. 此外, 对于单位进价较高的产品来说, 其最优订货量的下降速率明显高于低进价产品的最优订货量的下降率 (图 22.6(a) 和图 22.6(b)). 换言之, 相较于单位进价较低的产品来说, 单位进价较高的产品的最优订货量对于进价更加敏感.

(2) 本章构建的数据驱动鲁棒优化模型 (22.19) 和绝对鲁棒优化模型 (22.28) 求解得到的最优订货量低于其他四种方法对应的最优订货量. 然而, 在单位进价变化时, 数据驱动鲁棒模型 (22.19) 可以得到一个更稳定的订货决策.

总　　结

本章通过将数据驱动不确定集与鲁棒优化方法相结合, 提出了解决多产品报童问题的数据驱动鲁棒优化模型. 该模型不需要假设需求分布, 可以通过数据直接得到零售商的最优订货决策. 特别地, 其中的主成分分析方法可以处理多产品需求之间的相关性.

对于单产品报童问题, 本章得到了该模型的封闭解, 并证明了最优订货量以及最大利润的相关性质.

由于多产品情况的复杂性, 本章在分析模型性质的基础上利用磨光技术光滑化模型, 并设计高效算法求解该复杂模型. 最后, 通过数值模拟以及灵敏度分析, 证明了本章提出的数据驱动鲁棒优化模型的优点. 具体地, 与其他五种参考方法相比, 本章提出的数据驱动鲁棒优化方法具有更强的鲁棒性, 且可以减轻由于鲁棒优化导致的过保守程度. 此外, 通过数值模拟还揭示了下列管理学启示:

(1) 当需求的均值增加时, 零售商的最优订货量和利润增大. 但与其他方法相比, 本章提出的方法可以得到一个更稳定的最优订货决策和利润.

(2) 零售商的利润与其风险规避程度成反比, 且风险规避程度越大对利润的影响程度越大. 出于对零售商盈利能力的考虑, 其不应过于规避风险.

(3) 一致逼近水平的增大会导致零售商利润的线性增长. 但是对多产品报童问题而言, 其最优订货量对一致逼近水平不敏感.

参 考 文 献

姜潮, 2008. 基于区间的不确定性优化理论与算法. 长沙: 湖南大学.

李董辉, 童小娇, 万中. 2005. 数值最优化. 北京: 科学出版社.

刘雍德. 1997. V 带的寿命计算. 湖北汽车工业学院学报, (4): 1-4.

罗善明, 余以道, 郭迎福, 等. 2006. 带传动理论与新型带传动. 北京: 国防工业出版社.

张少军, 万中, 刘光连. 2011. V 带疲劳寿命最长的全局优化设计. 中国机械工程, 22(4): 403-407.

Abdallah W M. 1989. International Transfer Pricing Policies: Decision-making Guidelines for Multinational Companies. New York: Quorum Books.

Abdel-Aal M, Selim S Z. 2019. Robust optimization for selective newsvendor problem with uncertain demand. Computers & Industrial Engineering, 135: 838-854.

Abdelaziz F B, Masri H. 2005. Stochastic programming with fuzzy linear partial information on probability distribution. European Journal of Operational Research, 162 (3): 619-629.

Abdel-Malek L, Montanari R, Morales L C. 2004. Exact, approximate, and generic iterative models for the multi-product newsboy problem with budget constraint. International Journal of Production Economics, 91 (2): 189-198.

Abe H, Yadohisa H. 2019. Orthogonal nonnegative matrix tri-factorization based on tweedie distributions. Advances in Data Analysis and Classification, 13: 825-853.

Abed-alguni B H, Paul D. 2022. Island-based cuckoo search with elite opposition-based learning and multiple mutation methods for solving optimization problems. Soft Computing, 26 (7): 3293-3312.

Achtziger W, Hoheisel T, Kanzow C. 2013. A smoothing-regularization approach to mathematical programs with vanishing constraints. Computational Optimization and Applications, 55: 733-767.

Agrawal S, Singh R K, Murtaza Q. 2015. A literature review and perspectives in reverse logistics. Resources, Conservation and Recycling, 97: 76-92.

Ahmadi S, Amin S H. 2019. An integrated chance-constrained stochastic model for a mobile phone closed-loop supply chain network with supplier selection. Journal of Cleaner Production, 226: 988-1003.

Ahookhosh M, Amini K, Bahrami S. 2012. A class of nonmonotone Armijo-type line search method for unconstrained optimization. Optimization, 61 (4): 387-404.

Ahookhosh M, Ghaderi S. 2017. On efficiency of nonmonotone Armijo-type line searches. Applied Mathematical Modelling, 43: 170-190.

Al Theeb N, Smadi H J, Al-Hawari T H, et al. 2020. Optimization of vehicle routing with inventory allocation problems in cold supply chain logistics. Computers & Industrial Engineering, 142: 106341.

Al-Betar M A, Awadallah M A, Khader A T, et al. 2015. Island-based harmony search for optimization problems. Expert Systems with Applications, 42 (4): 2026-2035.

Amini K, Ahookhosh M, Nosratipour H. 2014. An inexact line search approach using modified nonmonotone strategy for unconstrained optimization. Numerical Algorithms, 66: 49-78.

An S, Yoo J, Choi S. 2011. Manifold-respecting discriminant nonnegative matrix factorization. Pattern Recognition Letters, 32 (6): 832-837.

Andreani R, Haeser G, Schuverdt M L, et al. 2012. Two new weak constraint qualifications and applications. SIAM Journal on Optimization, 22(3): 1109-1135.

Andreani R, Martinez Y M, Silva A R. 2016. A cone-continuity constraint qualification and algorithmic consequences. SIAM Journal on Optimization, 26 (1): 96-110.

Andrei N. 2007. Scaled conjugate gradient algorithms for unconstrained optimization. Computational Optimization and Applications, 38: 401-416.

Andrei N. 2008. An unconstrained optimization test functions collection. Advanced Modeling and Optimization, 10 (1): 147-161.

Andrei N. 2010. New accelerated conjugate gradient algorithms as a modification of Dai–Yuan's computational scheme for unconstrained optimization. Journal of Computational and Applied Mathematics, 234 (12): 3397-3410.

Ariyawansa K, Zhu Y. 2007. A class of volumetric barrier decomposition algorithms for stochastic quadratic programming. Applied Mathematics and Computation, 186 (2): 1683-1693.

Armijo L. 1966. Minimization of functions having Lipschitz continuous first partial derivatives. Pacific Journal of Mathematics, 16 (1): 1-3.

Arntzen B C, Brown G G, Harrison T P, et al. 1995. Global supply chain management at digital equipment corporation. Interfaces, 25 (1): 69-93.

Arrow K J, Harris T, Marschak J. 1951. Optimal inventory policy. Econometrica: Journal of the Econometric Society, 19 (3): 250-272.

Audet C, Hare W. 2017. Derivative-Free and Blackbox Optimization. Switzerland: Springer.

Badia J M, Movilla J L, Climente J I, et al. 2011. Large-scale linear system solver using secondary storage: Self-energy in hybrid nanostructures. Computer Physics Communications, 182 (2): 533-539.

Bamakan S M H, Moghaddam S G, Manshadi S D. 2021. Blockchain-enabled pharmaceutical cold chain: Applications, key challenges, and future trends. Journal of Cleaner Production, 302: 127021.

Banar M, Tulger G, Özkan A. 2014. Plant site selection for recycling plants of waste electrical and electronic equipment in Turkey by using multi criteria decision making methods. Environmental Engineering & Management Journal, 13 (1): 163-172.

Barzilai J, Borwein J M. 1988. Two-point step size gradient methods. IMA Journal of Numerical Analysis, 8 (1): 141-148.

Bashiri M, Badri H, Talebi J. 2012. A new approach to tactical and strategic planning in production-distribution networks. Applied Mathematical Modelling, 36 (4): 1703-1717.

Beamon B M. 1999. Designing the green supply chain. Logistics Information Management, 12 (4): 332-342.

Behnke K, Janssen M. 2020. Boundary conditions for traceability in food supply chains using blockchain technology. International Journal of Information Management, 52: 101969.

Belachew M T. 2019. Efficient algorithm for sparse symmetric nonnegative matrix factorization. Pattern Recognition Letters, 125: 735-741.

Bellman R E, Zadeh L A. 1970. Decision-making in a fuzzy environment. Management Science, 17 (4): B-141-B-164.

Ben-Tal A, Nemirovski A. 1999. Robust solutions of uncertain linear programs. Operations Research Letters, 25 (1): 1-13.

Ben-Tal A, Nemirovski A. 2002. Robust optimization–methodology and applications. Mathematical Programming, 92: 453-480.

Berry M W, Browne M, Langville A N, et al. 2007. Algorithms and applications for approximate nonnegative matrix factorization. Computational Statistics & Data Analysis, 52 (1): 155-173.

Bertsekas D P. 1977. Approximation procedures based on the method of multipliers. J. Optim. Theory Appl., 23: 487-510.

Bertsekas D P. 1997. Nonlinear programming. Journal of the Operational Research Society, 48 (3): 334.

Birgin E G, Martínez J, Raydan M. 2000. Nonmonotone spectral projected gradient methods on convex sets. SIAM Journal on Optimization, 10 (4): 1196-1211.

Bishara R H. 2006. Cold chain management–an essential component of the global pharmaceutical supply chain. American Pharmaceutical Review, 9 (1): 105-109.

Bo Y, Wang Y, Wan Z. 2019. Optimizing the WEEE recovery network associated with environmental protection awareness and government subsidy by nonlinear mixed integer programming. Journal of Advanced Transportation, 2019: 9858670.

Bonettini S, Zanella R, Zanni L. 2008. A scaled gradient projection method for constrained image deblurring. Inverse Problems, 25 (1): 015002.

Bosona T, Gebresenbet G. 2013. Food traceability as an integral part of logistics management in food and agricultural supply chain. Food Control, 33 (1): 32-48.

Boubaker S. 2017. Identification of nonlinear Hammerstein system using mixed integer-real coded particle swarm optimization: Application to the electric daily peak-load forecasting. Nonlinear Dynamics, 90 (2): 797-814.

Bound J P, Voulvoulis N. 2005. Household disposal of pharmaceuticals as a pathway for aquatic contamination in the United Kingdom. Environmental Health Perspectives, 113 (12): 1705-1711.

Bremer P. 2018. Towards a reference model for the cold chain. The International Journal of Logistics Management, 29 (3): 822-838.

Brest J, Maučec M S, Bošković B. 2016. IL-shade: Improved l-shade algorithm for single objective real-parameter optimization. 2016 IEEE Congress on Evolutionary Computation (CEC): 1188-1195.

Buell R W, Choi M. 2019. Improving customer compatibility with operational transparency. SSRN Electronic Journal. 2019: 3428690.

Buhmiler S, Krejić N. 2008. A new smoothing quasi-Newton method for nonlinear complementarity problems. Journal of Computational and Applied Mathematics, 211 (2): 141-155.

Burer S, Letchford A N. 2012. Non-convex mixed-integer nonlinear programming: A survey. Surveys in Operations Research and Management Science, 17 (2): 97-106.

Čepon G, Manin L, Boltežar M. 2010. Experimental identification of the contact parameters between a V-ribbed belt and a pulley. Mechanism and Machine Theory, 45 (10): 1424-1433.

Cai D, He X, Han J. 2005. Document clustering using locality preserving indexing. IEEE Transactions on Knowledge and Data Engineering, 17 (12): 1624-1637.

Cai D, He X, Han J, et al. 2010. Graph regularized nonnegative matrix factorization for data representation. IEEE Transactions on Pattern Analysis and Machine Intelligence, 33 (8): 1548-1560.

Camerer C, Babcock L, Loewenstein G, et al. 1997. Labor supply of New York City cabdrivers: One day at a time. The Quarterly Journal of Economics, 112 (2): 407-441.

Canel C, Khumawala B M. 1997. Multi-period international facilities location: An algorithm and application. International Journal of Production Research, 35 (7): 1891-1910.

Cao Y, Shen Z J M. 2019. Quantile forecasting and data-driven inventory management under nonstationary demand. Operations Research Letters, 47 (6): 465-472.

Carlsson C, Fullér R. 2001. Fuzzy Reasoning in Decision Making and Optimization. Heidelbery: Springer Science & Business Media.

Carrizosa E, Olivares-Nadal A V, Ramírez-Cobo P. 2016. Robust newsvendor problem with autoregressive demand. Computers & Operations Research, 68: 123-133.

Carter C R, Easton P L. 2011. Sustainable supply chain management: Evolution and future directions. International Journal of Physical Distribution & Logistics Management, 41 (1): 46-62.

Carter C R, Rogers D S. 2008. A framework of sustainable supply chain management: Moving toward new theory. International Journal of Physical Distribution & Logistics

Management, 38 (5): 360-387.

Chanas S, Zieliński P. 2000. On the equivalence of two optimization methods for fuzzy linear programming problems. European Journal of Operational Research, 121 (1): 56-63.

Chang N B, Wang S. 1997. A fuzzy goal programming approach for the optimal planning of metropolitan solid waste management systems. European Journal of Operational Research, 99 (2): 303-321.

Chartier Y. 2014. Safe Management of Wastes from Health-Care Activities. World Health Organization.

Chaturvedi U, Sharma M, Dangayach G, et al. 2017. Evolution and adoption of sustainable practices in the pharmaceutical industry: An overview with an indian perspective. Journal of Cleaner Production, 168: 1358-1369.

Chaudhuri A, Dukovska-Popovska I, Subramanian N, et al. 2018. Decision-making in cold chain logistics using data analytics: A literature review. The International Journal of Logistics Management, 29(3): 839-861.

Chen B, Chen X, Kanzow C. 2000. A penalized Fischer-Burmeister NCP-function. Mathematical Programming, 88: 211-216.

Chen D, Zhao C. 2009. Particle swarm optimization with adaptive population size and its application. Applied Soft Computing, 9 (1): 39-48.

Chen G, Wahab M, Fang L. 2022. Optimal replenishment strategy for a single-manufacturer multi-retailer cold chain considering multi-stage quality degradation. Applied Mathematical Modelling, 104: 96-113.

Chen G, Xu C, Wang J, et al. 2019. Graph regularization weighted nonnegative matrix factorization for link prediction in weighted complex network. Neurocomputing, 369: 50-60.

Chen L H, Chen Y C. 2010. A multiple-item budget-constraint newsboy problem with a reservation policy. Omega, 38 (6): 431-439.

Chen X, Liu Y, Wan Z. 2016. Optimal decision making for online and offline retailers under bops mode. The ANZIAM Journal, 58 (2): 187-208.

Chen X, Qi L, Sun D. 1998. Global and superlinear convergence of the smoothing Newton method and its application to general box constrained variational inequalities. Mathematics of Computation, 67 (222): 519-540.

Chen X, Zhang C, Fukushima M. 2009. Robust solution of monotone stochastic linear complementarity problems. Mathematical Programming, 117 (1-2): 51-80.

Chen Y, Wan Z. 2015. A locally smoothing method for mathematical programs with complementarity constraints. The ANZIAM Journal, 56 (3): 299-315.

Chen Y, Wan Z. 2016. A smoothing regularization method for mathematical programs with complementarity constraints with strong convergent property. Pacific Journal of Optimization, 12 (3): 497-519.

Chen Z, Peng S, Liu J. 2018. Data-driven robust chance constrained problems: A mixture model approach. Journal of Optimization Theory and Applications, 179: 1065-1085.

Cheng C Y, Chen T L, Chen Y Y. 2014. An analysis of the structural complexity of supply chain networks. Applied Mathematical Modelling, 38 (9): 2328-2344.

Cheng M, Dai Y H. 2012. Adaptive nonmonotone spectral residual method for large-scale nonlinear systems. Pacific Journal of Optimization, 8 (1): 15-25.

Cheng R, Jin Y. 2015. A social learning particle swarm optimization algorithm for scalable optimization. Information Sciences, 291: 43-60.

Cheng W, Chen Z. 2013. Nonmonotone spectral method for large-scale symmetric nonlinear equations. Numerical Algorithms, 62 (1): 149-162.

Cheng W, Li D. 2009. A derivative-free nonmonotone line search and its application to the spectral residual method. IMA Journal of Numerical Analysis, 29 (3): 814-825.

Chi X, Wan Z, Hao Z. 2015. Second order sufficient conditions for a class of bilevel programs with lower level second-order coneprogramming problem. Journal of Industrial and Management Optimization, 11 (4): 1111-1125.

Chod J, Trichakis N, Tsoukalas G, et al. 2020. On the financing benefits of supply chain transparency and blockchain adoption. Management science, 66 (10): 4378-4396.

Choi T M, Guo S, Liu N, et al. 2020. Optimal pricing in on-demand-service-platform-operations with hired agents and risk-sensitive customers in the blockchain era. European Journal of Operational Research, 284 (3): 1031-1042.

Choi T M. 2021. Fighting against COVID-19: What operations research can help and the sense-and-respond framework. Annals of Operations Research: 1-17.

Chou Y K. 2002. Testing alternative models of labour supply: Evidence from taxi drivers in Singapore. The Singapore Economic Review, 47 (1): 17-47.

Cichocki A, Zdunek R. 2007. Multilayer nonnegative matrix factorization using projected gradient approaches. International Journal of Neural Systems, 17 (6): 431-446.

Clarke F H. 1990. Optimization and Nonsmooth Analysis. Philadelphia: Society for Industrial and Applied Mathematics.

Clausing K A. 2003. Tax-motivated transfer pricing and us intrafirm trade prices. Journal of Public Economics, 87 (9-10): 2207-2223.

Coelho P M, Corona B, ten Klooster R, et al. 2020. Sustainability of reusable packaging–Current situation and trends. Resources, Conservation & Recycling: 6, 100037.

Cohen M A, Fisher M, Jaikumar R. 1989. International manufacturing and distribution networks. Managing International Manufacturing, 67-94.

Comon P, Jutten C. 2010. Handbook of Blind Source Separation: Independent Component Analysis and Applications. Orlando: Academic Press.

Costa D. 2009. Performance and design of taxi services at airport passenger terminals. Lisbon: Master in CTIS: 6246646.

Crawford V P, Meng J. 2011. New york city cab drivers' labor supply revisited: Reference-dependent preferences with rational-expectations targets for hours and income. American Economic Review, 101 (5): 1912-1932.

Cristofari A, de Santis M, Lucidi S, et al. 2017. A two-stage active-set algorithm for bound-constrained optimization. Journal of Optimization Theory and Applications, 172: 369-401.

Cui J, Forssberg E. 2021. Mechanical recycling of waste electric and electronic equipment: A review. Journal of Cleaner Production, 283: 124585.

da Silva C F, Moro S. 2021. Blockchain technology as an enabler of consumer trust: A text mining literature analysis. Telematics and Informatics, 60: 101593.

Dai Y, Fletcher R. 2005. Projected Barzilai-Borwein methods for large-scale box-constrained quadratic programming. Numerische Mathematik, 100 (1): 21-47.

Dai Y, Liao L. 2002. R-linear convergence of the Barzilai and Borwein gradient method. IMA Journal of Numerical Analysis, 22 (1): 1-10.

Dai Y. 2002. On the nonmonotone line search. Journal of Optimization Theory and Applications, 112 (2): 315-330.

Dai Y. 2003. Alternate step gradient method. Optimization, 52 (4-5): 395-415.

Dai Y H, Al-Baali M, Yang X. 2015. A positive Barzilai–Borwein-like stepsize and an extension for symmetric linear systems. In: Numerical Analysis and Optimization. Cham: Springer International Publishing: 59-75.

Dai Y H, Yang X. 2006. A new gradient method with an optimal stepsize property. Computational Optimization and Applications, 33 (1): 73-88.

Dai Z, Fang W, Tang K, et al. 2021. An optima-identified framework with brain storm optimization for multimodal optimization problems. Swarm and Evolutionary Computation, 62: 100827.

Dat L Q, Linh D T T, Chou S Y,et al. 2012. Optimizing reverse logistic costs for recycling end-of-life electrical and electronic products. Expert systems with applications, 39 (7): 6380-6387.

Daughton C G. 2007. Pharmaceuticals in the environment: sources and their management. Comprehensive Analytical Chemistry, 50: 1-58.

de Lathauwer L, de Moor B, Vandewalle J. 2000. A multilinear singular value decomposition. SIAM Journal on Matrix Analysis and Applications, 21 (4): 1253-1278.

de Dios Ortúzar J, Willumsen L G. 2011. Modelling Transport. New York: John Wiley & Sons.

de Oliveira Souza H, dos Santos Costa R, Quadra G R, et al. 2021. Pharmaceutical pollution and sustainable development goals: Going the right way? Sustainable Chemistry and Pharmacy, 21: 100428.

Debnath B, Das A, Das S, et al. 2020. Studies on security threats in waste mobile phone recycling supply chain in India. 2020 IEEE Calcutta Conference (CALCON): 431-434.

Deng S, Wan Z, Chen X. 2013. An improved spectral conjugate gradient algorithm for nonconvex unconstrained optimization problems. Journal of Optimization Theory and Applications, 157 (3): 820-842.

Deng S, Wan Z, Zhou Y. 2020. Optimization model and solution method for dynamically correlated two-product newsvendor problems based on Copula. Discrete & Continuous Dynamical Systems-Series S, 13 (6): 1637-1652.

Deng S, Wan Z. 2015a. A three-term conjugate gradient algorithm for large-scale unconstrained optimization problems. Applied Numerical Mathematics, 92: 70-81.

Deng S, Wan Z. 2015b. An improved three-term conjugate gradient algorithm for solving unconstrained optimization problems. Optimization, 64 (12): 2679-2691.

Dennis J, Moré J J. 1977. Quasi-Newton methods, motivation and theory. SIAM Review, 19 (1): 46-89.

Dhillon I S, Mallela S, Modha D. 2003. Information-theoretic co-clustering. Proceedings of the ninth ACM SIGKDD International Conference on Knowledge Discovery and Data Mining: 89-98.

Dhillon I S. 2001. Co-clustering documents and words using bipartite spectral graph partitioning. Proceedings of the seventh ACM SIGKDD International Conference on Knowledge Discovery and Data Mining: 269-274.

Ding C, He X, Simon H D. 2005. On the equivalence of nonnegative matrix factorization and spectral clustering. Proceedings of the 2005 SIAM International Conference on Data Mining. SIAM: 606-610.

Ding C, Li T, Peng W, et al. 2006. Orthogonal nonnegative matrix t-factorizations for clustering. Proceedings of the 12th ACM SIGKDD International Conference on Knowledge Discovery and Data Mining: 126-135.

Ding C, Li T, Peng W. 2008. On the equivalence between non-negative matrix factorization and probabilistic latent semantic indexing. Computational Statistics & Data Analysis, 52 (8): 3913-3927.

Ding X, Liu Z, Shi G, et al. 2022. The optimization of airport management based on collaborative optimization of flights and taxis. Discrete Dynamics in Nature and Society, 2022: 4542299.

Dolan E D, Moré J J. 2002. Benchmarking optimization software with performance profiles. Mathematical Programming, 91 (2): 201-213.

Du X, Sudjianto A, Huang B. 2005. Reliability-based design with the mixture of random and interval variables. Journal of Mechanical Design, 127 (6): 1068-1076.

Du X. 2007. Interval reliability analysis. International Design Engineering Technical Conferences and Computers and Information in Engineering Conference, 48078: 1103-1109.

Dussault J P, Haddou M, Migot T. 2018. Mathematical programs with vanishing constraints: Constraint qualifications, their applications and a new regularization method. Optimization, 68(1): 1-30.

Dussault J P, Haddou M, Migot T. 2021. The new butterfly relaxation method for mathematical programs with complementarity constraints. Optimization, Variational Analysis and Applications. Singapore: Springer Singapore: 35-67.

Dutta P, Choi T M, Somani S, et al. 2020. Blockchain technology in supply chain operations: Applications, challenges and research opportunities. Transportation Research Part E: Logistics and Transportation Review, 142: 102067.

Edelman A, Arias T A, Smith S T. 1998. The geometry of algorithms with orthogonality constraints. SIAM journal on Matrix Analysis and Applications, 20 (2): 303-353.

Elishakoff I, Colombi P. 1993. Combination of probabilistic and convex models of uncertainty when scarce knowledge is present on acoustic excitation parameters. Computer Methods in Applied Mechanics and Engineering, 104 (2): 187-209.

El-Sobky B, Abo-Elnaga Y. 2018. A penalty method with trust-region mechanism for nonlinear bilevel optimization problem. Journal of Computational and Applied Mathematics, 340: 360-374.

Erol I, Ar I M, Ozdemir A I, et al. 2021. Assessing the feasibility of blockchain technology in industries: Evidence from Turkey. Journal of Enterprise Information Management, 34 (3): 746-769.

Facchinei F, Jiang H, Qi L. 1999. A smoothing method for mathematical programs with equilibrium constraints. Mathematical Programming, 85 (1): 107-134.

Fan B. 2009. A hybrid spatial data clustering method for site selection: The data driven approach of gis mining. Expert Systems with Applications, 36 (2): 3923-3936.

Fang F, Nguyen T D, Currie C S. 2021a. Joint pricing and inventory decisions for substitutable and perishable products under demand uncertainty. European Journal of Operational Research, 293 (2): 594-602.

Fang Z, Kong X, Sensoy A, et al. 2021b. Government's awareness of environmental protection and corporate green innovation: A natural experiment from the new environmental protection law in China. Economic Analysis and Policy, 70: 294-312.

Fathi Y. 1979. Computational complexity of lcps associated with positive definite symmetric matrices. Mathematical Programming, 17: 335-344.

Ferris M C, Pang J S. 1997. Engineering and economic applications of complementarity problems. Siam Review, 39 (4): 669-713.

Figueiredo M A, Nowak R D, Wright S J. 2007. Gradient projection for sparse reconstruction: Application to compressed sensing and other inverse problems. IEEE Journal of Selected Topics in Signal Processing, 1 (4): 586-597.

Fletcher R, Leyffer S, Ralph D, et al. 2006. Local convergence of sqp methods for mathematical programs with equilibrium constraints. SIAM Journal on Optimization, 17 (1): 259-286.

Friedman M, Savage L J. 1948. The utility analysis of choices involving risk. Journal of political Economy, 56 (4): 279-304.

Fu X, Huang K, Sidiropoulos N D, et al. 2019. Nonnegative matrix factorization for signal and data analytics: Identifiability, algorithms, and applications. IEEE Signal Processing Magazine, 36 (2): 59-80.

Fukushima M, Luo Z Q, Pang J S. 1998. A globally convergent sequential quadratic programming algorithm for mathematical programs with linear complementarity constraints. Computational Optimization and Applications, 10: 5-34.

Fukushima M, Pang J S. 1999. Convergence of a smoothing continuation method for mathematical progams with complementarity constraints. Ill-posed Variational Problems and Regularization Techniques: Proceedings of the "Workshop on Ill-Posed Variational Problems and Regulation Techniques" held at the University of Trier, September 3-5, 1998. Berlin: Springer: 99-110.

Götz K, Keil F. 2007. Drug disposal in private households: does the disposal of pharmaceuticals via domestic sanitary devices contribute to water contamination? Umweltwissenschaften und Schadstoff-Forschung, 19: 180-188.

Gálvez E D, Cisternas L A, Patiño P S, et al. 2008. Applications of grey programming to process design. Computer Aided Chemical Engineering, 25: 671-676.

Gao Z, Wang Y T, Wu Q W, et al. 2020. Graph regularized l2, 1-nonnegative matrix factorization for mirna-disease association prediction. BMC bioinformatics, 21 (1): 1-13.

Gaussier E, Goutte C. 2005. Relation between plsa and nmf and implications. Proceedings of the 28th Annual International ACM SIGIR Conference on Research and Development in Information Retrieval: 601-602.

Gavin R, Harrison L, Plotkin C L, et al. 2020. The B2B digital inflection point: How sales have changed during COVID-19. McKinsey & Company [Online].

Geiger C, Kanzow C. 1996. On the resolution of monotone complementarity problems. Computational Optimization and Applications, 5: 155-173.

George R V, Harsh H O, Ray P, et al. 2019. Food quality traceability prototype for restaurants using blockchain and food quality data index. Journal of Cleaner Production, 240: 118021.

Ghalavand N, Khorram E, Morovati V. 2021. An adaptive nonmonotone line search for multiobjective optimization problems. Computers & Operations Research, 136: 105506.

Gillis N, Glineur F. 2008. Nonnegative factorization and the maximum edge biclique problem. arXiv preprint arXiv: 0810.4225.

Gjerdrum J, Shah N, Papageorgiou L G. 2001. Transfer prices for multienterprise supply chain optimization. Industrial & Engineering Chemistry Research, 40 (7): 1650-1660.

Glassmeyer S T, Hinchey E K, Boehme S E, et al. 2009. Disposal practices for unwanted residential medications in the United States. Environment International, 35 (3): 566-572.

Goldstein A A. 1965. On steepest descent. Journal of the Society for Industrial and Applied Mathematics, Series A: Control, 3 (1): 147-151.

Gong P, Zhang C. 2012. Efficient nonnegative matrix factorization via projected Newton method. Pattern Recognition, 45 (9): 3557-3565.

Gould N I, Orban D, Toint P L. 2003. Cuter and sifdec: A constrained and unconstrained testing environment, revisited. ACM Transactions on Mathematical Software (TOMS), 29 (4): 373-394.

Gould N I, Orban D, Toint P L. 2015. Cutest: A constrained and unconstrained testing environment with safe threads for mathematical optimization. Computational Optimization and Applications, 60: 545-557.

GPHL. 2021. Guangyao Baiyunshan Launched 3.13 family expired drug recovery activities in 2021.

Grippo L, Lampariello F, Lucidi S. 1989. A truncated Newton method with nonmonotone line search for unconstrained optimization. Journal of Optimization Theory and Applications, 60: 401-419.

Grippo L, Lampariello F, Lucidi S. 1986. A nonmonotone line search technique for Newton's method. SIAM journal on Numerical Analysis, 23 (4): 707-716.

Grippo L, Lampariello F, Lucidi S. 1991. A class of nonmonotone stabilization methods in unconstrained optimization. Numerische Mathematik, 59 (1): 779-805.

Grippo L, Sciandrone M. 2000. On the convergence of the block nonlinear Gauss-Seidel method under convex constraints. Operations Research Letters, 26 (3): 127-136.

Gu F, Summers P A, Hall P. 2019. Recovering materials from waste mobile phones: Recent technological developments. Journal of Cleaner Production, 237: 117657.

Gu N, Mo J. 2008. Incorporating nonmonotone strategies into the trust region method for unconstrained optimization. Computers & Mathematics with Applications, 55 (9): 2158-2172.

Gu Q, Zhou J. 2009. Co-clustering on manifolds. Proceedings of the 15th ACM SIGKDD International Conference on Knowledge Discovery and Data Mining: 359-368.

Guan N. 2012. Nenmf: An optimal gradient method for nonnegative matrix factorization. IEEE Transactions on Signal Processing, 60 (6): 2882-2898.

Guo J, Wan Z. 2019. A modified spectral PRP conjugate gradient projection method for solving large-scale monotone equations and its application in compressed sensing. Mathematical Problems in Engineering, 2019: 5261830.

Gupta S, Deep K. 2019. A novel random walk grey wolf optimizer. Swarm and Evolutionary Computation, 44: 101-112.

Gurtu A, Johny J. 2019. Potential of blockchain technology in supply chain management: A literature review. International Journal of Physical Distribution & Logistics Management, 49(9): 881-900.

Ha V H, Lee J C, Huynh T H, et al. 2014. Optimizing the thiosulfate leaching of gold from printed circuit boards of discarded mobile phone. Hydrometallurgy, 149: 118-126.

Hager W W, Zhang H. 2006a. A new active set algorithm for box constrained optimization. SIAM Journal on Optimization, 17 (2): 526-557.

Hager W W, Zhang H. 2006b. Algorithm 851: CG_descent, a conjugate gradient method with guaranteed descent. ACM Transactions on Mathematical Software (TOMS), 32 (1): 113-137.

Haklı H, Uğuz H. 2014. A novel particle swarm optimization algorithm with Levy flight. Applied Soft Computing, 23: 333-345.

Hammami R, Frein Y. 2014a. Integration of the profit-split transfer pricing method in the design of global supply chains with a focus on offshoring context. Computers & Industrial Engineering, 76 (oct.): 243-252.

Hammami R, Frein Y. 2014b. Redesign of global supply chains with integration of transfer pricing : Mathematical modeling and managerial insights. International Journal of Production Economics, 158 (dec.): 267-277.

Han J, Han L, Neumann M, et al. 2009a. On the rate of convergence of the image space reconstruction algorithm. Operators and Matrices, 3 (1): 41-58.

Han L, Neumann M, Prasad U. 2009b. Alternating projected Barzilai–Borwein methods for nonnegative matrix factorization. Electronic Transactions on Numerical Analysis, 36 (6): 54-82.

Hannan M, Akhtar M, Begum R, et al. 2018. Capacitated vehicle-routing problem model for scheduled solid waste collection and route optimization using PSO algorithm. Waste Management, 71: 31-41.

Harker P T, Pang J S. 1990. Finite-dimensional variational inequality and nonlinear complementarity problems: A survey of theory, algorithms and applications. Mathematical Programming, 48 (1-3): 161-220.

He P, Feng H, Hu G, et al. 2020a. Life cycle cost analysis for recycling high-tech minerals from waste mobile phones in China. Journal of Cleaner Production, 251: 119498.

He P, Wang C, Zuo L. 2018. The present and future availability of high-tech minerals in waste mobile phones: Evidence from China. Journal of Cleaner Production, 192: 940-949.

He P, Xu X, Ding J, et al. 2020b. Low-rank nonnegative matrix factorization on Stiefel manifold. Information Sciences, 514: 131-148.

Hegji C E. 2003. A note on transfer prices and exchange rate pass-through. Journal of Economics and Finance, 27 (3): 396-403.

Helo P, Hao Y. 2019. Blockchains in operations and supply chains: A model and reference implementation. Computers & Industrial Engineering, 136: 242-251.

Hiemann M, Reichelstein S. 2012. Transfer Pricing in Multinational Corporations: An Integrated Management- and Tax Perspective. Berlin, Heidelberg: Springer: 3-18.

Hogerzeil H, Couper M, Gray R. 1997. Guidelines for drug donations. BMJ, 314 (7082): 737-740.

Hoheisel T, Kanzow C, Schwartz A. 2013. Theoretical and numerical comparison of relaxation methods for mathematical programs with complementarity constraints. Mathematical Programming, 137: 257-288.

Hoyer P O. 2004. Non-negative matrix factorization with sparseness constraints. Journal of Machine Learning Research, 5 (9): 1457-1469.

Hsu L C. 2009. Forecasting the output of integrated circuit industry using genetic algorithm based multivariable grey optimization models. Expert Systems with Applications, 36 (4): 7898-7903.

Hu B Q, Wang S. 2006. A novel approach in uncertain programming part i: New arithmetic and order relation for interval numbers. Journal of Industrial and Management Optimization, 2 (4): 351-371.

Hu S L, Huang Z H, Lu N. 2010. A non-monotone line search algorithm for unconstrained optimization. Journal of Scientific Computing, 42 (1): 38.

Hu S, Dai Y, Ma Z J, et al. 2016. Designing contracts for a reverse supply chain with strategic recycling behavior of consumers. International Journal of Production Economics, 180, 16-24.

Hua M N, Tang H J, Wu Z L. 2016. Analysis of a pharmaceutical reverse supply chain based on unwanted medications categories in household. 2016 IEEE International Conference on Industrial Engineering and Engineering Management (IEEM): 1493-1497.

Hua M, Lai I K W, Tang H. 2019. Analysis of advertising and a points-exchange incentive in a reverse supply chain for unwanted medications in households based on game theory. International Journal of Production Economics, 217: 259-268.

Hua M, Tang H, Lai I K W. 2017. Game theoretic analysis of pricing and cooperative advertising in a reverse supply chain for unwanted medications in households. Sustainability, 9 (10): 1902.

Huang C, Wang S. 2010. A power penalty approach to a nonlinear complementarity problem. Operations Research Letters, 38 (1): 72-76.

Huang C, Wang S. 2012. A penalty method for a mixed nonlinear complementarity problem. Nonlinear Analysis: Theory, Methods & Applications, 75 (2): 588-597.

Huang G H, Baetz B W, Party G G. 1993. A grey fuzzy linear programming approach for municipal solid waste management planning under uncertainty. Civil Engineering Systems, 10 (2): 123-146.

Huang G, Baetz B W, Patry G G. 1992. A grey linear programming approach for municipal solid waste management planning under uncertainty. Civil Engineering Systems, 9 (4): 319-335.

Huang G, Sae-Lim N, Liu L, et al. 2001. An interval-parameter fuzzy-stochastic programming approach for municipal solid waste management and planning. Environmental Modeling & Assessment, 6: 271-283.

Huang H, Li Y, Huang B, et al. 2015a. An optimization model for expired drug recycling logistics networks and government subsidy policy design based on tri-level programming. International Journal of Environmental Research and Public Health, 12 (7): 7738-7751.

Huang N, Ma C. 2012. The numerical study of a regularized smoothing Newton method for solving p0-ncp based on the generalized smoothing Fischer–Burmeister function. Applied Mathematics and Computation, 218 (13): 7253-7269.

Huang Q, Yin X, Chen S, et al. 2020. Robust nonnegative matrix factorization with structure regularization. Neurocomputing, 412: 72-90.

Huang S, Wan Z, Deng, S. 2013. A modified projected conjugate gradient algorithm for unconstrained optimization problems. The ANZIAM Journal, 54 (3): 143-152.

Huang S, Wan Z, Zhang J. 2018. An extended nonmonotone line search technique for large-scale unconstrained optimization. Journal of Computational and Applied Mathematics, 330: 586-604.

Huang S, Wan Z, Chen X. 2015b. A new nonmonotone line search technique for unconstrained optimization. Numerical Algorithms, 68 (4): 671-689.

Huang S, Wan Z. 2017. A new nonmonotone spectral residual method for nonsmooth nonlinear equations. Journal of Computational and Applied Mathematics, 313: 82-101.

Huang Y, Liu H, Zhou S. 2015c. An efficient monotone projected Barzilai–Borwein method for nonnegative matrix factorization. Applied Mathematics Letters, 45: 12-17.

Huang Y, Liu H, Zhou S. 2015d. Quadratic regularization projected Barzilai–Borwein method for nonnegative matrix factorization. Data Mining and Knowledge Discovery, 29 (6): 1665-1684.

Huang Y, Wang W, Hou B. 2019. A hybrid algorithm for mixed integer nonlinear programming in residential energy management. Journal of Cleaner Production, 226: 940-948.

Huang Z, Sun J. 2005. A smoothing Newton algorithm for mathematical programs with complementarity constraints. Journal of Industrial and Management Optimization, 1 (2): 153-170.

Huber J, Müller S, Fleischmann M, et al. 2019. A data-driven newsvendor problem: From data to decision. European Journal of Operational Research, 278 (3): 904-915.

Huh W T, Park K S. 2013. Impact of transfer pricing methods for tax purposes on supply chain performance under demand uncertainty. Naval Research Logistics, 60 (4): 269-293.

Ibrahim A M, El-Amary N H. 2018. Particle swarm optimization trained recurrent neural network for voltage instability prediction. Journal of Electrical Systems and Information Technology, 5 (2): 216-228.

Inuiguchi M, Sakawa M. 1998. Robust optimization under softness in a fuzzy linear programming problem. International Journal of Approximate Reasoning, 18 (1-2): 21-34.

Jadidi O, Jaber M Y, Zolfaghri S, et al. 2021. Dynamic pricing and lot sizing for a newsvendor problem with supplier selection, quantity discounts, and limited supply capacity. Computers & Industrial Engineering, 154: 107113.

Jaggi M. 2013. Revisiting Frank-Wolfe: Projection-free sparse convex optimization. International Conference on Machine Learning. PMLR: 427-435.

Jalilvand-Nejad A, Shafaei R, Shahriari H. 2016. Robust optimization under correlated polyhedral uncertainty set. Computers & Industrial Engineering, 92: 82-94.

Jenkins R R, Martinez S A, Palmer K, et al. 2003. The determinants of household recycling: A material-specific analysis of recycling program features and unit pricing. Journal of Environmental Economics and Management, 45 (2): 294-318.

Jia W, Huang Y, Zhao Q, et al. 2022. Modeling taxi drivers' decisions at airport based on queueing theory. Research in Transportation Economics, 92: 101093.

Jian J B, Han L, Jiang X. 2015. A hybrid conjugate gradient method with descent property for unconstrained optimization. Applied Mathematical Modelling, 39 (3-4): 1281-1290.

Jian J B, Li J L, Mo X D. 2006. A strongly and superlinearly convergent SQP algorithm for optimization problems with linear complementarity constraints. Applied Mathematics and Optimization, 54 (1): 17-46.

Jian J B. 2005. A superlinearly convergent implicit smooth sqp algorithm for mathematical programs with nonlinear complementarity constraints. Computational Optimization and Applications, 31 (3): 335-361.

Jiang C, Han X, Li W X, et al. 2012a. A hybrid reliability approach based on probability and interval for uncertain structures. Journal of Mechanical Design, 134 (3): 031001.

Jiang C, Han X, Liu G, et al. 2008. A nonlinear interval number programming method for uncertain optimization problems. European Journal of Operational Research, 188 (1): 1-13.

Jiang C, Li W, Han X, et al. 2011. Structural reliability analysis based on random distributions with interval parameters. Computers & Structures, 89 (23-24): 2292-2302.

Jiang H, Qi L. 1997. A new nonsmooth equations approach to nonlinear complementarity problems. SIAM Journal on Control and Optimization, 35 (1): 178-193.

Jiang H, Ralph, D. 2000. Smooth SQP methods for mathematical programs with nonlinear complementarity constraints. SIAM Journal on Optimization, 10 (3): 779-808.

Jiang J J, Zhanga H B, Yu S. 2012b. An interior point trust region method for nonnegative matrix factorization. Neurocomputing, 97: 309-316.

Jiang S H, Zhang J, Lin G H. 2017. Smoothing partial exact penalty splitting method for mathematical programs with equilibrium constraints. Journal of Global Optimization, 70: 223-236.

Jin J, Wang P. 2021. Multiscale quantum harmonic oscillator algorithm with guiding information for single objective optimization. Swarm and Evolutionary Computation, 65: 100916.

John S T, Sridharan R, Ram Kumar P. 2018. Reverse logistics network design: A case of mobile phones and digital cameras. The International Journal of Advanced Manufacturing Technology, 94: 615-631.

Jolliffe I T, Cadima J. 2016. Principal component analysis: A review and recent developments. Philosophical Transactions of the Royal Society A: Mathematical, Physical and Engineering Sciences, 374: 20150202.

Kümmerer K. 2009. The presence of pharmaceuticals in the environment due to human use-present knowledge and future challenges. Journal of Environmental Management, 90 (8): 2354-2366.

Kacen J J, Hess J D, Chiang W Y K. 2013. Bricks or clicks? Consumer attitudes toward traditional stores and online stores. Global Economics and Management Review, 18 (1): 12-21.

Kadrani A, Dussault J P, Benchakroun A. 2009. A new regularization scheme for mathematical programs with complementarity constraints. SIAM Journal on Optimization, 20 (1): 78-103.

Kamga C, Yazici M A, Singhal A. 2013. Hailing in the rain: Temporal and weather-related variations in taxi ridership and taxi demand-supply equilibrium. Transportation Research Board 92nd Annual Meeting, 1: 1-19.

Kanzow C, Pieper H. 1999. Jacobian smoothing methods for nonlinear complementarity problems. SIAM Journal on Optimization, 9 (2): 342-373.

Kanzow C, Schwartz A. 2013. A new regularization method for mathematical programs with complementarity constraints with strong convergence properties. SIAM Journal on Optimization, 23 (2): 770-798.

Kanzow C, Schwartz A. 2014. Convergence properties of the inexact Lin-Fukushima relaxation method for mathematical programs with complementarity constraints. Computational Optimization and Applications, 59: 249-262.

Karmakar S, Mujumdar P. 2007. A two-phase grey fuzzy optimization approach for water quality management of a river system. Advances in Water Resources, 30 (5): 1218-1235.

Kennedy J, Eberhart R. 1995. Particle swarm optimization. Proceedings of ICNN'95-International Conference on Neural Networks, 4: 1942-1948.

Khan H H, Malik M N, Konečná Z, et al. 2022. Blockchain technology for agricultural supply chains during the COVID-19 pandemic: Benefits and cleaner solutions. Journal of Cleaner Production, 347: 131268.

Khare A A, Mittal A. 2019. Blockchain: Embedding trust in organic products' supply chain. Journal of Computational and Theoretical Nanoscience, 16 (10): 4418-4424.

Kim D, Sra S, Dhillon I S. 2007. Fast Newton-type methods for the least squares nonnegative matrix approximation problem. Proceedings of the 2007 SIAM International Conference on Data Mining. SIAM: 343-354.

Kim H, Park H. 2008a. Nonnegative matrix factorization based on alternating nonnegativity constrained least squares and active set method. SIAM Journal on Matrix

Analysis and Applications, 30 (2): 713-730.

Kim H, Park H. 2008b. Toward faster nonnegative matrix factorization: A new algorithm and comparisons. 2008 Eighth IEEE International Conference on Data Mining. IEEE: 353-362.

Korhonen J, Honkasalo A, Seppälä J. 2018. Circular economy: The concept and its limitations. Ecological Economics, 143: 37-46.

Kumar A, Kaur J, Singh P. 2011. A new method for solving fully fuzzy linear programming problems. Applied Mathematical Modelling, 35 (2): 817-823.

Kumar S, Dieveney E, Dieveney A. 2009. Reverse logistic process control measures for the pharmaceutical industry supply chain. International Journal of Productivity and Performance Management, 58 (2): 188-204.

Kusturica M P, Tomas A, Tomic Z, et al. 2016. Analysis of expired medications in serbian households. Slovenian Journal of Public Health, 55 (3): 195-201.

Kyparisis G J, Koulamas C. 2018. The price-setting newsvendor problem with nonnegative linear additive demand. European Journal of Operational Research, 269 (2): 695-698.

La Croix S J, Mak J, Miklius W. 1986. Airport taxi service regulation: An analysis of an exclusive contract. Transportation, 13 (2): 145-161.

La Cruz W, Martínez J, Raydan M. 2006. Spectral residual method without gradient information for solving large-scale nonlinear systems of equations. Mathematics of Computation, 75 (255): 1429-1448.

Lahlou F Z, Mackey H R, Al-Ansari T. 2021. Wastewater reuse for livestock feed irrigation as a sustainable practice: A socio-environmental-economic review. Journal of Cleaner Production, 294: 126331.

Law A V, Sakharkar P, Zargarzadeh A, et al. 2015. Taking stock of medication wastage: Unused medications in us households. Research in Social and Administrative Pharmacy, 11 (4): 571-578.

Lee D D, Seung H S. 1999. Learning the parts of objects by non-negative matrix factorization. Nature, 401 (6755): 788-791.

Lee J, Shin I, Park G. 2008. Analysis of the passenger pick-up pattern for taxi location recommendation. 2008 Fourth International Conference on Networked Computing and Advanced Information Management, 1: 199-204.

Levi R, Perakis G, Uichanco J. 2015. The data-driven newsvendor problem: New bounds and insights. Operations Research, 63 (6): 1294-1306.

Leyffer S, López-Calva G, Nocedal J. 2006. Interior methods for mathematical programs with complementarity constraints. SIAM Journal on Optimization, 17 (1): 52-77.

Leyffer S. 2000. MACMPEC: AMPL collection of MPECs. URL: http://www.mcs.anl.gov/leyffer/MacMPEC/.

Li C, Yang S, Nguyen T T. 2011. A self-learning particle swarm optimizer for global optimization problems. IEEE Transactions on Systems, Man, and Cybernetics, Part B (Cybernetics), 42 (3): 627-646.

Li H, Li J, Wu P, et al. 2022. A ranking-system-based switching particle swarm optimizer with dynamic learning strategies. Neurocomputing, 494: 356-367.

Li J L, Jian J B. 2005. A superlinearly convergent SSLE algorithm for optimization problems with linear complementarity constraints. Journal of Global Optimization, 33: 477-510.

Li J, Li W, Liu X. 2020. An adaptive nonmonotone projected Barzilai–Borwein gradient method with active set prediction for nonnegative matrix factorization. Numerical Mathematics: Theory, Methods & Applications, 13 (2): 516-538.

Li J, Li W, Liu X. 2021. An efficient nonmonotone projected Barzilai–Borwein method for nonnegative matrix factorization with extrapolation. International Journal of Computer Mathematics, 98 (1): 11-27.

Li J, Xu J, Gen M. 2006. A class of multiobjective linear programming model with fuzzy random coefficients. Mathematical and Computer Modelling, 44 (11-12): 1097-1113.

Li T, Wan Z. 2019. New adaptive Barzilai–Borwein step size and its application in solving large-scale optimization problems. The ANZIAM Journal, 61 (1): 76-98.

Li W, Tian X. 2008. Numerical solution method for general interval quadratic programming. Applied Mathematics and Computation, 202 (2): 589-595.

Li W. 1977. Abadie's constraint qualification, metric regularity, and error bounds for differentiable convex inequalities. SIAM Journal on Optimization, 7(4): 966-978.

Li X, Cui G, Dong Y. 2018. Discriminative and orthogonal subspace constraints-based nonnegative matrix factorization. ACM Transactions on Intelligent Systems and Technology, 9 (6): 1-24.

Li X, Hamblin D. 2016. Factors impacting on cleaner production: Case studies of chinese pharmaceutical manufacturers in Tianjin, China. Journal of Cleaner Production, 131: 121-132.

Li Y, Huang G, Nie S. 2010. Planning water resources management systems using a fuzzy-boundary interval-stochastic programming method. Advances in Water Resources, 33 (9): 1105-1117.

Li Y, Tan T, Li X. 2012. A log-exponential smoothing method for mathematical programs with complementarity constraints. Applied Mathematics and Computation, 218(10): 5900-5909.

Li Y, Wan Z, Liu J. 2017a. Bi-level programming approach to optimal strategy for vendor-managed inventory problems under random demand. The ANZIAM Journal, 59 (2): 247-270.

Li Z, Tang J, He X. 2017b. Robust structured nonnegative matrix factorization for image representation. IEEE Transactions on Neural Networks and Learning Systems, 29 (5): 1947-1960.

Li Z, Wang S, Deng X. 2000. A linear programming algorithm for optimal portfolio selection with transaction costs. International Journal of Systems Science, 31 (1): 107-117.

Liang J J, Qu B Y, Suganthan P N. 2013. Problem definitions and evaluation criteria for the CEC 2014 special session and competition on single objective real-parameter numerical optimization. Computational Intelligence Laboratory, Zhengzhou University, Zhengzhou China and Technical Report, Nanyang Technological University, Singapore.

Liang J J, Suganthan P N. 2005. Dynamic multi-swarm particle swarm optimizer. Proceedings 2005 IEEE Swarm Intelligence Symposium: 124-129.

Liang J J, Baskar S, Suganthan P N, et al. 2006a. Performance evaluation of multiagent genetic algorithm. Natural Computing, 5 (1): 83-96.

Liang J J, Qin A K, Suganthan P N, et al. 2006b. Comprehensive learning particle swarm optimizer for global optimization of multimodal functions. IEEE Transactions on Evolutionary Computation, 10 (3): 281-295.

Liang T F, Cheng H W. 2011. Multi-objective aggregate production planning decisions using two-phase fuzzy goal programming method. Journal of Industrial & Management Optimization, 7 (2): 365.

Liao T Y. 2018. Reverse logistics network design for product recovery and remanufacturing. Applied Mathematical Modelling, 60: 145-163.

Ligon A P, Zuehlke S, Spiteller M. 2008. GC-MS analysis of organic compounds in wastewater and sewage sludge. Journal of Separation Science, 31 (1): 143-150.

Lima M L, Luís S, Poggio L, et al. 2020. The importance of household pharmaceutical products disposal and its risk management: Example from southwestern Europe. Waste Management, 104: 139-147.

Lin C J. 2007. Projected gradient methods for nonnegative matrix factorization. Neural Computation, 19 (10): 2756-2779.

Lin G H, Fukushima M. 2003. Some exact penalty results for nonlinear programs and mathematical programs with equilibrium constraints. Journal of Optimization Theory and Applications, 118: 67-80.

Lin G H, Fukushima M. 2005. A modified relaxation scheme for mathematical programs with complementarity constraints. Annals of Operations Research, 133 (1-4): 63-84.

Lin G H, Fukushima M. 2010. Stochastic equilibrium problems and stochastic mathematical programs with equilibrium constraints: A survey. Pacific Journal of Optimization, 6 (3): 455-482.

Lin G H. 2009. Combined Monte Carlo sampling and penalty method for stochastic nonlinear complementarity problems. Mathematics of Computation, 78 (267): 1671-1686.

Lin Q, Huang G, Bass B, et al. 2009. IFTEM: An interval-fuzzy two-stage stochastic optimization model for regional energy systems planning under uncertainty. Energy Policy, 37 (3): 868-878.

Linton J D, Klassen R, Jayaraman V. 2007. Sustainable supply chains: An introduction. Journal of Operations Management, 25 (6): 1075-1082.

Liu C, Fan Y, Ordóñez F. 2009. A two-stage stochastic programming model for transportation network protection. Computers & Operations Research, 36 (5): 1582-1590.

Liu D C, Nocedal J. 1989. On the limited memory BFGS method for large scale optimization. Mathematical Programming, 45 (1-3): 503-528.

Liu G, Ye J, Zhu J. 2008. Partial exact penalty for mathematical programs with equilibrium constraints. Set-Valued Analysis, 16: 785-804.

Liu J, Anavatti S, Garratt M, et al. 2022a. Multi-operator continuous ant colony optimisation for real world problems. Swarm and Evolutionary Computation, 69: 100984.

Liu J, Xu H, Zhang L, et al. 2020a. Economic and environmental feasibility of hydrometallurgical process for recycling waste mobile phones. Waste Management, 111: 41-50.

Liu M, Lo S, Hu B, et al. 2009. On the use of fuzzy synthetic evaluation and optimal classification for computing fire risk ranking of buildings. Neural Computing and Applications, 18: 643-652.

Liu S, Hua G, Kang Y, et al. 2022b. What value does blockchain bring to the imported fresh food supply chain? Transportation Research Part E: Logistics and Transportation Review, 165: 102859.

Liu W, Wan Z, Wan Z, et al. 2020b. Sustainable recycle network of heterogeneous pharmaceuticals with governmental subsidies and service-levels of third-party logistics by bi-level programming approach. Journal of Cleaner Production, 249: 119324.

Liu W, Wang Z, Yuan Y, et al. 2019. A novel sigmoid-function-based adaptive weighted particle swarm optimizer. IEEE Transactions on Cybernetics, 51 (2): 1085-1093.

Liu Y, Ma D, Hu J, et al. 2021. Sales mode selection of fresh food supply chain based on blockchain technology under different channel competition. Computers & Industrial Engineering, 162: 107730.

Lotfi F H, Allahviranloo T, Jondabeh M A, et al. 2009. Solving a full fuzzy linear programming using lexicography method and fuzzy approximate solution. Applied Mathematical Modelling, 33 (7): 3151-3156.

Lu H, Huang G, He L. 2009. Inexact rough-interval two-stage stochastic programming for conjunctive water allocation problems. Journal of Environmental Management, 91 (1): 261-269.

Lu M, Chen Z, Shen S. 2018. Optimizing the profitability and quality of service in carshare systems under demand uncertainty. Manufacturing & Service Operations Management, 20 (2): 162-180.

Luo Z Q, Pang J S, Ralph D. 1996. Mathematical Programs with Equilibrium Constraints. Cambridge: Cambridge University Press.

Lv J, Deng S, Wan Z. 2020. An efficient single-parameter scaling memoryless Broyden-Fletcher-Goldfarb-Shanno algorithm for solving large scale unconstrained optimization problems. IEEE Access, 8: 85664-85674.

Lynn N, Suganthan P N. 2015. Heterogeneous comprehensive learning particle swarm optimization with enhanced exploration and exploitation. Swarm and Evolutionary

Computation, 24: 11-24.

Lynn N, Suganthan P N. 2017. Ensemble particle swarm optimizer. Applied Soft Computing, 55: 533-548.

Ma L, Ma A. 2006. Exploration on establishing expired drugs recycling mechanism in China. China Pharm, 15: 16-17.

Ma Z, Wu G, Suganthan P N, et al. 2023. Performance assessment and exhaustive listing of 500+ nature-inspired metaheuristic algorithms. Swarm and Evolutionary Computation, 77: 101248.

Mangasarian O L. 1969. Nonlinear Programming. New York: McGraw-Hill.

Markowitz H. 1992. Portfolio selection: Efficient diversification of investment. Journal of the Institute of Actuaries, 119 (1): 243-265.

Mauro M, Lazzara V, Arizza V, et al. 2021. Human drug pollution in the aquatic system: The biochemical responses of Danio Rerio adults. Biology, 10 (10): 1064.

Meixell M J, Gargeya V B. 2011. Global supply chain design: A literature review and critique. Transportation Research Part E, 41 (6): 531-550.

Mendes R, Kennedy J, Neves J. 2004. The fully informed particle swarm: Simpler, maybe better. IEEE Transactions on Evolutionary Computation, 8 (3): 204-210.

Miao X H, Chen J S. 2013. Error bounds for symmetric cone complementarity problems. Numerical Algebra, Control and Optimization, 3 (4): 627-641.

Mifflin R. 1977. Semismooth and semiconvex functions in constrained optimization. SIAM Journal on Control and Optimization, 15 (6): 959-972.

Millet D. 2011. Designing a sustainable reverse logistics channel: The 18 generic structures framework. Journal of Cleaner Production, 19 (6-7): 588-597.

Mills E S. 1959. Uncertainty and price theory. Quarterly Journal of Economics, (1): 116-130.

Mogale D, Kumar S K, Tiwari M K. 2018. An MINLP model to support the movement and storage decisions of the indian food grain supply chain. Control Engineering Practice, 70: 98-113.

Mohamad E T, Armaghani D J, Momeni E, et al. 2018. Rock strength estimation: A PSO-based bp approach. Neural Computing and Applications, 30: 1635-1646.

Molai A, Khorram E. 2008. Linear programming problem with interval coefficients and an interpretation for its constraints. Iranian Journal of Science & Technology, Transaction A, 31 (4): 369-390.

Moré J J, Garbow B S, Hillstrom K E. 1981. Testing unconstrained optimization software. ACM Transactions on Mathematical Software (TOMS), 7 (1): 17-41.

Moshood T D, Nawanir G, Mahmud F, et al. 2021. Green and low carbon matters: A systematic review of the past, today, and future on sustainability supply chain management practices among manufacturing industry. Cleaner Engineering and Technology, 4: 100144.

Mula J, Peidro D, Poler R. 2010. The effectiveness of a fuzzy mathematical programming approach for supply chain production planning with fuzzy demand. International Journal of Production Economics, 128 (1): 136-143.

Nagurney A, Cruz J, Matsypura D. 2003. Dynamics of global supply chain supernetworks. Mathematical & Computer Modelling, 37 (9): 963-983.

Narushima Y. 2013. A smoothing conjugate gradient method for solving systems of nonsmooth equations. Applied Mathematics and Computation, 219 (16): 8646-8655.

Nasir M, Das S, Maity D, et al. 2012. A dynamic neighborhood learning based particle swarm optimizer for global numerical optimization. Information Sciences, 209: 16-36.

Nelson T O. 1990. Metamemory: A theoretical framework and new findings. Psychology of Learning and Motivation, 26: 125-173.

Nematollahi M, Hosseini-Motlagh S M, Ignatius J, et al. 2018. Coordinating a socially responsible pharmaceutical supply chain under periodic review replenishment policies. Journal of Cleaner Production, 172, 2876-2891.

Nesterov Y. 2003. Introductory Lectures on Convex Optimization: A Basic Course. New York: Springer Science & Business Media.

Neumann J, Morgenstern O V. 1972. The Theory of Games and Economic Behavior. Princeton: Princeton University Press.

Nguyen H B, Xue B, Liu I, et al. 2016. New mechanism for archive maintenance in PSO-based multi-objective feature selection. Soft Computing, 20: 3927-3946.

Nha Trang N T, Nguyen T T, Pham H V, et al. 2022. Impacts of collaborative partnership on the performance of cold supply chains of agriculture and foods: Literature review. Sustainability, 14 (11): 6462.

Ni T, Wang P. 2010. A smoothing-type algorithm for solving nonlinear complementarity problems with a non-monotone line search. Applied Mathematics and Computation, 216 (7): 2207-2214.

Nickabadi A, Ebadzadeh M M, Safabakhsh R. 2011. A novel particle swarm optimization algorithm with adaptive inertia weight. Applied Soft Computing, 11 (4): 3658-3670.

Nie X, Huang G, Li Y, et al. 2007. Ifrp: A hybrid interval-parameter fuzzy robust programming approach for waste management planning under uncertainty. Journal of Environmental Management, 84 (1): 1-11.

Nieckels L. 1976. Transfer Pricing in Multinational Firms: A Heuristic Programming Approach and a Case Study. New York: Wiley.

Niederhoff J A. 2007. Using separable programming to solve the multi-product multiple exante constraint newsvendor problem and extensions. European Journal of Operational Research, 176 (2): 941-955.

Ning C, You F. 2018. Data-driven decision making under uncertainty integrating robust optimization with principal component analysis and kernel smoothing methods. Computers & Chemical Engineering, 112: 190-210.

Niu B, Dong J, Liu Y. 2021. Incentive alignment for blockchain adoption in medicine supply chains. Transportation Research Part E: Logistics and Transportation Review, 152: 102276.

Nocedal J, Wright J. 2006. Numerical Optimization. 2nd ed. New York: Springer.

Nocedal J. 1980. Updating quasi-Newton matrices with limited storage. Mathematics of Computation, 35 (151): 773-782.

Ongondo F, Williams I. 2011. Mobile phone collection, reuse and recycling in the UK. Waste Management, 31 (6): 1307-1315.

Orlins S, Guan D. 2016. China's toxic informal E-waste recycling: Local approaches to a global environmental problem. Journal of Cleaner Production, 114: 71-80.

Osaba E, Villar-Rodriguez E, Del Ser J, et al. 2021. A tutorial on the design, experimentation and application of metaheuristic algorithms to real-world optimization problems. Swarm and Evolutionary Computation, 64: 100888.

Outrata J V. 1999. Optimality conditions for a class of mathematical programs with equilibrium constraints. Mathematics of Operations Research, 24 (3): 627-644.

Ouyang Y, Wan Z, Wan Z. 2020. Game model for online and offline retailers under Buy-Online and Pick-up-in-Store mode with delivery cost and random demand. The ANZIAM Journal, 62 (1): 62-88.

Paatero P, Tapper U. 1994. Positive matrix factorization: A non-negative factor model with optimal utilization of error estimates of data values. Environmetrics, 5 (2): 111-126.

Paiano A, Lagioia G, Cataldo A. 2013. A critical analysis of the sustainability of mobile phone use. Resources, Conservation and Recycling, 73: 162-171.

Pan J, Li Z. 2005. Assets and tail risk allocation by nonlinear Mean-CVaR model. Journal of Tsinghua University (China), 45 (12): 1700-1703.

Pang J S, Fukushima M. 1999. Complementarity constraint qualifications and simplified b-stationarity conditions for mathematical programs with equilibrium constraints. Computational Optimization and Applications, 13: 111-136.

Pang J S, Gabriel S A. 1993. NE/SQP: A robust algorithm for the nonlinear complementarity problem. Mathematical Programming, 60 (1-3): 295-337.

Panier E R, Tits A L. 1991. Avoiding the Maratos effect by means of a nonmonotone line search i. general constrained problems. SIAM Journal on Numerical Analysis, 28 (4): 1183-1195.

Parikh N, Boyd S. 2014. Proximal algorithms. Foundations and Trends in Optimization, 1 (3): 127-239.

Passos L S, Rossetti R J, Reis L P. 2011. Evaluation of taxi services on airport terminal's curbside for picking up passengers. 6th Iberian Conference on Information Systems and Technologies (CISTI 2011). IEEE: 1-6.

Patel H K, Kalaria R K, Jokhakar P H, et al. 2022. An application of bionanotechnology in removal of emerging contaminants from pharmaceutical waste. Development in

Wastewater Treatment Research and Processes. Elsevier: 371-384.

Pati R K, Vrat P, Kumar P. 2008. A goal programming model for paper recycling system. Omega, 36 (3): 405-417.

Patwary M A, O'Hare W T, Sarker M H. 2011. An illicit economy: Scavenging and recycling of medical waste. Journal of Environmental Management, 92 (11): 2900-2906.

Pauca V P, Shahnaz F, Berry M W, et al. 2004. Text mining using non-negative matrix factorizations. Proceedings of the 2004 SIAM International Conference on Data Mining. SIAM: 452-456.

Pauca V P, Piper J, Plemmons R J. 2006. Nonnegative matrix factorization for spectral data analysis. Linear Algebra and Its Applications, 416 (1): 29-47.

Paut Kusturica M, Tomas A, Sabo A. 2017. Disposal of unused drugs: Knowledge and behavior among people around the world. Reviews of Environmental Contamination and Toxicology, 240(1): 71-104.

Peng S, Ser W, Chen B, et al. 2020. Robust nonnegative matrix factorization with local coordinate constraint for image clustering. Engineering Applications of Artificial Intelligence, 88: 103354.

Perron S, Hansen P, Digabel S L, et al. 2010. Exact and heuristic solutions of the global supply chain problem with transfer pricing. European Journal of Operational Research, 202 (3): 864-879.

Petruzzi N C, Dada M. 1999. Pricing and the newsvendor problem: A review with extensions. Operations research, 47(2): 183-194.

Pham T X, Siarry P, Oulhadj H. 2018. Integrating fuzzy entropy clustering with an improved PSO for MRI brain image segmentation. Applied Soft Computing, 65: 230-242.

Punia S, Singh S P, Madaan J K. 2020. From predictive to prescriptive analytics: A data-driven multi-item newsvendor model. Decision Support Systems, 136: 113340.

Qi H D, Liao L Z. 1999. A smoothing Newton method for extended vertical linear complementarity problems. SIAM Journal on Matrix Analysis and Applications, 21 (1): 45-66.

Qi L, Li H D. 2011. A smoothing Newton method for nonlinear complementarity problems. Advanced Modeling and Optimization, 13 (2): 141-152.

Qi L, Sun J. 1993. A nonsmooth version of Newton's method. Mathematical Programming, 58 (1-3): 353-367.

Qi L, Wei Z. 2000. On the constant positive linear dependence condition and its application to SQP methods. SIAM Journal on Optimization, 10 (4): 963-981.

Qin X S, Huang G H, Zeng G M, et al. 2007. An interval-parameter fuzzy nonlinear optimization model for stream water quality management under uncertainty. European Journal of Operational Research, 180 (3): 1331-1357.

Qiu R, Sun Y, Fan Z P, et al. 2020. Robust multi-product inventory optimization under support vector clustering-based data-driven demand uncertainty set. Soft Computing,

24: 6259-6275.

Qiu R, Sun Y, Sun M. 2021. A distributionally robust optimization approach for multi-product inventory decisions with budget constraint and demand and yield uncertainties. Computers & Operations Research, 126: 105081.

Qu B Y, Suganthan P N, Das S. 2012. A distance-based locally informed particle swarm model for multimodal optimization. IEEE Transactions on Evolutionary Computation, 17 (3): 387-402.

Qu Y, Wang W, Liu Y, et al. 2019. Understanding residents' preferences for E-waste collection in China–a case study of waste mobile phones. Journal of Cleaner Production, 228: 52-62.

Queiruga D, Walther G, Gonzalez-Benito J, et al. 2008. Evaluation of sites for the location of WEEE recycling plants in Spain. Waste Management, 28 (1): 181-190.

Raghunathan A U, Biegler L T. 2005. An interior point method for mathematical programs with complementarity constraints (MPCCs). SIAM Journal on Optimization, 15 (3): 720-750.

Rahaman M S, Hamilton M, Salim F D. 2017. Predicting imbalanced taxi and passenger queue contexts in airport. PACIS: 1-12.

Ramos A. 2021. Mathematical programs with equilibrium constraints: A sequential optimality condition, new constraint qualifications and algorithmic consequences. Optimization Methods and Software, 36 (1): 45-81.

Ramos T R P, Gomes M I, Barbosa-Póvoa A P. 2014. Planning a sustainable reverse logistics system: Balancing costs with environmental and social concerns. Omega, 48: 60-74.

Raydan M. 1993. On the barzilai and borwein choice of steplength for the gradient method. IMA Journal of Numerical Analysis, 13 (3): 321-326.

Raydan M. 1997. The Barzilai and Borwein gradient method for the large scale unconstrained minimization problem. SIAM Journal on Optimization, 7 (1): 26-33.

Ren Z, Glodež S. 2002. Computational service life estimation of contacting mechanical elements in regard to pitting. Computers & Structures, 80 (27-30): 2209-2216.

Rockafellar R T, Wets R J B. 2009. Variational Analysis. Vol. 317. Heidelberg: Springer Science & Business Media.

Rugman A M, 2006. Transfer pricing in multinational firms: A heuristic programming approach and a case study. Journal of International Economics, 7(2): 217-219.

Sachs A L, Minner S. 2014. The data-driven newsvendor with censored demand observations. International Journal of Production Economics, 149: 28-36.

Sadigh A N, Mozafari M, Karimi B. 2012. Manufacturer–retailer supply chain coordination: A bi-level programming approach. Advances in Engineering Software, 45 (1): 144-152.

Saha A, Kar S, Maiti M. 2015. Multi-item fuzzy-stochastic supply chain models for long-term contracts with a profit sharing scheme. Applied Mathematical Modelling, 39 (10): 2815-2828.

Sahinidis N V. 2017. Baron 17.8. 9: Global optimization of mixed-integer nonlinear programs, user's manual. URL: http://archimedes. cheme. cmu. edu.

Sallam K M, Elsayed S M, Sarker R A, et al. 2020. Landscape-assisted multi-operator differential evolution for solving constrained optimization problems. Expert Systems with Applications, 162: 113033.

Santana J C C, Guerhardt F, Franzini C E, et al. 2021. Refurbishing and recycling of cell phones as a sustainable process of reverse logistics: A case study in Brazil. Journal of Cleaner Production, 283: 124585.

Sato A. 2012. Transfer prices in international business. Ekonomika a Management, 2012 (4): 25-34.

Sazvar Z, Zokaee M, Tavakkoli-Moghaddam R, et al. 2021. Designing a sustainable closed-loop pharmaceutical supply chain in a competitive market considering demand uncertainty, manufacturer's brand and waste management. Annals of Operations Research, 1-32.

Scarf H E. 1957. A Min-Max Solution of an Inventory Problem. Santa Monica: Rand Corporation.

Schaller B. 2005. A regression model of the number of taxicabs in us cities. Journal of Public Transportation, 8 (5): 63-78.

Scheel H, Scholtes S. 2000. Mathematical programs with complementarity constraints: Stationarity, optimality, and sensitivity. Mathematics of Operations Research, 25 (1): 1-22.

Scholtes S. 2001. Convergence properties of a regularization scheme for mathematical programs with complementarity constraints. SIAM Journal on Optimization, 11 (4): 918-936.

Schultz P W, Oskamp S. 1996. Effort as a moderator of the attitude-behavior relationship: General environmental concern and recycling. Social Psychology Quarterly: 375-383.

Seehusen D A, Edwards J. 2006. Patient practices and beliefs concerning disposal of medications. The Journal of the American Board of Family Medicine, 19 (6): 542-547.

Seuring S, Müller M. 2008. From a literature review to a conceptual framework for sustainable supply chain management. Journal of Cleaner Production, 16 (15): 1699-1710.

Seuring S. 2013. A review of modeling approaches for sustainable supply chain management. Decision Support Systems, 54 (4): 1513-1520.

Shamayleh A, Hariga M, As' ad R, et al. 2019. Economic and environmental models for cold products with time varying demand. Journal of Cleaner Production, 212: 847-863.

Shang F, Jiao L C, Wang F. 2012. Graph dual regularization non-negative matrix factorization for co-clustering. Pattern Recognition, 45 (6): 2237-2250.

Shang R, Song J, Jiao L, et al. 2020. Double feature selection algorithm based on low-rank sparse non-negative matrix factorization. International Journal of Machine Learning and Cybernetics, 11: 1891-1908.

Shashi S, Cerchione R, Singh R, et al. 2018. Food cold chain management: From a structured literature review to a conceptual framework and research agenda. The International Journal of Logistics Management, 29 (3): 792-821.

Shi X, Yao S, Ma Y. 2022. When and how should cross-border platforms manage blockchain technology in the presence of purchasing agents? Asia-Pacific Journal of Operational Research, 39 (1): 2140020.

Shi Y, Eberhart R. 1998. A modified particle swarm optimizer. 1998 IEEE international conference on evolutionary computation proceedings. IEEE world congress on computational intelligence (Cat. No. 98TH8360): 69-73.

Shi Z, Shen J. 2006. Convergence of nonmonotone line search method. Journal of Computational and Applied Mathematics, 193 (2): 397-412.

Shieh C J, Chen W H. 2002. Effect of angular speed on behavior of a V-belt drive system. International Journal of Mechanical Sciences, 44 (9): 1879-1892.

Shih L H, Lin Y T. 2003. Multicriteria optimization for infectious medical waste collection system planning. Practice Periodical of Hazardous, Toxic, and Radioactive Waste Management, 7 (2): 78-85.

Shih L H. 2001. Reverse logistics system planning for recycling electrical appliances and computers in taiwan. Resources, Conservation and Recycling, 32 (1): 55-72.

Shim H J, Kim J K. 2009. Cause of failure and optimization of a V-belt pulley considering fatigue life uncertainty in automotive applications. Engineering Failure Analysis, 16 (6): 1955-1963.

Situ X, Chen W, Gong Y, et al. 2017. A parallel ant colony system based on region decomposition for taxi-passenger matching. 2017 IEEE Congress on Evolutionary Computation (CEC): 960-967.

Smale E M, Egberts T C, Heerdink E R, et al. 2021. Waste-minimising measures to achieve sustainable supply and use of medication. Sustainable Chemistry and Pharmacy, 20: 100400.

Soleimani H, Kannan G. 2015. A hybrid particle swarm optimization and genetic algorithm for closed-loop supply chain network design in large-scale networks. Applied Mathematical Modelling, 39 (14): 3990-4012.

Song Q, Wang Z, Li J, et al. 2012. Sustainability evaluation of an E-waste treatment enterprise based on emergy analysis in China. Ecological, Engineering, 42: 223-231.

Sopyła K, Drozda P. 2015. Stochastic gradient descent with Barzilai–Borwein update step for SVM. Information Sciences, 316: 218-233.

Spotts M F, Saunders H. 1987. Design of Machine Elements. Journal of Mechanical Design, 109(4): 541-542.

Srivastava S K, Chaudhuri A, Srivastava R K. 2015. Propagation of risks and their impact on performance in fresh food retail. The International Journal of Logistics Management, 26(3): 568-602.

Steffensen S, Ulbrich M. 2010. A new relaxation scheme for mathematical programs with equilibrium constraints. SIAM Journal on Optimization, 20 (5): 2504-2539.

Stein O. 2012. Lifting mathematical programs with complementarity constraints. Mathematical Programming, 131: 71-94.

Steinbach M C. 2001. Markowitz revisited: Mean-variance models in financial portfolio analysis. SIAM Review, 43 (1): 31-85.

Stiefel E. 1935. Richtungsfelder und fernparallelismus in n-dimensionalen mannigfaltigkeiten. Commentarii Mathematici Helvetici, 8: 305-353.

Subramanian N, Gunasekaran A, Abdulrahman M, et al. 2014. Factors for implementing end-of-life product reverse logistics in the chinese manufacturing sector. International Journal of Sustainable Development & World Ecology, 21 (3): 235-245.

Suganthan P N, Hansen N, Liang J J, et al. 2005. Problem definitions and evaluation criteria for the CEC 2005 special session on real-parameter optimization. KanGAL Report.

Sullivan M, George C. 1996. Medicine taking in Southampton: A second look. British Journal of Clinical Pharmacology, 42 (5): 567-571.

Sun J, Cai X, Sun F, et al. 2017. Dual graph-regularized constrained nonnegative matrix factorization for image clustering. KSII Transactions on Internet and Information Systems (TIIS), 11 (5): 2607-2627.

Sun J, Wang Z, Sun F, et al. 2018. Sparse dual graph-regularized NMF for image co-clustering. Neurocomputing, 316, 156-165.

Sun W, Yuan Y X. 2006. Optimization Theory and Methods: Nonlinear Programming. New York: Springer Science & Business Media.

Suresh S, Lal S. 2017. Multilevel thresholding based on chaotic Darwinian particle swarm optimization for segmentation of satellite images. Applied Soft Computing, 55: 503-522.

Szeto W Y, Wong R C P, Wong S C, et al. 2013. A time-dependent logit-based taxi customer-search model. International Journal of Urban Sciences, 17 (2): 184-198.

Tan M, Matta R D. 2008. A global supply chain profit maximization and transfer pricing model. Journal of Business Logistics, 29 (1): 175-199.

Tang J, Feng H. 2022. Robust collaborative clustering approach with adaptive local structure learning. Knowledge-Based Systems, 251: 109222.

Tang J, Liu S. 2010. A new smoothing Broyden-like method for solving the mixed complementarity problem with a p0-function. Nonlinear Analysis: Real World Applications, 11 (4): 2770-2786.

Tang J, Wan Z. 2021. Orthogonal dual graph-regularized nonnegative matrix factorization for co-clustering. Journal of Scientific Computing, 87 (3): 1-37.

Tang J, Zhang S, Chen X, et al. 2018. Taxi trips distribution modeling based on entropy-maximizing theory: A case study in Harbin city-China. Physica A: Statistical Mechanics and its Applications, 493: 430-443.

Tang, J, Liu S, Ma C. 2009. One-step smoothing Newton method for solving the mixed complementarity problem with a p0 function. Applied Mathematics and Computation, 215 (6): 2326-2336.

Tanskanen P. 2013. Management and recycling of electronic waste. Acta Materialia, 61 (3): 1001-1011.

Tat R, Heydari J, Rabbani M. 2020. A mathematical model for pharmaceutical supply chain coordination: Reselling medicines in an alternative market. Journal of Cleaner Production, 268: 121897.

Tat R, Heydari J, Rabbani M. 2021. Corporate social responsibility in the pharmaceutical supply chain: An optimized medicine donation scheme. Computers & Industrial Engineering, 152: 107022.

Tat R, Heydari J. 2021. Avoiding medicine wastes: Introducing a sustainable approach in the pharmaceutical supply chain. Journal of Cleaner Production, 320: 128698.

Tiberghien A. 1997. Learning and teaching: Differentiation and relation. Research in Science Education, 27(3): 359-382.

Tim O'Brein, Dennis G. 2001. Differentiation in teaching and learning: Principles and practice. New York: Continuum International Publishing.

Toint P L. 1996. An assessment of nonmonotone linesearch techniques for unconstrained optimization. SIAM Journal on Scientific Computing, 17 (3): 725-739.

Tong A Y, Peake B M, Braund R. 2011. Disposal practices for unused medications around the world. Environment International, 37 (1): 292-298.

Topkis D M, Veinott A F. 1967. On the convergence of some feasible direction algorithms for nonlinear programming. SIAM J. Control, 5(2): 268-279.

Tosyali A, Kim J, Choi J, et al. 2019. Regularized asymmetric nonnegative matrix factorization for clustering in directed networks. Pattern Recognition Letters, 125: 750-757.

Tran D H, Leyman P, de Causmaecker P. 2022. Adaptive passenger-finding recommendation system for taxi drivers with load balancing problem. Computers & Industrial Engineering, 169: 108187.

Trueman P, Taylor D G, Lowson K, et al. 2010. Evaluation of the Scale, Causes and Costs of Waste Medicines. Report of DH Funded National Project.

Tseng T Y, Klein C M. 1989. New algorithm for the ranking procedure in fuzzy decision-making. IEEE Transactions on Systems, Man, and Cybernetics, 19 (5): 1289-1296.

Uthayakumar R, Priyan S. 2013. Pharmaceutical supply chain and inventory management strategies: Optimization for a pharmaceutical company and a hospital. Operations Research for Health Care, 2 (3): 52-64.

Vairaktarakis G L. 2000. Robust multi-item newsboy models with a budget constraint. International Journal of Production Economics, 66 (3): 213-226.

van den Bergh F, Engelbrecht A P. 2004. A cooperative approach to particle swarm optimization. IEEE Transactions on Evolutionary Computation, 8 (3): 225-239.

Vavasis S A. 2010. On the complexity of nonnegative matrix factorization. SIAM Journal on Optimization, 20 (3): 1364-1377.

Vellinga A, Cormican S, Driscoll J, et al. 2014. Public practice regarding disposal of unused medicines in ireland. Science of the Total Environment, 478: 98-102.

Vidal C J, Goetschalckx M. 2001. A global supply chain model with transfer pricing and transportation cost allocation. European Journal of Operational Research, 129 (1): 134-158.

Viegas C V, Bond A, Vaz C R, et al. 2019. Reverse flows within the pharmaceutical supply chain: A classificatory review from the perspective of end-of-use and end-of-life medicines. Journal of Cleaner Production, 238: 117719.

Vogler S, de Rooij R H. 2018. Medication wasted–contents and costs of medicines ending up in household garbage. Research in Social and Administrative Pharmacy, 14 (12): 1140-1146.

Vollmer G. 2010. Disposal of pharmaceutical waste in households–a European survey. Green and Sustainable Pharmacy: 165-178.

Vrahatis M N, Androulakis G S, Lambrinos J N, et al. 2000. A class of gradient unconstrained minimization algorithms with adaptive stepsize. Journal of Computational and Applied Mathematics, 114 (2): 367-386.

Wan Z, Chen Y, Huang S, et al. 2014a. A modified nonmonotone BFGS algorithm for solving smooth nonlinear equations. Optimization Letters, 8 (6): 1845-1860.

Wan Z, Feng D D. 2011. Investigation on a class of nonmonotone cautious BFGS algorithms. Mathematica Numerica Sinica, 33 (4): 387.

Wan Z, Guo J, Liu J, et al. 2018. A modified spectral conjugate gradient projection method for signal recovery. Signal, Image and Video Processing, 12 (8): 1455-1462.

Wan Z, Hao A, Meng F, et al. 2010. Hybrid method for a class of stochastic bi-criteria optimization problems. Journal of Inequalities and Applications, 2010: 745162.

Wan Z, Hu C, Yang Z. 2011a. A spectral PRP conjugate gradient methods for nonconvex optimization problem based on modified line search. Discrete and Continuous Dynamical Systems: Series B, 16 (4): 1157-1169.

Wan Z, Huang S, Zheng X D. 2012a. New cautious BFGS algorithm based on modified Armijo-type line search. Journal of Inequalities and Applications, 2012: 241.

Wan Z, Liu J, Zhang J. 2020. Nonlinear optimization to management problems of end-of-life vehicles with environmental protection awareness and damaged/aging degrees. Journal of Industrial and Management Optimization, 16 (5): 2117-2139.

Wan Z, Liu W, Wang C. 2016. A modified spectral conjugate gradient projection method for solving nonlinear monotone symmetric equations. Pacific Journal of Optimization, 12 (3): 603-622.

Wan Z, Meng F, Hao A, et al. 2011b. Fuzzy and stochastic parameters-based prediction method for the components of alkali in the sintering process of aluminium. Fuzzy Systems and Mathematics, 25 (3): 163-167.

Wan Z, Tang J, Ren L, et al. 2019. Optimization techniques to deeply mine the transcriptomic profile of the sub-genomes in hybrid fish lineage. Frontiers in Genetics, 10: 911.

Wan Z, Teo K L, Kong L, et al. 2009. A class of mix design problems: formulation, solution methods and applications. The ANZIAM Journal, 50 (4): 455-474.

Wan Z, Teo K L, Shen X, et al. 2014b. New BFGS method for unconstrained optimization problem based on modified Armijo line search. Optimization, 63 (2): 285-304.

Wan Z, Wang G, Sun B. 2013. A hybrid intelligent algorithm by combining particle swarm optimization with chaos searching technique for solving nonlinear bilevel programming problems. Swarm and Evolutionary Computation, 8: 26-32.

Wan Z, Wang Y. 2006. Convergence of an inexact smoothing method for mathematical programs with equilibrium constraints. Numerical Functional Analysis and Optimization, 27 (3-4): 485-495.

Wan Z, Yu C. 2022. Reutilization of the existent sales network for recycling unwanted smartphones by nonlinear optimization. Journal of Cleaner Production, 350: 131349.

Wan Z, Yuan M, Wang C. 2015. A partially smoothing Jacobian method for nonlinear complementarity problems with p0 function. Journal of Computational and Applied Mathematics, 286: 158-171.

Wan Z, Zhang S, Teo K. L. 2012b. Two-step based sampling method for maximizing the capacity of V-belt driving in polymorphic uncertain environment. Proceedings of the Institution of Mechanical Engineers, Part C: Journal of Mechanical Engineering Science, 226 (1): 177-191.

Wan Z. 2002. Further investigation on feasibility of mathematical programs with equilibrium constraints. Computers & Mathematics with Applications, 44 (1-2): 7-11.

Wang C, Wang H, Liu Y. 2015a. Separation of aluminum and plastic by metallurgy method for recycling waste pharmaceutical blisters. Journal of Cleaner Production, 102: 378-383.

Wang D, Gao X, Wang X. 2015b. Semi-supervised nonnegative matrix factorization via constraint propagation. IEEE Transactions on Cybernetics, 46 (1): 233-244.

Wang H Q, Zheng C H, Zhao X M. 2015c. j NMFMA: A joint non-negative matrix factorization meta-analysis of transcriptomics data. Bioinformatics, 31(4): 572-580.

Wang M, Ali M. 2010. Stochastic nonlinear complementarity problems: stochastic programming reformulation and penalty-based approximation method. Journal of Optimization Theory and Applications, 144: 597-614.

Wang M, Ali M M, Lin G. 2011. Sample average approximation method for stochastic complementarity problems with applications to supply chain supernetworks. Journal of Industrial and Management Optimization, 7 (2): 317-345.

Wang Q, Chen M, Nie F, et al. 2018a. Detecting coherent groups in crowd scenes by multiview clustering. IEEE transactions on pattern analysis and machine intelligence, 42 (1): 46-58.

Wang S, Chang T H, Cui Y, et al. 2019. Clustering by orthogonal non-negative matrix factorization: A sequential non-convex penalty approach. In: ICASSP 2019-2019 IEEE International Conference on Acoustics, Speech and Signal Processing (ICASSP): 5576-5580.

Wang Y, Zhang X, Liao W, et al. 2018b. Investigating impact of waste reuse on the sustainability of municipal solid waste (MSW) incineration industry using emergy approach: A case study from Sichuan province, China. Waste Management, 77: 252-267.

Watada J, Arunava R, Jingru L, et al. 2020. A dual recurrent neural network-based hybrid approach for solving convex quadratic bi-level programming problem. Neurocomputing, 407: 136-154.

Weraikat D, Zanjani M K, Lehoux N. 2019. Improving sustainability in a two-level pharmaceutical supply chain through vendor-managed inventory system. Operations Research for Health Care, 21: 44-55.

Weraikat D, Zanjani M K, Lehoux N. 2016a. Coordinating a green reverse supply chain in pharmaceutical sector by negotiation. Computers & Industrial Engineering, 93: 67-77.

Weraikat D, Zanjani M K, Lehoux N. 2016b. Two-echelon pharmaceutical reverse supply chain coordination with customers incentives. International Journal of Production Economics, 176: 41-52.

Williams D J. 1981. Changes in real incomes and the demand for taxicabs. Transportation, 10 (1): 51-59.

Wolfe P. 1969. Convergence conditions for ascent methods. SIAM Review, 11 (2): 226-235.

Wong K, Wong S, Yang H, et al. 2003. The effect of perceived profitability on the level of taxi service in remote areas. Journal of the Eastern Asia Society for Transportation Studies, 5: 79-94.

Wong R, Szeto W, Wong S. 2014a. A cell-based logit-opportunity taxi customer-search model. Transportation Research Part C: Emerging Technologies, 48: 84-96.

Wong R, Szeto W, Wong S. 2014b. Bi-level decisions of vacant taxi drivers traveling towards taxi stands in customer-search: Modeling methodology and policy implications. Transport Policy, 33: 73-81.

World Health Organization, International Pharmaceutical Association, International Solid Waste Association. 1999. Guidelines for safe disposal of unwanted pharmaceuticals in and after emergencies. Tech. rep., World Health Organization.

Wright S, Nocedal J. 1999. Numerical Optimization. Springer Science, 35 (67-68): 7.

Wu G, Mallipeddi R, Suganthan P N. 2017. Problem definitions and evaluation criteria for the cec 2017 competition on constrained real-parameter optimization. National University of Defense Technology, Changsha, Hunan, PR China and Kyungpook National University, Daegu, South Korea and Nanyang Technological University, Singapore, Technical Report.

Wu H, Wan Z. 2018. A multiobjective optimization model and an orthogonal design–based hybrid heuristic algorithm for regional urban mining management problems. Journal of the Air & Waste Management Association, 68 (2): 146-169.

Xia X, Gui L, He G, et al. 2020. An expanded particle swarm optimization based on multi-exemplar and forgetting ability. Information Sciences, 508: 105-120.

Xiang D, Zhao T, Zhang N. 2022. How can government environmental policy affect the performance of smes: Chinese evidence. Journal of Cleaner Production, 336: 130308.

Xiao J, Hu F, Luo K, et al. 2016. Unique nucleolar dominance patterns in distant hybrid lineage derived from megalobrama amblycephala×culter alburnus. BMC Genetics, 17 (1): 1-6.

Xie Y, Breen L. 2012. Greening community pharmaceutical supply chain in UK: A cross boundary approach. Supply Chain Management: An International Journal, 17 (1): 40-53.

Xie Y, Breen L. 2014. Who cares wins? a comparative analysis of household waste medicines and batteries reverse logistics systems: The case of the NHS (UK). Supply Chain Management: An International Journal, 19 (4): 455-474.

Xu C, Zhang W, He W, et al. 2016. The situation of waste mobile phone management in developed countries and development status in China. Waste Management, 58: 341-347.

Xu C, Zhu D. 2021. On conflicts between pharmaceutical patent protection and the right to life and health based on a stackelberg game. International Journal of Environmental Research and Public Health, 18 (3): 1119.

Xu G, Cui Q, Shi X, et al. 2019a. Particle swarm optimization based on dimensional learning strategy. Swarm and Evolutionary Computation, 45: 33-51.

Xu L, Song B, Cao M. 2021. An improved particle swarm optimization algorithm with adaptive weighted delay velocity. Systems Science & Control Engineering, 9 (1): 188-197.

Xu L, Zheng Y, Jiang L. 2022. A robust data-driven approach for the newsvendor problem with nonparametric information. Manufacturing & Service Operations Management, 24 (1): 504-523.

Xu X, Chen R, Zhang J. 2019b. Effectiveness of trade-ins and price discounts: A moderating role of substitutability. Journal of Economic Psychology, 70: 80-89.

Xu X, Meng Z, Shen R. 2013. A tri-level programming model based on conditional value-at-risk for three-stage supply chain management. Computers & Industrial Engineering, 66 (2): 470-475.

Xu X, Wang H, Dang C, et al. 2017. The loss-averse newsvendor model with backordering. International Journal of Production Economics, 188: 1-10.

Xu Y, Yin W. 2013. A block coordinate descent method for regularized multiconvex optimization with applications to nonnegative tensor factorization and completion. SIAM Journal on Imaging Sciences, 6 (3): 1758-1789.

Yadav S, Ekbal A, Saha S. 2018. Feature selection for entity extraction from multiple biomedical Corpora: A PSO-based approach. Soft Computing, 22: 6881-6904.

Yan H, Yuan S, Ji W. 2008. Design optimization of V-belt applying genetic algorithm and matlab toolbox. Machinery, 35 (9): 23-25.

Yan T. 2007. A class of smoothing methods for mathematical programs with complementarity constraints. Applied Mathematics and Computation, 186 (1): 1-9.

Yan T. 2010. A new smoothing scheme for mathematical programs with complementarity constraints. Science China Mathematics, 53: 1885-1894.

Yang C. 2009. Design optimization of belt transmission by intelligent algorithm. 2009 International Conference on Computational Intelligence and Software Engineering. IEEE: 1-4.

Yang C H, Doshi M, Mason N A. 2015. Analysis of medications returned during a medication take-back event. Pharmacy, 3 (3): 79-88.

Yang L, Pong T K, Chen X. 2018. A nonmonotone alternating updating method for a class of matrix factorization problems. SIAM Journal on Optimization, 28 (4): 3402-3430.

Yang L, Zhang J, Shi X. 2021. Can blockchain help food supply chains with platform operations during the COVID-19 outbreak? Electronic Commerce Research and Applications, 49: 101093.

Yang Q, Chen W N, Da Deng J, et al. 2017. A level-based learning swarm optimizer for large-scale optimization. IEEE Transactions on Evolutionary Computation, 22 (4): 578-594.

Yazici M A, Kamga C, Singhal A. 2013. A big data driven model for taxi drivers' airport pick-up decisions in New York City. 2013 IEEE International Conference on Big Data: 37-44.

Yazici M A, Kamga C, Singhal A. 2016. Modeling taxi drivers' decisions for improving airport ground access: John f. Kennedy Airport case. Transportation Research Part A: Policy and Practice, 91: 48-60.

Yeh M F, Leu M S, Chen T H, et al. 2013. System identification using grey-based adaptive particle swarm optimization. In: 2013 International Conference on Machine Learning and Cybernetics, 2: 765-770.

Yin H, Zhang J, 2006. Global convergence of a smooth approximation method for mathematical programs with complementarity constraints. Mathematical Methods of Operations Research, 64: 255-269.

Yin J, Gao Y, Xu H. 2014. Survey and analysis of consumers' behaviour of waste mobile phone recycling in China. Journal of Cleaner Production, 65: 517-525.

Yin G S. 2008. Price and order postponement in a decentralized newsvendor model with multiplicative and price-dependent demand. Operations Research, 56 (1): 121-139.

Yong L Q. 2018. Some uniform smooth approximating functions and their properties (in chinese). Journal of Shaanxi University of Technology (Natural Science Edition), 34 (1): 74-79.

Yoo J, Choi S. 2010. Orthogonal nonnegative matrix tri-factorization for co-clustering: Multiplicative updates on stiefel manifolds. Information Processing & Management, 46 (5): 559-570.

Yousef S, Mumladze T, Tatariants M, et al. 2018. Cleaner and profitable industrial technology for full recovery of metallic and non-metallic fraction of waste pharmaceutical blisters using switchable hydrophilicity solvents. Journal of Cleaner Production, 197: 379-392.

Yousri D, Allam D, Eteiba M, et al. 2019. Static and dynamic photovoltaic models'parameters identification using chaotic heterogeneous comprehensive learning particle swarm optimizer variants. Energy Conversion and Management, 182: 546-563.

Yu Y, Xiao T. 2017. Pricing and cold-chain service level decisions in a fresh agri-products supply chain with logistics outsourcing. Computers & Industrial Engineering, 111: 56-66.

Yuan Y. 2011. Gradient methods for large scale convex quadratic functions. In: Optimization and Regularization for Computational Inverse Problems and Applications. Berlin, Heidelberg: Springer: 141-155.

Yue W. 2010. A time staged linear programming model for production loading problems with import quota limit in a global supply chain. Computers & Industrial Engineering, 59 (4): 520-529.

Zafeiriou S, Tefas A, Buciu I, et al. 2006. Exploiting discriminant information in nonnegative matrix factorization with application to frontal face verification. IEEE Transactions on Neural Networks, 17 (3): 683-695.

Zhai Q, Deng Y, Zhou H, et al. 2020. A decision model of taxi driver based on qualitative analysis. 2020 3rd International Conference on Information and Computer Technologies (ICICT): 326-330.

Zhan Z H, Zhang J, Li Y, et al. 2009. Adaptive particle swarm optimization. IEEE Transactions on Systems, Man, and Cybernetics, Part B (Cybernetics), 39 (6): 1362-1381.

Zhang C T, Ren M L. 2016. Closed-loop supply chain coordination strategy for the remanufacture of patented products under competitive demand. Applied Mathematical Modelling, 40 (13): 6243-6255.

Zhang G. 2010. The multi-product newsboy problem with supplier quantity discounts and a budget constraint. European Journal of Operational Research, 206 (2): 350-360.

Zhang H, Hager W W. 2004. A nonmonotone line search technique and its application to unconstrained optimization. SIAM Journal on Optimization, 14 (4): 1043-1056.

Zhang H, Xie J, Ge J, et al. 2018. An entropy-based PSO for dar task scheduling problem. Applied Soft Computing, 73: 862-873.

Zhang J, Liu J, Wan Z. 2019a. Optimizing transportation network of recovering end-of-life vehicles by compromising program in polymorphic uncertain environment. Journal of Advanced Transportation, 2019: 3894064.

Zhang J, Xie W, Sarin S C. 2021. Robust multi-product newsvendor model with uncertain demand and substitution. European Journal of Operational Research, 293 (1): 190-202.

Zhang L, Liu Z, Pu J, et al. 2020a. Adaptive graph regularized nonnegative matrix factorization for data representation. Applied Intelligence, 50 (2): 438-447.

Zhang L, Wu S Y, Gao T. 2009. Improved smoothing Newton methods for p0 nonlinear complementarity problems. Applied Mathematics and Computation, 215 (1): 324-332.

Zhang L, Zhang G, Yao Z. 2020b. Analysis of two substitute products newsvendor problem with a budget constraint. Computers & Industrial Engineering, 140: 106235.

Zhang S, Wan Z, Liu G. 2011. Global optimization design method for maximizing the capacity of V-belt drive. Science China Technological Sciences, 54: 140-147.

Zhang S, Wan Z. 2012. Polymorphic uncertain nonlinear programming model and algorithm for maximizing the fatigue life of V-belt drive. Journal of Industrial and Management Optimization, 8 (2): 493-505.

Zhang T, Dong P, Chen X, et al. 2023. The impacts of blockchain adoption on a dual-channel supply chain with risk-averse members. Omega, 114: 102747.

Zhang X, Huang S, Wan Z. 2016. Optimal pricing and ordering in global supply chain management with constraints under random demand. Applied Mathematical Modelling, 40 (23-24): 10105-10130.

Zhang X, Huang S, Wan Z, 2018. Stochastic programming approach to global supply chain management under random additive demand. Operational Research, 18 (2): 389-420.

Zhang X, Kang Q, Wang X. 2019b. Hybrid biogeography-based optimization with shuffled frog leaping algorithm and its application to minimum spanning tree problems. Swarm and Evolutionary Computation, 49: 245-265.

Zhang Y, Huang Z H. 2010. A nonmonotone smoothing-type algorithm for solving a system of equalities and inequalities. Journal of Computational and Applied Mathematics, 233 (9): 2312-2321.

Zhang Y, Liu X, Bao F, et al. 2020c. Particle swarm optimization with adaptive learning strategy. Knowledge-Based Systems, 196: 105789.

Zhao X, Jolaoso L O, Shehu Y, et al. 2021. Convergence of a nonmonotone projected gradient method for nonconvex multiobjective optimization. Journal of Nonlinear and Variational Analysis, 5, 441-457.

Zheng Q, Zhou L, Fan T, et al. 2019. Joint procurement and pricing of fresh produce for multiple retailers with a quantity discount contract. Transportation Research Part E: Logistics and Transportation Review, 130: 16-36.

Zheng X, Shi J. 2014. Smoothing Newton method for generalized complementarity problems based on a new smoothing function. Applied Mathematics and Computation, 231: 160-168.

Zheng Y, Zheng B. 2017. A new modified Barzilai–Borwein gradient method for the quadratic minimization problem. Journal of Optimization Theory and Applications,

172: 179-186.

Zheng Z, Rasouli S, Timmermans H. 2021. Modeling taxi driver search behavior under uncertainty. Travel Behaviour and Society, 22: 207-218.

Zhou B, Gao L, Dai Y, 2006. Gradient methods with adaptive step-sizes. Computational Optimization and Applications, 35 (1): 69-86.

Zhou F, Huang G H, Chen G X, et al. 2009. Enhanced-interval linear programming. European Journal of Operational Research, 199 (2): 323-333.

Zhou J L, Tits A. 1993. Nonmonotone line search for minimax problems. Journal of Optimization Theory and Applications, 76 (3): 455-476.

Zhu J, Liu H, Li X. 2010. A regularized smoothing-type algorithm for solving a system of inequalities with a P_0-function. Journal of Computational and Applied Mathematics, 233 (10): 2611-2619.

Zhu Z B, Luo Z J, Zeng J W. 2007. A new smoothing technique for mathematical programs with equilibrium constraints. Applied Mathematics and Mechanics, 28(10): 1407-1414.

Zoutendijk G. 1970. Nonlinear programming, computational methods. Integer and Nonlinear Programming. Abadie J, ed. Amsterdam: North-Holland and Publishing Company: 37-86.